MW00353478

domus

domus 123
March 1938

Cover

domus magazine cover showing textile examples

Eds. ***Charlotte & Peter Fiell***

Introduction by ***Luigi Spinelli***
Essay by ***Fulvio Irace***

domus

1928–1939

TASCHEN
Bibliotheca Universalis

domus 141
September 1939

Cover

domus magazine cover designed by Gio Ponti

Contents

Art in the Home

Luigi Spinelli

There would be no *domus* magazine today if Gianni Mazzocchi, a 21-year-old who went to Milan in search of work in 1927, had not met Giovanni Ponti, a young designer working for the ceramics maker, Richard-Ginori.

Padre Semeria, a religious Father who took in children orphaned by war to teach them a trade, had the equipment to set up a print shop and was looking for material to print. After having failed some attempts to find financing he turned to the writer Ojetti, who mentioned the name of Ponti. With some friends and the financial help of his parents, the latter founded a magazine on the arts.

The first issue of *domus* was launched in January 1928 at the excessively high price of 10 lire. The first run of 100,000 copies remained unsold; the second issue didn't get distributed to the subscribers by mistake. Gianni Mazzocchi, who worked on sales for the magazine, resolved these initial distribution problems and increased the number of subscriptions. Once faced with the problem of closing due to lack of funds, Ponti proposed to Mazzocchi to open up a company together. The Editoriale Domus was born on July 11 1929 in the office of the Notary Barassi in Piazza Cordusio in Milan. The company's capital was 200,000 lire, of which 150,000 were needed to buy the magazine. Mazzocchi entered into the partnership with a share of 10,000 lire, lent to him by a gentlemen's agreement with the distributor Marco.

Two years later, on the occasion of taking possession of the new company's seat, the respective roles taken by mutual consent were more settled and are described by Mazzocchi as follows: "From 1932 to 1940 we went ahead with Ponti as President, Managing Director and with a role of cultural banner and me as Director with 75 per cent of the company." In 1934 Mazzocchi purchased the magazine *Casabella* leaving the editorship to Giuseppe Pagano Pogatschnig, thereby also ensuring himself the immediate Italian competitor. During the first two years, *domus* had a neoclassical and serious look, similar to that of many artistic corporations and labour union publications. None the less, *domus*, whose subtitle is *Art in the Home*, soon acquired a casual and multidisciplinary look. Until 1932 the format was slightly smaller than the one it has today, with wide white margins outside the print space.

The style of the initial covers was sober, without the embellishments of true graphic design, with the timid presence of a single image framed at the centre of the page and a range of hues that alternated according to a regular monthly sequence.

The editorials at the beginning of each issue by Ponti, the magazine's director, were particularly significant. Following the first programmatic texts that defined the objectives of the magazine – "The Italian Home," "The Fashionable Home" – were articles asserting the importance of 'aesthetic' and 'stylistic' aspects in the field of industrial production, or isolated, powerfully expressive pages in which the edited images were dynamically commented on through the use of short and incisive captioning.

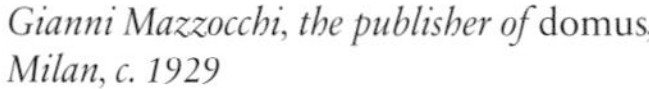

Gianni Mazzocchi, the publisher of domus, *Milan, c. 1929*

Gio Ponti, Milan, c. 1923

The editorials were usually written by Ponti, who either signed his own name or a pseudonym; occasionally he alternated in the editorial office with Tomaso Buzzi and Giancarlo Palanti. Specific topics were assigned to Carlo Enrico Rava, who introduced the masters of new European architecture in the column "Necessità di selezione" (The Need for Selection), Enrico Griffini for the exhibitions of rational architecture, and Luigi Piccinato for public housing and city planning.

It was through the columns devoted to home management and the development of bourgeois education and taste that *domus* built up its core readership. Complementing articles on art edited by Lamberto Vitali, and critical literary reviews assigned to Piero Gadda, there were monthly columns on gastronomy, signed by E. V. Quattrova, which included advice on how to receive guests and set the Christmas dinner table or organize a picnic. In the sections on domestic duties, we find Maria Teresa Parpagliolo's column on how to care for garden flowers and plants, on cultivating a vegetable garden and orchard or on raising domestic animals, or the introduction of the first, rudimentary electrical appliances and other practical accessories for the home. Readers were also given working construction drawings for making dining-room or bedroom furniture, patterns for crochet embroidery, the latest news on fashion, recommended audio recordings to take on holiday or new films appearing at the cinema, and articles on canine breeds. Alongside these pages on domestic matters, *domus* offered unexpected glimpses of the international scene. With rapid leaps in scale, views opened up on "American skies" and overseas metropolises, the skyscrapers of Rockefeller Center, the hanging roof gardens of Radio City Music Hall, the California houses designed by Paul Frankl, and the interiors designed by George Howe and William Lescaze. New disciplines such as artistic photography, book and advertising graphics, display and shop design were also featured. With these sections, this publishing venture acts as a tool for learning about the latest international trends.

Albeit tentatively, the new expressions of modern European architecture were featured, with the primary focus being on their quality. Within Italy a reflection of this phenomenon is found in the architecture of Giuseppe Terragni – the Novocomun and Vitrum shop – and Pietro Lingeri – the headquarters of AMILA in Tremezzo – the *Casa Elettrica* for the IV Monza Triennale, the Milanese condominiums by Mario Asnago and Claudio Vender, the villas on the hills around Turin by Gino Levi Montalcini, and the houses on the Roman seashore by Adalberto Libera.

The widening of horizons, preached by Le Corbusier, to include the mechanical aspects of modern living prompted articles on the interiors of cruise ships, civil aircraft and ever faster trains, and the quest for comfort – but above all style – in the environments dedicated to travellers: the interiors of the *Conte di Savoia* transatlantic liner or the Douglas airliner of Henry Dreyfuss, or the new Union Pacific train that linked New York and Los Angeles in 56 hours and 55 minutes.

This focus did not neglect the consequences of increasingly intensive construction in modern cities, the new phenomena of urban landscapes that were defined as "aspects of contemporary life": advertising signs, the night-time illumination of buildings that appeared to change the proportions of façades, infrastructure networks and their supports on the ground.

Several issues were dedicated to the great V Milan Triennale exposition held in 1933 – with an organizing committee that included Gio Ponti. This well-received show triggered a series of events such as the creation of permanent and temporary installations and competitions, as well as a section that presented prototypes for modern living, such as the villa-studio for an artist by Luigi Figini and Gino Pollini or the Saturday home for newly-weds of BBPR with Piero Portaluppi.

Behind the increasingly inadequate definition of 'applied arts' and the insistent presentation of professional and craft schools, the exhibitions of decorative arts held during the 1930s also betrayed the first signs of what would come to fruition in the next decade as industrial design. The most commonly repeated examples were the lights from Pietro Chiesa's workshop, Murano glass and the ceramics produced by the Manifattura di Laveno and di Doccia.

It was within this industrial arena that new materials could be exercised more directly – as featured in the column "Domus Tecnica" (from unbreakable glass in the living room to high-temperature fired *porcelain grès* bathroom fixtures) – while interiors reinforced the relationship between architects and producers. Among the foreign models featured by *domus* were the environments of Robert Mallet-Stevens, Jean Michel Frank, Jean Royère, and Gilbert Rohde, sophisticated French and American interior decorators working for a wealthy clientele.

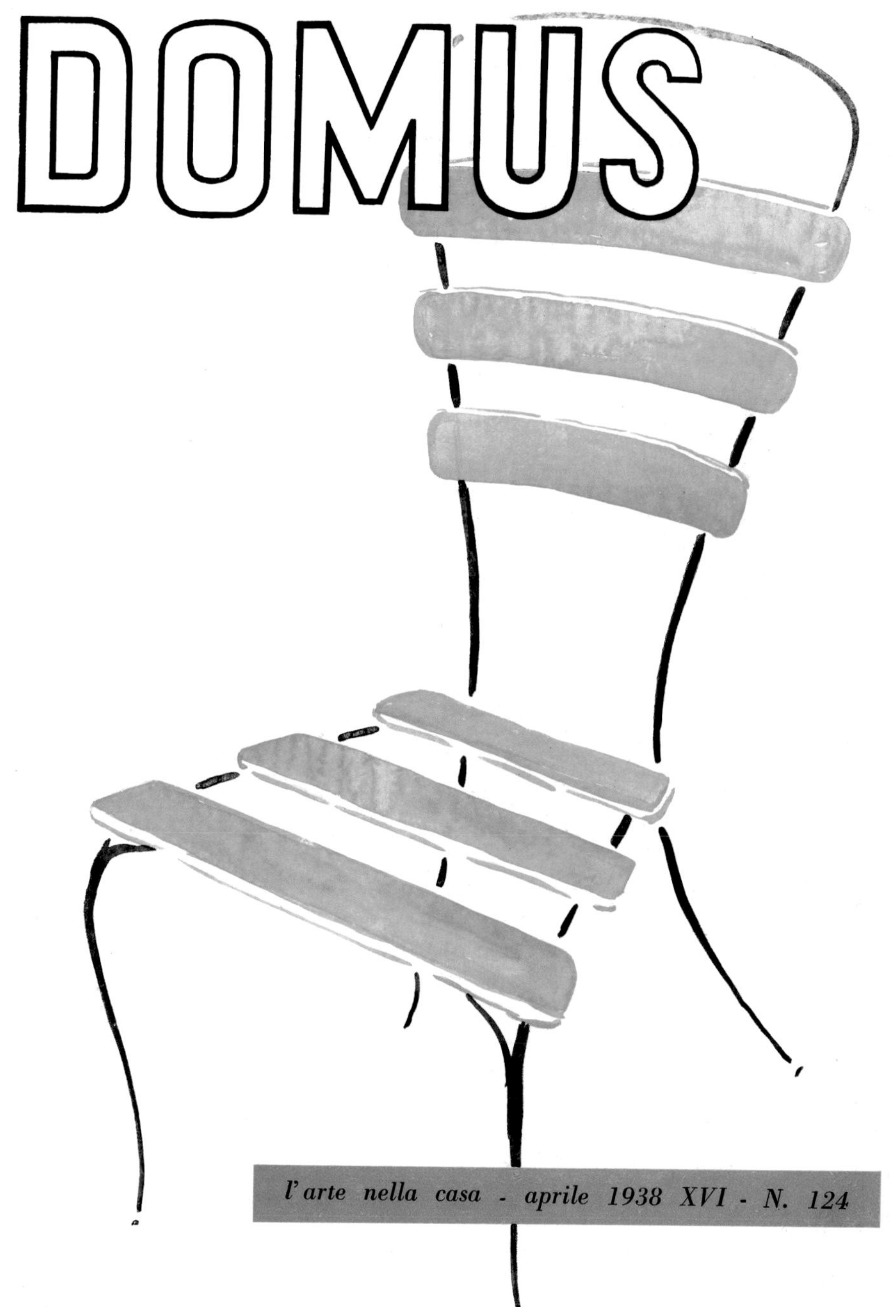

Cover

domus magazine cover

domus, a Home for Italians

Fulvio Irace

Gio Ponti's *domus* debuted with the subtitle *Architecture and Home Furnishing in Town and the Country* on January 15 1928, the same year that Guido Marangoni started publication of the magazine, *Casabella, Arti e industrie dell'arredamento* at Studio Editoriale Milanese, located at 16, via Boccaccio in Milan. In the dynamic Italian milieu of the second half of the 1920s, this publication represented a significant step forward. It testified to the expanding impact of the debate over renewal in the decorative arts and architecture triggered by the first Monza Biennale that opened on May 19 1923. Although this event reflected the first clumsy steps taken by Italians in a European milieu that boasted illustrious traditions such as the artists' colony in Darmstadt, the Wiener Werkstätte in Vienna and the Deutscher Werkbund in Germany, the Monza exhibitions provided the international catalyst for renewal in the design of practical objects and interiors that had occurred, especially in Lombardy, after the re-establishment of the Humanitarian Society in Milan (1903) and the founding of the University of Decorative Arts (1921) at Villa Reale in Monza, in addition to numerous exhibitions and publications that exhorted the public to create new forms of 'popular' art that could help revive enthusiasm for the uncertain transition from handicrafts to industry and revitalize a domestic product economy that betrayed an anaemically apathetic indulgence for a stereotyped past in contrast with foreign models.

The moment was propitious. The need for vehicles of information that would reopen the architectural debate in Italy had been invoked at the end of 1926 in the manifesto of the Gruppo 7 and its first official appearances at the Monza exhibitions in 1927 and 1930. Then, the international exhibition held at Stuttgart in 1927, featuring the new Weissenhof model housing quarter, fired the enthusiasm of young Italian architects, reviving their aspirations to enter the prestigious world of European avant-garde movements. This trend culminated in 1928 with the formation of the CIAM (Congrès Internationaux d'Architecture Moderne) at the Château de la Sarraz in Switzerland and the first Roman exhibition of the new Italian Movement for Rational Architecture (MIAR). The speed at which these events followed each other quickly revealed the inadequacy of the most important art and architecture magazines that had been founded between the end of the 19th and the beginning of the 20th century, notwithstanding their timid signs of opening up to the radical innovations sweeping the European scene.

In July 1928, *Emporium* briefly opened a window on "Modern Architecture in Germany" with an article by Elvira Olshki showcasing the Britz residential quarter by Bruno Taut, the AEG building by Peter Behrens, the Schauspielhaus auditorium by Hans Poelzig, the Chilehaus warehouse by Fritz Höger in Hamburg, and the Stuttgart railway station, while *Architettura e Arti Decorative* – the journal of the Artistic Association of Cultivators of Architecture, which had been active since 1921 – generously offered space to Milanese architects working in the neoclassical Novecento style: Mino Fiocchi, Giuseppe Pizzigoni, Giuseppe De Finetti, Piero Portaluppi, Gio Ponti, Emilio Lancia, Gigiotti Zanini and others. *L'Architettura Italiana* cautiously opened its elegant, Umbertino-style pages to designs by Eugenio Giacomo Faludi, Gaetano Minnucci, Giuseppe Pagano Pogaschnig, Gino Levi Montalcini and Marcello Piacentini, according to an eclectic approach that flanked the considerations of Pietro Betta on "The Gruppo 7 of Milan and the New Architecture" (Vol. 23, February 1927) with the Parodi-Delfino villa by Virgilio Marchi, the trade fair pavilions of Sebastiano Larco and Carlo Enrico Rava or Villa Brasini in Rome. But these articles merely documented the scant attention devoted to a generic 'novelty': information to be included in a context that was substantially extraneous to the meaning of those revolutionary changes that the prolific network of avant-garde magazines appearing between the end of World War I and the early 1920s had supported with the practice of 'manifestos' and theories, and the extremely effective support of a radical and incessant iconography.

While both rejected the format of a trendy magazine, both *domus* and *Casabella* shared the objective of cultivating a new culture for the home that would make art, architecture and the decorative arts converge into unified expressions of an organic vision of the domestic universe, which was also sensitive to market demands.

On different fronts and with different degrees of effectiveness, Guido Marangoni and Gio Ponti embodied the spirit of the time. The former was superintendent of the Castello Sforzesco from 1916 to 1923, organizer of the art school at the Humanitarian Society and creator of the Monza Biennale; the latter was the art director of Richard-Ginori from 1923 – the year that the company's new line of ceramics debuted at the I Monza Biennale – and, together with Emilio Lancia, founded the Domus Nova brand for La Rinascente group, which promoted the production and sale of new types of modern furnishing for the middle classes. These shared objectives eventually led to the creation of the two magazines that Ponti would deliberately refer to in the first issue of *domus* with his manifesto on "The Italian Home". In November 1928 Marangoni would confirm this in the editorial "Towards the New Italian Home". Thus, with different accents, both magazines aimed to create an aesthetic consciousness that would simultaneously value tradition and stimulate the search for a new style incorporating those criteria of practicality and simplicity dictated by the 'spirit of the times'.

Nevertheless, the convergences end with these generic statements of intent. In fact, once the two magazines consolidated their editorial lines and defined their interest, they radically diverged, even before Giuseppe Pagano Pogatschnig took over management of *Casabella* in 1932, transforming it into the organ of new Italian Rationalism.

Notwithstanding the natural, if not erratic development of interests in *domus*, Ponti's magazine differentiated itself immediately from its direct competitor in the more modern tone of its editorial choices. With the culture of the home as its foundation, it built up the arguments of a more general philosophy of modern living, from art to applied arts and architecture. On the other hand, the very title of the magazine (which is the Latin word for 'house'), which he founded with the encouragement of Ugo Ojetti, evoked an affable and personal version of domestic living that French rationalism had virtually erected on the basis of a social science for the living space, insisting on those 'mechanistic' aspects of mass production that still seemed generally ignored by the evolution of technical knowledge and the construction industry in Italy. "Retrospective" manifesto of a concept of the home as a problem of 'civilization', the editorial on "The Italian Home" sets forth the co-ordinates of an approach to the problem of domestic living. This approach deemed Le Corbusier's theory of the "machine à habiter" (machine for living) an unacceptable limit on the religious humanism that constituted the basis of Ponti's search for a domestic foundation for social life. This was the context in which the very idea of creating the magazine emerged, taking up the proposal suggested by the popular Barnabite preacher Father Semeria and accepted by Ponti *in toto.* Even the title, which seems so similar to that of *Casabella,* was actually quite conceptually remote from Marangoni's publication. "Home architecture", Ponti would repeatedly write, "is not just a problem of art but also a problem of civilization."

Initially, and not fortuitously, the magazine was cast in the small-scale mould of an intellectual and familial association, under the banner of a dialogue between the arts, according to the notice explicitly stated in the summary of the very first issue: "the magazine provides full information on matters of interest in the home." Tangentially inspired by the models found in *Moderne Bauformen* or *Deutsche Kunst und Dekoration, domus* and its formula of 'current art' offered a domesticated version of the *Zeitgeist* concept, testifying to it within the framework of a 'story' about the wonders of modernity that used architecture as an ingredient on a par with literature and the arts. Indeed, contributors to the magazine included not only architects but also authors, critics and exponents of fashionable city life, with articles that ranged from new trends in construction to columns on cooking and gardening.

This wide-ranging programme was hardly original. On the contrary, Raffaello Giolli had already adopted it in "1927. Problemi d'arte attuale" (1927. Problems of Contemporary Art) in the formula of the "living house". If Giolli's initiative was addressed "to the ladies who love art or even just the home", Ponti's aimed to spark the reader's curiosity, to "interest, impassion and inform him about the stylistic, spiritual and practical problems of contemporary life", while rejecting "an attitude of mere propaganda, of unilateral and exclusive vision".

Ponti developed this programme consistently with his position in the 1930s debate. This contest was increasingly polarized in Italy by the moralistic charisma of Pagano Pogatschnig, whose reservations towards Ponti can be summed up in a definition of the architect as "candid" and "hopelessly optimistic". In reality, the choices made in *domus* were anything but simple or expected. For example, in March 1928 the 'reports' by Enrico A. Griffini on the "Weissenhof" exhibition in Stuttgart and its new housing technologies confront the theme of the 'rational house' with first-hand updates on technical and building problems that would affect architecture, such as the design of domestic space and its accessories. From its very first issues, Bruno Taut and Giuseppe Terragni were able to co-exist with Giovanni Muzio, Tomaso Buzzi or Pino Pizzigoni, and the public housing by Luigi Piccinato in the Garbatella quarter of Rome with the sophisticated experiments of Robert Mallet-Stevens or Josef Franck. On the other hand, it was none other than *domus* in November 1934 that hosted the most corrosive, counter-tendency essay by Edoardo Persico, "Starting over from Scratch for Architecture", which severely challenged the very assumptions of Italian Rationalism and its "preciously elitist Europeanism".

Ponti argued: "More than things, it is the spirit that has to be different and aimed at different goals in organizing the new home." This "must not be fashionable because it must never go out of style". Thus, the strategy of *domus* was comparable to a sort of "sentimental education" of the reader, to the "formation of an individual and collective taste", which can be acquired only through the visual didactic of a modernity that is fully revealed in the most varied manifestations of art and contemporary culture. From that point of view, the graphics of the magazine betray an experimental restlessness manifested in such things as the design of the covers, composition of the page layouts, explanation of the images with short, pointed captions and presentation of advertising. In 1929, the subtitle of *domus* changed to *Art in the Home* and, instead of standing out isolated against a coloured background, the title appeared written in a more tightly concise rectangular scroll. In June 1930 the title filled up the entire upper section of the cover, in December 1931 the Christmas issue featured an entirely black cover with elegant lettering in red, and in 1932 an even more austere format marked the turning point towards committed acceptance of the simplicity of rational typography. Stripped of the minutely detailed business of practical suggestions and pleasant digressions on their origins, the magazine prepared itself for a decisive turning point in confronting the change within the cultural climate of that problematic decade. In 1933, the year Ponti participated in organizing the first Milan Triennale – hosted in Giovanni Muzio's new Palazzo dell'Arte – a new change in graphics testified to the growing acceptance of the magazine to its international remit, while publication of Bestegui's penthouse "on the Paris rooftops" betrays an unconventional attention to less ideologically aligned expressions.

On the other hand, by that time the original framework had already been radically revolutionized. In 1930 Arrigo Bonfiglioli had taken over the management of *Casabella* from Marangoni and embarked on a new course with the support of Pagano Pogatschnig and Levi Montalcini, who was also responsible for the sparse graphics of the covers and layout. The collaboration of Alberto Sartoris introduced *domus* first-hand to the various manifestations of the European avant-garde. In addition, Edoardo Persico's involvement made architecture the focus for the spiritual interest in artistic innovation, and the notions of 'style' and 'taste' to which Ponti himself constantly referred. "A Style" – as Persico explained in the 1930 introduction to his columne "Style. A New Way of Being" – "is not just the thing, as a classic would demand, but also the man, as the romantics affirm. (...) The creation of a style is never the commitment of a solitary effort, but the living collaboration of an entire epoch. (...) Not only would we have to carefully examine the spots left by moisture on walls or clouds, as Leonardo advised, but also the instinctive gesture that we make to retrieve a lady's glove, the line that a woman traces when she puts her bonnet on." And in *domus*'s "Style in Architecture and Furnishing" column introduced by Ponti in October 1934: "Modern art is still an aristocratic phenomenon, an original creation, an isolated gesture (...) it can become – and this will be its total stylistic function – a collective work through production, when the authors' instructions are interpreted through a professional discipline."

Like Ponti, Persico had an idealistic and non-ideological vision of modernity, far from Pagano Pogatschnig's intransigence and diffidence towards every form of expression that was apparently released from the social mortgage imposed on use and purpose. That very "lack of fantastic liberation" for which Persico scolded Pagano Pogatschnig during the heyday of Rationalism in Italy was taken by Ponti as the point of departure for his excursions towards the problems of 'revising' functionalism reduced to a formula and 'escaping' to the original themes of nature and landscape that would characterize the revolution led by *domus* from the end of the 1930s. In 1932 *Architettura e Arti Decorative* was transformed into *Architettura*, the organ of the National Fascist Architects Union managed by Marcello Piacentini. The following year, *Quadrante* began its brief adventure under the dual management of Massimo Bontempelli and Pier Maria Bardi. The position of these two magazines radicalized the clash between establishment and avant-garde, forcing *Casabella* to mediate between the apparently intransigent extremism of *Quadrante* and the substantial governmental agnosticism of *Architettura*, which increasingly served as the showcase for competitions and great city planning and territorial transformations, such as the plans for the new cities in the Agro Pontino. If the "pure" rationalism of *Quadrante* was the imperative for the avant-garde movements, for *domus* it was Ponti's conviction that stylistic choice was necessary.

In 1931 *domus* hosted Carlo E. Rava's polemic against the so-called dangerous revolution represented by the achievements of international rationalism. From January to July, the column "Mirror of Rational Architecture" led a discussion on the eternity of the "Mediterranean spirit" that inaugurated an ephemeral but intense period of Italian architectural innovation. With various declinations, this debate would involve all the leading protagonists in the various camps, from Luigi Figini and Gino Pollini to Studio BBPR, Bardi and Carlo Belli.

Ponti would call it "Mediterranean evocation." However, rather than focusing on the rhetorical claims of an archetypal "Latin spirit," he insistently cultivated the theme of "individual life" and affirmation of a living ideal based on the clarity and limpidity of inspiration going beyond all obligatory ideological and formal schemes.

Starting in the 1930s, *domus* steadfastly revisited the concept of a 'seaside villa', regularly featuring designs by Sebastiano Larco and Rava, Luigi Vietti, André Lurçat, Giancarlo Palanti, Guglielmo Ulrich and Gibelli, Luigi Carlo Danieri, Giuseppe Capponi and others in the conviction that the home is "the cosy expression of our healthy vitality, alien to useless preciousness and similarly sated fashions." But it is especially the attention dedicated to the projects and writings of Bernard Rudofsky (and Luigi Cosenza) that clarifies the exploration of the 'potential for liberty' that *domus* pursued until the adventure of *Stile*, after Ponti's forced resignation in 1941. The intuition of an architecture evoking the rights of sentiment and fantasy constitutes the leitmotiv of a 'naturalist academy' open to the expressions of the body, sentiment and art that, in a different way, were filtering through the new trends in European architecture, from Alvar Aalto to Le Corbusier. If Rudofsky and Cosenza's Villa Oro at Posillipo in 1937 represented the unequivocal climax of a 'Mediterranean fever' that anticipated publication in 1939 of the villa at Bordighera and, in particular, the design for "an ideal cottage" with the inventive illustrations that revolutionized the conventional representation of architecture, Carlo Mollino's Casa Miller in Turin, presented by Carlo Levi in the September 1938 issue, testifies to the frank acceptance of a restless experimentalism with its opening to original iconography of the surreal. The urgency to propose architecture "as art and a guide for living" characterizes the last phase of Ponti's direction, anticipating full development of the poetic "escape into the house" adopted as a programme in the first issues of *Stile* that from 1941 to 1947 would represent Ponti's 'new *domus*', to which he would return with renewed enthusiasm in the magical years of the 'Italian miracle'.

1930
NUMERO DI
GENNAIO

DOMUS

L'ARTE NELLA CASA

L. 7.50
C.CORRENTE
POSTALE

★ RIVISTA MENSILE DIRETTA DALL'ARCHITETTO GIO PONTI ★
DOMUS S. A. EDITORALE - MILANO

Domus 25
January 1930

Cover

domus magazine cover

Kunst im Wohnhaus

Luigi Spinelli

Es würde heute kein *domus* geben, wenn der 21-jährige Gianni Mazzocchi nicht 1927 auf der Suche nach Arbeit nach Mailand gegangen wäre, wenn er nicht einem jungen Designer, Giovanni Ponti, begegnet wäre, der für den Porzellanhersteller Richard Ginori arbeitete.

Padre Semeria, ein Geistlicher, der Kriegswaisen aufnahm, um sie ein Handwerk zu lehren, besaß die Ausstattung, um eine Druckerei zu eröffnen, und hielt Ausschau nach Druckaufträgen. Nach einigen vergeblichen Bemühungen um eine Finanzierung wandte er sich an den Schriftsteller Ugo Ojetti, der den Namen von Ponti erwähnte. Mit einigen Freunden und der finanziellen Hilfe seiner Eltern gründete Letzterer eine Kunstzeitschrift. Die erste Ausgabe von *domus* erschien im Januar 1928 zu dem außergewöhnlich hohen Preis von zehn Lire. Die erste Auflage von 100 000 Exemplaren blieb unverkauft, die zweite Ausgabe wurde versehentlich nicht an die Abonnenten ausgeliefert. Gianni Mazzocchi, der für den Verkauf der Zeitschrift verantwortlich war, löste diese anfänglichen Vertriebsprobleme und gewann weitere Abonnenten. Als Ponti einmal vor dem Problem stand, die Zeitschrift aus Kapitalmangel einstellen zu müssen, machte er Mazzocchi den Vorschlag, gemeinsam eine Firma zu eröffnen. Am 11. Juni 1929 wurde Editoriale Domus im Büro des Notars Barassi an der Piazza Cordusio in Mailand gegründet. Das Kapital der Firma betrug 200 000 Lire, von denen 150 000 benötigt wurden, um die Zeitschrift zu kaufen. Mazzocchi beteiligte sich an der Partnerschaft mit einem Anteil von 10 000 Lire, die ihm der Großhändler Marco auf Treu und Glauben geliehen hatte.

Zwei Jahre später, beim Umzug in einen neuen Firmensitz, waren die jeweiligen Aufgaben in beiderseitigem Einvernehmen geklärt und wurden später von Mazzocchi wie folgt beschrieben: „Von 1932 bis 1940 arbeiteten wir weiterhin gemeinsam mit Ponti als Präsident, leitendem Direktor und kulturellem Wegweiser sowie mir als Direktor mit 75 Prozent Beteiligung." 1934 erwarb Mazzocchi die Zeitschrift *Casabella*, deren redaktionelle Leitung er Giuseppe Pagano Pogatschnig übertrug, und sicherte für sich dadurch den unmittelbaren Konkurrenten in Italien. In den ersten beiden Jahren hatte *domus* ein neoklassisches und sachliches Layout, ähnlich vielen anderen Zeitschriften von künstlerisch tätigen Firmen und Gewerkschaften. Dennoch entwickelte sich *domus*, dessen Untertitel *Arte nella casa* (Kunst im Wohnhaus) lautete, bald in eine freier gestaltete und interdisziplinärere Richtung. Bis 1932 war das Format etwas kleiner als das heutige, und die bedruckten Flächen hatten große weiße Seitenränder.

Die Gestaltung der anfänglichen Umschläge war nüchtern, ohne die Vorzüge echten grafischen Designs, mit der bescheidenen Präsenz einer einzigen Abbildung in der Mitte der Seite und in verschiedenen Farbtönen, die in regelmäßiger monatlicher Abfolge wechselten.

Die Editorials vom Chefredakteur Ponti am Anfang jeder Ausgabe waren besonders bedeutsam. Nach den ersten programmatischen

Texten, welche die Ziele der Zeitschrift darlegten – „Das italienische Heim", „Das moderne Haus" –, folgten Beiträge über die Bedeutung „ästhetischer" und „stilistischer" Aspekte im Bereich der industriellen Produktion oder davon getrennte aussagekräftige Seiten, auf denen die Illustrationen einleuchtend in kurzen und prägnanten Legenden kommentiert wurden.

Die Editorials wurden gewöhnlich von Ponti verfasst, der entweder mit seinem eigenen Namen oder einem Pseudonym signierte, gelegentlich auch im Wechsel mit Tomaso Buzzi und Giancarlo Palanti. Spezielle Themen wurden Carlo Enrico Rava übertragen, der in der Kolumne „Necessità di selezione" (Der Zwang zur Auswahl) die Meister der neuen europäischen Architektur vorführte. Enrico Griffini war für die Ausstellungen rationaler Architektur zuständig und Luigi Piccinato für Wohnungsbau der öffentlichen Hand und Stadtplanung. Die Mehrzahl der Leser von *domus* wurde jedoch durch die Artikel über Haushaltsführung und die Vermittlung von bürgerlicher Bildung und Geschmack rekrutiert. Ergänzend erschienen von Lamberto Vitali edierte Beiträge über Kunst und kritische literarische Rezensionen von Pietro Gadda. Es gab monatliche Kolumnen über Gastronomie von E. V. Quattrova, der auch über die Bewirtung von Gästen, die Gestaltung des Weihnachtsessens oder die Organisation eines Picknicks berichtete. Im Teil über häusliche Arbeiten finden wir Maria Teresa Parpagliolos Kolumne über die Pflege von Blumen und Pflanzen, über die Anlage eines Gemüse- und Obstgartens oder die Haltung von Haustieren sowie über den Gebrauch der ersten elementaren Elektrogeräte und anderer praktischer Gegenstände für den Haushalt. Die Leser erhielten auch Konstruktionszeichnungen zum Bau von Ess- oder Schlafzimmermöbeln, Vorlagen für Häkel- und Stickarbeiten, die neuesten Modeinformationen, Empfehlungen für Audiorekorder zur Mitnahme in die Ferien oder für neue Kinofilme und Artikel über die Aufzucht von Kaninchen. Aber neben diesen Seiten über häusliche Angelegenheiten bot *domus* auch unerwartete Einblicke in die internationale Szene. Mit plötzlichen Sprüngen im Maßstab wurden Ansichten „amerikanischer Skylines" gezeigt, von Metropolen in Übersee, die Wolkenkratzer des Rockefeller Center, die hängenden Dachgärten der Radio City Music Hall, die von Paul Frankl geplanten kalifornischen Wohnhäuser und von George Howe und William Lescaze gestaltete Innenräume. Neue Disziplinen wie künstlerische Fotografie, Buch- und Werbegrafik, Schaufenster- und Ladengestaltung wurden ebenfalls vorgestellt. Mit solchen Abteilungen fungierte dieses verlegerische Wagnis als ein Lehrmittel über die neuesten internationalen Trends.

Die neuen Erzeugnisse der modernen europäischen Architektur wurden, wenngleich noch zögerlich, mit der Betonung auf ihrer Qualität vorgestellt. Auch in Italien war der Einfluss dieses Phänomens spürbar: in der Architektur von Giuseppe Terragni – dem Wohnhaus Novocomun und dem Geschäftshaus Vitrum – und von Pietro Lingeri – der Hauptverwaltung von AMILA in Tremezzo – sowie in der *Casa Elettrica* auf der IV. Triennale in Monza, den Mailänder Condominiums von Mario Asnago und Claudio Vender, den Villen auf den Hügeln um Turin von Gino Levi Montalcini und den Häusern an der römischen Küste von Adalberto Libera.

Die von Le Corbusier gepredigte Horizonterweiterung durch Aufnahme der technischen Aspekte des modernen Lebens führte zu Beiträgen über die Innenausstattung von Kreuzfahrtschiffen, Verkehrsflugzeugen und immer schnelleren Eisenbahnzügen sowie dem Bedürfnis nach Komfort – aber vor allem nach Stil – in touristischen Bereichen: die Inneneinrichtungen des Überseedampfers *Conte di Savoia*, des Flugzeugs von Henry Dreyfuss oder des neuen Zuges der Union Pacific, der New York in 56 Stunden und 55 Minuten mit Los Angeles verband.

Trotz dieser Schwerpunkte wurden jedoch nicht die Konsequenzen der immer intensiveren Bebauung in den modernen Städten vernachlässigt, die neu entstehenden, als „Aspekte des modernen Lebens" bezeichneten Phänomene der Stadtlandschaft: Werbeschilder, nächtliche Beleuchtung von Gebäuden, die deren Fassadenproportionen scheinbar veränderten, Vernetzung von Infrastruktursystemen und ihre Stützpunkte am Boden.

Mehrere Ausgaben wurden der großen Ausstellung auf der V. Mailänder Triennale 1933 gewidmet – mit einem Organisationskomitee, dem Gio Ponti angehörte. Diese gut angenommene Schau war auch der Anlass für verschiedene Events: zum Beispiel die Aufstellung permanenter wie auch temporärer Installationen, die Ausschreibung von Wettbewerben sowie die Einrichtung einer Abteilung, die Prototypen für moderne Lebensformen präsentierte, zum Beispiel das Atelierhaus für einen Künstler von Luigi Figini und Gino Pollini oder das Saturday Home für Neuvermählte von BBPR mit Piero Portaluppi. Unter der immer unpassenderen Definition der „angewandten Künste" und den ständigen Präsentationen von Berufs- und Handwerkerschulen offenbarten die Ausstellungen dekorativer Künste in den 1930er-Jahren auch die ersten Anzeichen dessen, was im darauffolgenden Jahrzehnt als Industriedesign zum Tragen kam. Die am häufigsten gezeigten Beispiele waren die Leuchten aus Pietro Chiesas Werkstatt, Glaswaren aus Murano und die von der Manufattura di Laveno und di Doccia produzierten Keramikobjekte.

Auf diesem industriellen Gebiet konnten neue Materialien leichter eingesetzt werden – die in der Kolumne „Domus Tecnica" vorgestellt wurden (von unzerbrechlichem Glas im Wohnraum bis zu Sanitäreinrichtungen aus bei hohen Temperaturen gebranntem *porcelain grès*). Im Bereich Innenausstattung intensivierte sich dagegen das Verhältnis von Architekten und Produzenten. Zu den von *domus* vorgestellten ausländischen Beispielen gehörten die Innenräume von Robert Mallet-Stevens, Jean Michel Frank, Jean Royère und Gilbert Rohde, hochkarätigen französischen und amerikanischen Innendekorateuren, die für eine wohlhabende Klientel arbeiteten.

NUMERO DI NATALE

DOMUS

ARCHITETTURA E ARREDAMENTO DELL'ABITAZIONE MODERNA IN CITTA' E IN CAMPAGNA

RIVISTA MENSILE DIRETTA DALL'ARCH. GIO PONTI

C. ED. DOMUS ACC.
MILANO

CONTO CORR. POSTALE

DICEMBRE 1928
ANNO I. N. 12 A. VII°

LIRE ITAL. 9

domus, ein Heim für Italiener

Fulvio Irace

Gio Pontis *domus* begann mit dem Untertitel *Architettura e arredamento dell'abitazione in città e campagna* am 15. Januar 1928, im gleichen Jahr, in dem Guido Marangoni mit der Publikation der Zeitschrift *Casabella, Arti e industrie dell'arredamento* im Studio Editoriale Milanese in der Via Boccaccio 16 in Mailand anfing. Im dynamischen Ambiente Italiens in der zweiten Hälfte der 1920er-Jahre bedeutete diese Publikation einen wichtigen Schritt vorwärts. Sie zeugte vom wachsenden Einfluss der Diskussion über die Erneuerung der dekorativen Künste und der Architektur, die durch die erste, am 19. Mai 1923 eröffnete Biennale in Monza ausgelöst worden war. Obgleich dieses Ereignis die ersten unbeholfenen Schritte der Italiener ins europäische Milieu darstellte, das sich so illustrer Traditionen wie der Künstlerkolonie in Darmstadt, der Wiener Werkstätte in Wien und des Deutschen Werkbunds in Deutschland rühmen konnte, erwies sich die Ausstellung in Monza als internationaler Katalysator für eine Erneuerung der Gestaltung von praktischen Objekten und Innenräumen. Diese erfolgte vor allem in der Lombardei nach Neubildung der Società Umanitaria in Mailand (1903) und der Gründung der Università delle Arti Decorative (1921) in der Villa Reale in Monza sowie zahlreichen Ausstellungen und Publikationen, welche die Öffentlichkeit zu neuen Formen „volkstümlicher" Kunst anregten. Sie konnten auch die Begeisterung für den unsicheren Übergang vom Handwerk zur Industrie und eine Neubelebung der einheimischen Produktion anregen, die – im Gegensatz zu den ausländischen Vorbildern – der lässig-untätigen Zufriedenheit mit einer stereotypen Vergangenheit entgegenwirkten.

Der Augenblick war günstig. Der Bedarf an Informationsträgern zur Eröffnung der Architekturdiskussion in Italien war schon Ende 1926 im Manifest der Gruppo 7 und in deren ersten offiziellen Auftritten auf den Ausstellungen von 1927 und 1930 in Monza laut geworden. Dann regte die Internationale Ausstellung 1927 in Stuttgart, auf der die neuen Modellhäuser auf dem Weißenhof vorgestellt wurden, den Ehrgeiz der jungen italienischen Architekten an, sich um den Eintritt in die großartige Welt der europäischen Avantgarde zu bemühen. Dieser Trend gipfelte 1928 in der Gründung der CIAM (Congrès Internationaux d'Architecture Moderne) im Schweizer Schloss La Sarraz und der ersten römischen Ausstellung der neuen italienischen Movimento Italiano per l'Architettura Razionale (MIAR, 1930). Die Geschwindigkeit, in der diese Ereignisse aufeinanderfolgten, offenbarte die Defizite der meisten bedeutenden Kunst- und Architekturzeitschriften, die zwischen dem Ende des 19. und dem Beginn des 20. Jahrhunderts gegründet worden waren, trotz ihrer schüchternen Anzeichen, sich den radikalen, über die europäische Szene hereinbrechenden Neuerungen zu öffnen.

Im Juli 1928 öffnete die Zeitschrift *Emporium* für kurze Zeit ein Fenster über die „Architettura moderna in Germania" mit einem Beitrag von Elvira Olshki über die Wohnsiedlung Britz von Max Taut, das AEG-Gebäude von Peter Behrens, den Zuschauersaal des Großen Schauspielhauses von Hans Poelzig, alle in Berlin, das Chilehaus von Fritz Höger in Hamburg und den Stuttgarter Bahnhof von Paul Bonatz, während *Architettura e Arti Decorative* – die seit 1921 bestehende Zeitschrift der Associazione artistica fra i cultori di architettura – großzügig jenen Mailänder Architekten Raum bot, die im neoklassizistischen Novecento-Stil arbeiteten: Mino Fiocchi, Giuseppe Pizzigoni, Giuseppe De Finetti, Piero Portaluppi, Gio Ponti, Emilio Lancia, Gigiotti Zanini und anderen. *L'Architettura Italiana* stellte vorsichtig ihre eleganten Seiten im Umbertino-Stil in einer eklektischen Auswahl den Entwürfen von Eugenio Giacomo Faludi, Gaetano Minnucci, Giuseppe Pagano Pogatschnig, Gino Levi Montalcini und Marcello Piacentini zur Verfügung, begleitet von Überlegungen Pietro Bettas über „Die Gruppo 7 aus Mailand und die neue Architektur" (Bd. 23, Februar 1927) sowie Abbildungen der Villa Parodi-Delfino von Virgilio Marchi, der Ausstellungspavillons von Sebastiano Larco und Carlo Enrico Rava oder der Villa Brasini in Rom. Aber diese Beiträge waren nur Beweise für die spärliche Aufmerksamkeit, die man einer generellen „Erneuerung" widmete. Die Informationen erfolgten in einem Kontext, der in keiner Weise der Bedeutung dieses revolutionären Wandels gerecht wurde, den das produktive Netzwerk der zwischen dem Ende des Ersten Weltkriegs und den frühen 1920er-Jahren erscheinenden Avantgarde-Zeitschriften durch den Abdruck von „Manifesten" und theoretischen Beiträgen sowie radikale und wiederholte Bilddokumentationen effektiv unterstützt hatte.

Während *domus* und *Casabella* keine modischen Magazine sein wollten, hatten sie beide das Ziel, eine neue Wohnkultur zu pflegen, in der Kunst, Architektur und die dekorativen Künste sich zum gemeinsamen Ausdruck einer organischen häuslichen Welt vereinigten, ohne dabei die Anforderungen des Marktes zu vernachlässigen.

An verschiedenen Fronten und mit durchaus unterschiedlicher Effizienz verkörperten Guido Marangoni und Gio Ponti den Geist ihrer Zeit. Ersterer war von 1916 bis 1923 Superintendent des Castello Sforcesco, Organisator der Kunstschule der Società Umanitaria und Begründer der Biennale von Monza. Letzterer war künstlerischer Direktor der Firma Richard Ginori ab 1923 – dem Jahr, als die neue Ausrichtung der Keramiken auf der ersten Biennale von Monza begann – und gründete, zusammen mit Emilio Lancia, die Marke Domus Nova für die Firmengruppe La Rinascente, welche die Produktion und den Vertrieb neuartiger moderner Möbel für die Mittelschicht förderte. Diese gemeinsamen Ziele führten schließlich zur Gründung der beiden Zeitschriften, auf die sich Ponti in der ersten Ausgabe von *domus* bewusst in seinem Manifest „La casa all'italiana" bezog. Im November 1928 bestätigte Marangoni dies im Editorial „Verso la nueva casa italiana". So war es das Ziel beider Zeitschriften, wenn auch mit unterschiedlichem Akzent, ein ästhetisches Bewusstsein zu schaffen, das die Tradition wertschätzen und zugleich die Suche nach einem neuen Stil anregen sollte, der die vom „Zeitgeist" diktierten Kriterien der Funktionalität und Schlichtheit verkörperte.

Dennoch endete die Übereinstimmung mit diesen allgemeinen Absichtserklärungen. Tatsächlich entwickelten sich die beiden Zeitschriften, nachdem sie ihre redaktionelle Ausrichtung konsolidiert und ihre Interessen festgelegt hatten, radikal auseinander, sogar noch bevor Giuseppe Pagano Pogatschnig 1932 die Leitung von *Casabella* übernahm und sie in ein Organ des neuen italienischen Rationalismus umwandelte.

Ungeachtet der natürlichen, sogar wechselhaften Entwicklung der Thematik von *domus* unterschied sich Pontis Zeitschrift sehr bald von seinem unmittelbaren Konkurrenten in der moderneren Ausrichtung seiner redaktionellen Beiträge. Nach der Wohnkultur zu Beginn seines Erscheinens veröffentlichte sie auch Argumente für eine allgemeinere Philosophie des modernen Lebens, von Kunst bis zu angewandter Kunst und Architektur. Andererseits verwies schon der Titel der Zeitschrift (das lateinische Wort für „Haus"), der auf Anregung von Ugo Ojetti gewählt worden war, auf eine freundliche und persönliche Form des häuslichen Lebens. Der französische Rationalismus hatte seine Philosophie tatsächlich auf der Basis gesellschaftlicher Theorien für den Lebensraum nach „mechanistischen" Aspekten der Massenproduktion vertreten, während diese von der Entwicklung der Technik und der Bauindustrie in Italien offenbar immer noch allgemein ignoriert wurden. Als „retrospektives" Manifest einer Vorstellung vom Heim als „Zivilisations"-Problem setzte das Editorial über „das italienische Heim" die Koordinaten für eine Lösung der Problematik des häuslichen Lebens. Für diese Haltung schien Le Corbusiers Theorie der „machine à habiter" (Wohnmaschine) eine unannehmbare Überschreitung des religiösen Humanismus zu sein, der die Basis für Pontis Suche nach einem häuslichen Fundament für das gesellschaftliche Leben darstellte. Dies war der Kontext, aus dem die eigentliche Idee für die Zeitschrift entstand, die auf einem Vorschlag des populären Barnabitpredigers Pater Semeria beruhte und von Ponti *in toto* akzeptiert wurde. Sogar der Titel, der dem von *Casabella* so ähnlich erscheint, unterschied sich konzeptionell eigentlich sehr stark von Marangonis Publikation. „Wohnarchitektur", so schrieb Ponti zu wiederholten Malen, „ist nicht nur ein Thema der Kunst, sondern auch ein Thema der Zivilisation."

Zu Beginn, und nicht nur per Zufall, entstand die Zeitschrift im kleinmaßstäblichen Umfeld eines intellektuellen Familienbetriebs unter der Prämisse eines Dialogs zwischen den Künsten, wie explizit im Summary der allerersten Ausgabe angegeben: „Die Zeitschrift bietet sämtliche Informationen über wichtige Fragen rund um das Wohnen." Gelegentlich auch von Beispielen aus *Moderne Bauformen* oder *Deutsche Kunst und Dekoration* angeregt, vertraten *domus* und sein Verständnis von „zeitgenössischer Kunst" eine gemäßigte Vorstellung vom Zeitgeist, die im Rahmen einer „Geschichte" über die Wunder der Moderne behandelt wurde und die Architektur gleichberechtigt neben Literatur und Kunst stellte. In der Tat gehörten zu den Autoren der Zeitschrift nicht nur Architekten, sondern auch Schriftsteller, Kritiker und Vertreter der modernen städtischen Lebensform mit Beiträgen über neue Trends im Bauen bis zu Kolumnen über Kochen und Gartengestaltung.

Dieses umfassende Programm war jedoch durchaus nichts Einmaliges. Im Gegenteil, Raffaello Giolli hatte es bereits in „1927. Problemi d'arte attuale" (1917. Probleme zeitgenössischer Kunst) mit dem Begriff des „lebendigen Hauses" (casa viva) aufgegriffen. Während Giollis Initiative sich „an die Damen" richtete, „die Kunst oder auch nur ihr Heim lieben", suchte Ponti die Neugier des Lesers zu entfachen, um ihn „für die gestalterischen, geistigen und praktischen Probleme des modernen Lebens zu interessieren, ihn anzuregen und zu informieren und dabei jede Werbung sowie einseitige und ausschließende Betrachtungsweisen zu vermeiden".

Ponti entwickelte dieses Programm mit seiner Stellungnahme konsequent in der Diskussion der 1930er-Jahre. In Italien polarisierte sich die Kontroverse zunehmend durch das moralistische Charisma von Pagano Pogatschnig, dessen Vorbehalte gegen Ponti sich in seiner Bezeichnung des Architekten als „unschuldig" und „hoffnungslos optimistisch" zusammenfassen lassen. In Wahrheit waren die für *domus* ausgewählten Beispiele keineswegs simpel oder absehbar. Zum Beispiel enthielten die „Berichte" von Enrico A. Griffini vom März 1928 über die Stuttgarter Weißenhof-Ausstellung und ihre neuen Wohnbauten Auseinandersetzungen mit dem Thema „die rationale Wohnung", über den neuesten Stand von Bautechnik und Baugestaltung, die sowohl die Architektur als auch die Ausstattung von Wohnräumen und deren Zubehör betrafen. Schon in den ersten Ausgaben konnten Bruno Taut und Giuseppe Terragni neben Giovanni

Muzio, Tomaso Buzzi oder Pino Pizzigoni nebeneinander und der öffentliche Wohnungsbau von Luigi Piccinato im römischen Quartier Garbatella neben den anspruchsvollen Experimenten von Robert Mallet-Stevens oder Josef Frank bestehen. Wiederum war es auch nur *domus*, das im November 1934 den aggressivsten Gegenbeitrag von Edoardo Persico unter dem Titel „Punto e a capo per l'architettura" (Noch mal von vorn für die Architektur) veröffentlichte, der ernsthaft die Auffassungen des italienischen Rationalismus und dessen „affektiertes elitäres Europäertum" (europeismo di salotto) infrage stellte.

Ponti argumentierte: „Der Geist ist es, der sich in der Gestaltung der neuen Wohnung mehr als die Gegenstände unterscheiden und auf unterschiedliche Ziele ausrichten muss." Dieser „darf nicht modisch sein, weil er niemals aus der Mode kommen kann". Die Strategie von *domus* war daher vergleichbar mit einer Art „éducation sentimentale" des Lesers zur „Bildung eines individuellen und kollektiven Geschmacks", den man nur durch die visuelle Didaktik einer Moderne erwerben könne, die sich in den unterschiedlichsten Manifestationen von Kunst und zeitgenössischer Kultur äußere. Von diesem Gesichtspunkt aus gesehen, verrät die Grafik der Zeitschrift eine experimentelle Rastlosigkeit, die sich zum Beispiel in der Umschlaggestaltung, dem Seitenumbruch, den Erläuterung von Abbildungen in kurzen, treffenden Bildunterschriften und der Gestaltung der Anzeigen zeigte. 1929 wurde der Untertitel von *domus* in *L'arte nella casa* umgewandelt und erschien, statt wie bisher isoliert vor einem farbigen Hintergrund, als engerer, prägnanter, rechtwinkliger Schriftzug. Im Juni 1930 füllte der Titel den ganzen oberen Teil des Umschlags aus, im Dezember 1931 hatte die Weihnachtsausgabe einen völlig schwarzen Umschlag mit eleganter Schrift in Rot, und 1932 kennzeichnete eine noch strengere Form die Wende zur Akzeptanz der Schlichtheit einer rationalen Typografie. Unter Verzicht auf das Geschäft mit den bis ins Detail gehenden praktischen Vorschlägen und vergnüglichen Abschweifungen über ihre Entstehung bereitete die Zeitschrift sich jetzt auf einen entscheidenden Wendepunkt vor: die Auseinandersetzung mit dem Wandel des kulturellen Klimas in diesem problematischen Jahrzehnt. Im Jahre 1933, als Ponti an der Organisation der ersten Mailänder Triennale beteiligt war – die in Giovanni Muzios neuem Palazzo dell'Arte stattfand – , zeugte ein neuerlicher Wechsel der grafischen Gestaltung von der zunehmenden Akzeptanz der internationalen Ausrichtung der Zeitschrift, wogegen die Publikation von Besteguis Penthouse „über den Dächern von Paris" auch ein unkonventionelles Interesse an weniger ideologisch festgelegten Gestaltungsformen verrät.

Andererseits hatten sich mittlerweile die ursprünglichen Rahmenbedingungen radikal verändert. 1930 hatte Arrigo Bonfiglioli von Marangoni die Leitung von *Casabella* übernommen und einen neuen Kurs eingeschlagen mithilfe von Pagano Pogatschnig und Levi Montalcini, der auch für die eher bescheidene Grafik von Umschlag und Layout verantwortlich war. *Domus* wurde durch die Mitarbeit von Alberto Sartoris aus erster Hand in die verschiedenen Manifestationen der europäischen Avantgarde eingeführt. Außerdem wurde durch die Beteiligung von Edoardo Persico die Architektur in den Mittelpunkt der intellektuellen Ausrichtung auf künstlerische Innovationen gesetzt, ebenso wie die Begriffe „Stil" und „Geschmack", auf die sich Ponti permanent bezog. „Ein Stil" – erklärte Persico in der Einführung zu seinem 1930 erschienenen Beitrag „Stile. Un nuovo modo di essere" – „ist nicht nur das, was ein Klassiker fordern würde, sondern auch der Mensch, wie es die Romantiker bestätigen. (...) Ein Stil entsteht niemals nur durch die Bemühungen eines Einzelnen, sondern nur in lebendiger Zusammenarbeit einer ganzen Epoche. (...) Wir sollten nicht nur, wie Leonardo empfiehlt, die feuchten Stellen an Wänden oder die Wolken prüfen, sondern auch die instinktiven Bewegungen, die wir machen, um den Handschuh einer Dame aufzuheben, die Stellung, die eine Frau einnimmt, um ihren Hut aufzusetzen." Und in Pontis Beitrag „Lo stile nell'architettura e nell'arredamento" in *domus* vom Oktober 1934 heißt es: „Die moderne Kunst ist immer noch ein aristokratisches Phänomen, eine originale Schöpfung, eine isolierte Geste (...); sie kann – und das wird ihre eigentliche gestalterische Funktion sein – durch die Produktion zu einem kollektiven Werk werden, wenn die Instruktionen des Verfassers durch professionelle Disziplin interpretiert werden."

Ebenso wie Ponti vertrat auch Persico eine idealistische, aber keine ideologische Auffassung von der Moderne, weit entfernt von Pagano Pogatschnigs Kompromisslosigkeit und Misstrauen gegenüber jeglicher Ausdrucksform, die scheinbar von allen gesellschaftlichen, durch Nutzung und Funktion bedingten Auflagen befreit war. Ebenjenes „Ausbleiben der fantastischen Befreiung", das Persico Pagano Pogatschnig auf dem Höhepunkt des Rationalismus in Italien vorwarf, war für Ponti der Ausgangspunkt für seine Ausflüge in die Problematik der „Verbesserung" des auf eine Formel reduzierten Funktionalismus und sein „Ausweichen" zu den ursprünglichen Themen Natur und Landschaft, die ab Ende der 1930er-Jahre die von *domus* angeführte Revolution bestimmten. 1932 wurde *Architettura e Arti Decorative* umbenannt in *Architettura* und zum Organ der von Marcello Piacentini geleiteten nationalfaschistischen Architektenvereinigung. Im darauffolgenden Jahr begann *Quadrante* ein kurzes Abenteuer unter der Doppelspitze von Massimo Bontempelli und Pier Maria Bardi. Die Ausrichtung dieser beiden Zeitschriften radikalisierte den Widerspruch von Establishment und Avantgarde und zwang *Casabella*, zwischen dem offenbar kompromisslosen Extremismus von *Quadrante* und dem weitgehend regierungstreuen Agnostizismus von *Architettura* zu vermitteln, das zunehmend als Publikation für Wettbewerbe, große Stadtplanungsprojekte und territoriale Umstrukturierungen diente, zum Beispiel die Pläne für neue Städte in der Pontinischen Ebene. War der „reine" Rationalismus von *Quadrante* der Imperativ für seine Einstellung zur Avantgarde, so war es für *domus* die Überzeugung Pontis, dass eine gestalterische Auswahl notwendig sei. 1931 veröffentlichte *domus* Carlo Enrico Ravas Polemik gegen die angeblich gefährliche, von den Vertretern des internationalen Rationalismus geführte Revolution. Von Januar bis Juli führte die Kolumne „Specchio dell'Architettura Razionale" (Spiegel der rationalen Architektur) eine Diskussion über den ewigen Bestand der „mediterranen Geisteshaltung", die eine ephemere, aber intensive Periode italienischer Architekturinnovationen in Gang gesetzt hatte. Mit verschiedenen Abweichungen umfasste diese Debatte alle führenden Protagonisten der unterschiedlichen Lager, von Luigi Figini und Gino Pollini bis zu Studio BBPR, Bardi und Carlo Belli.

Ponti nannte dies die „evocazione mediterranea" (mediterrane Erweckung). Anstatt sich jedoch auf die rhetorischen Anforderungen eines archetypischen „Latin spirit" zu konzentrieren, kultivierte er beharrlich das Thema des „individuellen Lebens" und trat für ein Lebensideal ein, das auf Klarheit und reiner Inspiration beruhte und über alle obligatorischen ideologischen und formalen Vorstellungen hinausging.

Mit Beginn der 1930er-Jahre nahm *domus* immer wieder das Konzept der „Villa am Meer" auf und zeigte regelmäßig Projekte von Sebastiano Larco und Rava, Luigi Vietti, André Lurçat, Giancarlo Palanti, Guglielmo Ulrich und Gibelli, Luigi Carlo Daneri, Giuseppe Capponi und anderen in der Überzeugung, dass diese „der behagliche Ausdruck unserer gesunden Vitalität seien, ohne jeden sinnlosen Luxus und ähnlich übersättigte Moden". Aber es war vor allem das Interesse an den Projekten und Schriften von Bernard Rudofsky (und Luigi Cosenza), das die Erforschung des von *domus* verfolgten „Potenzials an Freiheit" bis zum Abenteuer mit *Stile*, nach Pontis erzwungenem Abgang 1941, bestimmte. Die Vorstellung von einer Architektur, die dem

Gefühl und der Fantasie Rechnung trüge, war das Leitmotiv einer „naturalistischen Akademie", offen für den Ausdruck von Körper, Empfindung und Kunst, fand auf unterschiedliche Weise Eingang in die neuen Trends der europäischen Architektur: von Alvar Aalto bis Le Corbusier. Wenn Rudofskys und Cosenzas Villa Oro in Posillipo von 1937 der eindeutige Höhepunkt eines „mediterranen Fiebers" war, das der Publikation der Villa in Bordighera von 1939 und vor allem dem Entwurf für „ein ideales Cottage" mit den originellen Abbildungen, die die konventionelle Darstellung von Architektur revolutionierten, vorausging, so bestätigte Carlo Mollinos Casa Miller in Turin, vorgestellt von Carlo Levi in der Septemberausgabe 1938, die breite Akzeptanz des rastlosen Experimentierens mit der Öffnung zur originalen Ikonografie des Surrealen. Der Nachdruck, mit dem Ponti Architektur „als Kunst und Anleitung zum Leben" unterbreitete, charakterisiert die letzte Phase seiner Führung, in der er die Entwicklung zur poetischen „Flucht in das eigene Heim" klar voraussah. Er übernahm sie als Programm in die ersten Ausgaben von *Stile*, das von 1941 bis 1947 sein neues *domus* war, zu dem er dann aber mit neuerlichem Enthusiasmus in den magischen Jahren des „italienischen Wunders" zurückkehrte.

L'art à la maison

Luigi Spinelli

La revue *domus* n'existerait pas si Gianni Mazzocchi, jeune homme de 21 ans venu chercher du travail à Milan en 1927, n'y avait pas rencontré Giovanni Ponti, un jeune designer qui travaillait pour la manufacture de porcelaine Richard-Ginori.

D'un autre côté, le Père Semeria, un religieux qui recueillait les orphelins de guerre pour leur enseigner un métier, disposait de l'équipement nécessaire pour ouvrir une imprimerie et cherchait de quoi imprimer. Après plusieurs tentatives ratées pour trouver un financement, il se tourne vers l'écrivain Ojetti qui mentionne le nom de Ponti. Ce dernier, avec quelques amis et le soutien financier de ses parents, avait fondé une revue d'art.

Le premier numéro de *domus* sort en janvier 1928, vendu au prix excessivement élevé de 10 lires. Le premier tirage de 100 000 exemplaires reste invendu ; le deuxième numéro quant à lui ne sera pas distribué aux abonnés par erreur. Gianni Mazzocchi, qui s'occupe des ventes, résoudra ces problèmes initiaux et augmentera le nombre d'abonnements. Menacé de devoir fermer pour manque de financement, Ponti propose à Mazzocchi de créer ensemble une entreprise : Editoriale Domus naît le 11 juillet 1929 dans l'étude du notaire Barassi, Piazza Cordusio, à Milan. Le capital de la société est de 200 000 lires, dont 150 000 serviront à acheter le magazine. Mazzocchi apporte une part de 10 000 lires que lui a prêtées sur l'honneur le distributeur Marco.

Deux ans plus tard, avec l'acquisition du nouveau siège de la société, les rôles respectifs adoptés par consentement mutuel de chacun seront mieux définis, ils sont décrits par Mazzocchi comme suit : « De 1932 à 1940, nous avons avancé avec Ponti comme président, directeur général et un rôle de porte-étendard culturel, tandis que j'étais moi-même directeur avec 75 pour cent des parts. » En 1934, Mazzocchi achète le magazine *Casabella* et en confie la rédaction à Giuseppe Pagano Pogatschnig, s'assurant ainsi la mainmise sur le concurrent italien immédiat. Les deux premières années, *domus*, sous-titré *Art in the Home*, garde un caractère néoclassique sérieux qui rappelle les publications de corporations artistiques et syndicats, mais deviendra rapidement plus informel et multidisciplinaire. Jusqu'en 1932, le format est légèrement réduit par rapport à celui d'aujourd'hui, avec de larges marges blanches autour de l'espace d'impression.

Le style des couvertures initiales est sobre, sans aucun enjolivement graphique digne de ce nom, avec la seule présence timide d'une image cadrée au centre de la page et une gamme de couleurs qui alterne à intervalles mensuels réguliers.

Les éditoriaux de Ponti qui ouvrent chaque numéro sont particulièrement significatifs. Après de premiers textes programmatiques qui définissent les objectifs du magazine — « La Maison italienne », « La Maison à la mode » —, ce sont des articles qui revendiquent l'importance des aspects « esthétiques » et « stylistiques » pour la production industrielle ou des pages isolées à forte puissance d'expression dans lesquelles les images éditées font l'objet de commentaires dynamiques par le biais de légendes courtes et incisives.

Les éditoriaux sont généralement écrits par Ponti qui les signe de son nom ou d'un pseudonyme, alternant cependant parfois avec Tomaso Buzzi ou Giancarlo Palanti. Certains sujets spécifiques sont aussi assignés à Carlo Enrico Rava qui introduira les grands maîtres de la nouvelle architecture européenne dans sa rubrique « Necessità di selezione » (La nécessité de la sélection), tandis qu'Enrico Griffini couvre les expositions d'architecture rationnelle et que Luigi Piccinato se charge des logements sociaux et de l'urbanisme.

C'est avec les rubriques consacrées à la gestion au foyer et le développement de l'éducation et du goût bourgeois que *domus* a trouvé son cœur de lectorat. Les articles d'art édités par Lamberto Vitali et les critiques littéraires confiées à Piero Gadda sont alors complétés par des rubriques gastronomiques mensuelles, signées E. V. Quattrova et qui comprennent des conseils pour recevoir, disposer la table de Noël ou organiser un pique-nique. De même, dans les parties consacrées aux tâches ménagères, on trouve la rubrique de Maria Teresa Parpagliolo sur les soins aux fleurs et plantes du jardin, la culture d'un jardin potager et d'un verger ou l'élevage d'animaux domestiques, ou encore sur les premiers et rudimentaires appareils électriques et autres accessoires pratiques pour la maison. Enfin, des plans et schémas d'exécution pour aménager salle à manger ou chambre à coucher sont fournis aux lecteurs, avec des patrons de broderie au crochet et les dernières nouvelles de la mode, les enregistrements à emmener en vacances ou les derniers films sortis et des articles sur les races de chiens. Parallèlement à ces pages consacrées à des sujets domestiques, *domus* offre un aperçu original et inattendu de la scène internationale au moyen de brusques changements d'échelle — vues ouvertes sur les « ciels américains » et les métropoles d'outre-mer, gratte-ciel du Rockefeller Center, jardins suspendus sur le toit du Radio City Music Hall, maisons en Californie conçues par Paul Frankl et intérieurs créés par George Howe et William Lescaze. Les nouvelles disciplines telles que la photographie d'art, le graphisme éditorial et publicitaire, l'agencement d'étalages et de magasins sont également au programme. Avec ces rubriques, le projet éditorial devient un outil pour apprendre à connaître les dernières tendances internationales.

Les nouvelles expressions de l'architecture européenne moderne sont présentées, non sans une certaine retenue, avec comme critère primordial leur qualité. On trouve un reflet de ce phénomène en Italie dans l'architecture de Giuseppe Terragni — l'immeuble Novocomun et le magasin Vitrum — et de Pietro Lingeri — le siège de l'AMILA à Tremezzo —, ou encore dans la *Casa Elettrica* réalisée pour la IVe Triennale de Monza, les condominiums milanais de Mario Asnago et Claudio Vender, les villas sur les collines autour de Turin par Gino Levi Montalcini ou les maisons sur le littoral romain par Adalberto Libera.

L'élargissement des horizons, prôné par Le Corbusier afin de tenir compte des aspects mécaniques de la vie moderne, inspire des articles sur l'intérieur de navires de croisière, d'avions civils ou de trains toujours plus rapides et sur la recherche du confort — mais plus encore du style — dans les environnements réservés aux voyageurs : le décor du transatlantique *Conte di Savoia* ou de l'avion de ligne Douglas dessiné par Henry Dreyfuss, ou encore le nouveau train de l'Union Pacific qui relie New York à Los Angeles en 56 heures et 55 minutes.

Le choix privilégié de ces sujets ne laisse pas pour autant de côté les conséquences de la construction de plus en plus intensive dans les villes modernes ou le phénomène nouveau des paysages urbains définis comme des « aspects de la vie contemporaine » : enseignes publicitaires, illuminations nocturnes de bâtiments pour changer en apparence les proportions des façades, réseaux d'infrastructure et leurs points d'ancrage au sol.

Plusieurs numéros seront consacrés à la grande Ve Triennale de Milan de 1933 — dont

Gio Ponti fait partie du comité d'organisation. Favorablement accueillie, elle lancera toute une série de nouveautés, telles la création d'installations permanentes et temporaires et de concours, la section présentant des prototypes de la vie moderne comme la villa-studio d'artiste de Luigi Figini et Gino Pollini ou la maison du samedi pour jeunes mariés de BBPR avec Piero Portaluppi.

Au-delà de la définition, de moins en moins pertinente, des « arts appliqués » et de l'insistance à présenter des écoles d'artisanat et de métiers, les expositions d'arts décoratifs des années 1930 révèlent aussi les premiers signes de ce qui se concrétisera pendant la décennie suivante sous forme de design industriel. Les exemples les plus fréquemment cités en sont l'éclairage de l'atelier de Pietro Chiesa, le verre de Murano et les produits céramiques issus des manufactures de Laveno and et de Doccia.

C'est aussi dans ce secteur industriel que les nouveaux matériaux peuvent alors être plus directement utilisés — pour faire l'objet de la rubrique « Domus Tecnica » (du verre incassable pour le salon aux robinetteries de salles de bain en grès cérame *porcelaine grès* cuit à haute température) —, tandis que les intérieurs renforcent les liens entre architectes et fabricants. Parmi les projets étrangers présentés par *domus*, on trouve les environnements créés par Robert Mallet-Stevens, Jean Michel Frank, Jean Royère et Gilbert Rohde, de distingués décorateurs d'intérieur français et américains qui travaillent pour une clientèle fortunée.

domus 90
June 1935

Cover

domus magazine cover

domus, une maison pour les Italiens

Fulvio Irace

La revue *domus* de Gio Ponti sort le 15 janvier 1928, sous-titrée *Architecture and Home Furnishing in Town and the Country* ; la même année, Guido Marangoni a lancé le magazine *Casabella, Arti e industrie dell'arredamento*, édité par Studio Editoriale Milanese, 16 via Boccaccio, à Milan. Dans le milieu italien dynamique de la seconde moitié des années 1920, cette publication représente un grand pas en avant. Elle témoigne de l'impact croissant du débat sur le renouveau des arts décoratifs et de l'architecture, ouvert à la première Biennale de Monza qui a ouvert ses portes le 19 mai 1923. Si elles sont d'abord l'écho des premiers pas maladroits des Italiens dans un milieu européen qui s'enorgueillit de traditions illustres telles que la colonie d'artistes de Darmstadt, les Wiener Werkstätte ou le Deutscher Werkbund en Allemagne, les expositions de Monza n'en joueront pas moins un rôle de catalyseur international pour le renouvellement du design des objets pratiques et des intérieurs qui s'est alors opéré, notamment en Lombardie après le rétablissement de la Société humanitaire de Milan (1903) et la fondation de l'Université des arts décoratifs à la Villa Reale de Monza (1921) — en plus des nombreuses expositions et publications qui exhortent à créer de nouvelles formes d'art « populaire » susceptibles d'aider à faire renaître l'enthousiasme pour le passage hésitant de l'artisanat à l'industrie et à relancer une économie nationale caractérisée par une indulgence anémiquement indifférente aux stéréotypes du passé, opposés aux modèles de l'étranger.

Le moment est propice. Le besoin de vecteurs d'information pour relancer le débat architectural en Italie a été invoqué fin 1926 dans le manifeste du Gruppo 7 et lors de ses premières apparitions officielles aux expositions de Monza en 1927 et 1930. C'est ensuite l'exposition internationale de Stuttgart en 1927, avec le nouveau modèle de cité résidentielle de Weissenhof, qui enflammera l'enthousiasme des jeunes architectes italiens, ranimant leur aspiration à entrer dans l'univers prestigieux des mouvements d'avant-garde européens. La tendance culmine en 1928 avec la formation du CIAM (Congrès internationaux d'architecture moderne) au château de la Sarraz, en Suisse, et la première exposition à Rome du nouveau Mouvement italien pour l'architecture rationnelle (MIAR). La vitesse à laquelle ces évènements se succèdent met rapidement en évidence les insuffisances des principales revues d'art et d'architecture, fondées entre la fin du XIXe siècle et le début du XXe siècle, malgré leurs timides signes d'ouverture envers les changements radicaux qui balayent alors le paysage européen.

En juillet 1928, *Emporium* ouvre brièvement une fenêtre sur l'« architecture moderne en Allemagne » avec un article d'Elvira Olshki sur le quartier résidentiel de Britz par Bruno Taut, le bâtiment AEG de Peter Behrens, la grande salle du Schauspielhaus par Hans Poelzig, la maison du Chili par Fritz Höger à Hambourg et la gare de Stuttgart, tandis qu'*Architettura e Arti Decorative*, le journal de l'Association artistique des cultivateurs d'architecture active depuis 1921, offre de généreux espaces aux architectes milanais du style Novecento néoclassique : Mino Fiocchi, Giuseppe Pizzigoni, Giuseppe De Finetti, Piero Portaluppi, Gio Ponti, Emilio Lancia, Gigiotti Zanini et d'autres. *L'Architettura Italiana* de son côté ouvre prudemment ses élégantes pages de style Umbertino à des créations d'Eugenio Giacomo Faludi, Gaetano Minnucci, Giuseppe Pagano Pogaschnig, Gino Levi Montalcini et Marcello Piacentini, suivant une approche éclectique autour des réflexions de Pietro Betta sur le « Gruppo 7 de Milan et la nouvelle architecture » (vol. 23, février 1927), avec la villa Parodi-Delfino de Virgilio Marchi, les pavillons de la foire commerciale de Sebastiano Larco et Carlo Enrico Rava ou la villa Brasini à Rome. Ces articles se contentent cependant de documenter le peu d'attention accordé à une « nouveauté » générique : une information à placer dans un contexte fondamentalement sans rapport avec le sens même de ces transformations révolutionnaires que le réseau fécond des magazines d'avant-garde, nés entre la fin de la Première Guerre mondiale et le début des années 1920, a soutenues au moyen de « manifestes » et de théories, ou avec l'apport extrêmement efficace d'une iconographie souveraine et omniprésente.

Rejetant tous les deux le format d'un magazine à la mode, *domus* et *Casabella* partagent l'objectif de promouvoir une nouvelle culture pour la maison qui ferait converger l'art, l'architecture et les arts décoratifs dans les expressions uniques d'une vision organique de l'univers domestique, ce qui correspond aussi à la demande du marché.

À différents niveaux et avec des degrés divers d'efficacité, Guido Marangoni et Gio Ponti incarnent alors l'esprit du temps. Le premier a dirigé le château des Sforza de 1916 à 1923, réorganisé l'école d'art de la Société humanitaire et fondé la Biennale de Monza ; le second sera directeur artistique de Richard-Ginori à partir de 1923 — l'année où la nouvelle ligne de porcelaines fait son entrée à la I^e^ Biennale de Monza — et créera avec Emilio Lancia la marque Domus Nova pour le groupe La Rinascente, qui encourage la production et la vente de nouveaux types de mobilier moderne destiné aux classes moyennes. Ces objectifs communs aboutiront finalement à la création des deux magazines auxquels Ponti se réfère délibérément dans le premier numéro de *domus* avec son manifeste sur « La Maison italienne », confirmé en novembre 1928 par Marangoni dans l'éditorial « Vers la nouvelle maison italienne ». Ainsi, sur un ton différent, les deux revues visent à créer une conscience esthétique qui, à la fois, valoriserait la tradition et encouragerait la recherche d'un style nouveau, avec pour critères le caractère pratique et la simplicité dictés par l'« esprit du temps ».

Mais leurs points communs se limitent à ces déclarations génériques d'intentions. En réalité, une fois leurs lignes éditoriales clairement définies et leurs intérêts identifiés, les deux revues s'avèrent fondamentalement différentes — et ce, avant même que Giuseppe Pagano Pogatschnig ne reprenne la gestion de *Casabella* en 1932 pour en faire l'organe du nouveau rationalisme italien.

Malgré le développement naturel, pour ne pas dire erratique, des intérêts exprimés dans *domus*, la revue de Ponti se distingue, dès le départ, de sa concurrente directe par le caractère plus moderne de ses choix éditoriaux. En prenant pour base la culture de la maison, elle développe les arguments d'une philosophie plus générale de la vie moderne, de l'art aux arts appliqués et à l'architecture. D'un autre côté, le titre même du magazine (« maison » en latin), dont Ugo Ojetti a encouragé la création, évoque la version aimable et personnelle de la vie domestique dont le rationalisme français fait alors presque le fondement d'une science sociale de l'espace à vivre, insistant sur les aspects « mécanistes » de la production de masse que l'évolution des connaissances techniques et de l'industrie de la construction semble encore assez généralement ignorer en Italie. Manifeste « rétrospectif » du concept de maison conçu comme une question de « civilisation », l'éditorial « La Maison italienne » fixe ainsi les coordonnées d'une certaine approche du problème de la vie domestique, qui fait de la théorie de la « machine à habiter » de Le Corbusier une limite inacceptable de l'humanisme religieux sur lequel Ponti base sa recherche d'un fondement domestique à la vie sociale. C'est dans ce contexte que l'idée même de créer la revue émerge, sur la proposition du populaire prédicateur barnabite Père Semeria acceptée par Ponti *in toto* : même le titre, qui peut sembler très proche de *Casabella*, n'a en fait qu'un rapport conceptuel éloigné avec la publication de Marangoni. « L'architecture domestique », écrira sans cesse Ponti, « n'est pas juste une question d'art, mais aussi une question de civilisation. »

Le magazine a été dès le départ, et ce n'est pas un hasard, coulé dans le moule étroit d'une association intellectuelle et familiale, sous l'étendard d'un dialogue entre les arts, comme le déclare explicitement la note au sommaire du premier numéro : « Le magazine fournit une information complète sur tout ce qui touche la maison. » Indirectement inspiré par les modèles trouvés dans *Moderne Bauformen* ou *Deutsche Kunst und Dekoration*, *domus* et sa formule de l'« art d'usage courant » proposent une version domestique du concept de Zeitgeist, notamment dans le cadre d'un « papier » sur les miracles de la modernité qui fait de l'architecture l'une de leurs composantes, au même titre que la littérature et les arts. Il faut dire que les collaborateurs du magazine comprennent, outre des architectes, des auteurs, critiques et représentants éminents de la vie citadine branchée, les sujets allant des nouvelles tendances dans la construction à la cuisine et au jardinage.

Ce vaste programme n'a cependant rien d'original. Raffaello Giolli l'a déjà fait sien dans « 1927. Problemi d'arte attuale » (1927. Problèmes de l'art contemporain) avec la formule de la « maison à vivre ». Si l'initiative de Giolli visait « les dames qui aiment l'art ou simplement leur maison », Ponti veut susciter la curiosité du lecteur, « l'intéresser, le passionner et l'informer sur les problèmes stylistiques, spirituels et pratiques de la vie actuelle », tout en rejetant toute « attitude de pure propagande, d'une vision unilatérale et exclusive ».

Ponti ne cessera de développer ce programme en prenant position dans le débat des années 1930. Le conflit se focalise alors de plus en plus en Italie autour du charisme moral de Pagano Pogatschnig, dont les réserves envers Ponti peuvent être résumées par sa définition de l'architecte comme « sincère » et « désespérément optimiste ». Les choix de *domus* sont pourtant tout sauf simples et prévisibles. Ainsi en mars 1928, les « reportages » d'Enrico A. Griffini sur l'exposition « Weissenhof » à Stuttgart et les nouvelles technologies en matière de logement opposent la question de la « maison rationnelle » et des données de première main sur les problèmes techniques et de construction qui toucheraient l'architecture, tels la conception de l'espace domestique et ses accessoires. Par ailleurs, dès les tout premiers numéros, la revue parvient à faire cohabiter Bruno Taut et Giuseppe Terragni d'une part, et Giovanni Muzio, Tomaso Buzzi ou Pino Pizzigoni d'autre part, ou encore le logement social de Luigi Piccinato dans le quartier romain de Garbatella et les subtiles expériences de Robert Mallet-Stevens ou Josef Franck. D'un autre côté, nul autre que *domus* n'a accueilli en novembre 1934 le plus corrosif et contre-tendance des textes d'Edoardo Persico, « Repartir à zéro pour l'architecture », qui remet profondément en question les hypothèses fondatrices du rationalisme italien et son « européanisme précieusement élitiste ».

Ponti expose alors que « plus que les choses, c'est l'esprit qui doit être différent et viser différents objectifs dans l'organisation de la maison nouvelle ». Cela « ne doit pas forcément être à la mode car c'est un style qui ne disparaîtra jamais ». La stratégie de *domus* est donc comparable à une « éducation sentimentale » du lecteur, à la « formation d'un goût personnel et collectif » pouvant uniquement être acquis par la didactique visuelle d'une modernité pleinement révélée à travers les manifestations les plus variées de l'art et de la culture contemporaine. De ce point de vue, le graphisme du magazine trahit une vitalité expérimentale qui s'exprime notamment à travers la conception des couvertures, les maquettes, les commentaires des images en légendes brèves et allusives et la présentation de la publicité. En 1929, le sous-titre de *domus* change pour devenir l'Art à la maison (Art in the Home), et le titre ne se détache plus isolé sur un fond de couleur, mais écrit dans un cartouche rectangulaire beaucoup plus sobre. En juin 1930, le titre occupe toute la partie supérieure de la couverture ; en décembre 1931, le numéro de Noël présente une couverture toute noire à l'élégant lettrage rouge et, en 1932, l'apparition d'un format encore plus dépouillé marque le tournant vers l'adoption engagée de la typographie rationnelle et de sa simplicité. Dépouillé des suggestions pratiques minutieusement détaillées et des digressions plaisantes sur ses origines, la revue se prépare à un autre tournant décisif et affronte les changements dans le climat culturel de cette décennie difficile. En 1933, l'année où Ponti contribue à l'organisation de la première Triennale de Milan dans le nouveau Palazzo dell'Arte de Giovanni Muzio, une nouvelle modification graphique atteste que la revue assume de mieux en mieux son rôle international, tandis que la publication de l'appartement penthouse de Bestegui « sur les toits de Paris » révèle une attention pour le moins non conformiste envers des expressions moins alignées idéologiquement.

D'un autre côté, le cadre d'origine a alors déjà subi sa révolution en profondeur. En 1930, Arrigo Bonfiglioli a repris la gestion de *Casabella*, il succède à Marangoni et prend un nouveau cap en soutenant Pagano Pogatschnig et Levi Montalcini, l'auteur du graphisme dépouillé des couvertures et de la mise en page. Du côté de *domus*, la collaboration avec Alberto Sartoris place la revue en première ligne des diverses manifestations de l'avant-garde européenne, tandis que la participation d'Edoardo Persico fait de l'architecture le centre de l'intérêt spirituel dans l'innovation artistique avec les notions de « style » et de « goût » auxquelles Ponti lui-même se réfère en permanence. « Un style » — selon les explications données par Persico dans l'introduction de 1930 à sa rubrique « Style. Une nouvelle manière d'être » —, « ce n'est pas seulement la chose, comme l'exigerait le classicisme, mais aussi l'homme, comme l'affirme le romantisme. (...) La création d'un style ne relève jamais d'un effort solitaire, mais de la collaboration vivante de toute une époque. (...) Nous devons non seulement examiner soigneusement les taches laissées par l'humidité sur les murs et les nuages comme nous en a avisés Léonard de Vinci, mais aussi le geste instinctif pour retirer le gant d'une dame, la ligne qu'une femme trace lorsqu'elle met son bonnet. » Ou dans la rubrique « Style en architecture et mobilier » de *domus*, introduite par Ponti en octobre 1934 : « L'art moderne reste un phénomène aristocratique, une création originale, un geste isolé (...) il peut devenir — et ce sera sa fonction totalement stylistique — un travail collectif par le biais de la production dès lors que les instructions des auteurs sont interprétées à travers une discipline professionnelle. »

Comme Ponti, Persico possède une vision idéaliste et non idéologique de la modernité, loin de l'intransigeance de Pagano Pogatschnig et de sa pusillanimité envers toute forme d'expression issue en apparence de l'hypothèque sociale imposée à l'usage et l'intention. C'est ce « manque de libération fantastique » — qui vaudra à Pagano Pogatschnig une réprimande de Persico à l'apogée du rationalisme en Italie — que Ponti prendra comme point de départ de ses digressions, typiques de la révolution menée par *domus* à partir de la fin des années 1930, vers la difficulté à « réviser » le fonctionnalisme réduit à une formule et à « échapper » aux thèmes originaux de la nature et du paysage. En 1932, *Architettura e Arti Decorative* devient *Architettura*, l'organe de l'Union nationale des architectes fascistes dirigée par Marcello Piacentini. L'année suivante, *Quadrante* entame sa courte trajectoire sous la direction Massimo Bontempelli et Pier Maria Bardi. La position de ces deux magazines creuse plus profondément l'écart entre establishment et avant-garde, forçant *Casabella* à jouer les médiateurs entre l'extrémisme en apparence intransigeant de *Quadrante* et l'agnosticisme sensiblement gouvernemental d'*Architettura* — qui se fera de plus en plus la vitrine des concours et transformations urbanistiques et territoriales d'envergure, comme les plans des villes nouvelles de l'Agro Pontino. Si pour les mouvements d'avant-garde c'est le rationalisme « pur » de *Quadrante* qui s'impose alors, pour *domus* c'est la conviction de Ponti qu'un choix stylistique est nécessaire.

En 1931, *domus* relaie la polémique lancée par Carlo E. Rava contre les dangers prétendus de la révolution qu'incarnent les réalisations du rationalisme international. De janvier à juillet, la rubrique « Miroir de l'architecture rationnelle » poursuit une discussion sur la pérennité de l'« esprit méditerranéen » qui a inauguré une période éphémère, mais intense, d'innovation architecturale en Italie. Décliné sous des formes variées, le débat voit intervenir tous les principaux protagonistes des différents camps, de Luigi Figini et Gino Pollini à Studio BBPR, Bardi et Carlo Belli.

Ponti parle alors d'« évocation méditerranéenne ». Mais plutôt que de se concentrer sur les prétentions rhétoriques d'un « esprit latin » archétype, il cultive avec insistance le thème de la « vie individuelle » et l'affirmation d'un idéal de vie basé sur la clarté et la limpidité de l'inspiration qui transcende tous les schémas idéologiques et formels obligatoires.

À partir des années 1930, *domus* revisite résolument le concept de « villa de bord de mer » et présente régulièrement des créations de Sebastiano Larco et Rava, Luigi Vietti, André Lurçat, Giancarlo Palanti, Guglielmo Ulrich et Gibelli, Luigi Carlo Daneri, Giuseppe Capponi et d'autres, porté par la conviction que la maison est « l'expression douillette de notre saine vitalité, étrangère à tout maniérisme inutile et autres modes aussi blasées ». Mais c'est avant tout l'attention accordée aux projets et écrits de Bernard Rudofsky (et Luigi Cosenza) qui éclaire la recherche du « potentiel de liberté » à laquelle *domus* se livrera jusqu'à l'aventure de *Stile* après la démission forcée de Ponti en 1941. L'intuition d'une architecture qui suggère les droits au sentiment et à l'imagination forme le leitmotiv d'une « académie naturaliste » ouverte aux expressions du corps, des sentiments et à un art qui, d'une manière différente, filtre alors à travers les nouvelles tendances de l'architecture européenne, d'Alvar Aalto au Corbusier. Si la Villa Oro de Cosenza et Rudofsky, construite sur le Pausilippe en 1937, incarne le sommet sans équivoque d'une « fièvre méditerranéenne » anticipant la publication en 1939 de la villa de Bordighera, et surtout le concept de « cottage idéal » dont les illustrations inventives ont révolutionné la représentation conventionnelle de l'architecture, la Casa Miller de Carlo Mollino à Turin, présentée par Carlo Levi dans le numéro de septembre 1938, témoigne, quant à elle, du franc accueil fait à un expérimentalisme bouillonnant et son ouverture sur l'iconographie originale des surréalistes. La dernière phase de la direction de Ponti sera caractérisée par l'urgence d'imposer l'architecture « comme un art et un guide de vie », anticipant le plein développement de la « fuite dans la maison » poétique dont les premiers numéros de *Stile* feront leur programme. Le magazine sera la « nouvelle *domus* » de Ponti entre 1941 et 1947, il y reviendra avec un enthousiasme renouvelé pendant les années magiques du « miracle italien ».

DOMUS

3 - L'ARTE NELLA CASA E NEL GIARDINO - MAGGIO 1937-XV

LA GRANDE CAMPAGNA DI DOMUS PER IL VERDE, PER LA VITA AL SOLE ED ALL'ARIA LIBERA, PER L'ABITAZIONE CONFORTATA DA TERRAZZE E DA VEDUTE, SI INTEGRA IN QUESTO VOLUME PRESENTANDO UNA IMPORTANTISSIMA SOLUZIONE DEL PROBLEMA DELL'ARCHITETTURA DELLA CASA, E SVILUPPANDO QUESTA CONCEZIONE SINO A DARE UNA FORMA NUOVA ALLE CITTÀ

lomus 113
Лay 1937

Cover

domus magazine cover

L'arte della casa

Luigi Spinelli

La storia della rivista *domus* non sarebbe iniziata senza l'incontro tra Gianni Mazzocchi, ventunenne arrivato nel 1927 a Milano in cerca di lavoro, e Gio Ponti, giovane disegnatore per la fabbrica di ceramiche Richard-Ginori.

Padre Semeria, un religioso che raccoglie gli orfani di guerra per insegnare loro un mestiere, ha a disposizione l'attrezzatura per organizzare una tipografia, ma è alla ricerca di qualcosa da stampare. Dopo vari tentativi falliti di trovare finanziamenti si rivolge allo scrittore Ugo Ojetti, che gli fa il nome di Ponti. Questi, con alcuni amici e l'aiuto finanziario dei genitori, fonda una rivista dedicata alle arti.

domus esce nel gennaio 1928 al prezzo – troppo alto – di 10 lire. La prima tiratura di 100.000 copie resta invenduta; il secondo fascicolo per errore non viene distribuito agli abbonati. Gianni Mazzocchi, che lavora alle vendite della rivista, risolve questi problemi iniziali di distribuzione e fa decollare il numero degli abbonamenti. Di fronte al problema della chiusura per mancanza di fondi, Ponti gli propone di fondare insieme una società. L'Editoriale *domus* nasce l'11 luglio 1929 presso lo studio del notaio Barassi in piazza Cordusio a Milano. Il capitale sociale è di 200.000 lire, di cui 150.000 servono per acquistare la rivista. Mazzocchi entra nella società con una quota di 10.000 lire, prestate sulla fiducia dal distributore Marco.

L'occasione di entrare in possesso, due anni dopo, di un'area per la nuova sede, assesta i rispettivi ruoli, definiti in comune accordo e così descritti in seguito da Mazzocchi: «Dal 1932 al 1940 siamo andati avanti così, con Ponti presidente e consigliere delegato, in funzione di bandiera culturale, e io in funzione di direttore amministrativo con il 75 per cento della società».

Nel 1934 Mazzocchi acquisterà la rivista *Casabella* e ne affiderà la direzione a Giuseppe Pagano Pogatschnig, assicurandosi in questo modo anche la diretta concorrenza italiana.

I primi due anni di pubblicazione sono contrassegnati da uno stile neoclassico e serioso, analogo a quello di molti organi di corporazioni artistiche e sindacali dell'epoca, ma molto presto *domus* – sottotitolata *L'arte nella casa* – acquista un disinvolto carattere multidisciplinare. Fino al 1923 il formato è leggermente più piccolo di quello attuale, con pagine dagli ampi bordi bianchi. Le copertine seguono agli inizi uno stile sobrio, che non ha il supporto di un vero e proprio progetto grafico, con la timida presenza di un'unica immagine incorniciata al centro della pagina, e una gamma di colori che si alternano per ognuno dei dodici mesi su un disegno costante.

Significativi sono gli editoriali con cui il direttore apre ogni fascicolo. Dai primi testi programmatici che inquadrano gli obiettivi della rivista – «La casa all'italiana», «La casa di moda» – si passa ad articoli in cui si rivendica l'importanza degli aspetti ‹estetici› e di ‹stile› nel campo della produzione industriale, oppure a singole pagine fortemente espressive, dove immagini montate dinamicamente lasciano il commento a una breve e incisiva didascalia.

Chi scrive è soprattutto Ponti, che si firma apertamente o con pseudonimi; a lui si alter-

Gio Ponti and Gianni Mazzocchi, c. 1969

nano in redazione Tomaso Buzzi e Giancarlo Palanti. Argomenti specifici sono affidati a Carlo Enrico Rava, che nelle puntate della rubrica «Necessità di selezione» presenta i maestri della nuova architettura europea, a Enrico Griffini per le esposizioni di architettura razionale, a Luigi Piccinato per l'edilizia popolare e i temi relativi all'urbanistica.

È sulle rubriche dedicate alla gestione della casa e alla crescita dell'educazione e del gusto borghese che *domus* costruisce in questi anni un suo pubblico di lettori. Accanto ad articoli sull'arte, curati da Lamberto Vitali, e a pagine di recensioni letterarie, affidate a Piero Gadda, ci sono rubriche fisse di gastronomia, a firma di E. V. Quattrova, con consigli su come ricevere gli ospiti e apparecchiare il pranzo di Natale, o su come organizzare un picnic. Nelle sezioni sulle mansioni domestiche troviamo la rubrica di Maria Teresa Parpagliolo sulla cura di fiori e piante in giardino, la coltivazione dell'orto e del frutteto, l'allevamento degli animali da cortile, o la presentazione dei primi rudimentali elettrodomestici e altri accessori pratici per la casa. Si regalano ai lettori disegni esecutivi per la realizzazione di mobili per la sala da pranzo o la camera da letto, modelli per il ricamo all'uncinetto, aggiornamenti sulla moda, indicazioni sulla scelta dei dischi per la villeggiatura o sul prossimo film da vedere al cinematografo, articoli sulle razze canine.

Accanto a queste pagine domestiche, *domus* mostra aperture improvvise verso il panorama internazionale. Con veloci salti di scala si aprono le visioni di «cieli americani» e metropoli d'oltremare, i grattacieli del Rockefeller Center, i giardini pensili sul tetto del Radio City Music Hall, le case californiane di Paul Frankl, gli interni di George Howe e William Lescaze. Viene dato spazio anche a discipline nuove come la fotografia artistica, la grafica editoriale e pubblicitaria, il disegno di allestimenti e negozi. Sono soprattutto queste le pagine dove il progetto editoriale si colloca su un livello di aggiornamento internazionale.

Anche se con cautela, le nuove espressioni della moderna architettura europea vengono ospitate secondo il principio che assegna la priorità alla qualità architettonica. All'interno dei confini nazionali i, riflessi di questa apertura sono le architetture di Giuseppe Terragni – il Novocomum e il negozio Vitrum – e di Pietro Lingeri – la sede dell'AMILA a Tremezzo – la Casa Elettrica nel Parco di Monza, i condomini milanesi di Mario Asnago e Claudio Vender, le ville sulle colline torinesi di Gino Levi Montalcini e le palazzine sul litorale romano di Adalberto Libera.

L'apertura di orizzonti predicata da Le Corbusier sugli aspetti meccanici dell'abitare moderno porta a includere tra le pagine della rivista gli interni di navi da crociera, aeroplani civili, treni sempre più veloci, alla ricerca di comfort – ma soprattutto di stile – per gli ambienti dedicati ai viaggiatori: gli interni del transatlantico *Conte di Savoia*, dell'aereo Douglas di Henry Dreyfuss o del nuovo treno della Union Pacific che collega New York e Los Angeles in 56 ore e 55 minuti.

L'attenzione a questi soggetti non porta a trascurare le conseguenze di un'edificazione sempre più intensiva della città moderna e i nuovi fenomeni del paesaggio urbano, definiti «aspetti della vita d'oggi»: le insegne pubblicitarie, l'illuminazione notturna degli edifici, che cambia le proporzioni delle facciate, le reti delle infrastrutture e i loro appoggi a terra.

Alla grande esposizione per la V Triennale del 1933 nel Parco di Milano – manifestazione che innesca una serie di eventi come la realizzazione di installazioni permanenti e temporanee e concorsi, e del cui Direttorio fa parte Gio Ponti – sono dedicati più fascicoli, da maggio a settembre, e un supplemento che presenta i prototipi dell'abitare moderno, come la «villa-studio per un artista» di Luigi Figini e Gino Pollini o la «casa del sabato per gli sposi» dei BBPR con Piero Portaluppi.

Le esposizioni di arti decorative degli anni Trenta mostrano anche, dietro la definizione sempre più inadeguata di «arti applicate» e la presentazione insistita di scuole professionali e artigianali, i primi segnali di quello che nel decennio successivo esploderà come *industrial design*. Gli esempi più replicati sono le lampade della bottega di Pietro Chiesa, i vetri di Murano, le ceramiche della Manifattura di Laveno e di quella di Doccia.

Quello degli interni è un campo nel quale esercitare in modo più diretto i nuovi materiali – presentati nella rubrica «*domus* Tecnica» (dal cristallo infrangibile in soggiorno al gres porcellanato per gli apparecchi sanitari) – e cementare i rapporti tra architetti e aziende produttrici. I modelli esteri sono gli ambienti di Robert Mallet-Stevens, Jean Michel Frank, Jean Royère e Gilbert Rohde, sofisticati arredatori francesi e americani per clienti ricchissimi.

domus 133
January 1939

Cover

domus magazine cover

domus, una casa per gli italiani

Fulvio Irace

Con il sottotitolo di *Architettura e arredamento dell'abitazione in città e campagna*, *domus* di Gio Ponti fa il suo esordio il 15 gennaio 1928, lo stesso anno in cui Guido Marangoni licenzia alle stampe la rivista *Casabella. Arti e industrie dell'arredamento*, per i tipi dello Studio Editoriale Milanese con sede in via Boccaccio 16. In un panorama in movimento come quello italiano nella seconda metà degli anni Venti, la novità è rilevante e testimonia la crescente fortuna che il dibattito sul rinnovamento delle arti decorative e dell'architettura aveva avuto modo di registrare a partire dal 19 maggio 1923, data d'inaugurazione della I Biennale di Monza. Nonostante gli impacciati esordi in un contesto europeo che poteva ormai vantare tradizioni illustri come la colonia degli artisti a Darmstadt, le Wiener Werkstätte a Vienna e il Deutscher Werkbund in Germania, le mostre monzesi fornirono infatti il catalizzatore internazionale a un'aspirazione al rinnovamento del prodotto d'uso e dell'architettura dell'abitare che, soprattutto in Lombardia, si era espressa nella rifondazione della Società Umanitaria di Milano (1903) e nella fondazione dell'Università delle Arti Decorative (1921) presso la Villa Reale di Monza, oltre che nelle numerose esposizioni e pubblicazioni che esortavano alla creazione di nuove forme d'arte «popolare», capaci di ridare slancio all'incerto passaggio tra artigianato e industria e di rivitalizzare un'economia del prodotto domestico che, rispetto ai modelli stranieri, mostrava il fiato corto di un apatico indulgere in uno stereotipato passato.

Il momento era insomma propizio e la necessità di organi di informazione improntati alla riapertura in Italia del dibattito architettonico era stata rilanciata proprio sul finire del 1926 dal manifesto del Gruppo 7 e dalle prime sue apparizioni ufficiali nelle mostre monzesi del 1927 e del 1930; nel 1927, poi, la costruzione del quartiere modello del Weissenhof in occasione dell'esposizione internazionale di Stoccarda aveva acceso gli entusiasmi dei giovani architetti italiani, rinfocolandone l'aspirazione a entrare nel circolo prestigioso delle avanguardie europee, sancito nel 1928 dalla costituzione dei CIAM (Congrès Internationaux d'Architecture Moderne) al castello di La Sarraz e dalla prima mostra romana del nuovo Movimento Italiano per l'Architettura Razionale (MIAR). La rapidità con cui si susseguivano gli eventi faceva sembrare sempre presto inadeguate le maggiori riviste d'arte e d'architettura fondate in Italia tra la fine del XIX e l'inizio del XX secolo, nonostante i loro timidi segnali di apertura verso i radicali rinnovamenti della scena europea.

Emporium, ad esempio, con l'intervento di Elvira Olschki nel luglio 1928, apriva una fugace finestra sull'«Architettura moderna in Germania», pubblicando il quartiere Britz di Bruno Taut, l'AEG di Peter Behrens, la Schauspielhaus di Hans Poelzig, la Chilehaus di Fritz Höger ad Amburgo e la stazione di Stoccarda; mentre *Architettura e arti decorative* – la rivista dell'Associazione Artistica fra i Cultori dell'Architettura attiva dal 1921 – concedeva generosi spazi ai ‹neoclassici› milanesi – Mino Fiocchi, Giuseppe

Pizzigoni, Giuseppe De Finetti, Piero Portaluppi, Gio Ponti, Emilio Lancia, Gigiotti Zanini, ecc. – e *L'architettura italiana* ibridava cautamente le sue eleganti pagine di gusto umbertino con progetti di Eugenio Giacomo Faludi, Gaetano Minnucci, Giuseppe Pagano Pogatschnig, Gino Levi Montalcini e Marcello Piacentini, secondo un taglio eclettico che accostava le considerazioni di Pietro Betta su «Il gruppo 7 di Milano e l'architettura nuova» (XXII, febbraio 1927) alla villa Parodi-Delfino di Virgilio Marchi, ai padiglioni fieristici di Sebastiano Larco e Carlo Enrico Rava o alla villa Brasini a Roma. Ma si trattava, appunto, di scampoli di un'attenzione a un generico ‹nuovo›: informazioni, insomma, da inserire in un contesto sostanzialmente estraneo al significato di quei cambiamenti rivoluzionari che la prolifica rete di riviste d'avanguardia – a cavallo tra la fine della guerra mondiale e i primi anni Venti – aveva promosso con la pratica dei ‹manifesti› e delle teorie e con il sostegno efficacissimo di un'iconografia radicale e martellante.

Pur rifiutando entrambe il format della rivista di tendenza, sia *domus* che *Casabella* condividono l'obiettivo di una nuova cultura della casa entro la quale far convergere arte, architettura e arti decorative come espressioni unitarie di una visione organica dell'universo domestico, sensibile anche alle esigenze del mercato.

Da fronti diversi e con diversa efficacia, Guido Marangoni e Gio Ponti sono personaggi emblematici di questo momento: il primo soprintendente al Castello Sforzesco dal 1916 al 1923, organizzatore delle scuole d'arte all'Umanitaria e ideatore delle Biennali monzesi; il secondo direttore artistico della Richard-Ginori dal 1923 – anno d'esordio della nuova produzione ceramica alla I Biennale di Monza – e fondatore con Emilio Lancia del marchio *domus* Nova per il gruppo La Rinascente, con cui si proponeva la produzione e la commercializzazione di nuove tipologie d'arredo moderno per le classi medie. Nasce da questa comunanza di obiettivi il progetto delle due riviste che, non a caso, Ponti indicherà sin dal primo numero con il suo manifesto «La casa all'italiana» e Marangoni ribadirà nel novembre 1928 con l'editoriale intitolato «Verso la nuova casa italiana». Con accenti diversi, dunque, entrambe le riviste si propongono la creazione di una coscienza estetica che allo stesso tempo valorizzi la tradizione e alimenti la ricerca di un nuovo inclusivo di quei criteri di praticità e di semplicità dettati dallo «spirito del tempo».

Le convergenze tuttavia si fermeranno su queste generiche dichiarazioni d'intenti che, nei fatti, il consolidarsi delle due riviste e il precisarsi dei loro interessi provvederanno a differenziare radicalmente, anche prima che Giuseppe Pagano Pogatschnig subentri nel 1932 alla direzione di *Casabella*, trasformandola con l'aiuto di Edoardo Persico nell'organo del nuovo razionalismo italiano.

Nonostante l'andamento disinvolto, se non erratico, degli interessi di *domus*, la rivista di Ponti si differenzia subito dalla sua diretta concorrente per il tono aggiornato delle sue scelte editoriali, che intorno alla centralità della cultura della casa costruiscono le argomentazioni di una più generale filosofia dell'abitare moderno, dall'arte all'arte applicata, all'architettura. D'altronde, il titolo stesso della rivista, da lui fondata con l'incoraggiamento di Ugo Ojetti, evoca una versione affabile e personale di quella tematica della casa che il razionalismo d'oltralpe aveva impostato quasi sul registro di una scienza sociale dello spazio abitativo, insistendo su quegli aspetti «meccanicistici» della produzione seriale che in Italia apparivano ancora largamente disattesi dall'evoluzione del sapere tecnico e dallo stato dell'industria delle costruzioni. Manifesto «retrospettivo» di un'idea di casa come «problema di civiltà», l'editoriale «La casa all'italiana» delinea le coordinate di un approccio alla questione abitativa che individua nel teorema lecorbusiano di «machine à habiter» un limite inaccettabile a quell'umanesimo religioso su cui riposava la ricerca di Ponti di una fondazione domestica della vita sociale. È in tale contesto che matura l'occasione stessa della rivista, secondo la proposta suggerita dal popolare predicatore barnabita Padre Semeria e accolta da Ponti sin dall'intitolazione, tanto apparentemente simile quanto concettualmente distante da *Casabella* di Marangoni: «L'architettura della casa – scrive ripetutamente Ponti – non è un problema d'arte soltanto, è un problema di civiltà».

All'inizio, non a caso, la rivista è improntata alla dimensione artigianale di un sodalizio intellettuale e familiare all'insegna del colloquio tra le arti, secondo l'avvertenza esplicitata già nel sommario del primo numero: «La rivista dà ogni indicazione su quanto interessa la casa». Ispirata latamente ai modelli proposti da *Moderne Bauformen* o *Deutsche Kunst und Dekoration*, *domus* offriva con la sua formula dell'«arte attuale» una versione addomesticata del concetto di *Zeitgeist*, dandone dimostrazione nell'intelaiatura di un ‹racconto› sulle meraviglie della modernità che utilizzava l'architettura come ingrediente al pari della letteratura e delle arti. Contribuivano infatti alla rivista non solo architetti ma anche scrittori, critici ed esponenti della vita mondana cittadina, con articoli che spaziavano dalle nuove tendenze costruttive alle rubriche di cucina e di giardinaggio.

Il programma non era nuovo e già Raffaello Giolli l'aveva adottato in «1927. Problemi d'arte attuale» nella formula della «casa viva»: se l'iniziativa di Giolli si rivolgeva «alle signore che amano l'arte o anche solo la casa», quella di Ponti si proponeva di incuriosire il lettore, di «interessarlo, appassionarlo, documentarlo nei riguardi dei problemi stilistici, spirituali, pratici della vita d'oggi», rifiutando tuttavia «un atteggiamento di mera propaganda, di unilaterale, esclusiva visione».

Lo svolgimento di tale programma fu attuato da Ponti con una coerenza che scaturiva dalla sua stessa posizione nel dibattito degli anni Trenta, sempre più polarizzato in Italia dal carisma moralista di Pagano Pogatschnig, le cui riserve sulla figura di Ponti possono sintetizzarsi nella definizione dell'architetto come «candido» e «inguaribilmente ottimista». In realtà, le scelte di *domus* sono tutt'altro che semplici o scontate: nel marzo del 1928, ad esempio, i ‹reportages› di Enrico A. Griffini sul Weissenhof di Stoccarda e sulle nuove tipologie abitative aprono al tema della «casa razionale» con aggiornamenti di prima mano su problematiche tecniche e costruttive che riguarderanno l'architettura come la progettazione dello spazio domestico e dei suoi complementi d'arredo. Sin dai primi numeri, Bruno Taut e Giuseppe Terragni possono coesistere con Giovanni Muzio, Tomaso Buzzi o Pino Pizzigoni, le case popolari di Luigi Piccinato alla Garbatella di Roma con le sofisticate sperimentazioni di Robert Mallet-Stevens o di Josef Frank; sarà d'altra parte proprio *domus* a ospitare nel novembre 1934 il saggio più corrosivo e controcorrente di Edoardo Persico, «Punto e a capo per l'architettura», che mette severamente in discussione gli stessi presupposti del razionalismo italiano e il suo «europeismo da salotto».

«Più che le cose – sostiene Ponti – è lo spirito che deve essere diverso e teso a differenti scopi nel sistemare la casa nuova»: questa «non deve essere di moda perché non deve passare di moda». La strategia di *domus* è dunque equiparabile a una sorta di «educazione sentimentale» del lettore in vista della «formazione di un gusto individuale e collettivo» acquisibile solo attraverso la didattica visiva di una modernità ampiamente dispiegata nelle più varie manifestazioni dell'arte e della cultura contemporanee. La grafica della rivista è da tale punto di vista illuminante di un'inquietudine sperimentale che si esplica nel disegno delle copertine, nella composizione degli impaginati, nella valorizzazione delle immagini con brevi e pungenti didascalie, nella presentazione della pubblicità, ecc. Nel 1929, l'intitolazione *domus* – cui si aggiunge la specifica *L'arte nella casa* – invece di stagliarsi isolata su uno sfondo colorato appare iscritta in un cartiglio rettangolare di più stringata sinteticità. Nel giugno 1930, la titolazione occupa invece l'intera fascia superiore della copertina; nel dicembre 1931, il numero di Natale esibisce una copertina tutta nera con un'elegante scritta in rosso, mentre nel 1932 un formato ancora più austero segna la svolta verso una convinta adesione alla semplicità della tipografia razionale: sfrondata del minuzioso pullulare di indicazioni pratiche e amabili divagazioni delle origini, la rivista si prepara a una svolta decisiva per affrontare il cambiamento di clima culturale del problematico decennio. Nel 1933, l'anno che vede Ponti coinvolto nella gestione della prima Triennale milanese – la V edizione ospitata nel nuovo Palazzo dell'Arte di Giovanni Muzio – un nuovo cambio di grafica testimonia la crescente adesione della rivista alla sua vocazione internazionale, mentre la pubblicazione dell'attico Beistegui «sui tetti di Parigi» denota un'attenzione non convenzionale alle espressioni meno ideologicamente allineate.

A quella data, d'altra parte, il quadro iniziale risulta già radicalmente rivoluzionato: nel 1930 Arrigo Bonfiglioli assume la direzione di *Casabella* al posto di Marangoni e apre un nuovo corso con il sostegno di Pagano Pogatschnig e Levi Montalcini, cui si deve pure la grafica essenziale delle copertine e dell'impaginato. Se la collaborazione di Alberto Sartoris introduce un'eco di prima mano dei vari spiegamenti delle avanguardie europee, quella di Edoardo Persico trasferisce nell'architettura l'interesse spirituale per la ricerca artistica e l'attenzione a quelle nozioni di ‹stile› e di ‹gusto› cui amerà riferirsi costantemente lo stesso Ponti. «Uno stile» spiega Persico nell'introdurre nel 1930 la sua rubrica «Stile. Un nuovo modo di essere», «non è soltanto la cosa, come pretenderebbe un classico, è anche l'uomo, come affermano i romantici (...). La creazione di uno stile non è mai l'impegno di uno sforzo solitario, ma la collaborazione vivente di tutta un'epoca. (...) Bisognerebbe guardare attentamente, non solo, come voleva Leonardo, nelle macchie che fa l'umidità sui muri o nelle nuvole, ma al gesto istintivo che facciamo per raccattare il guanto a una signora, alla linea che disegna una donna quando si mette il cappello». E «Lo stile nell'architettura e nell'arredamento» si chiamerà anche la rubrica introdotta da Ponti a partire dall'ottobre 1934 su *domus*: «L'arte moderna rimane ancora un fatto aristocratico, una creazione d'autore, un gesto isolato (...) essa può diventare – e questa sarà la sua funzione totale stilistica – opera collettiva attraverso una produzione, quando i dettati degli autori saranno interpretati attraverso una disciplina di mestiere».

Come Ponti, Persico ha della modernità una visione non ideologica ma idealista, lontana dalla intransigenza di Pagano Pogatschnig e dalla sua diffidenza verso ogni forma di espressione apparentemente svincolata dall'ipoteca sociale dell'uso e della destinazione. Proprio quell'«assenza di liberazione fantastica» che Persico rimprovera a Pagano negli anni di massima fortuna del razionalismo in Italia viene assunta da Ponti come base di partenza per le sue escursioni verso le problematiche della ‹revisione› del funzionalismo ridotto a formula e dell'‹evasione› nei temi inediti della natura e del verde che caratterizzeranno sin dalla fine degli anni Trenta la svolta di *domus*. Nel 1932 *Architettura e arti decorative* si trasforma in *Architettura*, organo del Sindacato Nazionale Fascista Architetti, sotto la direzione di Marcello Piacentini, e l'anno successivo prende avvio la breve avventura di *Quadrante*, sotto la duplice guida di Massimo Bontempelli e Pier Maria Bardi; la posizione delle due riviste radicalizza lo scontro tra establishment e avanguardia, costringendo la stessa *Casabella* a una forma di mediazione tra l'estremismo apparentemente intransigente di *Quadrante* e il sostanziale agonismo governativo di *Architettura*, sempre più vetrina della stagione dei concorsi e delle grandi trasformazioni urbanistiche e territoriali come quelle dei piani per le città nuove nell'agro pontino. Se l'imperativo delle avanguardie è di schierarsi a priori per il razionalismo ‹puro› di *Quadrante*, quello di *domus* riflette la convinzione di Ponti di una necessaria selezione. Come scrive il 22 maggio 1931 in una lettera a Ojetti: «Circa l'architettura, io intendo superamento come superamento anche del razionalismo, inteso come forma mentale o concettuale d'oggi: ogni sforzo e ogni severità sarà dedicata ad arrivare a quel punto».

Nel 1931 *domus* ospita la polemica di Carlo E. Rava contro la cosiddetta «svolta pericolosa» rappresentata dagli esiti del razionalismo internazionale; da gennaio a luglio, la rubrica «Specchio dell'architettura razionale» tira le fila di un ragionamento sull'eternità dello «spirito mediterraneo» che inaugura una effimera ma intensa stagione della ricerca architettonica italiana: con diverse declinazioni, questa investirà in maniera trasversale tutti i principali protagonisti dei diversi schieramenti, da Luigi Figini e Gino Pollini allo studio BBPR, a Bardi e a Carlo Belli.

«Evocazione mediterranea» la chiamerà dal canto suo Ponti, riallacciandosi tuttavia, più che alle pretese retoriche di un archetipico «spirito latino», all'insistenza sul tema della «vita individuale» e all'affermazione di un ideale abitativo fondato sulla limpidezza e nitidezza dell'ispirazione al di fuori di ogni obbligato schema ideologico e formale.

A partire dagli anni Trenta, *domus* si apre infatti con insistenza al progetto della «villa al mare», ospitando con cadenza regolare esempi di Sebastiano Larco e Rava, Luigi Vietti, André Lurçat, Giancarlo Palanti, Guglielmo Ulrich e Gibelli, Luigi Carlo Daneri, Giuseppe Capponi, ecc., nella convinzione che la casa sia «l'espressione accogliente della nostra vitalità sana, aliena da inutili preziosismi e da altrettanto sazie mode». Ma è soprattutto l'attenzione dedicata ai progetti e agli scritti di Bernard Rudofsky (e di Luigi Cosenza) a chiarire l'esplorazione di quel «potenziale di libertà» che *domus* persegue sino all'avventura di *Stile* dopo le forzate dimissioni di Ponti nel 1941. L'intuizione di un'architettura evocativa dei diritti del sentimento e della fantasia costituisce il *Leitmotiv* di un'«accademia naturista» che apre alle espressioni del corpo, del sentimento, dell'arte che, in maniera diversa, serpeggiano nel nuovo panorama dell'architettura europea, da Alvar Aalto a Le Corbusier. Se nel 1937 villa Oro a Posillipo di Rudofsky e Cosenza rappresenta l'inequivocabile climax di una «febbre mediterranea» che anticipa la pubblicazione, nel 1939, della villa a Bordighera e soprattutto del progetto di «una piccola casa ideale» con le inventive illustrazioni che rivoluzionano la rappresentazione convenzionale dell'architettura, la torinese Casa Miller di Carlo Mollino presentata da Carlo Levi nel numero di settembre 1938 testimonia la spregiudicata accettazione di uno sperimentalismo inquieto con le sue aperture a un'inedita iconografia del surreale. L'urgenza di una proposizione dell'architettura «come arte e indicazione di vita» caratterizza l'ultima fase della direzione Ponti, anticipando quel completo dispiegamento della poetica dell'evasione nella casa assunta come programma dai primi numeri di *Stile* che, dal 1941 al 1947, costituirà per Ponti la sua «nuova *domus*», cui ritornerà con slancio rinnovato negli anni magici del «miracolo italiano».

DOMUS
questo numero è dedicato alle belle produzioni
italiane apparse a Firenze alla IX Mostra
Mercato Nazionale dell'Artigianato

domus 139
July 1939

Cover

domus magazine cover designed by Gio Ponti

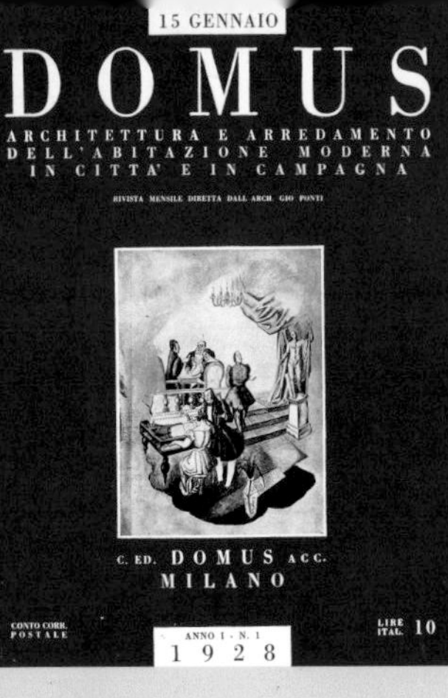

domus 4
April 1928
FEATURING
Bruno Taut

domus 1
January 1928

domus 2
February 1928

1928

domus 8
August 1928

domus 9
September 1928

domus 5
May 1928
FEATURING
Émile-Jacques Ruhlmann
Jean Perzel
Pietro Chiesa
Georges Djo-Bourgeois

domus 6
June 1928
FEATURING
Richard Döcker
Bruno Taut
Hans Scharoun

15 MARZO

DOMUS

ARCHITETTURA E ARREDAMENTO
DELL'ABITAZIONE MODERNA
IN CITTA' E IN CAMPAGNA

RIVISTA MENSILE DIRETTA DALL'ARCH. GIO PONTI

VETRO INCISO DA EDWARD HALD

C. ED. DOMUS ACC.
MILANO

CONTO CORR. POSTALE — ANNO I - N. 3 — 1928 — ANNO VI° — LIRE ITAL. 9

domus 3
March 1928
FEATURING
Georges Djo-Bourgeois
Le Corbusier
Pierre Jeanneret
Ludwig Mies van der Rohe
Rudolf Preiswerk

domus 7
July 1928

15 MAGGIO

DOMUS

ARCHITETTURA E ARREDAMENTO
DELL'ABITAZIONE MODERNA
IN CITTA' E IN CAMPAGNA

RIVISTA MENSILE DIRETTA DALL'ARCH. GIO PONTI

C. ED. DOMUS ACC.
MILANO

CONTO CORR. POSTALE — A. I N. 5 — 1928 — ANNO VI° — LIRE ITAL. 9

15 GIUGNO

DOMUS

ARCHITETTURA E ARREDAMENTO
DELL'ABITAZIONE MODERNA
IN CITTA' E IN CAMPAGNA

RIVISTA MENSILE DIRETTA DALL'ARCH. GIO PONTI

C. ED. DOMUS ACC.
MILANO

CONTO CORR. POSTALE — A. I N. 6 — 1928 — ANNO VI° — LIRE ITAL. 9

15 LUGLIO

DOMUS

ARCHITETTURA E ARREDAMENTO
DELL'ABITAZIONE MODERNA
IN CITTA' E IN CAMPAGNA

RIVISTA MENSILE DIRETTA DALL'ARCH. GIO PONTI

C. ED. DOMUS ACC.
MILANO

CONTO CORR. POSTALE — A. I N. 7 — 1928 — ANNO VI° — LIRE ITAL. 9

domus 10
October 1928
FEATURING
Gio Ponti

1° NOVEMBRE

DOMUS

ARCHITETTURA E ARREDAMENTO
DELL'ABITAZIONE MODERNA
IN CITTA' E IN CAMPAGNA

RIVISTA MENSILE DIRETTA DALL'ARCH. GIO PONTI

C. ED. DOMUS ACC.
MILANO

CONTO CORR. POSTALE — A. I N. 11 — 1928 — ANNO VI° — LIRE ITAL. 9

NUMERO DI NATALE

DOMUS

ARCHITETTURA E ARREDAMENTO
DELL'ABITAZIONE MODERNA
IN CITTA' E IN CAMPAGNA

RIVISTA MENSILE DIRETTA DALL'ARCH. GIO PONTI

C. ED. DOMUS ACC.
MILANO

CONTO CORR. POSTALE — DICEMBRE 1928 — ANNO I. N. 12 A. VII° — LIRE ITAL. 9

domus 11
November 1928

domus 12
December 1928

15 GENNAIO

DOMUS

ARCHITETTURA E ARREDAMENTO
DELL'ABITAZIONE MODERNA
IN CITTA' E IN CAMPAGNA

RIVISTA MENSILE DIRETTA DALL ARCH. GIO PONTI

C. ED. DOMUS ACC.
MILANO

CONTO CORR.
POSTALE

ANNO I - N. 1
1928

LIRE ITAL. 10

domus 1
January 1928

Cover

domus magazine cover showing a decorative panel by Giulio Rosso

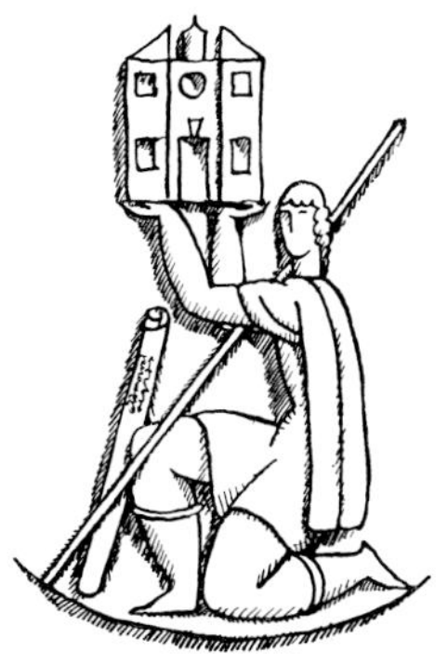

LA CASA ALL'ITALIANA

La casa all'Italiana non è il rifugio, imbottito e guarnito, degli abitatori contro le durezze del clima come è delle abitazioni d'oltralpe ove la vita cerca, per lunghi mesi, riparo dalla natura inclemente: la casa all'italiana è come il luogo scelto da noi per godere in vita nostra, con lieta possessione, le bellezze che le nostre terre e i nostri cieli ci regalano in lunghe stagioni.

Nella casa all'italiana non vi è grande distinzione di architettura fra esterno ed interno: altrove vi è addirittura separazione di forme e di materiali: da noi l'architettura di fuori penetra nell'interno, e non tralascia di usare nè la pietra nè gli intonaci nè l'affresco; essa nei vestiboli e nelle gallerie, nelle stanze e nelle scale, con archi, nicchie, vôlte e con colonne regola e ordina in spaziose misure gli ambienti per la nostra vita.

Dall'interno la casa all'italiana riesce all'aperto con i suoi portici e le sue terrazze, con le pergole e le verande, con le loggie ed i balconi, le altane e i belvederi, invenzioni tutte confortevolissime per l'abitazione serena e tanto italiane che in ogni lingua sono chiamate con i nomi di qui.

Una stessa ordinanza architettonica regge dunque, in diversa misura, nella casa all'italiana, le facciate e gli interni ed ancora regola d'attorno la natura medesima con terrazze e gradoni, con giardini, appunto detti all'italiana, ninfei e prospettive, orti e cortili, tutti creati per dare agio e scena ad una felice abitazione.

La casa all'italiana è di fuori e di dentro senza complicazioni, accoglie suppellettili e belle opere d'arte e vuole ordine e spazio fra di esse e non folla o miscuglio. Giunge ad esser ricca con i modi della grandezza, non con quelli soli della preziosità.

Il suo disegno non discende dalle sole esigenze materiali del vivere, essa non è soltanto una "machine á habiter". Il cosidetto "comfort„ non è nella casa all'italiana solo nella rispondenza delle cose alle necessità, ai bisogni, ai comodi della nostra vita ed alla organizzazione dei servizi.

Codesto suo "comfort„ è in qualcosa di superiore, esso è nel darci con l'architettura una misura per i nostri stessi pensieri, nel darci con la sua semplicità una salute per i nostri costumi, nel darci con la sua larga accoglienza il senso di una vita confidente e numerosa, ed è infine, per quel suo facile e lieto e ornato aprirsi fuori e comunicare con la natura, nell'invito che la casa all'italiana offre al nostro spirito di ricrearsi in riposanti visioni di pace, nel che consiste nel pieno senso della bella parola italiana, il CONFORTO.

G. P.

Translation see p. 668

Fig. 1 - *Esposizione internazionale di Stoccarda. Insieme di case ove l'architettura vuol essere unicamente affidata ad una rigorosa razionalità, indipendentemente da ogni tradizione.*

ESEMPI STRANIERI MODERNISSIMI DI CASE ECONOMICHE

TESTO DELL'ARCH. ENRICO A. GRIFFINI

Il problema della casa economica va acquistando ai nostri giorni crescente interesse. Studiosi di ogni parte del mondo vi si dedicano con fervore. Architetti e artisti d'ingegno che non concepivano in passato l'attività loro altrimenti spesa che per l'architettura solenne dei monumenti e dei palazzi, vi si consacrano interamente, deponendo sull'altare della pura logica che governa i nuovi principii il sacrificio di ogni rinuncia alle allettevoli e facili tradizioni. Poichè il problema della casa economica moderna va affrontato con spirito nuovo, libero da ogni bardatura tradizionale; va riposto nei suoi termini chiari e fondamentali.

Esso deve considerare rigidamente l'ordine delle funzioni che la casa moderna è chiamata a soddisfare perchè il lavoro e il riposo riescano, nell'ambito del suo raccoglimento, più utili e salutari; esso deve vagliare, valutare e curare gli elementi della costruzione, perchè, pur senza rinuncie a quanto di meglio l'industria moderna è in grado di fornire, l'opera risulti semplice e modernamente economica.

Questa sana rifioritura di studî attorno al problema della casa, questo succedersi di così sincera e fresca attività, riflette l'importanza che assume ai dì nostri il problema. La casa rappresenta l'edificio caratteristico del nostro secolo, il monumento della nostra epoca, come il tempio per i greci, la basilica per i romani, il castello ed il chiostro per il medioevo. Essa costituisce il cardine della progredita vita civile, l'elemento essenziale per l'elevazione spirituale e la salute morale del popolo e il maggior benessere di ogni individuo. Ond'è che ben può considerarsi come l'indice più importante della prosperità di una nazione.

Tentativi notevoli e interessanti vanno succedendosi in tutto il mondo civile, specialmente in Germania e in Olanda. Si tratta di tentativi isolati, ma chiari e persuasivi essendo basati essenzialmente su un razionalismo rigoroso, indipendentemente da ogni tradizione; e la logica ha in ogni tempo accompagnato l'architettura nei suoi eterni splendori. L'architettura senza l'appoggio della logica ha sempre trovato la sua notte.

Questi tentativi conducono dovunque a tipi aventi spiccate analogie comuni. Soppresso per lo più il tetto a falde inclinate, ed eliminata la sporgenza di gronda come elemento non necessario, risultano forme parallelepipede che porgono allo sguardo l'ingenua purezza della loro chiara conformazione.

Pur tuttavia la prima impressione che se ne riceve non è sempre favorevole. Abituati alle nostre case che sembrano in così intima comunione di sentimento col nostro paesaggio, queste case, nel loro taglio geometrico, sembrano dimore d'altri popoli, fatte per altro cielo. Ricordano infatti case meridionali ove le terrazze oppongono alla fierezza dei raggi del sole le loro bianche

Foreign Examples of Ultra-modern Low-cost Housing

View of "Weissenhofsiedlung" exhibition in Stuttgart; house on the Côte d'Azur designed by Georges Djo-Bourgeois

Arch. D. Bourgeois - Parigi

Fig. 2 - *Casa sulla Costa Azzurra. È un esempio di evidente limpidezza: risulta ridente e piacevole senza artifici, senza assurde decorazioni.*

coperture. Però ad osservazione più approfondita, emergono caratteri particolari: finestre in prevalenza molto larghe in relazione all'altezza, balconi dal parapetto cieco in piena muratura, solette in cemento con sbalzi inconsueti nelle ordinarie case di abitazione, corpi di fabbrica sostenuti da esili pilastri in cemento armato o colonne metalliche.

Nessuna concessione sembra per esse accordata ai venerandi canoni della simmetria, delle proporzioni e via dicendo; ogni elemento è soggetto a determinate esigenze, e si manifesta qual'è, per la funzione cui è destinato. È bandito quindi ogni elemento inutile, e la norma è seguita, se non con rigore, con le più severe intenzioni.

La recente Esposizione internazionale dell'abitazione moderna di Stoccarda comprendeva un intero quartiere di case del tipo accennato.

Furono fatte costruire per iniziativa della stessa città perchè, nei riflessi della crisi dell'abitazione, servissero a diffondere la conoscenza dei più razionali ed economici sistemi di edilizia.

Esposizioni consimili si succedono frequentemente all'estero. È ancora vivo il ricordo dell' Esposizione della Casa Ideale tenutasi a Londra per iniziativa del « Daily Mail » nella primavera del 1924 e sarebbe da augurarsi che in ordine alla loro utilità si attuassero anche nel nostro paese per il perfezionamento di uno tra i sommi beni dell'uomo ed una delle sue maggiori aspirazioni: la casa comoda e bella.

In queste esposizioni si richiama l'opera e il contributo di quanti si dedicano al problema della casa.

Il confronto risulta facile e immediato e ne deriva una selezione spontanea di tendenze e applicazioni: precipitano le scorie e risplende più fulgida la cristallina perfezione della casa moderna.

La colonia di Stoccarda, della quale ci occupiamo, è formata da case isolate, divise in piccoli alloggi, disposte apparentemente senza regola sul verde declivio di un'altura dominante l'operosa città. Tra l'una e l'altra si stendono timidi e ordinati orti e giardini, disposti a terrazze, che nel sapiente e paziente giuoco altimetrico del terreno acquistano coi loro vialetti rampanti, le loro scalee, un fresco sapore decorativo.

La cura più amorevole è assegnata al giardino, che crea attorno alla casa, una cornice di dolce armonia. Le note più svariate di colore vi sono distribuite con studio e misura. Pochi alberi, ma collocati con arte, ora a mascherare una parete troppo nuda, ora a interrompere uno spigolo troppo rigido, ora a chiazzare una facciata troppo uniforme. Con gli alberi, qualche arbusto nelle aiuole verdi, a prato raso, o chiazzate dallo smalto di fioriture vivaci.

Questi giardini minuscoli sono studiati così da costituire l'utile complemento della casa. Anzi possono considerarsi come l'estensione della casa stessa all'aperto, l'ambiente di soggiorno all'aria e al sole, il passaggio alla natura vivificatrice. Costituiscono l'allargamento della casa, e nello stesso tempo il riparo, il campo di rispetto fra la strada e l'intimità domestica.

L'arte del giardino così rinasce attorno alla casa nuova. Le romanticherie del giardinaggio campestre che tendevano a riprodurre in miniatura la maestà del creato, i verdi prati attraversati da ruscelli, i laghi infusi di colori smaglianti, le rocce poderose, e che nella impotente imitazione sembravano irridere alla eterna natura, sono fortunamente tramontate.

Da pochi lustri una nuova corrente mossa dall'Inghilterra, vivificatasi di fresche energie attraverso il secessionismo viennese, che sbocciò nelle espressioni non tuttavia sfiorita della colonia di Darmastadt, venne sempre più affermandosi.

Questa corrente, nel suo dilagare, si elaborò nel concetto pratico e raggiunse le nuove sagge direttive.

Quel senso di rudezza meccanica che ispira le nostre case trova nel verde dei giardini un elemento di compiuta armonia. L'accordo del verde e della candida

Translation
see p. 668

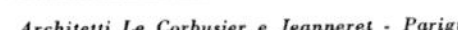

Architetti Le Corbusier e Jeanneret - Parigi

Fig. 3

Fig. 4

Casa a Boulogne sur mer.
Riceve la sua impronta di decorosa semplicità dalla valorizzazione estetica delle risorse del cemento armato.

calce delle facciate attenua e addolcisce quell'impressione di secco e di rigido che talora manifestano.

Le terrazze stesse sono poi sovente sistemate a giardino onde il verde, varcando i parapetti in folte cascatelle fiorite, o inerpicandosi sui sostegni dei pergolati in ferro o in cemento armato, ravviva la distesa delle terse pareti e vi reca coi suoi festoni, le sue fronde, le sue smaglianti fioriture, grazia e vivacità.

La colonia di Stoccarda presenta particolare interesse essendo in essa rappresentati tentativi ed espressioni diverse e coordinate della nuova tendenza, elementi chiari e convincenti scaturiti dalla logica severa e precisa che governa gli odierni indirizzi; rappresenta un'affermazione stabile e duratura dei nuovi principii, un caposaldo importante nella storia dell'architettura moderna. Ne faremo pertanto oggetto di più ampio cenno in un prossimo articolo.

Ma come già si disse, esempi innumerevoli si contano oggimai all'estero in ogni dove, dalle coste della Francia alle pianure olandesi, dalle praterie americane alle boschive regioni della Germania. Illustriamone alcuni.

La casa che l'arch. Bourgeois di Parigi eresse sulla Costa Azzurra (fig. 2) è un esempio di una limpidezza evidente. Ad osservar'a ci si convince che nessuna preoccupazione può aver mosso l'autore, fuorchè di creare una casa comoda, fatta per chi deve abitarla, e risulta infatti ridente e piacevole, senza artifici, senza assurde decorazioni; gaia e serena nella sua spontanea semplicità. Lo sguardo si indugia sulle sue candide pareti, sulle distese delle sue bianche terrazze, sulla sua chiara conformazione che ricorda la bellezza cristallina delle case di Capri e di Amalfi, legate alla natura da un vincolo eterno che è il segreto della loro seduzione. E si ripensa con infinita noia alle altre innumerevoli ville della stessa costa, dense di amaritudine estetica e misere nella loro vuota presunzione. Non queste sono le case che arrecano contributo di armonia a quel possente e suggestivo quadro di naturale bellezza, ma piuttosto le umili vecchie case dei pescatori e dei contadini allineate lungo le spiaggie o solitarie a punteggiare i clivi fioriti.

Se si affina la nostra osservazione sul caso particolare, troviamo, è vero, argomento a qualche leggero appunto, e ciò che dà ragione a critica è precisamente quanto si astrae dalla logica. Così, ad esempio, l'appoggio del piano della terrazza a mezza altezza ai due sostegni cilindrici, come fusti di colonne, senza un architrave interposto, non appaga l'occhio, nè è razionale. Tali mende però non possono menomare i meriti di questa chiara concezione.

La casa costruita a Boulogne s. M. dagli architetti Le Corbusier e Pierre Janneret di Parigi (figg. 3 e 4) rivela chiaramente una analoga derivazione.

Presenta estese masse, semplici nella loro stereometria elementare, ampie terrazze, lunghe finestre. Le risorse del cemento armato vi sono impiegate e sfruttate largamente, come emerge dai lunghi architravi delle finestre e dagli sbalzi dei corpi di fabbrica.

Nessun artificio tende a mascherare questa attitudine poderosa del cemento armato, sconosciuta a tutti i materiali da fabbrica usati finora nei secoli; anzi l'estetica è qui unicamente affidata allo sfoggio di questa potenza tutta moderna.

E a questo proposito vien fatto di pensare tristemente che oggi ancora, pur conoscendo e sfruttando tutte le magnifiche risorse di questo materiale, ci si preoccupa per lo più a mascherarne la struttura, e a degradarne le possibilità.

Chi conosce pur solo limitatamente l'opera di questi architetti sa quanta parte delle loro concezioni sia ancora da essi affidata a discutibili arbitrii.

Arch. Mies Van der Rohe - Berlino

Fig. 5 - *Il rivestimento in mattoni non attenua in questa casa il carattere spiccatamente attuale.*

Però, sfrondando da tutto ciò che offende la logica e il buon senso, emergono tuttavia caratteri singolari di ben intesa modernità.

La casa costruita dall'arch. Mies van der Rohe a Guben (fig. 5) si presenta interamente in mattoni. La sua conformazione però accusa una struttura di ferro o cemento armato, come appare d'altronde dall'ampiezza degli architravi delle porte e delle finestre. Il rivestimento in mattoni a vista, usati alternatamente di piatto e punta, e la fascia perimetrale superiore di mattoni disposti verticalmente, si riaccosta alla tradizione. Qualche elemento si manifesta artificioso, come la parete isolata a guisa di torre che fiancheggia la terrazza centrale. Qualche altro appare sproporzionato, come le grosse travi di sostegno della soletta, a funzione di pensilina. Però tutt'assieme l'opera manifesta disciplina di concezione e rigore di metodo.

Citiamo infine la casa ideata dall'arch. Rodolfo Preiswerk di Basilea (fig. 6), che ha il pregio di una maggiore semplicità e accusa un'evidente sincerità costruttiva.

ENRICO A. GRIFFINI

Arch. Rodolfo Preiswerk - Basilea

Fig. 6 - *Casa di campagna. Si presenta gaia e serena nella sua chiarezza costruttiva.*

Le riproduzioni che illustrano questo articolo furono ricavate da "Internationale Neue Baukunst„ di Ludvig Hilberseimer - Ed. Julius Hoffmann, Stuttgart

designed by Ludwig Mies van der Rohe; country house designed by Rudolf Preiswerk in Riehen, Switzerland

Translation see p. 668

15 APRILE

DOMUS

ARCHITETTURA E ARREDAMENTO DELL'ABITAZIONE MODERNA IN CITTA' E IN CAMPAGNA

RIVISTA MENSILE DIRETTA DALL'ARCH. GIO PONTI

C. ED. DOMUS ACC.
MILANO

CONTO CORR. POSTALE

A. I N. 4
1928
ANNO VI°

LIRE ITAL. 9

Cover

domus magazine cover

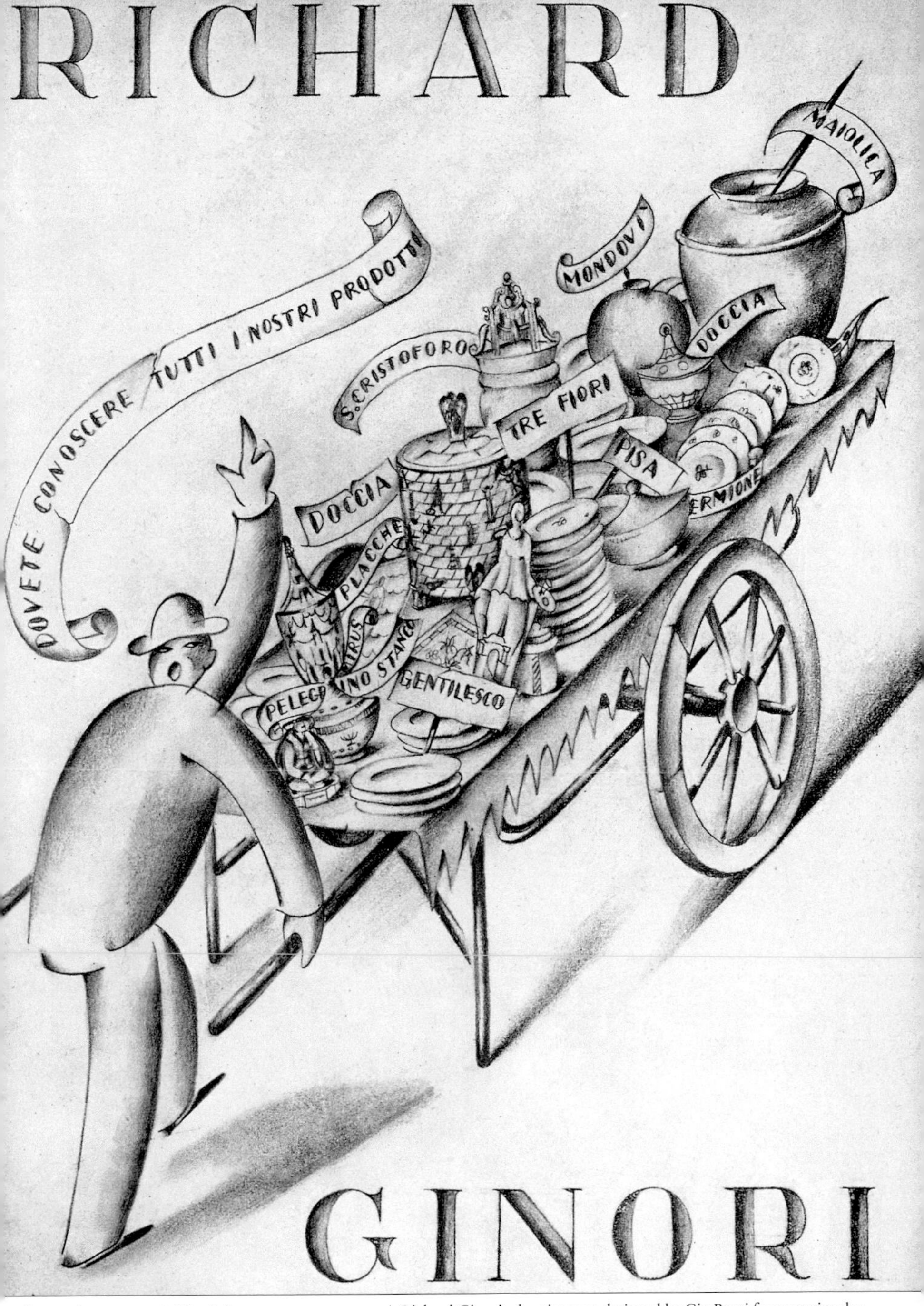

Advertising

Richard-Ginori advertisement designed by Gio Ponti for ceramics also designed by Gio Ponti

Due teiere

Piatto, tazza e portacoltelli.

GLI INSEGNAMENTI DI UNA ESPOSIZIONE STRANIERA

PRESENTIAMO qui alcune fotografie di servizi in ceramica esposti alla Mostra della Ceramica tedesca e che rappresentano modelli moderni degli allievi operai delle varie scuole statali d'arte industriale germaniche e che hanno interessanti pregi.

Le fotografie di questi modelli sono state raccolte in un volume e nella prefazione che accompagna la raccolta è detto come anche il risveglio dell'attività creativa italiana nelle ceramiche, constatato alle Biennali di Monza, deve essere un incentivo per moltiplicare gli sforzi dei ceramisti tedeschi per meritare e rafforzare l'autorità che essi godono in questo campo.

Se il riconoscimento ci lusinga, dobbiamo noi pure riconoscere l'immediatezza e la serietà dello sforzo che ad esso corrisponde in risposta: questi modelli sono serii ed interessanti, è sovratutto interessante che dalle scuole escano modelli che appaiono così felicemente destinati all'industria. Questa è cosa di gran profitto e dobbiamo noi pure considerare seriamente questo esempio. Le scuole d'arte devono dare, sia attraverso alle esperienze dello studio quanto attraverso alla formazione degli uomini, i modelli per il lavoro, per l'industria. Questo è un risultato vitale e di nobile efficacia. E il ripiegare l'attenzione dei maestri e degli allievi sugli « articoli » necessari della produzione ceramica, come si vede da questi servizi, è cosa di somma utilità e di utile vitale esperienza.

G. P.

Servizî da thè.

Servizio da cioccolata.

Servizio da caffè.

Le illustrazioni sono tolte dalla pubblicazione sulla "Austellung Von Mæister und Schuelerarbeiter ans Keramischelnehr und versuchs Werkstätten - 1927.

Advertising

German ceramics executed by the Staatliche Keramische Fachschule, Bunzlau

Alcuni oggetti d'arte per regalo, in porcellana ed in maiolica della Manifattura Richard-Ginori di Doccia.

VENDITA NEI NEGOZI D'ARTE RICHARD-GINORI
DI BOLOGNA (AL PAVAGLIONE) E DI PISA
e presso:

VENINI & C.

MILANO - *Monte Napoleone N. 25*

ROMA - *Via Condotti N. 49* VENEZIA - *Piazzetta Leoncini*
GENOVA - *Via Roma N. 60 R.* FIRENZE - *Via Tornabuoni N. 1*

CREAZIONI DELLA
SOCIETÀ CERAMICA
RICHARD - GINORI

MILANO - *Via Bigli, 1*

Negozi in: *Roma - Napoli - Firenze - Torino - Pisa - Bologna - Genova - Livorno*

Advertising

Richard-Ginori advertisement showing range of ceramics, including designs by Gio Ponti

ARCH. BRUNO TAUT - BERLINO

CASA DI CAMPAGNA

La forma originale di questa pianta, giustificata dalla opportunità di evitare ogni esposizione a tramontana del corpo principale, conduce a una distribuzione di locali compatta, razionale e piacevole.

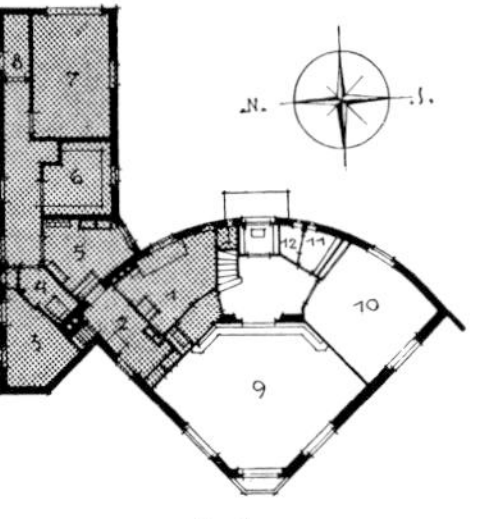

Lo spazio è goduto al massimo anche per la voluta limitazione dei muri maestri interni, ridotti al puro necessario. Si vede il notevole sviluppo dei servizi (parte tratteggiata) rispetto ai locali di abitazione.

Fig. 1

1 cucina - 2 acquaio - 3 carbonile - 4 caldaia - 5 lavanderia - 6 dispensa - 7 autorimessa - 8 dispensa verdura - 9 camera di soggiorno - 10 studio

ALCUNI INTERNI DI CASE MODERNISSIME
LA CUCINA E I LOCALI ANNESSI

TESTO DELL'ARCH. F. A. GRIFFINI

NELLA storia dell'attività umana la nostra epoca si differenzia nettamente da ogni altra per la massima valorizzazione della più preziosa risorsa, il tempo. Il primo pensiero di ognuno è, oggi, di far presto, di guadagnare tempo. Questo è il problema attuale, e la vita vi si affanna intorno sempre trionfante e sempre insoddisfatta.

Nelle officine, negli stabilimenti, negli uffici il lavoro è regolato per la massima valorizzazione del tempo. La meccanica asseconda e precorre questa tendenza e ci fornisce all'uopo mezzi meravigliosi, che sono poderose espressioni della sua potenza.

In ogni campo la mèta è comune, la direttiva è costante: eliminare quanto non serve, perfezionare e migliorare quanto permette di rendere il lavoro più rapido e proficuo.

ANCHE nelle nostre case si svolge un lavoro vario e complesso, eppure queste moderne semplici idee qui non sono penetrate. La casa rappresenta ancora il baluardo resistente, il rifugio beato di tradizioni secolari, le quali sono talora in pieno contrasto con le abitudini, le tendenze, lo spirito nuovo.

Nelle nostre case troveremo più facilmente il mobile inutile e ingombrante che il mobile pratico e razionale. Se si considerano poi i locali di servizio, e particolarmente la cucina che è il cuore pulsante della casa, l'ambiente ove si svolge il lavoro più intenso e delicato, non vi troveremo per lo più in atto alcuno di quei razionali criteri che l'industriale, anche il meno pronto ed accorto, non esiterebbe ad applicare nel suo regno di lavoro.

Attorno alla casa si raccoglie la prevalente attività della donna, che rappresenta la metà all'incirca del genere umano. È enorme pertanto la somma di energie che vi è dedicata e si vede quindi quale risparmio di tempo e di lavoro possa scaturire dall'aggiornare le nostre attardate idee su tale problema, e dall'applicazione di quei sani e razionali principî adottati ovunque risuoni oggi la squilla del progresso.

ALL'ESTERO il problema della casa è vitale e fecondo di risultati.

Sbarazzato il campo da quanto si riallaccia alla tradizione, lo studio è riposto su basi chiare e fondamentali. Si tratta di funzioni complesse che devono essere risolte con criteri pratici e razionali, si tratta di esigenze di decoro che devono essere soddisfatte con signorile semplicità.

Il problema si orienta particolarmente su case di pochi locali, nelle quali preme nel miglior modo ottenere il massimo di comodità col minimo di spesa. Sono queste le case che interessano massimamente, ed è qui ove lo studio presenta la sua maggiore utilità.

Some Interiors of a Modernist House – The Kitchen and Adjoining Areas

House in Dahlewitz, Germany, designed by Bruno Taut for his own use: view of elevation, floor plans, kitchen

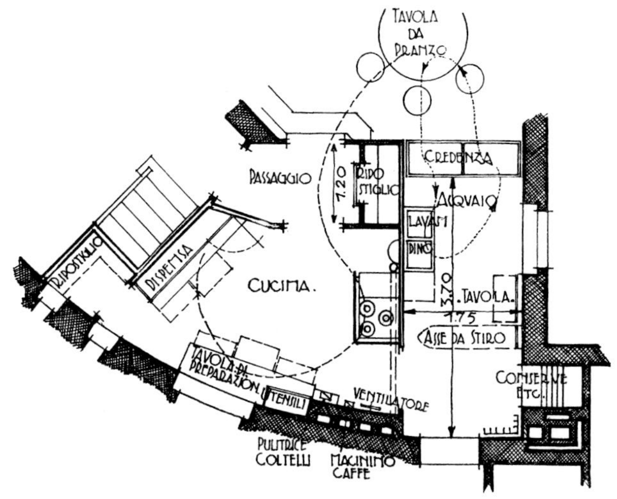

Fig. 2 - PIANTA DELLA CUCINA E LOCALI ANNESSI

Linee dei percorsi: — — — — *VIVANDE:* dispensa, preparazioni, cucina, tavola da pranzo.
.... *VASELLAME:* Credenza, tavola da pranzo, acquaio.

Si era cercato anche da noi in questi ultimi anni di risolvere tale problema attraverso l'arredamento di piccoli locali, ma il problema era sfiorato appena. Le iniziative sorte, moltiplicatesi anche attraverso ad esposizioni e concorsi, ebbero il loro periodo di voga, ma non fecero capo a nessun utile risultato. Si ebbero espressioni ripetute di un'arte rustica rinnovata e non sincera, lontane da quei requisiti di pratica semplicità e ben intesa comodità che costituiscono oggi l'elemento più importante ed apprezzato.

Vediamo come all'estero si tenda a risolvere il problema e cominciamo dai servizi, riservandoci di trattare in un prossimo articolo quanto riflette i locali di abitazione.

La fig. 1 rappresenta una casa di campagna costruita dall'Arch. Bruno Taut di Berlino, con la relativa pianta; la fig. 2 il gruppo dei locali di servizio.

La forma planimetrica a triangolo appare giustificata dalla opportunità di evitare ogni esposizione a nord di pareti e finestre. Piante di tale forma, o comunque irregolari, danno luogo, è vero, a locali irregolari, ma le irregolarità si traducono spesso in altrettante risorse in una casa moderna, inquantochè da esse possono scaturire soluzioni veramente pratiche ed attraenti.

Nella casa in quistione si scorge subito il grande sviluppo dei locali di servizio in relazione a quelli di abitazione.

La cucina, ampia e spaziosa, ha forma pressochè trapezia. Questa forma permette, rispetto alle solite forme rettangolari, una migliore e più regolare illuminazione del locale e una più vantaggiosa utilizzazione dello spazio, come risulta dalla pianta, considerando la superficie d'ingombro dei mobili che appaiono senza artificio reciprocamente allontanati in corrispondenza ai passaggi.

Fig. 3 - LA DISPENSA - *Presenta le più ingegnose risorse per la razionale e ordinata disposizione e conservazione degli alimenti.*

Translation see p. 671

Fig. 4 - LA DISPENSA CHIUSA

Fig. 5 - LA TAVOLA DI PREPARAZIONE DELLE VIVANDE.

Fig 6 - LA STESSA TAVOLA CON LO SCAFFALETTO CHIUSO.

I quali passaggi sono disposti in modo da permettere la massima brevità di percorso tra la cucina e i vari locali.

La cucina comprende una dispensa, un tavolo disposto sotto al davanzale della maggior finestra, una cucina economica e un lavandino.

Giova notare la razionale reciproca disposizione di questi mobili collocati nell'ordine delle funzioni rispettive. Infatti dalla dispensa i viveri passano al tavolo di preparazione ove sono predisposti per la cottura e da qui vengono diretti alla cucina che li appresta per il servizio di tavola. Il diagramma tecnologico si svolge, come si vede, lungo la linea semplice e regolare.

La dispensa è costituita da un alto mobile in legno con chiusura parte a battente, parte ad avvolgibile. Presenta le più ingegnose risorse per la razionale e ordinata disposizione degli alimenti, per la massima utilizzazione dello spazio: la caselliera per le uova, i ripiani per i barattoli che risplendono nel nitore degli smalti, le cassette a bilico per la farina e lo zucchero, lucenti nelle terse nichelature: altri ripiani di fianco per le caffetterie, in basso, quello per gli arredi di cucina di maggior ingombro, il tutto studiato con la maggior sollecitudine per le svariate esigenze del servizio e la massima praticità per la voluta economia di lavoro e di tempo.

Il tavolo di preparazione, disposto sotto la finestra, estensibile con tavolette scorrevoli, presenta a portata di mano uno scaffaletto a battente per gli utensili necessari alla preparazione delle vivande: coltelli, mestoli, cucchiai, frullini, tavolette, ecc. Di fianco trova posto una pulitrice di coltelli, un macinino da caffè e un ventilatore aspiratore.

La cucina è sprovvista di cappa. La cappa, come usa da noi, è ingombrante e di efficacia assai dubbia se non si provvede a provocarne l'aspirazione con opportuni artifici.

Attiguo alla cucina è un locale diviso idealmente in due parti: la parte anteriore ad uso di stireria, la parte posteriore ad uso di acquaio. Quest'ultima comprende un lavandino a due bacinelle con scolapiatti, un tavolo, e la parte di fondo è completamente costituita da un mobile in legno per il vasellame e le cristallerie a doppia facciata e apribile inferiormente da ambo le parti. I due scomparti mediani sono destinati: l'uno a ricevere i piatti e bicchieri da lavare dalla sala da pranzo, l'altro a contenere il materiale lavato e asciugato prima di essere collocato negli scomparti superiori.

Anche il servizio tra la sala da pranzo e l'acquaio si svolge razionalmente lungo un percorso semplice e breve, come indica la punteggiata segnata nella pianta.

La parte destinata alla stireria comprende un'asse ribaltabile sulla parete, sorretta da mensola a corsoio e foggiata opportunamente all'estremità. In questa parte è pure disposta una dispensa a muro per le conserve e marmellate.

Fig. 7 - L'ACQUAIO - *La rigovernatura del vasellame e dei bicchieri. Il mobile di fondo, che divide l'acquaio dalla sata da pranzo, e comunica con questa mediante due ampi scamparti, è di grande praticità.*

Some Interiors of a Modernist House – The Kitchen and Adjoining Areas

House in Dahlewitz, Germany, designed by Bruno Taut for his own use: various views of kitchen, pantry and storage cupboard

Fig. 8
La tavola da stiro e la piccola dispensa per le conserve e marmellate.

La tavola da stiro è costituita da un asse ribaltabile contro la parate sorretta da una mensola a corsoio, in ferro.

Tra la cucina e la sala da pranzo è inserito un piccolo locale di passaggio sul quale si apre un ripostiglio destinato agli utensili ed accessori occorrenti per la pulizia della casa.

Altro ripostigio si apre sotto la prima rampa della scala che conduce al piano superiore.

Dall'acquaio una porta conduce alla lavanderia provvista di doppia vasca, calandra e idroestrattore; a un ripostiglio per la scorta di vivande; a un secondo ripostiglio per la verdura e infine, oltre un corridoio, all'autorimessa.

È evidente che i servizi di cucina così distribuiti permettono una notevole semplificazione di lavoro. Le direttive seguite si presentano con tutta chiarezza: curare e migliorare quanto ha uno scopo, eliminare quanto non ha utilità. Con ciò il lavoro procede più spedito e ordinato. Ne avvantaggia l'igiene, perchè nell'ordine, la pulizia riesce più agevole; ne avvantaggia l'economia domestica, perchè nell'ordine si riduce lo spreco; ne avvantaggia chi attende alla casa, perchè da un più sollecito disbrigo dei servizi dipenda la possibilità di potersi maggiormente dedicare a cure più elevate e ricreanti.

Arch. ENRICO A. GRIFFINI

Fig. 9
LA TAVOLA DA STIRO DURANTE L'USO

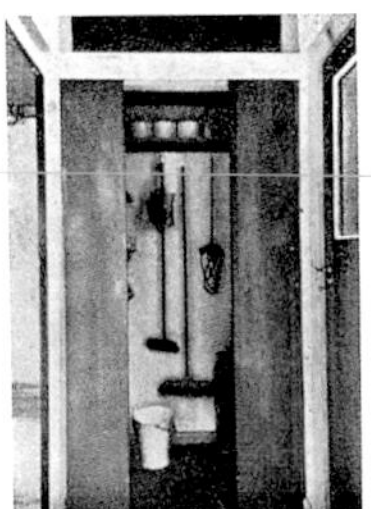

Fig. 10
IL RIPOSTIGLIO DEGLI UTENSILI, ARNESI E ACCESSORI DESTINATI ALLA PULIZIA DELLA CASA.

Illustrazioni di "Ein Wohnbau" di B. Taut - Ed. W. Keller & Co. - Stoccarda - 1927.

Translation see p. 671

ARCH. RICHARD DOCKER — Case a Stoccarda

Adagiate su un verde declivio queste case si presentano in un insieme armonico di signorile semplicità.

LE CASE
DEL RAZIONALISMO MODERNO
ALLA MOSTRA DI STOCCARDA

TESTO DELL'ARCH. ENRICO A. GRIFFINI

Il ritmo sempre più celere della vita moderna, il progresso incalzante della scienza e dell'industria, tendono di continuo a raffinare le esigenze della vita e a spandere, come da prodigioso ventilabro, beni copiosi sulla affaticata umanità.

Ciò che ieri era privilegio di pochi, oggi riesce accessibile a classi più numerose. Si moltiplicano le comodità, si affinano i bisogni, si accentuano le aspirazioni.

Tra i bisogni della vita, principalissimo è la casa, e il poter disporre di una casa comoda e bella è aspirazione sempre più largamente e intensamente sentita.

In questa nostra meravigliosa epoca che ha creato il transatlantico e la ferrovia, l'aeroplano e il dirigibile, ben poco cammino ha però fatto la casa: essa si è trovata costantemente intralciata dalle pastoie della tradizione.

L'architettura soffocata dalla tradizione, è stata incapace di attingere in sè l'energia necessaria a soddisfare ai nuovi bisogni.

Per contro si realizzano in altro campo concezioni che sono sulla via della vera grande arte, fatti plastici, limpidi e impressionanti. Tali manifestazioni scaturiscono dalla tecnica e dall'ingegneria.

Prodotto tipico e magnifico del nostro secolo è la

PIANO INFERIORE

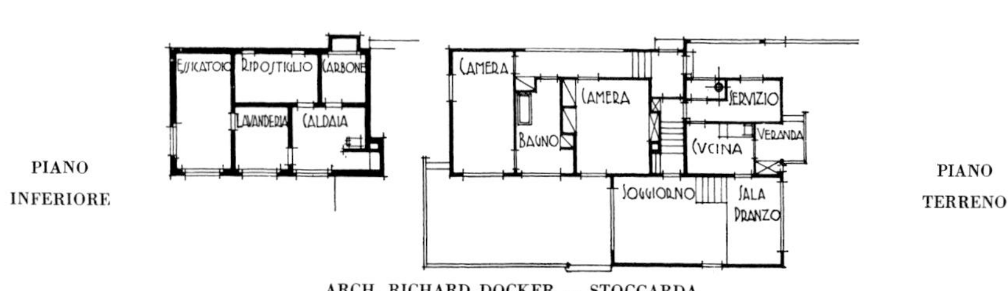

PIANO TERRENO

ARCH. RICHARD DOCKER — STOCCARDA

Pianta di una delle case suesposte

Houses in the Modern Rationalist Style at the Stuttgart Exhibition

House designed by Richard Döcker: rear elevation and floor plans; house designed by Bruno Taut: elevation and floor plans – both for the "Weissenhofsiedlung" exhibition in Stuttgart

ARCH. MAX TAUT - BERLINO
Casa a Stoccarda — *Le facciate del corpo più basso sono rivestite*

in lastroni smaltati iridescenti che conferiscono alla casa una delicata impronta cromatica.

macchina. La macchina invade ogni campo dell'attività umana, si sostituisce alle affaticate braccia e libera l'uomo dal giogo di schiavitù secolari.

La macchina, è facile rilevarlo, presenta in genere forme armoniche, forme cioè anche capaci di suscitare in noi impressioni estetiche. Così un'automobile, una locomotiva, un aeroplano.

Questa armonia che si verifica nella macchine non è cercata: nasce dalla rigorosa applicazione del calcolo.

Il costruttore di macchine produce, senza volerlo, forme armoniche.

Il calcolo pone la materia in armonia alle leggi dell'universo, e ciò che da esso direttamente deriva, gode del privilegio dell'armonia che arride a tutte le naturali bellezze.

Ciò che si dice per la macchina in genere vale per ogni struttura creata dal calcolo, come un'ossatura in cemento armato, un ponte in ferro e via dicendo.

Se noi applichiamo alla casa gli stessi principii che informano la costruzione di una macchina, dovremo essere sulla buona via per la realizzazione della casa tipicamente moderna.

La meccanica da parte sua ha già battuto questa strada per quanto riflette il complemento di talune sue prodigiose manifestazioni. Le cabine dei piroscafi, le celle degli aeroplani e dei dirigibili, gli scomparti delle vetture Pullmann, che altro sono se non tangibili esempi di moderne abitazioni ove tutti gli elementi della casa trovano larghe applicazioni, e tutte le esigenze domestiche, anche le più raffinate, trovano i più completi soddisfacimenti?

Tali applicazioni, si deve riconoscerlo, sono di un ordine di praticità e perfezione che nell'arte edilizia si presentano ancora oggi, in generale, lungi dall'essere raggiunte.

Quando noi potessimo recare a quest'arte le sagge direttive, le ingegnose risorse, i sottili accorgimenti che informano il problema dell'abitazione come elemento di un complesso meccanico, potremo ben dire di aver risolto il problema della casa veramente moderna.

All'estero una corrente vitale e prosperosa si afferma su questi indirizzi, e non è fallace nè arduo il ritenere che per la sincerità, la onestà, la chiarezza che la ispira possa, se non viziata da arbitrarie manifestazioni di carattere estetico, divenire preponderante e travolgente.

Il principio di queste nuove tendenze brilla nel trinomio: comodità, praticità, economia; si dà bando ad ogni elemento inutile, e si coltiva con fervore quanto germoglia da una logica precisa e severa.

Tale principio era praticato negli Stati Uniti anche nel passato.

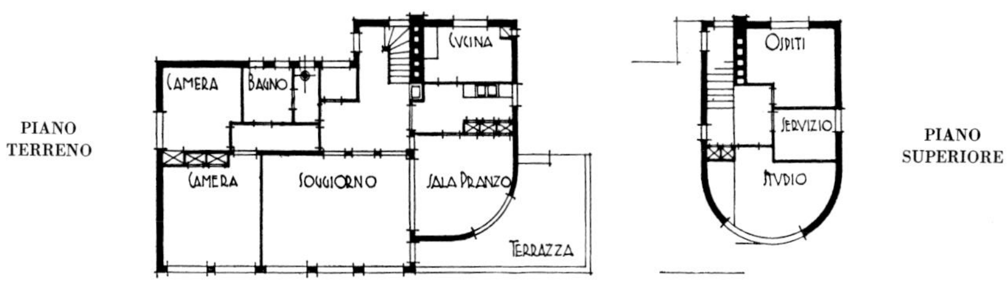

ARCH. MAX TAUT - BERLINO — Casa a Stoccarda. — *Piante.*

Translation see p. 673

ARCH. HANS SCHAROUN BRESLAVIA - Case a Stoccarda. *Questa casa pur rispettando le direttive che costituiscono la regola della moderna scuola, presenta un originale insieme di masse e una buona distribuzione planimetrica.*

L'AMERICANO, popolo privo di tradizioni, di una civiltà meccanica e affaristica è per indole portato a dare alla sua casa una impronta di pratica semplicità.

Quell'ondata di insincerità che in Europa ha funestato l'architettura come tutte le arti nel periodo che ha preceduto la guerra, ha creato per reazione l'amore e il desiderio vivissimo del ritorno alla nuda e pura semplicità.

Non si tratta di inaridimento del senso estetico nè di degradazione delle nostre attitudini creative, ma di cosciente e raffinata aspirazione incarnata di rinuncie e di sacrifici, scaturita da secolare poderoso cumulo di cultura e di pensiero. Si vuole nella semplicità la finezza, nella purezza di linee l'espressione di signorilità, nella chiarezza delle forme, l'impronta di aristocratica e acuta sensibilità. Per contro in America queste doti rappresentano il portato naturale stazionario e infecondo di inferiori ordini di sensibilità onde trionfa ancora nei palazzi dell'aristocrazia plutocratica lo stile accattareccio di plebea volgarità, calcato su classiche reminiscenze nostre.

Le vitali realizzazioni di queste nuove tendenze presentano grande semplicità e assoluta chiarezza. Ma si andrebbe errati se si volesse considerarle come espressioni *definitive* di una nuova architettura, se si volesse sfruttarne l'estetica per la produzione a ripetizione di schemi di un modernismo spicciolo e corrente. È bensì vero che queste forme soddisfano in genere le nostre raffinate esigenze, e tanto più ci sentiamo portati ad apprezzarle, quanto più ci sentiamo offesi dalle espressioni prevalenti dell'architettura attuale; ma nei recessi della nostra anima italica vibra un'inquieta aspirazione di più alti orizzonti, fa eco il richiamo di un'arte nuova e vera, di un'architettura monda e cristallina che illuminata dagli inestinguibili riflessi spirituali e culturali della nostra stirpe si esalti nell'elevazione di queste nuove espressioni, e tragga per esse la virtù di imprimere di un'orma nuova e possente questa nostra età di rinnovata e feconda giovinezza.

SI è accennato in un precedente articolo alla colonia di case economiche costruita per l'esposizione internazionale di Stoccarda e si è rivelata la sua importanza in relazione ai nuovi problemi che interessano la casa moderna.

Tale colonia fu costruita da architetti prescelti fra i più noti per tendenze avanzate, tra coloro che, sparsi qua e là per l'Europa, ricercano, lavorano, si affannano nel desiderio entusiastico di dotare al più presto il nostro secolo di una casa razionale e di uno stile architettonico.

Costoro ebbero incarico di predisporre i progetti delle singole case, dirigerne i lavori di costruzione e in seguito, valendosi della collaborazione di ditte specializzate, arredarle completamente per renderle abitabili.

La colonia comprende 33 case di vario tipo, suddivise in 60 appartamenti composti col concorso di tutte le più moderne risorse dell'arte e dell'industria .

Houses in the Modern Rationalist Style at the Stuttgart Exhibition

House designed by Hans Scharoun for the "Weissenhofsiedlung" exhibition in Stuttgart

Non è possibile qui indugiarci nella descrizione di tutte queste case, per quanto del massimo interesse. Ci limiteremo a sceglierne alcune, tali da comprendere riunite le caratteristiche predominanti.

L'ARCH. Richard Docker di Stoccarda presenta due case distinte (fig. 1). Adagiate sul terreno degradante, tra il verde di fioriti giardini, esse si presentano in un insieme armonico di signorile semplicità. Le ampie terrazze, le lunghe finestrate, le logge spaziose creano una visione ideale di vita libera, soleggiata e gioconda.

La casa più lontana (fig. 2), comprende al piano terreno sei locali con ampia terrazza e veranda di servizio; al piano sottostante, solo in parte fuori terra, cinque locali di servizio.

Per chi ne abbia interesse, il costo è di mk. 26.000, pari a L. 86.000 circa, terreno escluso.

L'ARCH. Max Taut di Berlino presenta pure due case, di cui una (fig. 3) è meritevole di un cenno per il caratteristico insieme. È costituita da due corpi di fabbrica, uno dei quali, a due piani, avente una parete cilindrica, fronteggia un'ampia terrazza. Il parapetto di questa, come tutto il corpo a pareti piane, è rivestito in lastroni di cotto, smaltati, e iridescenti, che conferiscono alla casa una delicata impronta cromatica. Questa impronta è poi ravvivata dalle tinte vibrate dei serramenti da finestra, listate, lungo il telarone, da fasce a colori brillantissimi.

Comprende, al piano terreno, sei locali (fig. 4), al primo piano tre locali con disimpegno, e il costo si aggira sulla cifra di mk. 21.000 pari a L. 90.000 circa.

L'ARCH. Hans Scharoun di Breslavia presenta una costruzione che, pur rispettando le sagge direttive che costituiscono la regola di questa moderna scuola, presenta un originale insieme di masse, e una felice distribuzione di locali.

Comprende, al piano terreno, cucina con camera di servizio, sala da pranzo, di soggiorno e studio. Questi tre ultimi locali formano un solo vano. La separazione tra i due primi è creata da una diversa altezza del pavimento e da un mobile basso e massiccio collocato nel mezzo, formato dal connubio di una libreria con un divano a separazione tra la sala di soggiorno e lo studio è praticata mediante una semplice tenda.

Nella sala di soggiorno una finestra in curva, con serramento esile in ferro, sporgente verso l'esterno così da permettere tra il doppio vetro di cui è provvista l'esposizione di piante e fiori, è di un effetto veramente attraente.

Al primo piano vi sono tre camere da letto con bagno e un'ampia terrazza (1).

E. A. GRIFFINI.

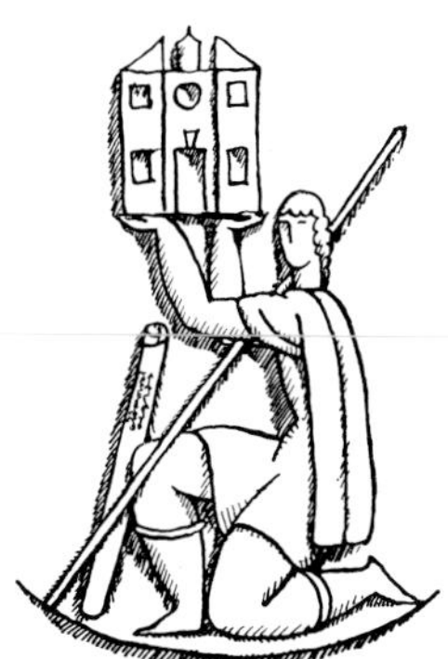

(1) Illustrazioni dalla pubblicazione *Bau und Wohnung* (Herausgegeben Vom Deutschen Werkbund; Wedekind & Co. - Stuttgart 1927).

Translation see p. 673

Foto Bombelli

Fornaci di *GIACOMO CAPPELLIN*
Vaso a palla con fiori in vetro di Murano bianco e viola.

MURANO: OGGI FATTO D'ARTE

Se si dovesse fare la storia dell'attuale rigogliosa rinascita delle arti decorative italiane, un posto importante andrebbe riconosciuto ai Muranesi, non solo per la modernissima rinnovata gloria dei loro vetri, ma per l'influsso grande sul gusto e l'incoraggiamento che l'esempio felicissimo dei vetrai di Murano ha dato ad un orientamento nello sviluppo delle arti decorative italiane.

Di tutto ciò un grandissimo merito va riconosciuto, assieme ad altri pochissimi che tutti conosciamo, e dei quali in *Domus* abbiamo illustrato le opere, a Giacomo Cappellin, dalle cui fornaci sono usciti i bei vetri che ornano queste pagine; ed è da tutti riconosciuto anche che questo suo merito si accompagna agli inizi stessi della nuova gloria moderna del vetro di Murano, alla apparizione stessa dei primi squisiti nudi vetri, agli sforzi ed al successo iniziale che non ha più abbandonato, poi, questa italianissima arte.

Ma a riprova di quanto abbiamo asserito in capo a queste righe v'è da constatare il fatto e l'esempio

Foto Castagneri

Foto Castagneri

Foto Castagneri

Fornaci di *GIACOMO CAPPELLIN* - *Servizio per vini e per frutta e coppa pei fiori, in vetro pagliesco di Murano.*

(nella pagina contro e qui sotto vasi da fiori).

Foto Castagneri

Foto Castagneri

Fornaci di *GIACOMO CAPPELLIN - Lampadario a parete (Mostra Marinara in Roma) in vetro di Murano.*

importante che sono costituiti dalla felice vivacità creativa delle migliori fornaci Muranesi che, alimentata da geniali e potenti rivalità, sostenuta da una passione senza stanchezza e piena di slanci e di iniziative, trasforma con nostra delizia ormai nelle opere di Cappellin e dei suoi pari quella che avrebbe potuto essere soltanto una voga passeggera (e che per i minori è una industria di sfruttamento) in maestrìa ed in appassionante fenomeno d'arte vero e proprio, ricco di sorprese, di emozioni e di audacie e teso verso perfezioni tecniche e sviluppi nuovi che trascendono l'attività industriale e costituiscono, come abbiamo detto, un fatto artistico, un « tempo » della storia dell'arte vetraria.

I vetri che presentiamo ci riportano in una loro ultima evoluzione alla rinnovata concezione nella quale il vetro di Murano rinconquistò, anni sono, il nostro amore, ch'erasi stancato delle virtuosità minute muranesi d'allora.

Oggi quella viva grazia di linea pura e direi quasi piena del soffio formatore dei vetri che presentiamo, si è risolta con Cappellin in forme più esplicitamente determinate, in audaci geometrie come il vaso che è riprodotto in capo a questa raccolta e che si compone col rigido stelo del fiore. Quando la materia purissima non ha servito solo la forma, essa si è arricchita delle grazie minori di filigrane, come nei vasi che abbiamo pubblicato nel fascicolo di gennaio. Ed ancora vedremo come nelle ultimissime opere di Cappellin la materia si è anche trasformata. Così è apparso nei vetri lattei e preziosi che al « Salon d'automne » han consacrato ancora una volta le superiori virtù dei nostri vetrai.

Dir.

GIO PONTI — L'ospitalità, la carità, l'abbondanza, la giustizia

Drawings depicting the muses of *Hospitality*, *Charity*, *Abundance* and *Justice* by Gio Ponti

domus 13
January 1929

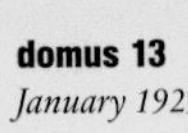

domus 16
April 1929

domus 17
May 1929

domus 18
June 1929

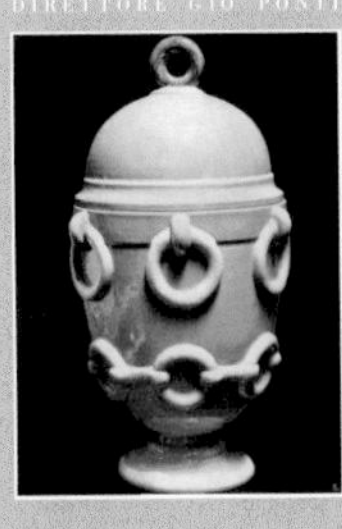

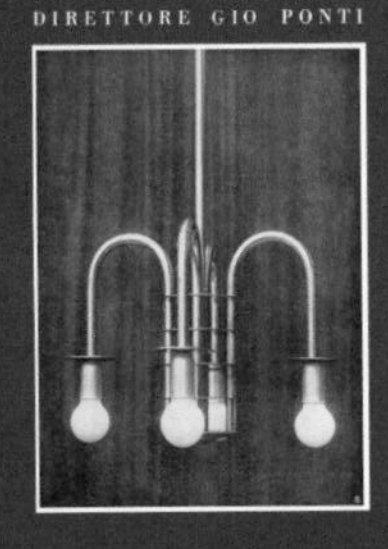

domus 22
October 1929
FEATURING
Carlo Enrico Rava

domus 20
August 1929

domus 21
September 1929

domus 14
February 1929
FEATURING
Jean Michel Frank

domus 15
March 1929

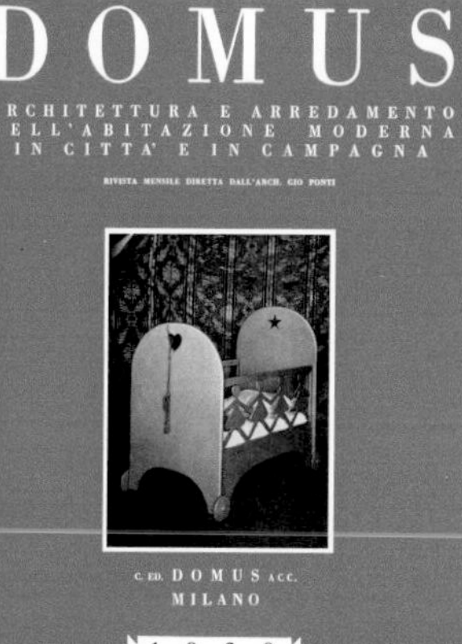

domus 19
July 1929

1929

domus 23
November 1929

domus 24
December 1929
FEATURING
Luigi Piccinato

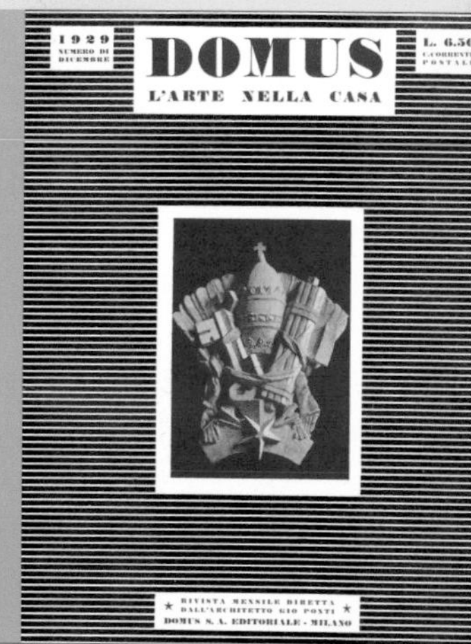

"STRACITTÀ"

Vetrata di Pietro Chiesa su cartone dell'Arch. Tomaso Buzzi

XVI Biennale d'Arte di Venezia.

Advertising

Stracittà stained-glass panel designed by Tomaso Buzzi and executed by the Pietro Chiesa Workshop shown at the XVI Venice Biennale

★

UN ARREDATORE PER I RICCHISSIMI

È Jean Michel Frank. Presentiamo alcuni suoi "ambienti". In alto è riprodotto un angolo del gran salone nella residenza del Visconte di Noailles. La porta è in bronzo, le pareti coperte in fogli di pergamena, la poltrona è in sicomoro bianco, il piccolo tavolo è in paglia. Il pavimento è tutto coperto da un tappeto in lana color "tête de negre" fatto a mano.

Fotografie gentilmente concesse da Thérèse Bonney

Lo stesso ambiente è rappresentato dalla seconda fotografia: in questa possiamo interessarci al fatto che i divani e le poltrone sono coperti in pelle bianca. Nell'ultima fotografia si tratta di un altro ambiente, nella abitazione medesima di Jean Michel Frank; le pareti e le porte e il soffitto son tutti coperti di paglia, con una fattura perfetta, pazientissima e preziosissima, le poltrone son rivestite in "galuchat". Un gran "letto da giorno" è il confortevole mobile principale di questo interno.

PAR

LIRE ITAL. 6.50

DOMUS

[AR]TTURA E ARREDAMENTO
[A]BITAZIONE MODERNA
[CI]TTA' E IN CAMPAGNA

RIVISTA MENSILE DIRETTA DALL'ARCH. GIO PONTI

C. ED. DOMUS ACC.
MILANO

1929
ANNO II N. 1 A. VII

domus magazine cover

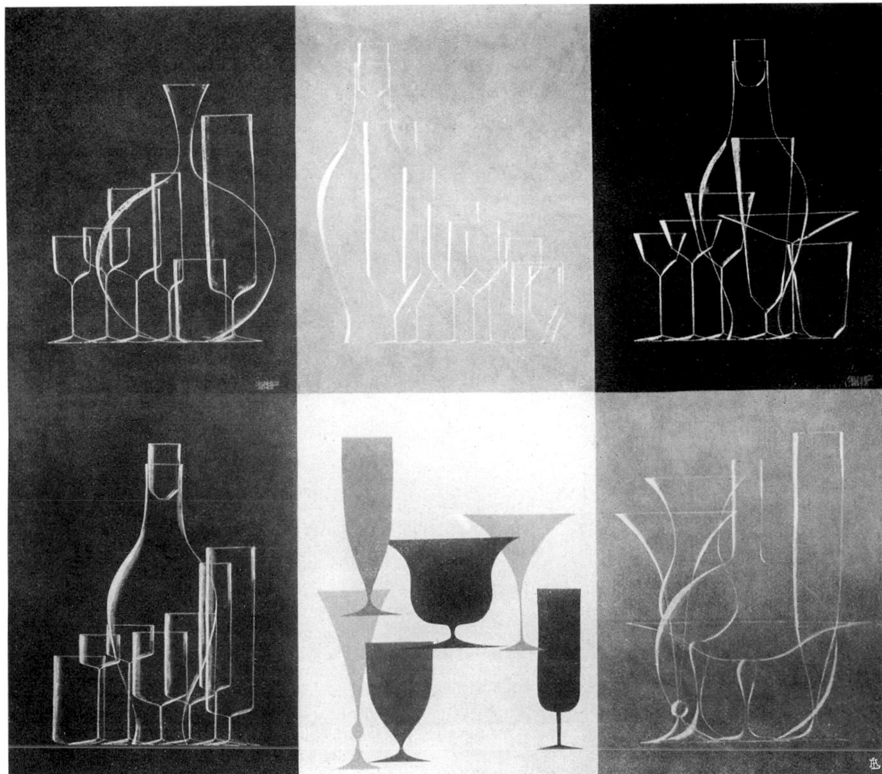

Foto Scherb.

ESPOSIZIONE DELLA KUNSTGEVERBE SCHULE IN VIENNA

A Vienna la Kunstgewerbe Schule, diretta da Josef Hoffmann e che conta insegnanti come Anton Hanak e Michael Powolny, frequentata da cinquecento allievi, ha ordinata un'interessantissima mostra in occasione del sessantesimo anno d'attività. Ne verremo pubblicando all'occasione gli interessanti documenti: il valore disegnativo, didattico ed artistico è accompagnato da un molto suggestivo buon gusto di presentazione, veramente esemplare. Ne fanno fede le due tavole che pubblichiamo; una è la mostra di disegni per ricami su "tulle", condotti a bianchetto su una parete rosso ciliegia, l'altra è una raccolta di disegni per vetri.

Foto Vasari

Apparecchi d'illuminazione per lampade tubolari, editi da Venini, su disegno dell'Arch. Luigi Piccinato.

Foto Vasari

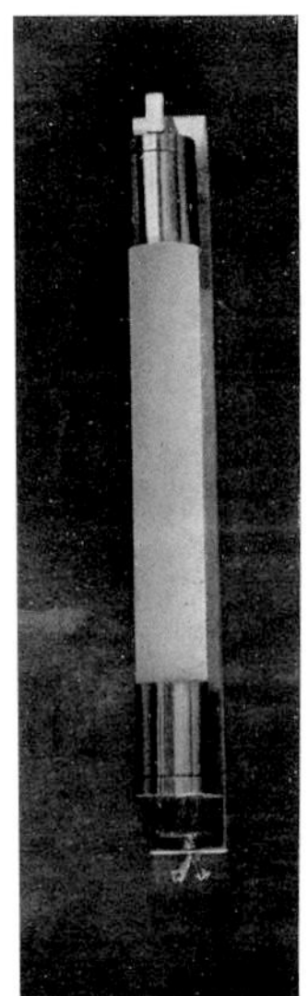

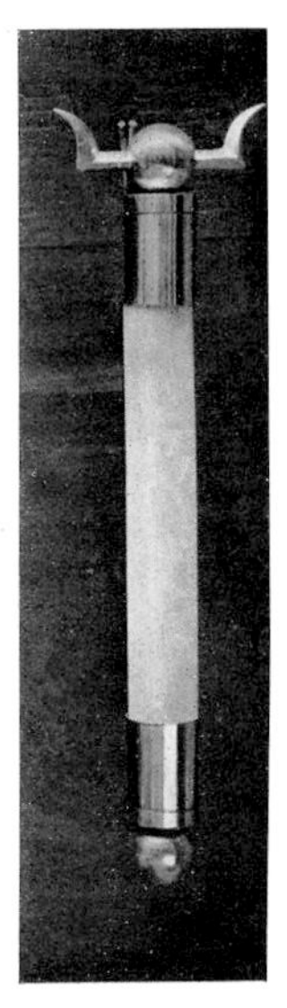

Modern Lighting Fixtures

Wall and table lights designed by Luigi Piccinato for Venini

1° OTTOBRE

LIRE 6.50

DOMUS

L'ARTE NELLA CASA

RIVISTA MENSILE

DIRETTORE GIO PONTI

1929

ANNO II N. 10 A. VII

domus 22
October 1929

Cover

domus magazine cover

ARCH. C. E. RAVA - CASA F. IN MILANO - ANTICAMERA.

Sofà laccato in giallo e nocciola con cuscino rosa e argento: parete avorio con zoccolo e cornice bianchi; lanterna in cristallo e ottone - Lucernario sopra la porta in cristallo smerigliato con grata in ottone. Porta esistente laccata avorio e bianco.

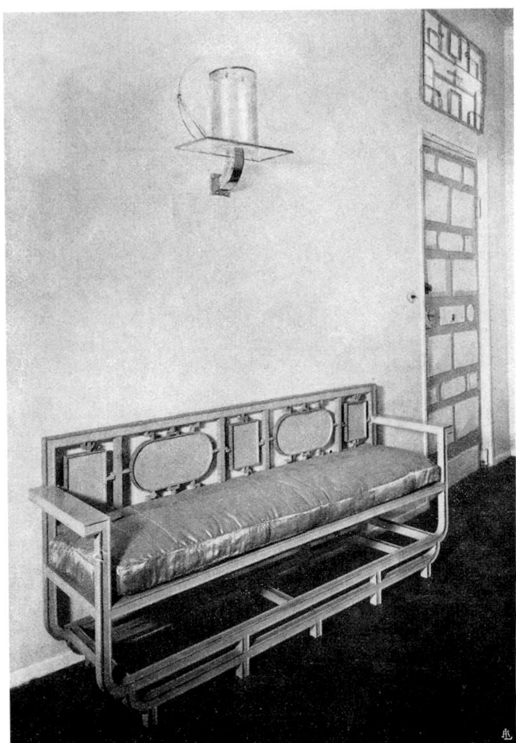

Esecuzione di Meroni e Fossati *Foto Paoletti*

ARCH. CARLO ENRICO RAVA

INTERNI DI CASA F. IN MILANO

Pubblichiamo una scelta degli interni di casa F. in Milano i cui mobili son stati eseguiti mirabilmente da Meroni e Fossati sui disegni dell'Architetto Carlo Enrico Rava, vivace assertore dell'architettura detta « razionale ». Di suo abbiamo già pubblicato una costruzione, di carattere stilistico di transizione, a Santa Margherita Ligure (« Domus" di maggio 1929). Questi arredamenti indicano meglio il carattere dell'artista e della tendenza che egli rappresenta.

Vi è da notare intanto l'introduzione su larga scala dell'impiego di alcuni materiali (in ispecie il cristallo e il metallo) o sperimentati a sostituire elementi tradizionali (vedasi il nastro d'ottone che incornicia i pannelli del Figini) o applicati in forme elementari (tubo, lastra, bandella, ecc.), L'impiego caratteristico di materiali si converte in elemento stilistico tipico.

Altra caratteristica di questi arredamenti è una assidua ricercatezza di disegno che va dalle semplici

Interiors Designed by Carlo Enrico Rava for the Casa F. in Milan

Interiors designed by Carlo Enrico Rava for the Casa F. in Milan: views of antechamber, bar and lady's bedroom

ARCH. C. E. RAVA - CASA F. IN MILANO
BAR

Mobili in ebano del Macassar, composto a scacchiera ed a losanghe, rivestiti di lastre di cristallo e listati di ottone lucido, su gradino di linoleum nero lucidato e listato di ottone: parte superiore a sbalzo e piani in cristallo pure a sbalzo.

ARCH. C. E RAVA - CASA F. IN MILANO
CAMERA DA LETTO DELLA SIGNORA

Letto laccato in salmone, grigio perla e giallo con liste in lacca d'argento, schienale tutto in lacca d'argento - Lampada girevole con tavolino laccato nelle stesse tre tinte e la colonna in lacca d'argento - Sedie laccate ricoperte in seta banana e argento - Tappezzeria pure banana e argento, ventole luminose in cristallo inciso smerigliato, montate in nichel argentato.

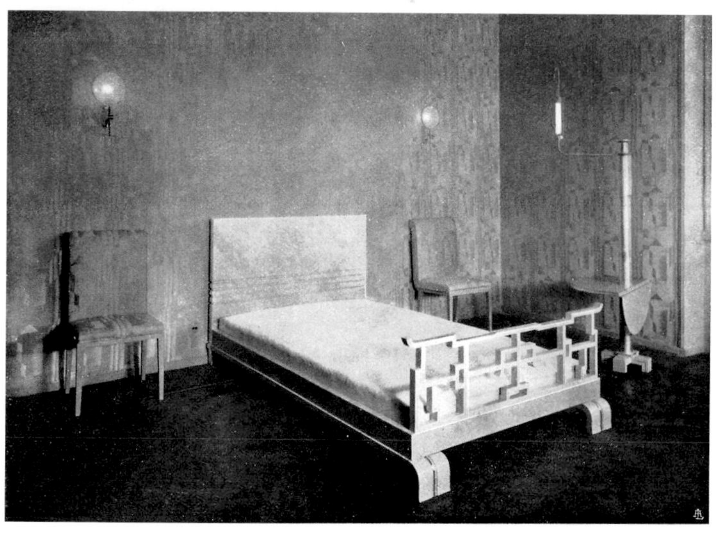

Foto Paoletti

ARCH. C. E. RAVA - CASA F. IN MILANO - CAMERA DA LETTO DELLA SIGNORA

Spogliatoio ricavato nel centro del grande armadio - Parete, soffittino e ante in lacca gialla - Le pareti decorate con fregi in argento - Consolle centrale e ripiani sotto gli specchi in lacca salmone e grigio con bordure in lacca argento-opaco, cornici dei tre specchi e sostegni delle lampade in nichel argentato opaco; sistema di 6 mensole a sbalzo ai lati dello specchio centrale, in nichel argentato opaco; i piani interamente in nichel argentato, con cristallo incassato

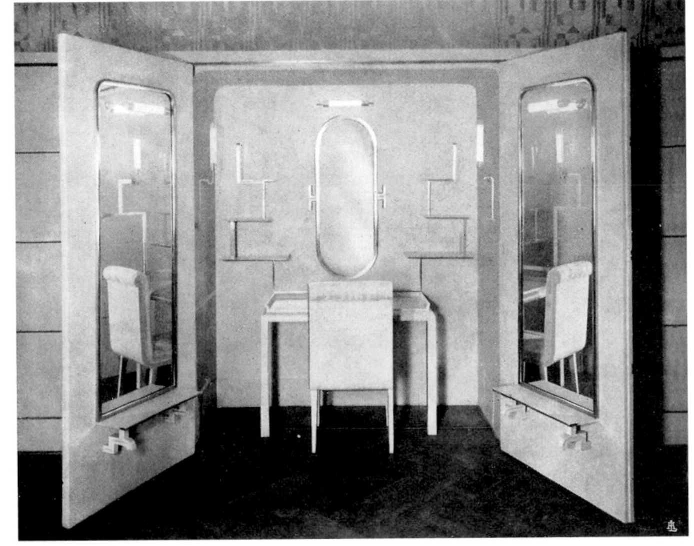

Foto Paoletti

ARCH. C. E. RAVA - CASA F. IN MILANO - CAMERA DA LETTO DELLA SIGNORA

Grande armadio contenente a sinistra l'armadio dei vestiti, al centro (2 ante) lo spogliatoio, a destra il passaggio al bagno, fiancheggiato da uno chiffonier ricavato nello spessore. - L'interno dell'armadio (salvo il centro in cui è ricavato lo spogliatoio) rivestito di acero grigio lucidato, con finiture di nichel argentato opaco; l'esterno laccato nei toni salmone, grigio perla e giallo paglia, con liste in lacca d'argento opaco; pomi e cerniere in nichel argentato opaco; lampada girevole con tavolino, laccata negli stessi toni dell'armadio e la colonna in lacca d'argento lucido e opaco; tappezzeria in seta banana lamata d'argento.

Foto Paoletti

Interiors Designed by Carlo Enrico Rava for the Casa F. in Milan

Interiors designed by Carlo Enrico Rava for the Casa F. in Milan: views of lady's bedroom and dining room

Esecuzione di Meroni e Fossati *Foto Paoletti*

ARCH. C. E. RAVA - CASA F. IN MILANO - SALA DA PRANZO

Mobili in mogano scuro lucido, con applicazioni in ottone lucido, e cristalli curvi; sedili ricoperti in seta verdemare; tinta di fondo delle pareti, rosa-pastello; decorazione murale del pittore Figini costituita da 9 pannelli dipinti a encausto, raffiguranti "Le Antille", in cornici di stucco bianco con liste di ottone lucido; soffitto già esistente, tinto in bianco; zoccolo della sala in ottone lucido; illuminazione costituita da 4 bracci semplici e 2 doppi in ottone lucido e cristallo trasparente.

geometrie (ad esempio dei mobili del bar) a quelle ornamentali più complicate e ad andamento rotto, e carattere esotizzante, del letto o del divano.

L'impiego dei materiali, l'uso di essi forme elementari ed il rigore di disegno che abbiamo segnalati, uniti ad una cura ingegnosa di sistemazioni pratiche (vedasi nella camera da letto l'armadio che s'apre a formare uno spogliatoio), esigono una finitezza di esecuzione, in questo caso raggiunta, che costituisce quasi uno dei caratteri stilistici di questi arredamenti.

L'intonazione coloristica di questi ambienti è anche essa un elemento particolare. È una gamma chiarissima di argenti, grigi, accostati in raffinati accordi o contrasti a rosa salmone, a gialli paglia, ad azzurri.

Dalle didascalie che accompagnano le illustrazioni il lettore può rendersi conto degli aspetti che confermano a queste manifestazioni, le quali hanno parallele espressioni in tutta Europa, il loro carattere stilistico particolare.

1930

domus 28
April 1930
FEATURING
Giuseppe Terragni
Gio Ponti
Carlo Enrico Rava
Sebastiano Larco
Piero Bottoni

domus 29
May 1930
FEATURING
Enrico A. Griffini
Giovanni Manfredi
Renzo Zavanella

domus 25
January 1930
FEATURING
Pietro Chiesa

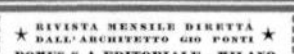

domus 32
August 1930
FEATURING
Luigi Figini
Guido Frette
Adalberto Libera
Gino Pollini
Piero Bottoni

domus 34
October 1930
FEATURING
Carl Bergsten
Axel Einar Hjorth
Carl Malmsten
Ture Ryberg
Carlo Enrico Rava
Sebastiano Larco
Ottavio Cabiati

domus 35
November 1930

domus 33
September 1930

domus 26
February 1930
FEATURING
Gino Cancelotti

domus 27
March 1930

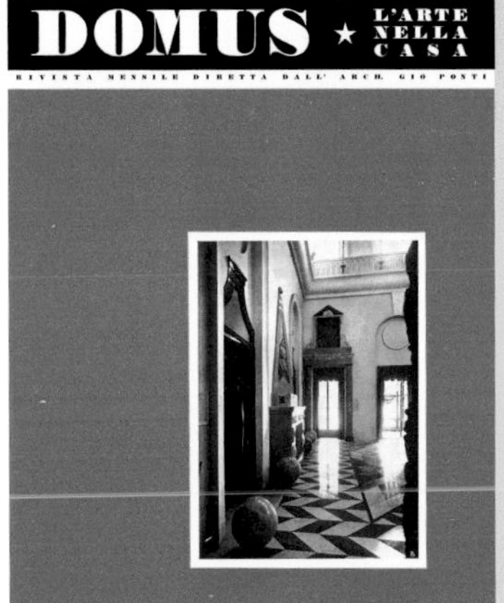

domus 30
June 1930
FEATURING
Gino Levi Montalcini
Giuseppe Pagano Pogatschnig

domus 31
July 1930

domus 36
December 1930

★ LO "SCRITTOIO" DI PIETRO CHIESA ★

OVVERO IL CASTIGO DELL'OTTOCENTO

L'800 furoreggia, è innegabile, a confusione del povero nostro secolo, e furoreggia "totalitariamente" poichè davvero oggi nessun « minore ottocentista » (se di un tal secolo d'oro si può parlare di minori) è escluso dal successo. È un successo travolgente e che s'accompagna, come tutti i veri successi ad un consistente movimento economico di vendite, di aste... Ne soffrono un po' certi artisti che quel secolo stesso riteneva i suoi più grandi d'ala, di fiato, di coraggio, ed alla considerazione dei quali eravam stati noi medesimi educati. Non si tratta infatti più dell'Appiani, o di Hayez, nè di Cremona, di Segantini, di Fontanesi o di Michetti — nè, fra poco, di Fattori o di Signorini —: no, coloro che a sentir oggi oscuran i secoli precedenti e insegneranno ai sopravvenienti son gli « oleografi » con le bestiole e gli annédotti, dove più ottocentisti di così si muore e

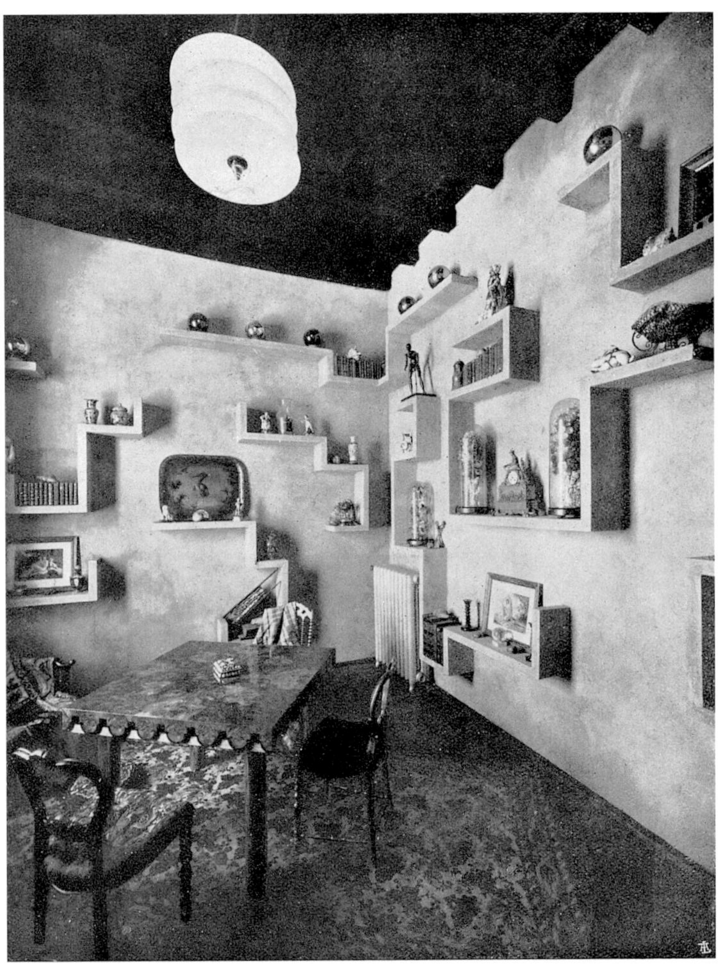

The 'Desk' of Pietro Chiesa: Or Rather, the Castigation of the 19th Century

Interior with built-in shelving designed by Pietro Chiesa

dove ci si intendono e ci si commuovon subito tutti: l'arte spiegata ai fanciulli, il dilettevole e l'utile — per i mercanti — la gioia il bello per tutti! Sarebbe un bellissimo spettacolo se vicino agli agnelli amatori delle Belle Arti, non ci fossero i lupi con la lor mercatanzia ottocentesca, dispregiatori feroci dell'arte contemporanea per ragioni di concorrenza.

Ma proprio in questo « immenso successo » dell'ottocento, sta il suo vero castigo perchè sono appunto certi suoi fatali caratteri segnalatori che saltan fuori. Tutti ci innamoriamo alla fine, ed io pure. proprio di questa sorta di ottocento, di quest'arciottocento e ci commoviamo invero a quei quadrettini, come ci piacciono alla follia le figurine, il puntacroce, i fiori di carta, le bocce di specchio, le campane di vetro, i tavolinetti, le porcellane con l'oro matto, i cagnolini di maiolica, le bottiglie a forma di bersagliere, i lavori in paglia, in conchiglie, in perline, in capelli... Così son proprio quelle pitturette e queste cosettine che ci stanno dando la misura di quell'ottocento ad uso dei nostri amatori, ed un secolo non potrebbe esser bollato peggio.

★

★

Pietro Chiesa, uomo di gusto finissimo goloso ed accorto, e per divertimento un po' « pososo », s'è fatto questo bizzarro scrittoio (cioè un locale dove scrivere) e s'è divertito a raccogliervi una collezioncina di ottocento da innamorarsene: « curiosità » prelibate. Ma è bello divertirsene così, come fa Pietro Chiesa vetraio, valido, esperto, convinto artista d'oggi, che di questi ninnoli si spassa e non se ne ammala.

Ma il constatare questo diffuso interesse per questa sorta di ottocento ci fa fare due considerazioni: o l'ottocento era proprio tutto così, ed allora poveretto lui: o chi per spasso o sul serio fa il filottocentista si riduce fatalmente a queste coserelle, ed allora poveretti noi. In ogni caso son due bei malanni, («il malanno del secolo » per dirla all'ottocentesca) che ci pervertono il gusto e rimpiccioliscono l'animo.

Mettiamo dunque, come fa Chiesa, certo caro ottocento nel nostro museo delle curiosità e teniamoci agli insegnamenti, grandi, arditi e sereni che tutta l'arte italiana, compresi i veri maestri dell'ottocento ci han dato e che son quelli dei quali nel meglio dell'arte nostra contemporanea si vedono i confortanti riflessi.

g. p.

ARCH. LUIGI PICCINATO

CASE POPOLARI

IL NUOVO QUARTIERE DELLA GARBATELLA IN ROMA DELL' ISTITUTO DELLE CASE POPOLARI DI ROMA

Quando nel maggio di quest'anno fu deciso di allestire, in occasione del XII Congresso internazionale dell'abitazione e dei piani regolatori, una prima grande esposizione a Roma, si affacciò l'idea di costruire nella serra del palazzo di Via Nazionale anche una casetta popolare *modello* che avrebbe dovuto riassumere per i congressisti stranieri e italiani (e più per quelli italiani!) le norme, le tendenze, i progressi dell'edilizia popolare. A questa idea l'Arch. On. Alberto Calza Bini, presidente dell'Istituto Case popolari di Roma, ne oppose coraggiosamente un'altra: perchè spendere del denaro per una casa di cartapesta e di legno che a mostra finita sarebbe rimasta solo nei nostri pallidi ricordi come una accademica esercita-

Foto Fabbri

ARCH. GINO CANCELLOTTI - ROMA *Quartiere della Garbatella dell' Istituto Case Popolari in Roma - La fontana del giardino centrale.*

Housing Project: The New Garbatella Quarter in Rome

Garbatella housing project in Rome designed by Gino Cancellotti: views of fountain in central garden, square for children with pergola

ARCH. GINO CANCELLOTTI - ROMA

Quartiere della Garbatella dell'Istituto delle Case Popolari in Roma - Il piazzale per i bambini e la pergola.

Foto Fabbri

zione? Non era molto meglio costruire sul serio, in pietra e mattoni, ed esperimentare *al vivo?*

Fu cosí che l'Istituto per le Case popolari decise di costruire non una casa, ma un piccolo quartiere di case, affidandone il progetto ad alcuni architetti dei più agili e l'esecuzione a varie imprese di costruzione delle meglio attrezzate. Un premio in denaro fu promesso all'impresa che fosse riuscita a realizzare nel modo più completo il proprio lavoro fissando il costo massimo della costruzione in novemila lire a vano.

Ed ecco al lavoro architetti, costruttori, mastri e operai, ed ecco in quattro mesi (vero record di velocità) il piccolo quartiere pronto a ricevere gli ospiti.

Case popolari! A noi italiani queste due parole fanno pensare ancora ai tetri casoni suburbani di sei piani dove infinite famiglie si pigiano in una vita triste e senz'aria.

Al di fuori una falsa retorica (alla quale c'è ancora chi crede!) riveste questi alveari di una pseudo architettura di stucchi e di cemento, di banderuole di ferro e di papaveri liberty: povertà mascherata da un carnovale di finta ricchezza di carta stagnola, di latta dipinta, di frasi latine magniloquenti.

ARCH. GINO CANCELLOTTI - ROMA

Quartiere della Garbatella dell'Istituto Case Popolari in Roma - La casetta doppia tipo 6.

ARCH. GINO CANCELLOTTI - ROMA *Foto Fabbri*

Quartiere della Garbatella dell' Istituto Case Popolari in Roma - Ingresso della casetta doppia tipo 6.

ARCH. GINO CANCELLOTTI - ROMA

Quartiere della Garbatella dell'Istituto delle Case Popolari in Roma - Pianta della casetta doppia tipo 6 - Ogni abitazione ha una stanza di soggiorno con alcova-cucina e una dispensina separata, un ripostiglio nel sottoscala, un bel balcone al piano superiore. Oltre la stanza di soggiorno e la cucina, vi sono tre stanze ed un bagno.

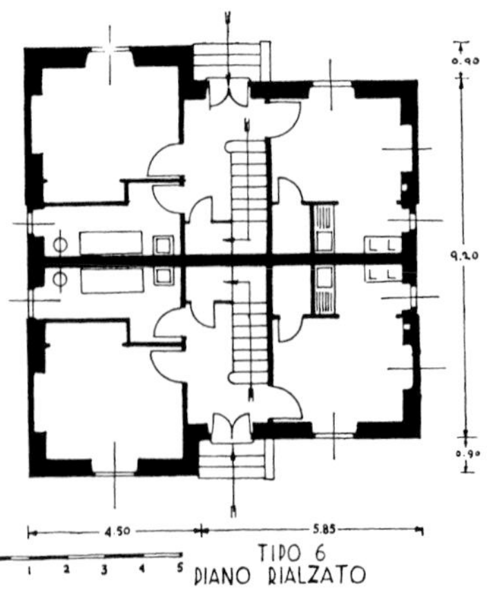

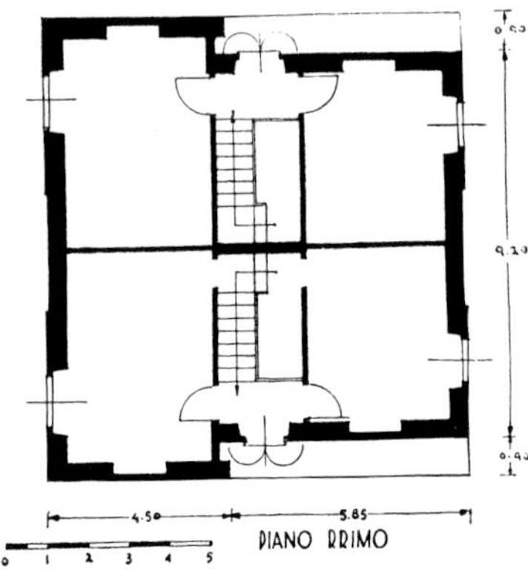

Housing Project: The New Garbatella Quarter in Rome

Garbatella housing project in Rome designed by Gino Cancellotti: views of exteriors and entrance, floor plans of Type 6 duplex

ARCH. GINO CANCELLOTTI - ROMA

Foto Fabbri

Quartiere della Garbatella dell'Istituto delle Case Popolari in Roma - La casetta doppia tipo 6.

Foto Fabbri

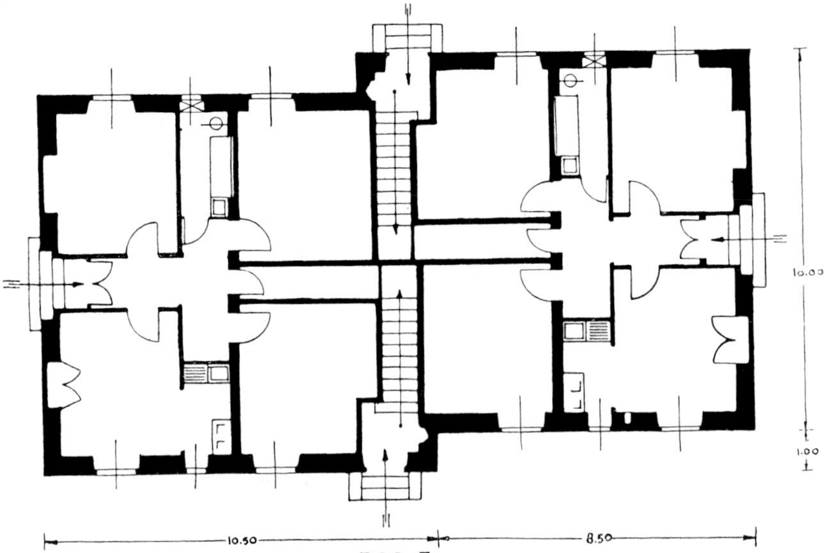

10.00
1.00
10.50 8.50

0 1 2 3 4 5

TIPO 7
PIANO RIALZATO

ARCH. GINO CANCELLOTTI - ROMA

Quartiere della Garbatella dell'Istituto delle case popolari di Roma - Pianta della casetta quadrupla tipo 7 - E' composta di quattro abitazioni sovrapposte due a due. Al pianterreno esse hanno l'ingresso sul lato corto della costruzione e constano di: stanza di soggiorno con alcova-cucina, tre stanze ed un bagno; le abitazioni del piano superiore hanno accesso dalle scale sul lato lungo della costruzione. La cucina ha una dispensetta, i fornelli e il lavandino separati. L'abitazione ha una bella balconata.

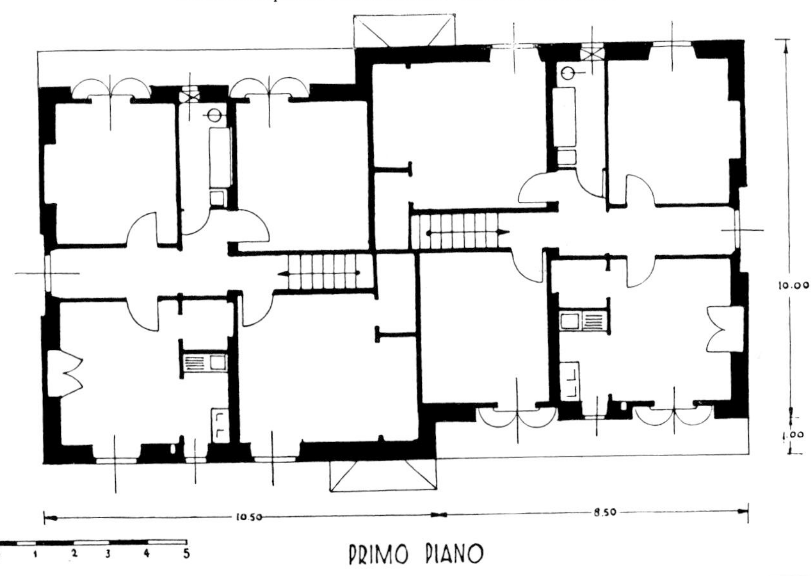

Foto Fabb. i

ARCH. GINO CANCELLOTTI - ROMA

Quartiere della Garbatella dell'Istituto Case Popolari in Roma - La casetta quadrupla tipo 7 - Intonaco bianco liscio, zoccolatura in mattoni rosso vivo, grondaie e pluviali in verde, persiane marrone-rossastro - Le quattro fronti sono rispettivamente uguali a due a due - La casa offre quindi la possibilità di un qualunque orientamento.

Al di dentro invece, la vita modesta, faticosa, pallidamente illuminata dai cortili chiusi sui quali spenzola la biancheria mal lavata: la vita degli appartamentini rumorosi, senza bagno, senza verande, senza sole, senza loggie, senza spazio per i bimbi.

Retorica, retorica!

Il problema della casa popolare più che estetico è problema urbanistico.

Finchè le nostre città saranno così male attrezzate nel servizio dei traffici suburbani si continuerà a fabbricare le case in aree costo-

ARCH. GINO CANCELLOTTI
ROMA

Quartiere della Garbatella dell' Istituto Case Popolari in Roma - Interno del tipo 7 - Porte in pannelli di legno compensato lucidato - Lampada in ottone nichelato della Ditta Venini.

ARCH. GINO CANCELLOTTI
ROMA

Quartiere della Garbatella dell' Istituto Case Popolari in Roma - Stanza di soggiorno con l'alcova-cucina. Si noti l'armadio a muro, la tramoggia per lo scarico delle immondizie, i portapiatti di marmo sotto la finestra.

Foto Fabbri

Garbatella housing project in Rome designed by Gino Cancellotti: views of interior of Type 7 four-apartment building and elevation of Type 10 four-apartment building

ARCH. GINO CANCELLOTTI - ROMA
Quartiere della Garbatella dell'Istituto Case Popolari in Roma. La casa quadrupla tipo 10 vista dagli stenditoi.

Foto Fabbri

sissime perchè centrali e quindi, arrivando al limite massimo di sfruttamento edilizio, si faranno i casoni di sette, otto piani mascherati da palazzi con nicchie e statue e cornicioni.

La casa popolare per definizione deve essere semplice e nuda: non deve vergognarsi della povertà che ospita ma anzi la deve nobilitare con sincera modestia.

Niente costruzione *intensiva*, ma piuttosto costruzione *estensiva* in zone lontane di poco costo. Se questa formula presume ricchezza di strade, di mezzi di trasporto, di servizi generali, d'altro lato concede grande economia nel costo delle superfici e infinite risorse dal lato igienico-morale. Ma è tutta una nuova politica edilizia che si deve inaugurare ed una politica delle aree che ancora deve nascere.

Il nuovo quartiere della Garbatella è stato ben costruito con questi criteri: e quello che si è risparmiato in inutili strombettamenti architettonici è stato speso in bei balconi, in comode cucine, in confortevoli bagni, in armadi a muro.

Inoltre è stato concepito con unità planimetrica: nel centro il campo da gioco per i bambini, rallegrato da una semplice fontana; poi gli stenditoi geometrici e regolari per la biancheria, qualche liscio giardino, degli alberi di alto fusto e dovunque un grande candore di pulizia.

ARCH. GIO PONTI

UNA MODERNISSIMA COSTRUZIONE IN COMO

★ DELL'ARCH. GIUSEPPE TERRAGNI ★

Benchè già da altre pubblicazioni illustrata, dedichiamo noi pure alcune pagine alla costruzione innalzata in Como dall' arch. Giuseppe Terragni. A chi ha seguito su *Domus* e sulle riviste straniere gli sviluppi dell'architettura contemporanea da Loose, a Le Corbusier, a Taut, a

ARCH. GIUSEPPE TERRAGNI - COMO
CASA IN COMO
Facciata laterale, e veduta d'angolo
Le grandi finestre danno sul lago

Foto Mazzoletti

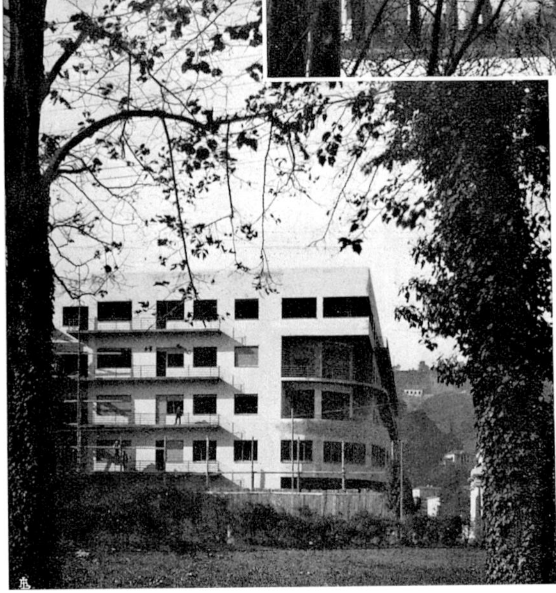

Mendehlson i caratteri di questa costruzione non riusciranno nuovi. Anzi poichè il cànone di questa architettura è di riferirsi all'impiego razionale di materiali e di procedimenti costruttivi e alle esigenze del confort e della vita moderna, non sarebbe sua manifestazione estetica esclusiva e necessaria quella della "novità", come è stato per altri verbi, e recenti, di stilistica architettonica.

Tuttavia l'impiego esplicito e dirò così "spinto" ad espressione delle caratteristiche possibilità tecniche e costruttive del cemento armato e del ferro e la concezione progettistica collegata ad esso hanno sboc-

A Modernist Building in Como by Giuseppe Terragni

Novocomun apartment building in Como designed by Giuseppe Terragni: views of lateral façade, floor plans

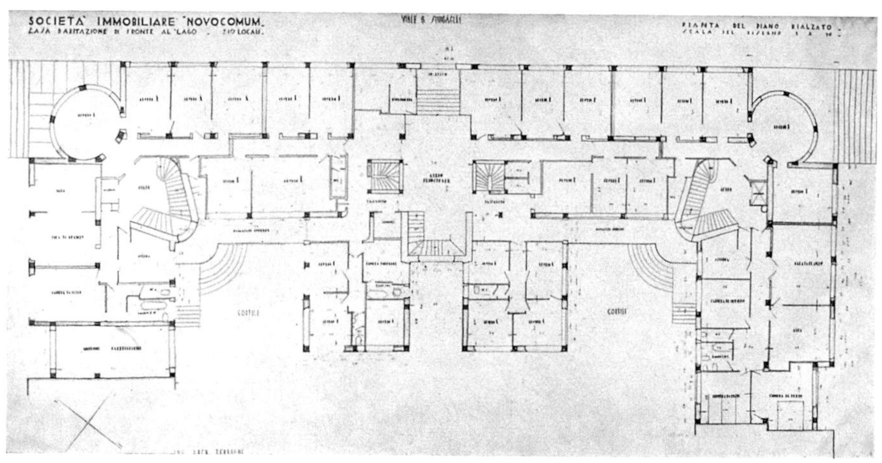

Piano rialzato

cato in un fenomeno di ordine puramente estetico, stilistico, nuovo, che abbiamo già avvertito.

Questo è quanto per ora ci è dato di constatare di più profondamente interessante negli sviluppi attuali dell'architettura: poichè sulla "razionalità" dei partiti progettistici e pratici di essa v'è da discutere e da lasciar provare all'esperienza alla quale sarà dato di modificare secondo climi, latitudine, ambiente, costume di vita, certi portati che oggi appaiono ripetersi troppo eguali in queste costruzioni.

Ma appunto per ciò un fatto assai importante è costituito da questa ardita costruzione del Terragni; perchè essa è finalmente anche da noi una realizzazione e costituisce una esperienza. Di ciò e non di discussioni abbisogna lo sviluppo dell'architettura e l'orientamento del gusto. E' questo oggi il nostro dichiarato parere, chè gli italiani debbono disassuefarsi a farsi scandalo di ciò che è nuovo e a scandolezzarsi piuttosto della

Piano tipico - ogni piano è composto di otto appartamenti

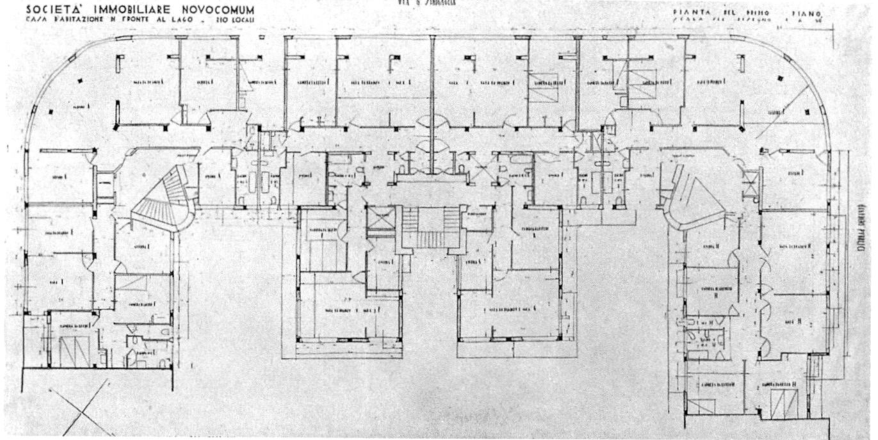

Translation
see p. 676

ARCH. GIUSEPPE TERRAGNI - COMO - CASA IN COMO
Veduta del cortile - Finestrone della scala d'angolo

sciatta e bastarda ripetizione di quei modelli correnti d'architetture che han reso tanto tristemente risibili i pretenziosi "quartieri moderni" delle nostre città. Sperimentare, provare con studiosa audacia, procedere.

Quì, nell'opera del Terragni, l'esperienza è fatta con nobile ambizione; e chi avrà agio di osservarla non si fermi alla considerazione dei caratteri della facciata ma indovini attraverso le grandi aperture di essa i caratteri degli interni dai quali è consentito (come si vede dalle nostre illustrazioni) in misura grandissima la stupenda vista del lago, quasi come un *leit-motif* decorativo degli am-

ARCH. GIUSEPPE TERRAGNI - COMO - CASA IN COMO
Una scala d'angolo veduta dal sotto in sù. Pareti lisciate in cemento e polvere di marmo tinteggiate a colori lavabili. Parapetto tubolare in ferro verniciato alla nitrocellulosa. Illuminazione dei ripiani a cassette luminose in spessore di soffitto. Pavimento dei ripiani in linoleum striato. Gradini rivestiti di musso.

A Modernist Building in Como by Giuseppe Terragni

Novocomun apartment building in Como designed by Giuseppe Terragni: view of courtyard, corridor, angled staircase, balcony and windows overlooking lake

bienti medesimi. Questi. assieme ad altri portati delle piante, sono termini nuovi, pratici, di confort materiale e spirituale. Li si confrontino con le deficienze di pianta, di orientamento e di confortevoli risorse delle tante nostre costruzioni ricche soltanto di vilissimi cementi nelle facciate eppoi mi si dirà un po' cosa è da preferire.

Mi si può obbiettare che è un invilire l'architettura moderna il riferirla soltanto alle più spregevoli architetture degli ultimi anni, ma debbo dire che non si pretende qui di far monumenti. I celebrati monumenti antichi eran palazzi, dimore, ville sontuose di uomini e di istituzioni potenti: qui si tratta di case per la vita della gente. In questa restaurazione, se non altro, *del vero problema*, o di *un* problema dell'architettura moderna, è già una gran virtù.

ARCH. GIO PONTI

ARCH. GIUSEPPE TERRAGNI - COMO
CASA IN COMO
Veduta del lago dalla balconata del 3.º piano

ARCH. GIUSEPPE TERRAGNI - COMO
CASA IN COMO
Veduta sui giardini da una sala d'angolo del 2.º piano

Foto Mazzoletti

ARCH. GIUSEPPE TERRAGNI - COMO
CASA IN COMO
Locale d'angolo del 4.º piano con veduta sul lago. Finestre in ferro scorrevoli. Tende automatiche in stoffa. Pavimento in linoleum beige. Pareti a tinte lavabili di colore giallo-grigio. Verniciature e serramenti alla nitrocellulosa color arancio.

Translation
see p. 676

Collaboratori: Gio Ponti, Emilio Ceretti, Ginevra Sala, Giovanni Gariboldi

Assai largo è l'uso di incornic pareti. Proponiamo qui una ' quale è ora lungamente aggie famosi amanti? e come sarann sarà

nappe per ornare le nostre
va ed antica; rimarrà essa
re anche il "900" avrà i suoi
quale terra d'Europa? e quale
ta?

Riproduzione originale in 100 esemplari acquarellati, per L. 50 ai lettori di Domus.

MOBILI D'OGGI

★

Per gentile concessione di Meroni e Fossati

Meroni e Fossati, portano la grande industria del mobile all'avanguardia stilistica. Pubblichiamo questo "stipo" disegnato dagli arch. Rava e Larco di Milano, eseguito in radica di noce ed ebano con guarnizioni in ottone nichelato.

Today's Furniture

Cabinet designed by Carlo Enrico Rava and Sebastiano Larco for Meroni & Fossati; display case and coat stand designed by Piero Bottoni

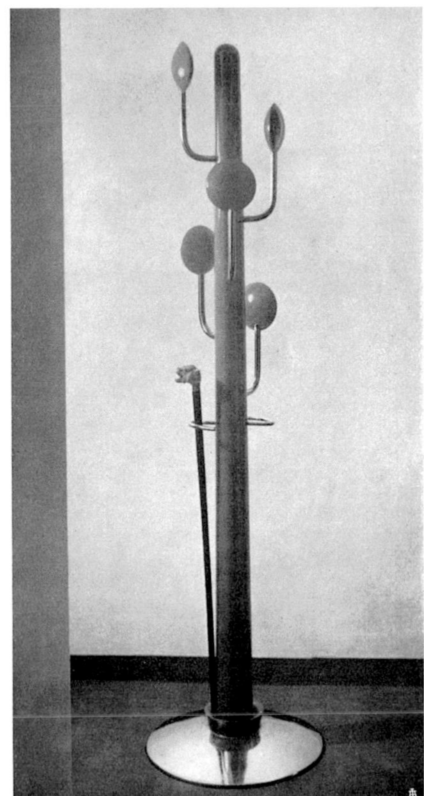

MOBILI D'OGGI

ARCH. PIERO BOTTONI

Mobile per oggetti e per piante grasse in legno laccato grigio-viola verde e nero. Divisioni in vetro smaltato bianco e a colori rette da un telaio nichelato. Illuminazione bianca dall'alto e a colori dal basso.

Una moderna "pianta" attaccapanni in legno lucidato verde oliva, supporti in metallo nichelato, base in alpacca. Piero Bottoni è fra i più studiosi caratterizzatori dell'arredamento moderno.

IL NUOVO QUARTIERE "ALLA FONTANA"

IN MILANO, DEGLI ARCH. GRIFFINI E MANFREDI

Pubblichiamo questo nuovo "quartiere" di case popolari affinchè il lettore sia edotto per diversi esempi, dopo quello della "Garbatella" (Domus febbraio 1930) degli orientamenti generali stilistici e progettistici dell'architettura moderna ed utilitaria e del diffondersi di essa. Il lettore faccia un confronto fra i precedenti e gli attuali quartieri operai. Nei primi "casa operaia" voleva dire o casa qualunque, fatta con la massima economia, oppure una casa "umanitaria" con una retorica decorativa pretenziosetta che ne rendeva banali le facciate di cemento distogliendo cure e denaro dallo studio degli interni. Ora il concetto è di fare una casa assolutamente pratica, senza sciupar denaro in vane decorazioni, non per grettezza ma per studioso proposito. Nei confini di una rigida utilitarietà son scaturite risorse nuove nel comporre i volumi della costruzione, nell'impiego di materiali di una certa nobiltà e nei colori che costituiscono un tipico carattere stilistico di naturale freschezza.

★ ★

Il nuovo quartiere « Alla Fontana » della Società Edificatrice Case Operaie, Bagni e Lavatoi, sorge su un'area di circa mq. 7000, in Milano nel Rione alla Fontana, presso la nuova Circonvallazione in una località ove la metropoli lancia stabilimenti, edifici pubblici e caseggiati ad invadere e distruggere gli avanzi di quella zona di orti e di campagna che una volta cingeva di verde l'abitato.

Il Quartiere comprende 522 locali suddivisi in

ARCH. E. A. GRIFFINI E ING. G. MANFREDI - MILANO

Nuovo quartiere "alla Fontana" in Milano. Le facciate sono a stucco levigato, il pianterreno in pietra viva.

Foto Paoletti - Milano

The New 'Alla Fontana' Quarter in Milan by Griffini and Manfredi

Alla Fontana Quarter apartment building designed by Enrico A. Griffini and Giovanni Manfredi: angled elevation

C. Postale LUGLIO 1930 L. 7,50

DOMUS ★ L'ARTE NELLA CASA

IVISTA MENSILE DIRETTA DALL' ARCH. GIO PONTI

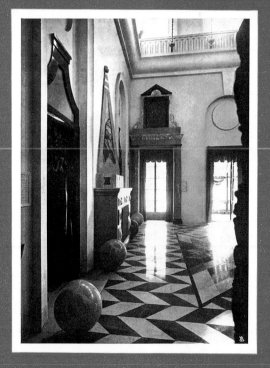

Triennale di Monza - particolare del Salone dei Marmi di Giovanni Muzio

ARCH. E. A. GRIFFINI E ING. G. MANFREDI.

Nuovo quartiere "alla Fontana" in Milano.

Il portico d'ingresso.

Le pareti sono in intonaco a tinta naturale. Il soffitto è a volta, in cemento armato, con cassettoni lisciati a stucco. Si osservino i casellari verniciati in giallo citrino con sportelli in rosso cinabro. La porta centrale è in ferro verniciata a smalto bianco giallognolo con contorni in rosso vivace.

Foto Paoletti - Milano

appartamenti di 1, 2, 3 locali, ognuno con ingresso indipendente, cucina, acquaio, e latrina.

Elemento caratteristico della costruzione è il corpo sporgente dei servizi di forma pressocchè triangolare. Esso permette di mantenere i locali di forma regolare colla massima utilizzazione dello spazio e si ripete come elemento costante e standardizzato laddove occorre costituire un alloggio indipendente.

Diviso in due parti da una tramezza, comprende, nella prima parte, l'acquaio, nella seconda parte il w. c. provvisto di cacciata a flussometro. L'uscio sul divisorio è studiato in modo da isolare, una volta aperto, lo spazio riservato all'acquaio.

Il Quartiere è costituito da dieci elementi di fabbrica uguali, salvo leggere varianti. Questa soluzione ha portato a una notevole semplificazione nel lavoro.

L'elemento tipo, della lunghezza di circa metri 21, comprende nove locali per piano raggruppati in tre alloggi da un locale e tre da due

Foto Paoletti - Milano

ARCH. A. E. GRIFFINI E ING. G. MANFREDI - MILANO

Nuovo quartiere "alla Fontana" in Milano.

Il cortile visto dal lavatoio.

Alla Fontana Quarter apartment building designed by Enrico A. Griffini and Giovanni Manfredi: entrance, courtyard and public washhouse

ARCH. E. A. GRIFFINI E ING. G. MANFREDI
Nuovo quartiere "alla Fontana" - Milano

Veduta del lavatoio.

Comprende dodici vasche per lavatura con acqua calda e fredda fornita da impianto autonomo. - Al piano sotterraneo, accessibile mediante un piano inclinato, è disposto il deposito per le biciclette.

Particolare d'angolo della casa.

ARCH. E. A. GRIFFINI E ING. G. MANFREDI
Nuovo quartiere "alla Fontana" in Milano. Il padiglione per bagni e docce. Esso comprende cinque camerini da bagno con vasche in ghisa smaltata e pareti rivestite di piastrelle di maiolica, e quattro camerini da doccia con spogliatoio e servizio di acqua calda e fredda.

Foto Paoletti

I camerini per doccie.

I corpi sporgenti dei servizi visti dall'interno.

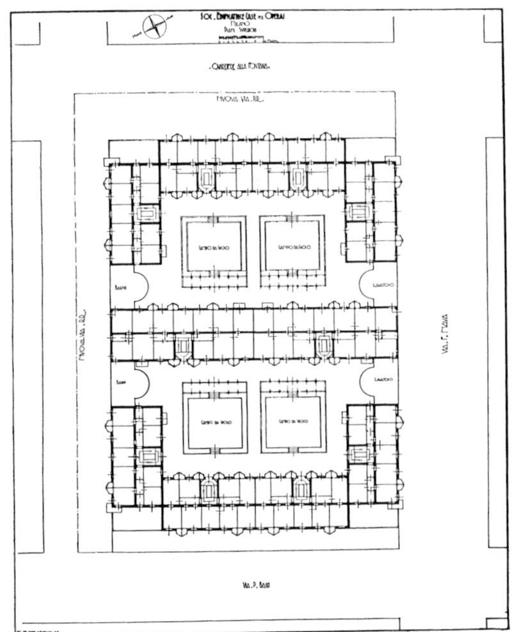

★

★

ARCH. E. A. GRIFFINI
E ING. G. MANFREDI
MILANO

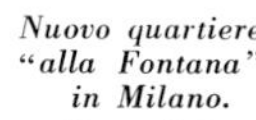

Nuovo quartiere "alla Fontana" in Milano.
Piano tipico.

The New 'Alla Fontana' Quarter in Milan by Griffini and Manfredi

Alla Fontana Quarter apartment building designed by Enrico A. Griffini and Giovanni Manfredi: shower room, washroom, bath cubicles and floor plans

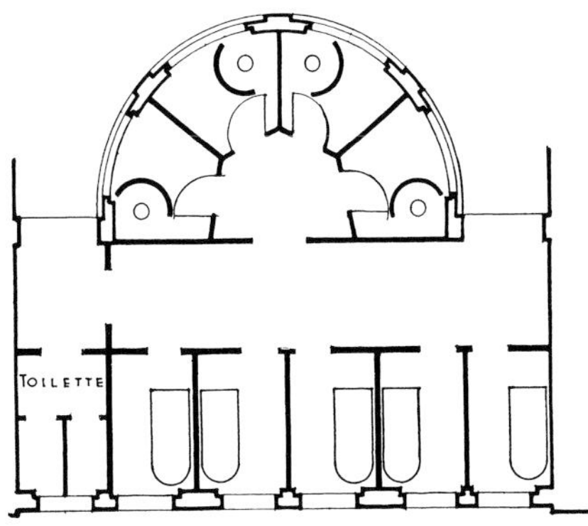

· BAGNI · E · DOCCIE ·

locali. I corpi laterali e quelli del fabbricato centrale comprendono gli alloggi di tre locali.

Gli alloggi sono disimpegnati da comode scale illuminate da ampie finestrate.

I locali sono ampi, e abbondantemente illuminati e areati. Hanno le dimensioni medie di m. 4 per 4,50 e l'altezza netta di m. 3,30.

Gli alloggi di tre locali sono provvisti di balconi col parapetto pieno in cemento armato, ciò che permette di essi il più comodo e libero uso.

Le facciate, caratterizzate da semplicità di linee, ricevono impronta da nobiltà di materiale e accuratezza di finiture.

Il piano terreno è completamente rivestito di lastre di beola con le superfici grezze, come risulta dalla naturale sfaldatura della roccia. La parte superiore è intonacata a stucco levigato.

La copertura dei corpi sporgenti triangolari è a smusso rientrante per lo scarico delle pluviali in un unico canale che corre rettilineo lungo tutte le fronti del caseggiato.

Una nota particolare alle facciate è creata dalla vivace policromia dei serramenti. I serramenti delle finestre sono a cassone, come è uso ancora in alcune delle nostre regioni, e presen-

(Continuazione a pag. 70)

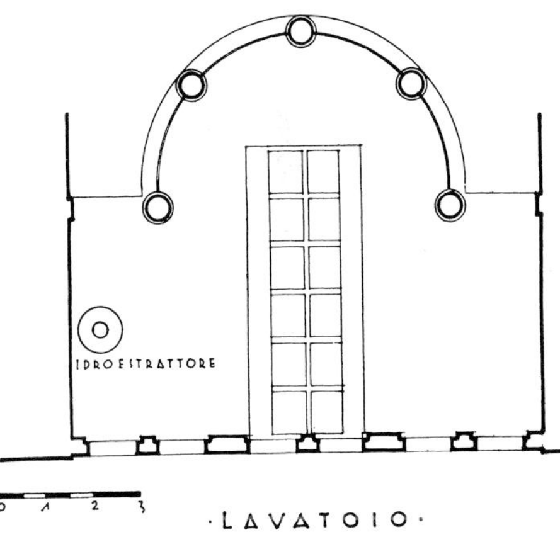

· LAVATOIO ·

Foto Bombelli

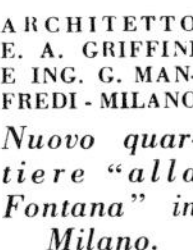

ARCHITETTO E. A. GRIFFINI E ING. G. MANFREDI - MILANO *Nuovo quartiere "alla Fontana" in Milano. Interno di uno dei padiglioni per bagni e docce I camerini da bagno sono rivestiti in piastrelle di maiolica e i serramenti in ismalto bianco con contorni in rosso cinabro.*

ANTICIPAZIONI ALLA TRIENNALE DI MONZA

NELLA GALLERIA DEI METALLI

"Venere e gli angeli saettanti"

"Le caccie"

"Venere tentata"

Fra le più piacevoli cose che raccoglierà la galleria dei metalli a Monza son certo questi ferri disegnati da Renzo Zavanella ed eseguiti dai fabbri Chiodarelli di Poggiorusco.
In essi una maschia fattura si unisce ad una attraentissima invenzione: il ferro mantiene nel peso e nelle dimensioni la sua natura.

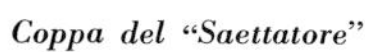

Coppa del "Saettatore"

Preview of the IV Monza Triennale

Metal figurines and cup with cover designed by Renzo Zavanella for Chiodarelli and ceramics manufactured by Richard-Ginori shown at the IV Monza Triennale

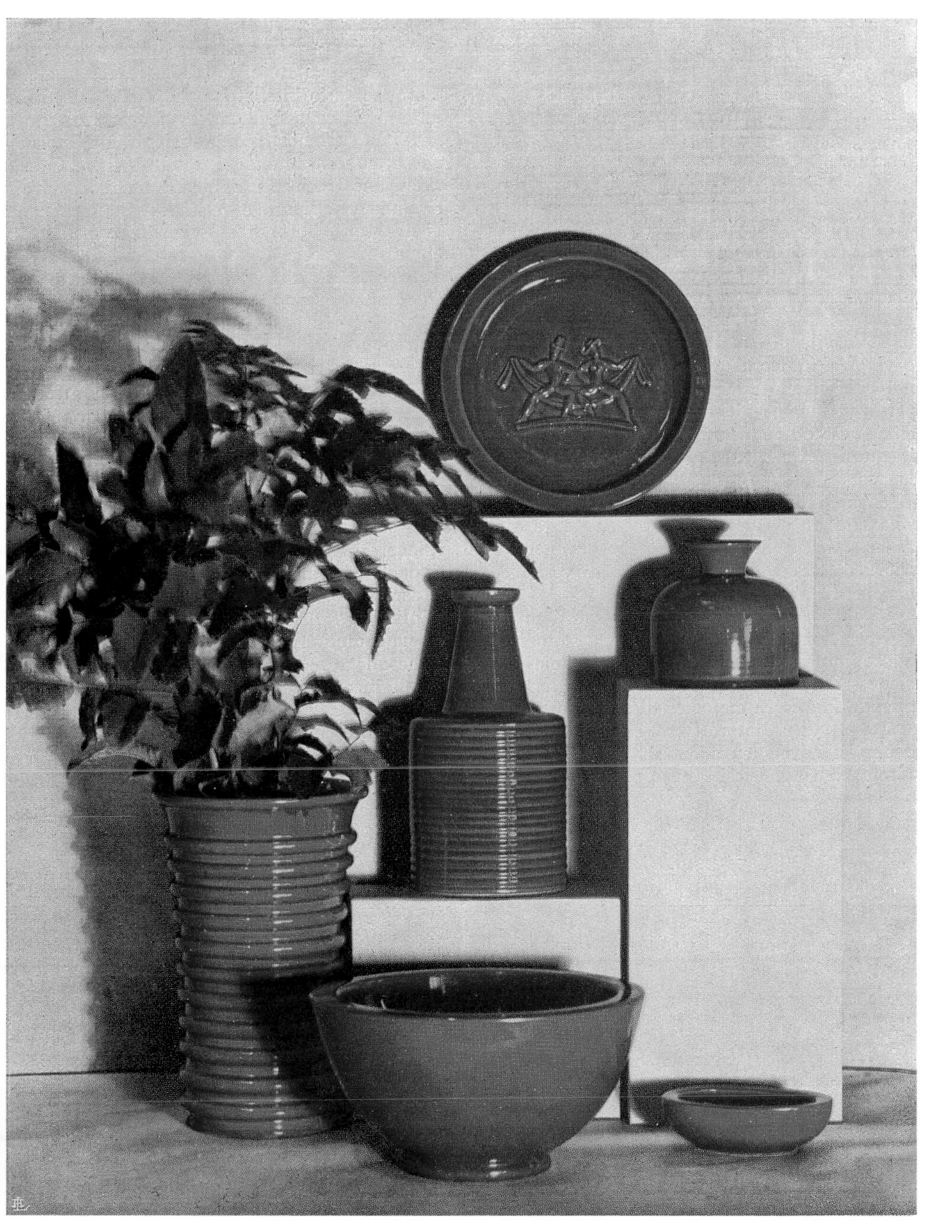

Il "gran rosso" di Doccia, su maiolica grossa, è una delle novità che la Manifattura Richard-Ginori di Doccia, presenta alla Triennale di Monza.

1930
NUMERO DI GIUGNO
PREZZO L. 7,50
C. C. CON LA POSTA

DOMUS

L' ARTE NELLA CASA

NUMERO DEDICATO AL PALAZZO PER GLI UFFICI DEL GRUPPO GUALINO - TORINO - ARCHITETTI G. PAGANO-POGATSCHNIG E G. LEVI-MONTALCINI

RIVISTA MENSILE DIRETTA DALL'ARCH. GIO PONTI
DOMUS S. A. EDITORIALE - MILANO

domus 30
June 1930

Cover

domus magazine cover showing detail of the Gualino office building façade in Turin designed by Gino Levi Montalcini and Giuseppe Pagano Pogatschnig

PROSPETTIVA DEL PROGETTO

DESCRIZIONE TECNICA

Palazzo per uffici. Tale è stata la destinazione dell'edificio e con questo criterio si è curata la sua esecuzione tanto nell'aspetto esteriore quanto nella distribuzione e sistemazione interna. L'area di 1644 metri quadrati, ad angolo sul Corso Vittorio Emanuele II e la via della Rocca, è stata sfruttata al massimo in altezza (metri 27,50), lasciando invece un discreto margine nel cortile (area coperta mq. 950).

I sette piani concessi dal regolamento municipale sono risultati di altezza costante di metri 3,40 tra pavimento e pavimento nei piani intermedi mentre nel piano terra (destinato ad uffici di carattere generale) e nel sesto piano (piano nobile) le altezze sono state portate a quattro metri. La parte dell'edificio verso la via laterale più stretta si potè alzare soltanto su cinque piani sopra terra, di cui uno arretrato.

Gli accessi sono stati distribuiti in modo da dividere l'ingresso principale verso il corso Vittorio Emanuele (destinato al personale dirigente e al pubblico) da quello di via della Rocca, destinato al personale d'ufficio e ai

Technical Description

Gualino office building in Turin designed by Gino Levi Montalcini and Giuseppe Pagano Pogatschnig: drawing of front elevation

Translation see p. 676

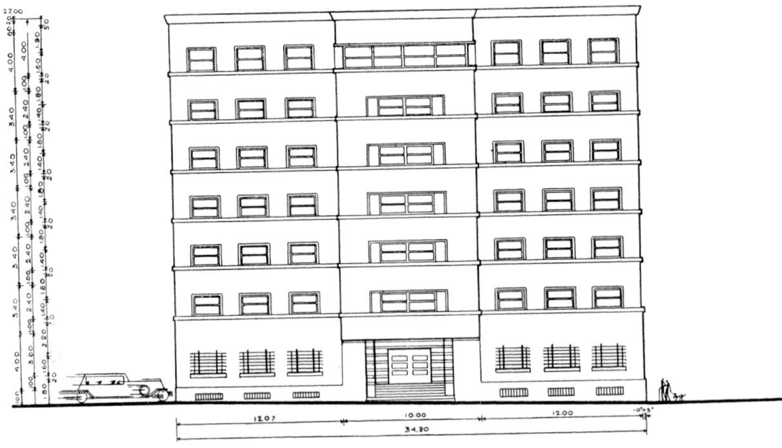

FACCIATA PRINCIPALE VERSO IL CORSO VITTORIO EMANUELE II

veicoli. La circolazione interna nei piani è data da un corridoio largo metri 3,00÷2,50, direttamente illuminato dal cortile e in comunicazione con la scala. La comunicazione tra i piani è data (oltre che dalla scala) da tre ascensori, tutti in vano proprio. Due di questi sono installati nel corpo più alto a cavallo del centro del corridoio e servono per i sette piani. L'altro è sistemato in testa alla scala del corpo laterale e serve dal sotterraneo al quarto piano.

Il cortile è stato diviso in due parti: la prima destinata a cortile d'onore; la seconda, in comunicazione diretta con l'accesso carraio, a cortile di servizio. In questo, in apposito edificio, sono posti i *garages* al piano terra e l'alloggio del portinaio al piano superiore. La divisione tra i due cortili è ottenuta da una cancellata, chiusa nella parte centrale da una fontana di granito.

Poichè gli uffici installati nel palazzo fanno parte di uno stesso gruppo amministrativo, si sono sistemati nel piano terreno i servizi generali della cassa, economato, rappresentanza, corriere e ufficio postale. A lato dell'ingresso principale: cabina telefonica, quadri indicativi, ufficio informazioni. Di fronte: il gruppo degli ascensori e sedili di attesa. L'accesso di via della Rocca ha gli orologi di controllo per il personale, la portineria e il passaggio al corridoio generale.

Le vestiere del personale sono sistemate nel piano sotterraneo, facilmente accessibile e bene illuminato. In questo piano è disposto l'archivio, un laboratorio sperimentale e tutti i servizi generali del palazzo.

I piani tipici degli uffici sono quelli del 1°, 2° e 3° piano. In questi il corridoio a L serve le diverse stanze. I gabinetti sono disposti nelle due testate.

Il quarto piano ha una parte arretrata sulla via laterale, destinata a sala delle assemblee. In questa l'accesso del pubblico è dato direttamente dalla scala di via della Rocca e dal suo ascensore, mentre i membri di direzione hanno accesso dalla parte opposta. L'ala principale è destinata ad uffici diversi.

Una scala speciale parte dal corridoio del quarto piano e conduce ai due piani superiori. Il quinto piano, destinato alla direzione, ha una sala di riunione, tre salotti, due uffici di direzione e l'ufficio segreteria.

Il sesto piano è stato destinato all'alta direzione di tutte le aziende installate nel palazzo. Esso è più alto degli altri e comprende la sala centrale della presidenza, comunicante con un salotto da una parte e con la sala di consiglio dall'altra. Vi sono inoltre gli uffici di segreteria e la saletta dei consiglieri.

L'accesso al tetto piano è dato da una scala a chiocciola.

L'ossatura generale dell'edificio è stata eseguita in cemento armato sul progetto dell'Ing. Luigi Ferroglio.

Gli orizzontamenti sono calcolati per un carico utile di 300 Kg. per metro quadrato, carico reputato necessario per la destinazione speciale dell'edificio.

Crediamo opportuno dare una indicazione schematica dei principali materiali impiegati e dei diversi servizi installati nel palazzo:

ASCENSORI.

Sono stati piazzati tre ascensori Stigler. Due servono il corpo principale del palazzo dal piano terreno al 6°

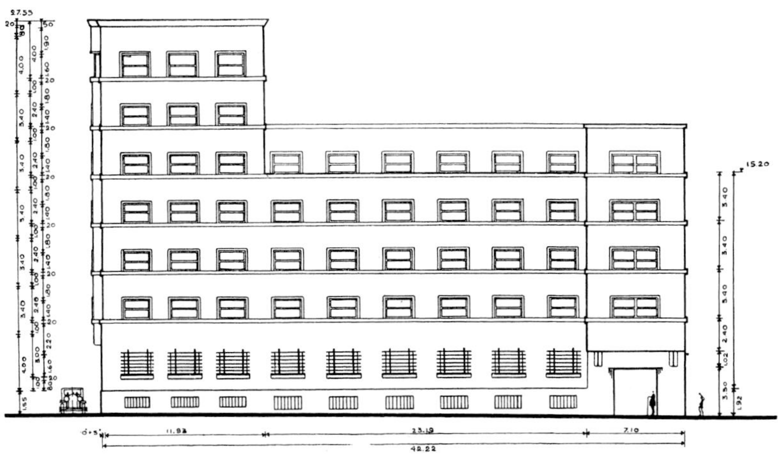

FACCIATA LATERALE VERSO VIA DELLA ROCCA

piano, il terzo serve il corpo laterale dell'edificio dal sotterraneo al 4° piano. Essi corrono in vano proprio con la velocitá di un metro al secondo. Le cabine, eseguite su disegno speciale, sono internamente rivestite di cuoio Salpa. Le porte verso i corridoi sono in metallo e i comandi interni. I due ascensori principali possono essere comandati anche all'esterno dall'atrio del piano terreno; questo comando è collegato con una suoneria che segnala nel piano cui l'ascensore è destinato.

Officine Meccaniche Stigler - Via G. Galilei, 45 - Milano Rappresentante Luigi Borsi - Via Saluzzo, 47 - Torino

ASPIRAZIONE POLVERE.

Oltre agli attacchi di energia elettrica per il funzionamento degli aspiratori e delle lucidatrici, è in funzione un impianto centrale per l'aspirazione della polvere. Esso è costituito da due motori elettrici accoppiati a pompe aspiranti, raccordate con diramazioni in tutti i corridoi dei piani.

CASSEFORTI.

Il *caveau*, a due piani con comunicazione interna, venne costruito al piano terreno in diretta comunicazione con l'ufficio del cassiere capo. Esso è provvisto di porta d'acciaio infusibile e di botola di soccorso. Tutte le casseforti e le cassette di sicurezza vennero eseguite su modelli moderni senza sagomature e verniciate del colore dei mobili.

Fichet Italiana - Corso Regina Margherita, 242 - Torino.

COLORITURE.

Le coloriture interne del palazzo vennero eseguite con preparazione a gesso nei soffitti e con preparazione a Neutrolit sulle pareti. Si impiegarono colori a colla ai soffitti e a cementite opaca alle pareti. Il colore degli uffici è giallino chiaro alle pareti e bianco ai soffitti. I salotti hanno colorazioni vivacissime in arancione, azzurro o verde per ragioni di rapida identificazione. Tutti i corridoi e le scale sono coloriti nelle pareti e nei soffitti in giallino chiaro. I serramenti vennero tutti coloriti in cementite bruno-viola con incorniciatura nera.

Egidio Passera e C. - Via San Quintino, 23 - Torino - coloriture.

F.lli Tassani - Genova-Bolzaneto fornitrice della cementite.

CONDIZIONAMENTO D'ARIA.

Per il raffreddamento e il condizionamento dell'aria negli uffici di tutto il palazzo durante i mesi caldi è stato installato un apposito impianto centrale. L'aria viene aspirata dal cortile d'onore, filtrata, ozonizzata, raffreddata, condizionata al grado voluto di umidità e quindi distribuita per mezzo di un ventilatore ai diversi uffici, attraverso bocchette regolabili disposte sotto il soffitto degli ambienti. I canali di distribuzione sono rivestiti di Maftex per l'isolamento termico. Il raffreddamento dell'aria è ottenuto per mezzo di un compressore ed ammoniaca. L'acqua fredda necessaria viene pompata dal sottosuolo, per mezzo di una elettro-pompa.

Ing. Alfredo Cottino - Via Donati, 29 - Torino.

Translation
see p. 676

VEDUTA D'ANGOLO DEL PALAZZO

Foto Pedrini

Gualino office building in Turin designed by Gino Levi Montalcini and Giuseppe Pagano Pogatschnig: angled elevation and central section of façade

Foto Pedrini

PROSPETTIVA DEL CORPO CENTRALE DELLA FACCIATA

Le finestre centrali sono larghe metri 4. Le finestre normali sono larghe 2 metri. La loro altezza è di metri 1,40, tranne che nel 6. piano (piano nobile) e nel piano terreno che è di metri 1,50.

Translation see p. 676

Foto Pedrini

SCALA. - *Guardamano continuo di acciaio cromato (esecuzione G. Torretta). Alzate e rivestimenti in nero nube. Le lampade nei corridoi sono rasate al piano del soffitto.*

LAMPADA A SOFFITTO, *nei pianerottoli delle scale e negli slarghi di disimpegno dei corridoi, in ottone cromato e vetro placcato bianco diffusore (esecuzione G. Strada).*

Gualino office building in Turin designed by Gino Levi Montalcini and Giuseppe Pagano Pogatschnig: views of staircase and detail of ceiling light

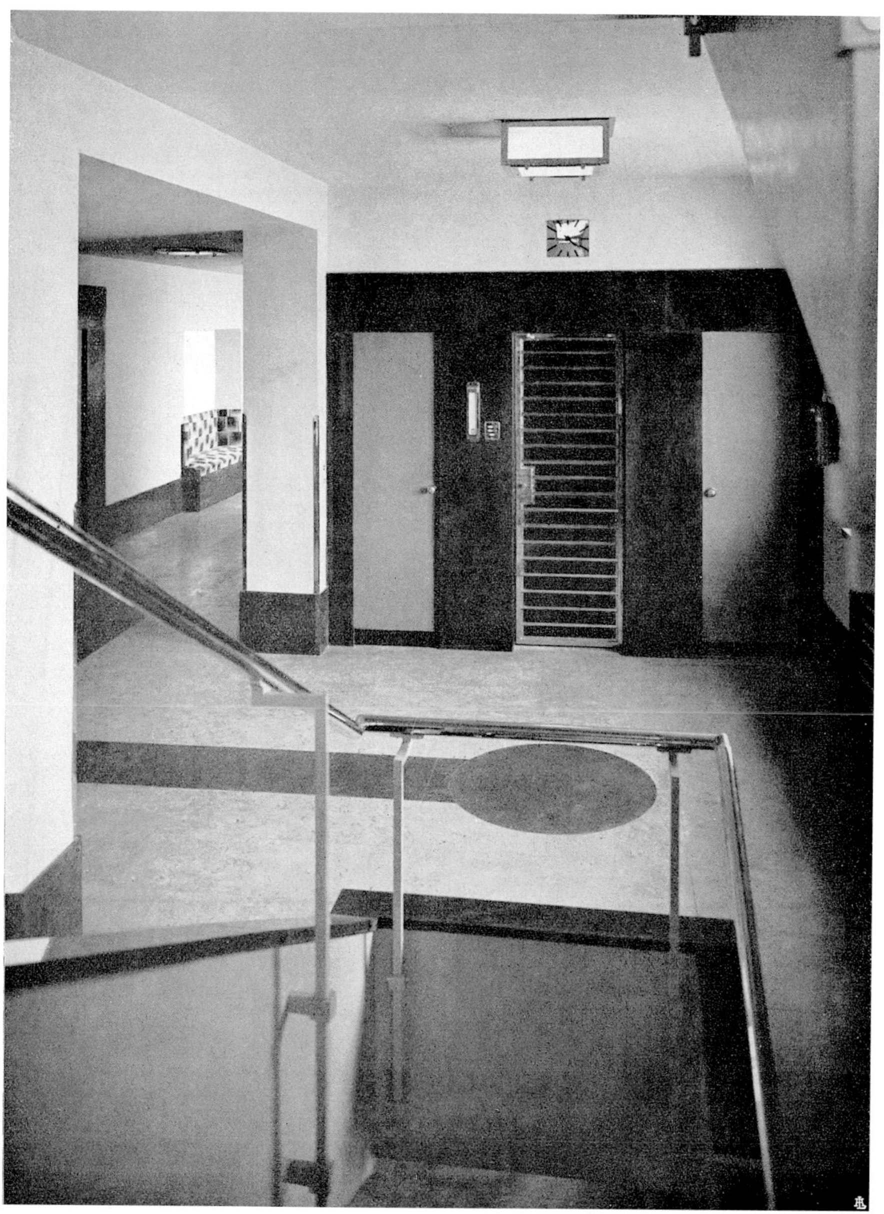

PIANEROTTOLO DI ARRIVO DALLA SCALA E PORTA DELL' ASCENSORE DI SERVIZIO *Foto Pedrini*

Translation
see p. 676

Foto Pedrini

ARRIVO DELLA SCALA SECONDARIA AL QUARTO PIANO

Il pianerottolo di questa scala – porta alla sala delle assemblee. Una passarella permette il passaggio ai servizi, alle guardarobe e alla sala di scrutinio. I pianerottoli intermedi sono illuminati da finestre d'angolo.

Gualino office building in Turin designed by Gino Levi Montalcini and Giuseppe Pagano Pogatschnig: landing of secondary staircase on fourth floor and boardroom

SALA DEL CONSIGLIO - *Particolare.*

Foto Pedrini

Translation
see p. 676

MOBILI DI UN UFFICIO
DI SEGRETERIA

Foto Pedrini

SISTEMAZIONE DI
MOBILI NELL' UFFICIO
CONTABILITA'

Technical Description

Gualino office building in Turin designed by Gino Levi Montalcini and Giuseppe Pagano Pogatschnig: secretary's office and furniture system in accounting office

Translation see p. 676

. Postale OTTOBRE 1930 L. 7,50

DOMUS ★ L'ARTE NELLA CASA

IVISTA MENSILE DIRETTA DALL' ARCH. GIO PONTI

Alla Triennale di Monza - Mobile per tinello disegnato da Tomaso Buzzi.

Cover

domus magazine cover

La "Casa Elettrica" alla Triennale di Monza

Foto Bombelli

Per la larga parte che hanno le vetrate nello sviluppo delle facciata, la veduta notturna di questa costruzione è di aspetto pittoresco.

LA "CASA ELETTRICA" ALLA TRIENNALE DI MONZA

PRESENTATA DAGLI ARCHITETTI LUIGI FIGINI, GUIDO FRETTE, ADALBERTO LIBERA, GINO POLLINI DEL GRUPPO "7" DI MILANO E PIERO BOTTONI DI MILANO.

Con esemplare gesto la Società Edison ha voluto patrocinare questa manifestazione intesa, da un lato, a presentare tutti i pratici servizî elettrici per la casa, dall'altro a mostrare, nella concezione architettonica medesima, uno "stile" che si sposasse ad una concezione anche modernamente tecnica della costruzione e dell'abitazione.

Questi criterî conducono a risultati che sono estranei ai riflessi di linee tradizionali, onde è fuori di luogo o assolutamente prematuro per queste manifestazioni il giudizio se si tratta di arte italiana o meno. Si tratta di esperimentare anche da noi alcuni portati tecnici e concezione di evidente valore. L'italianità in queste manifestazioni sarà raggiunta con l'adeguamento della costruzione al clima nostro ed all'italiano modo di vivere moderno e con l'apporto che un gusto ricco di classica cultura ed educazione recherà nella sistemazione interna ed in una armonia esterna.

Certo dal punto di vista italiano l'evoluzione dell'architettura dell'abitazione è estremamente interessante per l'incontro di due tendenze che preparano con sicurezza l'avvento di una rinnovata architettura nostra. I lettori che hanno imparato a riconoscere i caratteri delle architetture e degli interni di Muzio, di Buzzi, di Alpago e quelle di Pagano, di Rava, di Frette avranno avvertito da sè gli estremi di queste due tendenze. Ma esse portano entrambi una ricchezza allo svolgimento della nostra architettura: richezza di riferimento e di esperienza storica l'una, e l'altra ricchezza di determinata

The 'Electric House' at the IV Monza Triennale

Casa Elettrica designed by Luigi Figini, Guido Frette, Adalberto Libera and Gino Pollini of Gruppo 7 with Piero Bottoni for the IV Monza Triennale: front elevation by day and by night, floor plan

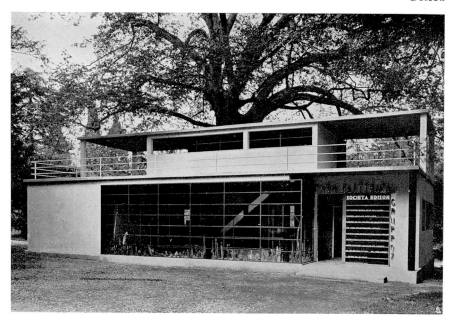

Foto Bombelli

La "Casa Elettrica" alla Triennale di Monza

ARCH. LUIGI FIGINI, GUIDO FRETTE, ADALBERTO LIBERA, GUIDO POLLINI, PIERO BOTTONI.

Veduta della facciata. Elemento fondamentale la grande vetrata doppia: fra l'una e l'altra parete di vetro una serra per le cactee. Ventilazione ed aperture si hanno nelle due vetrate della serra per mezzo di alcuni vetri a bilico.

Leggibile chiaramente è la pianta di questa costruzione. In centro l'ampia sala di soggiorno dalla quale (in fondo) una scala, porta alla veranda e terrazza superiori: a sinistra il quartiere di riposo, due stanze da letto (servite da armadî a muro), bagni e servizî annessi; nella sala di soggiorno, a mezzo di tende si separa un angolo per i pasti, servito dall'attigua cucina. Attorno alla cucina il lavandino, ecc. e la camera di servizio. Questa costruzione è dimostrativa e manca ad essa un locale igienico di servizio: nei rapporti fra stanze di riposo padronali e di servizio e sale di soggiorno, terrazze, ecc., può essere anche istituita una migliore proporzione.

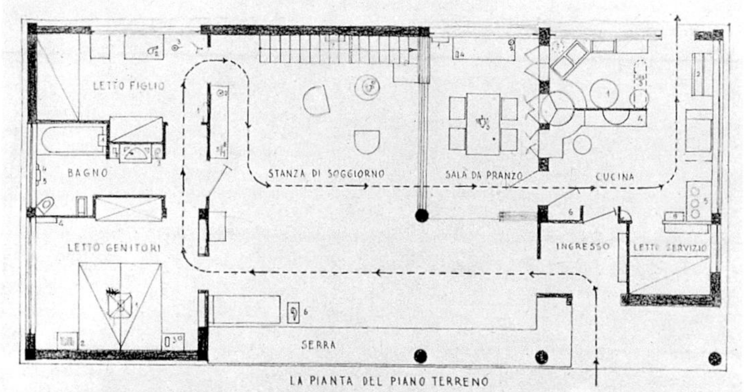

LA PIANTA DEL PIANO TERRENO

Translation see p. 678

La "Casa Elettrica" alla Triennale di Monza

Tre pittoresche vedute. L' intonaco esterno è in "cromalite"; i pilastri in ferro sono verniciati alla cellulosa.

Foto Bombelli

Veduta della fronte posteriore con l'ingresso di servizio e le finestre dell'acquaio (a sinistra) e della camera dei figli (a destra).

Veduta dal lato delle stanze da letto con la grande finestra della camera matrimoniale, e l'attigua del bagno.

Casa Elettrica designed by Luigi Figini, Guido Frette, Adalberto Libera and Gino Pollini of Gruppo 7 with Piero Bottoni for the IV Monza Triennale: views of exterior, living room and dining area

La "Casa Elettrica" alla Triennale di Monza

ARCH. LUIGI FIGINI, GUIDO FRETTE, ADALBERTO LIBERA, GINO POLLINI, E PIERO BOTTONI.

Veduta dell'interno della sala di soggiorno. Gradevolissima e pittoresca è questa parete trasparente attraverso la quale l'ambiente è in comunione con il paesaggio. La crudezza della luce solare va mitigata con tende.

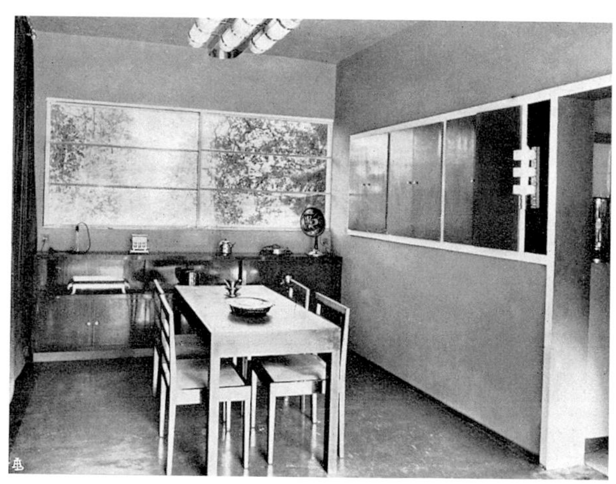

Con due tende, come si vede nella fotografia superiore di questa pagina e della seguente, che si riuniscono presso la colonna centrale si separa nella sala di soggiorno questo "loco" per i pasti. Esso comunica con la cucina attraverso ad un passapiatti: di fianco a questo sono armadî a muro. Qui si vedono già alcuni apparecchi elettrici. Da sinistra a destra sono: un bollitore ad immersione e un tostapane della A. E. G.: il primo costa settantacinque lire, il secondo ottantatre, una teiera Therma (novantacinque lire), e un radiatore della stessa ditta che ha il prezzo di centoventicinque lire. - Sul ripiano inferiore si può vedere, a sinistra uno scaldapiatti e a destra un bollitore per ova: ambedue sono apparecchi della Therma e il loro prezzo è rispettivamente di duecentocinquanta e ottantacinque lire. - I mobili di questa stanza da pranzo sono disegnati da Guido Frette e Adalberto Libera ed eseguiti dal Crippa di Lissone: essi sono in faggio evaporato e in compensato di betulla lucidati a spirito. Lo scaffale, il tavolo e le quattro sedie hanno un prezzo di milleseicentocinquanta lire. Il pavimento è in linoleum. Le pareti sono state eseguite, in cromalite verde chiaro, da Pietro Migliavacca. Le lampade sono di Pietro Chiesa.

Translation see p. 678

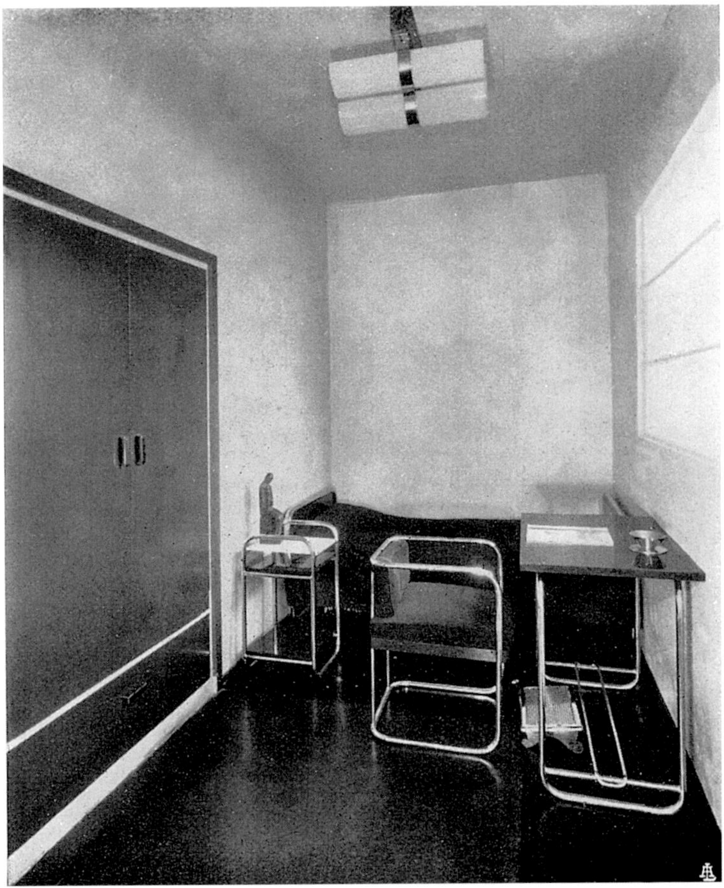

La "Casa Elettrica" alla Triennale di Monza

In alto: *La stanza di soggiorno. I mobili sono disegnati da Guido Frette e Adalberto Libera ed eseguiti da Cesare Viganò di Monza, essi sono in noce a strisce con basamento in linoleum, il tavolo e le due grandi poltrone ricoperte in fustagno giallo, hanno un prezzo di circa duemilasettecentocinquanta lire. Le colonne sono in tubi di Eternit laccate in rosso alla nitrocellulosa. La balaustra della scala è in metallo cromato.*

In basso: *La caratteristica "stanza del figlio" degli arch. Luigi Figini e Gino Pollini. I mobili sono in tubo d'acciaio curvato e i piani in grigio scuro laccati alla nitrocellulosa. Le coperte sono in rosso e l'armadio fatto di una sola lastra di Eternit è pure rosso. Questa camera è fabbricata dal Volontè ed ha un prezzo complessivo di circa duemila lire, al tavolo è applicato uno scalda piedi elettrico Therma del prezzo di centoquarantacinque lire.*

The 'Electric House' at the IV Monza Triennale

Casa Elettrica designed by Luigi Figini, Guido Frette, Adalberto Libera and Gino Pollini of Gruppo 7 with Piero Bottoni for the IV Monza Triennale: child's room

Translation see p. 678

1930
NUMERO DI
MAGGIO

DOMUS

L'ARTE NELLA CASA

L. 7.50
C. CORRENTE
POSTALE

★ RIVISTA MENSILE DIRETTA ★
DALL'ARCHITETTO GIO PONTI
DOMUS S. A. EDITORIALE - MILANO

Domus 29
May 1930

Cover

domus magazine cover

La "Casa Elettrica" alla Triennale di Monza

La stanza dei genitori - I mobili sono eseguiti, su disegni di Guido Frette e Adalberto Libera, da Cesare Viganò di Monza, in noce lucido con specchiature di erable. Il letto matrimoniale, due comodini, due poltroncine, una poltrona e la toiletta costano complessivamente duemilaquattrocentoventi lire. Il grande armadio e la scansia sono in lastre di Eternit laccate in verde scuro alla cellulosa, le pareti sono in verde chiaro. Nella scansia si vede una valigetta molto utile per viaggio, essa contiene un ferro da stiro, un bollitore ed un arriccia capelli (tutto elettrico); la valigia completa, della Therma, costa duecentonovanta lire. La lampada è di Pietro Chiesa, il ventilatore (sul comodino) è di "scaen" (Marelli) ed ha un prezzo di quattrocentosettantacinque lire.

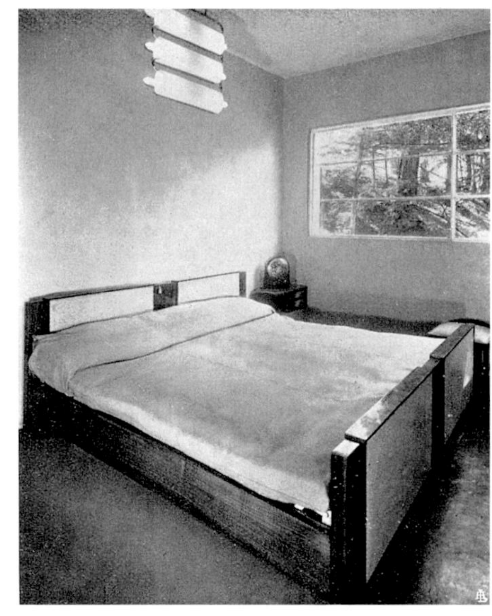

La "Casa Elettrica"

La cucina dalla "casa elettrica„ è stata studiata dall'arch. Piero Bottoni e "funzionalmente" ne è l'ambiente più interessante.
I mobili, su disegno di Piero Bottoni sono stati eseguiti dagli Arosio di Lissone, laccati in grigio azzurro. Il mobile angolare ruotante serve per le stoviglie da tavola. Il pavimento è in ceramica Ferrari. Le pareti sono rivestite in tessuto gommato lavabile azzurro. Tutte le tinteggiature sono in cromalite e lo zoccolo è in linoleum come pure tutti i ripiani. Sul tavolo c'è un interessantissimo apparecchio chiamato "14 accessori" per 14 usi, esso serve difatti per battere le uova, per fare la panna montata, la crema, la pasta, per spremilimoni o frutta, serve da tritacarne e anche per fare il gelato, il suo prezzo è però di quattromilaottocento lire: trecentocinquanta per ciascun uso. Vicino è lo spremilimone e sbattiova Scaen (Marelli) che costa quattrocentoventicinque lire e il macinino del caffè, pure Scaen, costa duecentottantacinque lire. La cucina elettrica a 4 fornelli, ha un prezzo di circa duemilanovecento lire.

Foto Bombelli — *Dispensa a cucchiai. Un elemento è appoggiato sul ripiano.* — *"14 accessori"* — *Cucina elettrica* — *Bacinella con rubinetto riscaldatore*

Portavivande — *Mobile rotante per stoviglie e porta stoviglie* — *Dispensa speciale metallica a cucchiai per sale, cereali, ecc.*

Translation see p. 678

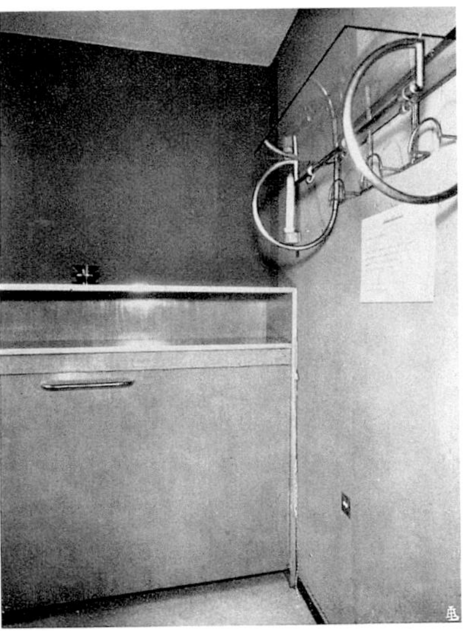

ARCH. PIERO BOTTONI – In alto: *La camera della donna. Il letto a muro, ribaltabile, è in betulla, eseguito dai Mariani di Lissone, esso costa ottocentoventi lire, e costituisce un elemento di vero interesse funzionale.*

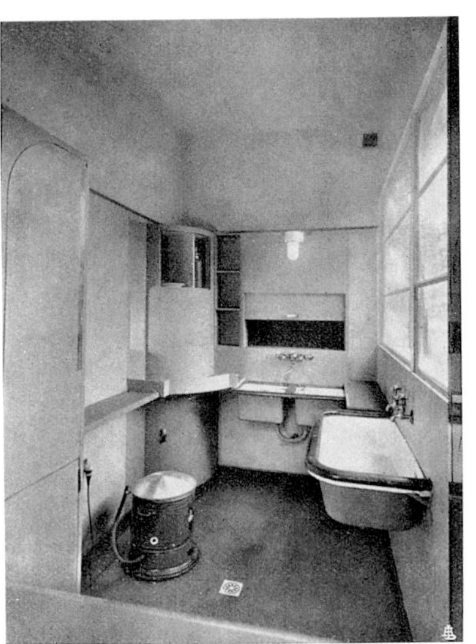

Foto Bombelli

In basso a sinistra – *L'acquaio. Come si vede in esso il passapiatti girevole è messo d'angolo fra cucina acquaio e sala da pranzo, servendo nelle occasioni necessarie tutti e tre gli ambienti. Le pareti sono in materiale gommato lavabile. In terra vi è un apprecchio lava biancheria che è in vendita, a Monza per milleseicento lire.*
In basso a destra – *Il bagno. Pavimento in ceramica Ferrari, pareti lavabili in gomma a colori arancione e azzurro grigio.*

The 'Electric House' at the IV Monza Triennale

Casa Elettrica designed by Luigi Figini, Guido Frette, Adalberto Libera and Gino Pollini of Gruppo 7 with Piero Bottoni for the

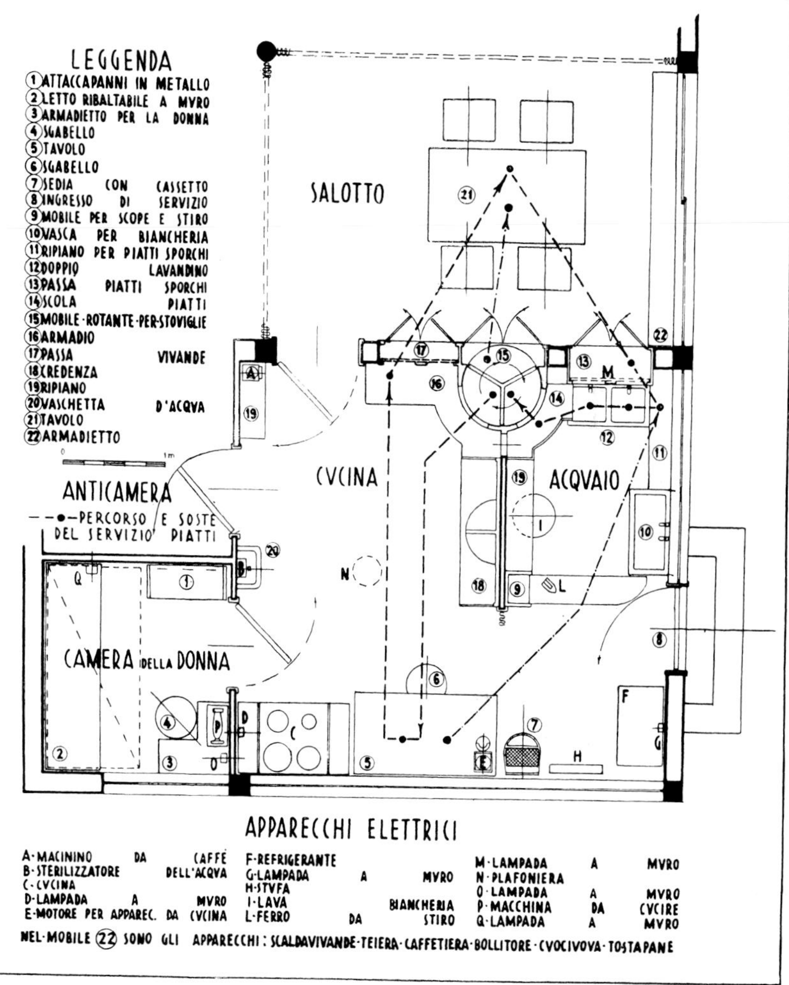

ARCH. PIERO BOTTONI – *Pianta della cucina - acquaio e camera della donna nella "Casa Elettrica." In pianta sono segnati i mobili, gli apparecchi elettrici e il tragitto del servizio da tavola. Esso va dal mobile rotante d'angolo per stoviglie (15) al tavolo (5), da questo alla tavola da pranzo (21) attraverso al passavivande (17). Il mobile rotante (15) serve cucina, sala da pranzo, e acquaio. Dalla sala da pranzo le stoviglie da pulire entrano nell'acquaio attraverso un armadio a doppia chiusura (13). Dal tavolo (5) gli arredi da cucina passano al ripiano (11) sull'acquaio.*

esperienza di tecniche, di materiali nuovi e di nuovi aspetti di pianta e d'alzato.

Esperienze come queste, che una grandissima Società italiana, la Edison, ha voluto munificamente patrocinare, hanno un reale valore dimostrativo e rispondono in pieno ad uno dei concetti anticipatori che sono proprî di una esposizione dalla quale deve derivare il beneficio delle nostre arti moderne, l'informazione critica e l'educazione del visitatore.

Gio Ponti.

IV Monza Triennale: views of maid's room, utility room and bathroom, floor plan

Translation see p. 678

Foto Crik Holmen

ARCH. CARLO BERGSTEN - *Interno, - I mobili sono eseguiti in marcassa e sicomoro.*

ANNA BALSAMO STELLA

L' ESPOSIZIONE DI STOCCOLMA

La Casa e l'Arte industriale

I

L'impressione che l'attuale mostra ha destato to il più vivo e vivace interesse del pubblico svedese si ha già prima di arrivare a Stoccolma, sul treno tra Trâlleborg e la capitale. La parola « *Funkis* » con la quale il paese ha designato l'avvenimento è sulle labbra dei passeggeri. Centinaia di visitatori, malgrado le grandi distanze vi affluiscono giornalmente (la cifra di due milioni è stata già di parecchio sorpassata) e questo senza che le Ferrovie dello Stato abbiano concesso la minima facilitazione sui viaggi.

Si sente che l'Esposizione, organizzata con criteri stilistici molto definiti, ha diviso il pubblico in due campi nettamente opposti e ciò si comprende alla prima visita.

Indubbiamente il ricordo del Padiglione Svedese alla Mostra Internazionale delle Arti Decorative di Parigi del 1925 ideato e realizzato col più squisito gusto modernamente ispirato dagli stili classici, contrasta profondamente con la attuale esposizione così che vien da chiedersi se in verità sieno trascorsi solamente cinque anni da quando la Svezia, a Parigi, riassumeva in un perfetto accordo stilistico e tecnico le aspirazioni e le tendenze delle altre Nazioni all'avanguardia del movimento in favore delle arti industriali e decorative.

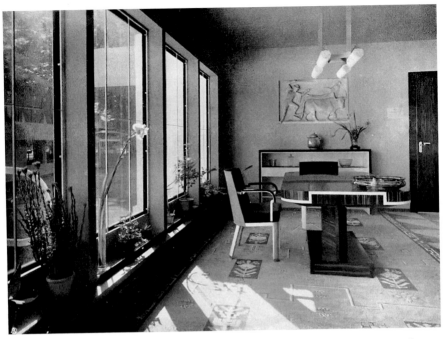

Come esplicitamente è detto nel programma, che Domus ha riprodotto nel fascicolo di agosto 1930, la mostra vuole tener conto delle moderne necessità pratiche ed estetiche le quali hanno riferimento con il problema della abitazione, e ciò non tanto in favore delle classi più abbienti e quindi per la produzione di lusso ed eccezionale, quanto del grande pubblico e per la produzione in serie ed a relativo buon mercato. È quindi naturale che gli oggetti esposti

Stockholm Exhibition: The House and Industrial Art

Interiors designed by Carl Bergsten and by Axel Einar Hjorth and table designed by Carl Malmsten shown at the 1930 Stockholm exhibition

ARCH. A. E. HJORTH - *Ambiente. - Il tavolo è in sicomoro con intarsi di vari legni.*

nelle varie sezioni, quando, per la squisitezza della loro ideazione ed esecuzione in materiali pregevoli, non possano essere classificati se non come produzione di lusso, non figurino qui in perfetto accordo con la fisionomia generale della mostra: mentre per le stesse ragioni, un numero ragguardevole di oggetti destinati all'ammobiliamento ed alla decorazione degli appartamenti e delle case della media borghesia e degli operai, eseguiti con criteri di praticità, di

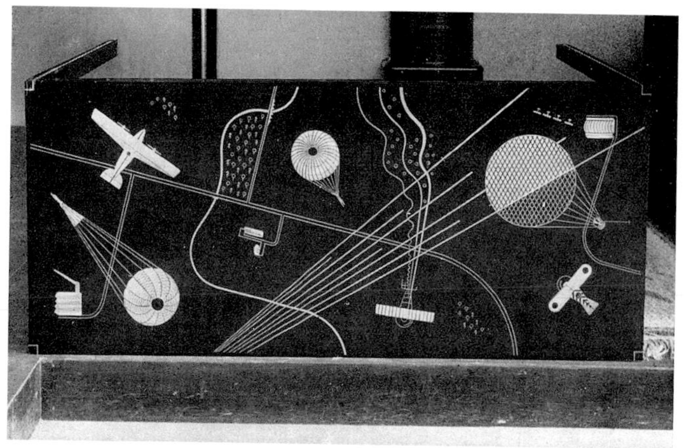

ARCH. CARL MALMSTEN - *Piano di tavolo in ebano con intarsi in avorio.*

Dove l'inserimento di elementi moderni è altrove macchinistico e brutale, qui è invece fatto con una esemplare finezza, con una eleganza seducente.

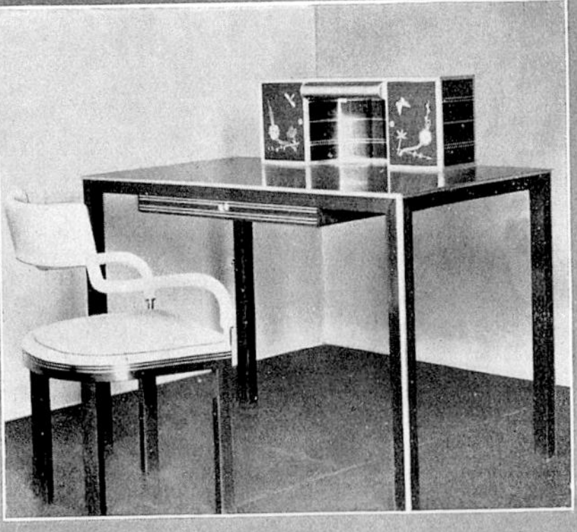

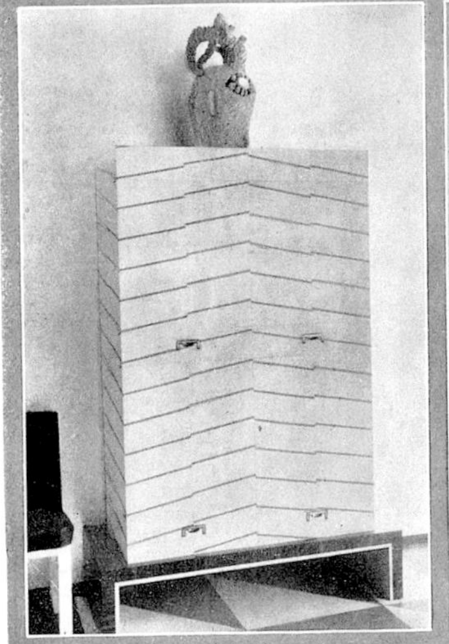

ARCH. CARL MALMSTEN - *Cassettone in tuja-radica.*

ARCH. CARL BERGSTEN - *Armadio in sicomoro e legno di rosa.*

ARCH. CARL MALMSTEN *Pendolo a muro con intarsi.*

ARCH. T. RYBERG - *Tavolo in palissandro con intarsi in argento-alpacca, la sedia è d'acciaio rivestita di pelle.*

ARCH. A. E. HJORTH - *Tavolo e credenza in sicomoro, ebano e vari altri legni.*

modico costo ed anche di gusto, vi trovino il loro più giustificato e favorevole collocamento.

L'Esposizione è sorta in un angolo d'una delle più pittoresche zone della città, la «Diplomatenstaden», Città dei diplomatici, per le molte e magnifiche ville che vi sono costrutte, tra un rigoglio di verde, attraversata da un largo canale nel mezzo del quale, alimentata da potenti motori per l'occasione una grande fontana mette una nota di frescura.

La prima impressione è di una stimolante e pur raffinata vivacità cromatica. La Grande Halle di ricevimento (Commissariato, Uffici Stampa, vendite, fotografia, informazioni per gli

(Continuazione a pag. 70)

Meroni e Fossati
nella Galleria dell'arredamento.

Meroni e Fossati sono nobilissimamente rappresentati a Monza. Abbiamo gia illustrati gli ambienti disegnati dagli architetti Rava e Larco. Ad essi vanno aggiunti quelli della "Casa del Dopolavorista", quello disegnato dall'arch. Baciocchi e i due disegnati dall'arch. Ottavio Cabiati. Uno di essi è qui appunto riprodotto nell'insieme e nei particolari. I mobili sono di robusta classica struttura, di linea calma e signorile, eseguiti in radica di noce, e con interni egregiamente studiati. Essi sono fra le più belle e convincenti cose della mostra: accolgono con armonico agio tutte le esigenze utilitarie alle quali deve rispondere un mobile d'oggi e conservano nel disegno una convincente italianità sulla quale si riposa volentieri la nostra osservazione, affaticata da certi mobili come da altrettanti problemi.... insoluti.

ARCH. OTTAVIO CABIATI - *Mobile bar, scrivania da parete e grande libreria. Esecuzione di Meroni e Fossati di Lissone.*

At the IV Monza Triennale

Bar cabinet, secretaire and bookcase designed by Ottavio Cabiati for Meroni & Fossati shown at the IV Monza Triennale

Advertising

'Cacao Perugina' advertisement designed by Federici Seneca

domus 38
February 1931

domus 40
April 1931
FEATURING
Boris Barchin
Michail Barchin
Josef Havlícek
Jaroslav Polivka
Ludvik Kysela
Le Corbusier

domus 41
May 1931

domus 37
January 1931
FEATURING
Giuseppe Capponi
Robert F. Locher
Paul Grèsser
Norbert Troller
Otto Prutscher

domus 45
September 1931
FEATURING
Johannes Duiker
Giancarlo Palanti
Franco Albini

domus 44
August 1931

domus 37–48
1931

Covers

1931

domus 43
July 1931
FEATURING
Ely Jacques Kahn
Joseph Urban
John Mead Howells
Raymond Hood
George J. Adams
J. R. Davison

domus 42
June 1931

domus 39
March 1931
FEATURING
Erich Mendelsohn
Emil Fahrenkamp
Martin Elsässer
Ludwig Mies van der Rohe
Josef Hoffmann

domus 48
December 1931
FEATURING
Pietro Lingeri
Otto Rudolf Salvisberg
Otto Brechbühl

domus 46
October 1931

domus 47
November 1931
FEATURING
Heinrich Staumer

Anno IV - N. 37 GENNAIO 1931 - (IX) C. C. Postale - L. 7,50

★ DOMUS ★
L'ARTE NELLA CASA

RIVISTA MENSILE DIRETTA DALL'ARCH. GIO PONTI

Arch. Capponi - Particolare di scala nella palazzina al Lungotevere - Roma

domus 37
January 1931

Cover

domus magazine cover showing staircase of the apartment building on Lungotevere Arnaldo da Brescia in Rome designed by Giuseppe Capponi

ANNO IV
N. 37

"DOMUS"

GENNAIO 1931
ANNO IX

★ L' ARTE NELLA CASA ★

L'abbonamento a Domus per un anno in Italia L. 75. Estero L. 120. (L'abbonamento può iniziarsi da qualunque numero. Gli abbonamenti non disdèttati entro il 31 Dicembre si intendono rinnovati). Annate complete 1928 e 1929 rilegate in tela e oro L. 150 caduna. Fascicoli arretrati sciolti L. 15. Esce il primo di ogni mese. Concessionario esclusivo per la vendita alle librerie: A. & G. MARCO, via Lazzaretto, 17 (Milano 118). Direzione e amministrazione: S. A. DOMUS EDITORIALE, via S. Vittore 42, Milano, Telefono N. 42-251. *— Tutti i diritti riservati. — Riproduzione anche parziale assolutamente vietata.*

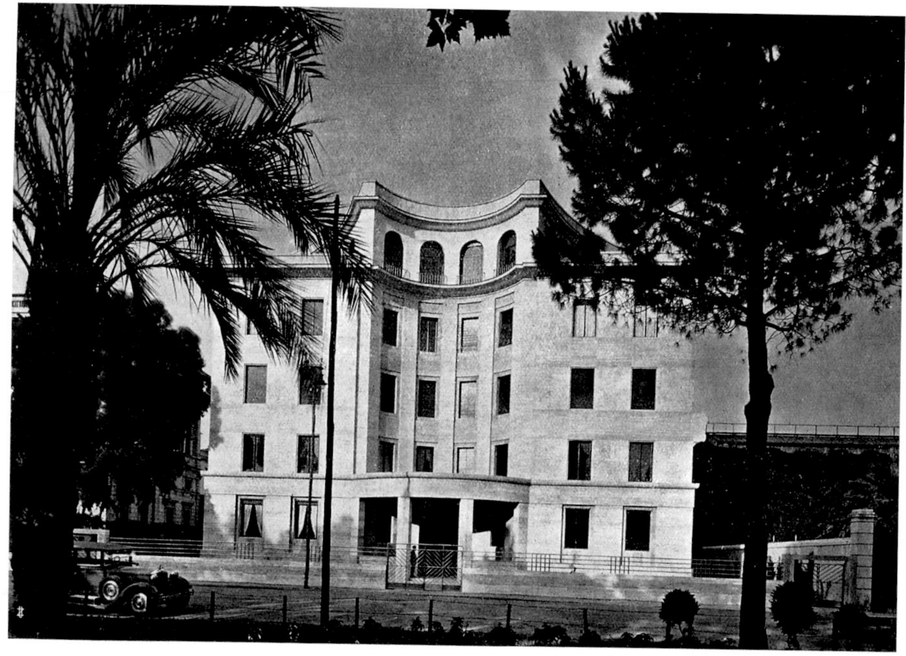

PALAZZINA AL LUNGOTEVERE ARNALDO DA BRESCIA IN ROMA

ARCHITETTATA DA GIUSEPPE CAPPONI

★

Questa costruzione, disegnata da Giuseppe Capponi, condotta dagli ingegneri Nervi e Nebbiosi, e che sorge in un magnifico e soleggiato punto del bel Lungotevere Arnaldo da Brescia, apparirà per molte ragioni interessante al lettore.

Di essa, assieme alle piante, possiamo dare una documentazione fotografica di interni e di vedute che da un lato testimoniano delle doti e della "maniera" particolari all'Architetto, dall'altra valgono a determinare, a *fissare* nella mente di chi guarda, alcuni *effetti* tipici dell'architettura d'oggi, di quel suo "apparire" dal quale identificheremo quei caratteri che, si dica o o si pensi quel che si voglia, sono per la loro "presenza" stessa, formatori dello stile contemporaneo.

Questi caratteri non sono nel Capponi una mera trasposizione nei nostri climi di portati stranieri. Essi ci appaiono come pareggiarsi a questi nella soluzione di medesimi problemi ma partendo giustamente da "condizioni" nostrane.

Una dimensione romana, una modulazione nostrana, un vivace godere, in queste ampie e semplici geometrie della facciata, del gioco del sole: una certa eloquenza della composizione ci avvertono di un'ispirazione personalmente originale, realizzata con calore, naturalmente ambientata.

Le facciate sono in travertino, semplicissime, giocate secondo la vena della pietra, come il lettore può vedere:

Apartment Building on Lungotevere Arnaldo da Brescia in Rome

Apartment building in Rome designed by Giuseppe Capponi: view of front elevation

Translation see p. 679

Facciata in travertino Mattioli - Roma

Facciata e fianchi in travertino venato e macchiato, lucido fino al primo piano e dal primo piano in su levigato matto. Le fasce orizzontali fra piano e piano sono in travertino tagliato controfalda, in modo da rilevare la venatura, i pannelli tra le finestre, meno quelli del piano terreno, sono in travertino tagliato per falda in modo da rivelare la macchia. Si è pertanto adottato il principio di utilizzare il movimento della pietra ai fini di un disegno architettonico, e non di affidare l'effetto della pietra al caso, con concetto puramente pittorico come per lo passato. La ringhiera, i cancelli e le ringhiere dei balconi, fabbricati in Roma da Gaggiottini, sono in ottone nichelato matt. Il cancello centrale è l'ingresso principale, quello di sinistra è l'ingresso di servizio, quello di destra è l'ingresso delle automobili, le quali, percorrendo il viale in discesa lungo il fianco della casa, raggiungono il garage interrato nella parte posteriore, con boxes per i singoli appartamenti.

Dettaglio della facciata - In esso si legge la interessante disposizione delle lastre a venature verticali ed orizzontali.

Apartment Building on Lungotevere Arnaldo da Brescia in Rome

Apartment building in Rome designed by Giuseppe Capponi: angled elevation, detail of façade and sectional plan

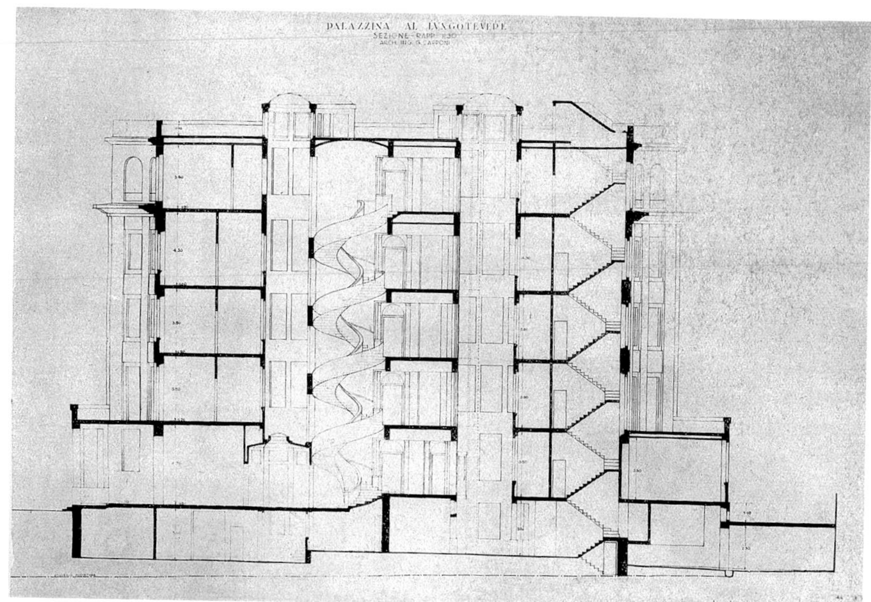

ARCH. GIUSEPPE CAPPONI - ROMA - PALAZZINA AL LUNGOTEVERE - *Sezione. Da sinistra a destra nelle successive colonne verticali si leggono le camere; il chiostrino (cavedio); la scala elicoidale; i vestiboli d'ingresso; il secondo chiostrino che contiene l'ascensore; i bagni di servizio; la scala di servizio.*

bellezza di materiale (la ricchezza d'oggi) al posto di pretesa di aggetti inutili (la ricchezza d'ieri). Facciate che non sono delle composizioni disegnative a sè, non sono delle "tavole". Questa fabbrica va considerata invece, come è stata creata nella sua massa intera: gli arretramenti stessi dell'ultimo piano che avanza sopra la gronda dell'edificio e che obbediscono alle prescrizioni del regolamento edilizio, sono stati studiati in modo da "comporsi" con la massa generale della fabbrica, in interessenti geometrie.

Questa "unità" di concezione osservata in rapporto a tutti i problemi edilizi ed a tutte le esigenze alle quali risponde l'edificio nei suoi interni è una delle più interessanti doti di questa fabbrica, come si può rilevare anche dallo studio delle piante. Queste sono assai caratteristiche. Due appartamenti abbinati e simili sono disposti lungo l'asse longitudinale dell'edificio. La casa non ha cortili: due ampî chiostrini (cavedî) centrali danno aria e luce alla scala, agli ingressi, alle halls di disimpegno, ai bagni ed ai servizî.

Le piante degli appartamenti son fatte con criterio e con vera signorilità, i quartieri diurni e notturni ed i servizi sono ben separati, ottimamente disimpegnati e distinti. Si osservi il quartiere delle camere da letto, corredate ciascuna da un bagno e quasi tutte da un ambiente-armadio o spogliatoio. Parecchie di queste camere hanno il letto in una alcova: questa separazione ideale della camera, oltre che essere assai attraente (nè vi sono deficienze igieniche in questa disposizione) permette quell'arredamento a salotto-studiolo del resto dell'ambiente che è assai seducentemente moderno.

Capponi studia bene le sue piante, e ricava dalla forma degli ambienti effetti che sono assai interessanti. Effettivamente nella forma sta la prima bellezza di un ambiente, ed il gusto deve ritornare a godere queste "emozioni" d'architettura interna, e creder meno nel lusso dei parati e delle decorazioni. Ma di un'altra cosa occorre dar lode al Capponi, ed è dell'impiego di materiali vecchi e nuovi fatto con divertita fantasia e ragionata distribuzione; i travertini lucidati, fornitigli dal Mattioli di Roma, i pavimenti di gomma del Pirelli, l'alabastro (ottima iniziativa quella di sperimentare questo materiale italiano nei giochi modernissimi dell'illuminazione); ed accanto al gioco delle forme è ancora da lodare quello nuovissimo e tipico dei colori come appare dalle didascalie accanto alle illustrazioni.

Le vedute degli interni, le vedute scorciate, l'arredamento, i mobili e gli oggetti d'arte che ornano gli ambienti, la loro distribuzione mostrano dappertutto la consolante caratteristica unità di questa fabbrica e testimoniano il valore di questo documento tecnico e stilistico del nostro tempo. Essa, con il palazzo della Salpa di Pagano e Levi, è una delle poche costruzioni condotte con unità ed attuazione moderna in tutti i particolari. La felice documentazione fotografica che ne possiamo dare, illustra da sè tutte queste cose, e sarà osservata dal lettore con il più attento interesse.

ARCH. GIO PONTI

Translation see p. 679

Foto Cartoni

ARCH. GIUSEPPE CAPPONI - ROMA - PALAZZINA AL LUNGOTEVERE - *Due vedute del vestibolo ad ogni piano di scala, sul quale vi sono gli ingressi degli appartamenti. In alto il vestibolo è volto dalla parte dell'ascensore. A destra e a sinistra sono le porte d'ingresso degli appartamenti: in fondo si vede la scala. In basso, il vestibolo è veduto da una porta d'appartamento. Si vede l'altra e la grande vetrata che dà sul chiostrino (cavedio) nel quale è l'ascensore. Di notte questo vestibolo riceve luce attraverso questa ve trata, dal chiostrino illuminato.*

Apartment Building on Lungotevere Arnaldo da Brescia in Rome

Apartment building in Rome designed by Giuseppe Capponi: views of staircase and vestibule

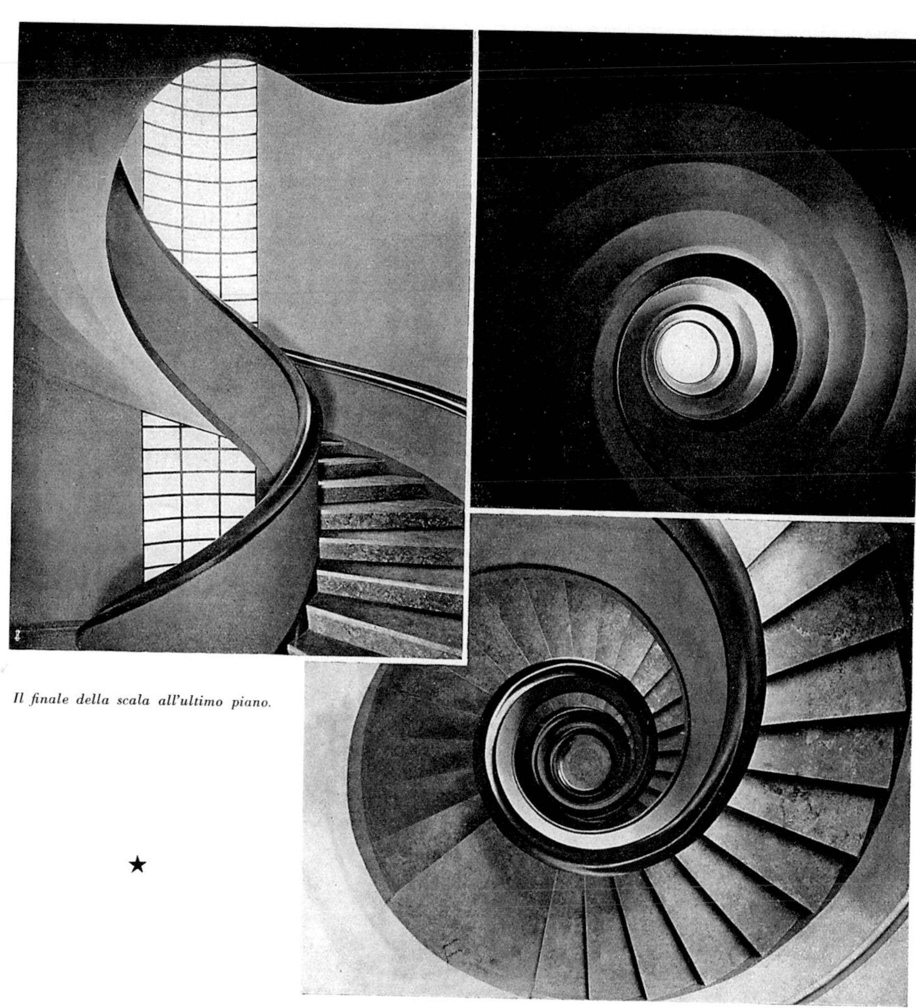

Il finale della scala all'ultimo piano.

★

Foto Cartoni

ARCH. GIUSEPPE CAPPONI - ROMA - PALAZZINA AL LUNGOTEVERE - *Tre vedute della scala (vedi anche in copertina) Corrimano in marmo artificiale nero, gradini in travertino, parapetto verso l'interno grigio rosso, verso la tromba grigio azzurro, tutto il resto dell'ambiente è in beige degradante in chiaro. I vetri dei finestroni sono opalescenti; l'illuminazione proviene dai finestroni.*

Nonostante il nastro della scala si presenti come elica continua, il progettista è riuscito a creare i pianerottoli, ai quali, negli esempi di simile scala nel passato si era rinunciato, sacrificando la comodità per l'effetto della continuità della spirale, qui ugualmente ottenuta variando il passo del profilo visibile dell'elica in modo però non percettibile.

Translation
see p. 679

Foto Cartoni

Chiostrina nord vista dal basso; il vano di essa è utilizzato per l'ascensore e per il montacarichi di servizio. A destra e a sinistra i finestroni delle halls. Tutte le finestre sono in acciaio della "Fenestra Crittall". Si vedono i riflettori per l'illuminazione notturna. Era progettata una illuminazione centrale dall'alto, più razionale e più efficace, ma il fatto che le compagnie fornitrici di elettricità non facilitano ancora tali sistemi di illuminazione, come si fa per altre categorie, lo ha impedito.

Chiostrina sud con finestre delle scale e delle halls. Con queste chiostrine si è introdotto il sistema di tenere la parete rivolta a sud più alta, in modo di aumentare la superficie direttamente colpita dal sole, con ottimo risultato di illuminazione riflessa. Nella necessità di ridurre al minimo il vano delle chiostrine per utilizzare lo spazio prezioso, altrettanto buon risultato ha dato il concetto di mantenere delle diagonali lunghe che permettono che la luce diretta del sole arrivi più in basso.

ARCH. GIUSEPPE CAPPONI - ROMA - PALAZZINA AL LUNGOTEVERE - *Vedute di interni. Hall di disimpegno. Pavimento a quadri in travertino scuro e chiaro, copertina della balaustra in marmo unito rosso bruno, pareti a tempera, finestrone in acciaio Crittall.*

Ingresso di un appartamento: pavimento in marmo unito rosso bruno, pareti in travertino lucido, soffitto argento vecchio, finestra in acciaio Crittall, vetri opalescenti, arco in marmo rosso come pel pavimento, porta in palissandro (vedi foto in basso) con stipite di ebano Macassar. Panca in noce nostrale.

Porta d'ingresso nell'interno di un appartamento. Stipite in ebano Macassar con pannelli in palissandro del Rio e pomi in avorio.

Translation see p. 679

★ ★

Ely Jacques Kahn dedica su "House & Garden" la importante rivista americana un interessante articolo sulla illuminazione moderna. Dalle molte illustrazioni che lo accompagnano togliamo queste che mostrano (in alto a destra) una lampada da scala, che scende dall'alto nel centro della tromba della scala stessa: ed una da lucernario, riflessa dal cielo in specchio: sono dell'architetto Robert F. Locher. Sotto, tre interessanti lampade da tavolo di Nessen.

Interesting Things in Other Reviews

Ceiling lights designed by Robert F. Locher and table lights manufactured by Nessen Lighting featured in *House and Garden*; furniture

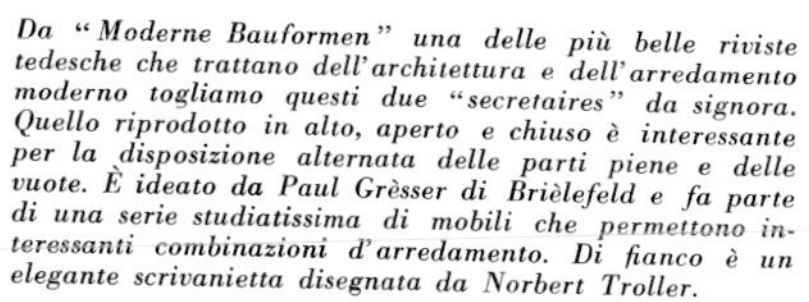

Da "Moderne Bauformen" una delle più belle riviste tedesche che trattano dell'architettura e dell'arredamento moderno togliamo questi due "secretaires" da signora. Quello riprodotto in alto, aperto e chiuso è interessante per la disposizione alternata delle parti piene e delle vuote. È ideato da Paul Grèsser di Brièlefeld e fa parte di una serie studiatissima di mobili che permettono interessanti combinazioni d'arredamento. Di fianco è un elegante scrivanietta disegnata da Norbert Troller.

Sempre da "Moderne Bauformen" togliamo queste biblioteche da sala, disegnate da Otto Prutscher di Vienna, l'una - a sinistra - in noce del Caucaso, l'altra in zebrano.

designed by Paul Grèsser, Norbert Troller and Otto Prutscher featured in *Moderne Bauformen*

Vetrata eseguita dalla Soc. An. L. Fontana e C. di Milano (disegno del pittore Ingegnoli)

VETRI D'ARTE SPECCHI E CRISTALLI

S. A. LUIGI FONTANA & C. - MILANO

VIA TORTONA 21, g - TELEFONI 30-062, 30-074 e 32-437

ARCH. CARLO ENRICO RAVA

III
NECESSITÀ DI SELEZIONE

PARTE PRIMA

Che l'architettura razionale abbia avuto la sua prima origine da presupposti utilitari e il suo primo impulso da ragioni tecniche ed industriali, è cosa troppo nota perchè occorra rammentarla: anzi, proprio in questi caratteri di logica e di necessità presentati dalla sua nascita, risiede la maggior certezza del suo avvenire, purchè non si dimentichi mai che, se tale è la base necessaria del razionalismo, essa non è tuttavia sufficiente a creare un'architettura, altissimo termine nel quale sono impliciti molti altri fattori: intelligenza, estetica, personalità, razza, per accennare soltanto ai principali. È invece, crediamo, assai meno noto, o, se non altro, è mal definito nei suoi veri termini, il contenuto ideologico che molti fra gli architetti razionalisti intransigenti, specie in Germania e in Olanda (in Russia la cosa è troppo naturale perchè sia il caso di rilevarla), hanno cercato e cercano di conferire al razionalismo architettonico, facendone quasi la conseguenza di teorie socialitarie, se non comuniste addirittura; fatto questo (ammesso che l'architettura possa esprimere idee politiche), che si riferisce comunque ad una sola tendenza, quella che abbiamo appunto chiamata «intransigente» (confrontare *Domus* del gennaio 1931: «Svolta pericolosa»), ma che purtroppo contribuisce a screditare erroneamente tutta quanta l'architettura razionale, mentre dall'influsso di tali ideologie essa è per buona parte immune, e in Italia poi, interamente.

Prescindendo da considerazioni politiche, il fenomeno, preso in sè stesso, di un'architettura che volesse essere l'espressione di un nuovo ordine sociale, sarebbe estremamente interessante (osserviamo di sfuggita, poichè troppo vasto è l'argomento, che il Regime Fascista non ha ancora creata una sua architettura, intendiamo architettura moderna, dato che la modernità è il requisito primo perchè possa chiamarsi fascista; e certo, un equilibrato razionalismo italiano potrebbe, meglio di ogni altra tendenza, diventare l'espressione del giovane regime), se, nel caso di cui ci occupiamo, gli ideali eccessivamente unitari ed inesorabilmente livellatori, impliciti nel movimento intransigente, non fossero di risultato negativo anzichè positivo per lo sviluppo dell'architettura, e non portassero nella loro essenza stessa, un germe di sterilità. Infatti, vediamo verificarsi questo fenomeno: quasi tutti i razionalisti intransigenti, troppo legati ai loro dogmi, non sono più capaci di creare architetture che non abbiano apparenza uniformemente industriale, anche quando si tratti di una villa o di un cinematografo; essi non riescono a fare altro, ed estendono a tutta quanta la loro opera, quei caratteri che dovrebbero invece rimanere distintivi di una sola specie: segno, questo, precursore di decadenza.

Alcune recentissime costruzioni dell'architetto Erich Mendelsohn, che, del razionalismo intransigente tedesco, è uno dei più autorevoli e singolari rappresentanti, ci servono di riprova a quanto asseriamo: si tratta dei due nuovi palazzi per i grandi Magazzini Schocken, edificati da questo architetto, rispettivamente a Stoccarda e a Chemnitz. Data la destinazione nettamente utilitaria e commerciale di questi edifici (che pubblichiamo perchè, comunque si voglia giudicare la tendenza cui appartengono, sono sempre due opere di prim'ordine, e altamente significative, sia come architetture in se stesse, sia come espressione della nostra epoca), le caratteristiche decisamente industriali che li distinguono, sono, in questo caso, perfettamente giustificate ed appropriate. Nell'edificio di Stoccarda, si osserverà lo scheletro strutturale in cemento armato, che, lasciato a vista, costituisce la membratura e, allo stesso tempo, il partito architettonico del-

Fig. 1 - ARCH. ERICH MENDELSOHN - *Magazzini Schocken a Stoccarda - La fronte vista dall'alto.*

(Dalla bella illustrazione che di questo edificio ha fatto "Moderne Bauformen" Nov. 1930).

Translation see p. 680

la facciata; e il corpo semicircolare tutto bardato di diaframmi orizzontale (tipici di Mendelsohn), che alla facciata s'innesta con vigorosissima composizione plastica, e costituisce la gabbia interamente vetrata di quella prestigiosa struttura scalaria, che si sviluppa indipendente in essa, e che riproduciamo illuminata dal sotto in su. Il complesso dell'edificio sprigiona una sensazione quasi meccanica, distintiva di questo architetto, e che può essere interessante riflesso dei tempi moderni, purchè sia mantenuta nei limiti di un'interpretazione, anzi di una trasposizione, intelligente: infatti, dove cade nell'eccesso (errore frequentissimo e deplorevole) rappresenta, non soltanto una nuova « accademia », come altri ha già segnalato, ma, quel che è peggio, un nuovo barocchismo. Per persuadersene, basti osservare, sempre in questo medesimo edificio, la veduta del cortile, nel quale l'alternanza dei corpi curvi coi corpi orizzontali sovrapposti, pur essendo trattata con maestria nella sua diretta derivazione da prototipi meccanici, genera, coll'angoscioso viluppo delle sue linee, un senso di tensione esasperata, che è essenzialmente contrario alla nostra sensibilità latina. Ancor più significativo come espressione, tanto delle estreme possibilità strutturali del cemento armato, quanto della destinazione dell'edificio stesso, ci appare il palazzo dei magazzini Schocken di Chemnitz, la cui facciata, portata interamente a sbalzo, permette la estensione ininterrotta della finestra orizzontale per tutta la sua lunghezza, e la risultante alternanza delle fascie vitree con le fascie di parapetto per tutta la sua altezza, mentre la completa visibilità, che ne deriva, di tutti i piani della casa, trasforma l'intera facciata in una sola immensa vetrina; infine, l'arretramento degli ultimi piani abilmente digradati, crea un armonioso coronamento, mentre l'inflessione della facciata stessa, che segue la curva della strada con un andamento dolce e continuo ma non privo di un'interna forza plastica, conferisce all'edificio una sua particolare singolarità, sebbene ne risulti un certo senso di indeterminatezza o elasticità di forma, al quale il nostro gusto latino per i volumi ben definiti, non può aderire completamente. Abbiamo dunque visto come, tolte le poche riserve segnalate, il presupposto strettamente utilitario, abbia fin qui perfettamente servito l'architetto nella sua opera, che strettamente utilitaria appunto doveva essere: ma ecco che, dove si sarebbe richiesta invece la libera fantasia che sapesse creare un ambiente vario e gradevole, chiaro e giocondo, quale dovrebbe essere la sala di Restaurant e Bar di un grande magazzino, Mendelsohn, anchilosato dalle sue ideologie e dai suoi dogmi, non ci sa dare altro, nei magazzini Schocken di Stoccarda, che una sala di refettorio per proletari sovietici, nuda e povera, cupa e desolata, esprimente, tutt'al più, una dignitosa miseria. Basta confrontare questo locale con quello (che riproduciamo anche), di identica destinazione, allestito da Emil Fahrenkamp nel palazzo da lui costruito per i magazzini Michel a Wuppertal, nel quale, pur con mezzi ridottissimi e semplicità estrema, l'architetto è riuscito, senza far uso di nessun elemento decorativo, a creare un ambiente tutto di gaia e luminosa eleganza, per avere la dimostrazione più evidente ed inconfutabile dello stato di inferiorità in cui la sottomissione cieca ai principî intransigenti, mette i razionalisti « puri » di fronte a quelli che, come Fahrenkamp, sottopongono le regole del razionalismo alla propria intelligenza liberamente esercitata. E sia questo esempio, di salutare monito a certi giovani architetti italiani, che credono troppo ciecamente in alcuni « idoli » del razionalismo purista d'Oltralpe.

Del resto, anche nella tendenza intransigente, vi sono

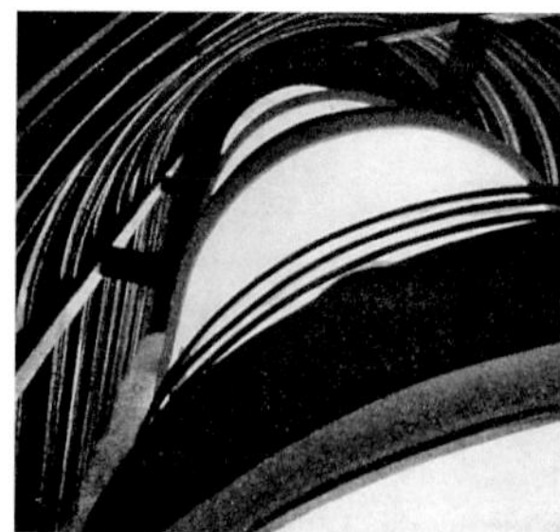

Fig. 2 - ARCH. ERICH MENDELSOHN - *Magazzini Schocken a Stoccarda. - La gabbia scalaria illuminata dal sotto in su.*

Fig. 3 - ARCH. ERICH MENDELSOHN - *Magazzini Schocken a Stoccarda. Veduta dal cortile.*

Fig. 4 - ARCH. ERICH MENDELSOHN - *Magazzini Schocken a Chemnitz. - La fronte.*
(Da "Moderne Bauformen" - Nov. 1930.)

degli architetti che sanno scuotersi in tempo dal giogo dei dogmi fissi, quando le esigenze del soggetto trattato suggeriscano una maggior libertà. Presentiamo, come esempio di questa indipendenza, il rifacimento di una parte del « Palmengarten » di Francoforte sul Meno, per opera dell'architetto Martin Elsaesser, il quale deriva pure dalla scuola di quell'intransigentissimo May, che è recentemente emigrato anch'egli in Russia, al seguito di parecchi altri estremisti tedeschi. Malgrado dunque la provenienza di Elsaesser, la nuova facciata del « Palmengarten », simmetrica e armoniosa, chiara e serena, con quelle sue vaste terrazze sovrapposte, aperte e soleggiate, che fanno pensare ai « decks » di un piroscafo e sembrano suggerire una sognata vicinanza di mare; col ritmo tutto latino degli esilissimi candidi pilastri della sua pergola che suddivide in riquadri listati di bianco, un cielo che si vorrebbe azzurrissimo; con certi angoli di terrazze, e certi locali a cielo scoperto che sono nostalgie tutte « mediterranee », si avvicina singolarmente allo spirito nel quale vorremmo vedere

Fig. 6 - ARCH. ERICH MENDELSOHN - *Magazzini Schocken a Stoccarda. - Restaurant.*

Fig. 7 - ARCH. EMIL FAHRENKAMP - *Magazzini Michel a Wuppertal. - Roof-Restaurant.*
(Da "Moderne Bauformen" - Ott. 1930).

n Chemnitz designed by Erich Mendelsohn: view of front elevation; Michel store in Wuppertal designed
›y Emil Fahrenkamp: view of roof restaurant

Translation see p. 680

Fig. 5 - ARCH. ERICH MENDELSOHN - *Magazzini Schocken a Chemnitz. - Veduta notturna della fronte.*
(Da "Moderne Bauformen" - Novembre 1930).

interpretate dagli italiani le caratteristiche migliori dell'architettura razionale. Analogamente, il grande Restaurant del « Palmengarten » suddiviso dalle alte serre semicircolari per piante esotiche, che permettono di isolare i tavolini come in altrettanti « boxes » di cristallo, creando, attraverso i successivi piani vitrei, l'illusione di una atmosfera liquida; la sala delle feste, aperta sul giardino con immense, magnifiche vetrate; e infine la studiatissima cura dei particolari, come le sedie che rinnovano l'ormai banale struttura in tubo nichelato, laccandola di rosso corallo ed opponendola, con raffinato accostamento, al velluto-peluche bianco dei cuscini, illustrano la varietà di intelligenti effetti che si può ottenere con un più libero uso delle nuove possibilità offerte all'architetto moderno.

Quali alti risultati la personalità d'interpretazione e il coraggio di un'intelligenza indipendente possano dare, ci è dimostrato anche da un altro architetto tra i più noti della tendenza intransigente tedesca, vogliamo dire, Mies

(continuazione a pag. 84)

Fig. 8 - ARCH. MARTIN ELSAESSER - *"Palmengarten" di Francoforte s. M. - Scorcio della facciata con la pergola e le terrazze sovrapposte.*
(Da "Das Neue Frankfurt" - Ott. 1929).

Fig. 9 - ARCH. MARTIN ELSAESSER - *"Palmengarten" di Francoforte s. M. - Particolare della facciata con la pergola.*
(Da "Das Neue Frankfurt" - Ott. 1929).

Fig. 10 - ARCH. MARTIN ELSAESSER - *"Palmergarten" di Francoforte s. M. - Uno dei vani a cielo scoperto all'ultimo piano.*
(Da "Das Neue Frankfurt" - Ott. 1929).

Schocken store in Chemnitz designed by Erich Mendelsohn: view of façade by night; Palmengarten in Frankfurt designed by

Fig. 11 - ARCH. MARTIN ELSAESSER - *"Palmengarten' di Francoforte s. M. - Il grande restaurant.*
(Da "Das Neue Frankfurt" - Ott. 1929).

Fig. 12 - ARCH. MARTIN ELSAESSER - *"Palmengarten" di Francoforte s. M. - La sala delle feste.*
(Da "Das Neue Frankfurt" - Ott. 1929).

Fig. 13 - ARCH. MIËS VAN DER ROHE - *Padiglione della Germania alla Esposizione di Barcellona.*
(Da "Die Baugilde" - 25 Ott. 1929).

Martin Elsässer: views of exterior, restaurant and party room; German Pavilion for the Barcelona exhibition designed by Ludwig Mies van der Rohe: view of angled elevation

Translation see p. 680

JOSEF HOFFMANN

In occasione del 60° di Josef Hoffmann si è aperta a Vienna un'esposizione riassuntiva della sua opera. I lavori che segnarono l'inizio della sua notorietà, come la casa di cura di Purkersdorf, il palazzo Stoklet a Bruxelles, case di campagna, ville di città e i padiglioni alle esposizioni di Roma 1911, Lipsia 1912, Colonia 1914, Parigi 1925 e molti degli appartamenti e locali pubblici da lui arredati sono esposti in grandi fotografie. Sono anche esposti molti fra gli ultimi lavori dell'artista, testimonianze della sua immensa capacità di evoluzione e della sua classica maturità. Tra questi specialmente notevoli case e ville d'affitto e il progetto per una grande sala di concerto con 15.000 posti. Alcune vetrine presentano con somma eleganza numerosi prodotti delle industrie del vetro, della seta, della porcellana, delle pelli, e specialmente le argenterie eseguite sul disegno di Jos. Hoffmann.

L'esposizione è, per così dire, un panorama completo dell'opera di Jos. Hoffmann, dal 1900 circa, fino a quest'autunno, di quell'opera che ha esercitato tanta influenza sullo sviluppo della moderna architettura e delle arti decorative.

C. H.

JOSEF HOFFMANN - *Servizio da the in argento, manici di ebano e argento.* (Esecuzione della Wiener Werkstätte).

(Sotto) *Veduta generale della Esposizione di Josef Hoffmann.*

Josef Hoffmann anniversary exhibition in Vienna: general view of exhibition, silver tea service for the Wiener Werkstätte and models of apartment buildings designed by Josef Hoffmann

JOSEF HOFFMANN - *Villetta d'affitto, tipo a serie.*

JOSEF HOFFMANN - *Villette d'affitto a terrazze.*

Aspiratore

Lucidatore

Practicality for the Home

Vacuum cleaners, coffee grinder and electric fan manufactured by SCAEM (Soc. Costruz. Apparecchi Elettro-domestici Marelli)

Ventilatore e macina caffè

È innegabile il costante e promettente sviluppo che vanno prendendo gli apparecchi elettrici per uso domestico in ogni paese del mondo. Mancava però da noi un organismo industriale che potesse produrre in serie tali apparecchi, i quali fino a pochi anni fa ci venivano esclusivamente dall'estero. Ora però anche in questo campo di notevole importanza per l'industria elettrica nazionale, per avviarci all'emancipazione, è validamente intervenuta la S. C. A. E. M. (Soc. Costruz. Apparecchi Elettro-domestici Marelli, via Caimi, 8 Milano) con una serie di prodotti di grande praticità e perfezione tecnica. Il lucidatore elettrico "Primo" con motore Marelli, facilita straordinariamente il lavoro tanto gravoso della manutenzionc dei pavimenti. Col facile cambio dei rulli si potrà raschiare il pavimento di legno, poi lucidarlo a spazzola e finalmente dare col feltro la lucentezza indispensabile in una casa ben tenuta. La lucidatura si applicherà anche a qualsiasi pavimento di piastrelle, mosaico, ecc. ecc. Coll'aspirapolvere si otterrà senza fatica la pulizia sistematica dell'appartamento, poichè i diversi accessori permettono di usarlo per pavimenti, tappeti, mobili, imbottiture, intagli, tende, ecc. Comodissimo per togliere la polvere sopra le porte e gli armadi senza ricorrere alla scala. Notevole anche l'accessorio "a soffio" per liberare da ogni sudiciume gli oggetti delicati (istrumenti musicali, statuine, merletti) che soffrirebbero del contatto di una spazzola. - Nello spargicera, ottimo per distribuire con regolarità la cera sui "parquets" una resistenza elettrica immersa nella cera stessa la rende fluida in modo da lasciarla filtrare attraverso i fori praticati nel fondo dell'apparecchio, sicchè quest'operazione si compie nel modo meno faticoso possibile.
Pure elettricamente funzionano il ventilatore celato in elegante stipo di radica, e le macine per caffè nel modello grande adatto per alberghi e ristoranti ed in quello piccolo per famiglie.

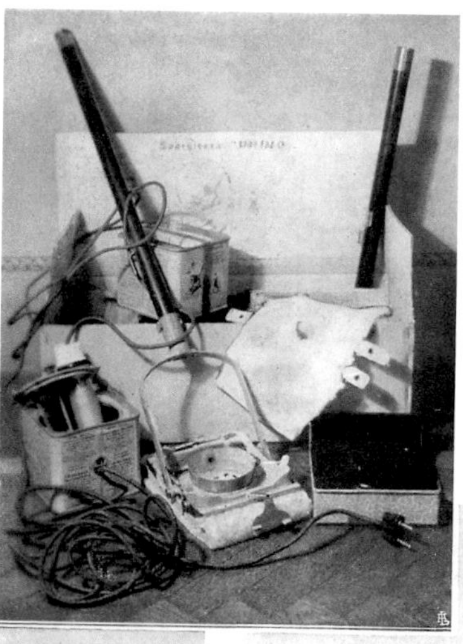

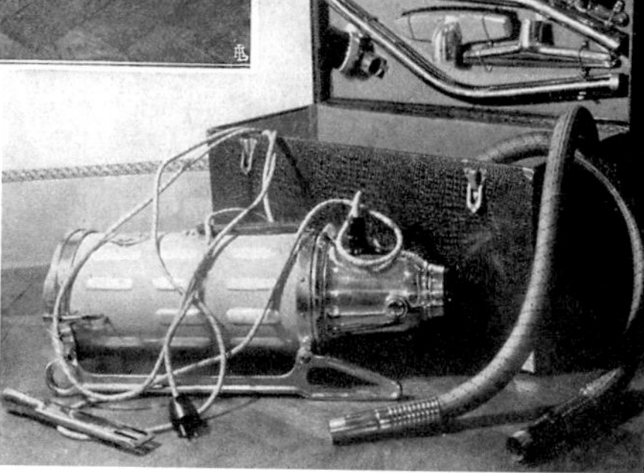

CARROZZERIA PININ FARINA

SOCIETÀ ANONIMA - CAPITALE L. 1.000.000

TORINO (117) - CORSO TRAPANI, 107-115 - TELEFONI 32-356 - 32-745

CARROZZERIE DI GRAN LUSSO

GUIDA INTERNA VICTORIA AEREODINAMICA

LA CARROZZERIA PININ FARINA NEI CONCORSI D'ELEGANZA 1932-1933

1932 SETTEMBRE - VILLA D'ESTE: COPPA D'ORO

1933 MARZO - MONTECARLO: GRAN PRIX

1933 APRILE - ROMA: GRAN PREMIO ASSOLUTO

1933 MAGGIO - NERVI: GRAN COPPA E GRAN PREMIO REFERENDUM

1933 MAGGIO - TORINO: GRAN PREMIO ASSOLUTO

Advertising

Pinin Farina advertisement

30 ALL'ORA o 130 ALL'ORA

Perchè avete diverse *esigenze* se considerate un'automobile o una casa?

Vi sognereste mai di comperare un'auto che andasse ad un massimo di trenta all'ora? che non avesse un decente molleggio? che non vi potesse riparare, chiudendosi?, un'automobile, ad esempio, simile a questa che riproduciamo « lanciata » a trenta all'ora da Santos Dumont in cappello duro sulle strade parigine nel 1900?

Ed allora perchè continuate ad abitare e, peggio, vi fate costruire ancora delle case antiquate, senza grandi aperture, senza terrazze, senza linea moderna? delle case « *trenta all'ora* »? Perchè di fronte all'abitazione tutte le vostre esigenze decadono? Perchè voi conoscitori ed ammiratori di perfetti congegni, di buone macchine, quando si tratta della *casa*, di quella cosa essenziale e *costosa* che è la casa, vi accontentate di quel che vi danno, e — peggio — vi accontentate non solo del finto e del vecchio ma addirittura, in certi casi, persino del finto vecchio?

Gli architetti moderni han rimesso il problema della casa nella giusta situazione: problema sociale, problema tecnico, problema civile, problema umano; case fatte per noi, per farci vivere felici. Il pubblico si educhi a riconoscere la linea buona e sana, proprio come sa riconoscere la macchina buona: il pubblico non si lasci imbrogliare per la sua vita d'oggi dai cattivi costruttori: il pubblico deve aver vergogna delle case *trenta all'ora* come avrebbe vergogna di girare con un'auto trenta all'ora.

GIO PONTI

La vettura di Santos Dumont è tratta dal volume "À Paris vers 1900" - Edito dalla "Chroniques du Jour" -

ARTENA 4 CILINDRI 5 POSTI
LANCIA
ASTURA 8 CILINDRI 5 POSTI
DILAMBDA 8 CILINDRI 5 POSTI
DILAMBDA 8 CILINDRI 6 POSTI
Richiedere Catalogo, listino prezzi e prove, alla
AGENZIA COMMERCIALE DELL'AUTOMOBILE
Largo Cairoli, 2
Telefono 84-124
- E. MINETTI - MILANO (110) -
Via P. Tenaglia N. 5
Tel. 64-478 - 64-772
GOMME MICHELIN BIBENDUM

Advertising

E. Minetti advertisement for various Lancia saloon cars

ARCH. CARLO ENRICO RAVA

III

NECESSITÀ DI SELEZIONE

(PARTE SECONDA)

(Vedi fascicoli precedenti)

Nessuno può negare che le recenti conquiste tecniche e meccaniche ci abbiano portato tutto un tesoro di nuove materie che si prestano alle più interessanti soluzioni decorative ed offrono infinite possibilità non sfruttate ancora; e non sarà certo lo scrivente, il quale, in un articolo intitolato "Dell' Europeismo in Architettura" apparso nel Febbraio 1928 (cioè ben tre anni or sono, vale a dire in un'epoca in cui "i nuovi materiali" non erano ancora di moda) rilevava "…. l'importanza innegabile che il largo uso di materie delle quali le macchine ci hanno fatto per la prima volta conoscere le numerosissime possibilità decorative, sia per l'intrinseca bellezza e ricchezza della sostanza, sia per gli accostamenti preziosi e le raffinate composizioni di cui sono suscettibili (cristalli, metalli nichelati e bruniti, vetri smerigliati e fumés, ottone e alluminio, linoleum, ecc.) hanno sulla formazione di una nuova estetica", non sarà certo lo scrivente, dicevamo, che potrà essere sospettato di ostilità verso cotesti nuovi materiali. Ma se è vero tutto questo, non è però meno vero e incontestabile che anche con i materiali tradizionali si possono, volendo, ottenere effetti altrettanto nuovi ed attuali (vedasi il caso di Mies van der Rohe, in "necessità di selezione" parte prima, su Domus di Marzo 1931) e che non vi è proprio nessuna ragione al mondo (se non una deplorevole strettezza di vedute ed una interpretazioue miseramente falsa e meschina del vero spirito moderno), per la quale l'architetto razionalista debba imporsi dei limiti nell'uso dei materiali, e permettersi l'applicazione del linoleum o del metallo in quanto "moderni", ma proibirsi quello del marmo o del legno, in quanto "vecchi": come se mai potesse essere troppo vasta per la fantasia, la gamma degli elementi di cui essa potrà disporre per realizzarsi in forme concrete! come se la modernità non consistesse innanzitutto nell'*idea*, nella creazione, nel risultato dell'opera ma soltanto nell'inerte materia da cui l'opera si trae! Eppure, ci rammentiamo il caso di un giovane architetto razionalista fra i più dotati e promettenti, il quale, avendo stabilito di rivestire in vetro e gomma un bar, ed essendo stato costretto, non so più se da difficoltà tecniche o dalla volontà del committente, a rivestirlo invece in marmo e legno, era nella disperazione più desolata perchè la sua ispirazione si trovava inaridita di fronte a così "sconosciuti materiali", e contemplava un seducentissimo campionario di marmi preziosi e di legni varii, allineato contro una parete del suo studio, dichiarandosi incompetente a distinguerne i pregi, ed incapace a immaginarne l'applicazione nel suo progetto. Ora, non è forse infinitamente privilegiato, rispetto a questo, e sopratutto infinitamente più moderno nel senso vero della parola, l'atteggiamento dell'architetto che sa di poter dominare tutta intera la gradazione dei mezzi disponibili, che, orgoglioso di essere in possesso di tutti quanti i materiali che il suo tempo gli offre, si sente libero di comporre come meglio gli aggrada, innestando liberamente con divertita, spregiudicata, ma tuttavia modernissima intelligenza, le materie "nuove" alle "vecchie"? E sopratutto, non è questo modo di agire, di fare un cosciente uso della propria intelligenza, un modo *essenzialmente e tradizionalmente italiano*, più di ogni altro?

Una cosa anche, di cui occorre persuadersi una volta per sempre, è questa: non soltanto l'uso dei materiali moderni non è sufficiente a creare un architetto moderno, ma non è neppure sufficiente a creare semplicemente un architetto. Come tutte le rivoluzioni, grandi o piccole, anche il movimento razionalista, rivoluzione dell'architettura, trascina con sè le sue scorie, corteo di orecchianti e di profittatori, nei quali troppo spesso una critica superficiale ed un pubblico ingenuo, credono di riconoscere i nuovi architetti. Ora, moltissimi di cotesti razionalisti improvvisati, e ne conosciamo a Roma come a Milano, a Torino come a Udine, credono che basti adoperare buxus e alpacca, celotex e nichel, maftex, eternit e linoleum, per diventare architetti moderni, illudendone sè stessi e gli altri: esiste in tutti costoro una specie di snobismo del "materiale nuovo", che è snobismo di piccoli borghesi e di provinciali per le "mode di città"; e sono essi ancora quegli stessi, i quali, avendo scoperto soltanto ora che le cucine, per esempio, devono essere razionalmente distribuite, e gli impianti sanitari, igienicamente ed ariosamente disposti, colpiti dalla rivelazione di tale supposta "novità", la proclamano come ritrovato loro proprio, quasicchè prima

Mirror of Rationalism: The Need for Selection – Part 2

Essay on modern architecture by Carlo Enrico Rava

Translation see p. 682

Fig. 1 - *Laboratorio dell'Istituto di Industrie Tessili di Mosca.* (Da "Moderne Bauformen" Feb. 1930 - pag. 63).

Della serie di fotografie che illustrano questo studio sui « Nuovi materiali », il lettore ormai iniziato, ritroverà facilmente le strette parentele che legano fra loro le opere dei Russi, dei Cechi e di Le Corbusier, e facilmente distinguerà, in queste architetture che tutte appartengono alla già accennata tendenza « intransigente » del razionalismo, tanto le qualità, quanto i pericoli e le manchevolezze, così riconoscerà che i dogmi di un razionalismo unicamente utilitario, discutibili quando si tratti di case d'abitazione o di pubblici edifici, sono bene al loro posto quando si tratti invece di architetture nettamente industriali quale è questo laboratorio per Industrie Tessili, nel quale rileverà l'equilibrata ed armonica distribuzione delle masse, col vasto piano liscio di riposo, che isola le due fronti interamente vetrate, e che, terminando con un corpo curvo, conchiude ottimamente il complesso estetico dell'edificio.

Fig. 2 - *Laboratorio ad Alta Tensione dell'Istituto Elettrico di Mosca.* (Da "Moderne Bauformen" - Febbraio 1930 pag. 61).

In questa architettura che è altamente rappresentativa delle più tipiche caratteristiche dell'ultima tendenza russa, si noterà come la preoccupazione di estrinsecare ed « esteriorizzare » il più possibile la destinazione meccanica ed industriale dell'edificio, spinta, com'è, al massimo grado, realizzi invece un effetto superficiale ed appunto solamente « esteriore », che, per aver voluto essere « iper-razionalista » finisce col risolversi in un pittoresco tutto estetico e quasi scenografico, che è in contraddizione assoluta coi postulati iniziali. Bisogna riconoscere tuttavia a questa fabbrica, con le sue due enormi aperture a foggia di « maniche a vento », coi suoi « hoblots » da piroscafo, e la sua lunga tettoia ripiegata alle estremità, i meriti di un'abile e sapiente composizione delle varie parti che, equilibratissime fra loro, realizzano un complesso dal quale si sprigiona un acuto ed attualissimo interesse.

Fig. 3 - G. B. e M. B. BARCHIN - *Banca di Stato a Novosibirsk.* (Da "Stavba" - Dicembre 1929 - pag. 89).

Presentiamo, con quest'opera dei fratelli Barchin, che sono fra i migliori rappresentanti della recentissima architettura russa, un edificio pubblico nel quale un uso moderato e castigato dei caratteri peculiari del razionalismo « intransigente », realizza, malgrado l'estrema sobrietà dei mezzi impiegati, risultati sufficentemente monumentali. Si notano bensì in qualche punto degli effetti di povertà un po' troppo da officina, ma, nel suo complesso, l'edificio offre ottime soluzioni, quali, nella parete sinistra, la grande vetrata incorniciata e lievemente sporgente, che serve da « fermo » architettonico al motivo delle lunghe finestre che rigirano sul corpo curvo; e i grandi terrazzi sporgenti a sbalzo, che collegano questo corpo curvo col motivo a torre vetrata che domina la parete destra. In conclusione, questa banca di Novosibirsk, che offre anche minori particolari gustosi e intelligenti, rappresenta, sebbene appartenga ad una tendenza pericolosamente assolutista e lontana dal nostro modo di sentire latino, una delle migliori e più equilibrate opere d'architettura russa moderna.

Mirror of Rationalism: The Need for Selection – Part 2

Two laboratory buildings in Moscow and the State Bank in Novosibirsk, Siberia, designed by Boris and Michail Barchin;

Fig. 4 - JOSEF HAVLICEK E JARASLAV PALIVKA - *Stabile per negozi e uffici a Praga.* (Da "Stavba" - Marzo 1930 - pag. 133).

L'ostentazione, caratteristica degli estremisti russi, dell'uso del vetro in vaste superfici continue, quale « nuovo materiale » di precipua importanza nell'aspetto esteriore degli edifici, si rileva, spinta ad un grado ancor maggiore, negli architetti razionalisti Cechi, i quali fanno, delle pareti in cristallo, il massimo coefficente estetico delle loro architetture. Bisogna, del resto, riconoscere che essi sanno servirsene con vera maestria, traendone effetti di seducentissima e spiccata modernità, allietati dall'applicazione studiatissima ed esemplare delle réclames luminose, disposte non più a caso, come troppo spesso avviene ancora da noi, ma secondo schemi strettamente e calcolatamente decorativi

Fig. 5 – LUDVIK KYSELA – *Stabile d'uso commerciale a Praga.* (Da "Stavba" - Aprile 1930 - pag. 156).

Questa facciata, nella regolare alternanza delle fasce vitree con le fasce piene dei parapetti, rivela una stretta parentela con schemi cari a Le Corbusier, mentre la veduta notturna dimostra gli effetti altamente decorativi che si possano trarre da questi tipi di pareti interamente a vetri, che, doppiamene rischiarate, cioè dalla diretta illuminazione interna e dalla indiretta illuminazione esterna nascosta nelle fascie di parapetto, realizzano così una duplice rifrazione nei cristalli, e contribuiscono a dare alle città Ceche quel caratteristico aspetto, che fa, per esempio, di Praga notturna, una delle più festose e luminose città d'Europa.

Fig. 6 – LUDVIK KYSELA - *Stabile d'uso commerciale a Praga.* (Da "Stavba" - Aprile 1930 - pag. 157).

Quest'altra fronte dello stesso edificio è rappresentativa di quel tipo di facciata esclusivamente a cristalli, che è diventato schema caratteristico degli architetti Cechi, e dà un'impronta così particolare alle loro città. Si noti tuttavia come, pur nella più spinta e quasi aggressiva modernità d'aspetti, i razionalisti Cechi si preoccupino sempre di ottenere e conservare un misuratissimo equilibrio di ritmi e di simmetriche proporzioni nelle loro opere (simmetria sensibilissima anche nella casa di Havlìcek e Polìvka precedentemente illustrata), e così si ricolleghino in modo sintomatico, malgrado l'estrema e, vorremmo dire, « dimostrativa » attualità delle loro produzioni, ad un ordine di concetti di natura giustamente « tradizionale » nei riguardi dell'estetica architettonica.

nessun architetto avesse saputo mai progettare una cucina pratica, nè una sala da bagno spaziosa. Una critica compiacente consacra cotesti pseudo razionalisti, ed ecco il discredito più grande gettato sulla serietà di un movimento, ecco regnare una confusione babelica, che falsa completamente ogni scala di valori. E così vediamo realizzarsi questo assurdo: i meriti di un architetto non vengono più giudicati in base alla sua opera, ma in quanto applica, o meno, il linoleum, il buxus, il celotex, in quanto adopera, o meno, determinati schemi consacrati da un creduto "razionalismo", in quanto ripete, o meno, certe forme "moderne", cioè di moda; e, soltanto perchè usa questi materiali e segue questi schemi, verrà anteposto all'architetto che si regola con maggiore e più personale indipendenza: sistema insensato, che non si deplorerà mai abbastanza.

Anche nell'arte dell'arredamento è venuto, in tal modo a formarsi un cosidetto "stile moderno", che già le grandi e le piccole industrie di mobili in tutta Italia (una delle quali lo ha comicamente battezzato "stil novo") vanno lanciando sul mercato, assieme alle loro imitazioni "rinascimento" o "impero"; "stile moderno" che, con l'autentica modernità e col vero razionalismo non ha

residential building with shops in Prague designed by Josef Havlícek and Jaroslav Polivka; Bata department store in Prague designed by Ludvik Kysela

Translation see p. 682

Fig. 7 - LE CORBUSIER - *Casa Schurch a Ville d'Avray.* (Da "Frankreich" di Ginsburger - pag. 105).

Quest'opera, di un bell'equilibrio formale malgrado l'infelicità di proporzioni delle tettoie dell'ultimo piano, mentre da un lato palesa le evidenti affinità dello stile di Le Corbusier con le più recenti architetture Ceche e Russe (il lettore osserverà la somiglianza di forme, accidendale naturalmente ma tuttavia sintomatica, fra questa villa e il « Laboratorio di Industrie Tessili » a Mosca, illustrato alla figura 1) rivela, dall'altro, la dualità che è caratteristica di questa notevolissima figura d'architetto e di novatore, sempre conteso fra le costrizioni e le catene che i principi e i dogmi, da lui stesso creati e che lo hanno reso celebre quale « teorico » massimo del nuovo verbo architettonico, vorrebbero imporgli, e d'altra parte, i profondi substrati di equilibrio latino e di spirito « mediterraneo », che sempre e malgrado tutto, affiorano nelle sue opere migliori, salvandole spesso dall'aridità del razionalismo intransigente.

nulla a che vedere, salvo qualche vaga e approssimativa somiglianza esteriore, ma che invece ricorda piuttosto un cubismo di terza o quarta mano, contaminato di cattiva ispirazione francese e di reminiscenze "liberty". Quale discredito questa volgarissima produzione commerciale, che osa fregiarsi del nome di moderna o razionalista, getti sull'opera seria e approfondita di quegli architetti che in Italia si adoperano da anni per imporre le nuove forme nei loro aspetti tecnici ed estetici più studiati e meditati, è evidente, (a mo' d'esempio, basti constatare come il mobile in tubi di metallo sia ormai screditato in Francia, causa una grossolana imitazione commerciale che ha inondata Parigi di sedie goffe e di tavoli sgraziati, le cui linee nulla hanno a che vedere con le produzioni, discutibili forse, ma interessanti e, comunque, autentiche, di un Marcel Breuer). Ci sembra dunque che sarebbe giunto davvero il momento di porre un limite a coteste dilaganti imitazioni, all'offensiva immoralità di cotesti sistemi.

La prima a provvedere, a correre ai ripari, a cercare di sanare questo pericolosissimo stato di cose, dovrebbe essere la critica, nella quale desidereremmo si manifestasse ed estendesse quel senso di "responsabilità" nel guidare l'opinione pubblica, di cui abbiamo già lamentata (cf. Domus di febbraio 1931: "Spirito latino") la quasi totale mancanza: innanzitutto, bisognerebbe che cessasse la perniciosa abitudine invalsa, di affidare su quotidiani e riviste delle più autorevoli, la critica delle questioni d'architettura e di arti decorative, a letterati, commediografi, reporters ed altri dilettanti vari, che diffondono nel povero pubblico i concetti più errati ed assurdi, anzichè esclusivamente a competenti della materia, come sarebbe giusto, logico, naturale. Inoltre, la critica stessa dovrebbe diffidare dall'abbandonarsi a troppo facili entusiasmi, a "fiammate" di infatuazione subitanea: non si dirà mai abbastanza, quanto danno abbia recato, in questi ultimi tempi, al razionalismo italiano, l'entusiasmo superficiale, approssimativo, confusionario dei troppi amici improvvisati del "moderno"; danno assai maggiore certo, di quello che avrebbe potuto recargli l'opposizione seria di intelligenti avversari (la spaventosa, veramente desolante confusione di giudizî sulla "modernità", che si sono letti a proposito dell'ultima Triennale di Monza, ne è la dolorosa riprova).

Dopo la critica, il pubblico. Ora, a questo pubblico italiano - che così pochi si sono preoccupati finora di iniziare con intelligenza ed amore alla comprensione di

(continuazione a pag. 88)

LE CORBUSIER - *Villa Savoy a Poissy* (in alto) *Esterno* - (in mezzo) *Veduta del cortile - giardino interno* - (in basso) *Il cortile - giardino interno, visto da una camera.*

Un basso parallelepipedo montato su palafitte dal curioso aspetto di una scatola di cartone poggiata su una fila di asticelle, un'opera d'eccezione anche nei rispetti del « jeu savant et magnifiques des volumes assemblés sous la lumièere » (Le Corbusier « Vers une architecture ») con che l'autore definiva nel 24 l'achitettura. Questa sconcertante esperienza, dagli aspetti non esenti da suggestioni mediterranee è una di quelle che debbono essere meditate da noi con acume ed indipendenza.

In essa si veda e si misuri il risultato di una concezione teorica, spinta agli estremi e di un gioco di volumi (vedi la zampa ed i paraventi del tetto-giardino) non più razionale ma retto da un estetismo plastico-pittorico che ci fa pensare ai quadri di un Lurçat o di un Ozenfant (e sono — se si potesse applicare loro, trasponendone il senso, la celebre frase di Gide — dei veri e propri « atti gratuiti »). Ed ancora si misurino le « possibilità di vita » fra queste, se così si possono ancora chiamare, mura o meglio in questa gabbia molto aerea ma tuttavia rigorosamente, schifiltosamente, reclusa dalla circostante natura-terra: o se non avvenga per esse un curioso capovolgimento, che la vita cioè si debba adattare alla « autorità » dell'ambiente piuttosto che questo, come parrebbe più umano a razionale e cordiale, « adattarsi a tutte le necessità della vita ed a tutti i comodi dell'uomo » ***intimità e raccoglimento compresi, e compreso il contatto, comodo, immediato e gioioso con la madre terra.*** *Piuttosto che una casa, coma noi italiani la pensiamo, questi ambienti sono — facendoci prestare il titolo del libro di Duhamel — delle « scenes de la vie future » o meglio di una problematica « vie future ».*

Translation
see p. 682

ARCH. CARLO ENRICO RAVA

V.
GIOVANI ARCHITETTI NORDAMERICANI

ABBIAMO già segnalato su queste pagine (cfr. *Domus* di febbraio 1931: « Spirito latino ») il singolare « momento » che sta attraversando la nuovissima civiltà d'Oltre-Atlantico, alternata come ci appare, fra una sempre più perfetta ed aggiornata applicazione della sua prodigiosa attrezzatura tecnico-meccanica da un lato, e dall'altro una rinascita di « spirito latino » che costituisce un fenomeno storicamente interessantissimo. Abbiamo poi illustrata, in relazione a questo fenomeno, una serie di opere d'architetti nordamericani (cfr., oltre al già citato articolo di febbraio, *Domus* di giugno '931: « Di un'architettura coloniale moderna, II »), nelle quali appariva sensibilissimo ed evidente, pur sulla base della più razionale modernità, l'influsso di quei caratteri « mediterranei », la cui indentificazione è lo scopo di queste pagine, poichè, come si è detto iniziando questa rassegna del « razionalismo », o più esattamente, dell'architettura modernissima, abbiamo la certezza che sia tale spirito mediterraneo, quello che ci indicherà « la via dove ritrovare la nostra più intima essenza di razza »; la certezza che « in esso dobbiamo ricercare quella caratteristica di italianità che ancora manca alla nostra giovane architettura, e che sola può garantirci la riconquista di un primato ».

Seguendo questo « filo conduttore », i lettori riconosceranno facilmente nell'edificio dei « Baxter Apartments », costruito a Los Angeles dall'architetto George J. Adams, le caratteristiche e i pregi che abbiamo già segnalati su « Domus » nelle opere di Irving Gill e di Roland E. Coate, e mentre apprezzeranno a fig. 1 il carattere « italiano » del

Fig. 1-2 - ARCH. GEORGE J. ADAMS - *Due vedute dell'edificio dei " Baxter Apartments „ a Los Angeles.*

Mirror of Rationalism: Young North American Architects

Baxter apartment building in Los Angeles designed by George J. Adams; row of business premises in Los Angeles and the interior of the Hi-Hat Restaurant – both designed by J. R. Davison

Fig. 3 - ARCH. J. R. DAVIDSON - *Prospetti di negozi a Los Angeles.*

lungo balcone che rigira su tre lati della casa e ne mette in valore la sobria nettezza di linee e di semplici geometrie, studiatamente riprese nei « parterres » del giardino che integra architettonicamente la casa stessa, riconosceranno a fig. 2, una intonazione sensibilmente « meridionale » nel sapiente movimento delle masse, dalle quali nascono varie terrazze arretrate e sovrapposte, dominate dal tipico corpo a torre, e vi ritroveranno quel « gioco dei volumi sotto il sole », che è caratteristica tutta « mediterranea », e che in questo edificio ci appare resa con spirito felicissimo.

Oltre al notissimo Richard J. Neutra, del quale si è già parlato, la nuova scuola americana conta tutta una serie di giovani architetti di singolare personalità e di notevolissimo valore: citiamo fra i migliori, Joseph Urban, Ely Jacques Kahn, J. R. Davidson. La qualità che, in questa giovane scuola, ci sembra, fra tutte, più significativa ed interessante, è la completa libertà di spirito e di vedute con la quale i migliori rappresentanti di essa si servono di quel complesso di nuovi materiali e di nuove forme che costituisce il patrimonio conquistato dalla modernissima architettura, componendo appunto forme e materiali in assoluta indipendenza da quel tedioso e fatale formulario di

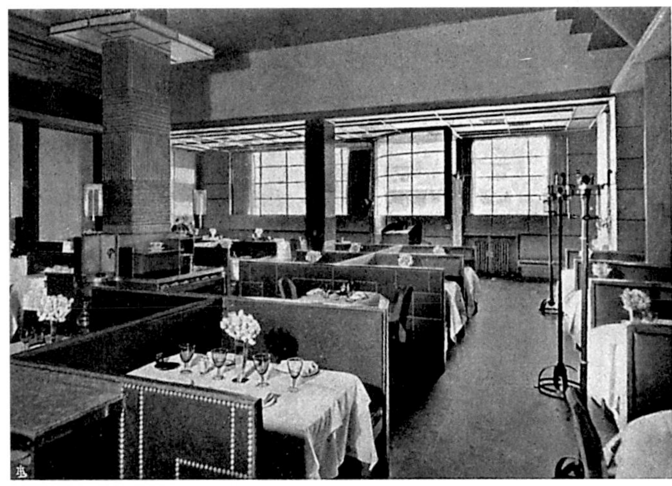

Fig. 4 - ARCH. J. R. DAVIDSON - *L'interno del "Hi-Hat Restaurant,, a Los Angeles.*

Fig. 5 - ARCH. ELY JACQUES KAHN *" Foyer " della Farmacia e Ristorante Broadmoor a New-York.*

Fig. 6 - ARCH. JOSEPH URBAN - *Scala nella biblioteca della scuola per le ricerche sociali a New-York.*

Broadmoor pharmacy and restaurant in New York by Ely Jacques Kahn: view of foyer; School for Social Research in New York by

« Foyer » della « Broadmoor Pharmacy and Restaurant » a New York (fig. 5), realizza una composizione equilibrata ed accuratissima, e da Joseph Urban che, nella scala interna della « New School for Social Research », pure a New York, (fig. 6), raggiunge, con mezzi estremamente semplici, effetti di vera monumentalità architettonica, dovuti alla giustezza delle studiatissime proporzioni. Come abbiamo detto, Joseph Urban è una delle più significative figure della giovane scuola modernista nordamericana, e la fronte (fig. 7) del

(continuazione a pag. 88)

Fig 8 - Fondería della National Malleable Casting Co. a Chicago

Fig. 7 - ARCH. JOSEPH HURBAN - *Facciata della Scuola per le ricerche sociali a New York*

regole, dogmi ed assiomi, che incatena e inaridisce invece, gran parte del « razionalismo » europeo. Si osservi ad esempio a fig. 3, il senso di attualissima e raffinata eleganza che emana dal complesso di prospetti per negozi creati dall'architetto J. R. Davidson a Los Angeles, nei quali la sobria ricchezza dei materiali sapientemente alternati entro una quasi identica semplicità di schemi, suggerisce un « clima » di sensibilissima modernità; e, a fig. 4, nell'interno del medesimo « Hi-Hat Restaurant », l'intonazione assai personale che l'architetto ha saputo dare a questo tipo tanto sfruttato di sala, riprendendo con felice modernità, nei bassi scomparti che isolano le tavole e nelle suddivisioni lignee lungo le pareti, il motivo, tipicamente anglosassone, dei « boxes », caratteristici dei vecchi « Coffee Houses ». Esempio, questo, di riuscitissimo ricollegamento ad una tradizione liberamente e modernamente resa.

Non meno interessanti e significativi risulteranno gli interni creati da Ely Jacques Kahn, che, nel

Fig. 9 - JOHN MEAD HOWELLS E RAYMOND HOOD *Veduta notturna della Sede del "Daily News a New York".*

Joseph Urban: library interior, façade; Foundry of the National Malleable Company in Chicago; *Daily News* building in New York by John Mead Howells and Raymond Hood

APPARECCHI ELETTRICI PER LA CASA

Ecco degli utilissimi apparecchi elettrici casalinghi. I primi due sono una cucina con forno e un affetta-salumi. Gli altri due, da tenere in salotto, nel mobiletto-bar, sono uno sbattitore per frappés o zabaioni e una specie di graticola elettrica per abbrustolire fettine di pane.

Electrical Appliances for the Home

Electrical kitchen appliances: oven, meat slicer, mixer and toaster

1

2

PRATICITA' NELLA CASA

★

Questi semplicissimi apparecchi serviranno a facilitare ed abbreviare enormemente molte delle operazioni ordinarie di cucina. Con pochi giri di manovella degli apparecchi 1 e 2 si affilano e si puliscono i coltelli. Il n. 3 è una nuova macchina per passare carni, verdure, ecc. La macchina del n. 4 servirà, cambiando volta a volta gli appositi dischetti, ad affettare la carne o i salumi, a ridurli a sottili bastoncini o a pezzetti. I n. 5 e 7 sono due semplici dispositivi per ridurre il limone a spicchi e per spremerlo. Da ultimo infine un arnese per affettare i formaggi.

3

4

7

5

6

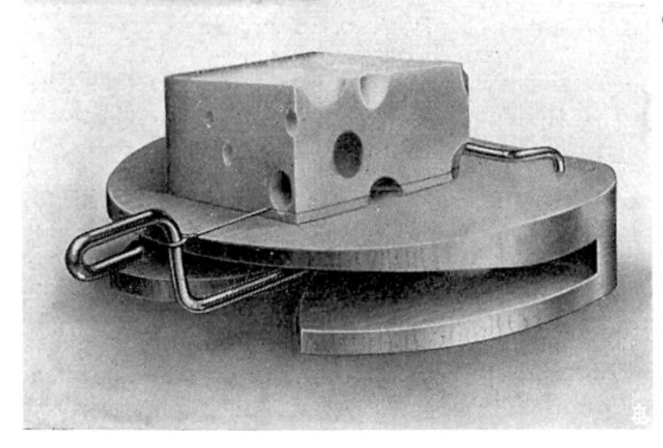

MARIO FELICE FONTANA

UNA SCUOLA ALL'APERTO AD AMSTERDAM

Questa modernissima costruzione fu ideata e creata su commissione dell'Istituto Olandese per la costituzione di colonie per Tubercolotici, ma è destinata esclusivamente ai bambini sani.

Come lo dimostrano le figure, essa è una vera e propria costruzione in vetro; non è certamente un effetto di un « parossismo » nell'impiego esclusivo di un tale materiale, bensì il frutto assai bene ponderato e ancor meglio riuscito di esperimenti antecedenti e di un razionalismo beninteso.

Noi in Italia, giudicando una simile costruzione, non dobbiamo dimenticare che essa si trova in Olanda, dove non c'è il nostro sole e dove i giorni veramente chiari sono molto più rari che nel nostro clima.

Al primo colpo, d'occhio si capisce che lo scopo principale della costruzione è quello di permettere di tenere le lezioni all'aria aperta, qualunque sia la temperatura esterna e qualunque sia la direzione del vento; siccome non tutte le scuole in una grande città possono trovarsi in mezzo ad un parco o vicino a giardini, l'adozione di questo tipo di costruzione permette la giusta distribuzione delle scuole in tutti i quartieri della città offrendo nello stesso tempo un massimo di igiene profilattica.

Le aule sono distribuite in modo che due di esse formano con una loggia coperta in vetro un angolo della costruzione, ottenendo così un ottimo risultato per la ventilazione, il riscaldamento invernale e la protezione da un eccesso di sole.

La più grande difficoltà fu la questione del riscaldamento e questa fu risolta in maniera del tutto nuova; i risultati ottenuti provarono la bontà del sistema. Abbandonato il solito sistema di termosifoni nei singoli locali, il riscaldamento fu ideato nei soffitti e soltanto completato in certi

(continua a pag. 90)

An Open-air School in Amsterdam

Openluchtschool (open-air school) in Amsterdam designed by Johannes Duiker: views of front elevation, angled elevation and classroom

Un'altra facciata e un interno della scuola all'aperto ad Amsterdam.

Scuola all'aperto ad Amsterdam. Una facciata.

An Open-air School in Amsterdam

Openluchtschool (open-air school) in Amsterdam designed by Johannes Duiker: detail of façade

DOMUS
L'ARTE NELLA CASA

RIVISTA MENSILE DIRETTA DALL'ARCH. GIO PONTI

NUMERO DI NATALE

1 9 3 1

Cover

domus magazine cover

Villa on a Lake

Design drawing for a house on a lake by Giancarlo Palanti and Franco Albini

disegno eseguito con matite "Tecnicolor,, n. 1700 della Casa L. & C. Hardmuth.

"LE LUCI DELLA CITTA'"
LUCE E ARCHITETTURA

Vittorio Abbati tocca ed illustra un argomento essenziale nell'aspetto d'oggi delle nostre città e un elemento, la illuminazione pubblicitaria, che da sovrapposizione disordinata va oggi coordinandosi con l'architettura degli edifici, in strutture predisposte. Non si possono vietare le indicazioni luminose sugli edifici, nè tantomeno immaginare edifici moderni, in zone d'affari e di negozi, privi di queste insegne. L'architettura moderna deve preordinare dunque tutto ciò e farci sortire dalla barbarie di quelle sconce e disordinate sovra-strutture che di giorno sono orribili a vedersi ed una offesa all'aspetto delle strade e delle case, e di notte hanno più aspetto carnevalesco che dignità di manifestazione moderna. Sono dunque da considerare con studiosa attenzione i buoni esempi che, come mostrano queste fotografie, ci sono offerti, e che riconducono a rigore di disegno e composizione quello che in tante città è un disordinato guaio; il "pittoresco" luminoso notturno di certe arterie ci ha interessato ma, ci ha pure stancato. Mettiamo dunque ordine nelle "luci della città".

g. p.

★

La sera ogni città s'illumina più o meno intensamente e prevale su tutte le illuminazioni la luce delle insegne che ogni attività commerciale ed industriale accende sulla propria ditta, sul magazzino, sul garage, sul caffè, sul cinematografo o su tutto un edificio. Sforzi continui per arrivare a rendere più visibile il nome per mezzo di lettere di vetro, di bronzo, di illuminazioni indirette e tubi di nèon incurvati e sovrapposti collocati orizzontalmente o verticalmente sporgenti o no dall'edificio.

In questi ultimi tempi le insegne si sono sbizzarrite arrivando alla più recente risoluzione della luce disposta verticalmente e castelli di acciaio e di ferro salgono fino al tetto ed anche più su del tetto formando delle vere torri di réclame. Così a Berlino nel « Deutschland-Haus », nel « Europa Haus », con sedici piani, e nell'ultima costruzione l'« Amerika - Haus », l'architetto Heinrich Mendelssohn, che in ogni punto più centrale ha realizzati questi vasti edifici, ha innalzato irridescenti torri di réclame.

A vedere l'« Amerika-Haus » con la torre luminosa già in azione, le porte, le scale finite e gli operai che lavorano ancora nei sotterranei ed ai fondamenti si ha l'impressione della rapidità, della iniziativa e della capacità dell'architetto. Vaste terrazze - giardino sul tetto come coronamento dell'edificio, negozi, cinematografi, sale di esposizioni trasformano in città completa questo sontuoso edificio, semplice di linee, dalla facciata levigata e bianca sobriamente ricco di metalli e di marmi. E la notte questa città nella metropoli si illumina e la luce indiretta dell'interno dei negozi esce fuori con lampade in rame e vetro per arrampicarsi poi orizzontalmente e verticalmente su tutto l'edificio ed inondare di luce la torre per la réclame della Telefunken.

Nell'« Europa-Haus » e nell'« Amerika-Haus » le insegne luminose delle torri sono così grandiose ed importanti per illuminazione che vengono subito dopo la réclame luminosa della « Citroen », alla Torre Eiffel di Parigi. Nell'« Europa-Haus » una costruzione di acciaio alta m. 40 e larga 2 si attacca al tetto per 28 m. Nell'« Amerika-Haus » invece, la torre luminosa, enorme castello di acciaio, s'innalza dal tetto e per mezzo di un dispositivo elettrico si sposta verso l'esterno dell'edificio per diversi me-

The Lights of the City: Light and Architecture

Amerikahaus and Deutschlandhaus in Berlin designed by Heinrich Staumer: views of entrance, angled elevation by night

tri. Queste colossali insegne sono fatte con canne di luce al Neon riempite di gas, col vantaggio di un consumo minore d'energia elettrica. La luce è bleu, rossa e bianca e così intensa e sapientemente disposta che è visibilissima da lontano.

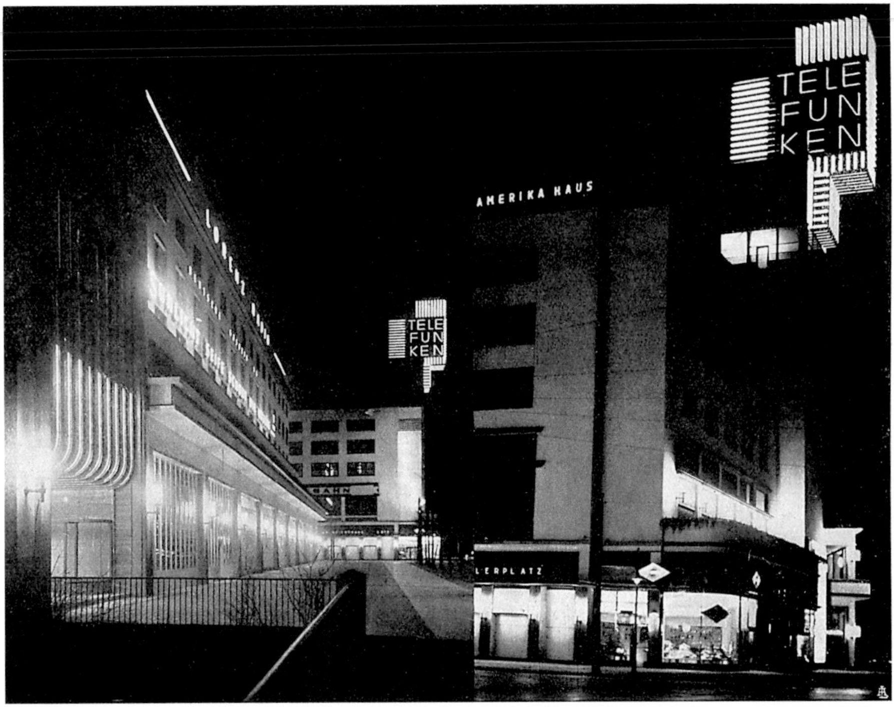

Altri effetti di luce ed ombra artistici nel loro complesso, illuminano e decorano con sfarzo tutta la facciata e, notevole, come motivo di decorazione e di richiamo, l'illuminazione sovrastante uno dei grandi ingressi in tubi di Neon e luci rosse distanziate da vetri grigi e bianchi, con fascia rossa internamente illuminati.

Le torri di réclame in futuro saranno i punti di individuazione delle piazze e dei centri più importanti di una metropoli. Sembrano ardite concezioni e realizzazioni azzardate per la loro grandiosità ma con questo ardimento, scopo e fine di ogni iniziativa, si raggiunge la visione di città mirabili coi prodigiosi effetti di luce artificiale di originale bellezza.

Vittorio Abbati.

ARCH. PIETRO LINGERI - COMO - *La sede dell' A. M. I. L. A. a Tremezzina (Como). - Fronte verso il lago. - Scala d'accesso alla spiaggia, doccie all'aperto. - Nel sottoscala si vedono le cabine.*

AMILA headquarters building in Tremezzina, Como, designed by Pietro Lingeri: views of front and angled elevation

DUE OPERE DI PIETRO LINGERI

LA NUOVA SEDE DELL'A.M.I.L.A. A TREMEZZINA ED IL RIORDINO DEGLI INTERNI DELL' HOTEL MANIN A MILANO

Si cita ancora all'ordine del giorno il Lago di Como. Dopo la casa d'affitto del Terragni e la « Lario » di Mantero, ecco, a Tremezzina, la sede dell'A.M.I.L.A. (Associazione motonautica italiana Lario) dovuta a Pietro Lingeri. Terragni, Mantero, Lingeri, tutt'e tre comaschi; sicchè, se per contornare le dolci rive lacustri di ville, villette, villoni a fronzoli, a torricelle e via dicendo si son dovuti scomodare i costruttori arruffoni di mezza Italia, per queste opere di gusto e di criterio i committenti han trovato sul posto gli architetti che facevano al caso loro. Il

ARCH. PIETRO LINGERI - COMO - *Sede dell' A. M. I. L. A. a Tremezzina (Como) - Veduta dal torrente - Fondo bianco, spessori, mazzette ed aggetti in tinta a cementite bleu chiaro: finestroni di m. 5 di luce muniti di tende "Italia„ a strisce colorate: serramenti ed avvolgibili in colore arancio.*

ARCH. PIETRO LINGERI - COMO - *Sede dell' A. M. I. L. A. a Tremezzina (Como). - Veduta dell'ingresso: notare lo spazio di m. 5 nel quale venne ricavata la scala di servizio e l'accesso principale verso strada.*

ARCH. PIETRO LINGERI - COMO - *Sede dell'A. M. I. L. A. - Ufficio del Presidente - Soffitto avorio, pareti giallo oro - Mobili verde olivo con interni giallo limone poltrone coperte in velluto giallo.*

Two Works by Pietro Lingeri

AMILA headquarters building in Tremezzina, Como, designed by Pietro Lingeri: views of entrance, president's office, salon interior with terrace and bar

ARCH. PIETRO LINGERI - COMO - *Sede dell' A. M. I. L. A. a Tremezzina (Como). Interno del salone con veduta del terrazzo prospicente il lago. Soffitto grigio, pareti arancio chiaro, serramenti grigio azzurro, pavimento a mosaico a strisce bianche e nere. Mobili in grigio azzurro.*

Interno del salone con veduta del bar e dell'ufficio - Nel bar le pareti sono in grigio, il soffitto arancio pallido, i mobili arancione con piani dei tavoli in nero giapponese, i serramenti in grigio verso il salone e arancione verso il bar.

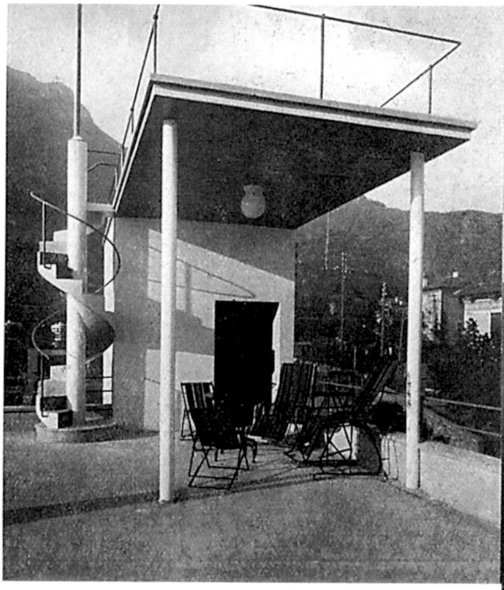

ARCH. PIETRO LINGERI - COMO - *Sede dell' A.M.I.L.A. Tremezzina. - Angolo del terrazzo con scaletta di accesso al serbatoio. Soffitto, saletta e sottoscala tinti a cementite opaca bleu chiaro. Pareti esterne e colonne di ferro in cementite bianca.*

Sopra: *Particolare visto dall'ingresso*
Sotto: *Terrazzo di copertura.*

AMILA headquarters building in Tremezzina, Como, designed by Pietro Lingeri: views of terrace and staircase; Hotel Manin in Milan redesigned by Pietro Lingeri: view of dining-room extension

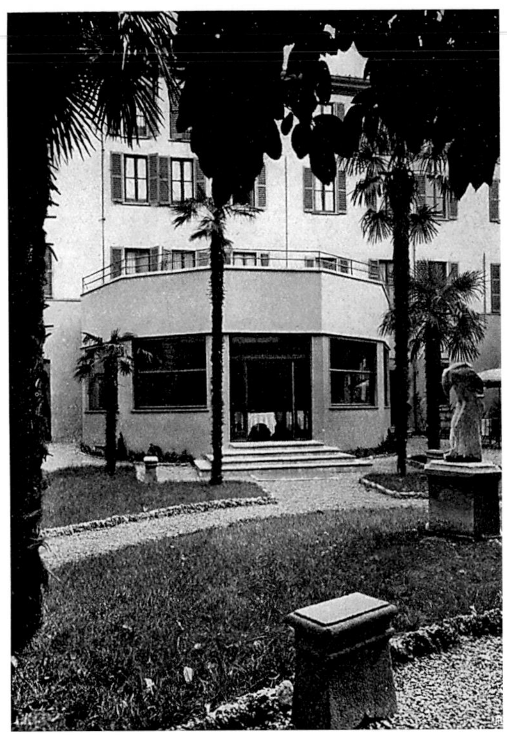

ARCH. PIETRO LINGERI - COMO - *Nuove sale dell'Hotel Manin a Milano - Salone da pranzo di nuova costruzione. Fronte verso il giardino.*

che prova che le regole del costruire intelligente non sono monopolio di rari e sparsi iniziati, magari stranieri; ma, soltanto che si voglia e si sappia scegliere con discernimento, s'hanno dovunque, da noi, a portata di mano gli uomini pronti e preparati a disegnar belle fabbriche che aderiscano al nostro tempo e ne esprimano lo spirito. A Como un fervido gruppo di giovani ha dato e sta dando prove di sicuro valore e ci piace seguirne con interesse cordiale l'attività, segnalarla con simpatia agli intenditori e soprattutto ai distratti che ancóra per avventura non si fossero convinti dei passi risoluti, del cammino deciso che va facendo anche nei minori centri la nuova sana architettura.

Vogliamo anche mettere in evidenza come la fedeltà a taluni canoni fondamentali, l'uso degli stessi materiali, l'adozione dei medesimi generali partiti non ingenerino nelle moderne fabbriche, ripetizioni, uniformità e monotonia, come certi miopi critici improvvisati vanno cantando ad orecchio. Quando quei canoni siano seguiti,

Anno IV - N. 39 MARZO 1931 - (IX) C. C. Postale - L. 7,50

★ DOMUS ★
L'ARTE NELLA CASA

RIVISTA MENSILE DIRETTA DALL'ARCH. GIO PONTI

ISTITUTO D'ARTE DI FIRENZE - Meridiana dell'allievo Antonio Berti della Scuola di Libero Andreotti.

Cover

domus magazine cover

ARCH. PIETRO LINGERI - COMO - *Nuove sale dell'Hotel Manin a Milano - Passaggio alla sala da pranzo, specchio con contorno di metallo cromato. Mobili in noce coperti di velluto giallo marrone. Pareti dipinte a cementite giallo limone.*

ARCH. PIETRO LINGERI - COMO - *Nuove sale dell'Hotel Manin a Milano - Sala di lettura: soffitto grigio chiaro. Pareti coperte in stoffa giallo antico - Lampade in metallo ossidato. Mobili in noce. Serramenti in grigio scuro.*

quando quei materiali, quei partiti, quei motivi siano usati non dai raffazzonatori tiravia, ma dagli artisti, le loro costruzioni, riflettendo, com'è naturale, il loro carattere e il loro sentimento personale, hanno sempre accenti propri e caratteristici. Si veda, confrontando le illustra-

Hotel Manin in Milan redesigned by Pietro Lingeri: dining-room corridor and reading room

Finestre con serramenti R. S. di Feltrinelli

ARCH. PIETRO LINGERI - COMO - *Nuove sale dell'Hotel Manin a Milano - Salone del the: pianta semicircolare - Serramenti in grigio azzurro, paraspigoli in metallo cromato. Soffitto a cementite avorio grigio. Pareti arancione, squarci delle finestre grigio pallido.*

zioni d'oggi con quelle apparse nel fascicolo d'ottobre, come il Lingeri e il Mantero, pur avendo avuto da svolgere un tema pressochè identico, da risolvere su per giù gli stessi problemi, da studiare, per le imbarcazioni, per il pubblico, per i servizî ecc. quasi analoghe sistemazioni, abbiano trovato, ognuno per proprio conto, originali soluzioni pur nello stesso rigore di linee e di masse. Si noti come le due costruzioni, che tuttavia rispecchiano evidentissimamente un ragionato ossequio agli stessi principî e concetti, abbiano, ciascuna, una propria fisonomia.

Piacevole veramente è l'aspetto di quest'A.M.I.L.A., linda e lieta con il suo intonaco candido di cementite, rialzato negli spessori e negli aggetti da un bel blù chiaro, dall'azzurro carico dei parapetti e delle ringhiere, dallo splendente arancione dei serramenti. Per quanto conchiusa nettamente nelle sue linee struttive fondamentali, appare di mosso a variato andamento grazie al gioco armonioso dei piani, all'equilibrio dei volumi, al ben studiato ritmo delle aperture. Gustosamente inquadrata nel paesaggio, del paesaggio gode tutte le risorse e le attrattive. Sia sulle distese terrazze, sia all'interno si partecipa, dappertutto, all'incanto del luogo.

Ingegnosi e aggiornati gli impianti tecnici, e negli ambienti di sosta e di riposo è una sobria

ARCH. PIETRO LINGERI - COMO - *Rifacimento interno dell'Hotel Manin a Milano. Sala da pranzo verso il giardino; particolare.*

ARCH. PIETRO LINGERI - COMO - *Rifacimento interno dell'Hotel Manin a Milano* - (a sinistra) *lo spogliatoio: soffitto bianco avorio, pareti coperte in stoffa giallo-rosso, serramenti in grigio caldo, cornice, specchi, port'abiti e porta ombrelli in metallo cromato.* (a destra) *Ingresso: soffitto a cementite giallo-oro. Pareti rivestite di marmo cipollino verde, serramenti in noce lucido.*

signorilità. D'essere un fine arredatore, il Lingeri lo conferma, del resto, anche nei locali dell'Albergo Manin, che pure qui illustriamo, di un signorile carattere, di una modernità che nulla toglie a quel senso di particolare ospitalità che dovrebb'essere caratteristica propria di ogni albergo. Queste opere di Lingeri, ben condotte, amorosamente studiate, confermano la diffusa simpatia che va ognor più seguendo il suo lavoro.

c. a. f.

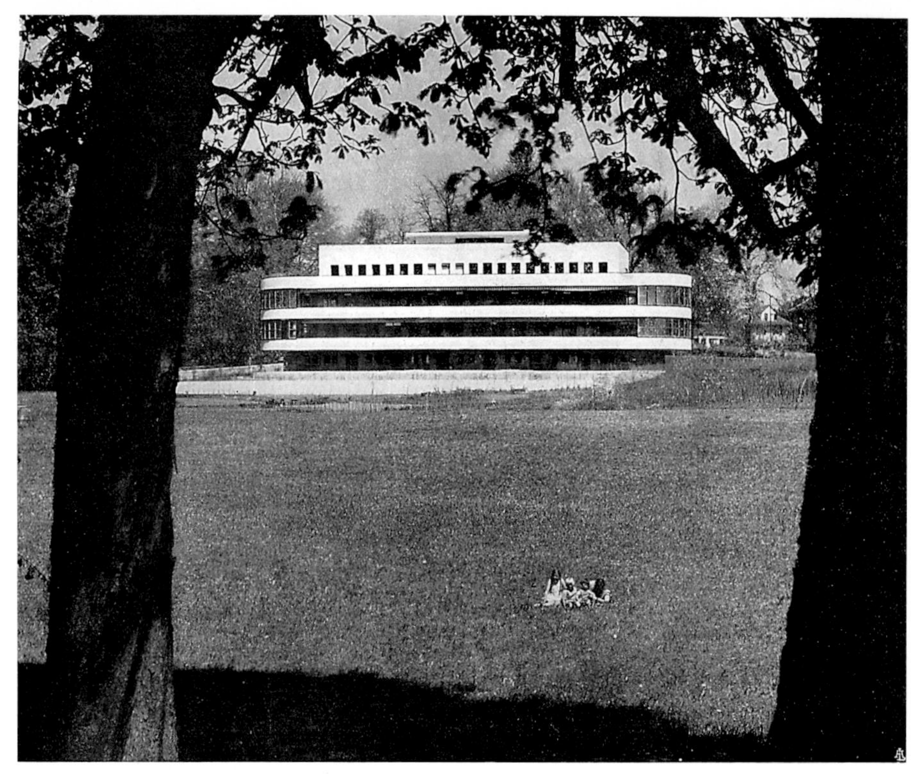

ARCH. SALVISBERG E BRECHBÜHL - *Ospedale cantonale di Berna - Facciata a mezzogiorno.*

ESEMPI DA FUORI

Ogni lettore, al riguardare le illustrazioni che in queste pagine mostrano alcuni aspetti dell'Ospedale cantonale per l'infanzia e istituto per le nutrici di Berna, parteciperà all'estremo interesse che questo stupendo edificio ha suscitato in noi. Esso è assai utile a convincere di molti aspetti dell'architettura moderna, perchè la sua struttura, il suo disegno, sono completamente al servizio della destinazione dell'edificio, e tutti gli accorgimenti e le possibilità della tecnica e dei materiali moderni sono naturalmente ed ottimamente impiegati con il risultato di una convincente bellezza nella pura sincerità strutturale (vedasi la colonna di cemento armato con l'attacco superiore a imbuto nel refettorio).

Ma dirò di più: l'architettura mi pare raggiun-

Examples from Abroad

Home and hospital for babies in Bern designed by Otto Rudolf Salvisberg and Otto Brechbühl: view of rear elevation

Anno IV - N. 38 FEBBRAIO 1931 - (IX) C. C. Postale - L. 7,50

DOMUS
L'ARTE NELLA CASA

RIVISTA MENSILE DIRETTA DALL'ARCH. GIO PONTI

"L'agricoltura" - ceramica del Regio Istituto d'arte di Firenze

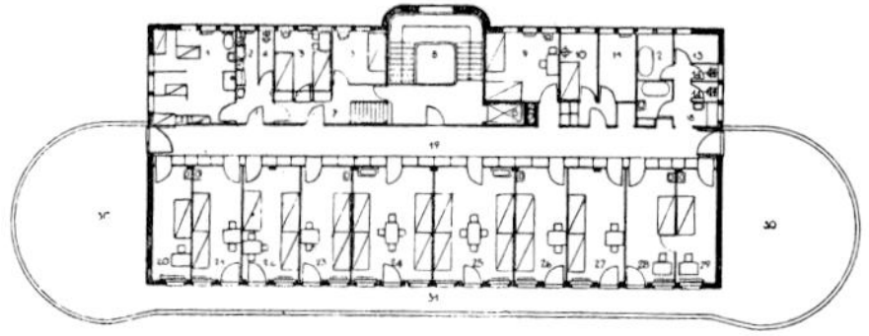

Il secondo piano: 1 *isolamento*; 2 *cucina del the*; 3 *due istitutrici*; 4 *W. C.*; 5 *una csolara*; 9 *due scolare*; 10-11 *assistenza notturna*; 12 *bagno*; 15 *ascensore*; 13 *deposito*; 18 *lavabi*; 20 *impiegata della casa*; 21-22 *cinque persone di servizio*; 23-27 *quattordici scolare*; 28-29 *istitutrici-capo*; 30-31 *terrazze.*

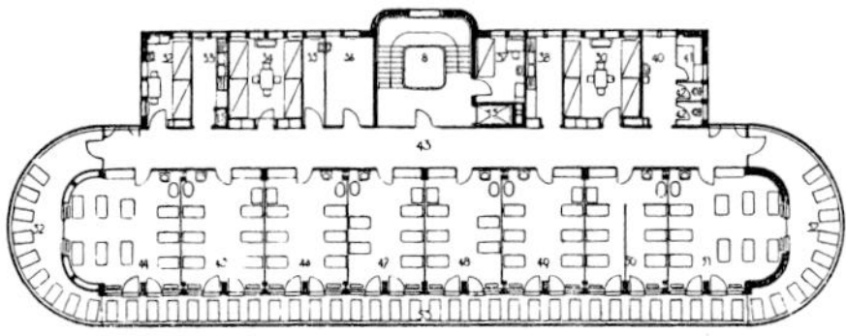

Il primo piano: 32 *due « nurses »*; 33 e 38 *cucine da the*; 34 e 39 *camere per le madri*; 35 *camera di riposo*; 36 *camera di cristallo*; 37 *cuoca*; 40 *toilette*; 41 *ripostiglio*; 15 *ascensore*; 43 *andito*; 44-51 *camere dei lattanti*; 52 *veranda di vetro*; 53 *terrazza aperta.*

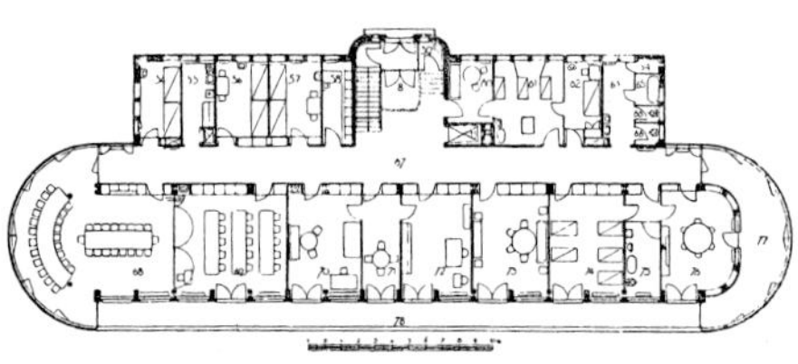

Il piano terreno: 54-56-57-62 *scolare*; 55 *cucina del the*; 58 *laboratorio*; 59 *toilette*; 60 *saletta per ricevere*; 61 *quarantena*; 63 *toilette*; 65 *bagno*; 66 *corridoi*; 68 *sala da pranzo*; 69 *sala per le lezioni*; 70 *direttrice*; 71 *parlatorio*; 72 *ufficio*; 73 *salotto delle madri*; 74 *camera da letto dei piccoli*; 75 *bagno dei piccoli*; 76 *stanza da gioco dei piccoli*; 77 *veranda*; 78 *terrazza aperta.*

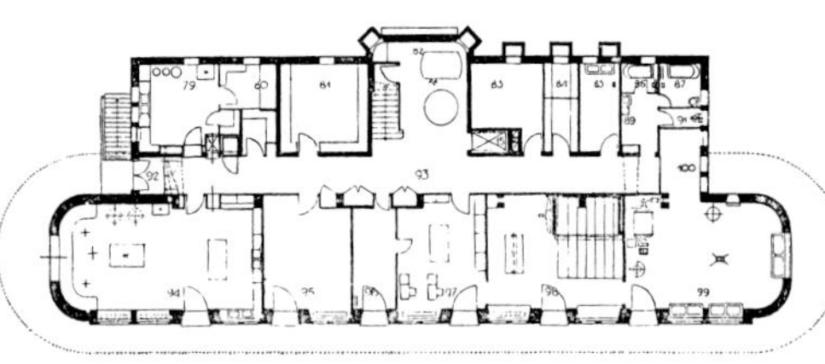

Il sotterraneo: 79 *cucina del latte*; 80 *refrigerante*; 81 *magazzino*; 82 *deposito*; 83 *cantina*; 84 *lavatoio*; 85 *essicatoio*; 86-87 *bagno*; 88 *bollitore*; 89 *toilette*; 92 *entrata di servizio*; 94 *cucina*; 95 *carrozzine per i bambini*; 96 *ufficio della impiegata della casa*; 97 *camera per cucire*; 98 *camera per stirare e lucidare*; 99 *lavandino*; 100 *camera oscura.*

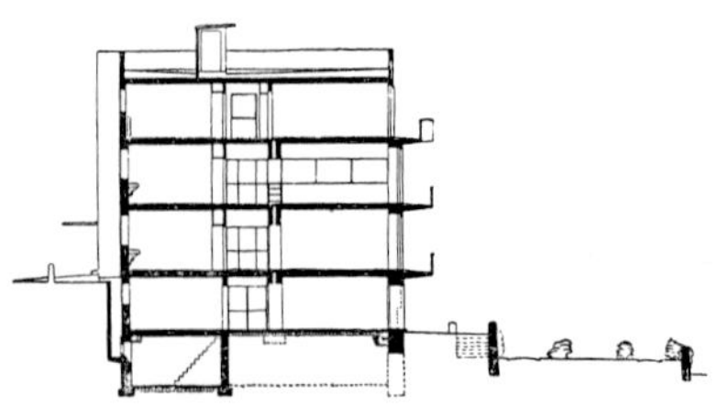

ARCH. SALVISBERG E BRECHBÜHL - BERNA - *Ospedale cantonale bernese per l'infanzia e la maternità. - Le piante e la sezione.*

ga qui (nel felice equilibrio del disegno, nella tranquilla armonia dei partiti, nel nessun esibizionismo di modernità, nelle piante belle chiare ordinate simmetriche classiche, anche la piena espressione della funzione dell'edificio, non solo, ma del modo amoroso, perfetto, superiore con cui s'è voluto che questa funzione venisse esercitata (vedansi le corsie a cristalli, vedasi la veranda con le celle).

Esempi sostanziali come questi debbono togliere molte prevenzioni formali sugli atteggiamenti moderni dell'architettura: qui la modernità, intesa come il *meglio*, è legge, e noi vorremmo che ospedali piccoli e grandi del nostro paese, ognuno naturalmente secondo i particolari limiti e destinazioni, rappresentassero una sicura testimonianza di una tecnica progettistica superiore e di uno sforzo studioso, libero e senza pigrizie per dotare la Nazione di edifici esemplari.

Questo è un ospedale-scuola; accoglie bambini e neonati malati e gracili, ed educa, attraverso un perfetto tirocinio, le apprezzatissime « schwestern ». L'iniziativa sorse da un Comitato privato e si realizzò col concorso del Governo cantonale: l'ospedale finito costò, nel 1929 - 30, franchi svizzeri 400.000.

ARCH. SALVISBERG E BRECHBÜHL · *Ospedale cantonale di Berna* — a destra: *la scala* — sotto: *l'ospedale visto dal nord-est.*

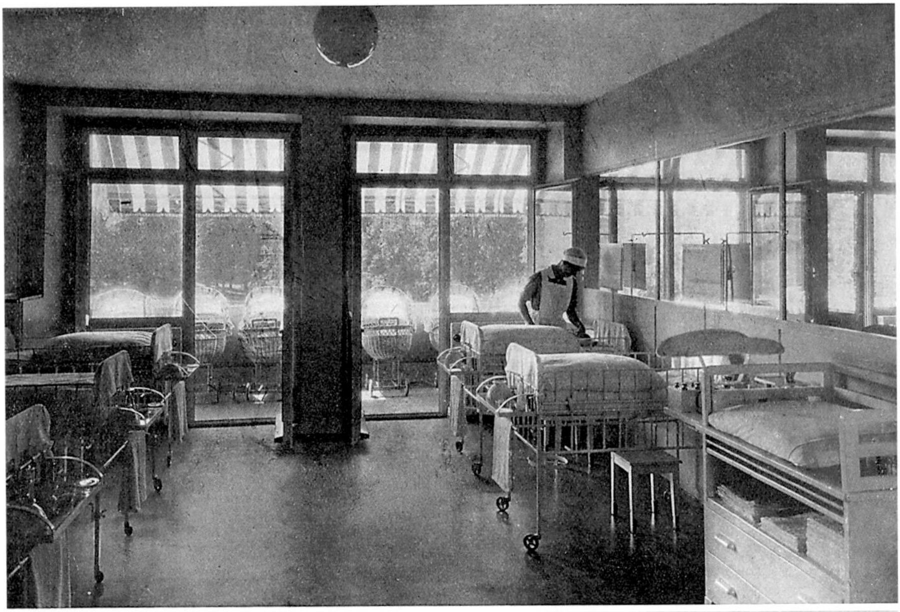

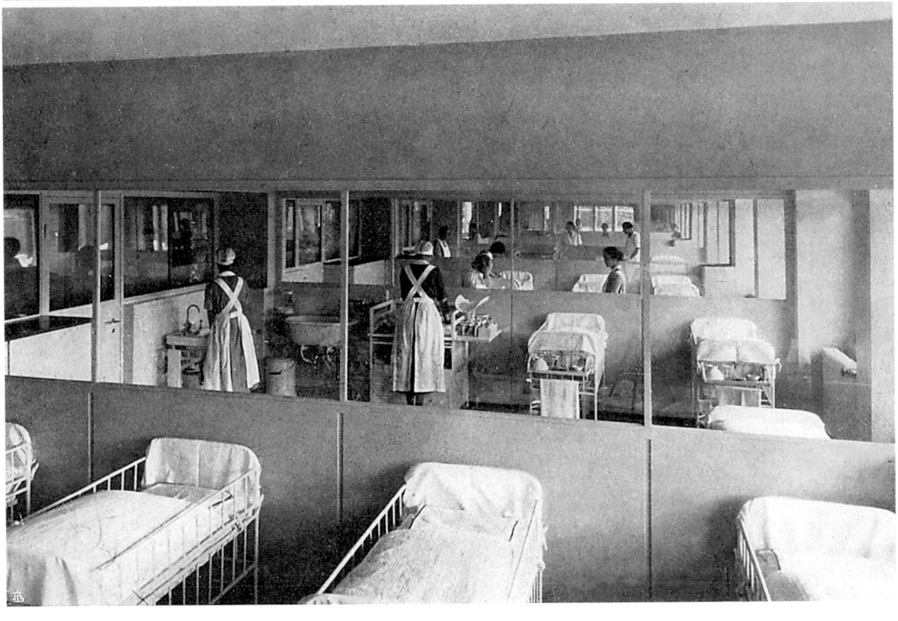

Examples from Abroad

Home and hospital for babies in Bern designed by Otto Rudolf Salvisberg and Otto Brechbühl: children's ward, dining room and nursery

ARCH. SALVISBERG E BRECHBÜHL - *Sala da pranzo delle "schwestern" e veranda da gioco per i bambini.*

Vista parziale di una camera dei lattanti.

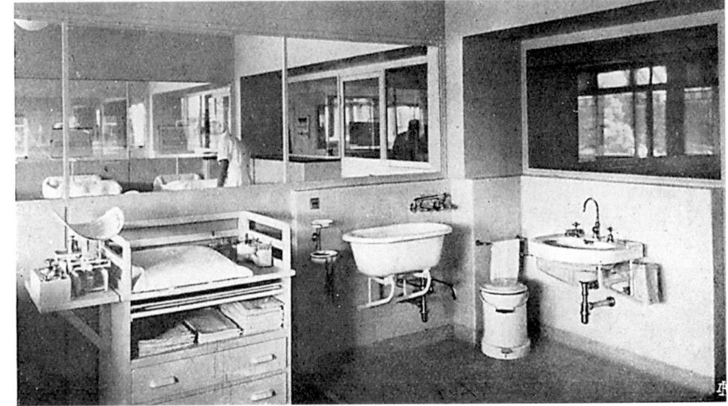

Nella pagina di contro:
Due vedute della sezione lattanti.

Advertising

Thonet advertisement for tubular metal furniture designed by Bruno Weill and Marcel Breuer

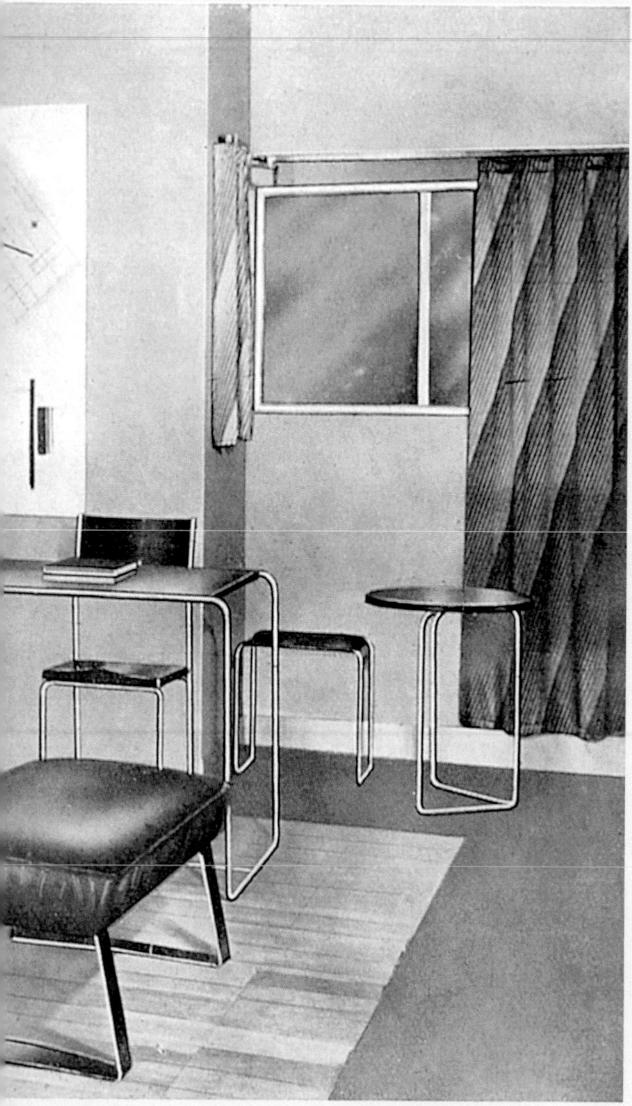

STUDIO

MODERNO

CON MOBILI
IN CANNE
D'ACCIAIO
NICHELATO

ARREDAMENTO
THONET

A CAMPERIO, 14 - **MILANO** - TELEFONO 84-271
ROMA - Via Fontanella Borghese, 61
NAPOLI - Via Chiaia, 212
TORINO - Via Maria Vittoria, 16

Cataloghi e preventivi a richiesta

THONET

domus 29
May 1930

Advertising

Thonet advertisement for tubular metal furniture designed by Bruno Weill and Marcel Breuer

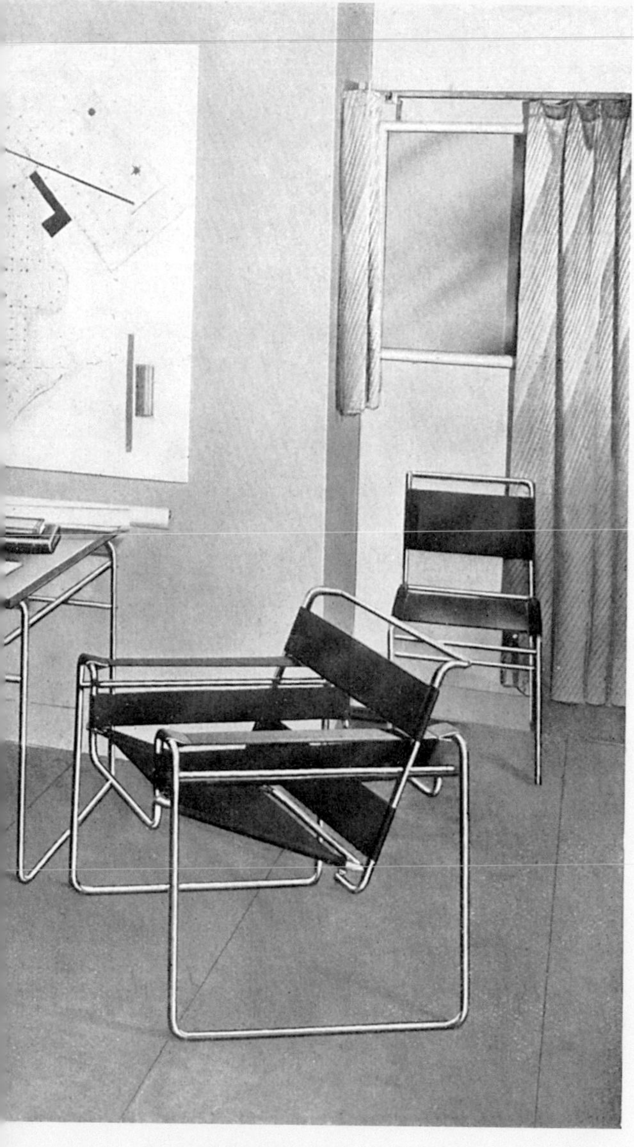

STUDIO

MODERNO

CON MOBILI
IN CANNE
D'ACCIAIO
NICHELATO

ARREDAMENTO
THONET

AMPERIO, 14 - **MILANO** - TELEFONO 84-271

ROMA - Via Fontanella Borghese, 61
NAPOLI - Via Chiaia, 195
TORINO - Via Maria Vittoria, 16

Cataloghi e preventivi a richiesta.

Anno IV - N. 46 OTTOBRE 1931 - (IX) C. C. Postale - L. 7,50

RIVISTA MENSILE DIRETTA DALL'ARCH. GIO PONTI

NUMERO SPECIALE DI TERRA E DI MARE

Cover

domus magazine cover

Le Corbusier.

I "CLAVIERS DE COULEURS„ DI LE CORBUSIER PER LE PARETI

Diamo ai nostri lettori una interessante e brillante primizia. I « claviers de couleurs » che Le Corbusier ha studiato per « Salubra ». Questa casa, sugli accordi di toni e colori ingegnosamente composti dall'illustre architetto, presenta una collezione di tappezzerie nelle tinte corrispondenti.

Degli schermi isolano a quattro, a tre, tinte perfettamente intonate, che Le Corbusier ha riunito, secondo sensazioni coloristiche particolari.

Tutto ciò è spiegato, con la inimitabile *verve* di questo artista, nelle parole con le quali egli presenta la collezione di tappezzerie istituita sui « claviers de couleurs », e che riproduciamo qui sotto. Esse son precedute dall'aforisma di Fernand Léger: « *l'homme a besoin de couleur pour vivre: c'est un élement aussi nécessaire que l'eau ou le feu* » e son divise in brevi paragrafi come è costume dell'espressione corbusieriana.

Salubra, c'est de la peinture à l'huile vendue en rouleaux.

Au lieu d'étendre la couleur en trois couches, sur les murs et les plafonds, dans un chantier plein d'ouvriers, on collera désormais « cette peinture à la machine », en dernière minute.

Salubra est éxécutée sur un support sain, durable, à la fois souple et résistant, avec des couleurs fines, dont la pureté a été préalablement éprouvée par des chimistes. Elle est inaltérable et lessivable.

A l'architecte toujours plus ou moins à la merci d'une malfaçon d'ouvrier peintre, Salubra offre une grande tranquillité, assurant avec une proportion d'huile et de couleurs toujours justes, une qualité constante de ton et de matière.

Le choix des tons ne se fera plus dans les aléas et les incommodités d'un chantier. Grâce à « la peinture à l'huile en rouleaux » il se fait avec sécurité, posément et sûrement, dans un recueil raisonné d'échantillons qui sont der morceaux de l'exécution.

Translation
see p. 687

DIRETTORE
GIO PONTI

N. 49
GENNAIO 1932 - X

DOMUS
L'ARTE NELLA CASA
RIVISTA MENSILE • DIRETTORE GIO PONTI

N. 50
FEBBRAIO 1932 - X

domus 51
March 1932

domus 52
April 1932
FEATURING
Gio Ponti
Emilio Lancia

domus 53
May 1932
FEATURING
Charlotte Alix
Louis Sognot

domus 49
January 1932

domus 50
February 1932
FEATURING
Pietro Chiesa
Karl Müller
Florian Drescher

DOMUS
L'ARTE NELLA CASA
RIVISTA MENSILE • DIRETTORE GIO PONTI

N. 54
GIUGNO 1932-X

DOMUS
L'ARTE NELLA CASA
RIVISTA MENSILE • DIRETTORE GIO PONTI

N. 55
LUGLIO 1932-X

domus 54
June 1932
FEATURING
Tomaso Buzzi

DOMUS
L'ARTE NELLA CASA
RIVISTA MENSILE • DIRETTORE GIO PONTI

N. 58
OTTOBRE 1932-X

domus 58
October 1932
FEATURING
Giancarlo Palanti

domus 55
July 1932
FEATURING
G. B. Cosmacini
Mario Asnago
Claudio Vender
Gino Levi Montalcini
Pol Abraham
Henry Jacques Le Même
Piero Bottoni

1932

domus 56
August 1932
FEATURING
Oskar Strnad
André Lurçat
Richard Neutra
Hans A. Vetter
Ernst Lichtblau
Walter Sobotka
Oskar Wlach
Jürgen Wenzel
Oswald Haerdtl
Hugo Gorge
Jacques Groag
Adolf Loos
Josef Hoffmann
Heinrich Kulka

domus 57
September 1932
FEATURING
Gino Pollini
Giancarlo Palanti

domus 59
November 1932
FEATURING
Franco Albini
Giancarlo Palanti

domus 60
December 1932
FEATURING
Paolo Veronese
Piero Bottoni
Paolo Buffa
Melchiorre Bega

INSEGNE

Una nuova grafia è sorta, che popola le nostre strade e le rende da ogni pa vocianti: eccone una scelta di caratteri, più o meno imperiosi, più o me illuminabili: geometria, tecnica e fantasia pubblicitaria li hanno creati. Ne

Signs

Photomontage of illuminated signage by De Weiss

ultuosa presentazione che ne facciamo è un po' la sintesi della impressione che lascia sul passante l'assalto simultaneo ed inevitabile richiami, in quelle sorta di fiere permanenti che son divenute le vie dei quartieri commerciali. – (Le insegne italiane riprodotte in sto "fotomontage" sono opera di De Weiss).

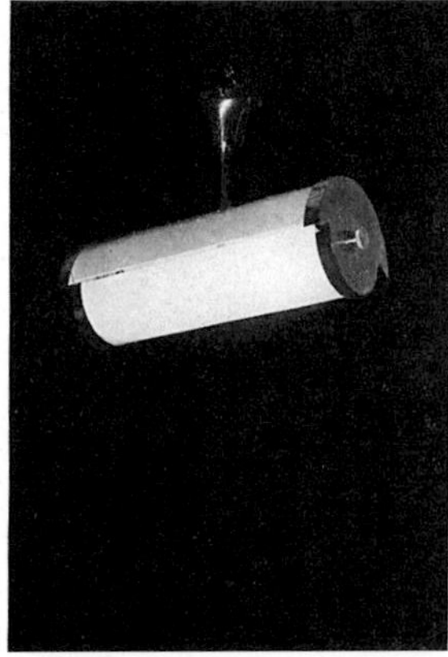

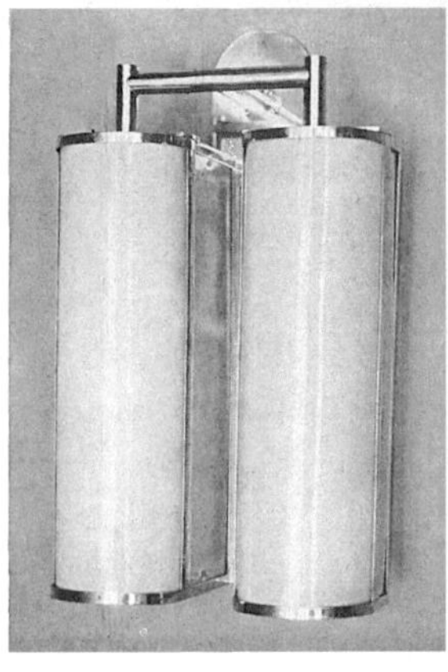

LAMPADE D'OGGI

●

ALCUNE NUOVE CREAZIONI DI PIETRO CHIESA

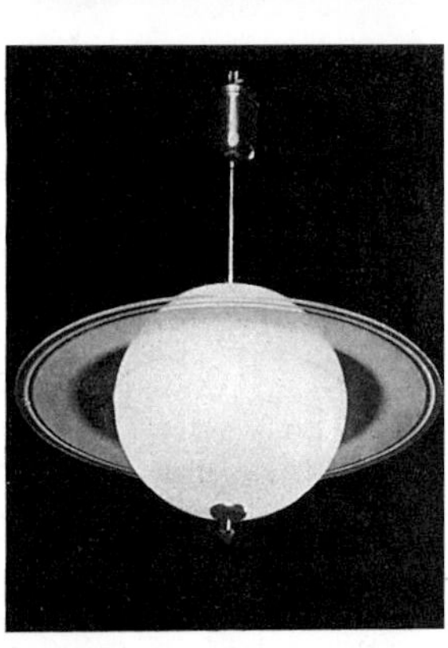

Con la signorilità e il gusto che gli conosciamo, Pietro Chiesa ci presenta qui alcuni apparecchi d'illuminazione dove il metallo, e il vetro opalino, il cristallo trasparente o smerigliato sono sapientemente impiegati a formare "pezzi" di singolare raffinatezza.

Foto Bombelli

Lighting of Today

Lighting designs by Pietro Chiesa: suspended ceiling lights, wall and table lights

***1** Servizio da the per una persona: i pezzi si dispongono sul vassoio triangolare: la forma dei vassoi consente loro di occupare poco spazio negli "offices": 1, tazza - 2, zuccheriera - 3, teiera - 4, piatti per toasts - 5, acqua calda - 6, cremiera. Questo servizio può essere in metallo, in ceramica o misto. • **2** Teiera o caffettiera in metallo studiata in modo da occupare poco spazio negli "offices" • **3** Teiera e zuccheriera in metallo • **4** Teiera o caffettiera in metallo.*

*(nessun divieto per la esecuzione di questi modelli: inviando **L. 25.-** diamo i disegni al vero)*

Design drawings by Pietro Chiesa for metal tableware

1 *Piatto in argento cesellato.* **2** *Candelieri per altare in ottone lucido.* **3** *Orologio.* **4** *Specchiera per toilette con lampade laterali, in nichel e cristallo.* **5** *Posate in argento.* **6** *Lampada da tavolo in argento.*

●

Nella pagina di fronte: **1** *Bomboniera in ottone nichelato con coperchio in vetro.* **2** *Coppa per biscotti in ottone lucido.* **3** *Coppa per frutta in ottone lucido.* **4** *Portabiscotti in ottone lucido con coperchio in trollite nera.* **5-6** *Collane in argento.* **7** *Lampadario da soffitto.* **8** *Coppa in argento cesellato.*

ESEMPI DA FUORI

●

MODELLI DELLA SCUOLA DI HALLE

PROPONIAMO ai nostri artigiani, come esempio di attualità, alcune creazioni della Scuola di Arti decorative di Halle.

In Germania, già vittoriosamente sorpassato il periodo di propaganda e di battaglia contro il « finto antico », nelle arti applicate, quanto nell'architettura, la produzione moderna è ormai quasi esclusiva. Alcuni di questi oggetti testimoniano di uno spirito di ricerca e di selezione che li fa assurgere a sicure espressioni di arte e di carattere moderno.

PAL.

Examples from Abroad: Designs from the Halle School

Metalware executed by the metal workshop of the Kunstgewerbeschule Burg Giebichenstein in Halle/Saale, Germany, including designs by Karl Müller and Florian Drescher

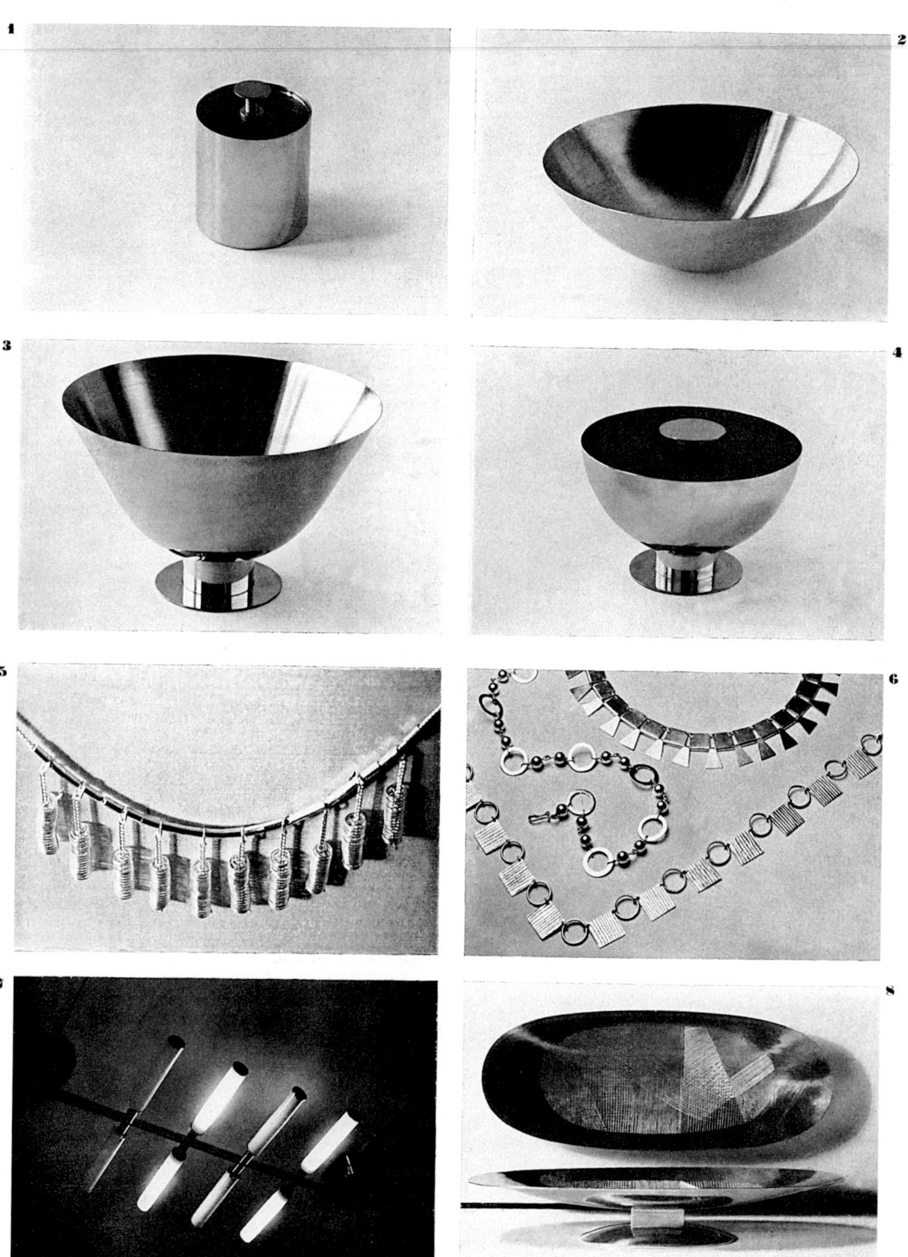

ARCH. GIO PONTI ED EMILIO LANCIA – *Casa d'abitazione in Milano.*

Gruppo scale:
- I - *ascensore*
- II - *montapacchi*
- III - *scala*
- IV - *atrietto dell'ascensore*

Gruppo sale:
- 1 - *ingresso*
- 2 - *sala con camino*
- 3 - *sala da pranzo*

Gruppo camere:
- 4 - *camera matrimoniale*
- 5 - *spogliatoio*
- 6 - *disimpegno*
- 7 - *camera con alcova*
- 8 - *bagno, lavabo, W. C. bidet*

Gruppo servizi:
- 9 - *office con buffet a muro*
- 10 - *camera*
- 11 - *vaschetta per bagno di servizio e bucato; W. C. di servizio*
- 12 - *cucina*

★ *lunga vetrina con cristallo a 1,30 dal pavimento*

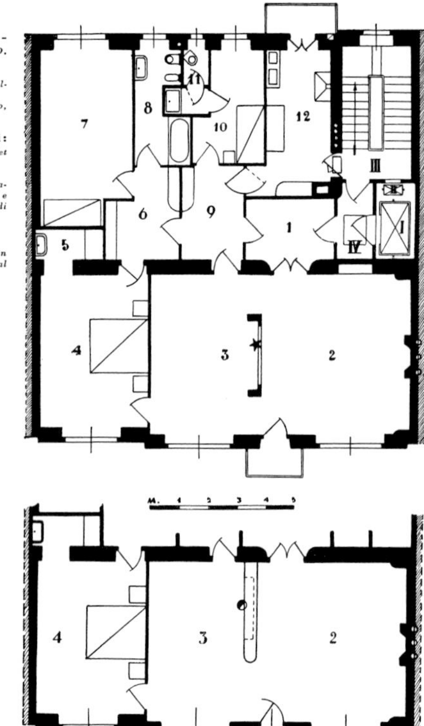

4 3 2

VARIANTE

due appartamenti hanno la sala e la sala da pranzo riunite in un solo grande ambiente (2 e 3) separate solo da un lungo mobile alto m. 1,30, aperto a vetrina verso la sala da pranzo. ◐

UNA CASA D'ABITAZIONE IN MILANO

DEGLI ARCHITETTI PONTI E LANCIA

Questa piccola casa, in costruzione a Milano, accoglie cinque appartamenti corrispondenti alla pianta tipica qui riprodotta. La lettura della pianta è sufficiente per illustrarli nella divisione di ciascuno in tre gruppi di ambienti: sale, camere, servizi.

Nella abbondanza di alloggi che le città offrono, non v'è ragione di edificare se non per costruire case che a paragone di quelle che offre il mercato abbiano maggiori e più chiare e signorili risorse, siano lo specchio di quella modernità che vuol dire comodità, luce, praticità, discretezza.

Grandissime finestre, già provviste anche di ingegnose tende esterne a sporgere, pavimenti afonici — che isolino le varie *radio* degli inquilini — armadi a muro, impianti e finimenti tipici molto curati, studiata capacità degli ambienti per i mobili e sistemazioni nuove (come la divisione, col cristallo o col mobile, fra le due sale) sono le caratteristiche di questi appartamenti.

Essi son collegati con la portineria, oltre che col telefono interno, anche a mezzo di un piccolo montapacchi (per la posta, le commissioni, ecc.).

Secondo l'uso che si va adottando sempre più, l'ascensore ha sede ed atrii proprii, e costituisce l'accesso signorile agli appartamenti, accanto ad una bella unica sala.

An Apartment Building in Milan

Drawing and floor plan of an apartment building in Milan by Gio Ponti and Emilio Lancia

Arch. Ponti e Lancia - Casa in Milano

Disegno eseguito con le matite a mina sottile "Technicolor" n. 1700 della Soc. G. L. & C. Hardtmuth.

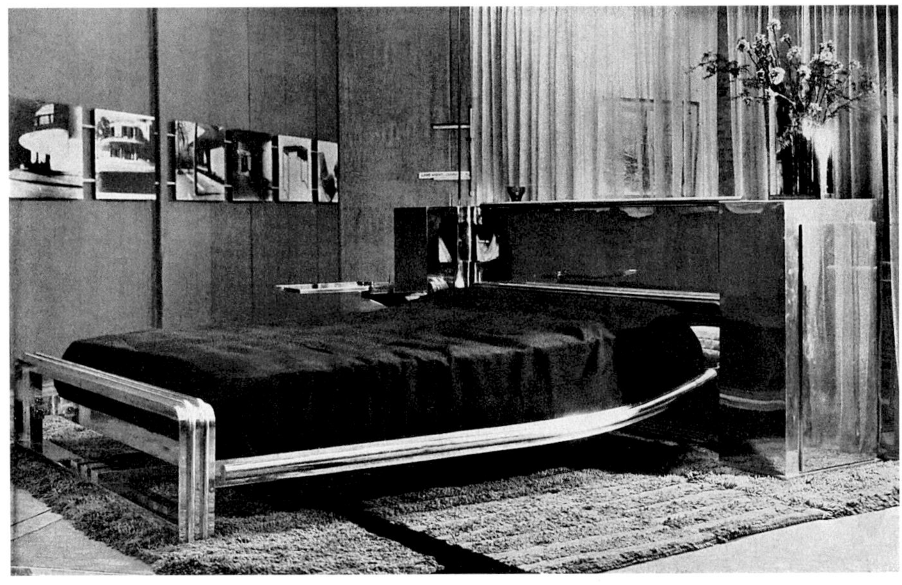

LOUIS SOGNOT E CHARLOTTE ALIX - PARIGI - *Letto e seguito per S. A. Y. R. Holkar, Maharaja di Indore, completamente in duralluminio - Tavolino da notte girevole in lastra di cristallo.*

ARREDATORI FRANCESI

QUEST'ANNO l'« Union des Artistes Modernes » ha aperta nel Pavillon de Marsan, in uno dei bracci laterali del Louvre, la terza Esposizione che riunisce in sé tutte le più vive forze della Francia nel campo dell'architettura e delle arti decorative. L'Esposizione nel suo complesso di mobili, arredamenti, maquettes reclamistiche, stoffe, argenterie, modelli di serramenti, sia per la quantità come per la qualità, non è completa benché vi figurino i più grandi nomi. La mostra è concentrata sulla esposizione di fotografie di architetture eseguite e di modelli. E fra queste ve ne sono di bellissime che rivelano gli sforzi di questi ultimi anni per arrivare, colla massima semplicità, alla purezza delle linee dell'insieme e per conservare alla casa di oggi quell'intimità che aumenta il valore dell'abitazione.

Il mobile singolo non è quasi rappresentato; è evidente che è destinato a scomparire se si eccettuano pochi oggetti, come letti, tavole, sedie e poltrone, che resteranno gli unici non assorbiti dalla architettura dell'arredamento interno. Fra i mobili singoli i più importanti qui, sia per esecuzione, sia per genialità di creazione, sono il letto eseguito da Louis Sognot e Charlotte Alix, due conosciuti decoratori fra i più quotati, per S. A. Y. R. Holkar, Maharaja di Indore, interamente in alluminio, levigatissimo, elegante di linee colle sue nicchie per libri, con il tavolino da notte girevole, in vetro. E così la tavola rotonda in cristallo a due piani con decorazioni di specchi al centro e la base costituita di tre tubi di alluminio, creata dagli architetti Raval e Bertrand che espongono anche bellissime fotografie di interni. Oltre questi due mobili singoli è da rilevarsi la piccola tavola di Pierre Barbe semplicissima ma originale per lo specchio che ne costituisce il piano e che riflette ogni oggetto che vi è posato sopra.

Oltre gli espositori membri dell'Unione, vi sono anche degli invitati e fra questi degli italiani rappresentati nel modo più completo ed organico con una serie di fotografie di costruzioni e di arredamenti razionali eseguiti negli ultimi anni. Queste fotografie hanno suscitato interesse per il movimento odierno italiano, finora quasi sconosciuto. Nel gruppo delle opere di artisti italiani invitati figurano lavori di Prampolini, Sartoris, Griffini, Vietti, Terragni, Frette, Figini e Bottoni.

VITTORIO ABBATI

Bed for the Maharaja of Indore and dining table with chairs designed by Charlotte Alix and Louis Sognot; furniture designed by Raval & Bertrand

(Foto Roger-Foster - Parigi)

ARCHITETTI RAVAL E BERTRAND - PARIGI - *Tavolino in cristallo con parti a specchio e sostegno in alluminio.*

(Foto Debretagne - Parigi)

LOUIS SOGNOT E CHARLOTTE ALIX - PARIGI - *Tavola per sala da pranzo in "spiga di frumento". Sedie in tubo di acciaio cromato e giunco.*

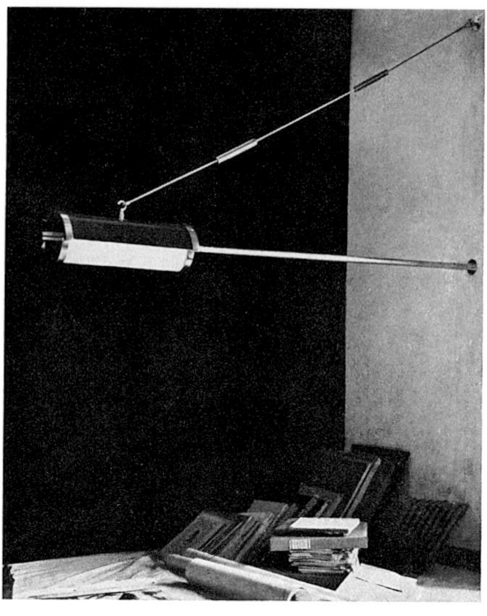

BOTTEGA DI PIETRO CHIESA - MILANO - "*Applique" portatile per disegnatori e giocatori; vetro rosso nella parte superiore, bianco nella parte illuminante. Metallo nichelato spazzolato.*

BOTTEGA DI PIETRO CHIESA - MILANO - "*Applique" Il corpo luminoso sporgente dal muro è comodo e razionale per sale di lettura.*

QUATTRO INTERESSANTI APPARECCHI MODERNI DI ILLUMINAZIONE

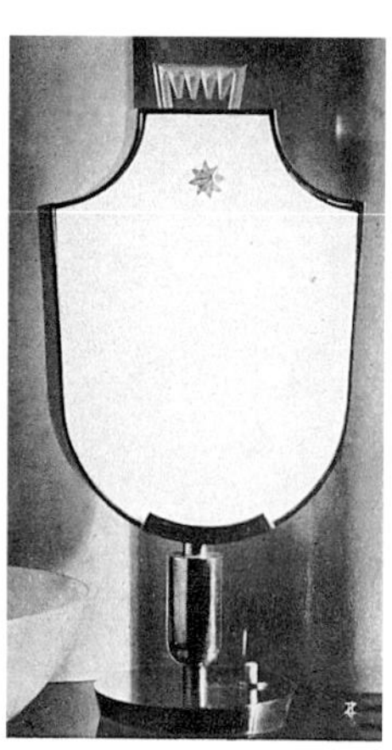

ARCH. T. BUZZI - *Lampada da tavolo in metallo dorato. - Parte illuminante in color paglia e verde pisello; cresta in cristallo solo con incisioni nelle quali gioca la luce (Esecuzione della Bottega di Pietro Chiesa)*

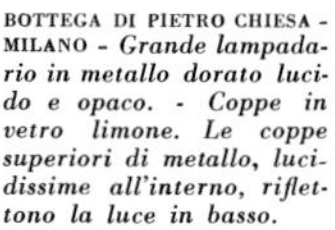

BOTTEGA DI PIETRO CHIESA - MILANO - *Grande lampadario in metallo dorato lucido e opaco. - Coppe in vetro limone. Le coppe superiori di metallo, lucidissime all'interno, riflettono la luce in basso.*

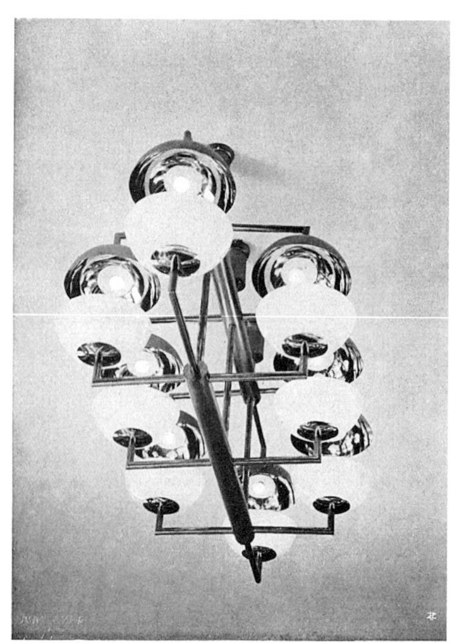

Foto Baccarini e Porta - Milano

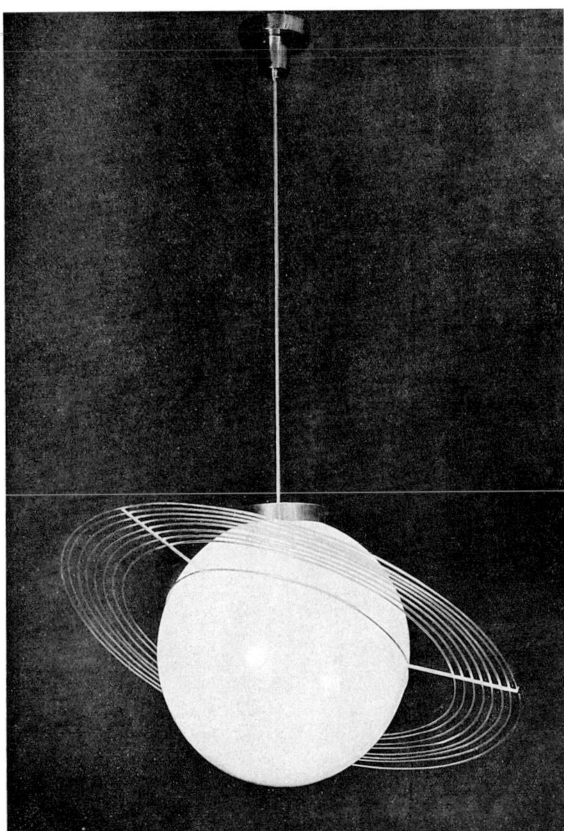

UN MODERNO APPARECCHIO D'ILLUMINAZIONE

disegnato dall'Arch. G. B. Cosmacini ed eseguito da Corbetta e Grilli di Milano.

MANIGLIE

eseguite da Corbetta e Grilli su disegni degli architetti Asnago e Vender, Bachich, Rizzardi e Fontana.

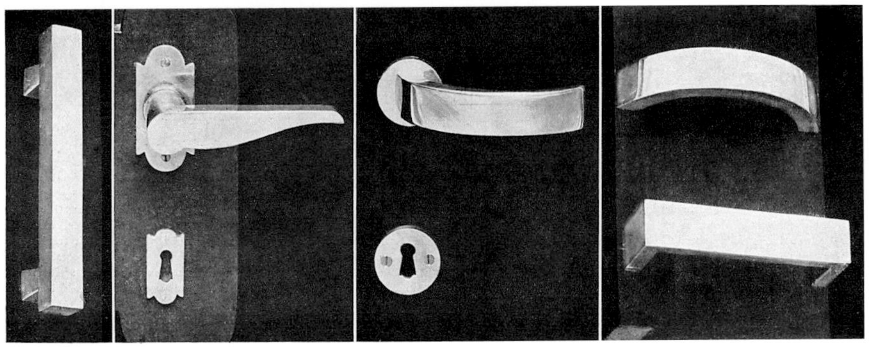

Modern Light Fixtures and Door Handles

Suspended ceiling light designed by G. B. Cosmacini and door handles designed by Asnago, Vender, Bachich, Rizzardi and Fontana

NUOVI MODELLI PER L'ILLUMINAZIONE

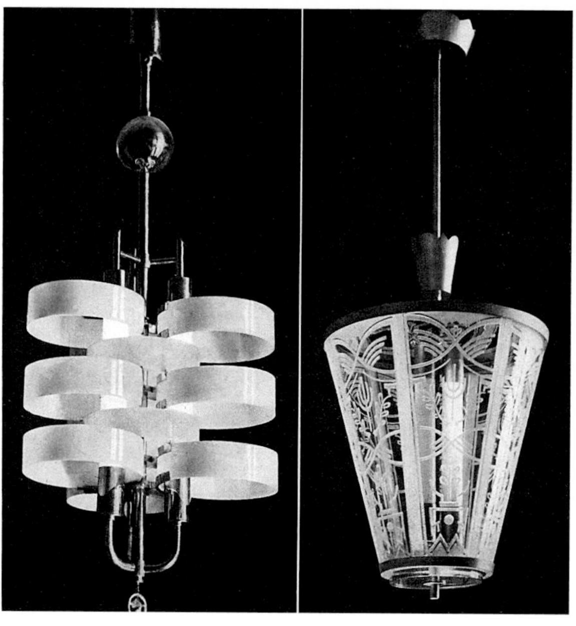

Sopra: **1** - Lampadario ad anelli di vetro bianco e limone: metallo dorato. - **2** Lampada per la casa del principe Borghese, in metallo dorato e cristallo inciso. Sotto: **1-2** Appliques - **3** Applique con tubi di vetro bianco opaco e lastre di diffusore rosa; metallo dorato - **4** Applique a due luci: dorata verso la parete, rosata nella parte illuminante; metallo oro verde lucido e opaco (dis. dell'Arch. Buzzi).

CREAZIONI DELLA BOTTEGA DI PIETRO CHIESA

1 Lampade a muro di cui una a tubo flessibile.

2 Lampada a muro girevole.

3 Lampada da tavolo con tubo flessibile.

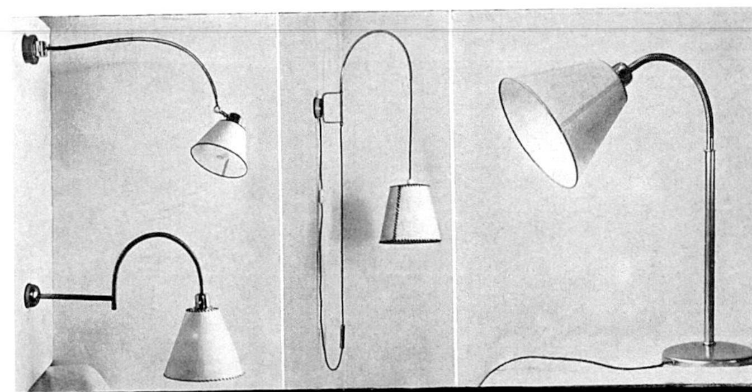

MODERNI APPARECCHI D'ILLUMINAZIONE

1 Lampadario con sei palle di vetro opaco.

2 Lampadario con tre palle di vetro opaco.

3 Lampada a saliscendi con paralume in pergamena.

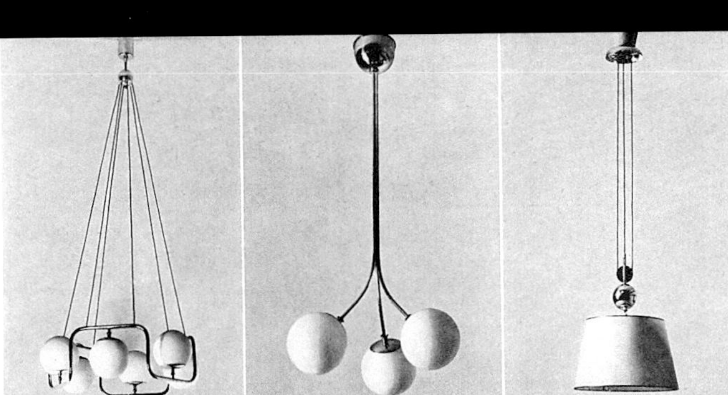

CREATI DA J. T. KALMAR DI VIENNA

1 Lampada a saliscendi con paralume in pergamena.

2 Lampada a saliscendi con paralume in pergamena.

3 Lampada a otto bracci con lampadine in vetro opalino.

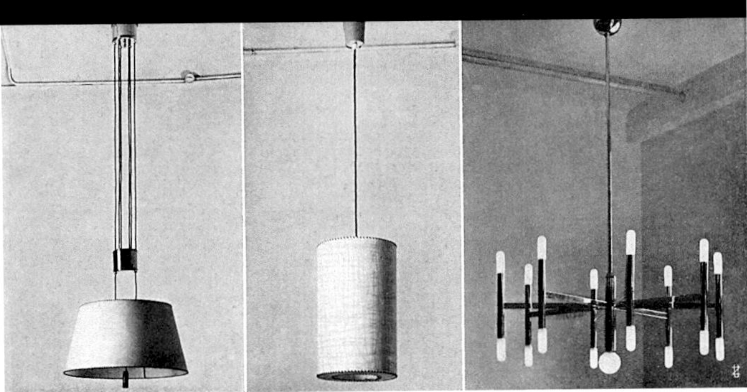

GIOCHI DI STRUTTURE MODERNE

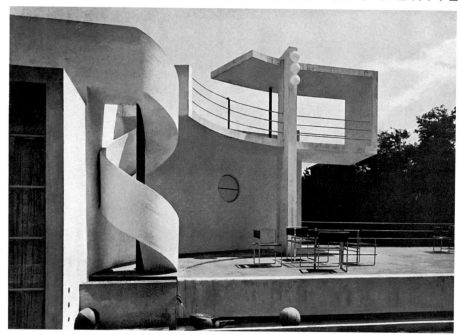

ARCH. GINO LEVI MONTALCINI - TORINO - Sceneggiatura di spiaggia alla Mostra della Moda e dell'Ambientazione a Torino. Pavimenti in piastrelle di quarzite grigie e gialle. - Vasca con fondo in tessere di ceramica grigie, verdi, nere e bianche. Colori dominanti bianco e verde. I telai delle vetrine, i lucernari, le decorazioni del bar, le sedie e i tavolini sono di «cromalluminio».

Foto Pedrini - Torino

Playing with Modern Structure

Building installation at the exhibition of Fashion and Settings in Turin designed by Gino Levi Montalcini

ESEMPI DA FUORI

Foto Tairraz - Chamonix

Abbiamo illustrato nel dicembre dello scorso anno il bellissimo e modernissimo Ospedale per i bambini di Berna. Oggi illustriamo questo sanatorio di schietta, audace ed interessante architettura strutturale. Esso è stato disegnato con assoluta modernità di concezione e di impianti dagli architetti Pol Abraham e Henry Le Même di Parigi al «Roc des Fiz», a Passy nell'Alta Savoia.

Village-Sanatorium 'Praz-Coutant', Plateau d'Assy, France, designed by Pol Abraham and Henry Jacques Le Même: views of exterior and interior

MOBILI RAZIONALI PER CUCINA

ARCH. PIERO BOTTONI - MILANO - (sopra) CUCINA IN CASA B. - SGABELLO DI SERVIZIO CON RIPIANO DI LINOLEUM; TAVOLO NORMALIZZATO CON CASSETTI DIRITTI E RUOTANTI, RIPIANI, ASSE PER LA PASTA E PER TRITARE; SEDIA; MOBILE CON ANTINE SCORREVOLI IN LEGNO E VETRO E CASSETTI IN METALLO PER COMMESTIBILI CRUDI (PASTA, FARINA, RISO, ECC.) CREDENZA GRANDE CON ANTE SCORREVOLI E CASSETTI - ZOCCOLI IN LINOLEUM NATURALE E TINTEGGIATURA ALLA NITRO-CELLULOSA GRIGIO AZZURRA. - (di fianco) GLI STESSI MOBILI SEPARATI. - (sotto) MOBILE PER CUCINA LACCATO IN "BEIGE"; ANTE CENTRALI SCORREVOLI E LATERALI A CERNIERA; BOCCHETTE DI AEREAZIONE IN PORCELLANA BIANCA E LATERALI IN RETE METALLICA; CASSETTI TRIANGOLARI METALLICI PER ALIMENTI; MANIGLIE IN GALALITE BIANCA; ZOCCOLO IN LINOLEUM.

Rational Furniture for the Kitchen

Freestanding kitchen units designed by Piero Bottoni

MOBILI DI ACCIAIO PER CUCINA

I mobili di cucina in acciaio constano di diversi pezzi, la cui forma dipende dal loro scopo. Ci sono armadi per i tegami e loro accessori, per stoviglie e altri arnesi, per utensili di pulizia e materiale relativo, armadi con cassetti e recipienti per derrate; questi ultimi dotati magari di refrigerante automatico. Da notare sono certi dettagli di costruzione come, per es., le smussature degli spigoli, la laccatura resistentissima anche agli urti. La tinta bianca o in colore chiaro dà a questi mobili una simpatica apparenza.

I mobili in acciaio sono insensibili ai cambiamenti di temperatura e all'umidità. I cassetti e le porte funzionano silenziosamente e non si deteriorano in nessun modo. Il metallo non assorbe odori di sorta.

La massaia moderna, che giudica il mobile di cucina dal punto di vista della praticità e rinuncia con piacere agli ornamenti dei vecchi mobili, apprezzerà certamente questi in acciaio per la praticità, la durata e l'igiene.

M. F.

(Sopra: a sinistra) VEDUTA DI UNA CUCINA ARREDATA CON MOBILI DI ACCIAIO MAUSER, LACCATI A SPRUZZO CON LA NITROCELLULOSA; (a destra) ARMADIO PER GLI UTENSILI DI PULIZIA. - (Sotto: a sinistra) MOBILE DA CUCINA COMPOSTO DI SEI ELEMENTI; (a destra) MOBILE COMPOSTO DI TRE ELEMENTI.

Steel Furniture for the Kitchen

Freestanding kitchen units made of lacquered steel produced by Mauser

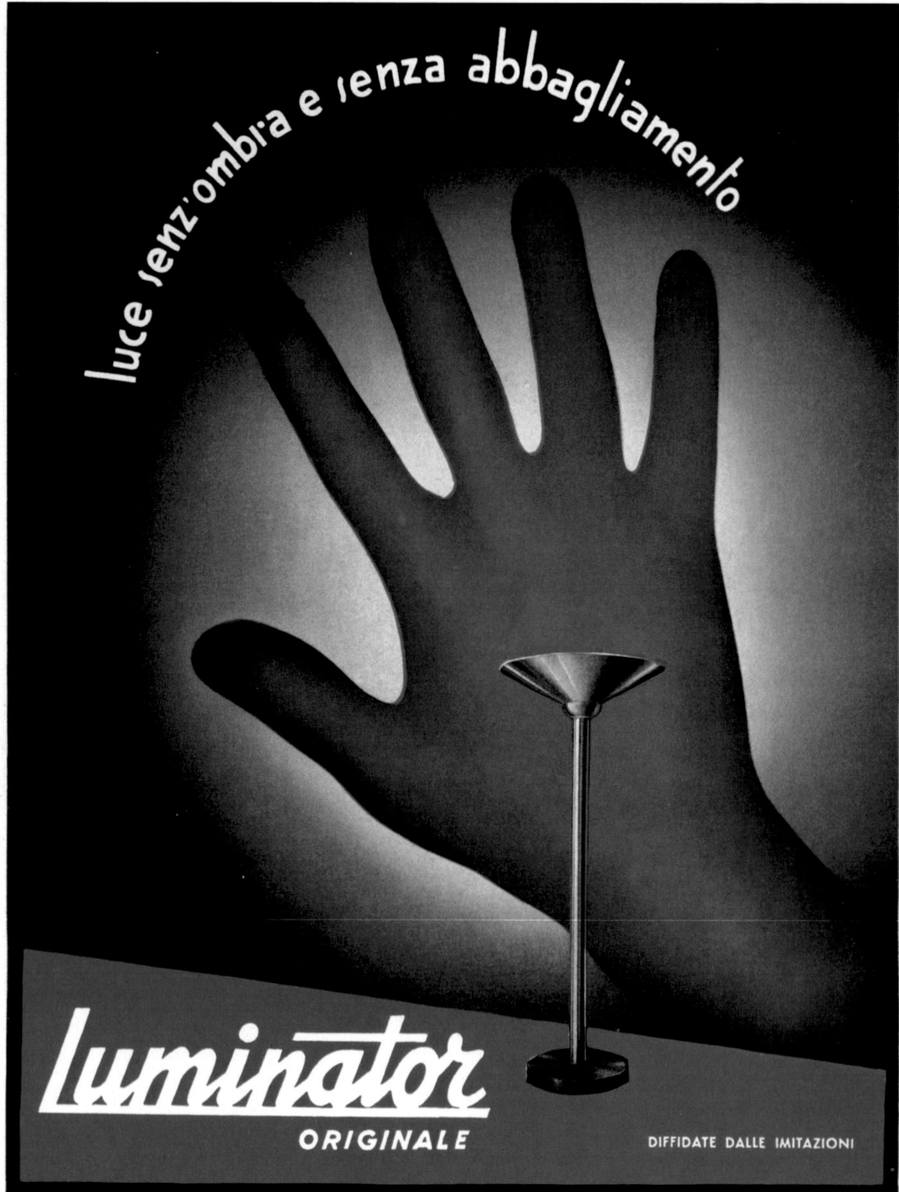

luce senz'ombra e senza abbagliamento
Luminator
ORIGINALE
DIFFIDATE DALLE IMITAZIONI

MILANO
VIALE CONI ZUGNA, 4 - TEL. 43634
FIRENZE
VIA VIGNANUOVA, 3 - TEL. 26693

ROMA
VIA DEL BABUINO, 63 - TEL. 61857
NAPOLI
VIA G. FILANGIERI, 50 - TEL. 25283

TORINO
VIA BARBAROUX, 2 - TEL. 51881
CAGLIARI
LARGO CARLO FELICE, 31 - TEL. 3616

MILANO
VIALE CONI ZUGNA, 4 - TEL. 43634
TRIESTE
PIAZZA DALMAZIA, 1 - TEL. 3449

Advertising

Luminator Originale advertisement for an uplighter

NUOVI MATERIALI PER OGGETTI DI USO DOMESTICO

Grande diffusione vanno ora prendendo anche in Italia gli oggetti e vasellami per uso domestico stampati con resine sintetiche plastiche. Essi acquistano una grande resistenza sia al calore che agli urti e sono praticamente infrangibili. Se ne producono in vari colori, vivaci e delicati, ai quali la natura del materiale dà un aspetto pastoso e pieno assai gradevole. Questi oggetti vengono ora fabbricati anche in Italia dalla ditta Fratelli Rossi di Vicenza.

New Materials for Domestic Objects

Synthetic plastic resin tableware manufactured by Fratelli Rossi

Le due case abbinate dell'Arch. O. Strnad viste dal giardino

ESEMPI DA FUORI

LA WERKBUNDSIEDLUNG DI VIENNA

Come i nostri lettori avranno inteso, noi illustriamo, di quanto avviene fuori d'Italia, ciò che può essere per noi italiani un utile esempio. Utilissimo è quello datoci da questa iniziativa viennese, che ripete quella analoga di Stoccarda. Si tratta di costruire, su progetti di molti e diversi architetti, un quartiere e presentarlo prima che sia abitato, come esposizione. Questa iniziativa potrebbe essere utilmente imitata in Italia: e non è escluso che, parallelamente alla Triennale di Milano, si veda a Milano stessa qualcosa di simile.

Un altro lato interessante della Werkbundsiedlung è che ad essa non partecipano solo architetti austriaci, ma anche architetti francesi, tedeschi ed olandesi di fama in questo campo. Vi sono due modi di essere nazionalisti, quello di volere manifestazioni esclusivamnte nazionali e quello di volere che alle cose che istituiamo per noi partecipino i migliori ingegni del mondo. Questo secondo modo è, del resto, nella grande tradizione delle epoche d'oro.

La Werkbundsiedlung, che ora apparirebbe come una manifestazione sbocciante eccezionalmente in piena crisi, è frutto invece di una iniziativa di anni migliori, 1929-30; ciò spiega la larghezza di mezzi (tre milioni di scellini) con la quale è stata condotta a termine.

Il terreno per le 70 case di cui si compone la Werkbundsiedlung è proprietà del Comune di Vienna che lo dà in affitto ereditario ai proprietari delle case fino all'anno 2000.

La fabbrica è stata finanziata dall'« *aiuto per la costruzione di case di famiglia* », istituto comunale che facilita i pagamenti concedendoli in rate a lunga scadenza.

La maggior parte delle case sono riunite in gruppi di due e più. I tetti sono tutti piani, a terrazze, delle quali molte praticabili. I colori, tenui, s'armonizzano bene con il paesaggio. Assenza totale di decorazioni.

Quasi tutti gli architetti hanno sentito la necessità pure in questi semplici dimore di contrapporre alle anguste camere da letto una camera grande di uso comune, che si apre generalmente con larghe porte verso il sole e il giardino.

La Werkbundsiedlung, così com'è, ha una sua storia: essa è stata in principio ideata per un'altra zona in collina. All'ultima ora il Comune destinò il terreno attuale e non ci fu il tempo di ristudiare di nuovo le costruzioni e i loro rispettivi caratteri. Il terreno si rivelò una conca fangosa, furono necessarie costose preparazioni e profonde fondamenta delle case. Così queste, che dovevano essere modeste case di famiglia, hanno prezzi di ville di lusso. I lotti di 200 mq. concessi per ciascuna sono assai

(Continua a pag. 512)

Examples from Abroad: The Werkbundsiedlung in Vienna

House designed by Oskar Strnad for the "Werkbundsiedlung" exhibition in Vienna

Translation see p. 687

N. 59

NOVEMBRE 1932-XI

CONTO CORRENTE CON LA POSTA - L. 7.50

omus 59 *ovember 1932*	Cover	*domus* magazine cover

1

2

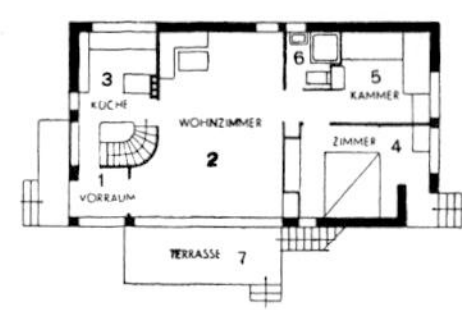

LA CASA DI R. NEUTRA - LOS ANGELES
1 vestibolo, 2 soggiorno, 3 cucina, 4 camera, 5 cameretta, 6 bagno.

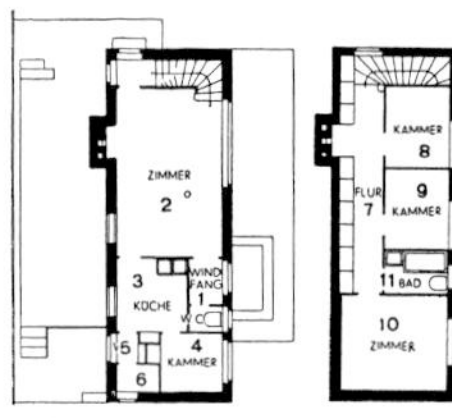

LA CASA DI H. VETTER - VIENNA -
1 ingresso, 2 soggiorno, 3 cucina, 4 cameretta, 5 ingresso secondario, 6 dispensa, 7 corridoio con armadi, 8-9 camerette, 10 camera, 11 bagno.

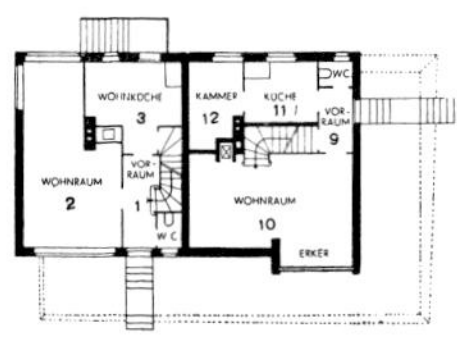

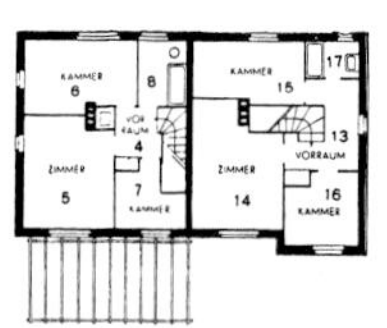

LE DUE CASE DI E. LICHTBLAU - VIENNA -
1 vestibolo, 2 soggiorno, 3 cucina e pranzo, 4 disimpegno, 5-6-7 camere, 8 bagno, 9 ingresso, 10 soggiorno, 11 cucina, 12 cameretta, 13 disimpegno, 14-15-16 camere, 17 bagno.

1 a sinistra la casa di A. Lurçat, nel centro quelle di R. Neutra e H. Vetter - 2 nel centro la casa di H. Vetter - 3 la casa di E. Lichtblau - 4 da destra a sinistra: le case di W. Sobotka, O. Wlach, J. Wenzel, O. Haerdtl.

3

Examples from Abroad: The Werkbundsiedlung in Vienna

Houses designed by Oskar Strnad, André Lurçat, Richard Neutra, Hans A. Vetter, Ernst Lichtblau, Walter Sobotka, Oskar Wlach,

1

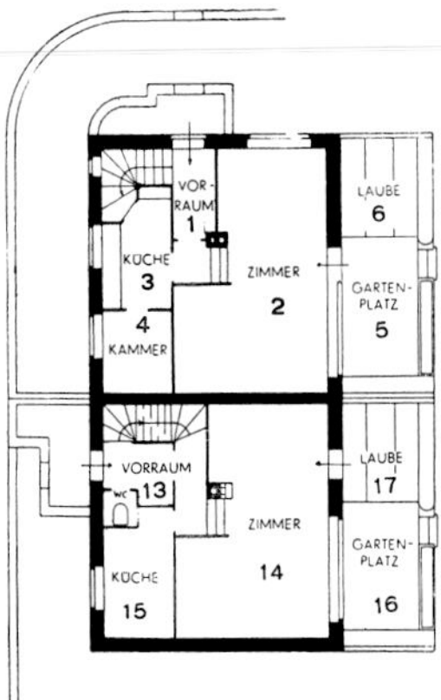

LE DUE CASE DI J. GROAG - VIENNA
il piano terreno.

1 vestibolo, 2 soggiorno, 3 cucina, 4 cameretta 5 giardinetto, 6 pergola, 7 disimpegno, 8-9 camere, 10 bagno, 11 "atelier,, 12 terrazza, 13 vestibolo, 14 soggiorno, 15 cucina, 16 giardinetto, 17 pergola, 18 disimpegno, 19-20-21 camere, 22 bagno, 23 "atelier,, 24 terrazza.

2

1 a sinistra le due case di H. Gorge, al centro le due di J. Groag - 2 le quattro case di A. Lurcat - 3 le case di O. Haerdtl sull'angolo della "Siedlung,, - 4 le case di O. Haerdtl e di J. Wenzel.

LE DUE CASE DI J. GROAG - VIENNA
il primo piano e il secondo.

3

4

ürgen Wenzel, Oswald Haerdtl, Hugo Gorge and Jacques Groag for the "Werkbundsiedlung" exhibition
n Vienna

Translation
see p. 687

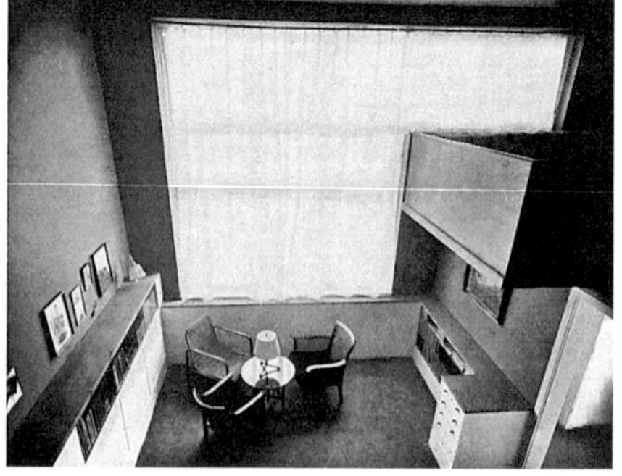

1 Le due case doppie di A. Loos; sul fondo le case di A. Lurcat - 2 le tre case di J. Hoffmann; in fondo quelle di Lurcat - 3 camera da letto in una casa di J. Hoffmann - 4 camera di soggiorno allestita dall'arch. Kulka in una della case di A. Loos.

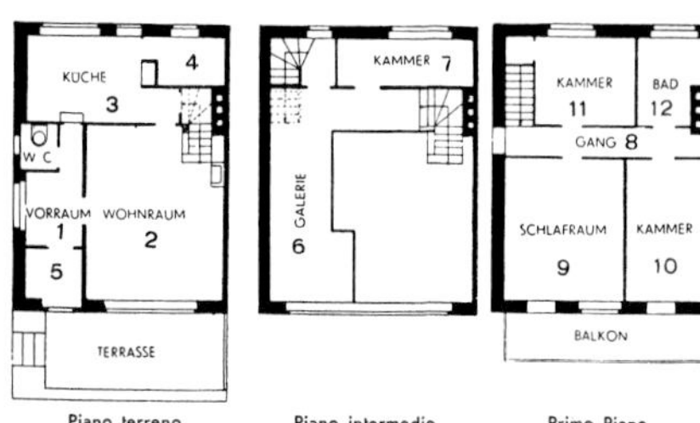

UNA DELLE CASE DI ADOLF LOOS - VIENNA

5 ingresso, 1 vestibolo, 2 soggiorno, 3 cucina, 4 dispensa, 6 galleria, 7 cameretta, 8 corridoio, 9-10-11 camere, 12 bagno.

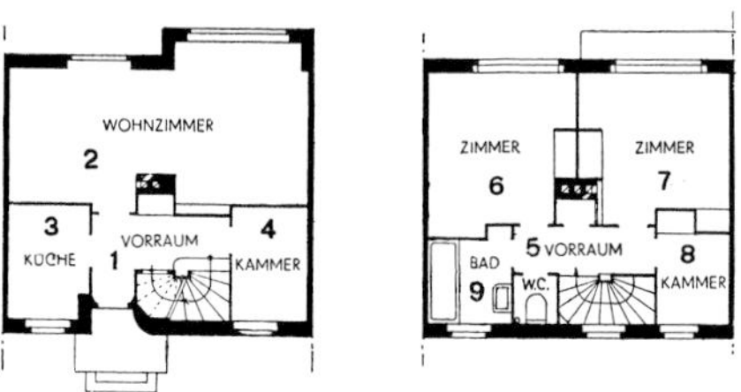

LA CASA DI OSCAR WLACH - VIENNA

1 vestibolo, 2 soggiorno, 3 cucina, 4 cameretta, 5 disimpegno, 6-7-8 camere, 9 bagno

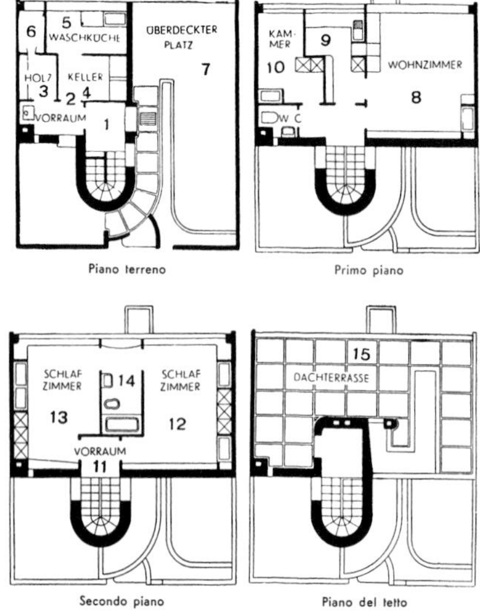

UNA DELLE CASE DI ANDRÉ LURÇAT - PARIGI

1 ingresso, 2 vestibolo, 3 legna, 4 cantina, 5 lavatoio, 6 carbone, 7 passaggio coperto, 8 soggiorno, 9 cucina, 10 cameretta, 11 disimpegno, 12-13 camere, 14 bagno, 15 terrazza

Examples from Abroad:
The Werkbundsiedlung in Vienna

Houses and interiors designed by Adolf Loos, André Lurçat, Josef Hoffmann, Heinrich Kulka, Ernst Lichtblau, and Jacques Groag for the "Werkbundsiedlung" exhibition in Vienna

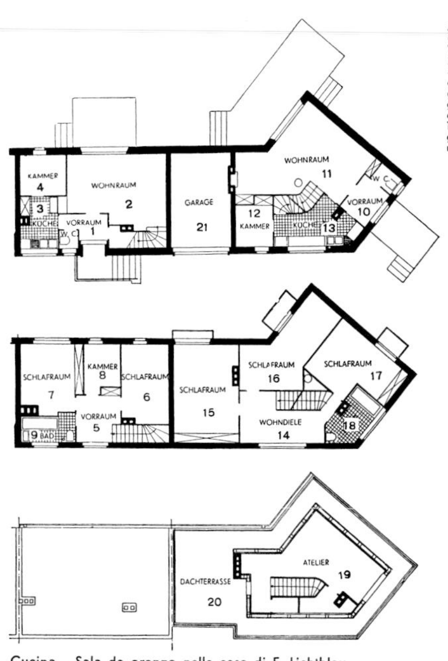

a sinistra: LE CASE DI OSWALD HAERDTL - VIENNA - 1 vestibolo, 2 soggiorno, 3 cucina, 4 cameretta, 5 disimpegno, 6-7-8 camere, 9 bagno, 10 vestibolo, 11 soggiorno, 12 camera, 13 cucina, 14 vestibolo-salotto, 15-16-17 camere, 18 bagno, 19 "atelier,, 20 terrazza, 21 garage.

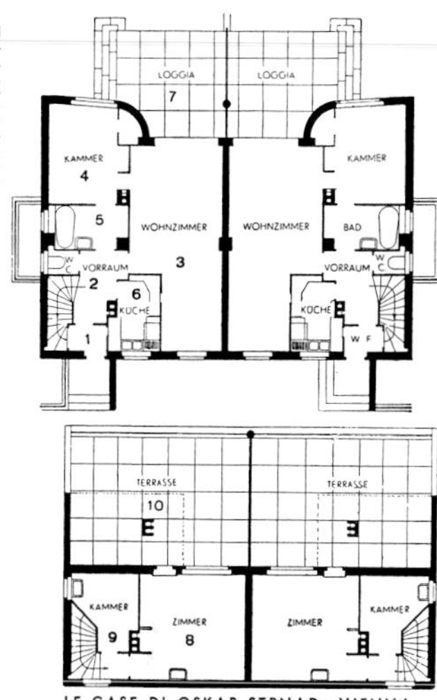

LE CASE DI OSKAR STRNAD - VIENNA - 1 ingresso, 2 vestibolo, 3 soggiorno, 4 camera, 5 bagno, 6 cucina, 7 loggia; 8-9 camere, 10 terrazza.

Cucina - Sala da pranzo nella casa di E. Lichtblau

Camera di soggiorno nella casa J. Groag - Vienna

Translation
see p. 687

ALCUNI AMBIENTI MODERNI
DELL'ARCHITETTO GINO POLLINI

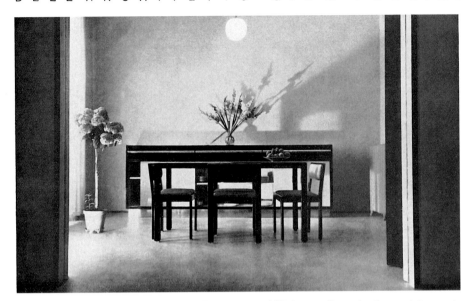

Pollini appartiene con Rava, con Figini, con Albini, con Bottoni ad una interessante schiera di architetti dalle opere di una eleganza sottile. Preferiscono lo scheletro al

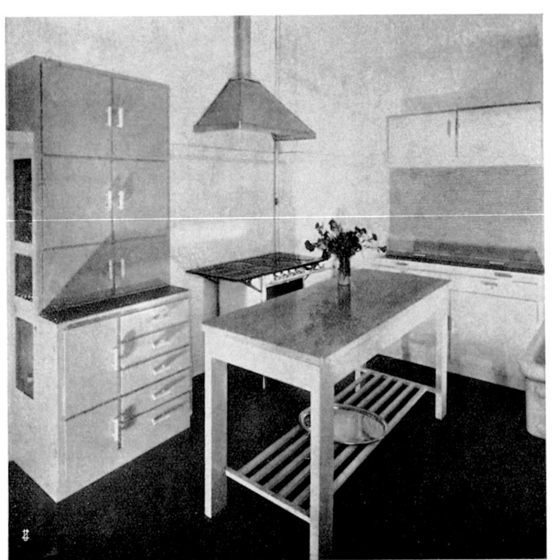

Sopra: Arch. Gino Pollini, Milano - Ambiente di soggiorno-pranzo - Mobili in legno nero ebano, sportelli scorrevoli e piano del tavolo in "opak-glass" azzurro-grigio, guarnizioni di metallo cromato; sedie ricoperte di panno grigio chiaro, pareti e tende in azzurro-grigio chiarissimo, pavimento in linoleum bianco. Una porta ripiegabile a paravento divide questo ambiente dal salotto. - Mobili eseguiti dalla casa V. Bega di Bologna.

Accanto: Cucina con mobili laccati color giallino-chiaro e maniglie bianche.

Nella pagina di fronte: Tre vedute dell'ambiente di soggiorno salotto. Mobile scrivania, bar, libreria, di legno laccato in grigio, interno in cristallo nero e specchio. Divano ricoperto di panno grigio. Tavolo "Thonet" poltrona "Thonet" modello le Corbusier. Pareti azzurro chiarissimo, pavimento in linoleum bianco.

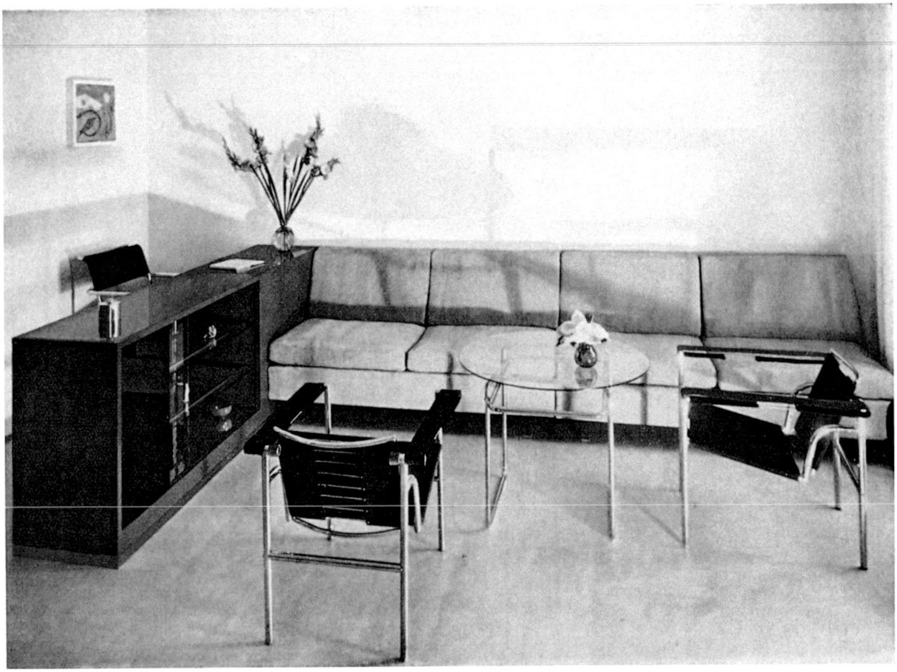

pieno; la loro fantasia è ordinata nel rigore di una armoniosa semplicità. Queste doti sono ben testimoniate dagli interni riprodotti in queste pagine.

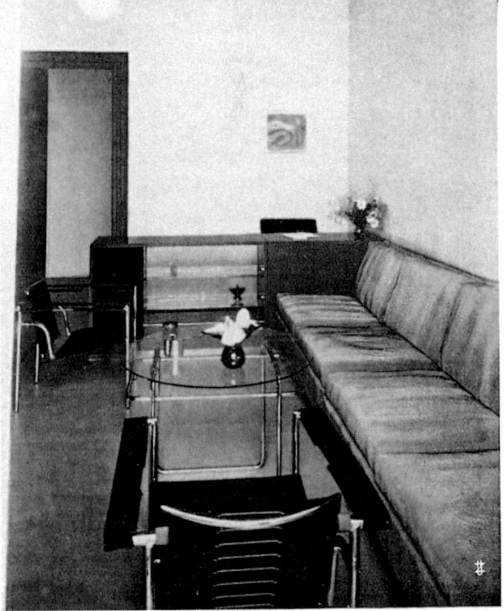

Villa for a Sculptor

Design drawing of a villa for a sculptor on the edge of a pine forest by Giancarlo Palanti

Disegno eseguito con le matite a mina sottile "TECHNICOLOR" n. 1700 della Società Italiana L. & C. Hardtmuth

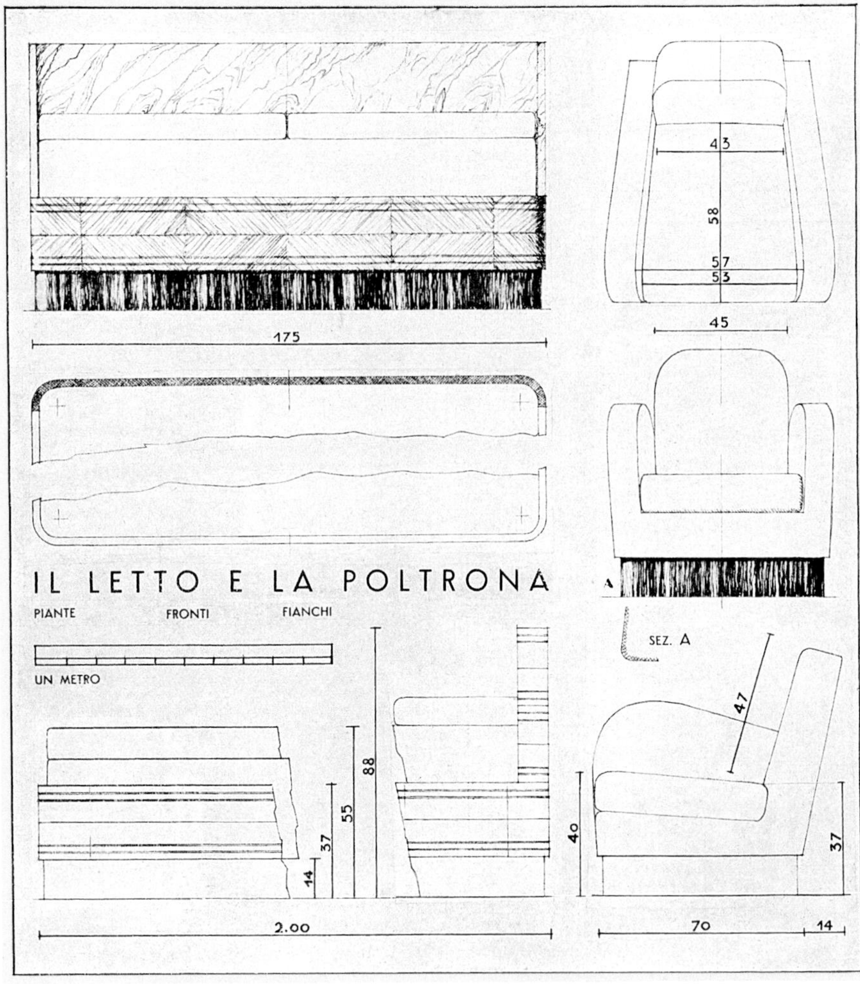

ARCHITETTO GIANCARLO PALANTI · DISEGNI PER I MOBILI

Sebbene sia ora preferibile, quando ce ne sia l'opportunità, eliminare la maggior parte degli ingombranti tradizionali mobili dei nostri ambienti, pure troppo spesso le case d'affitto sono ancora costruite senza criteri che possano permetterlo, senza i necessari ripostigli e armadi a muro.

Diamo perciò qui i disegni per una camera matrimoniale composta di tutti gli elementi abituali: letto, cassettone, armadio, toilette, comodino, poltrona, tabouret e poltroncina.

Designs for Bedroom Furniture

Furniture design drawings by Giancarlo Palanti: bed, armchair, chest of drawers, stool and chair

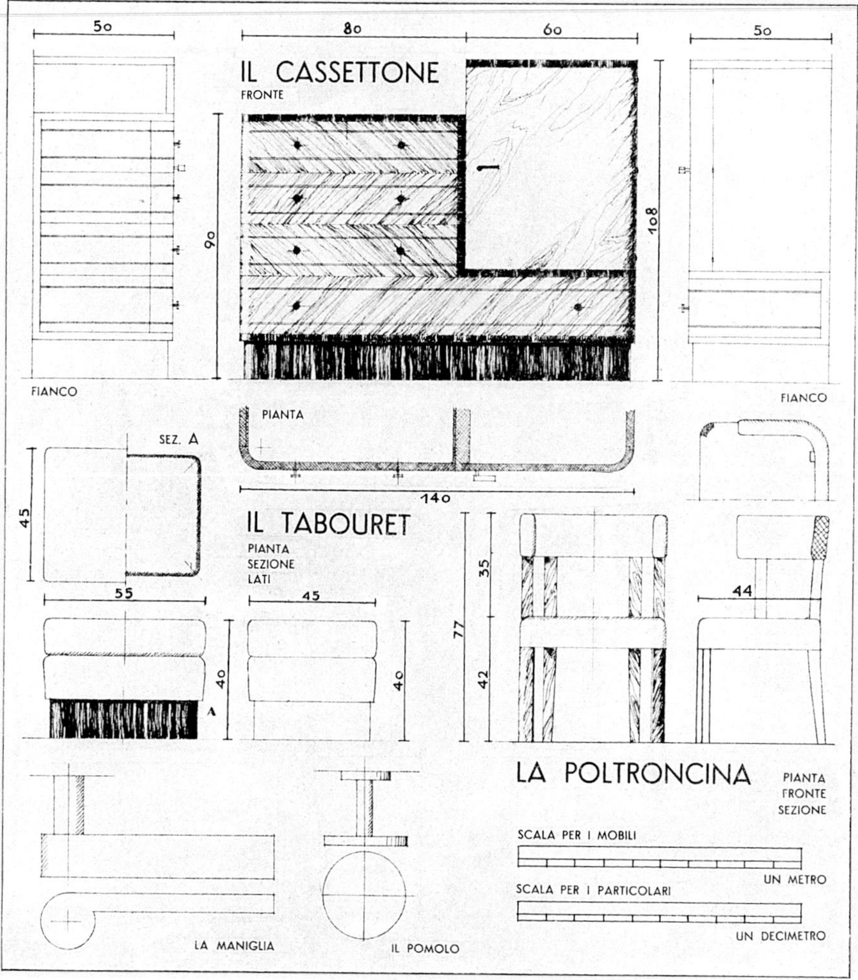

DI UNA CAMERA DA LETTO

Questi mobili sono da eseguirsi in tre qualità di legno; uno più scuro per gli zoccoli e le fasce, uno a vena dritta, di tinta intermedia per i cassetti e le gambe della poltroncina e della « toilette » (secondo tipo) e una radica o comunque legno chiaro a disegno largo per le antine e la testata del letto. Questi tre legni possono essere rispettivamente: ebano macassar, noce a vena dritta e radica di noce ferrarese chiara; oppure palissandro di Rio, legno di palma e olivo (su toni bruno-verdi); oppure noce d'India, palissandro d'India e noce

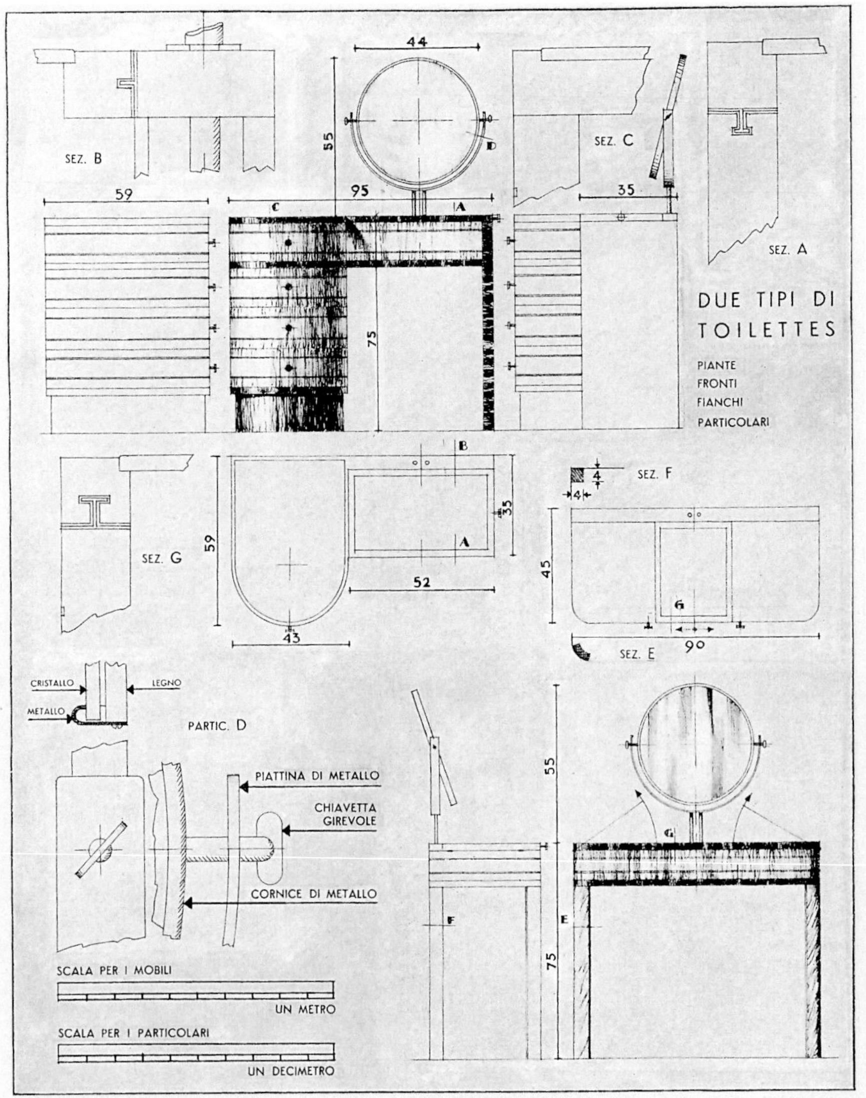

del Brasile (su toni bruno-rossi).

Le filettature orizzontali (piuttosto che in acero come è segnato nella Sez. B del disegno qui riprodotto), le maniglie, i pomoli, il sostegno e la cornice dello specchio di metallo bianco. I piani supe-

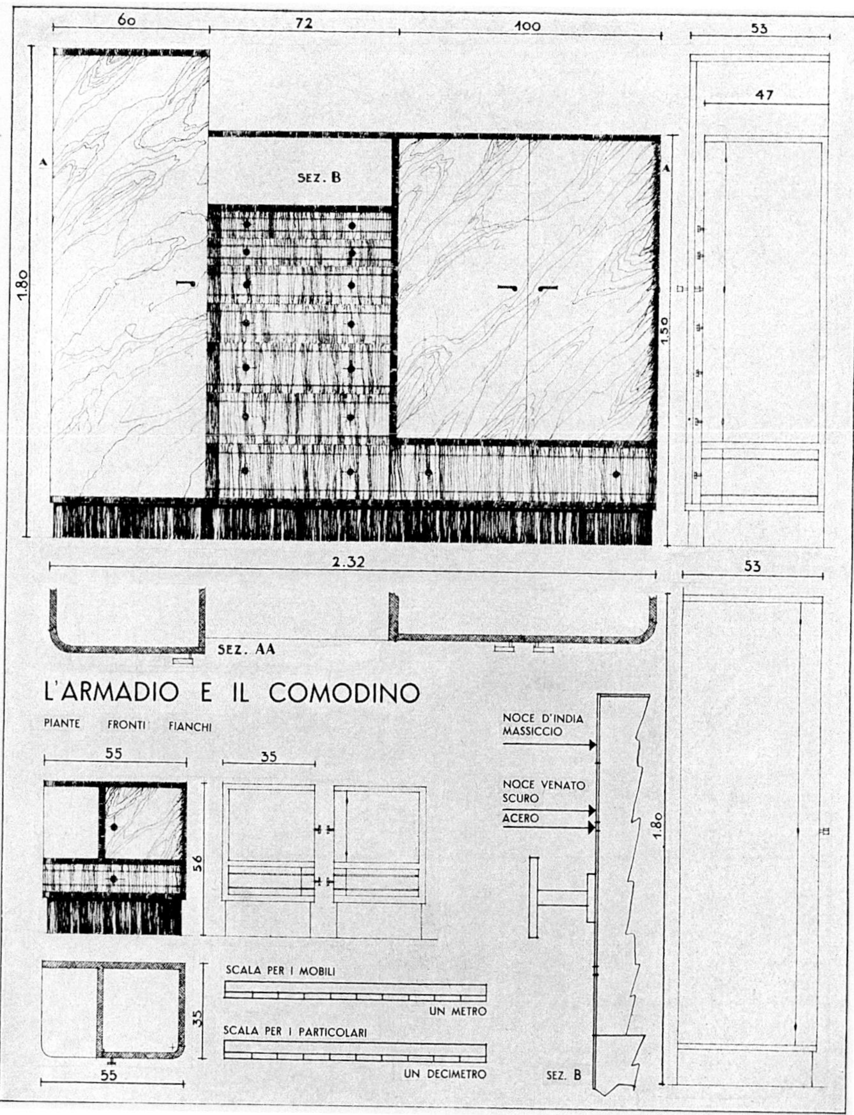

riori delle due « toilettes » sono totalmente o parzialmente in cristallo. La poltrona, il tabouret, la poltroncina e la coperta del letto saranno di stoffa di seta a tinta unita di colore intonato con i legni scelti.

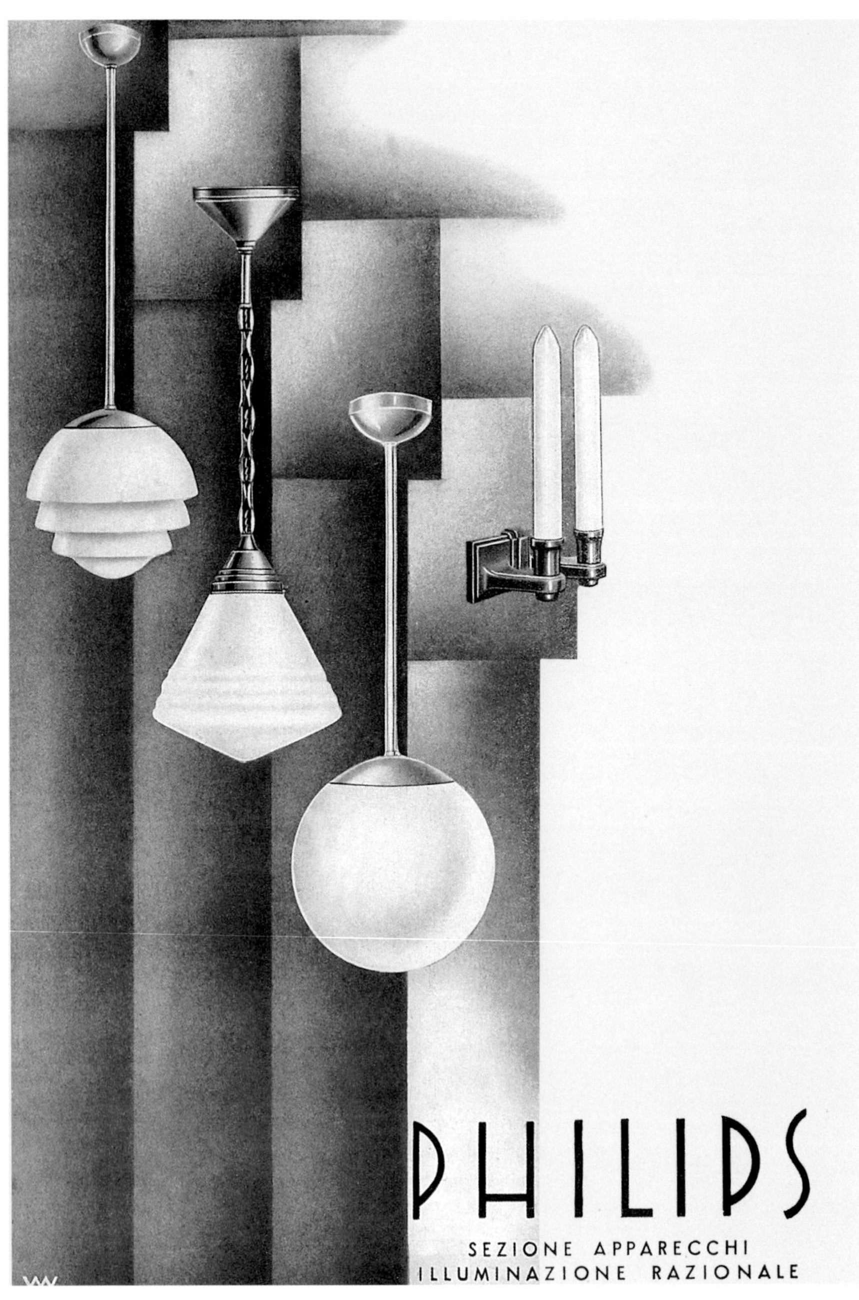

Advertising

Philips advertisement for various light fixtures

NUOVI MATERIALI PER OGGETTI DI ARREDAMENTO

Questi nuovi posacenere e porta fiammiferi editi dalla Fonderia Milanese d'Acciaio Vanzetti, su disegno degli architetti Franco Albini e Giancarlo Palanti, sono in "DITE", una nuova ghisa inossidabile e lucidabile. Essi hanno infatti alcune parti grezze e alcune lucidate.

New Materials for Accessories

Ashtrays and match holders designed by Franco Albini and Giancarlo Palanti for Fonderia Milanese d'Acciaio Vanzetti

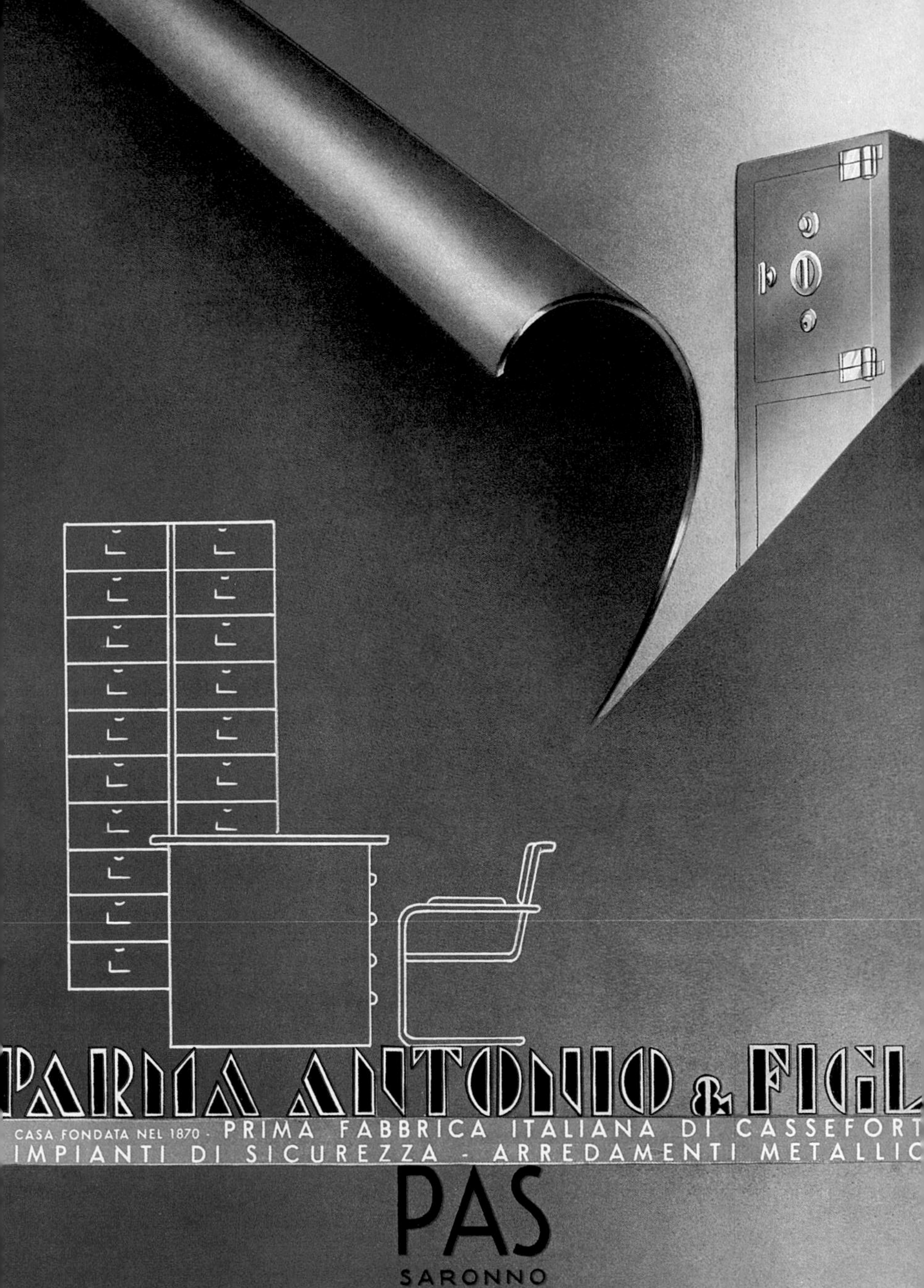

Advertising

Parma Antonio & Figli advertisement for metal furniture and safes

CARATTERI DEGLI EDIFICI IN RAPPORTO ALLA DESTINAZIONE

egnaliamo questa fresca costruzione per l'aeroporto di Rimini, eseguita dall'Ing. Paolo Veronese di Rimini per il ministero dell'Aeronautica. Essa attesta n rinnovato spirito estetico che sta facendosi vittoriosamente strada anche nelle pubbliche amministrazioni. Per tutti gli edifici destinati alle attività ella nostra vita d'oggi, vogliamo architetture che ne rispecchino e ne esprimano sinceramente e onestamente le funzioni!

The Character of Buildings in Relationship to their Purpose

Airport in Rimini designed by engineer Paolo Veronese for the Ministry of Aeronautics

BELLEZZA ED UTILITÀ

domus 60
December 1932

Beauty and Utility in Modern Furniture

Study with two bookcases and desk in the Casa Davoli in Milan designed by Piero Bottoni

NEI MOBILI MODERNI

ARCH. PIERO BOTTONI - MILANO - *Scrivania in casa Davoli a Milano. La scrivania è a scaffale angolare. Sul lato destro per chi sta seduto sono cassetti normali, sportelli e cassetti speciali per pratiche in cartelle protocollo. La parte a scaffale che è alla sinistra di chi siede è a ripiani destinati a libri, riviste, manuali ecc. accessibili dai due lati, interno ed esterno del mobile. Una parte dello scaffale è chiusa da cristallo scorrevole. La scrivania è in legno laccato grigio-verde e grigio-viola con ripiani laccati in nero; piano superiore e zoccolino in linoleum nero.*

Nella pagina di fronte:

ARCH. PIERO BOTTONI - MILANO - *Studio del Dott. R. Davoli in Milano. Due librerie ad angolo: una con ripiani a giorno per libri e armadietto; l'altra posta dinanzi ad un armadio a muro centrale con armadietti laterali e superiori e ripiani per libri. In primo piano scrivania; nello sfondo poltrona in tubo d'acciaio. I mobili sono in legno laccato in grigio-verde e grigio-viola con ripiani laccati in nero o in linoleum nero. Tappezzeria gialla e grigio-viola.*

LA "STANZA DA STARE,,

(Esecuzione di Turri Mosè di Bovisio Mombello)

Architetto Paolo Buffa - Milano - Stanza di soggiorno nell'appartamento F. - Pareti in "Salubra,, paglierino; mobili in noce biondo, poltrone e divano ricoperti di juta scozzese rosso-nero-gialla. Caminetto in rame.

DOMUS

L'ARTE NELLA CASA

RIVISTA MENSILE • DIRETTORE GIO PONTI

N. 50

FEBBRAIO 1932 - X

CONTO CORRENTE CON LA POSTA - L. 7.50

FEBBRAIO 1932 - X

CONTO CORRENTE CON LA POSTA - L. 7.50

Interior Design by
Melchiorre Bega

Design drawing of a salon and an annexed music room for the Villa M. in Rome by Melchiorre Bega

Arch. Melchiorre Bega - Bologna. Hall, con sala di musica annessa, nella villa M. a Roma.

DOMUS
L'ARTE
NELLA
CASA

DOMUS
L'ARTE
NELLA
CASA
RIVISTA
MENSILE
DIRETTORE
GIO PONTI
FEBBR. 1933-XI
C.C. POSTALE
L. 7.50

DOMUS

DOMUS
L'ARTE NELLA CASA
L'ART DANS LA MAISON
ART IN THE HOME
DIE KUNST IM HAUSE
EL ARTE EN LA CASA

DOMUS
L'ARTE NELLA CASA
L'ART DANS LA MAISON
ART IN THE HOME
DIE KUNST IM HAUSE
EL ARTE EN LA CASA

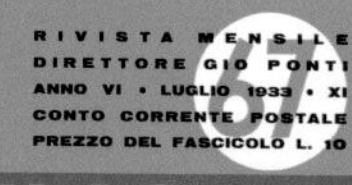

domus 61
January 1933
FEATURING
Vittorio Bonadè Bottino
Franco Petrucci
Mario Ridolfi

domus 62
February 1933
FEATURING
Nicolò Beradi
Enrico Peressut
Ernesto Nathan Rogers

domus 67
July 1933
FEATURING
Luigi Figini
Gino Pollini
Vittorio Terracina
Diego Carnelutti
Mario Romano
Paolo Buffa
Guido Frette
Mario Fagiolo
Tomaso Buzzi
Ubaldo Castagn
Mario Ridolfi
Ernesto Puppo
Cesare Scoccimarro
Marco Fusi
Sandro Pasquali
Ugo Carà

domus 66
June 1933

domus 71
November 1933

domus 70
October 1933
FEATURING
John C. B. Moore
Gilbert Rohde
Giuseppe Terragni
Adolfo Dell'Acqua
Gianni Mantero
Oscar Ortelli
Carlo Ponci
Mario Cereghini
Pietro Lingeri
Gabriele Giassani
Luigi Moretti
Mario Paniconi
Giulio Pediconi
Mose Tufaroli Luciano
Marcello Canino
Giovanni Battista Ceas
Fernando Chiaramonte
Alberto Sanarica

DOMUS
L'ARTE
NELLA
CASA

DOMUS
RIVISTA MEN
DIRETTORE GIO
ANNO VI • NOVEMBRE
CONTO CORRENTE
PREZZO DEL FASCICO

domus 64
April 1933
FEATURING
Luciano Baldessari

DOMUS
L'ARTE
NELLA
CASA

RIVISTA MENSILE DIRETTORE GIO PONTI APRILE 1933-XI C.C. POSTALE L. 7.50

DOMUS
L'ARTE NELLA CASA
L'ART DANS LA MAISON
ART IN THE HOME
DIE KUNST IM HAUSE
EL ARTE EN LA CASA

domus 63
March 1933
FEATURING
Gustavo Pulitzer

OMUS
L'ARTE NELLA CASA
L'ART DANS LA MAISON
ART IN THE HOME
DIE KUNST IM HAUSE
EL ARTE EN LA CASA

RIVISTA MENSILE
DIRETTORE GIO PONTI
ANNO VI • AGOSTO 1933 • XI
CONTO CORRENTE POSTALE
PREZZO DEL FASCICOLO L. 10

DOMUS
L'ARTE NELLA CASA
L'ART DANS LA MAISON
ART IN THE HOME
DIE KUNST IM HAUSE
EL ARTE EN LA CASA

RIVISTA MENSILE
DIRETTORE GIO PONTI
ANNO VI • SETTEMBRE 1933 • XI
CONTO CORRENTE POSTALE
PREZZO DEL FASCICOLO L. 10

domus 65
May 1933

domus 69
September 1933
FEATURING
Giuseppe Pagano Pogatschnig
Franco Albini
Giancarlo Palanti
Renato Camus
Giulio Minoletti
Giuseppe Mazzoleni
Pietro Chiesa

domus 68
August 1933
FEATURING
Piero Portaluppi
Gian Luigi Banfi
Lodovico Barbiano di Belgiojoso
Enrico Perresutti
Ernesto Nathan Rogers
Agnoldomenico Pica
Antonio Maraini
Gherardo Bosio
Franco Albini
Renato Camus
Paolo Masera
Giancarlo Palanti
Giovanni Battista Ceas

1933

domus 72
December 1933

DOMUS
L'ARTE
NELLA
CASA

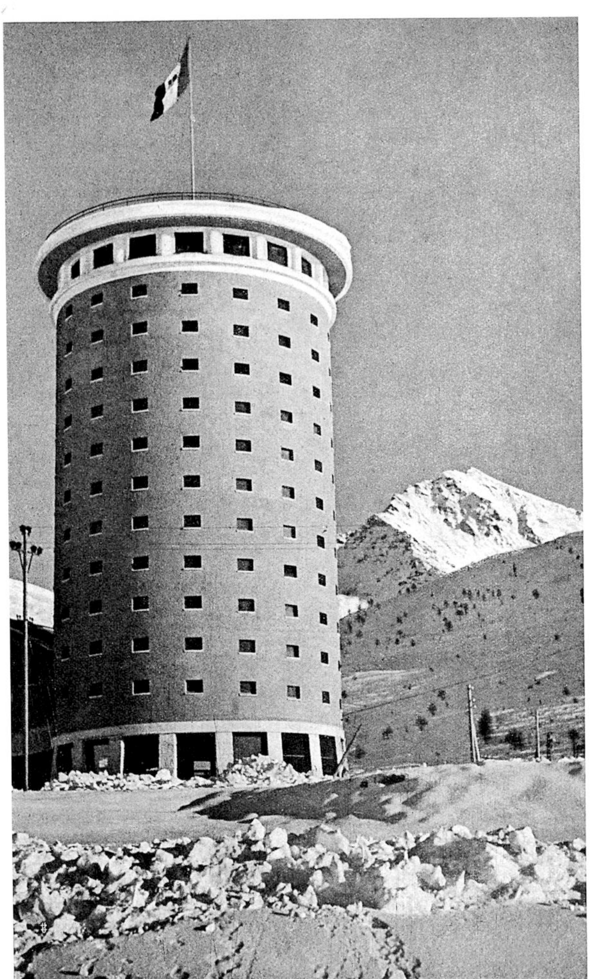

LA TORRE DI SESTRIÈRES

In questa pagina: Ing. Bonate Bottino - Torino Veduta esterna della Torre di Sestrières.

Nella pagina di fronte: due vedute della rampa elicoidale di accesso alle camere (verso il basso e verso l'alto). L'apparecchio di illuminazione della scala. Una veduta dell'ultimo giro della rampa.

« L'architettura moderna è la fortuna delle zone turistiche », abbiamo affermato in « Domus » di dicembre a proposito di Ascona. La Torre — diciamo oggi — sarà la fortuna di Sestrières. Opera ardita ed originalissima, voluta ed ideata da un grande animoso industriale, opera d'oggi, che, se non fosse il cornicione banale, sarebbe una veramente schietta e felice espressione moderna. Le fotografie bellissime e le vivaci parole di Guido Pellegrini illustrano suggestivamente le qualità di questo esemplare edificio.

•

Settanta milanesi partiti nel giorno di Sant'Ambrogio dall'ombra della Madonnina, hanno raggiunto festosamente, in un tripudio di sole e di neve, la Torre di Sestrières. Gli sciatori non si aspettavano una sorpresa così gradita! Un albergo fatto veramente ed esclusivamente per loro! Da lontano, sulla grande strada che da Fenestrelle sale al Sestrières per digradare verso Cesana ed Oulx, già si scorge la Torre profilarsi enorme nel cielo, alta 50 metri e tutta forata in giro da finestre disposte simmetricamente in 13 piani. E la sovrasta una grande bandiera, tesa (sono oltre 2000 metri) al freddissimo vento dell'Alpe.

Appena scesi dai grandi torpedoni, si corre alla scoperta dell'imponente edificio: vociar garrulo da studenti in vacanza, sbatter di porte, sorda musica di scarponi chiodati sul pavimento della « Hall »; si corre tutti al « bureau », mentre settanta voci chiedono insistentemente settanta camere per la notte; c'è da spaventare qualunque « maître », che tenga alla sua tranquillità. Ma il « maître » sorride, si arma di moltissime chiavi e per una breve scaletta, l'unica dell'albergo, conduce la massa vociante all'ingresso interno della Torre. E qui le grida di meraviglia si rinnovano in pieno: la Torre è cava dal fondo alla cima, dominata da un amplissimo lucernario; e dal basso si snodano gli anelli a spirale di una comoda rampa, lungo la

The Tower of Sestrières

Hotel in Sestrières designed by Vittorio Bonadè Bottino: views of elevation, interior ramp and lighting

Foto Pellegrini - Milano

quale si aprono le porte delle camerette, tutte libere, tutte per una persona, due a due comunicanti. In pochi minuti, percorrendo la rampa, il gruppo si assottiglia, finchè l'ultimo gitante scompare nella cameretta assegnatagli: una scena cinematografica svoltasi con effetti comici ed altamente sonori.

Ogni cameretta contiene « multum in parvo » una grande ottomana-letto, che occupa la parete esterna, e le sovrasta l'ampia finestra oltre la quale la montagna domina in pieno; due comodi armadi nelle pareti; lavabo con acqua caldissima e fredda; luce in alto ed allo specchio; pavimento di gomma; una poltrona; perfino la radio in ogni camera: insomma, un modello di « comfort ».

Su in alto, sopra il 12° piano (funzionano rapidi ascensori) piccoli salotti da gioco o lettura, inondati di luce dagli ampi finestroni e infine all'aperto il belvedere: panorama circolare! Questa è la Torre di Sestrières.

L'effetto è nuovo, originale e divertente e una pallida idea possono darne i fotogrammi che pubblichiamo, impressioni affrettate del primo soggiorno.

In basso, a piè della Torre, son disposti gli ampî saloni da pranzo, semi-circolari: semplicità e praticità; tavoli curvi attorno alle vetrate; su ogni tavolo il piano di cristallo tiene le veci della tovaglia; gaie stoviglie di ceramica, posaterie e cristallerie lucenti. Tutto l'insieme risulta simpatico e signorile, senza lusso.

Grandi ambienti di servizio, depositi per sci, bar, riscaldamento centrale, efficace sino agli alti piani della Torre.

Dall'Albergo parte la funivia, che con una stazione intermedia sale a 2600 metri sulla montagna: e di lassù stormi di sciatori ridiscendono a valle in ampie volute, zig-zaganti sul candore della neve.

GUIDO PELLEGRINI

CARATTERE DI

Pochi edifici si prestano, come le palestre, per l'espressione di una architettura moderna, lirica. Ciò non era mai stato nemmeno avvicinato fin qui e, almeno in Lombardia, le « palestre comunali » erano la espressione della più banale edilizia con le loro finestre a bifora e certi graffiti.

L'Opera Nazionale Balilla nella sua benefica funzione semina di palestre tutta Italia, e i giovani architetti nostri le sottopongono progetti di più in più felici. Questi tre, che illustriamo in queste pagine, di Ridolfi e di Petrucci hanno un carattere moderno che si solleva da certe formole correnti moderne con una composizione, specie nei progetti di Ridolfi, ricca di impeto lirico.

ARCHITETTO FRANCO PETRUCCI - ROMA
Progetto di una palestra per l'Opera Nazionale Balilla.

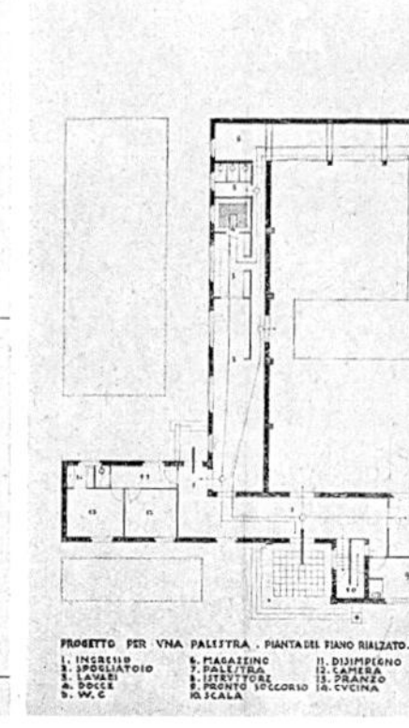

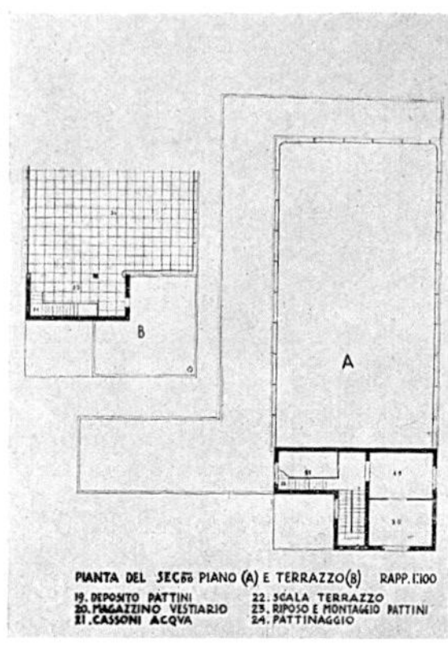

The Character of Sports Architecture Today

Proposals for a gymnasium building for the Fascist Party Youth Grou designed by Franco Petrucci and Mario Ridolfi: elevation drawings and floor plans

ARCHITETTURE SPORTIVE D'OGGI

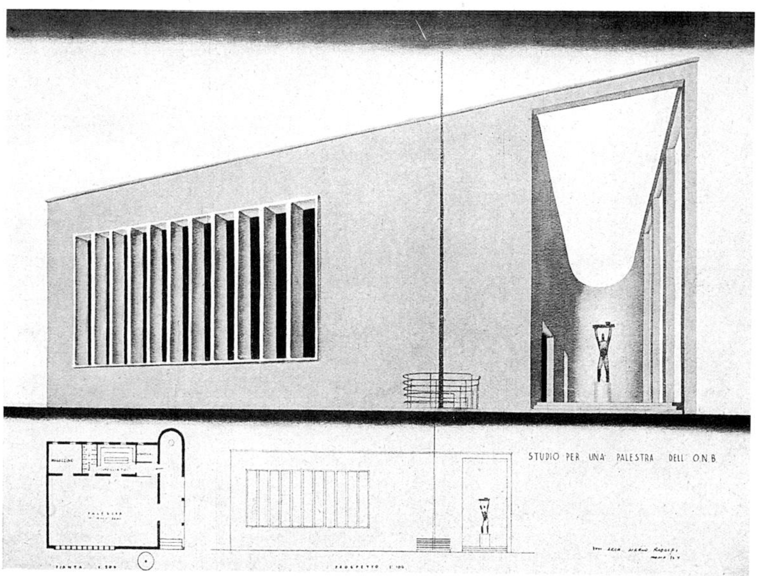

ARCHITETTO MARIO RIDOLFI R O M A

Palestra per l'Opera Nazionale Balilla.

UN CINEMA MODERNO A BRESCIA

Fototecnica Moderna - Brescia

Architetto Pier Nicolò Berardi – Firenze – La sala di proiezione e l'atrio del Cinema Palazzo di Brescia – Le pareti sono in "Silexine„ di colore arancio sfumato; le poltrone sono laccate azzurre con parti in metallo. I pavimenti sono in ceramica Ferrari di Cremona su toni azzurri e gialli. Le balaustre sono di cromo-alluminio. Le decorazioni murali del pittore Silvano Tajuti. (Il mobilio è eseguito da G. Berardi di Firenze).

A Modern Cinema in Brescia

Cinema in Brescia designed by Nicolò Beradi: views of interior and detail of staircase

UN BAR MODERNO A MILANO

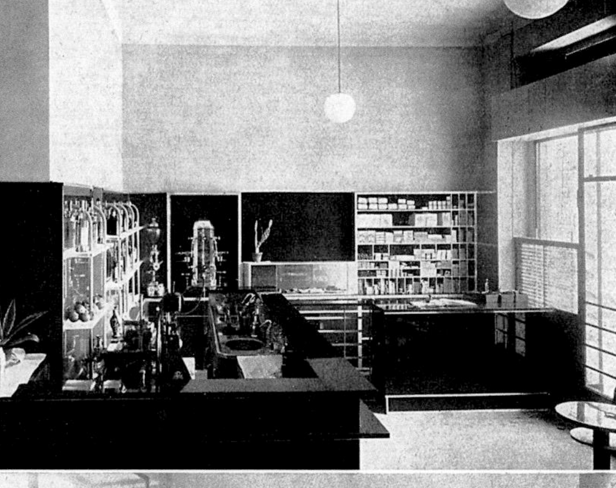

Architetti Enrico Peressutti ed Ernesto G. Rogers - Milano – Bar del Grillo in Milano – **1** Il bar e la privativa – il banco è in cristallo rosso con lo zoccolo di linoleum nero; i ripiani sono in marmo nero del Belgio - gli scaffali per bottiglie hanno il fondo in cristallo verde giada con i ripiani in cristallo illuminati; i sostegni sono in ferro verniciato in giallo - I mobili del retro-banco sono in linoleum nero e legno laccato giallo - la portina verso la cucina è in linoleum nero - il cancello tra il banco della privativa e il bar è scorrevole, in ferro tubolare giallo, l'intonaco delle pareti è di colore grigio azzurro.

2 Il bar e la privativa visti dalla sala da bigliardo.

3 L'angolo della pasticceria - il mobile è di linoleum nero e legno laccato giallo con l'interno di cristallo verde giada - il tavolo di servizio ha il ripiano in cristallo rosso - I tavolini hanno tre ripiani, il primo in cristallo rosso - il secondo in legno laccato giallo - il terzo in linoleum nero con fascia in metallo anticorodal.

Foto Paoletti - Milano

A Modern Bar in Milan

Bar del Grillo in Milan designed by Enrico Peressutti and Ernesto N. Rogers: views of interior

"Trieste„ - Pannello decorativo di Elena Fondra per il "Conte di Savoia„

Allegato n. 1 alla rivista
Domus n. 63 marzo 1933

Conte di Savoia ocean liner designed by Gustavo Pulitzer: *Trieste* decorative panel by Elena Fondra and view of decks

DOMUS

L'ARTE NELLA CASA

RIVISTA MENSILE

DIRETTORE GIO PONTI

REDATTORE GIANCARLO PALANTI

MARZO 1933 - XI - N. 63

OGNI DIRITTO RISERVATO - RIPRODUZIONE ANCHE PARZIALE VIETATA - CONDIZIONI D'ABBONAMENTO: L'ABBONAMENTO PER UN ANNO PER L'ITALIA E COLONIE L. 75. ESTERO L. 120. - L'ABBONAMENTO PUÒ INIZIARSI DA QUALUNQUE NUMERO. GLI ABBONAMENTI NON DISDETTATI CON LETTERA RACCOMANDATA UN MESE PRIMA DELLA SCADENZA SI INTENDONO RINNOVATI PER UN ANNO - VERSARE LA QUOTA DI ABBONAMENTO SUL CONTO CORRENTE POSTALE 3-15690. - ANNATE COMPLETE 1928, 1929, 1930, 1931, 1932 RILEGATE IN TELA E ORO, L. 300 CADAUNA - FASCICOLI ARRETRATI SCIOLTI L. 20 CADAUNO - FASCICOLI DELL'ANNO IN CORSO L. 7.50 CADAUNO - (CONCESSIONARI ESCLUSIVI PER LA VENDITA DELLE COPIE ALLE LIBRERIE: A. & G. MARCO - S. DAMIANO, 3 - MILANO) - DIREZIONE REDAZIONE AMMINISTRAZIONE: EDITORIALE DOMUS S. A. - MILANO - S. VITTORE, 42 - TELEFONO 42-251 - TELEFONO DELLA REDAZIONE 490-123.

(Foto Agosto - Genova)

UNA NAVE

Ecco l'argomento principale di questo numero. Già « Domus » aveva dedicato alla bellissima motonave *Victoria* un intero fascicolo: agli interni del *Conte di Savoia* oggi dedica molte pagine, per la bellezza di quegli ambienti, stupende. L'intervento di un architetto moderno come il Pulitzer ha fatto di alcune nostre bellissime navi delle vere e perfette accademie d'arte dell'arredamento. L'assillo della perfezione, l'invenzione d'arte, la volontà e la necessità di una esecuzione impeccabile e di una perfetta calcolata seducente funzionalità fanno di queste nostre navi *moderne* dei testi di arredamento moderno, vale a dire di elegante e raffinato e comodo arredamento. Perciò crediamo che queste pagine interesseranno enormemente tutti i nostri lettori, non senza che — come dicemmo altre volte — un grande desiderio li induca a fantasticare sul bel viaggiare che questi bastimenti promettono.

L'arte di sedurre al viaggio è giunta a tanto che non l'incanto della mèta è prevalentemente dinnanzi a noi, ma l'incanto del viaggiare: viaggiare per viaggiare; anzi, viaggiare per ben viaggiare...

Ma tornando al nostro argomento vogliamo anche segnalare il significato che questi arredamenti rappresentano. La somma delle loro bellezze, delle loro raffinatezze, della loro perfezione tecnica rappresenta uno stile, un tenore di vita, una testimonianza di civiltà che se ha — come comincia ad avere — largo riscontro nelle architetture terrestri, cioè nella nostra vita, rappresenta nel modo più degno una Nazione. Questa testimonianza è posta dalle grandi navi in diretto contatto con genti e con luoghi stranieri. Esse sono degli ambasciatori formidabili della civiltà delle bandiere che battono. Grandissima importanza: felice missione dei loro architetti.

Cosa dicono al mondo navi come il *Victoria*, come il *Conte di Savoia?* Dicono quale è l'Italia vivente, quale è l'Italia d'oggi: ardita, ricca di energie, adeguata ad ogni popolo più coltivato, nell'educazione del gusto e nelle esigenze più civili e raffinate del vivere, padrona e maestra nelle tecniche. Un solo salone, una riproduzione di un fastoso interno del Palazzo Colonna, ridice ancora nel *Conte di Savoia* il fasto dell'antica Italia: il resto è tutto nuovo, è tutto moderno e questo contrasto — in fondo — è significativo, ed esso pure rappresentativo.

Quali saranno le prove future dell'arredamento navale? Già a proposito della *Victoria* dicemmo il nostro pensiero su quest'argomento e vorremmo illustrare una nave a « classe unica », il *Neptunia*, per trovare il riscontro affermativo ad esso. Se in rapporto a queste prospettive dovessimo dire il nostro giudizio sul *Conte di Savoia* ripeteremmo ancora che esso testimonia di una raggiunta modernità, ma che naturalmente il

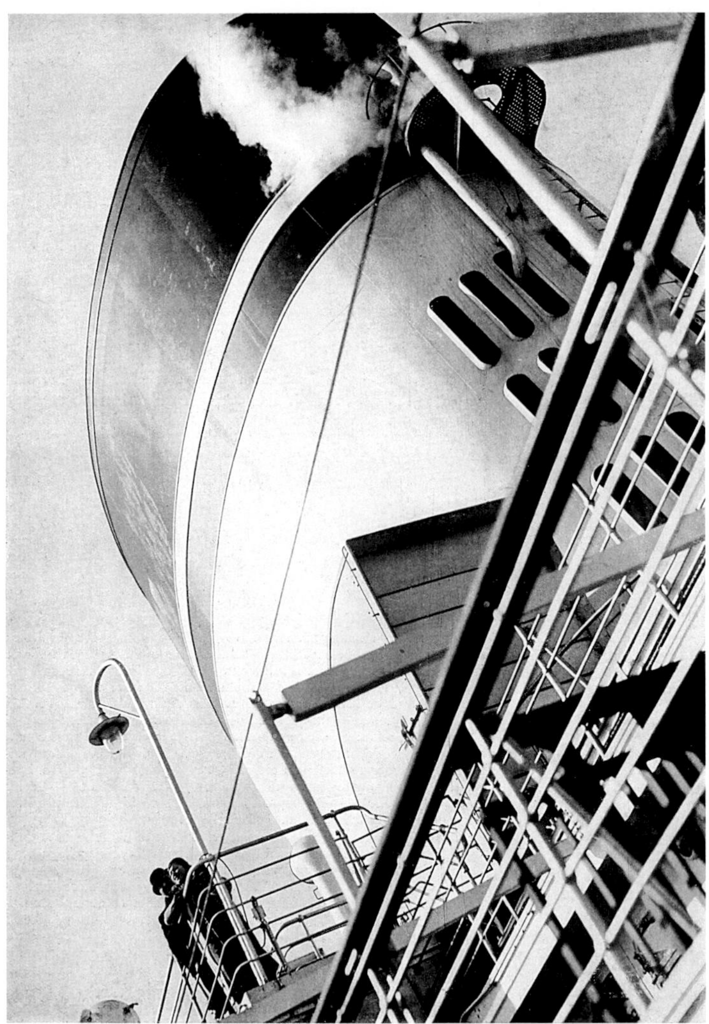

(Foto Agosto - Genova)

L a c i m i n i e r a d e l "C o n t e d i S a v o i a„ v i s t a d a l b a s s o

nostro desiderio vola — come certo quello di Pulitzer che di prova in prova si cimenta sempre più vittoriosamente in queste grandiose imprese tanto piene di difficoltà — verso una espressione esplicita, indipendente di *italianità* nella raggiunta modernità.

La collaborazione fra arredatore ed artisti nostri che Pulitzer persegue, condurrà certamente a questo; la maestrìa raggiunta nel lavoro, forse non superabile, gli lascia il campo per questo solo ideale, per questa sola volontà. Noi vogliamo che dagli sforzi e dalle fatiche nobilissime degli italiani emerga con un carattere nostro, un primato nostro, che faccia alle nostre navi i nuovi « clas-

(Foto Lazi - Stoccarda)

"Conte di Savoia„ La galleria della Principessa. Busto in bronzo della Principessa di Piemonte, opera di Maryla Lednicka.

sici » dell'arredamento navale moderno, attraverso una misura, un'armonia, una bellezza alta, serena e severa nel tempo stesso, equilibrata e solida, sana e semplice, ricca di vivace fantasia, espressione integra di uno spirito italiano.

Quale è l'ambiente che nel *Conte di Savoia* maggiormente avvicina questo ideale? Per noi è la sala da musica, di un'architettura piena d'equilibrio e di giusto volume, di una serena severità, di una signorilità di sostanza e non di ricerca. Essa è — fra i bellissimi ambienti del *Conte di Savoia* — l'ambiente più bello.

GIO PONTI

IL CRISTALLO SECURIT VERO ACCIAIO TRASPARENTE

trova applicazioni nelle costruzioni dei mobili moderni là dove fino ad oggi l'uso del vetro era limitato unicamente a causa della sua fragilità.

●

Il cristallo Securit è il cristallo temperato italiano che resiste anche a urti violenti e a forti sbalzi di temperatura. E' terso, lucido, trasparente come un cristallo normale.

VEDERE IN QUESTO NUMERO A PAGINA 340 I MOBILI CON IMPIEGO DI SECURIT SU PROGETTO DELL'ARCHITETTO GHERARDO BOSIO DI FIRENZE

Per informazioni e opuscoli spiegativi scrivere citando Domus alla Società Anonima V. I. S. - Pisa

SOCIETÀ ANONIMA **V · I · S** VETRO ITALIANO DI SICUREZZA - STABILIMENTO: PISA

DIREZIONE: PISA - VIA DEL CHIASSATELLO - FILIALI: MILANO - TORINO - ROMA - GENOVA - NAPOLI

ESCLUSIVA DI VENDITA DEL CRISTALLO SECURIT DELLA FABBRICA PISANA DI SPECCHI

E LASTRE COLATE DI VETRO DELLA COMPAGNIA DI SAINT-GOBAIN

ARCH. LUCIANO BALDESSARI - MILANO - *Un mobile-bar nell'appartamento Spadacini in Milano - E' in noce naturale lucidato nero. Le scaffalature interne sono in cristallo; il cielino luminoso; il maniglione in alpacca e il piano del banco in cristallo e alpacca. Alcune parti sono laccate in verde.*

UN ARREDAMENTO DI GRAN CLASSE

è questo ideato dall'Architetto Luciano Baldessari per casa Spadacini in Milano. Presentiamo qui alcune riproduzioni dei mobili che, sia per la grande purezza ed eleganza di linee che per le ingegnose trovate tecniche e per la scelta dei materiali, sono espressioni di un sceltissimo gusto.

An Interior of Class

Interiors of the Casa Spadacini in Milan designed by Luciano Baldessari: bar cabinet

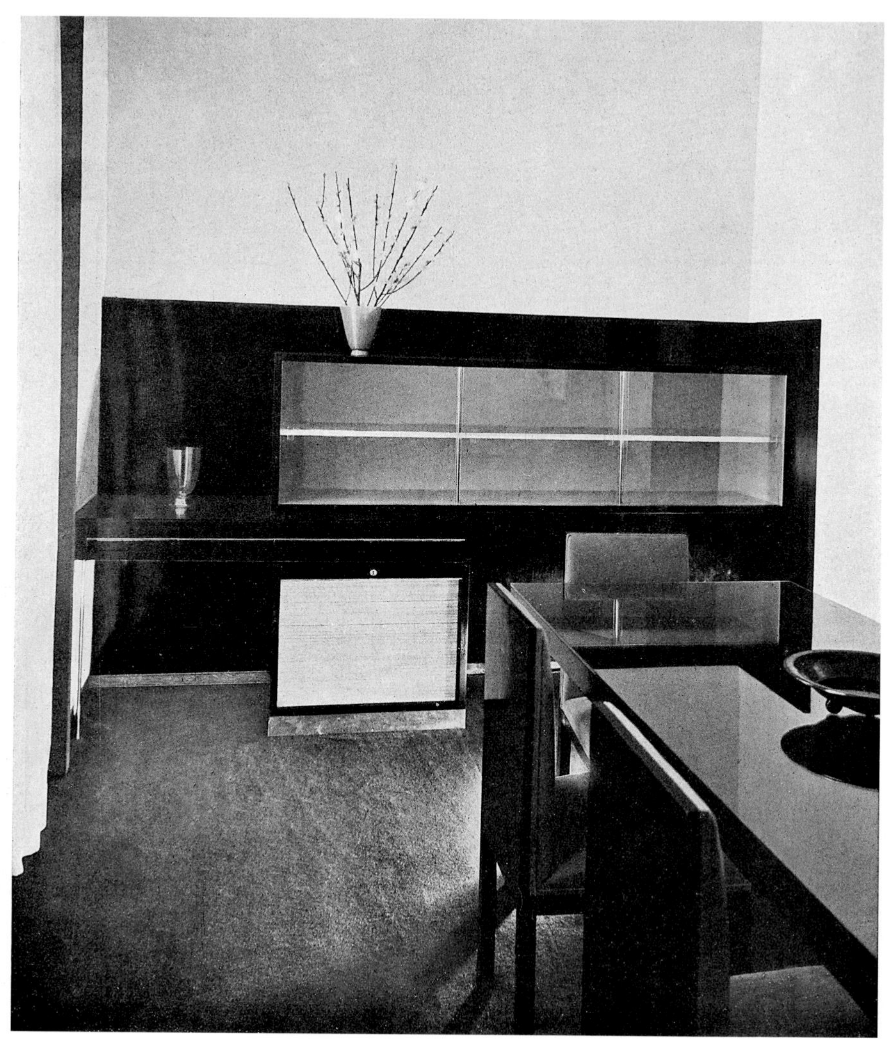

ARCH. LUCIANO BALDESSARI - MILANO - *Sala da pranzo in casa Spadacini a Milano - La credenza ha fondale, vetrina e cassettiera in noce naturale lucidato nero, cristalli scorrevoli e maniglie in alpacca; il fondo della vetrina è laccato in grigio. Il ripiano della cassettiera è in cristallo rosso e la griglia avvolgibile in legno laccato rosso vermiglione. Il tavolo allungabile è lucidato in nero con piano in cristallo rosso medium. Le sedie, con schienale e gambe lucidate in nero sono imbottite e ricoperte di fustagno rosso-cinabro. Le pareti sono ricoperte di stoffa rosa, le tende sono in "voile„ rosa; il soffitto tinteggiato in rosa chiaro. Il pavimento è in feltro rosso medium scuro. La figura in basso a destra della pagina di fronte mostra un altra veduta della credenza.*

An Interior of Class

Interiors of the Casa Spadacini in Milan designed by Luciano Baldessari: views of dining room, dressing table, cabinet and bookshelves

ARCH. LUCIANO BALDESSARI - MILANO - *Appartamento Spadacini in Milano* - Sopra, *lo spogliatoio: ha le pareti in stoffa grigia di tinta unita. La tenda in "voile„ grigio; il pavimento in feltro grigio. Gli armadi sono laccati in giallo con contorni lucidati in nero e zoccolo di alpacca. La toeletta in nero lucido ha il piano di cristallo e la cassettiera con maniglie in alpacca; lo specchio ha una gola luminosa. La poltroncina, imbottita, è ricoperta di fustagno color rosa ciclamino.* Sotto, *un mobile libreria in noce naturale con ante e cristalli scorrevoli; ha parti laccate in rosso cinabro e in nero; un'antina a ribalta forma scrivania. La sedia, in legno nero, è ricoperta di stoffa rosso cinabro.*

(Foto Bérard - Nizza)

Simplicity and Elegance
in a Modern Interior in Nice

Interiors designed by Jansen for Marquis Uberto Strozzi: views of living room and bedroom

(Foto Bérard - Nizza)

CARATTERE DI SEMPLICITÀ E D'ELEGANZA IN UN ARREDAMENTO MODERNO A NIZZA

Queste tre riproduzioni bastano a darci un'idea del controllatissimo gusto che ha guidato Jansen nel disegnare per il marchese Uberto Strozzi questa fresca dimora le cui finestre si aprono sull'incantevole panorama del porto di Nizza - **Nella pagina di fronte:** due vedute del locale di soggiorno con mobili di acero e sedie in metallo tinto in nero; anche la stoffa zebrata è bianca e nera. Ad una estremità del locale, la scrivania con un alto sgabello. Le tende sono di tela-vela color ruggine; i tappeti, fatti in Andalusia, sono di juta fortissima. Qui sopra, la camera da letto, che ha essa pure mobili in acero e sedie in metallo colorato in nero.

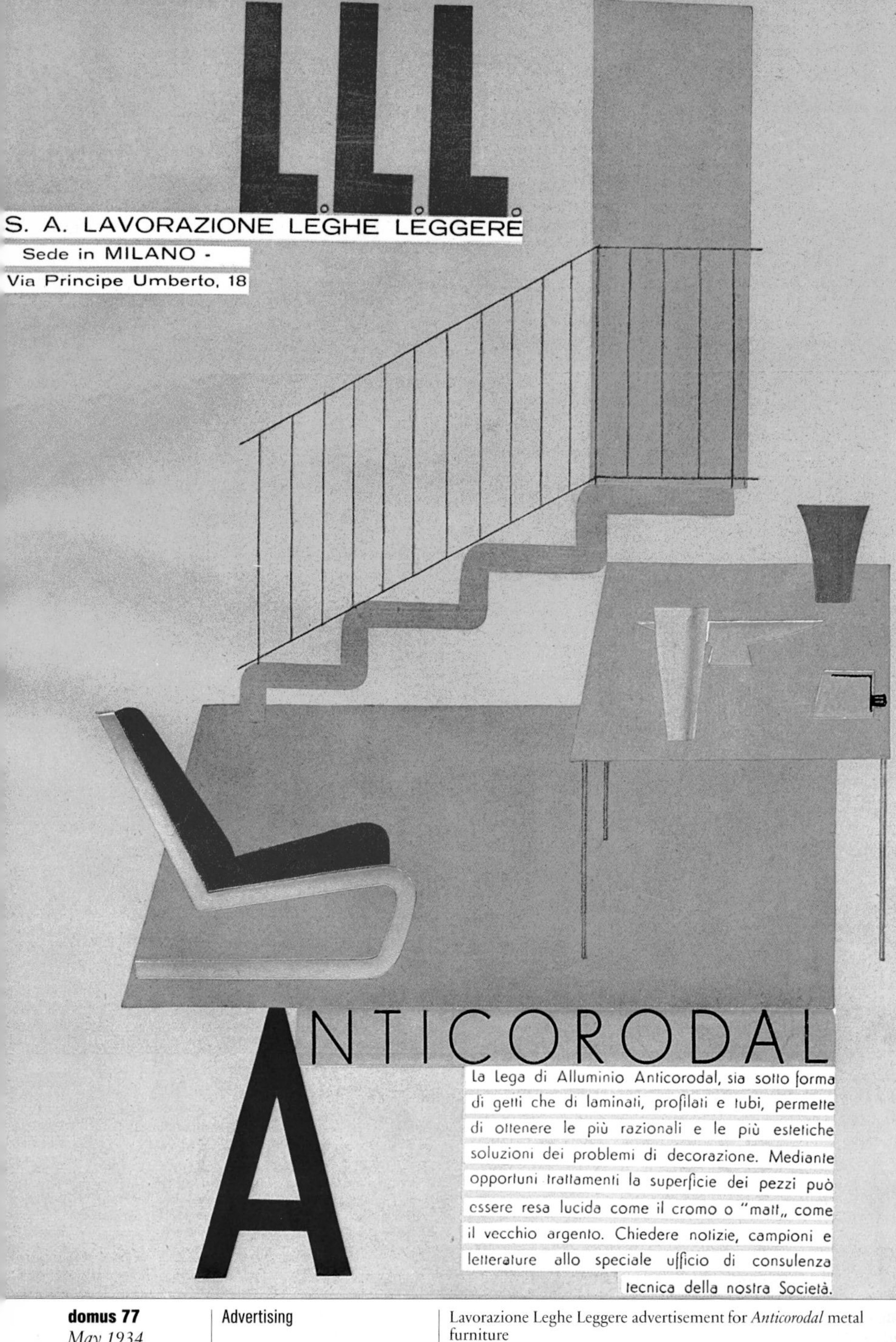

L.L.L.
S. A. LAVORAZIONE LEGHE LEGGERE
Sede in MILANO -
Via Principe Umberto, 18
ANTICORODAL
La Lega di Alluminio Anticorodal, sia sotto forma di getti che di laminati, profilati e tubi, permette di ottenere le più razionali e le più estetiche soluzioni dei problemi di decorazione. Mediante opportuni trattamenti la superficie dei pezzi può essere resa lucida come il cromo o "matt„ come il vecchio argento. Chiedere notizie, campioni e letterature allo speciale ufficio di consulenza tecnica della nostra Società.

Advertising

Lavorazione Leghe Leggere advertisement for *Anticorodal* metal furniture

Foto Crimella

Architetti Gino Pollini e Luigi Figini - Milano - Villa-studio per un artista - Veduta esterna - Le pareti sono intonacate in bianco, i serramenti di color nero-verde, i muri di recinzione in blocchi neri con giunti in vista di color verde chiaro.

Nella pagina di fronte, in alto: *Veduta della piccola piscina (con la scultura policroma di Lucio Fontana) e del giardinetto col "solarium",* - sotto: *Altre due vedute dell'esterno, la sezione assonometrica e la pianta.*

LA VILLA-STUDIO PER UN ARTISTA

Cette maison de Figini et Pollini, architectes à Milan, est une des choses les plus intéressantes et les mieux réussie de la Triennale. Nos illustrations suffisent à en indiquer le caractère et la valeur.

This house of Figini and Pollini, architects of Milan, is one of the best and more interesting of the Triennale. Our pictures are enough to show its worth.

Das Haus der mailändischen Architekten Figini und Pollini, biebet ein sehr grosses Interesse und ist eine der best gelungene Forschung der Triennale. Unsere Bilder genügen um seine Karakteristiken und seinem Wert sehen zu lassen.

Esta casa por Figini y Pollini, arquitectos en Milán, es úna entre las cosas mejores y más interesantes de la Triennale. Nuestras ilustraciones son suficientes para mostrar sus caracteres y su valor.

La mostra dell'abitazione alla Triennale di Milano è stata da noi definita un « dibattito » di architetti, attraverso esempî costituiti da *vere case*, sulla abitazione moderna.
Uno dei termini di questo dibattito è posto, nel modo migliore, più schietto e ricco di pregi, da questa villa-studio per un pittore presentata da Figini e Pollini. Essa è un organismo interessante concepito e condotto con quella « fantasia di precisioni » che abbiamo detto essere un carattere dell'arte moderna nei migliori temperamenti che la rappresentano.
La pianta, l'assonometria, le fotografie e le didascalie descrivono pienamente questo organismo con il gioco dei suoi muri, dei suoi cortili e delle sue aperture, e dànno pienamente l'*atmosfera* di questa abitazione e la misura della sua venustà.

Vogliamo aggiungere che in quest'opera son presenti una viva immaginazione creativa e meditati ritmi e misure, e che in essa è tanto palese la corrispondenza ad un pensiero raggiunta da una realizzazione curata con passione, da imprimerle un carattere difficile da dimenticare e tale che la staccano nettamente dalle case dello stesso genere che si vedono alla Triennale.

Nella « villa-studio per un artista » la ricerca di dare alla casa una maggiore intimità — ricerca contemporanea a quella dell'adattamento all'ambiente circostante (alberi, cespugli, prati, atmosfera) — ha portato a limitare l'apertura verso l'esterno, e ad aprire sugli spazi a cortile grandi pareti scorrevoli di cristallo, orientate in modo da evitare l'insolazione estiva.

Studio-Villa for an Artist

Studio-Villa for a painter designed by Luigi Figini and Gino Pollini for the V Milan Triennale: elevation

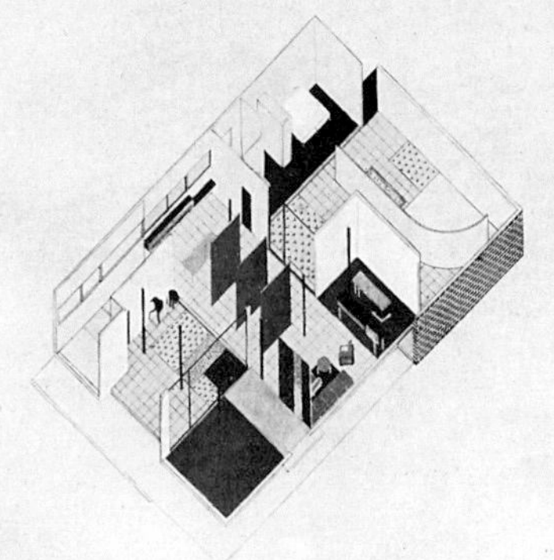

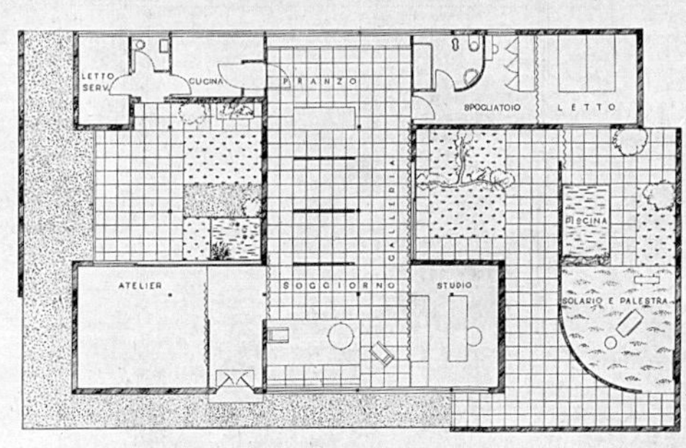

Foto Crimella

Studio-Villa for an Artist

Studio-Villa for a painter designed by Luigi Figini and Gino Pollini for the V Milan Triennale: views of exterior and internal courtyard, axonometric drawing, floor plan

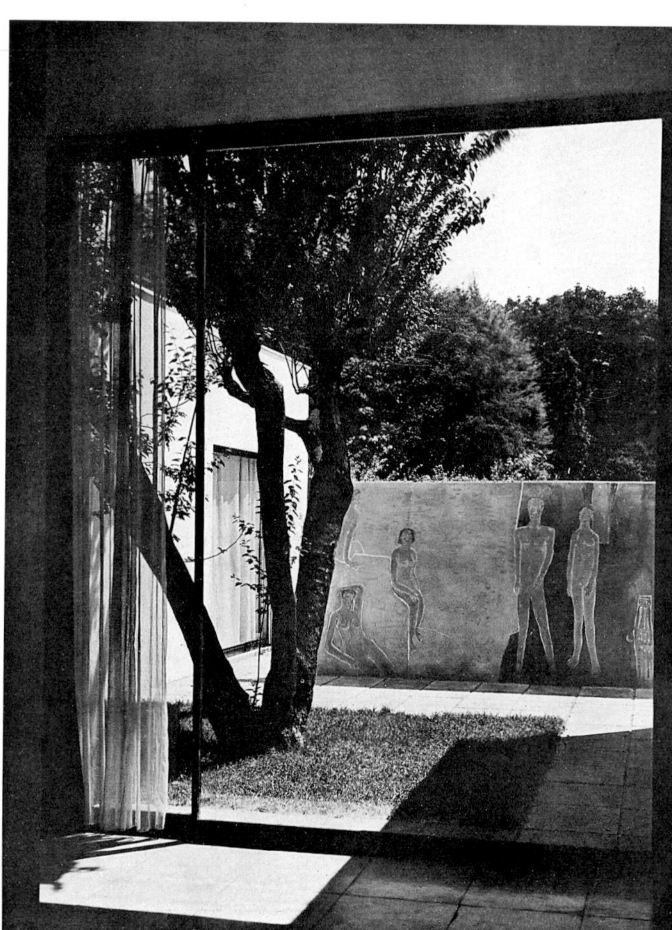

Architetti Luigi Figini e Gino Pollini - Milano - Villa-studio per un artista - Veduta dall'interno del "cortiletto del pruno rosso." La parete di fondo è affrescata da Angelo Del Bon: il pavimento è parte a prato, parte a lastre quadrate color ocra chiaro.

Foto Crimella

Nel primo cortile semicoperto al di là di una vasca con piante acquatiche, dei cespugli, e del rettangolo di prato, è posta come fondo prospettico, sull'asse visuale dall'ingresso, una scultura a due colori, illuminata dall'alto.

Il secondo cortile si sviluppa su tre lati (due pareti piene, una di cristallo) attorno ad un grande pruno rosso che ne forma quasi il centro; sul fondo un muro più basso, affrescato. Al di là un cortile chiuso con piscina di marmo disposta in corrispondenza alla grande porta-finestra della camera da letto. Le didascalie accanto alle illustrazioni completano la descrizione di questa casa: noteremo qui che il prezzo della costruzione è di L. 70.000 e quello dell'arredamento di L. 22.000.

La costruzione è stata realizzata mediante una struttura in acciaio; i pilastri a sezione quadrata risultano dall'accostamento di due profilati ad U collegati fra loro; lo schema della disposizione dei sostegni verticali si risolve in un reticolo ad intervalli costanti nelle due direzioni ortogonali.
I pannelli di rivestimento delle pareti sono dati da un doppio strato esterno ed interno di « Insulite » intonacata, che è pure posta in opera per l'isolamento termico dei terrazzi.
Gli infissi delle finestre sono in acciaio, a « coulisse » scorrevoli orizzontalmente. Una parte di questi — per evidenti ragioni di economia, dato il carattere provvisorio della costruzione — è stata realizzata più semplicemente a mezzo di telai fissi: l'areazione è in tal caso ottenuta lasciando nelle aperture una striscia orizzontale senza vetro.
Le porte di legno a pannello pieno sono realizzate a « nido d'api ».
Nei cortili le lastre del pavimento sono leggermente distanziate fra di loro allo scopo di formare piccoli canaletti per lo scolo delle acque.
I muri perimetrali di recinzione sono in blocchi di cemento colorato in pasta, e posti in opera lasciando i giunti in vista.

Architetti L. Figini e G. Pollini - Milano - Villa-studio per un artista - a sinistra: *il cortile a impluvio: il muro di fondo e laterale è di intonaco verde: la scultura, bianca e nera, è di Fausto Melotti: la vasca di ceramica nera, il pavimento di marmo verde-rosa: i serramenti e le colonne di color verde nero.* - a destra: *un angolo della camera di soggiorno e studio con vista del cortile del pruno attraverso la parete di cristallo: pavimento di marmo bianco e linoleum grigio, pareti color verdino, colonne nero-verde, libreria di legno nero lucido con gambe in acciaio cromato e interni di lincrusta verde.*

a sinistra: *il cortile a impluvio, con veduta, attraverso la grande parete di cristallo, dell'ingresso e dello studio dell'artista.* a destra: *la piccola galleria: diaframmi di divisione rivestiti di stoffa grigia a fondale dei quadri esposti: colonne d'acciaio in color nero-verde: pavimento di marmo bianco: in fondo a sinistra, l'atelier: in fondo a destra, la sala da pranzo.*

a sinistra: *l'atelier con parete di cristallo apribile a "coulisse" verso il cortile a impluvio: pavimento di linoleum grigio-scuro: pareti color grigio-azzurro chiaro: tendaggi bianchi, grigi e neri: scrivania in legno nero, legno laccato e anticorodal a elementi variamente componibili: in fondo al cortiletto la scultura bianca e nera di Lucio Fontana.* - a destra: *il cortile del pruno: muri bianchi, pavimento in lastre color ocra chiaro, alla finestra tende di velo verde e di panno nero: nel cristallo è riflesso il muro affrescato da Angelo Del Bon.*

Foto Crimella

Studio-Villa for an Artist

Studio-Villa for a painter designed by Luigi Figini and Gino Pollini for the V Milan Triennale: views of courtyards, living-room corner, small gallery, studio, dining room and room divider

Architetti Luigi Figini e Gino Pollini - Milano - Villa-studio per un artista - Sala da pranzo: tavolo di metallo cromato con ripiano di cristallo rosa-arancio, sedie di metallo modello Thonet, mobile-cristalliera di cristallo colorato nero esternamente, rosa-arancio all'interno: cassetti di legno nero lucido, maniglie e bordature di metallo cromato: ripiano laterale a mensola di cristallo nero (esec. Luigi Fontana) - Serramenti e colonne di color nero-verde: pareti tinteggiate in verde-chiaro: pavimento in marmo bianco.

Foto Crimella

Architetti Luigi Figini e Gino Pollini - Milano - Villa-studio per artista - Mobili a doppia faccia divisorio fra sala di soggiorno e studio, e mobile-bar. Il mobile doppio è di legno nero lucido con interno di lincrusta verde, cristalli scorrevoli e piedi di acciaio cromato; ripiano interno di cristallo spostabile - Mobile-bar in legno nero e metallo cromato: interno di cristallo rosa-arancio con fondo luminoso diffusore; l'antina a ribalta è esternamente di specchio. Pavimento in lastra di marmo bianco e di linoleum nero unito.

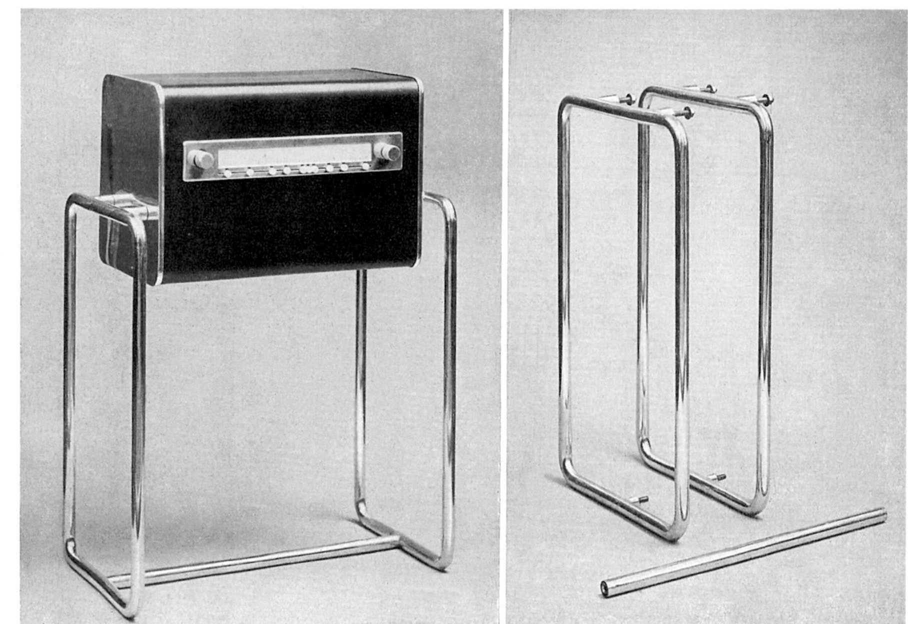

Arch. Vittorio Terracina - Mobile radio-grammofono della Ditta Vignati-Menotti di Laveno

L'esempio di concezioni moderne di *apparecchio* radio fa strada! Ecco un eccellente modello studiato dall'arch. Terracina e lanciato dalla Radio Crosley (Vignati Menotti di Laveno). Il cofanetto ha le faccie laterali in alluminio o in acciaio cromato e le altre faccie in legno, in marocchino rosso, in pelle di vacca naturale, in linoleum, in tela cerata, in pergamena, ecc. Le segnalazioni sono luminose, la bocca d'uscita del suono è verso il basso. Il cofano è sorretto da un sistema smontabile di tubi d'acciaio o d'alluminio. Come i nostri lampadari elettrici si allontanano dalla imitazione dei... candelieri, così gli apparecchi radio sloggiano finalmente dai brutti mobiletti d'imitazione di stile che fin qui li hanno ospitati, ed assumono forme loro proprie.

Mobile Radio-Phonograph

Radio-phonograph designed by Vittorio Terracina for Radio Crosley (Vignati-Minotti)

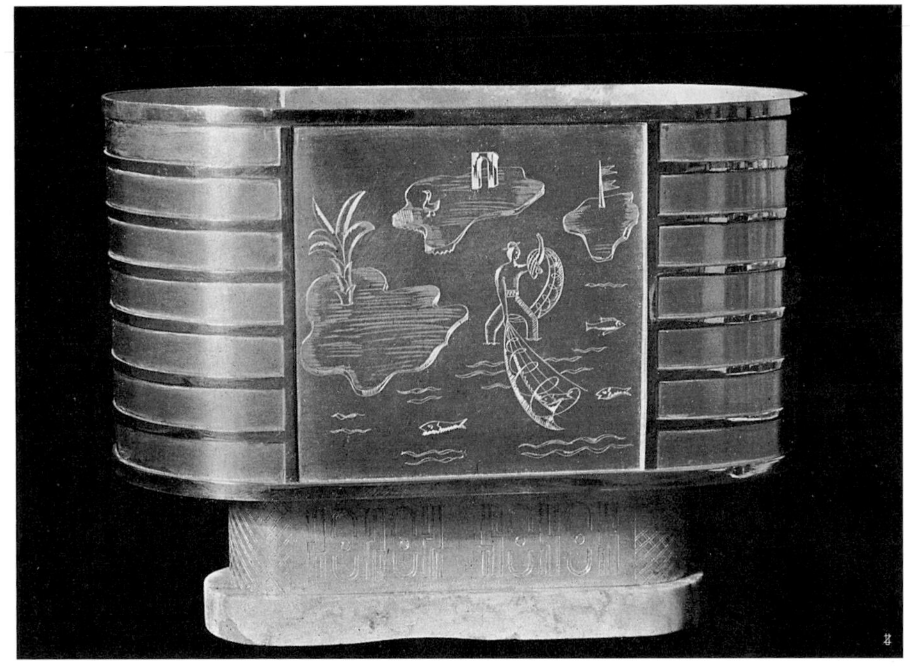

Foto Crimella

Modelli Enapi alla Triennale - Coppa in argento - Disegno di Diego Carnelutti - Esecuzione di Corradini di Bologna.

L'E. N. A. P. I. ALLA TRIENNALE

Continuazione, vedi fascicolo precedente

Dans nos derniers fascicules nous avons illustré les caractéristiques de l'Enapi et commenté la façon dont cette institution s'est affirmées à la Triennale. Désormais, de numéro en numéro, nous illustrerons partiellement les choses les plus intéressantes de chaque genre. Cette fois, c'est le tour du métal; le mois prochain nous nous occuperons du rotin.

In the other numbers we have shown the characteristical works of the Enapi and spoken of the importance that this school has reached at the Triennale. Now we will show by and by the more interesting works of each kind now it is the turn of metals; in the next number we will speak of the works in osier.

In den vorigen Heften haben wir die Karakteristik der Enapi gegeben und haben gezeigt in welcher Art diese Einführung in der Triennale Platz genommen hat. Von nun an, werden wir in jeden Hefte die interessantesten Sachen jeder Art einzeln herausgeben.

En los fascículos precedentes han sido ilustradas las calidades peculiares del Enapi y ha sido comentada la importancia con la que esta institución se ha afirmado a la Triennale. De ahora en adelante ilustraremos en cada fascículo las obras mas interesantes de cada género. Empezamos por los metales. El próximo fascículo será dedicado a los mimbres.

Nei numeri precedenti abbiamo illustrato le caratteristiche dell'Enapi e commentata l'affermazione che questa istituzione ha raggiunto alla Triennale. Ora, di fascicolo in fascicolo, illustreremo partitamente le più interessanti cose di ciascun genere. Questa è la volta dei metalli. Il prossimo fascicolo lo dedicheremo ai vimini.

Silver cup designed by Diego Carnelutti for Corradini shown at the V Milan Triennale

Candeliere e portafiori - disegno di Mario Romano - esecuzione di Corradini di Bologna.

Servizio da tè in argento e avorio - Disegno di Paolo Buffa - Esecuz. di Corradini di Bologna.

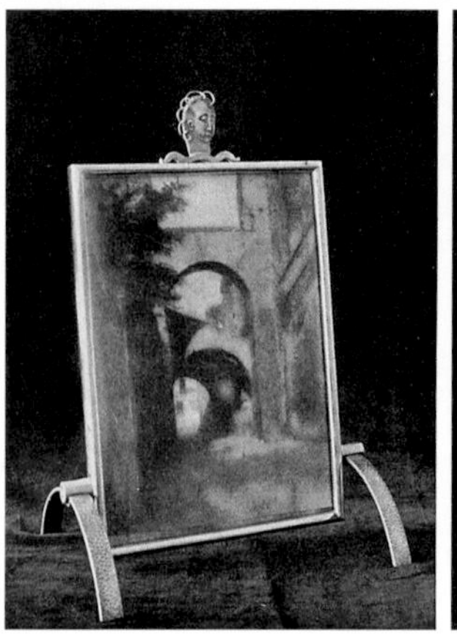

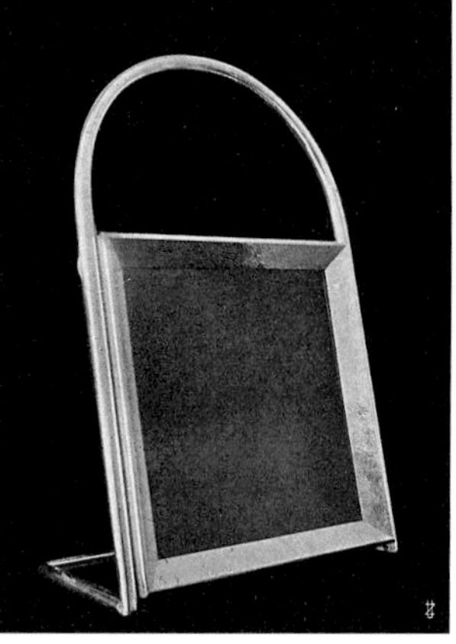

a sinistra: Cornice in metallo per fotografia - Disegno di Guido Frette - esecuzione di Henin di Milano - **a destra:** Cornice in argento merlettato - Disegno di Mario Fagiolo - esecuzione dei Fratelli Raddi - Firenze.

Foto Crimella

The ENAPI at the Triennale / Metalware at the Triennale

Italian metalware shown at the V Milan Triennale by: M. Romano and P. Buffa for Corradini; G. Frette for Henin; M. Fagiolo for

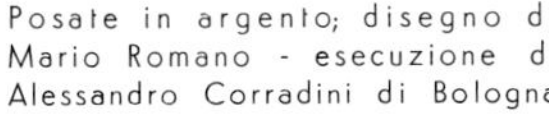

Posate in argento; disegno di Mario Romano - esecuzione di Alessandro Corradini di Bologna

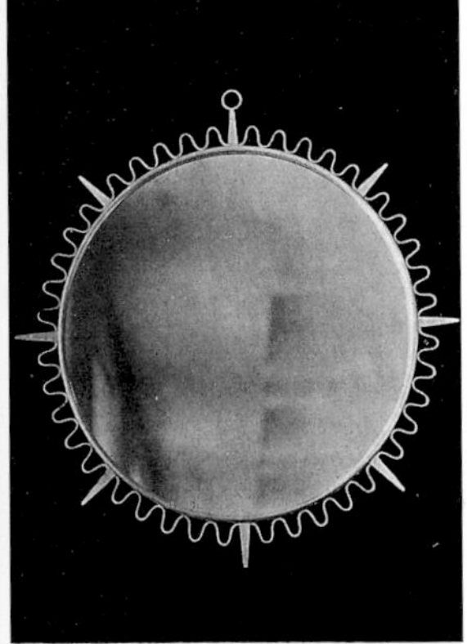

A sinistra: Posate in argento; disegno di Diego Carnelutti - esecuzione di E. Vitali di Roma.

A destra: Cornice in argento; disegno di Tomaso Buzzi - esecuzione di Giuseppe Melocchi di Milano.

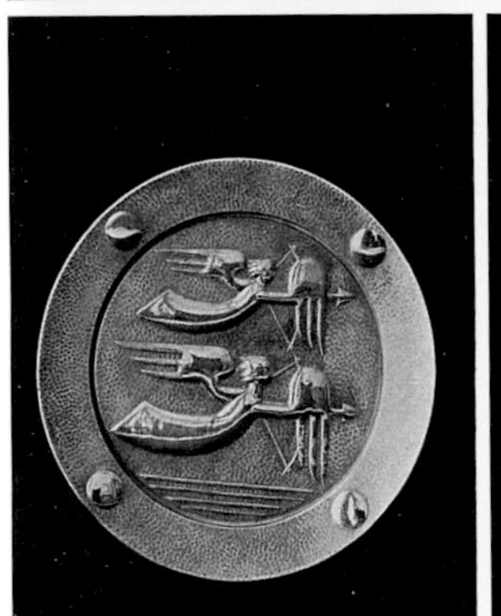

A sinistra: Piatto in argento; disegno di Guido Frette - esecuzione di Henin, Milano.

A destra: Piatto in peltro; disegno di Ubaldo Castagnoli - esecuzione di Nani, Bergamo.

Foto Crimella

Fratelli Raddi; D. Carnelutti for E. Vitali; T. Buzzi for Giuseppe Melocchi; U. Castagnoli

Foto Crimella

Modelli Enapi alla Triennale - **1.** Scatole in argento, disegno di Mario Ridolfi, esecuzione di Luigi Sfriso di Venezia. - **2-3.** Scatole in argento - disegno di Mario Romano, esecuzione di Corradini di Bologna - **4.** Copri-radiatore in metallo, disegno di Ernesto Puppo, esecuzione di Matteucci di Faenza - **5.** Copri-radiatore in metallo disegno di Cesare Scoccimarro, esecuzione di Brisotti e figli di Pordenone.

The ENAPI at the Triennale / Metalware at the Triennale

Italian metalware shown at the V Milan Triennale by: M. Ridolfi for Luigi Sfriso; M. Romano for Corradini; E. Puppo for Matteucci; C. Scoccimarro for Brisolti & Sons; M. Fusi and S. Pasquali for Pieffe

4

5

Foto Secco d'Aragona

Oggetti in metallo editi da "Pieffe" su disegni di Marco Fusi e Sandro Pasquali - **1** *Vasi in rame, alpacca, similoro, ed un secchiello per spumanti in rame* - **2** *Servizio da the in similoro con manici di ebano macassar* - **3** *Servizio da frutta in similoro; piatto e portafiori da tavola in alpacca* - **4** *lampada da scrittoio in alpacca; cammello in metallo fuso; porta penna con capriolo fuso; scatola portasigari in rame battuto* - **5** *lampada con tavolino in alpacca; gatto e bufalo in alpacca e metallo fuso.*

DOMUS

L'ARTE NELLA CAS
L'ART DANS LA MAISO
ART IN THE HOM
DIE KUNST IM HAUS
EL ARTE EN LA CAS

RIVISTA MENSIL
DIRETTORE GIO PON
ANNO VI • LUGLIO 1933 •
CONTO CORRENTE POSTA
PREZZO DEL FASCICOLO L.
67

 | Cover | *domus* magazine cover

Continuiamo la rassegna dei metalli italiani presentati alla Triennale. Le opere illustrate in queste pagine sono dovute a tre giovani: Fusi e Pasquali milanesi, e Ugo Carà di Trieste, il cui lavoro è ben noto ai lettori di Domus. Essi hanno riconfermato alla Triennale le loro qualità le quali avrebbero certo maggior risalto quando si allontanassero dal genere un po' caricaturale al quale le loro opere, come tante di questo genere in Italia e fuori, sono troppo esclusivamente legate.

Nous continuons la revue des métaux italien présentés à la Triennale. Les oeuvres réproduites dans ces pages sont dues à trois jeunes artistes: Fusi et Pasquali, de Milan, et Ugo Carà de Trieste. Le travail de ce dernier est bien connu des lecteurs de Domus. Les qualités de ces artistes ressortiraient certainement avec plus déclat s'ils délaissaient ce genre un peu caricatural auquel tant, en Italie et ailleurs, sacrifient.

We continue the review of italian metals shown at the Triennale. The works shown in these pages are by three young men, Fusi and Pasquali of Milan, Ugo Carà of Trieste (whose work is well known to the readers of Domus), that have affirmed at the Triennale their worth. It should be still better if they were less full of caricature as often happens in this kind of work in Italy and in other countries.

Wir fahren in diesen Seiten mit der Besichtigung der in der Triennale ausgestellten italienischen Metallen fort. Drei junge Künstler haben die in diesen Seiten herausgegebenen Werke entworfen: Fusi und Pasquali aus Mailand, und Ugo Carà aus Trieste. Die Werke des letzeren sind den Lesern der Domus gut bekannt. Die Eigenschaften dieser Künstler würden noch mit grösstem Glanz hervorkommen, wenn sie das Zerrbild welches man in soviel italienischen oder fremden Werken findet, verlassen hätten.

Continúa el desfile de los metales presentados a la Triennale. Las obras ilustradas en estas páginas han sido ejecutadas por tres jóvenes: Fusi y Pasquali de Milán y Ugo Carà de Trieste, cuyo trabajo es conocido por los lectores de Domus y que han confirmado a la Triennale sus calidades que tendrían ciertamente mayor lucimiento si los autores se alejaran del género algo caricatural al cual sus obras se inspiran como muchas de este género en Italia y al extranjero.

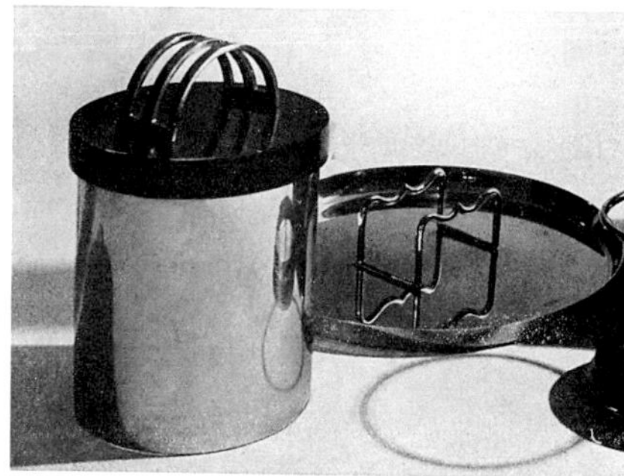

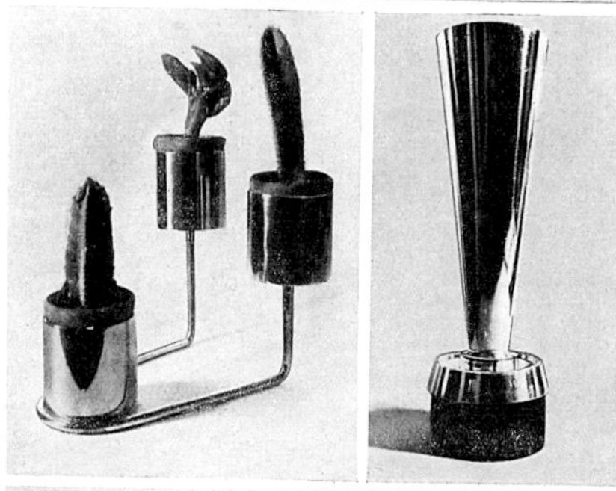

Oggetti in metallo disegnati da Ugo Carà di Trieste - **1** portacenere e scatola per sigarette in alpacca ed ebanite - **2** lattiera in alpacca ed ebanite - **3** portafiori in metallo cromato - **4-5** Coppe - **6** Figurina in metallo cromato.

Fotoradiottica - Trieste

Metalware at the Triennale

Italian metalware shown at the V Milan Triennale: cigarette box, ashtray, Parmesan cheese holder, vase, cups and figurine designed by Ugo Carà

Foto Crimella

Architetti Portaluppi, Banfi, Belgioioso, Peressutti e Rogers - Milano - La "Casa del sabato per gli sposi" - La scala elicoidale di marmo d'Ossola rosato, vista dalla sala di soggiorno. - Le grandi porte vetrate con telaio di alpacca si aprono a "coulisse". - Il pavimento è di linoleum grigio; le pareti in cementite grigio-chiaro.

LA CASA DEL SABATO PER GLI SPOSI

Cette maison pour week-end, d'un luxe exceptionnel, est parfaitement illustrée par nos photos et nos plans. Elle est dûe à un groupe de jeunes architectes milanais dirigés par Piero Portaluppi.

This house for the week-end of wonderful luxe, that our photos and plans show very well, is the work of a group of young milanese architects of whom Piero Portaluppi is the leader.

Einer durch Piero Portaluppi geleiteter Gruppe junger mailändischer Architekten, danken wir dieses schönes, auesserst zierliches, zum Wochenende bestimmtes Haus welches mittels unserer Umrisszeichnungen und Bilder, vollkommen beschrieben ist.

Esta casa para week-end de un lujo excepcional, que nuestras fotografías y planta ilustran de una manera perfecta, es obra de un grupo de jóvenes arquitectos cuyo jefe ha sido Piero Portaluppi.

Questa costruzione, dovuta all'arch. Portaluppi ed al Gruppo degli architetti Banfi, Belgioioso, Peressutti e Rogers, è un ardito accostamento di soluzioni eccezionali raccolte in un assieme elegante e legato con spirito alla rappresentazione di un modo d'abitare alquanto particolare.
È una casa del sabato per sposi, o — replicano i progettisti — una casa per sposi del sabato: è insomma una « breve casa », un modernissimo scenario di lusso e di fantasia per capricciosi soggiorni, per « giocare alla felicità ».
Le piante rivelano il meccanismo di questa che, *absit injuria*, somiglia (con la bocca aperta delle sale e con in fondo il luogo delle delizie — l'esca) ad una trappola per captare delle rapide ore di vita felice. Un ingresso, una sala dominata dalla prodigiosa scala ad elica che conduce al solario sul tetto (questa sortita s'apre e chiude con un ombrello meccanico che va su e giù); un complesso di servizi modello che comunicano con un passapiatti alla certosina con la sala: una stanza da letto con una piscinetta protetta da lastre di marmo e da cristalli: ecco il congegno. Fuori, attorno alla bellissima scala, una grande pensilina a semicerchio completa all'aperto il disegno geometrico della sala.

Weekend House for Newlyweds

Weekend house designed by Piero Portaluppi and Gian Luigi Banfi, Lodovico Barbiano di Belgiojoso, Enrico Peressutti and Ernesto

Architetti Portaluppi, Banfi, Belgioioso, Peressutti e Rogers - Milano - " La Casa del sabato per gli sposi ". - La pianta e tre vedute dell'esterno. - Le facciate sono in Intonaco colorato verde-chiaro. L'ombrello di lamiera sopra la scala può essere abbassato per chiuderne l'apertura. - Sulla terrazza una quinta di vetro-cemento Folembray. Il pavimento sotto la pensilina è di Travertino.

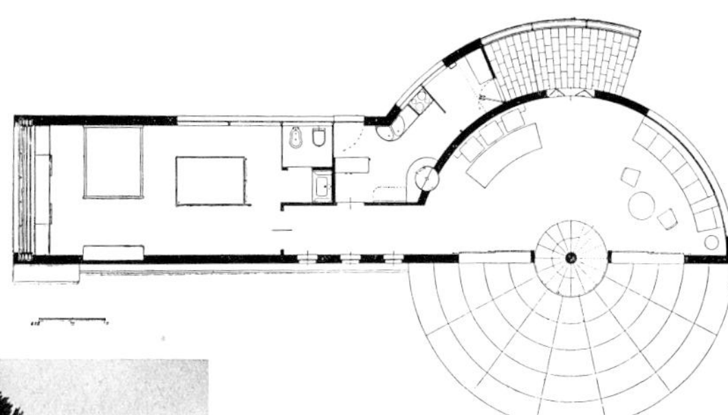

Foto Crimella

Questa piccola villa è concepita come luogo di « breve vacanza » per una giovane coppia elegante: a questo fine converge la tecnica e l'estetica di ogni elemento e di tutto l'organismo.
Si è voluto creare un ambiente estremamente agile e disinvolto, ma intimo e ricco di raffinatezze e in questo intendimento non si è fatto uso dell'economia e della tecnica in senso restrittivo ma si è cercato di superare le difficoltà di ordine pratico e contingente adoperando materiali spesso assai costosi e soluzioni staticamente audaci per affrontare il problema architettonico e decorativo in funzione del tema preconcetto.
La pianta è costituita da un rettangolo che s'innesta con un semi arco in una circonferenza.
Dal rosaio si entra nella sala di soggiorno circolare; quest'ambiente è limitato da un lato da parete, dall'altro si apre interamente sul verde, protetto da un'ampia tettoia a sbalzo. Nel mezzo della sala è la scala elicoidale, di marmo d'Ossola rosato, che conduce al giardino pensile; a destra è il tavolo con tre sedili a ribalta e il passapiatti rotante; a sinistra è il grande divano di feltro e il mobile libreria.
La sovrastante vetrata di Pietro Chiesa racconta le « Nostalgie della campagna ».
Il breve corridoio conduce alla *camera da letto* alla quale è incorporata la piscinetta di marmo. Notiamo qui il grande quadruplice serramento a contrappesi della finestra.
L'armadio incassato nella parete con lo speciale congegno port'abiti.
Dalla piscina (munita di doccia e di acqua fredda e calda) si passa al lavabo, incorniciato di marmo; di fianco a questo è il piccolo stanzino del w. c. bidet.
Il servizio della cucina elettrica è disimpegato in breve spazio, in conformità con le esigenze della casa di vacanza.
Nell'ambiente che segue e in una minima area è sistemato anche l'alloggio guardaroba del servo, che ha il letto pensile.
Il pavimento e le pareti delle stanze padronali sono della stessa tinta, in modo da renderle anche esteticamente unite.
All'esterno il gruppo di Lucio Fontana equilibra la massa plasticamente ed esalta liricamente il contenuto poetico dell'architetture.
La costruzione s'imagina, quale appare, fusa nella natura quasi come un nido ricco di luce e generoso di ombre affettuose.

. Rogers (Studio BBPR) shown at the V Milan Triennale: view of living room with staircase, elevation,
:tail of exterior, floor plan

Foto Crimella

Architetti Portaluppi, Banfi, Belgioioso, Peressutti e Rogers - Milano - "Casa del sabato per gli sposi,, - sopra: *la "sala da stare,,; il tavolo da pranzo a sinistra ha il piano in "mapple pomelé,, e i fianchi laccati in verde; dietro questo tavolo sono sistemati a muro tre sedili ribaltabili ricoperti in panno azzurro; il divano di fronte è ricoperto in panno verde con zoccolo di "mapple pomelé,,; la libreria che lo divide in due parti è dello stesso legno con l'esterno laccato in azzurro; il tavolino in metallo ripiegabile, ha il piano reversibile con panno verde da una parte (per il gioco) e laccato in azzurro dall'altra; il pavimento è di linoleum grigio.* - sotto a sinistra: *la piscinetta in marmo d'Ossola rosato con una parete di cristallo "fumé,,;* a destra: *la camera da letto: il letto è laccato in rosso cinabro, gli altri mobili sono laccati in grigio con profilature di "mapple pomelé,,; sulla "toilette,, piano di cristallo nero, le maniglie circolari sullo specchio della "toilette,, servono per la manovra dei quattro serramenti (cristallo, griglia di alluminio, compensato e tenda).*

Weekend House for Newlyweds

Weekend house designed by Piero Portaluppi and Gian Luigi Banfi, Lodovico Barbiano di Belgiojosa, Enrico Peressutti and Ernesto N. Rogers (Studio BBPR) shown at the V Milan Triennale: views of interiors

omus 68
ugust 1933

Advertising

Olivetti advertisement for the *Model No. MP 1* portable typewriter

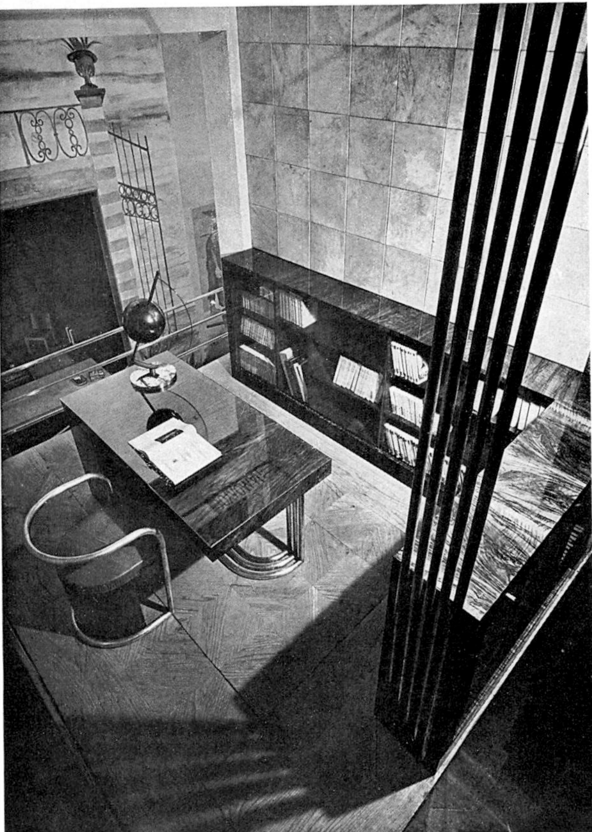

Voici la suite des intérieurs présentés à la Triennale. Ces reproductions illustrent un cabinet dessiné par l'architecte Agnoldomenico Pica, une pièce à l'ameublement de laquelle ont collaboré Antonio Maraini et Gherardo Bosio, un groupe de deux pièces dû aux architectes Albini, Camus, Masera, Palanti. Ces interieurs représentent des manifestations d'une invention vive et originale tout en restant dans une ligne rigoureusement moderne.

We continue in these pages the review of the rooms shown at the Triennale. There can be seen a study-room designed by Arch. Agnoldomenico Pica, a room to which have worked together Antonio Maraini and Gherardo Bosio, and two rooms by the architects Albini, Camus, Masera, Palanti. These rooms are a manifestation of lively forms in a strictly modern style.

In diesen Seiten geben wir die Bilder der in der Triennale ausgestellten Wohnungseinrichtungen heraus. Wir danken dieses Studio den Zeichnungen des Architekten Agnoldomenico Picas, dieses Zimmer der Mitarbeit von Antonio Maraini und Gherardo Bosio, der anderen zwei Zimmer den Architekten Albini, Camus, Masera, Palanti. Diese Zimmer zeugen einer grossen Phantasie aber behalten einen strengen modernen Stil.

En estas páginas continúa el desfile de los interiores presentados a la Triennale. Ellos ilustran un estudio dibujado por el arquitecto Agnoldomenico Pica, un cuarto al que han colaborado Antonio Maraini y Gherardo Bosio, un grupo de dos cuartos obras de los arquitectos Albini, Camus, Masera, Palanti. Estos cuartos representan, en nuestra reseña, manifestaciones de una creación original, en una linea de una rigurosa estilistica moderna.

Foto Crimella

Arch. Agnoldomenico Pica - Milano - Stanza per un uomo di studio: Mobili in noce del Caucaso e tubi di ottone cromato, pareti in pergamena naturale (esecuzione Tagliabue di Cantù).

L'ARREDAMENTO ALLA TRIENNALE

(Continuazione, vedi fascicolo precedente)

Queste pagine illustrano interni di architetti giovanissimi.
Un temperamento metafisico è quello di Agnoldomenico Pica e il suo studio, illustrato qui sopra, ne reca i riflessi. Nelle opere di Pica v'è una ferma e severa eleganza tutta di concetto, non di estetismo: la sua è una formola moderna con una struttura personale, fatta di cultura e di classici pensieri. Un architetto non è certo sufficientemente rappresentato da un ambiente, perciò amiamo, con questo commento, illustrare i caratteri che distinguono la sua personalità.

Di Bosio abbiamo già illustrato un interessante ambiente (« Domus », giugno 1933). Quest'altro riprodotto nelle pagine seguenti è stato da lui ordinato con la illustre collaborazione di Antonio Maraini. È una stanza che interesserà molto le nostre lettrici: una « camera da ginnastica per signora ». Essa ha tutte le doti di signorile serena eleganza e di perfetta modernità che riconosciamo alla ispirazione di Maraini ed alla tecnica di Bosio.
Albini, Camus, Masera, Palanti — architetti che i lettori di Domus già conoscono — hanno presentato un gruppo di due ambienti collegati da una scala. Nel quadro delle manifestazioni moderne e della nostra giovane generazione d'architetti, la « scuola » di questi quattro si può definire di una modernità stilistica e tecnica rigorosa ed assoluta. Nel loro ambiente è l'espressione significativa e completa di una attualità di stile e di gusto. Vanno considerati da questo punto di vista poichè è in essi una inesorabilità che non ci permette di vedere i futuri sviluppi di questo e del loro stile.

Interior Design at the Triennale

Interiors shown at the V Milan Triennale: gentleman's study designed by Agnoldomenico Pica and lady's exercise room designed by Antonio Maraini and Gherardo Bosio

Antonio Maraini e Arch. Gherardo Bosio - Firenze - Sala da ginnastica per signora. Pavimento di Linoleum rosso pompeiano.

Veduta verso la camera: mobili in acciaio al cromo con tappezzerie in gomma rossa. Pareti tinteggiate bianche con disegni di figure ginnastiche di Antonio Maraini.

Veduta verso la finestra: scala svedese in acciaio al cromo; specchio mobile con colonna luminosa, tendaggi in gomma rossa.

Tavolo e sedia in acciaio al cromo - Il piano a sbalzo del tavolo è in cristallo infrangibile "Securit" e la poltrona è ricoperta in gomma rossa.

Foto Crimella

Architetti Franco Albini e Giancarlo Palanti in collaborazione con gli Arch. Camus e Masera - Ambiente di soggiorno, e al piano superiore, studio-biblioteca. - Le pareti e il soffitto sono in "Stic B" rugoso, nelle tinte beige, grigio e bianco. - Al piano inferiore, pavimento in linoleum azzurro con zona nera. - Grande mobile e vetrina in palissandro di Rio con interni in linoleum azzurro. (esec. Lietti - Cantù) - Caminetto in metallo "Dite" delle F. M. A. Vanzetti; poltrone e divano con sostegni in tubo di "anticorodal" ricoperti in tessuto di crine nero e fustagno bianco (esec. Parma - Saronno); banco del bar e sgabelli in "anticorodal" con piano in linoleum beige; mobili del bar rivestiti esternamente in linoleum beige e internamente in linoleum azzurro; lampada in metallo cromato e cannucce di vetro (esec. Biancardi e Jordan) - Tenda in "crespo" beige (Tessarredo - Milano) - Scala in linoleum bianco con balaustra in "anticorodal". - Al piano superiore, mobili rivestiti esternamente in linoleum nero e internamente in linoleum grigio perla con profilature in legno di ulivo e metallo cromato; poltroncine ricoperte in fustagno verde pisello con zoccoli rivestiti in linoleum nero; (esec. Asnago di Barlassina); lampada da soffitto in metallo cromato e vetro diffondente (esecuzione di Biancardi e Jordan).

Foto Crimella

Interior Design at the Triennale

Interiors shown at the V Milan Triennale: living room designed by Franco Albini, Renato Camus, Paolo Masera and Giancarlo Palanti: views of staircase, living room and study

Foto Crimella

IL "VITREX"

CRISTALLO INFRANGIBILE

●

Lampadario in cristallo "VitRex,, e metallo bianco, esposto alla Triennale di Milano, su disegno dell'Architetto Ceas.

Vetro « infrangibile » è una denominazione recente che va di giorno in giorno divenendo più comune, che ricorre frequentemente sulla bocca dei possessori di automobili, che è ripetuta dai frequentatori di ritrovi pubblici alla moda, dagli sportivi, dagli architetti e dagli ingegneri che intravedono là possibilità dell'auspicato sviluppo nell'applicazione di quell'importante elemento che è il vetro per le moderne costruzioni, e ricorre anche sulla bocca dei tanti che non sono facilmente inclini ad ammettere che la tecnica sia in grado di sovvertire le caratteristiche ritenute a tutt'oggi fondamentali per un corpo.

Il vetro, sinonimo della fragilità, che non resiste ad urti anche lievi, che non sopporta pesi, che non è elastico, che è quanto mai delicato di fronte al riscaldamento, può, a prima vista, giustificare il sorriso di incredulità che può increspare le labbra di quelli che non si ritengono propensi a credere.

Il vetro, o meglio il cristallo cosidetto infrangibile, è ora invece un prodotto correntemente fornito dall'industria e, a nostro onore, dall'industria italiana la quale detiene anzi, in questo campo, un primato.

Tavolino con sostegno in metallo e due ripiani di "VitRex,, a sbalzo (Triennale di Milano - Galleria della Strada, Arch. Ceas.)

Non si tratta di vetro o cristallo composto, cioè di vetro contenente un'armatura di rete metallica, o di due vetri incollati su di un foglio di celluloide. Questi sono vetri composti che differiscono dal cristallo comune di egual spessore, soltanto per il fatto che le scheggie che si producono nella rottura non vanno a colpire, e ferire le persone, perchè le scheggie restano aderenti all'armatura interna.

La denominazione di cristalli infrangibili e di vetri infrangibili si riferisce ai cristalli monostrati induriti estremamente da una tempera che conferisce loro resistenza agli urti, alla flessione, alla temperatura, molte superiore a quella posseduta dal cristallo comune di egual spessore, così da poter essere considerati un prodotto assolutamente nuovo con caratteristiche completamente diverse e talvolta opposte a quelle dei cristalli comuni.

Per buona pace degli assolutisti, dichiaro subito che la denominazione di « infrangibile » va però intesa in senso relativo, come l'elasticità, la durezza e tutte le proprietà caratteristiche dei corpi.

Le trombe degli ascensori del Ministero delle Corporazioni rivestite interamente in "VitRex,,

Dunque anche il cristallo infrangibile si rompe? Si rompe, ma soltanto sotto l'azione di sforzi notevolmente superiori a quelli necessari per rompere il cristallo comune, e quando si rompe *non ferisce.* Contrariamente al cristallo comune che, rompendosi, produce schegge taglienti, spesso di forma lanceolata, il cristallo infrangibile, all'atto della rottura, si trasforma in una massa amorfa, di colore bianco latte, costituita di tanti pezzetti privi di spigoli e punte taglienti, così che la polvere residua può essere impunemente maneggiata anche da bambini senza alcun timore di ferite. Si aggiunga che la tecnica odierna è già in grado di regolare il trattamento di infrangibilità in modo tale da ottenere, secondo la destinazione del cristallo, frammenti simili a grani di polvere o di dimensioni maggiori, di ottenere cioè un cristallo molto resistente agli urti, od uno meno resistente agli urti ma più agli sforzi di flessione, così come accade dell'acciaio mediante acconci trattamenti di tempera.

Ho detto che la rottura del cristallo infrangibile avviene soltanto sotto l'azione di sforzi notevolmente superiori a quelli sopportati dal cristallo comune. Mi limito a fare alcuni confronti.

Una eloquente dimostrazione della resistenza a flessione del "VitRex,,

Un cristallo comune di spessore normale si rompe sotto l'urto di appena 25 grammi cadenti da 50 cm. di altezza: un cristallo infrangibile di ugual spessore non cede all'urto di 250 grammi lasciati cadere da 5 metri di altezza, cioè ha una resistenza all'urto 100 volte superiore, e spesso anche più. Un cristallo comune, e così un cristallo di sicurezza, si rompe per una leggera sassata: il cristallo infrangibile può resistere a un colpo di rivoltella sparato da soli due metri di distanza.

VitRex: Unbreakable Glass

Design applications for unbreakable *VitRex* glass: suspended ceiling light and table designed by Giovanni Battista Ceas, elevator shaft, car windows and chair

Un peso di 30 Kg. posto al centro di una lastra di un cristallo comune lunga un metro ed appoggiata ai bordi, ne determina la rottura dopo averla incurvata di appena 1 centimetro circa; una eguale lastra di cristallo infrangibile sopporta oltre 170 Kg. inflettendosi di circa 7 cm. Il cristallo infrangibile è cioè 6 volte più resistente ed elastico del cristallo comune.

Resistente ad urti violenti, a forti pressioni, molto elastico non producente ferite in caso di rottura, il cristallo infrangibile è quindi un prodotto ideale per quelle applicazioni che, abbisognando di materiale trasparente, a superficie liscia, inattaccabile da acidi e da agenti atmosferici, non debbono costituire un pericolo per l'incolumità delle persone, ma bensì una valida difesa: (automobili, vetture ferroviarie e tranviarie, aeroplani, carri armati, osservatori, protezione di ascensori, cabine di ascensori, portelli di navi, specchi portatili e fissi, segnalazioni stradali, insegne esterne, vetrate e porte, portelli di osservazione subacquea ecc.) per quelle applicazioni dove sia richiesta particolare resistenza unitamente a requisiti igienici ed estetici (mobili per abitazione ed uffici, ritrovi pubblici, ospedali, refettori, banchi, acquari).

Questo vetro è pure adottato da gallerie d'arte per la protezione di medaglieri, quadri, ecc.; ascensori e trombe di ascensori, aeroplani, navi ed ha infiniti altri usi che sarebbe troppo lungo elencare.

Il ristorante della Torre Littoria, alla Triennale di Milano, a 100 metri dal suolo ha una vetrata panoramica tutta in « VitRex ».

Anche nel campo dell'arredamento le applicazioni del VitRex sono numerosissime e possono permettere la realizzazione di forme completamente nuove: le lastre di cristallo potranno fungere da piani di tavoli e di mobili senza bisogno di ripiani di sostegno in legno o in altro materiale; si potranno applicare lastre a sbalzo con la più grande sicurezza. Negli apparecchi di illuminazione non si avranno più preoccupazioni per le spaccature dei cristalli causate dal riscaldamento, e alle parti di sostegno sarà consentita una semplificazione e una leggerezza impossibile con cristalli comuni. Anche le forme, perciò, ora che il cristallo va assumendo sempre maggiore importanza nell'architettura e nell'arredamento, saranno influenzate e gradualmente modificate in seguito alle possibilità nuove offerte da questo materiale italianissimo.

In più, poichè il cristallo temperato resiste assai bene alle brusche variazioni di temperatura tanto da non subire alcun danno se dopo aver ricevuto su di una faccia del piombo fuso viene immerso in acqua fredda, esso è molto adatto per applicazioni dove sia in gioco una temperatura elevata, come per livelli di caldaie, spie per evaporatori e concentratori, forni di cottura e di riscaldo, camere di prova di motori a combustione interna, porte di proiettori, lampadari chiusi da tavolo e da parete, centri da tavolo, apparecchi da laboratorio ecc.

Ho accennato, in principio, che l'industria italiana non solo è in grado di fornire cristalli infrangibili, ma che detiene un primato in questa lavorazione. La Società Felice Quentin di Firenze, fabbricante del cristallo temperato cosidetto infrangibile, già nel 1915 era riuscita a rendere indipendente l'Italia per il fabbisogno di livelli a riflessione per caldaie a vapore ed « houblots » per le navi da guerra, è riuscita, in questi ultimi 9 anni, a produrre del cristallo infrangibile in lastre di dimensioni normali curve, colorate, decorate, risultato ammirevole che corona lunghi, laboriosi, dispensiosi sforzi, risultato non ancora raggiunto da altri.

Il Vit-Rex (il prodotto è stato così battezzato da S. E. Benito Mussolini) allarga così il suo campo di possibili applicazioni data la tendenza odierna di dare alle veloci vetture automobili e ferroviarie forme curve di minima resistenza all'avanzamento.

E individuabile nei suoi limiti questo campo di possibilità di applicazione del cristallo infrangibile? Io credo che nessuno possa rispondere affermativamente.

Ing. UGO CASADIO

Poltrona in "VitRex"

Foto Crimella

Architetti Pagano, Albini, Palanti, Camus, Minoletti, Mazzoleni - Milano - La "Casa a struttura di acciaio" Nella pagina di fronte: sopra, *una veduta dell'ambiente di soggiorno: pavimento di linoleum bianco; finestre con serramenti in ferro e vetri "Termolux" isolanti e diffusori; lastra monolitica di marmo di Vallestrona; mobili in anticorodal (esecuzione Parma Antonio) e mobile-bar in ulivo con parti in lincrusta (esecuzione Turri Mosè): tappeto in vari toni di bruno e beige con motivo rosso mattone (esecuzione Stoppani).* - Sotto: *la sala da pranzo: pavimento di linoleum bianco, mobili di ebano macassar con interni di linoleum bianco (esecuzione Lietti); sedie in metallo (esecuzione Parma); lampada in anticorodal e "cellon" (esecuzione Greco).*

LA "CASA A STRUTTURA DI ACCIAIO"

En Italie aussi se répand la technique des constructions en acier. Un de ses plus récents et imposants exemples en est constitué par le très haut bâtiment édifié à Turin sur plans de l'architecte Armando Melis. La diffusion de cette technique est soutenue et efficacement protégée par les associations métallurgiques italiennes qui ont présenté à la Triennale une construction de démonstration sur projets des architectes Pagano, Albini, Palanti, Camus, Minoletti, Mazzoleni.

The technique of steel building is spreading in Italy too. The latest and largest example is given by the highest palace built in Turin by arch. Armando Melis. This technique is efficaciously recommended by the italian metalurgical associations, which have built at the Triennale this model house designed by arch. Pagano, Albini, Palanti, Camus, Minoleti, Mazzoleni.

Die Technik der Stahlgebäude verbreitet sich in Italien; der grosse Palast, welcher durch den Architekt Armando Melis in Torino errichtet wurde, ist ein bedeutendes Beispiel dieser neuen Bauart. Wir danken die Verbreitung dieser Technik den Italienischen metallurgischen Gesellschaften welche dieses Gebäude als Beispiel in der Mailändischen Triennale ausgestellt haben. Dieses Gebäude ist durch die Architekten Pagano, Albini, Palanti, Camus, Mazzoleni und Minoletti entworfen, und unter deren Leitung errichtet worden.

También en Italia se difunde la técnica de las construcciones de acero, de que el último grandioso ejemplar es el altísimo palacio alzado en Turín por el arquitecto Armando Melis. Eficaz propaganda para la difusión de esta técnica han hecho las asociaciones metalúrgicas italianas que han presentado a la Triennale de Milan este ejemplo de edificio, según proyecto y a cargo de los arquitectos Pagano, Albini, Palanti, Camus, Minoletti y Mazzoleni.

Una « casa d'acciaio », nonostante la tremenda denominazione (si potrebbe pensare che i poveri abitatori di una simile costruzione fossero costretti a vivere in una specie di sottomarino o di cassaforte), non è meno *casalinga* e accogliente di altre abitazioni a costruzione muraria.
Questo ha inteso dimostrare insieme con i numerosi vantaggi tecnici di cui parleremo più avanti, l'Associazione Nazionale Fascista Industriali Metallurgici Italiani affidando agli architetti Pagano, Albini, Palanti, Camus, Mazzoleni e Minoletti la costruzione di questa « casa a struttura d'acciaio » nel Parco di Milano.
Infatti l'alloggio-tipo presentato in questo edificio e arredato dagli architetti Albini e Palanti, offre quelle doti di intimità e insieme di luminosa gioia che caratterizzano l'abitazione dell'uomo d'oggi. Esso è studiato secondo il concetto moderno dell'abitazione, quello di dare il maggior spazio all'ambiente o agli ambienti di soggiorno che, salvo i due gruppi dei servizi e delle camere da letto, i quali possono avere misura assai ridotta, viene ad occupare tutta la superficie che si spezzettava un tempo nelle sale, salette, salotti, sale da pranzo, rendendo l'appartamento un seguito di buchi amorfi ai lati di un corridoio. Anche qualcuna delle camere da letto, come avviene nella « Casa d'acciaio » per quella dei figli, possono essere temporaneamente incorporate al grande ambiente di soggiorno mediante l'aper-

'House with Steel Structure'

Model house with steel structure for the V Milan Triennale designed by Giuseppe Pagano Pogatschnig, Franco Albini, Giancarlo Palanti,

Renato Camus, Giulio Minoletti and Giuseppe Mazzoleni: angled elevation, living and dining room

1

2

3

Foto Crimella

tura di una tenda o di una chiusura scorrevole. La facciata anteriore della stanza di soggiorno è interamente occupata da una stupenda finestra panoramica, e l'interno, con la disposizione stessa dei mobili, è diviso in vari angoli destinati alla conversazione, al bar, alla lettura, al gioco. Per una famiglia composta di un maggior numero di persone, si possono ottenere con opportuni tramezzi, altre due camere da letto pur conservando una sala di soggiorno di notevoli dimensioni. Anche la sala da pranzo non è che un'appendice di quella di soggiorno, separata da questa solo per mezzo di un mobile basso e di una tenda di rete. La diversità di funzioni delle varie parti è anche accentuata dal diverso colore delle pareti, del pavimento in linoleum, dei mobili. Il pavimento di linoleum bianco e il soffitto bianco conferiscono all'ambiente un senso di luminosa chiarezza, sottolineato dalle note cromatiche delle tende, dei mobili, dei grandi tappeti, delle piante nella serra e di una grande parete scura in Masonite. Una nota di elegante raffinatezza è data dalla grande lastra monolitica in marmo di Vallestrona che separa l'ambiente di soggiorno dall'anticamera. Anche qui però non c'è soluzione netta di continuità perchè la lunga serra longitudinale fa da collegamento fra questi due ambienti. Il gruppo dei servizi, nettamente separato dal resto, ha un ingresso speciale sulla scala.

La « casa d'acciaio », così come è stata realizzata, rappresenta gli ultimi quattro piani di un elemento di casa da pigione, elemento ripetibile anche in senso orizzontale, con una scala ogni due alloggi. Dei quattro piani i due superiori sono finiti (uno contiene l'alloggio sopra descritto e l'altro è un unico grande salone destinato alla esposizione di progetti e modelli di costruzioni in metallo e alla riunione di congressisti metallurgici), i due inferiori sono incompleti per dimostrare le particolarità tecniche della struttura.

La struttura metallica, montata dalle Officine di Savigliano, è completamente saldata ad arco elettrico e la chiusura dei muri esterni, le pareti interne, il sottofondo dei solai sono in « Isovis », materiale isolante prodotto con paglia compressa e trattata chimicamente per renderla imputrescibile e ininfiammabile.

La scala, ad evitare la trasmissione di vibrazioni, è stata realizzata con gradini di pomice di forma arrotondata rivestiti con linoleum.

Questa costruzione, a differenza di molte altre alla Triennale, che rappresentano soltanto nuove orientazioni del gusto contemporaneo, ha voluto anche portare a contatto dei tecnici e del pubblico un sistema di costruzione che, se non nuovo, è però pochissimo diffuso in Italia, e dimostrarne i vantaggi. Per questo l'Associazione Metallurgici, sotto la solerte presidenza del prof. Ferrari, ha voluto realizzare, non un edificio provvisorio da esposizione, ma un edificio con tutte le caratteristiche di una costruzione durevole.

I vantaggi del costruire con ossatura metallica? Primo fra tutti la rapidità, dovuta al fatto che il materiale arriva dall'officina in cantiere già pronto e deve soltanto essere montato; la leggerezza, che permette di economizzare nelle fondazioni e di raggiungere grandi altezze; l'economia di spazio risultante dalla sottile sezione dei muri e dal minimo ingombro delle ossature; la sicurezza e la resistenza dello scheletro di acciaio che non soffre per assestamenti di terreno o dilatazioni, data la formidabile adesione di tutte le giunture; la facilità di apportare senza difficoltà variazioni alla struttura durante la costruzione o anche a costruzione ultimata; e infine la possibilità di ottenere con grande eleganza e prontezza la realizzazione di strutture arditissime e di costruzioni a moltissimi piani, per le quali gli altri sistemi di costruzione non sono applicabili.

Architetti Pagano, Albini, Palanti, Camus, Mazzoleni, Minoletti - Milano. La "casa a struttura d'acciaio" - **1** *La scala: gradini rivestiti in linoleum grigio; zoccolino e copertura del parapetto in "ardesiolite" rossa; corrimano in tubo di cromalluminio.* **2** *Un'altra veduta della sala di soggiorno: in fondo è visibile la parte posteriore della grande libreria in anticorodal e vetro "VIS" di sicurezza in colore giallino; (esec. Parma) a sinistra parete di masonite.* **3** *Un'altra veduta della sala da pranzo; è visibile il mobiletto di servizio e passapiatti in comunicazione con la cucina; il mobiletto è in ebano macassar e linoleum azzurro (esec. Lietti)*

'House with Steel Structure'

Model house with steel structure for the V Milan Triennale designed by Giuseppe Pagano Pogatschnig, Franco Albini, Giancarlo Palanti,

1

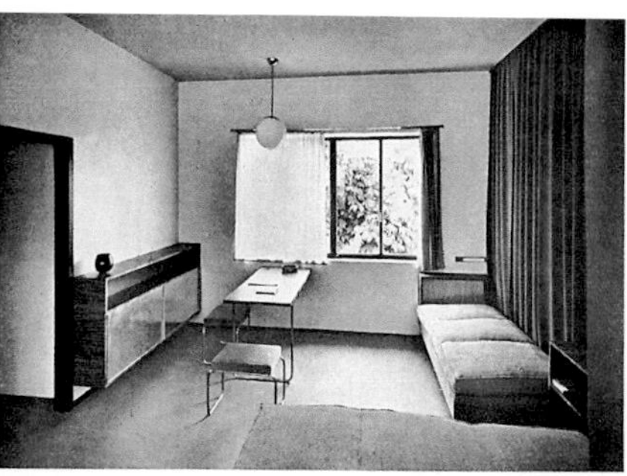

2

3

4

Foto Crimella

Arch. Pagano, Albini, Palanti, Camus, Mazzoleni, Minoletti - La "casa a struttura di acciaio". **1** e **2** *Due vedute della camera dei figli: pavimento di linoleum azzurro, mobili in zebrano con interni laccati in arancione e antine scorrevoli in "Chromflex" (esecuzione A. Dassi); tenda in gomma arancione (Soc. It. Pirelli).* **3** *La camera di servizio con letto ribaltabile e asse per stirare pure ribaltabile; i mobili sono laccati in due toni di grigio (esecuzione Dassi).* **4** *La cucina: pavimento di linoleum, striato verde: pareti rivestite in vetro (A. Mazzi Milano); Mobili laccati in grigio e verdino con piani di linoleum (esecuzione Dassi); acquaio in acciaio inossidabile Avesta.*

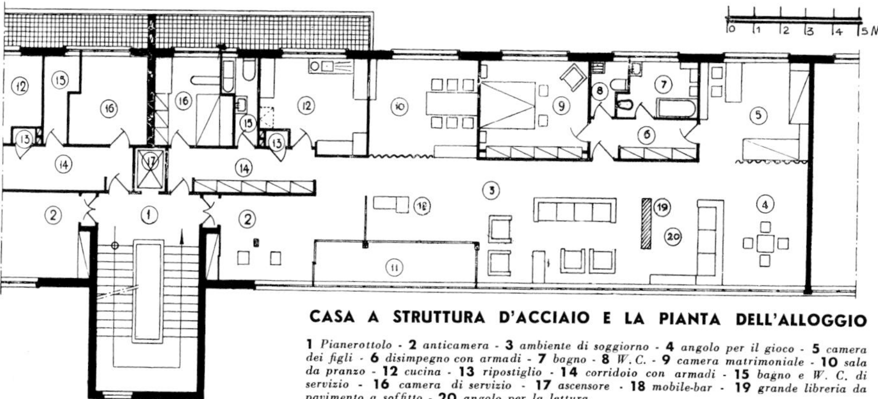

CASA A STRUTTURA D'ACCIAIO E LA PIANTA DELL'ALLOGGIO

1 *Pianerottolo* - **2** *anticamera* - **3** *ambiente di soggiorno* - **4** *angolo per il gioco* - **5** *camera dei figli* - **6** *disimpegno con armadi* - **7** *bagno* - **8** *W. C.* - **9** *camera matrimoniale* - **10** *sala da pranzo* - **12** *cucina* - **13** *ripostiglio* - **14** *corridoio con armadi* - **15** *bagno e W. C. di servizio* - **16** *camera di servizio* - **17** *ascensore* - **18** *mobile-bar* - **19** *grande libreria da pavimento a soffitto* - **20** *angolo per la lettura.*

enato Camus, Giulio Minoletti and Giuseppe Mazzoleni: views of staircase, living room, dining room and bedrooms, itchen, floor plan

Foto Crimella

Due lampadari disegnati dall'architetto Franco Albini di Milano, eseguiti da Biancardi e Jordan

L'ARTE MODERNA NEL VETRO E NELLA ILLUMINAZIONE

Différents caractères marquent l'art du verre dans son application la plus fréquente: l'éclairage. Nous reproduisons ici quelques nouveaux et originaux appareils d'éclairage créés par Fontana et par Biancardi et Jordan, et quelques objets et meubles d'art de Fontana en cristal et glaces.

Different characters distinguish the glass'art in their most frequent application the illumination. In these pages are reproduced some of the original lustres created by Fontana and Biancardi Jordan, and some of the objects and forniture in glass by Fontana.

Verschiedene Eigenschaften besitzt die Kunst des Glases, als dieser für Lampenstöcke angewendet wird. Diese Seiten zeigen die Bilder einiger neuen durch Fontana aus Kristall oder Spiegelglass ausgeführten Ziergegenstände und Kunstmölen.

Varios caracteres distinguen las artes del vidrio en su aplicación más usada, la de la iluminación. Estas paginas ilustran unos aparatos nuevos y originales creados por Fontana, Biancardi y Jordan, y algunos objetos y muebles artísticos de Fontana de cristal y espejo.

L'apparecchio di illuminazione, abbiamo già notato, va assumendo caratteri tutti attuali, da un lato tipici nei riguardi della sorgente di luce — ormai esclusivamente elettrica — dall'altro tipici in conseguenza dei modi di impiegare l'alleato della luce, il vetro: soffiato o in lastra, stampato, o altrimenti lavorato. Da questi modi procedono due famiglie di lampaadri, l'una è quella che abbiamo esaurientemente illustrato nel fascicolo di luglio parlando dei bellissimi ultimi lampadari di Venini in vetro di Murano, l'altra è quella rappresentata dagli apparecchi che illustriamo in queste pagine.
Essi sono creati da Biancardi e Jordan su disegni di Albini, e da Fontana di Milano su disegni di Pietro Chiesa.
I primi appartengono alla « ispirazione meccanica », di un rigore di linea e di impiego della materia non scevro di eleganza, e di interessanti giochi di luce e di geometrie. Sono particolarmente adatti ad ambienti oltranzisti, a legarsi col nitore di mobili di cristallo e d'acciaio.
I secondi sono apparecchi studiati con la profonda esperienza di Pietro Chiesa, che accomunano le doti di efficienza luminosa e di praticità di struttura, con le più ingegnose risorse del gioco della luce e del cristallo, molato, inciso a sabbia, dipinto; fantasie luminose nelle quali Chiesa è maestro elegantissimo.

Ancora di Fontana sono le lampade minori da tavolo e gli oggetti d'arte da noi riprodotte, lo specchio inciso a sabbia e il mobile bar a specchi incisi e dipinti.
Il cristallo e lo specchio van divenendo i protagonisti dell'arredamento di lusso e d'eccezione. È un posto che vien riconquistato per le vie dell'arte, attraverso tecniche nuove e sapienti, ed esecuzioni perfette.

Modern Art in Glass and Lighting

Suspended ceiling lights designed by Franco Albini for Biancardi & Jordan; hanging lights designed by Pietro Chiesa for the Pietro Chies Workshop; table lights designed and manufactured by Fontana Arte

Foto Crimella

Grande lampada a pallone di Fontana di Milano (diametro 60 cm.) con zonature a incisione, a specchio, a colore (rosso): a destra gruppo delle lampade dette "padelle" di Fontana di Milano: zona luminosa centrale e alone luminoso dell'aureola di cristallo. Creazioni di Pietro Chiesa

Scatole da dolci e da sigari; specchio a mano; posacenere; portacarte in cristallo lavorato a mole a sabbia, a specchio. Lampada a paralume con base a specchio inciso a ruota: lampada da tavola a grosso cristallo inciso illuminato di costa dallo zoccolo. Creazioni di Fontana di Milano.

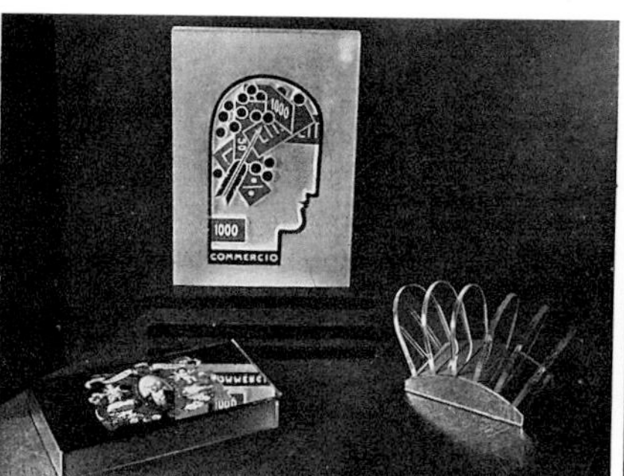

Foto Crimella

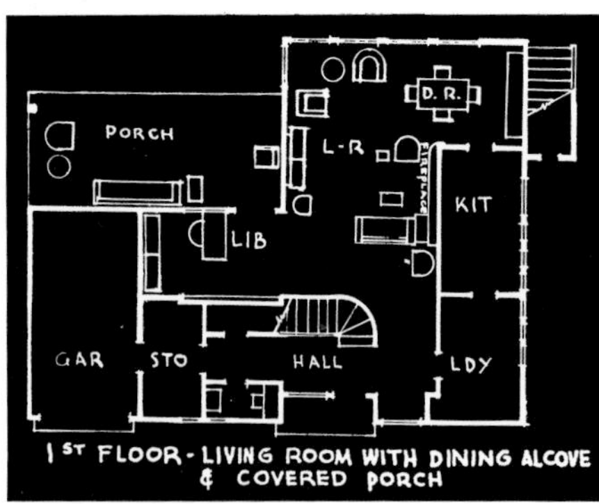

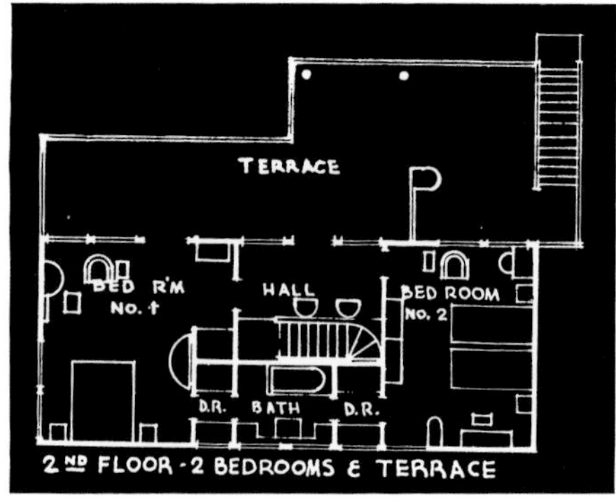

Fot. Hedrich Blessing Studio

Architetto John C. B. Moore - New-York - La casa "Design for Living,, alla Esposizione di Chicago 1933 - La fronte verso il giardino - I muri sono tinteggiati in giallo-limone - **Sotto:** le piante del piano terreno, a sinistra, e del primo piano. - **Pianterreno: L.R** = Stanza di soggiorno - **KIT** = Cucina - **PORCH** = Portico - **GAR** = Garage - **HALL** = Anticamera - **LDY** = Dispensa - lavanderia - **DR** = Alcova per pranzare - **LIB** = Alcova studio. - **Piano superiore: BED ROOM** = Camera da letto - **BATH** = Bagno - **DR** = Armadi - spogliatoi.

"UN'IDEA PER VIVERE"
UN ESEMPIO AMERICANO D'ABITAZIONE TIPICA MODERNA

An Idea for Living:
An Example of Modern
American Model Housing

'Design for Living' House by John C. B. Moore for the "Century of Progress" exhibition in Chicago: view of rear elevation, terraces, porc floor plans (all furniture designed by Gilbert Rohde)

Gli architetti C. B. Moore e G. Rohde hanno allestito alla esposizione di Chicago questa casa d'abitazione per una famiglia di medio ceto che è certo interessante per i lettori di *Domus* di poter conoscere.
La costruzione è adatta a essere isolata o anche ad essere una unità di un gruppo di abitazioni e in questo caso può essere opportunamente variata nella disposizione dei locali e nell'orientamento.
Questo edificio s'inspira a sani principii di moderna semplicità e di rispondenza alle odierne condizioni di vita; locali ampiamente comunicanti con l'esterno, grandi portici ai due piani e spaziose terrazze. Un senso di benintesa economia ha fatto eliminare cantine, soffitte e spazi inutilizzabili in modo da ridurre al minimo l'impiego dei materiali e di conseguenza il costo della costruzione.
La costruzione è basata su un sistema di unità « standard ». I pannelli delle pareti, di otto piedi per quattro, composti di un telaio e rivestimenti esterni, con porte e finestre già predisposte, sono fabbricati in officina e debbono soltanto essere montati. Il montaggio è semplice e non richiede operai specializzati. La struttura è in legno, essendo questo il materiale meno costoso per piccole costruzioni e il più facile a tutti gli adattamenti. I telai sono ricoperti di materiale isolante dotato di grande resistenza alle intemperie. Le dimensioni commerciali delle lastre di questo materiale sono il motivo fondamentale del disegno delle pareti.
Le pareti ed i soffitti interni sono pure in lastra di materiale isolante di resistenza appropriata.
La costruzione è completamente a secco, tranne le fondazioni in calcestruzzo.
La scelta dei materiali è stata fatta non con lo scopo di propagandare ad ogni costo nuovi prodotti, ma con quello di applicare, fra quelli in commercio, i più rispondenti alle esigenze del caso.

LA PIANTA

Essa è studiata assai bene sia come reciproca posizione dei locali che come sfruttamento dell'area. L'ingresso principale e il garage sono rivolti verso la via; la stanza di soggiorno, le camere da letto, il portico e la terrazza guardano il giardino. La porta d'ingresso dà nella « hall » e non nel locale di soggiorno. Le scale partono dalla hall e non dal locale di soggiorno. Gli armadi per abiti e la « toilette » sono accessibili dalla hall.
Il locale di soggiorno è composto di uno spazio più grande con appendici per i pasti e per la biblioteca in modo da offrire il massimo sfruttamento di una piccola area e un movimento interessante di pianta.
Il portico mette in comunicazione la stanza di soggiorno col giardino.
La cucina è in comunicazione con la nicchia-sala da pranzo. Essa ha un ingresso dall'interno e comunica con la hall per mezzo della dispensa-lavanderia.
Non c'è sotterraneo. Gli apparecchi per lavare, per il riscaldamento dell'aria e dell'acqua e gli armadi ripostigli sono nella dispensa.
Non c'è sottotetto; esso è sostituito da uno speciale locale ripostiglio.
Il garage è accessibile anche dalla hall attraverso il ripostiglio. Al piano superiore due camere da letto, ciascuna con un piccolo spogliatoio, hanno accesso a un bagno centrale. La pianta consente l'aggiunta di una terza camera da letto. Queste due camere e l'atrio del primo piano si aprono su una grande terrazza parzialmente coperta, che può servire come spazio di soggiorno all'aperto e può essere suddivisa con tende e paratie. Il giardino è sistemato con aree di prato e piantagioni. Il disegno è ottenuto con linee di siepi e di fiori.

1

2

3

Architetti John C. B. Moore e Gilbert Rohde - New-York - La casa "Design for Living„ alla Esposizione di Chicago 1933 - **1 - 3** due vedute della terrazza con mobili in tubo di acciaio cromato e di vimini - **2** il portico - Mobili di vimini con cuscini ricoperti in tela impermeabile gialla, bruno e ruggine.

Foto Hedrich - Blessing Studio

Foto Hedrich - Blessing Studio

An Idea for Living:
An Example of Modern
American Model Housing

'Design for Living' House by John C. B. Moore for the "Century of Progress" exhibition in Chicago: living room, bedroom (all furniture designed by Gilbert Rohde)

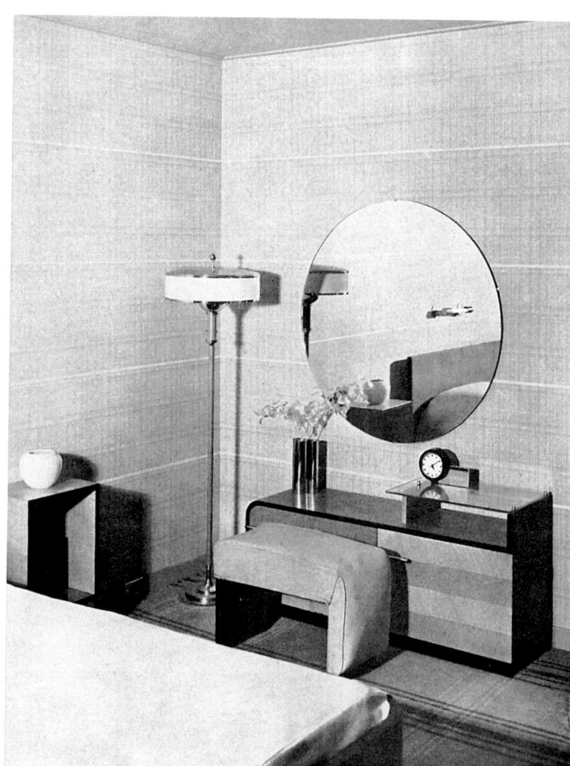

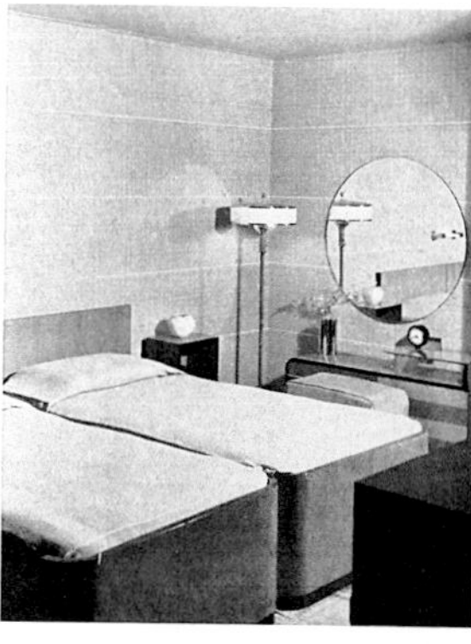

Fot. Hedrich-Blessing Studio

Architetto Gilbert Rohde - New-York - Gli interni della casa "Design for Living„ alla Esposizione di Chicago 1933 - Una delle camere da letto. I colori dominanti sono il grigio e il salmone; le pareti sono in tappezzeria grigia con sottili rigature verdi e salmone, il soffitto è salmone e così pure le coperte, il tappeto e le porte sono grige; i mobili sono di frassino americano tinto grigio con parti tinte in bruno scuro e maniglie di metallo cromato. La "toilette„ ha un piccolo piano di cristallo.

Nella pagina di fronte: sopra, un angolo del Living-room. I colori delle pareti variano da vari toni di grigio, al giallo, beige e rame, le tende sono gialle; le poltrone, con parti di metallo bianco sono coperte di tessuto rugoso di lana su toni dal beige chiaro al bruno scuro. Sotto: due vedute del caminetto, costituito da una sola lastra di alluminio semi-opaco - I mobili sono di noce americano.

GLI INTERNI

L'idea che ha condotto i progettisti nella costruzione e nell'arredamento di questa casa è stata quella di creare un soggiorno accogliente e pratico per una piccola famiglia ed essi hanno ottenuto una dimora assai soddisfacente sia dal lato economico che da quello estetico.
Il mobilio è stato scelto in modo da rappresentare il massimo di valore reale considerato in rapporto all'uso, piuttosto che in base a criteri di minimo costo assoluto. I valori estetici sono stati perseguiti parallelamente a quelli funzionali, allargando il concetto di funzionalismo alla soddisfazione dei bisogni spirituali oltre che di quelli pratici. Si sono scelti nuovi materiali e nuove applicazioni dei vecchi solo in quanto essi rappresentassero un reale vantaggio per la praticità, l'estetica e l'economia, evitando gli effetti di modernità superficiale.
Degli interni e dell'ammobigliamento di questa casa-tipo è autore l'architetto Gilbert Rohde.

1

3

2

4

Foto Hedrich-Blessing Studio

Architetto Gilbert Rohde - New-York - Quattro orologi esposti nella casa "Design for Living„ alla Esposizione di Chicago 1933 - **1** Orologio con cassa in metallo cromato lucido e base in alluminio spazzolato; quadranti in alluminio con punti neri. - **2** Cassa in agrifoglio bianco con intarsi in nero; base in cristallo - **3** Quadrante in cristallo nero con palline schiacciate di metallo cromato per segnare le ore; sfere e base di metallo cromato opaco. - **4** Cassa di acero nero con lastra di cristallo e lancette di alluminio.

La stanza di soggiorno con l'appendice-sala da pranzo hanno il soffitto grigio chiarissimo e le pareti bianco, giallino e rame, le porte grigie e il pavimento di un rosso ruggine.
La pittura delle pareti è a superficie ruvida con uno speciale sistema. Una parte delle pareti è ricoperta con un nuovo prodotto, il « Merimet », costituito da un sottile strato di rame aderente a una tela sottostante per mezzo di un nuovo procedimento: con questo sistema il metallo può esser fatto aderire facilmente anche a superfici curve, al legno, al cuoio o ad altre sostanze. Esso ha una tinta profonda con un tono cioccolato che non offre nessuna delle impressioni di freddezza che potrebbe far supporre il metallo ed ha notevoli qualità decorative.

Il motivo centrale della camera di soggiorno è costituito dal camino formato da una sola grande lastra di alluminio a superficie semi-opaca. La sopravvivenza di questo elemento che non ha più, nelle nostre case moderne, dotate di perfettissimi impianti di termosifone o di riscaldamento ad aria calda, una funzione pratica necessaria, dimostra come non sia detto che le moderne abitazioni debbano essere il prodotto di una pura funzionalità, ma debbano anche saper rispondere agli altrettanto sentiti bisogni spirituali di chi vi dimora.
Gli arredamenti delle camere da letto, una destinata ai padroni di casa, l'altra agli ospiti o ai ragazzi, sono realizzati in un modo più convenzionale; esse contengono mobili di semplice disegno nei quali sono state applicate numerose novità strutturali e funzionali.
La quiete nei quartieri notturni è stata assicurata ricoprendo interamente i pavimenti delle camere da letto, dell'atrio superiore e delle scale, con tappeti.

Da queste note e dalle nostre illustrazioni vediamo che gli autori hanno pensato e realizzato in questo modello di abitazione una dimora che risponde a tutti i concetti e le esigenze del vivere moderno, una dimora fresca e luminosa e al tempo stesso intima e confortevole, una casa dove è bello e piacevole abitare; e per questo essi hanno intitolato la loro opera « design for living ».

DOMUS

L'ARTE NELLA CASA
L'ART DANS LA MAISON
ART IN THE HOME
DIE KUNST IM HAUSE
EL ARTE EN LA CASA

RIVISTA MENSILE
DIRETTORE GIO PONTI
ANNO VI • SETTEMBRE 1933 • XI
CONTO CORRENTE POSTALE
PREZZO DEL FASCICOLO L. 10
69

TENDENZE IN ARCHITETTURA

Architetti Giuseppe Terragni, Adolfo Dell'Acqua, Gianni Mantero, Oscar Ortelli, Carlo Ponci, Mario Cereghini, Piero Lingeri, Gabriele Giussani - Como - Casa sul lago per un artista. Fronte anteriore e fronte posteriore.

Architetti Luigi Moretti, Mario Paniconi, Giulio Pediconi, Mosè Tufaroli Luciano, Ing. Zanda - Roma - Casa di campagna per un uomo di studio.

Architetti Marcello Canino, Giovanni Battista Ceas, Ferdinando Chiaramonte e Alberto Sanarica - Napoli - La casa sul golfo.

Foto Crimella

Architectural Trends

House for an artist designed by G. Terragani, A. Dell'Acqua, G. Mantero, O. Ortelli, C. Ponci, M. Cereghini, P. Lingeri and

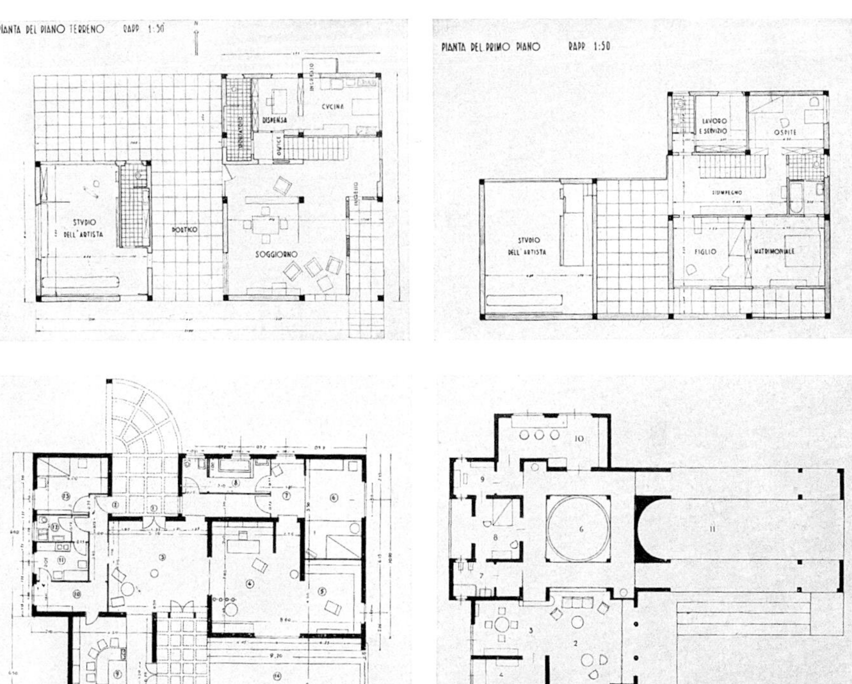

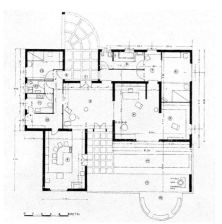

1 - 2 *Piante del piano-terreno e del primo piano della « casa sul lago per un artista »* (*Architetti Terragni, Dell'Acqua, Mantero, Ortelli, Ponci, Cereghini, Lingeri, Giussani*) - **3** *Pianta della « Casa per un uomo di studio »* (*Architetti Moretti, Paniconi, Pediconi, Tufaroli Luciano, Zanda*) - 1 *ingresso* - 2 *ingresso di servizio* - 3 *atrio* - 4 *studio* - 5 *biblioteca* - 6 *camera da letto* - 7 *spogliatoio* - 8 *bagno, W C* - 9 *sala da pranzo* - 10 *office* - 11 *cucina* - 12 *bagno, W C di servizio* - 13 *camera di servizio* - 14 *specchio d'acqua* - 15 *soletta sopra il « patio »* - 16 *belvedere* - **4** *Pianta della « Casa sul Golfo »* (*Architetti Canino, Ceas, Chiaramonte e Sanarica*) 1 *atrio* - 2 *soggiorno* - 3 *pranzo* - 4 *office* - 5 *cucina con scaletta ai locali di servizio* - 6 *impluvium* - 7 *bagno* - 8 *letto* - 9 *spogliatoio* - 10 *studio* - 11 *loggiato*.

È stato scritto nel programma della Triennale di Milano che la mostra dell'abitazione era un *dibattito* — rappresentato da costruzioni vere e proprie — fra le diverse interpretazioni della vita moderna che agitano gli architetti d'oggi.

Così è stato, e giova il presentare comparati alcuni edifici di abitazione che nel nome e nelle idee dei loro autori rappresentano concezioni diverse. Un raffronto tipico può esser già istituito dal lettore confrontando due costruzioni da noi illustrate, la casa degli architetti Figini e Pollini (*Domus*, luglio 1933) e quelle degli architetti Lancia, Fiocchi, Marelli, Serafini (*Domus*, agosto 1933).

Una comparazione diretta, gomito a gomito, abbiamo ora occasione di fare in queste pagine fra la *casa sul lago per un artista* (architetti Terragni, Dell'Acqua, Mantero, Ortelli, Ponci, Cere-

;. Giassani; country house designed by L. Moretti, M. Paniconi, G. Pediconi and M. Tufaroli Luciano; house on he bay designed by M. Canino, G. Battista Ceas, F. Chiaramonte and A. Sanarica

Translation see p. 689

1

2

Foto Crimella

1 *« Casa sul lago per un artista » - Particolare della fronte posteriore - In primo piano la grande vetrata dello studio - Pavimento del portico e del marciapiede in litroceramica dell'Industria Ceramica Piccinelli* - **2** *« Casa per un uomo di studio » - Il patio* - **3** *« Casa sul golfo » - Il loggiato.*

House for an artist designed by G. Terragani, A. Dell'Acqua, G. Mantero, O. Ortelli, C. Ponci, M. Cereghini, P. Lingeri and

« Casa sul lago per un artista » - Il loggiato al piano superiore.

« Casa di campagna per un uomo di studio ». Due vedute del « patio ».

« Casa sul golfo ». Veduta del loggiato - Statua della Fonderia Chiurazzi di Napoli.

Foto Crimella

:. Giassani; country house designed by L. Moretti, M. Paniconi, G. Pediconi and M. Tufaroli Luciano; house on ıe bay designed by M. Canino, G. Battista Ceas, F. Chiaramonte and A. Sanarica

Translation see p. 689

1

1 « *Casa sul lago per un artista* » *l'ingresso e sala di soggiorno: mobili in noce della ditta Proserpio, pavimento in linoleum grigio della Soc. del Linoleum di Milano; rivestimento delle pareti dell'Industria Ceramica Piccinelli; stoffe delle poltrone a colori Indanthren, scozzesi verde e rosso; tende Belgir a righe verdi.* - **2** « *Casa di campagna per un uomo di studio* ». *L'atrio con statua in legno di Pericle Fazzini.*

Sotto: *le sale da pranzo* - **1** « *Casa sul lago per un artista* » - *Mobili in noce della ditta Proserpio, pavimento in linoleum grigio della Soc. del Linoleum di Milano.* - **2** « *Casa sul golfo* » - *mobili in legno nero con ripiani del tavolo e del buffet in pietra bianca, della ditta Avorio di Napoli - Pavimento in piastrelle dell'Industria Ceramica Salernitana su disegno di Melamerson - Tende greggie a disegni rossi, degli Opifici Serici Riuniti di S. Leucio.* - **3-4** « *Casa di campagna per un uomo di studio* » - *Mobili in radica di noce con ripiani neri eseguiti dalle ditte artigiane Fernando Conti e Cesidio Pellegrini di Roma - Pavimento in linoleum grigio e azzurro della Soc. del Linoleum di Milano; pareti in tinta mattone; cristallerie Venini; porcellane Rosenthal (l'arredamento è stato progettato dagli Architetti Paniconi e Pediconi) - Apparecchi d'illuminazione della S. Italiana Siemens.*

1

2

o Crimella

Architectural Trends

House for an artist designed by G. Terragani, A. Dell'Acqua, G. Mantero, O. Ortelli, C. Ponci, M. Cereghini, P. Lingeri and

2

4

5

Foto Crimella

1-2 *« Casa sul lago per un artista ». Due vedute dello studio: mobili laccati in grigio e toni di azzurro. Ponte mobile - Parete in mattonelle di vetro armate (sistema ed esecuzione Folembray).* - **3-4** *Lo studio della « Casa di campagna per un uomo di studio » (Architetti Luigi Moretti e Mosè Tufaroli Luciano): mobili in noce, con stoffe rosse, eseguiti dalla ditta artigiana Ettore Savini di Roma - Pareti bianche con composizione murale di Alberto Ziveri - Pavimento in linoleum grigio della Soc. del Linoleum di Milano - Apparecchi d'illuminazione S. Italiana Siemens.* - **5** *Lo studio della « Casa sul Golfo » - Mobili in noce e poltrone in pelle rossa di Ducrot. Sulla parete quadro di Eugenio Viti - Statua di Monaco - Sopramobili di Ducrot - Apparecchi elettrici Sven - Stoffe delle tappezzerie della Soc. Cotonerie Meridionali - Pavimento di linoleum grigio della Soc. del Linoleum di Milano.*

G. Giassani; country house designed by L. Moretti, M. Paniconi, G. Pediconi and M. Tufaroli Luciano; house on the bay designed by M. Canino, G. Battista Ceas, F. Chiaramonte and A. Sanarica

Translation see p. 689

Foto Crimella

Camera da letto nella « Casa di campagna per uomo di studio » - Mobili della ditta Colombo e Vitali - Armadio in noce con intarsi in bosso - Stoffe del letto e della poltrona in varie tonalità di grigio - Pareti gialle - Pavimento in linoleum rosso della Soc. del Linoleum di Milano - Tappeto della Valtellina in varie tonalità marrone della ditta Pezzoli - Apparecchi di illuminazione della S. Italiana Siemens.

Camera da letto nella « Casa sul golfo » - Mobili in radica del Mobilificio Tirreno, Cava dei Tirreni - Stoffa degli Opifici Serici Riuniti di S. Leucio (Napoli) - Pavimenti in linoleum azzurro della Soc. del Linoleum di Milano.

ghini, Lingeri e Giussani, di Como), la *casa per un uomo di studio* (architetti Moretti, Paniconi, Pediconi, Tufaroli e Ing. Zanda, di Roma), la *casa sul golfo* (architetti Canino, Ceas, Chiaramonte e Sanarica, di Napoli).

Il lettore vede da sè i tre termini rappresentati da esse e vede in cosa si differenziano e cosa hanno in comune. Questo esame è interessante ed utile al pubblico per conoscenza ed orientamento generale, agli architetti per riconoscere quali cose ancora li separino da quella *unanimità* di architettura italiana che tutti s'augurano.

La casa dei *comacini* è nettamente d'avanguardia, prescinde da ogni elemento tradizionale, quella dei romani tempera questa concezione nell'adozione di alcuni elementi tradizionali, la casa napoletana innesta deliberatamente questi elementi nella espressione moderna. La prima e l'ultima son le più deliberate ed audaci; chè non è audacia minore, oggi che forme oltranziste sono da tutti comodamente impiegate, il ricorso ad altre fonti.

In tutte è una ponderata nobiltà di concezione, un contenuto etico reale; i comacini esprimendolo attraverso il rigore di una nudità, i romani attraverso il riconoscimento di esigenze intime e spirituali nella concezione della casa, ed equilibrandole alla sua funzionalità, i napoletani nel dare a queste esigenze una espressione deliberata, lirica, attraverso il bel motivo architettonico che spinge verso il supposto golfo le sue armoniose braccia.

Una identità accomuna queste tre case (e le altre migliori della Triennale), e si legge facilmente sulle loro piante. Grandi aperture, terrazze o cortili, elementi (siano archi, sian terrazze, sian pergole e travi), natura, piscine: un invito ad una vita (come è quella d'oggi) desiderosa del sole, della luce, dello spazio, delle acque.

« Casa sul lago per un artista » **1-2** *veduta della cucina e della dispensa - Mobili laccati azzurri di Orsenigo -* **3** *tipo di serramento a bilancia con antini comandati simultaneamente -* **4** *tipo di serramento a bilancia.*

1

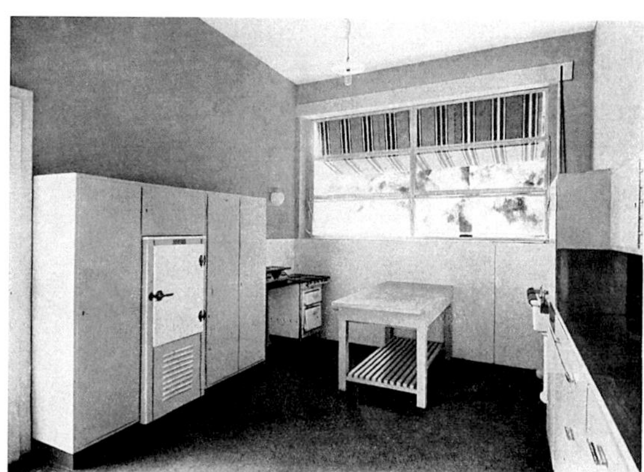

2

3

4

Foto Crimella

G. Giassani; country house designed by L. Moretti, M. Paniconi, G. Pediconi and M. Tufaroli Luciano; house on the bay designed by M. Canino, G. Battista Ceas, F. Chiaramonte and A. Sanarica

Translation see p. 689

DOMUS

L'ART DANS LA MAISON ART IN THE HOME DIE KUNST IM HAUSE L'ARTE NELLA CASA

DOMUS

L'ART DANS LA MAISON ART IN THE HOME DIE KUNST IM HAUSE L'ARTE NELLA CASA

domus 76
April 1934
FEATURING
Gian Luigi Banfi
Enrico Peressutti
Ernesto Nathan Rogers

DOMU

L'ART DANS LA MAISON ART IN THE HOME DIE KUNST IM HAUSE L'ARTE NELLA C

domus 73
January 1934
FEATURING
A. Muro
Gio Ponti
Mario Baciocchi

domus 74
February 1934
FEATURING
Franco Albini
Renato Camus
Giancarlo Palanti

1934

domus 80
August 1934
FEATURING
Alberto Legnani
Umberto Cuzzi

domus 81
September 1934

DOMUS

L'ART DANS LA MAISON ART IN THE HOME DIE KUNST IM HAUSE L'ARTE NELLA CASA

DOMUS

L'ART DANS LA MAISON ART IN THE HOME DIE KUNST IM HAUSE L'ARTE NELLA CASA

DOMU

L'ART DANS LA MAISON ART IN THE HOME DIE KUNST IM HAUSE L'ARTE NELLA C

domus 75
March 1934

domus 78
June 1934
FEATURING
Franco Albini
Renato Camus
Giancarlo Palanti
Gio Ponti

domus 77
May 1934
FEATURING
Franz Singer

domus 79
July 1934

domus 82
October 1934
FEATURING
Gilbert Rohde

domus 83
November 1934
FEATURING
Gian Luigi Banfi
Enrico Peressutti
Ernesto Nathan Rogers

domus 84
December 1934
FEATURING
Giuseppe Pagano Pogatschnig

CERAMICHE MODERNE ITALIANE

La Manifattura di Laveno ha edito queste ceramiche nelle quali il rigore del bianco assoluto s'accompagna ad un rigore di forma interessante armonia col carattere di arredamenti moderni. Il bianco puro è oggi, nel gusto, e ne simboleggia l'amore per la purità, per la semplicità.

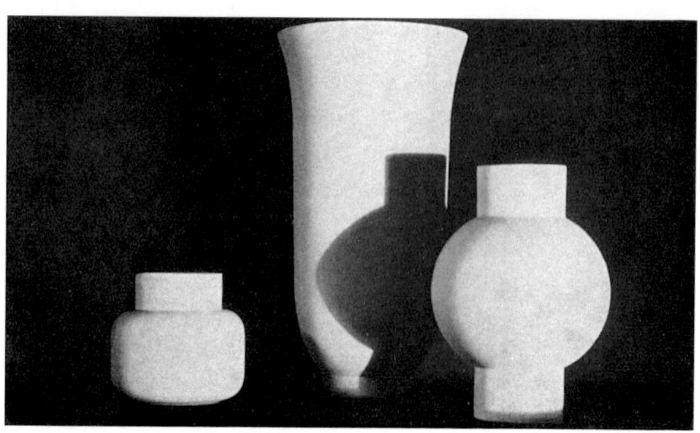

Modern Italian Ceramics

Ceramic vases and covered bowls manufactured by Manifattura di Laveno

DOMUS

ÁRT DANS LA MAISON
RT IN THE HOME
IE KUNST IM HAUSE

L'ARTE NELLA CASA

Cover

domus magazine cover

ANNOTAZIONI DELL'ARCHITETTO

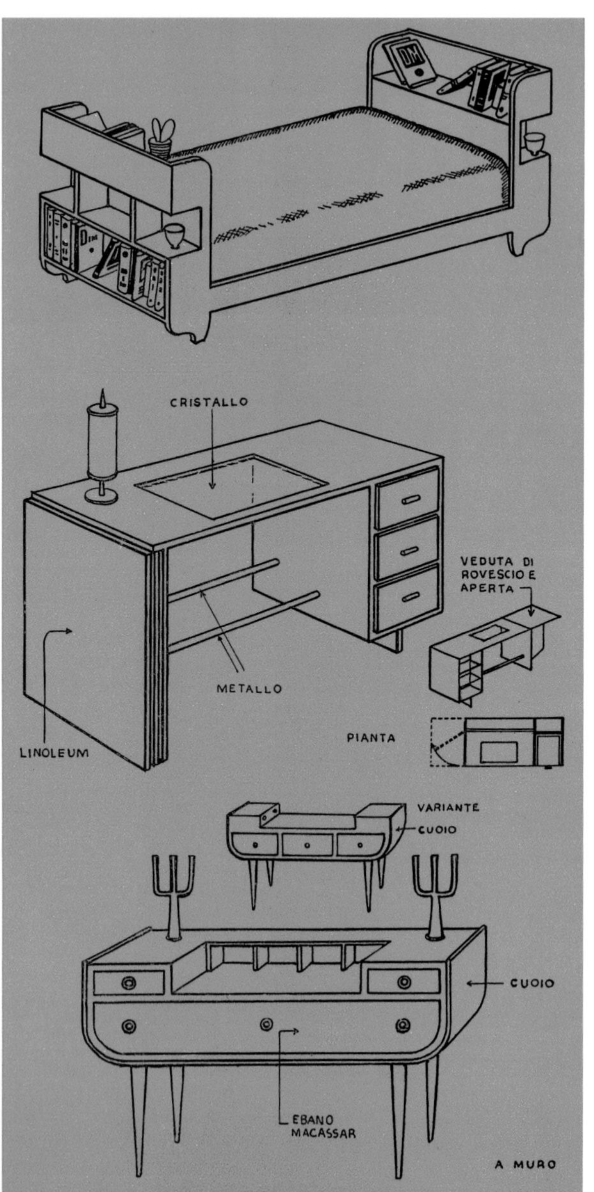

Un divano-letto (elastico di 2 × 0,85) può avere le testate praticamente utilizzate come scaffaletti per libri per qualche oggetto all'esterno. Verso l'interno il ripiano può reggere, la notte, la lampada, e i livres de chevet *per coloro che non sanno riposare senza questa incantevole compagnia. Di giorno vi possono essere allogati due cuscini cilindrici. Legno chiaro e coperta scura o viceversa.*

Una assai semplice e poco costosa scrivania con tre cassetti da un lato, tre ripiani aperti (per libri) sul rovescio. Il ripiano reca un grosso cristallo; due tubi di metallo cromato legano la struttura e costituiscono un comodo poggiapiedi. La ampiezza della scrivania si può aumentare a mezzo del piano a ribalta, sostenuto da un'anta aprentesi. Questo piano può esser coperto in linoleum. Legni castagno bianco, rovere unita bianca (elegantissima), ebano macassar.

Un partito nuovo per mobile a muro è rappresentato da questo comò, i cui fianchi sono in cuoio naturale. Si impieghi un legno scurissimo: ebano macassar o palissandro e maniglie in rame. Le gambe in rame.

Annotations of the Architect

Design drawings for a bed, a desk, a dressing table and banisters by A. Muro

ANNOTAZIONI DELL'ARCHITETTO

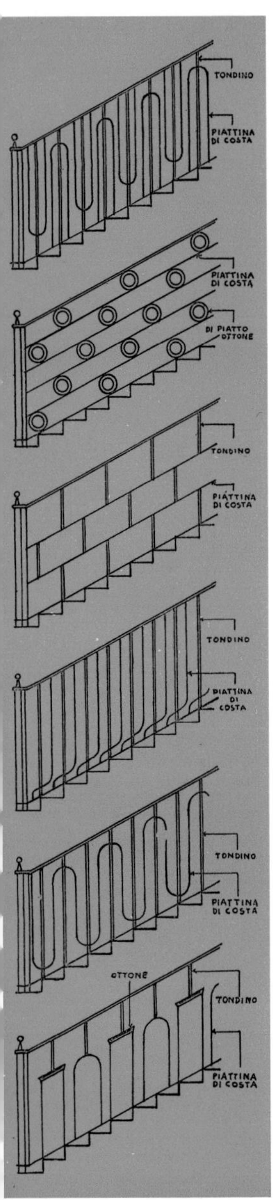

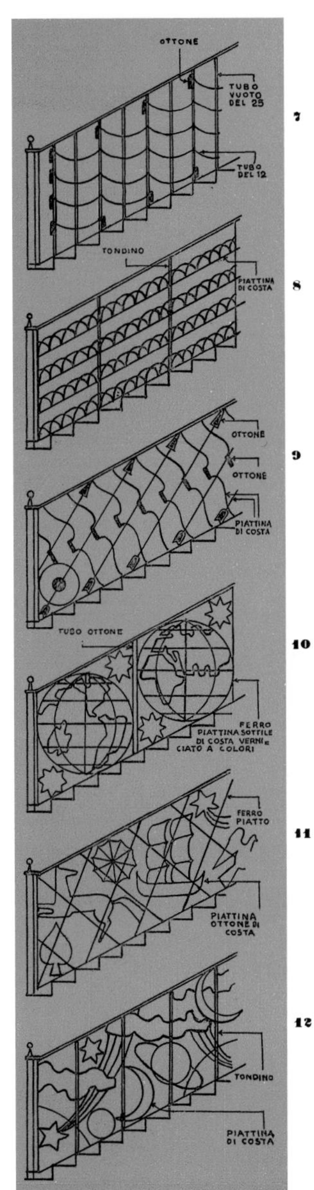

Ecco dodici balaustre di scala, semplici e complicate; esse si prestano ad applicazione di metalli diversi e ad essere verniciate in colori diversi. La 1 abbia il tondino in chiaro e la piattina in scuro. Per la 2 è sufficiente il contrasto fra ferro e ottone. La 3, 4, 5, 6 si possono trattare come la 1. La 7 può avere i tondini in scuro e i fiocchi ed i festoni in chiarissimo (quasi bianco). La 8, dall'aspetto giardinesco, sta bene verniciata in verde. Essa è stata ispirata da una balaustra di Muzio. Per la 9 valga quanto è stato detto per la 2. Di possibilità coloristiche grandissime è invece la 10. Le geografie, come è appunto negli altanti, possono essere colorate diversamente continente per continente. Questa balaustra si presta per applicazioni eleganti. Così pure la 11 e la 12, in metalli diversi, rappresentano uno spunto che un artista può con grande effetto sviluppare.

IDEE PER GLI ARGENTI ED I VETRI

Un bicchiere in vetro verde e grosso.

Un bicchiere in vetro bianco legato da un nastro a colore; un tovagliolino marcato con una bandieretta da barca.

Un bicchiere con coppa verde e gamba trasparente; tovagliolino marcato con una mano (ospitalità.

Un grosso vaso in vetro soffiato con la bocca a cestello. Questa idea si può realizzare anche in rame, in peltro, in argento.

Tre alti (40 cm.) vasi per fiori, in vetro, o in rame, o in argento. Sono a sezione cilindrica.

Sei teiere.

Disegni di GIO PONTI

Ideas for Silver and Glass

Design drawings for drinking glasses, glass vases and silver teapots by Gio Ponti

IDEE PER LE LAMPADE

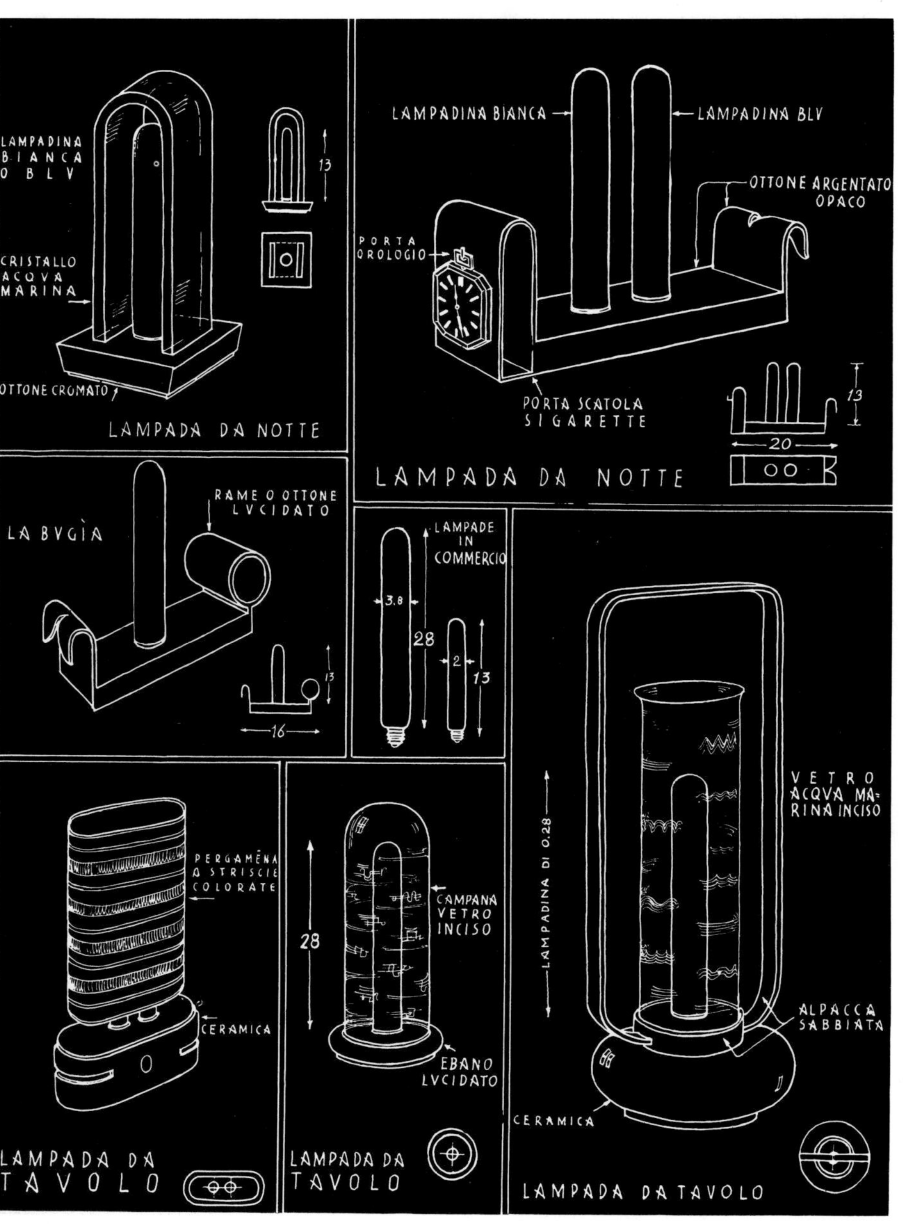

Disegni di Mario Baciocchi

Ideas for Lights

Design drawings for table and bedside lights by Mario Baciocchi

ALCUNI NUOVI TIPI DI MOBILI IN METALLO DI PRODUZIONE ITALIANA

Poltrona in metallo cromato e marocchino rosso.

Sedie in metallo cromato e marocchino rosso e poltrona dello stesso genere: quest'ultima accostata ad una gemella può formare divano.

Due poltrone in metallo cromato e marocchino rosso. Questi tipi sono stati suggeriti da architetti ed interpretati ed eseguiti da Beltrami.

Il mobile in metallo è entrato nell'arredamento con una nuova caratteristica, tipicamente stilistica, aderente e quali personificante un aspetto dello stile d'oggi. Accompagnamo appunto per ciò questa piccola rassegna di mobili in metallo di produzione italiana con l'illustrazione di molte applicazioni ambientali. La produzione italiana muove i primi passi in questo campo e gli architetti italiani le han forniti e suggeriti interessanti modelli. Nel fascicolo precedente a proposito di un arredamento dell'arch. Singer abbiamo notate quanta attenzione e quanta perfezione è dedicata all'estero nel creare e nell'eseguire modelli del genere. Occorre che anche l'industria italiana, che può eccellentemente farlo, si applichi con impegno. Non mancano da noi progettisti che, come l'architetto Piero Bottoni creò per Thonet una stupenda poltrona, potrebbero recare alle nostre fabbriche una essenziale ed importante collaborazione.

Some New Models of Italian Metal Furniture

Tubular metal chairs manufactured by Beltrami; bookshelf, sofa and table designed by Franco Albini, Renato Camus and Giancarlo Palan (small photos show tubular steel furniture from outside Italy)

ALCUNI NUOVI TIPI DI MOBILI IN

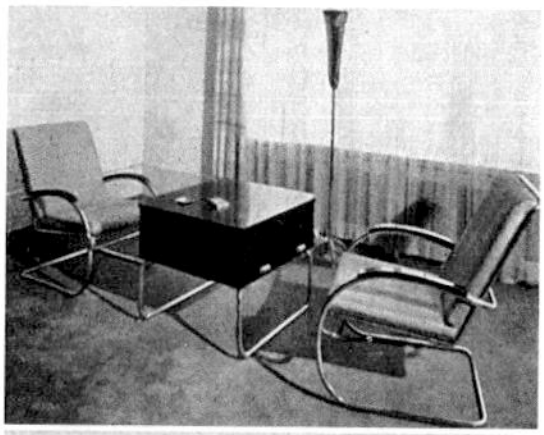

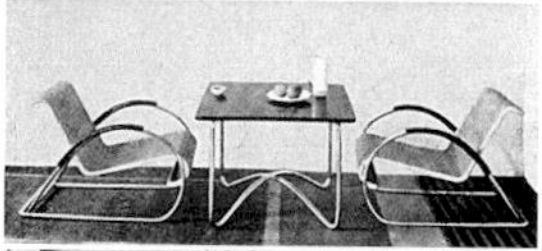

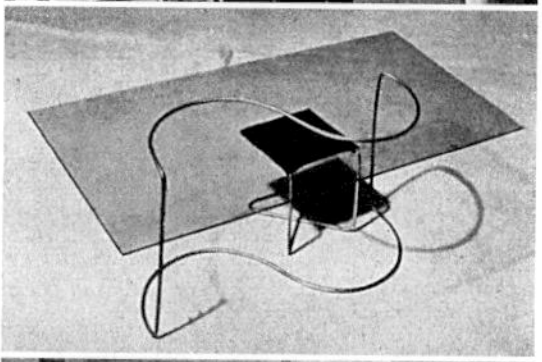

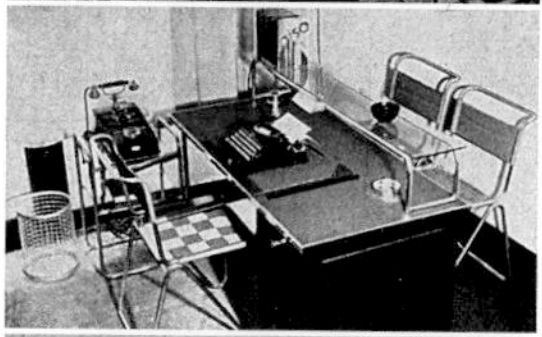

Architetti Albini, Camus, Palanti - Milano - Libreria a palchetti spostabili in anticorodal con fondo di vetro VIS paglierino; i ripiani sono di masonite nero.

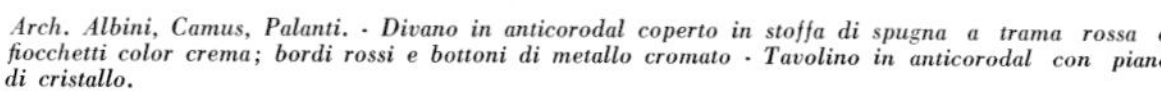

Arch. Albini, Camus, Palanti. - Divano in anticorodal coperto in stoffa di spugna a trama rossa e fiocchetti color crema; bordi rossi e bottoni di metallo cromato - Tavolino in anticorodal con piano di cristallo.

METALLO DI PRODUZIONE ITALIANA

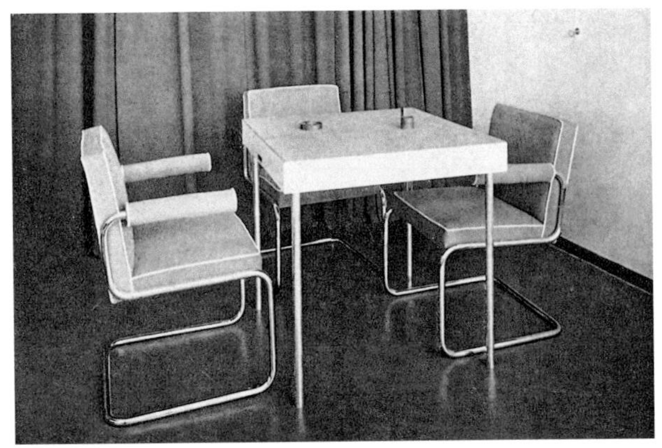

Arch. F. Albini, R. Camus e G. Palanti, Milano. - Poltrona in acciaio coperta in fustagno grigio con profilature bianche. - Tavolino da gioco con fascia di celluloide bianca e fianco di panno grigio.

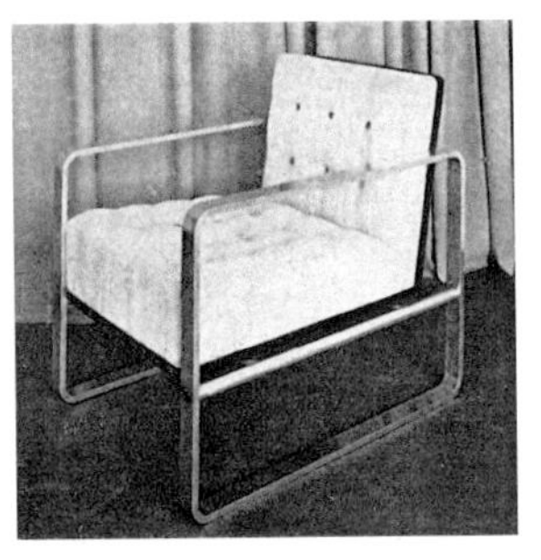

Arch. F. Albini, R. Camus e G. Palanti, Milano - Poltrona in anticorodal con copertura in stoffa di spugna a fondo rosso con fiocchetti crema. - Poltrona in acciaio cromato e schienale di giunco nero.

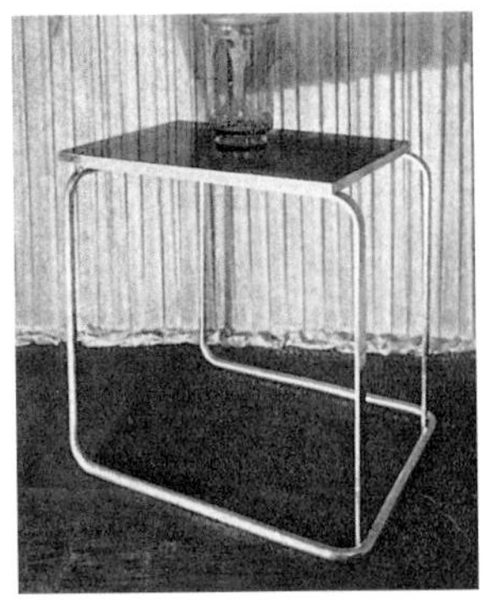

Arch. F. Albini, R. Camus e G. Palanti, Milano - Tavolino in anticorodal con piano di masonite nero. - Poltrona in acciaio cromato con copertura di tela cerata nera.

Some New Models of Italian Metal Furniture

Metal chairs and tables designed by Franco Albini, Renato Camus and Giancarlo Palanti; tubular metal furniture designed and manufactured by Cova (small photos show tubular steel furniture from outside Italy)

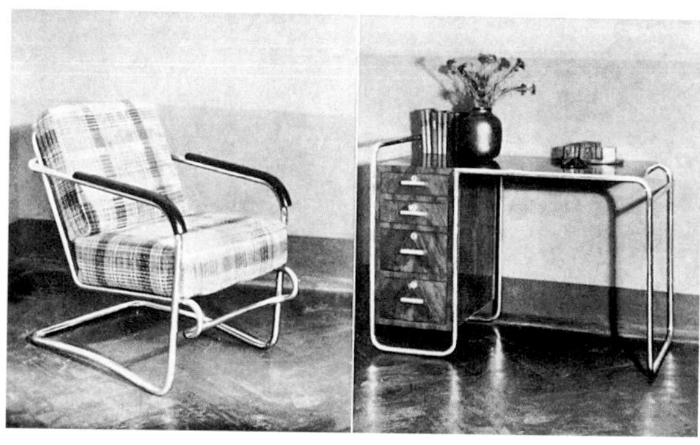

Disegno ed esecuzione di Cova

Poltrona flessibile in tubo di acciaio cromato. Cuscini mobili. Elasticità massima.
Scrivania in tubo di acciaio cromato. Piano e cassetti in radica di noce lucida.

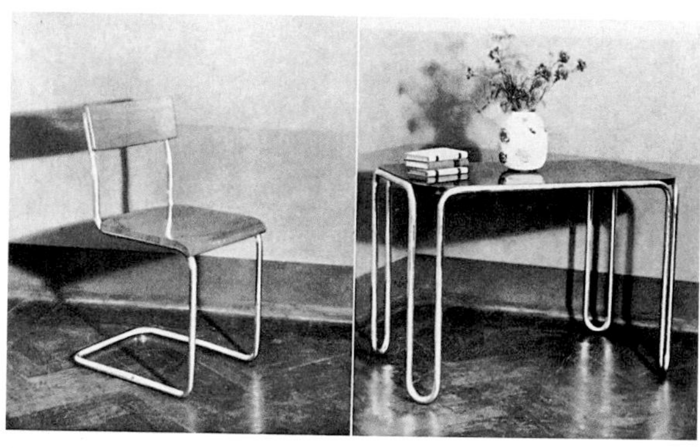

Disegno ed esecuzione di Cova

Sedia flessibile in tubo di acciaio cromato. Sedile e schienale in legno lucido curvato.
Tavolo in tubo, di acciaio cromato. Piano ad angoli tondi in radica lucida.

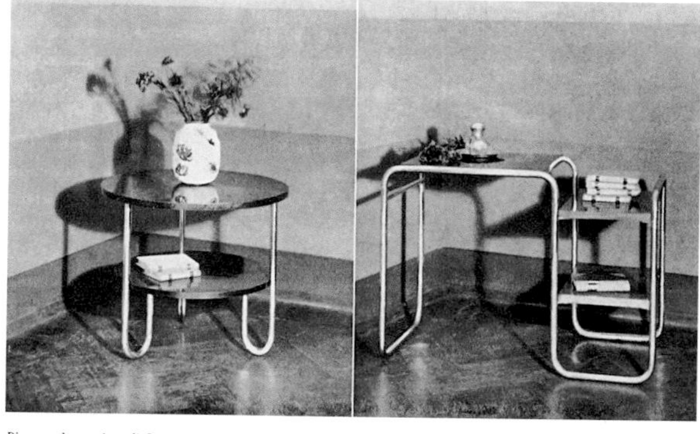

Disegno ed esecuzione di Cova

Tavolino rotondo in tubo di acciaio cromato a due piani in radica di noce lucida.
Piccola scrivania in tubo di acciaio cromato con piani in radica di noce lucida.

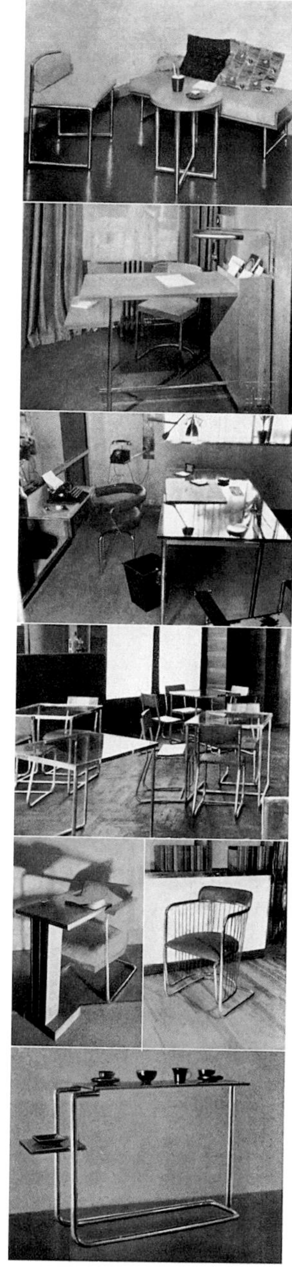

Arch. E. N. Rogers, Milano. - Caminetto in marmo e specchio rosa, bordo cromato in Casa Garinger a Trieste. *Foto Radiottica*

ESPRESSIONE DI ALCUNI ARREDAMENTI MODERNI

Col titolo che accompagna queste pagine dedicate ad alcuni arredamenti di giovani architetti milanesi, Banfi, Peressutti, Rogers vogliamo segnalare lo speciale carattere che si ravvisa nei lavori con i quali essi inaugurano la loro professione. Esso, rappresentando l'emanazione di giovani, è una effettiva « espressione rappresentativa » di idee e di posizioni della quale deve tener conto chi segua l'evoluzione del gusto, o — meglio — dell'ambiente per la nostra vita.

Nitore armonico, ingegnosa creazione, posata tranquillità di partiti, semplicità equilibrata, rigorosa linea individuano questi arredamenti, ma ciò che particolarmente ci interessa è che la semplicità appare raggiunta non attraverso una eliminazione (cioè ad una *reazione*, come è di molti architetti), ma per via di una composizione ingegnosa meditata sì nel realizzare (vedi la camera da signorina) e di vero istinto in quanto a concezione.

Questa natura dei loro lavori conferisce ad essi una elegante, giovanile freschezza, un senso di reale « novità » e dove la preziosità dei materiali o dell'impiego parrebbero segnalare lo sforzo del lusso, noi troviamo l'opera corretta dalla presenza come di un entusiasmo che la rende esente da quel vizio.

Ciò è assai importante. La semplicità è per taluni architetti una conquista affaticata e sopratutto incerta, è a volte come una desolata eliminazione invece di essere un inizio in purezza. La ricercatezza di materiali e il loro azzardato impiego son pure due altri faticosi vizi di molti, e sono intesi quasi come un antidoto necessario, complementare, alla semplicità del gusto contemporaneo. Da qui deriva il lusso che direi spettrale e malinconico di certi ambienti moderni.

Ma così non si fa arte e ci si allontana dalla vita: la semplicità è una « espressione » se è una emanazione diretta dei nostri bisogni spirituali, e le materie, *tutte*, ricche e povere, sono lì da usare senza sottintesi estetici, ma per il « piacere » entusiastico del servirsene.

Some Modern Interiors

Casa Garinger in Trieste designed by Gian Luigi Banfi, Enrico Peressutti and Ernesto N. Rogers (Studio BBPR): views of fireplace and lady's bedroom

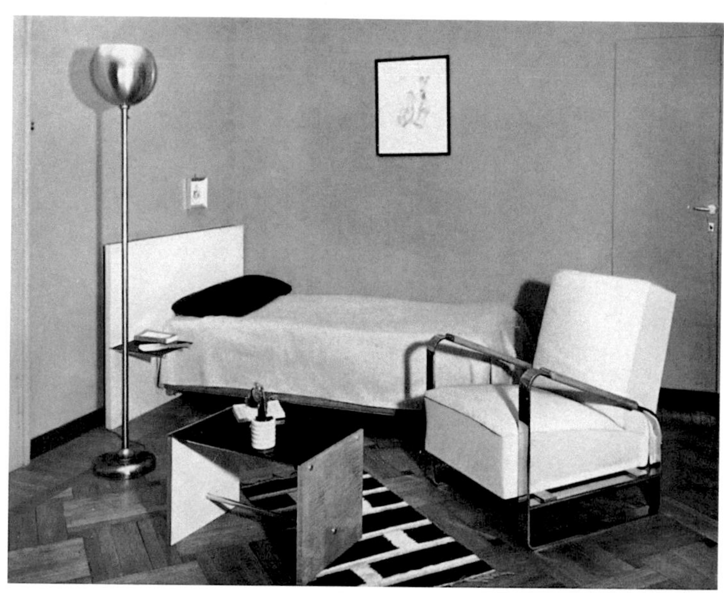

Arch. G. L. Banfi, E. Peressutti, E. N. Rogers, Milano. - Casa Garinger a Trieste. - Camera da letto per signorina. - Letto laccato in giallo Napoli, coperta nello stesso colore più scuro, cuscino in velluto nero. - Cristallo del comodino in fumè nero. - Poltrona in metallo cromato. - Stoffe in color giallo-Napoli scuro. - Tavolino foncelè e laccato in grigio perla. - Cristallo nero. - Armadio in maple poncelè; ante, specchio e vetro sabbiato. - Intonaco grigio chiaro. - Interno dei mobili in grigio perla.

Foto Radiottica

Arch. G. L. Banfi, E. Peressutti, E. N. Rogers, Milano. - Casa Enrico a Genova. - Salotto. - Mobili in palissandro con parti laccate in viola e cristalli fumés. - Stoffe: velluto viola scuro. - Pavimento in legno grigio. - Pareti color verde giada chiaro.

Foto Manzini

Some Modern Interiors

Casa Enrico in Genoa designed by Gian Luigi Banfi, Enrico Peressutti and Ernesto N. Rogers (Studio BBPR): views of drawing room and bedroom

Arch. G. L. Banfi, E. Peressutti, E. N. Rogers, Milano. - Camera da letto in casa Enrico a Genova. - Armadio e toilette in mapple giallo chiaro, zoccolo in linoleum azzurro, pavimento in feltro grigio, parete giallo chiaro. - Mobile del signore in mapple giallo chiaro, pedana del letto e zoccolo del mobile in linoleum azzurro.

Foto Manzini

Foto Crimella

Letto in tubi di acciaio cromato, legno lucidato e paglietta intrecciata. (Mobili Columbus).

SU ALCUNI MOBILI D'ACCIAIO

E' con compiacenza che illustriamo qui alcuni mobili d'acciaio produzione italiana di A. L. Colombo nei quali v'è, accanto ad una eccellente esecuzione, la presenza di un gusto particolare e vigilato, di una creazione elegante e ingegnosa, con le risorse del tubo d'acciaio bene impiegate. Si notino le due poltrone dove la linea sfuggente dei braccioli è compensata dal cedere elastico dei sostegni sotto il peso di chi siede, poltrone il cui schienale è regolabile con quattro inclinazioni. Gli altri mobili esprimono da sè, con nitida chiarezza, il loro carattere e la loro praticità. Notevole è il letto nel quale i sostegni in acciaio cromato si legano alle spalliere in legno e paglia intrecciata con effetto di grande eleganza.

Some Steel Furniture

Tubular steel furniture manufactured by Mobili Columbus: bed and bedside cabinet, desk, chair (designed by Faccioli), trolley, cabinet, desk and chair and armchair (designed by Faccioli)

2

4

6

Foto Crimella

1. *Scrivania con tubi d'acciaio cromato e legno fiamma di noce.* - 2. *Poltrona da riposo in tubi d'acciaio cromato, schienale regolabile a 4 inclinazioni (disegno dell'arch. Faccioli).* - 3. *Tavolino da tè in tubi di acciaio cromato con piani di legno rivestiti di linoleum nero lucidato.* - 4. *Armadio libreria in legno fiamma di noce e tubi di acciaio.* - 5. *Poltrona e scrivania con piano in vetro infrangibile Securit.* - 6. *Poltrona da riposo in tubi d'acciaio cromato con molle trasversali a nastro che offrono maggiore elasticità, disegno dell'architetto Faccioli. (Mobili Columbus).*

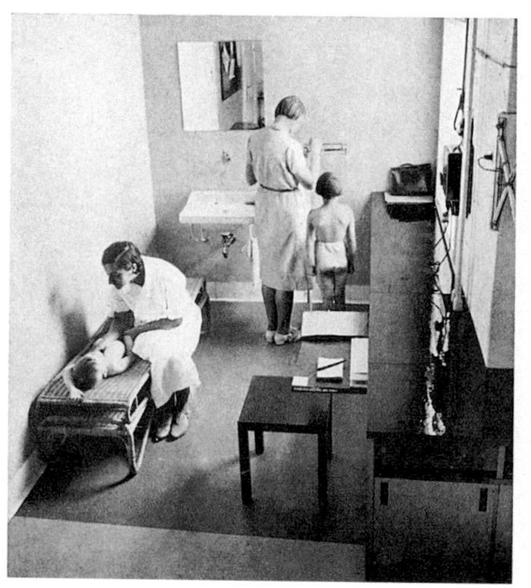

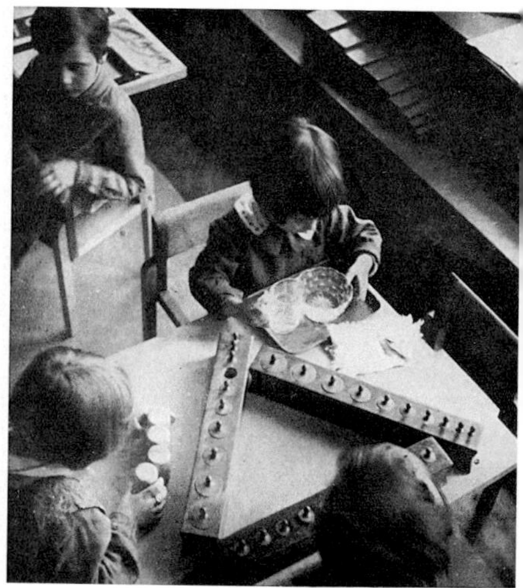

UN ASILO MONTESSORI

Da quando le teorie di Maria Montessori si sono imposte nel mondo della cultura, e della pratica pedagogica, le scuole ispirate a questo metodo non si contano più in Italia ed all'estero. Sono ormai venti anni che migliaia e migliaia di bambini di tutto il mondo sono educati nella massima libertà di coscienza, secondo i principii della Montessori; e sono tanti anni che gli ambienti scolastici cercano di uniformarsi alle esigenze del metodo. Si potrebbe dire, senza esagerare, che l'architettura di molti asili Montessori sia dovuta proprio a questi criteri nuovi, e che un'idea viva nella sfera della cultura crei un'opera viva in quella dell'arte: tutto il « razionalismo » sta infatti in questo concetto. Recentemente è stata costruita in Ispagna una scuola Montessori, che è un esempio di architettura attuale ed è proprio alla dottrina dell'italiana che se ne deve attribuire la concezione. Noi avremmo volentieri pubblicato quest'opera se non ci fosse parso più opportuno dare il posto ad un'altra, modesta ma forse più significativa, escogitata dall'architetto Singer di Vienna. L'asilo del Singer occupa due piani in una casa di abitazione; l'ambiente è, dunque, quello della comune architettura urbana, ma l'autore ha saputo giungere talmente al nocciolo del problema da creare una sistemazione, per più lati, esemplare. E' una casa nella casa; un mondo nel mondo. Questo è il risultato del lavoro di Singer, e tale è nelle sue linee programmatiche e nell'aspirazione ideale, il metodo della professoressa Montessori.

Ancora una volta la « funzione » ha ispirato l'opera, e questa ha portato quella sul piano dell'arte. Per l'asilo viennese questa parola può sembrare esagerata, non si tratta in fondo che di arredamento; ma c'è tanto amore nelle soluzioni particolari, e tanto affettuosa aderenza all'idea che si può assumere la parola senza essere troppo ingiusti. Una scuola tutta chiara e linda, dove ogni cosa è misurata e calcolata per la gioia dei

A Montessori Nursery School in Vienna

Nursery school in Vienna designed by Franz Singer: views of interior, floor plans

A VIENNA

bambini: le stuoie, gli armadi, i tavoli, le grucce per i bicchieri, le spazzole, ed i pettini, la lavagna di vetro colorato. Singer, architetto modernissimo, ha sognato con quest'opera un paradiso moderno: gli inscenatori dell'« Oiseau bleu » hanno sempre inventato un paese fiabesco che ha radici nelle favole di La Fontaine, o nei racconti di Dickens. Qui, un artista d'oggi ha creato per il sogno di indipendenza dei bambini d'oggi un mondo attualissimo e vivo. Bisogna essergli grati di questo esempio: Singer ha accordato la libertà dell'architettura moderna alla libertà di coscienza e di opere che ispira il metodo della Montessori. Si potrebbe dire un'architettura nuova per un mondo nuovo. Pensate agli « interni » che tanti architetti hanno disegnato per i « grandi » del nostro tempo, pochissimi hanno la felicità di questo che è stato creato per la gioia di alcuni bambini. Il concetto fondamentale del metodo Montessori afferma che il processo educativo è soltanto opera del bambino che si evolve in un ambiente privo di ostacoli, ricco di motivi di attività, mediante un lavoro fondato sull'autoeducazione: l'asilo di Singer è come un'esaltazione di questi criterii, e tavoli, stuoie, grucce, armadi hanno qui un senso che va oltre ogni immagine del mondo com'è. E' la casa del Robinson del ventesimo secolo, un asilo dello spirito libero che cerca le sue verità pratiche. Chissà se non sarebbe ottimo guardare a questo asilo come ad un archetipo di vita e di arredamento: una casa per uomini vivi è certamente la casa dell'avvenire. Andiamo a guardare ora questo piccolo paradiso da vicino.

G. G.

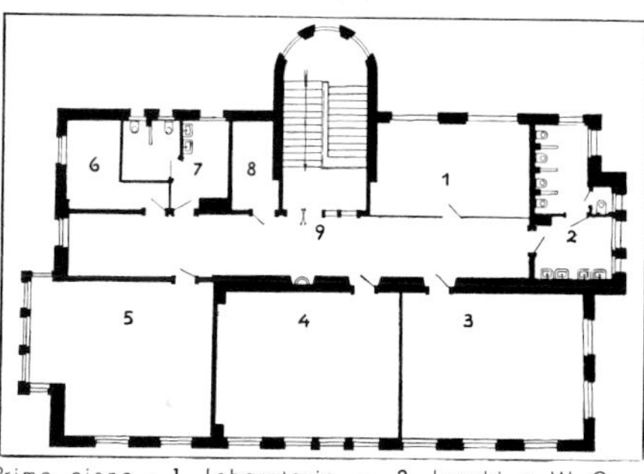

Primo piano - 1. Laboratorio. — 2. Lavabi e W. C. — 3. 4. 5. Sala di riposo delle governanti. — 7. Lavabi e W. C. — 8. Ripostigli. — 9. Corridoi e guardaroba.

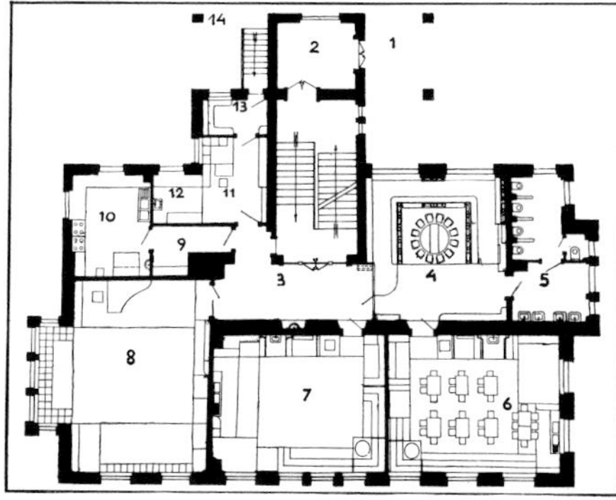

Piano terreno - 1. Ingresso bambini. — 2. Atri. — 3. Corridoio. — 4. Guardaroba-Sala. — 5. Lavabi e W. C. — 6. 7. Sala di lavoro. — 8. Sala da gioco. — 9. Anticucina. — 10. Cucina. — 11 Segreteria. — 12. Visita medica. — 13. Anticamera della Segreteria — 14. Ingresso dei genitori.

Translation
see p. 689

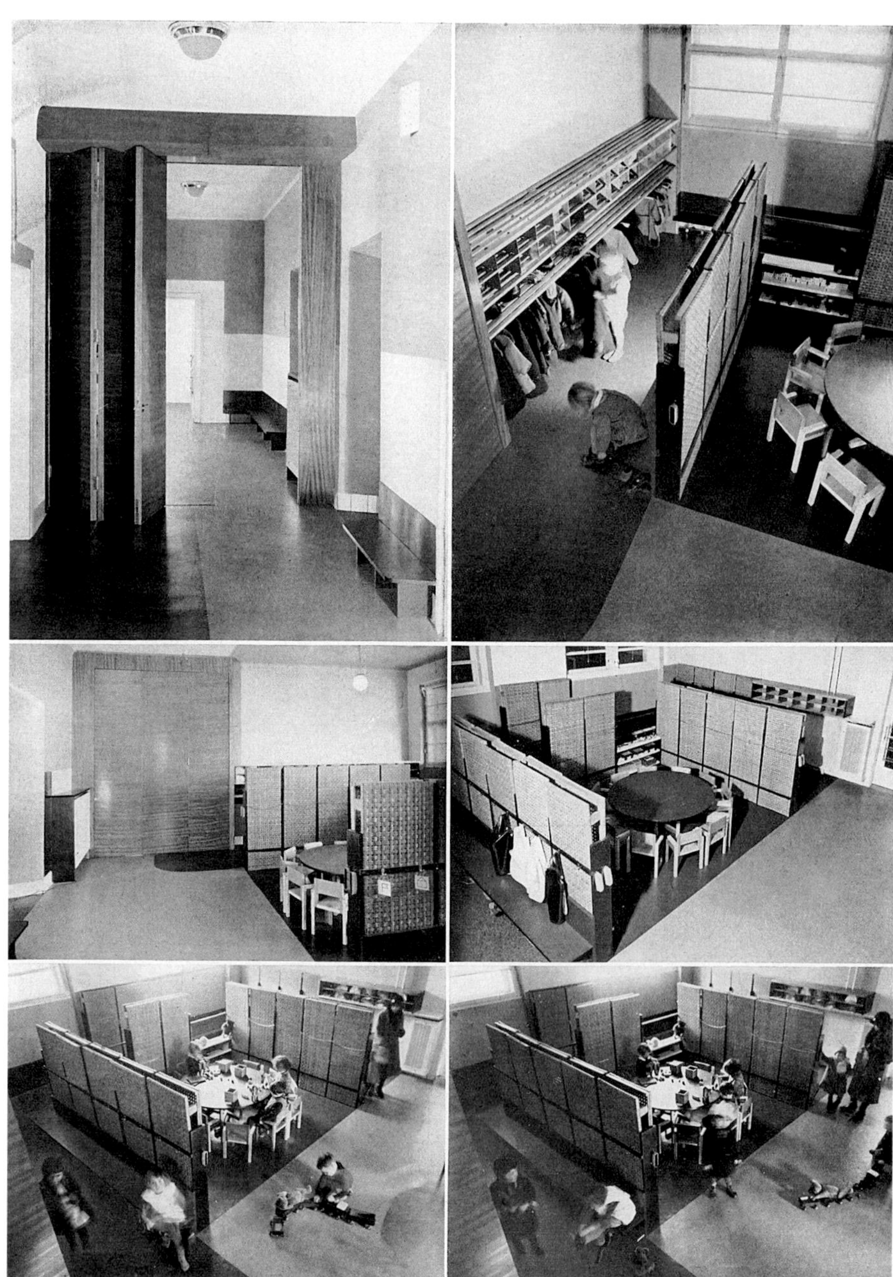

A Montessori Nursery School in Vienna

Nursery school in Vienna designed by Franz Singer: views of interior

L'ingresso della scuola è a pianterreno. Dopo l'atrio la porta a soffietto che divide il corridoio dalla guardaroba; in fondo l'accesso al lavatoio. I bambini sono nell'aula, ecco le caselle — con i vetri scorrevoli — per i cuscini e le coperte, la mensola per i berretti e, sotto, gli attaccapanni. La porta dell'aula è chiusa: a sinistra il calorifero e lo specchio, nel pavimento di linoleum è segnato con la differenza dei colori il cammino da percorrere. Ed ecco un angolo dell'aula adibito a guardaroba: in primo piano, il banco per cambiare le scarpe, con un uncino ad ogni posto per appendere il grembiule; le stuoie sono disposte all'intorno verticalmente in un supporto speciale e formano una parete dietro la quale i bambini si cambiano e si vestono. La guardaroba si trasformerà, poi, in ambiente di riposo: il tavolo è stato ripiegato, le sedie sono state messe da parte ed i bambini giacciono sulle stuoie tolte dai supporti e disposte sul pavimento.

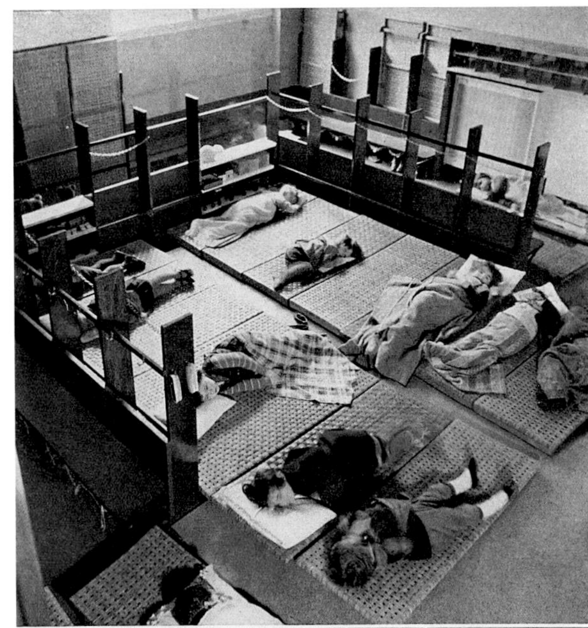

Translation
see p. 689

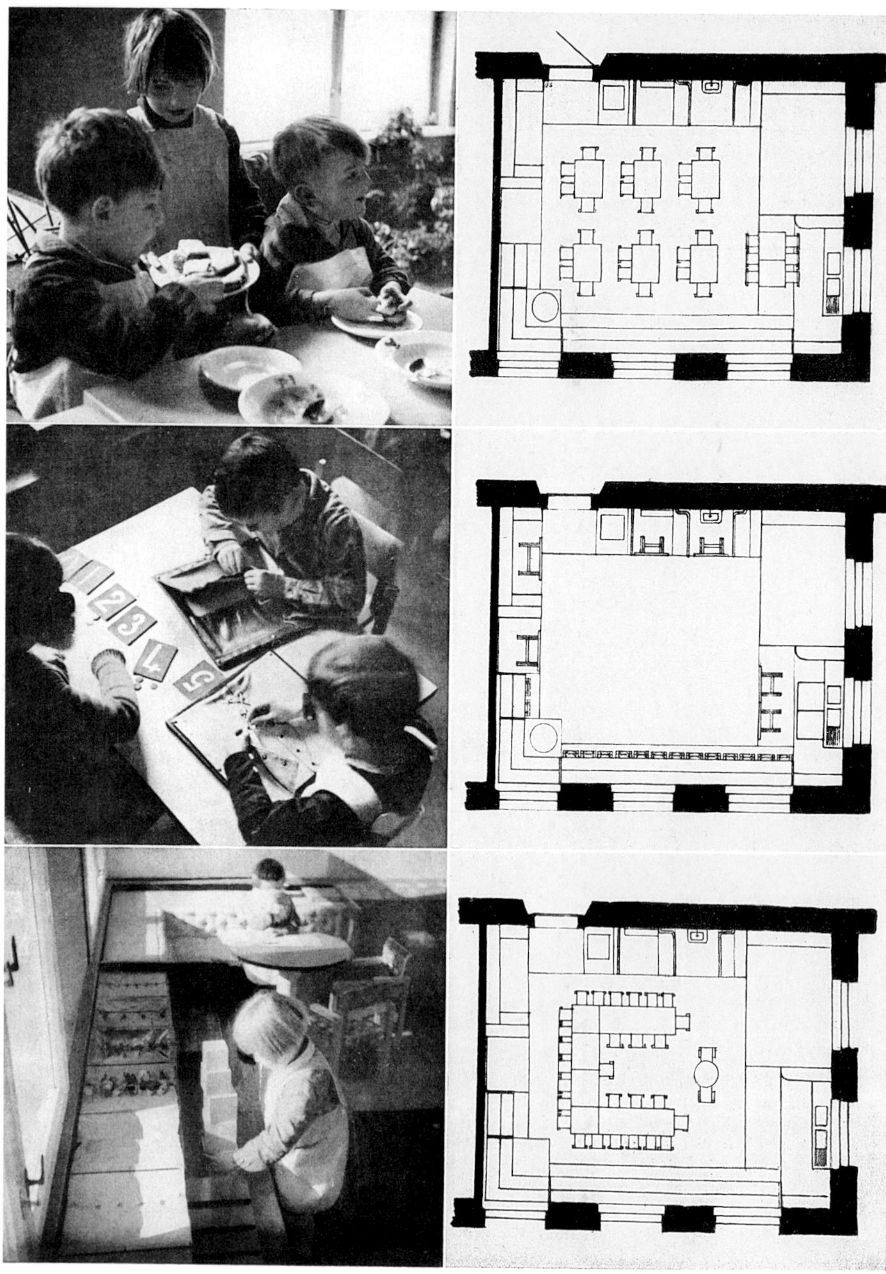

A Montessori Nursery School in Vienna

Nursery school in Vienna designed by Franz Singer: views of interior, floor plans

Ecco due momenti della vita dei bambini nell'asilo: l'ora dello svago — sotto, i giochi Montessori — e l'ora del pasto. L'aula contiene tre diverse possibilità di disposizione dei mobili: lungo le pareti sono gli scomparti, divisi per colore ed a seconda del materiale didattico; il centro dell'aula è variabile, i tavolini possono essere separati, o riuniti in una sola grande tavola a ferro di cavallo. Il centro dell'aula può essere anche vuoto, ed allora i tavoli e le sedie chiudono le nicchie. L'aula è preparata, ora, con i tavoli divisi: a sinistra il « giardino » — un grande bacino di metallo con mattoni e recipienti di terracotta per erbe e fiori che possono essere disposti come piace ai bambini —, le pareti di questo angolo sono rivestite di tegole; nella parete di fondo, lo scompartimento per i lavori di casa con due acquai — la parete è rivestita di vetro opaco — a destra un armadio per il vasellame; e di seguito un portascarpe, una cassetta per la pulizia delle scarpe, ed il lavandino con i porta-asciugamani — bicchieri e spazzolini. Ecco, poi, l'aula con i tavolini riuniti; a destra è la nicchia per la toeletta. con il porta-pettini in primo piano.

Translation see p. 689

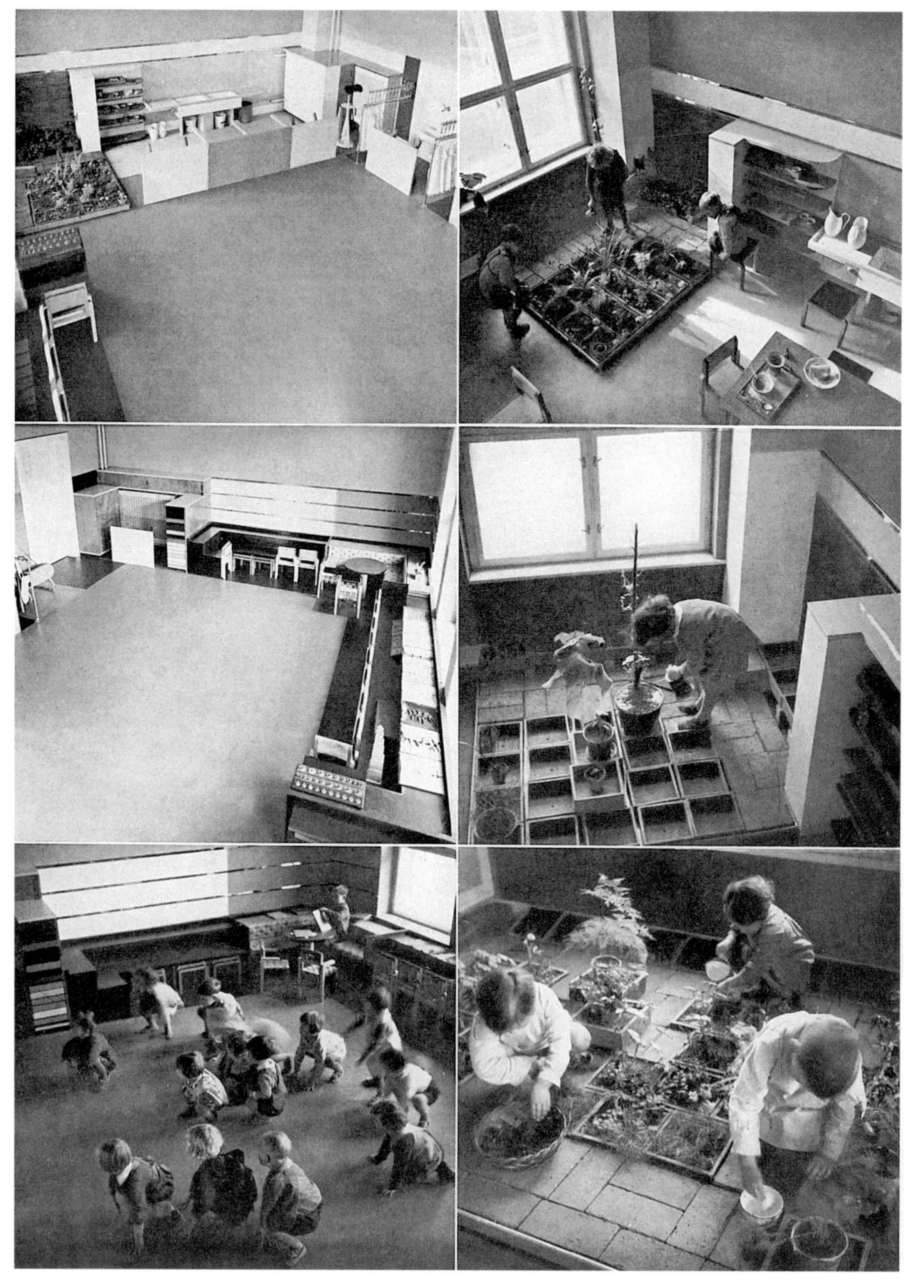

A Montessori Nursery School in Vienna

Nursery school in Vienna designed by Franz Singer: views of interior

Translation
see p. 689

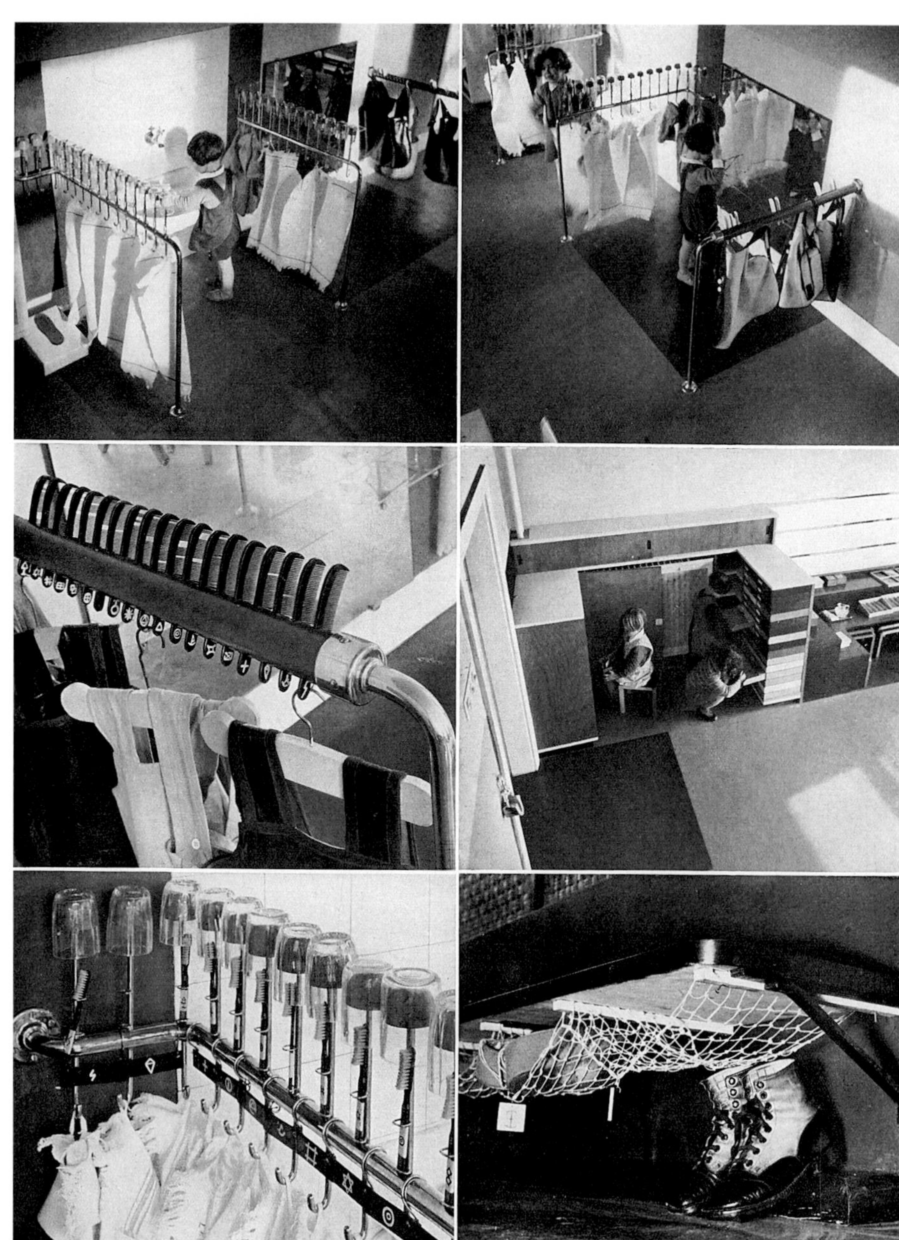

Nursery school in Vienna designed by Franz Singer: views of interior

I bambini hanno trascorso una giornata all'asilo: hanno scomposto e ricomposto con la massima libertà il giardino... hanno giocato in comune, ascoltato della musica, cantato in coro, hanno disegnato su di una lavagna di vetro colorato le cose più impreviste, più fantastiche, più divertenti. Ognuno ha vissuto « secondo il cuor suo »; ma vigilato dalla stessa norma igienica e morale. Ecco, più da vicino, la nicchia per lavarsi e quella per la toeletta, il porta-pettini con gli emblemi d'ogni bambino, la nicchia con gli armadi per i giocattoli, il porta-bicchieri ed il banchetto per le scarpe. E' un giorno di pioggia, i bambini si sono tolte le scarpe di strada, le hanno appoggiate ad un alto spigolo e si sono messe le scarpe di casa che erano nella reticella. Fuori dell'asilo ogni bambino porterà dentro di sè il ricordo di questa giornata, una tappa verso la coscienza integrale della vita, ottenuta con tutti i mezzi, dalla libertà del contegno all'applicazione ai lavori più umili: lavare il proprio piatto ed asciugarlo. Ogni giorno che passa è la conquista di una « personalità » umana: la più viva e coerente possibile.

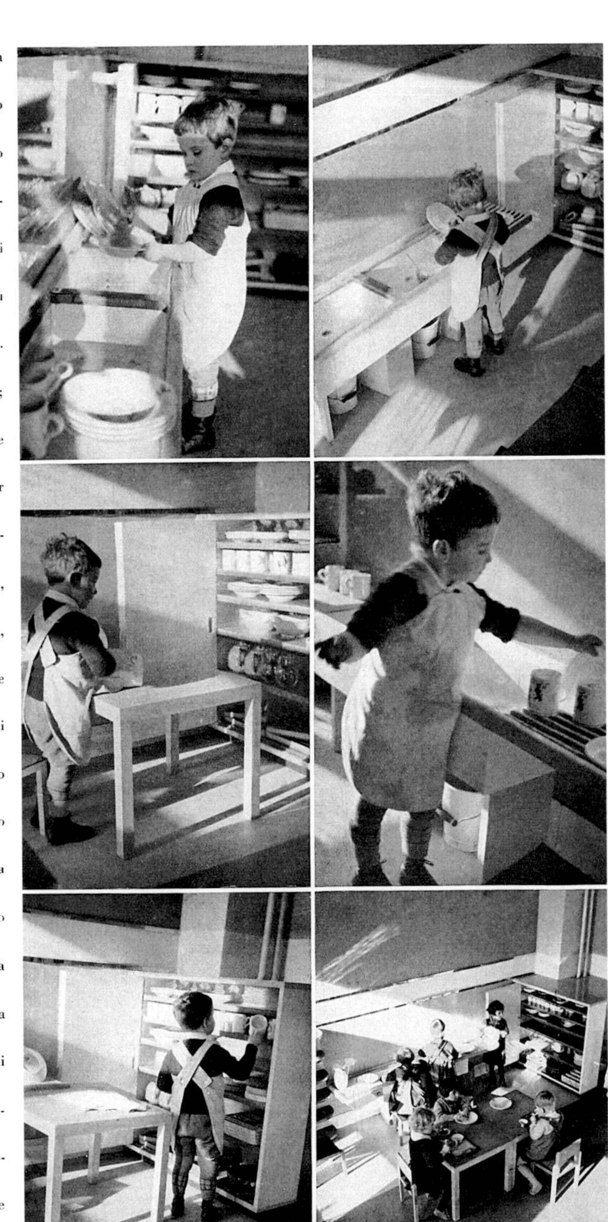

Translation
see p. 689

INTERPRETAZIONI DELL'ABITAZIONE MODERNA

UNA CASA POPOLARE PER FAMIGLIE NUMEROSE

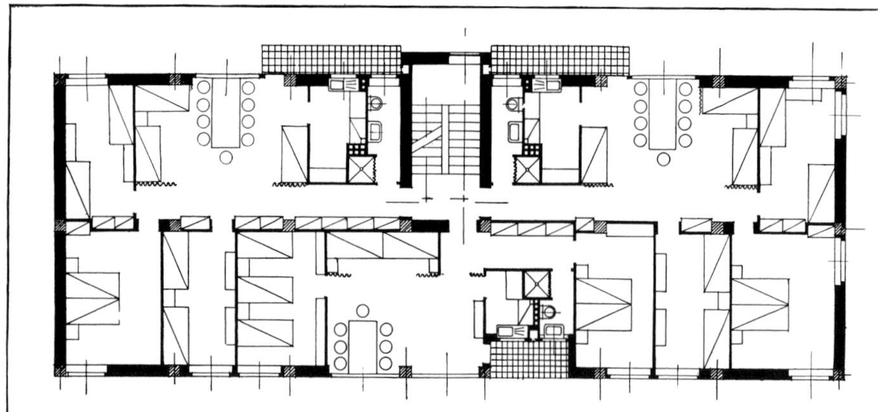

Abbiamo presentato, suscitando un vivo interesse nei lettori alcune « interpretazioni » di Buzzi, di Marconi. Abbiamo nel numero precedente pubblicato in questa rubrica un progetto dell'architetto Ponti per una casa a grandi appartamenti economici: il problema, prospettato, e che risponde a necessità sempre più evidenti e benefiche, è stato oggetto di un concorso da parte dell'Istituto per le Case Popolari di Bologna. Pubblichiamo qui sopra l'elemento tipico del progetto vincitore, che rappresenta una realmente interessante *interpretazione* dell'abitazione moderna.

La detta costruzione (i cui particolari tecnici ed economici — per chi si interessa specialmente a questi aspetti — verranno illustrati ampiamente in *Casabella*) è dovuta agli architetti Franco Albini, Renato Camus, Giancarlo Palanti di Milano, che i nostri lettori conoscono. La pianta che pubblichiamo è l'elemento tipico che ricorre nel complesso, assai grande, di edifici che costituisce il progetto.

L'elemento tipico è a sua volta costituito da tre abitazioni servite da una scala; dotate ciascuna di un terrazzo. Le abitazioni estreme sono di una capacità massima di nove letti contando anche quelli messi nella camera di soggiorno: la terza abitazione che è la meglio riuscita (vedi alcova a tende nelle camere di soggiorno) ne ha sette. L'estremo rigore economico col quale è stato concepito il lavoro ha fatto situare agli ingressi (nei due appartamenti estremi) lavabo e gabinetto e doccia perchè le tubazioni idrauliche fossero in serie con quelle della cucina-alcova (di buone e giudiziose dimensioni): tolta questa forzata situazione le camere da letto appaiono in questi due appartamenti ben disimpegnate attraverso la stanza di soggiorno che compie così una delle funzioni alle quali essa è chiamata a rispondere nelle case d'oggi.

E' da notare la interessante disposizione della tavola da pranzo e la ricchezza degli armadi a muro e lo spazio giudiziosamente disposto per armadi e mobili.

Gli interni hanno pareti tinteggiate a calce, pavimento in marmette; le finestre sono avvolgibili e serramenti normalizzati di tre dimensioni, le porte sono a pannello verniciate in colore grigio.

Al piano terreno verso strada (che corrisponde al primo piano verso cortile dato il dislivello fra il piano stradale e quello del terreno) in quasi tutti gli elementi sono sistemati alloggi-tipo come negli altri piani; solo uno degli elementi è adibito a negozi e nei piccoli elementi di collegamento sono ricavate le portinerie. Nel piano terreno verso cortile sono sistemati alloggi in alcuni elementi, in altri lavanderie e stenditoi, in altri cantine.

Interpretations of the Modern Residence: A Housing Project for Large Families

Floor plan of an apartment for a large family designed by Franco Albini, Renato Camus and Giancarlo Palanti

Architetto Gio Ponti. - Idea per una sala di soggiorno in un grande appartamento o in una villa: questa sala che è il centro della abitazione diurna comunica con l'ingresso, con la sala da pranzo, e possibilmente con l'office. Essa accoglie il camino, ampie poltrone e divani, tavoli per la lettura. Pareti e soffitto verniciati in Duco-Dulox: camino in marmo nero Col di Lana con le griglie per piccola legnaia, lo zoccolo e la cornice in Anticorodal. Pavimento in grandi lastre quadre di bianco-P. Campaccio; stipite e grande porta a libro in Anticorodal; divano d'angolo, e sofà a due facce, in velluto rasato con cordonature; tavolino in legno verniciato in Duco-Dulox. Vetrinetta a muro con cornice in Anticorodal; tendaggi in tela cerata. Poltrona in cuoio; tavolone in noce unita. Notare le pareti senza sagoma ed il soffitto a colore. L'illuminazione è ottenuta con diffonditori dal sotto in su, in alluminio ossidato anodicamente.

Design drawing of a living-room interior for a big apartment or a villa by Gio Ponti

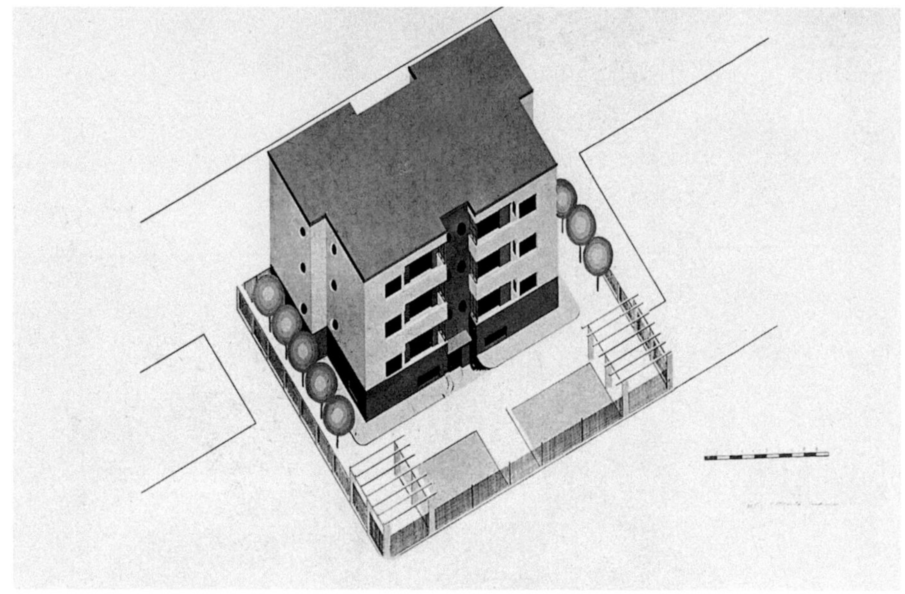

Architetto Alberto Legnani - Bologna - Progetto vincitore del concorso per la casa degli sposi novelli — Assonometria.

INTERPRETAZIONI DELL'ABITAZIONE MODERNA

Abbiamo pubblicate alcune « proposte » in questo campo, i progetti tanto interessanti di Tomaso Buzzi, e vi abbiamo aggiunto i risultati del concorso dell'Ente per le Case Popolari di Bologna per abitazioni di famiglie numerose (Domus giugno 1934). Questo Ente esemplare davvero ha bandito un altro concorso, vinto dall'Architetto Alberto Legnani di Bologna, per la casa degli sposi novelli.

L'Ente vuol dunque seguire tutte le sane e felici vicende familiari: prima la casa per gli sposi novelli poi la casa per le famiglie... numerose.

Auguri.

Questo progetto di Legnani comprende la costruzione di una casa economica d'affitto, divisa in 12 alloggi perfettamente identici, raggruppati attorno ad un'unica scala in numero di quattro per piano.

L'uniformità dei dodici alloggi non può essere ragione di preoccupazione per un ente che possiede in serie di centinaia gli appartamenti di uguale grandezza.

La scelta di questo tipo a blocco, che è ovvio dimostrare come rappresenti la massima economia costruttiva, è migliore che non l'edificio ad elementi affiancati ed allineati per cui è possibile la aereazione di tutti gli alloggi da finestre o prese d'aria su pareti a diverso orientamento. Gli alloggi sono stati progettati in funzione dei seguenti principi fondamentali: economia di spazio, per minor costo di costruzione e minor dispendio di energia; organizzazione dello spazio per il massimo godimento dell'alloggio; standardizzazione dei tipi, non solo riguardo alla costruzione ma anche all'arredamento, che sarà così rispondente ad ogni necessità, realizzando in pari tempo, la massima economia.

Gli alloggi si compongono di un ingresso, un ambiente di soggiorno con un letto ribaltabile che scomparirà quando non usato, una camera nuziale con due o tre letti, una nicchia-cucina, un bagno con W. C., una toeletta, una terrazza.

Tutti gli appartamenti sono serviti da un'unica scala e provvisti ciascuno di un locale ad uso cantina nel sotterraneo dove sono pure collocate quattro vasche per lavanderia di tipo speciale.

La pianta degli alloggi è studiata in modo da ottenere la comunicazione diretta tra i locali che hanno ufficio correlativo: la camera da letto con il bagno e la toeletta, la cucina e l'ingresso con la stanza di soggiorno.

L'aereazione degli alloggi è in condizione favorevolissima, avendo la possibilità di riscontro d'aria orizzontale fra pareti a diverso orientamento integrata da riscontro verticale attraverso canne di ventilazione nella toeletta e nella cucina che consentono il continuo e obbligato ricambio.

Nel situare l'edificio sopra l'area designata si è cercato di ottenere il miglior sfruttamento di essa nel senso di non frazionarla inutilmente in una zona ristretta tutto attorno alla casa, e di distanziare il più possibile le finestre dei locali di abitazione dai fabbricati prospicenti.

Interpretations of the Modern Home

Proposal for an apartment block in Bologna designed by Alberto Legnani: axonometric drawing and drawing of angled front elevation

Arch. Alberto Legnani - Bologna - Progetto vincitore del concorso per « La Casa degli sposi novelli » bandito dall'Ente delle Case Popolari di Bologna. Veduta prospettica. Il nucleo rappresentato contiene 12 appartamenti tipici composti ognuno di 2 stanze con i servizi e con diritto ad una stanza ad uso cantina. E' prevista la tinteggiatura delle facciate esterne e delle pareti interne a cementite, i serramenti preparati con cementite e finiti a smalto Nivolin.

Anche l'orientamento è nelle condizioni le più favorevoli in quanto gli ambienti di soggiorno e di riposo sono esposti o a levante o a ponente con esclusione delle esposizioni complete a nord e a sud che hanno gli inconvenienti dei grandi freddi e dei grandi caldi (caratteristiche delle regioni a clima continentale come Bologna).
Le finestre orizzontali, le finestre d'angolo i mobili bassi, i mobili pari muro, riducono al minimo le ombre dando agli ambienti la migliore illuminazione possibile. Le persiane sono avvolgibili.
Questa casa si presenta in uno stile semplice, sereno, lineare, perfettamente aderente allo schema costruttivo, senza alcuna pretesa di voler nascondere con false decorazioni la modestia dell'interno e la categoria sociale dei suoi abitanti.
Gli alloggi sono provvisti di mobili specialmente studiati, che saranno dati in affitto agli inquilini evitando loro, così, l'assillo della spesa d'acquisto per l'istalazione ed eliminando la maggiore delle preoccupazioni che ostacolano la conclusione di molti matrimoni fre persone di modesta condizione economica.
In ogni stanza sono previsti i mobili necessari secondo uno schema dettato dal regolamento stesso del concorso.
Nel progetto dell'architetto Legnani gli armadi a muro, con aperture provviste di comuni infissi in funzione di mobili, raggiungono la massima economia di spazio e la massima praticità di uso.
Nella stanza di soggiorno, il divano letto ribaltabile con rete e due armadietti laterali a quattro sportelli in abete verniciato con piani interni, è fissato al muro, nella parete di fronte alla finestra. - Il tavolo allungabile in abete verniciato con piano in linoleum, potrà essere posto in centro alla camera quando dovrà servire per 6 o 8 persone.
Quattro sedie in abete verniciato e una lampada in metallo e pergamena, scorrevole orizzontalmente fino a raggiungere la posizione adatta per illuminare la tavola nella sua posizione al centro, completano l'arredamento di questa stanza che le credenze e gli armadi a muro liberano da ogni inutile ingombro.
La nicchia-cucina è provvista di una cucina economica a carbone di uso invernale a scopo anche di riscaldamento. Per i mesi caldi è predisposto l'impianto a gas per fornelli mobili. - La cappa è in eternit verniciato. - Il lavello è in ghisa smaltato. - Una credenza per uso di cucina in abete verniciato, fissata ai muri è provvista di sportelli, parte a cerniera e parte scorrevoli orizzontalmente. Nello spazio sottostante al lavello è sistemato un ripostiglio per la pattumiera e la provvista del carbone di consumo giornaliero. La toeletta-bagno è divisa in due parti - come si rileverà dalle piante qui pubblicate - ed è fornita di un armadietto-guardaroba, un ripostiglio sovrapposto all'armadio, un lavandino in ceramica smaltata, uno specchio incastrato nel muro sopra il lavandino, un W. C., una tinozza in ghisa por-

Translation
see p. 691

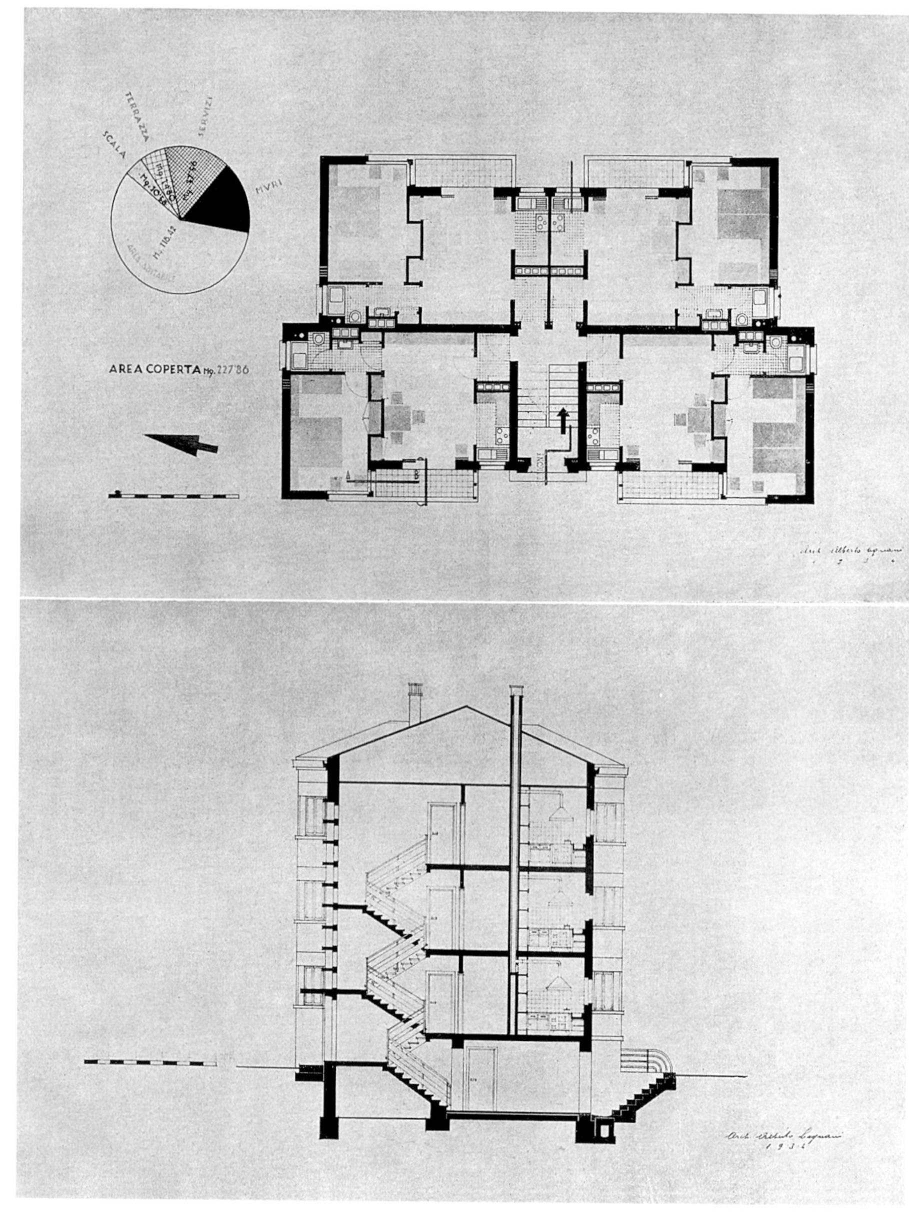

In alto: pianta del piano tipo - In basso: sezione trasversale dell'edificio.

Proposal for an apartment block in Bologna designed by Alberto Legnani: floor and sectional plans, axonometric drawings of bedroom and living room

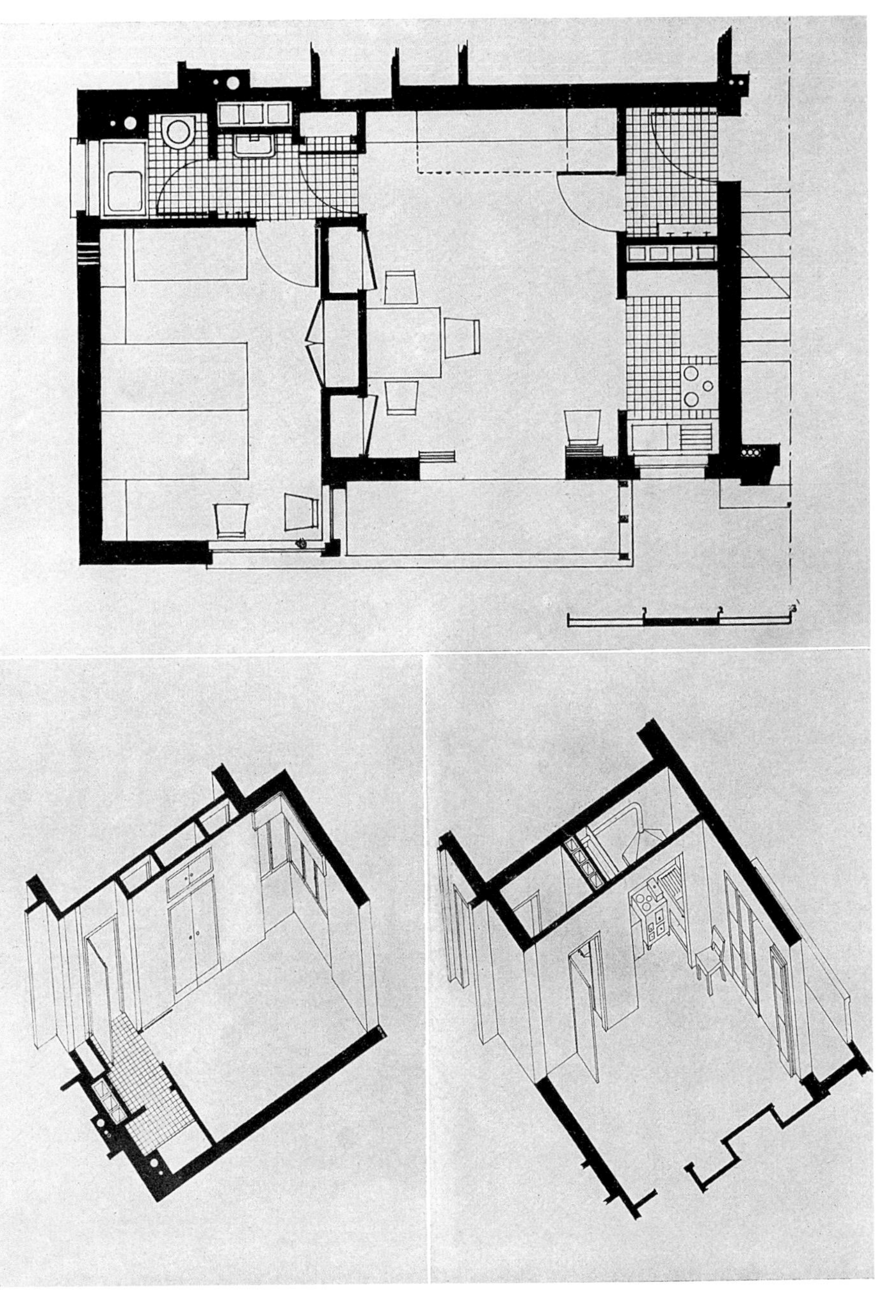

3

Translation
see p. 691

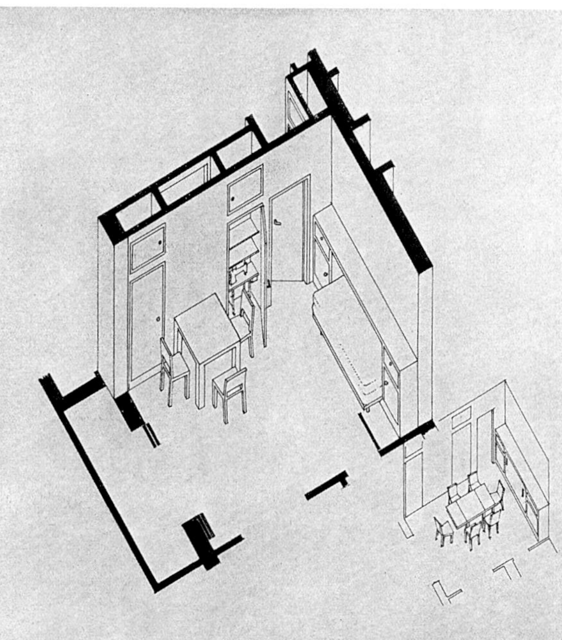

cellana di tipo a sedile con doccia, u scalda-bagno a gas, robinetteria di acq calda e fredda, due porta-asciugaman due porta-saponi incastrati al muro. Il gabinetto da bagno verrà in parte riv stito di piastrelle maiolicate di Richa Ginori ed in parte verniciato con vern Tassani, mentre per tutte le altre par interne e esterne è previsto il rivestimen in cementite.

La camera da letto avrà due letti geme in abete verniciato con rete metallica, letto per bambino, tre armadietti di guali dimensioni con sportelli, cassetti piani interni; due sedie identiche a que della stanza di soggiorno, un armad cassettone (a muro) in abete e legno co pensato verniciati, con specchio interno chiuso a due ante e un ripostiglio sovr stante. - I letti e gli armadietti sono i tercambiabili in modo che possono esse usati separati con e senza lettino. Il le tino sarà smontabile in modo da pot essere riposto nel sotterraneo senza e cessivo ingombro.

L'ingresso avrà un porta-abiti e un port ombrelli in legno e metallo fissati al m ro. - Tutti gli armadi avranno le pare interne a muro lisciate a scagliola e ve niciate con vernici Tassani. I serramen interni e esterni, saranno preparati c cementite e finiti a smalto Nivolin.

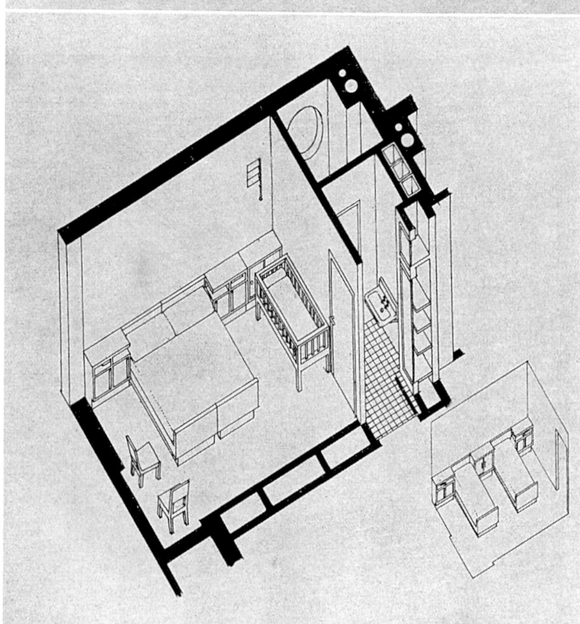

1. - pianta di un alloggio tipo: osservare il pi colo ingresso che permette maggiore liber nella stanza di soggiorno e la cucina mes in una nicchia. Nella stanza di soggiorr la linea punteggiata indica il divano-let ribaltabile per utilizzazione di spazio. Nel parete tra la camera da letto e la stan di soggiorno sono dei capacissimi arma che si aprono nell'una o nell'altra stanz La toilette e il bagno sono separati p lasciare maggiore libertà. Il bagno è in ur nicchia del muro ed è di forma a sedile.
2. - la camera da letto, con i capaci armadi muro e vicino alla toelette ed al bagno;
3. - la stanza di soggiorno con grande porta ve trata verso la terrazza ed in comunicazior diretta con la cucina; qui si vedono chia ramente la disposizione dell'ingresso e del cucinetta;
4. - la stanza di soggiorno: si notino la tavo ingrandibile, il divano letto che può esse nascosto quando troppo ingombrante, macchina da cucire riposta in un armad a muro;
5. - la camera da letto, con grande letto divi sibile e spazio sufficiente per la culla.

Proposal for an apartment block in Bologna designed by Alberto Legnani: axonometric drawings of living room and bedroom

Translati see p. 69

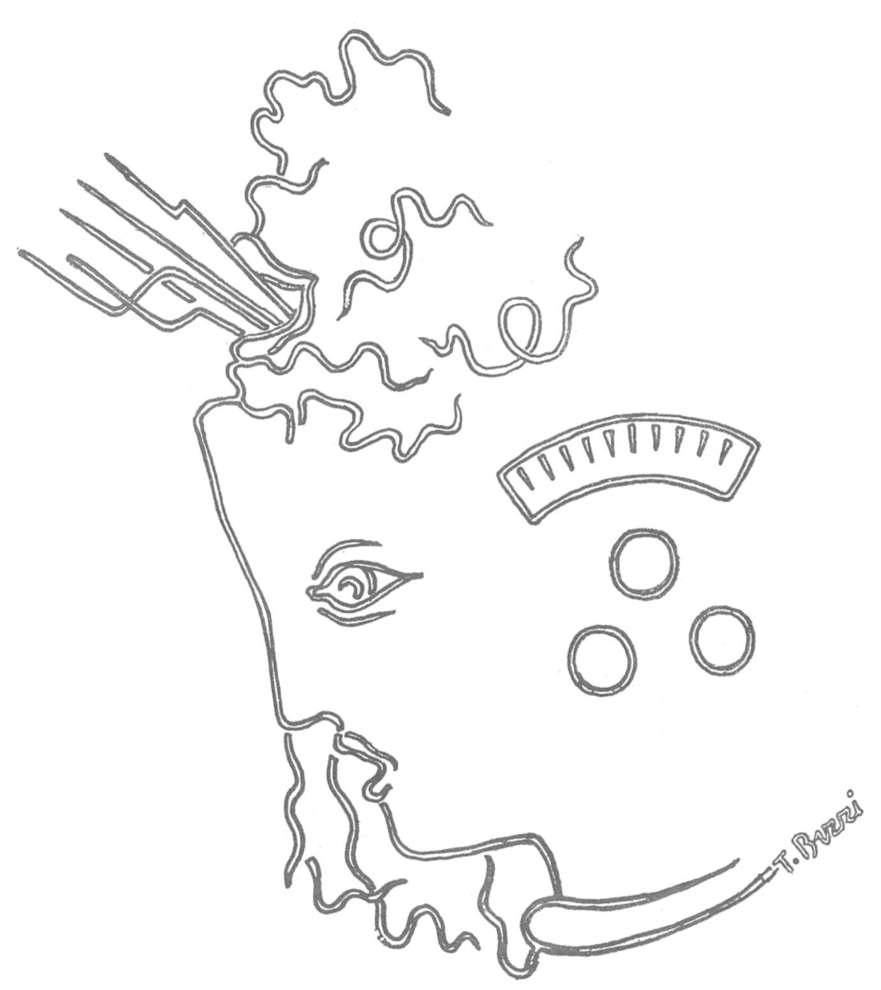

Tomaso Buzzi ha effigiato, non senza ironia, la radio in questo disegno che si legge in due modi, diritto e capovolto, come quelli a capriccio che si facevano nel '700 e nell' 800. Le delizie e le nequizie di questa modernissima musa canora e rauca sono ben simboleggiate nelle due faccie. Di Tomaso Buzzi Domus annuncia "il nuovo Parnaso", una serie di disegni dedicati alle muse d'oggi: Brigidia, Golfidia, Euradia, Filmidia . . .

TECHNICOLOR
LA MATITA A MINA SOTTILE IN 31 COLORI
PER ARCHITETTI, INGEGNERI,
DISEGNATORI, INDUSTRIALI, ECC.
OPUSCOLETTI ISTRUTTIVI A RICHIESTA GRATIS.
L. & C. HARDTMUTH
FABBRICA DI MATITE KOH-I-NOOR
MILANO 3/16, VIA ARMORARI, 8

Advertising

L. & C. Hardtmuth advertisement for *Technicolor* pencils

Di Cuzzi, che come molti architetti del gruppo di Torino è... veneto, è questa interessante piccola costruzione.

L'esterno molto movimentato non perde tuttavia il pieno del volume. Molto da lodare le piante, da cui derivano ambienti chiari, spaziosi, bene e con semplicità collegati.

Architetto Umberto Cuzzi - Torino - Villa Schiozzi a Gorizia - Prospetto verso il Podgora.

Scala in legno di noce, pareti color azzurro

UNA VILLA A GORIZIA

A Villa in Gorizia

Villa Schiozzi in Gorizia, Italy, designed by Umberto Cuzzi: views of angled elevation and staircase

Architetto Umberto Cuzzi - Torino - Vill Schiozzi a Gorizia - Prospetto principale, pare colorate in verde su intonaco liscio e giallo pal lido su intonaco scabro.

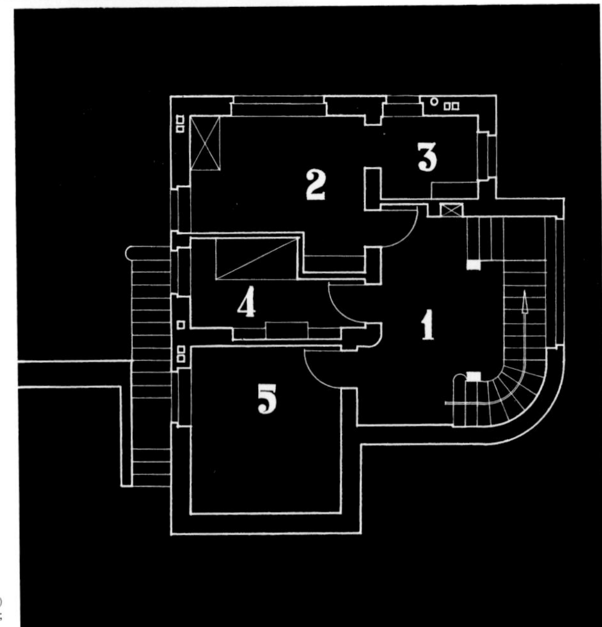

Pianta del piano inferiore: 1) Disimpegno; 2) Cucina; 3) Acquario; 4) Camera della donna; 5) Guardaroba.

A Villa in Gorizia

Villa Schiozzi in Gorizia, Italy, designed by Umberto Cuzzi: view of angled front elevation, floor plans

Pianta del piano terra: 1) Ingresso; 2) Arrivo della scala dal piano di sotto, arrivo del montacarichi, ed, attiguo, un gabinetto; 3) Sala da pranzo; 4) Studio.

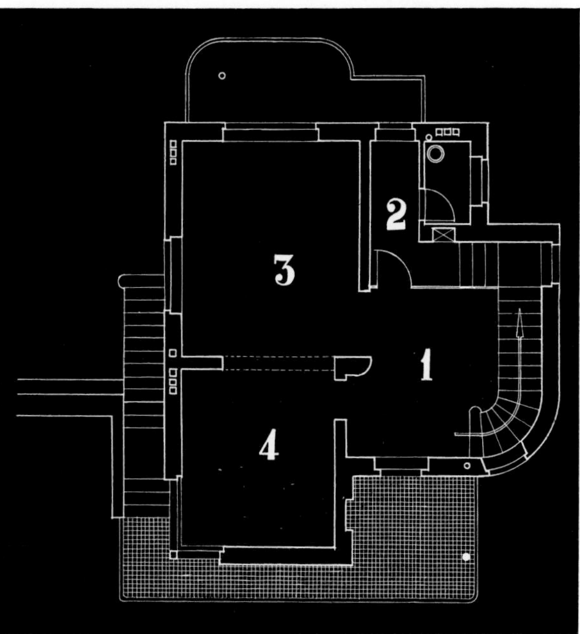

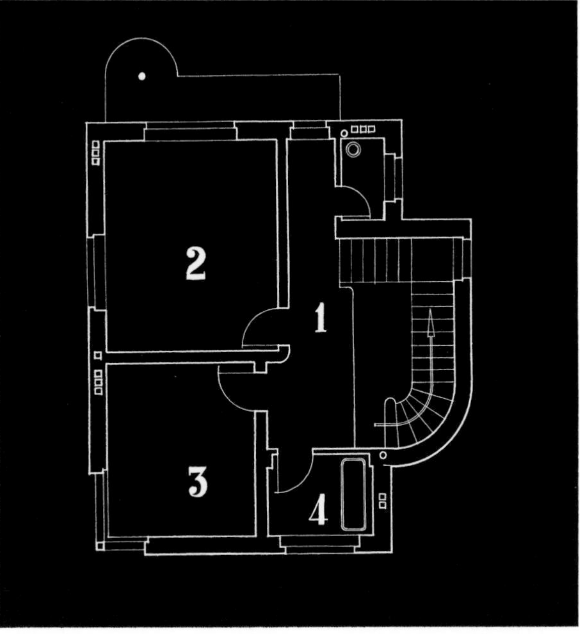

Pianta del primo piano: 1) arrivo della scala, attiguo al gabinetto; 2) e 3) camere da letto; 4) bagno.

Office Furniture System

Metal office furniture system manufactured by Parma Antonio & Fi

I nuovi vetri « sommersi » muranesi, presentati alla Biennale di Venezia da Paolo Venini.

Foto Giacon

S U G G E R I M E N T

L'enorme successo dei vetri muranesi rinnovati dopo la guerra, creatori, quasi, e fiancheggiatori di uno stile, ha saturato con quei modelli ogni cosa. Ma a quella voga, a quella moda qualche cosa è seguito che ha grande importanza che *dura* di più: è la formazione di artisti vetrai, di maestri, i quali procedono con continue affinate successive creazioni, costituen ciò che noi chiamiamo un *fatto* d'arte d quale non può prescindere chi guarda panorama delle arti italiane. Fra le co

Suggestions

Murano glassware manufactured by Paolo Venini shown at the XIX Venice Biennale

presentate alla Biennale di Venezia son stati oggetto di viva ammirazione gli ultimi vetri di Venini, le « mezze filagrane » e i vetri « sommersi » come egli li ha chiamati.

Questi ultimi sono vasi e coppe fatti con i vetri muranesi, eppoi sommersi in un limpido cristallo che costituisce attorno al nocciolo colorato, come un guscio trasparente, come un mallo.

Quanti hanno sensibilità per le belle cose debbono avere in casa un esemplare di questi vetri, debbono diffonderli in occasione di regali. Con questo si incoraggia, s'aiuta, una delle più nobili, belle, sostanziali creazioni d'arte italiana; con questo non si segue una moda, ma si partecipa alle funzioni di una *elite,* attraverso un gesto di intelligenza, di mecenatismo, di civiltà.

Alcuni bellissimi esemplari dei vetri in « mezza filagrana » esposti da Paolo Venini alla Biennale di Venezia.

Gilbert Rohde, New York - L'aspetto di una camera di soggiorno.

GILBERT RHODE, ARREDATORE AMERICANO

Abbiamo *presentato* nel fascicolo di Aprile 1934, la figura dell'architetto Lazlo attraverso ai suoi arredamenti, cioè attraverso la sua interpretazione — dall'interno — dell'abitazione moderna, attraverso le sua idea per l'abitazione. Oggi presentiamo un arredatore americano di chiara fama e valore: Gilbert Rhode.

Egli rappresenta un apporto personale, cioè un apporto d'arte vivente, nella produzione americana per l'arredamento, ed, oseremo, dire una eccezione quando consideriamo, sfogliando le più stupende riviste americane, la monotona ripetizione di formole d'arredamento attraverso interpretazioni che, occorre bene segnalare questa decadenza, va perdendo ogni giorno in eleganza, sapore, finezza

Questa posizione del gusto americano si spiega col fatto della poca personalità della maggioranza degli americani stessi, che seguono passivamente il gusto imposto dagli interessi commerciali e dalla pubblicità dei grandi magazzini e delle grandi industrie.

Da questi elementi il gusto generale era stato finora diretto verso incerte forme tutte americane di Neo Classicismo laggiù chiamato « Classic Modern », denominazione che aveva generato un equivoco intorno a questo termine « Modern » paragonabile in un certo senso a quanto avviene da noi col termine « 900 » etichetta, in arredamento di tutte le brutture e di tutto il falso moderno.

Qui il Rhode è rappresentato sotto un aspetto particolare della sua attività. Egli ha infatti ricevuto l'incarico da alcune grandi case produttrici di arredamenti di disegnare una serie di mobili moderni tali da essere diversamente usati e raggruppati secondo le diverse esigenze degli ac-

quirenti, ma tali anche da poter essere per il loro modico costo accessibili pure alla piccola borghesia. Egli ha potuto così creare alcuni gruppi di mobili che rappresentano veramente un fatto nuovo nel campo dell'arredamento nord americano. Il primo gruppo di mobili da noi illustrato è edito dalla casa Miller, e consiste negli elementi di una camera di soggiorno e da pranzo che nelle fotografie che presentiamo sono variamente raggruppati.

In questa pagina:

In alto: Elementi per divano disposti a due a due. Il tavolino in legno di lauro indiano e col piano di cristallo ha un cassetto per sigarette apribile da due parti. Al centro ancora due elementi di divano con affiancati un mobile radio ed un mobiletto a cassetti entrambi in legno di Lauro indiano.

Sotto: l'angolo per il pranzo in un'appartamento di due camere. Il mobile libreria è composto di due elementi che possono essere diversamente usati, nell'interno di uno è sistemato un vassoio per i liquori, tavolo e mobile sono entrambi in legno di lauro indiano.

Nella pagina di fronte:

In alto: ancora un altra disposizione degli elementi di divano e degli elementi di libreria. Tavolino con piano di cristallo.

Sotto a sinistra ancora il mobile radio, una poltrona ed uno scaffale, a destra un altro tipo di poltrona ed un altro tipo di mobile radio. La scultura, in marmo nero del Belgio, è di Lenore Thomas.

Translation
see p. 693

Interiors and furniture designed by Gilbert Rohde for Herman Miller Furniture Company

Gilbert Rohde, New York - In alto: grande divano in stoffa con a lato uno scaffale per libri con cassetto apribile in entrambe le direzioni. Sotto a sinistra: Poltrona allungabile coperta in stoffa cordonata. A destra: tavolino in cristallo con cassettiera in legno di lauro indiano, tubi in acciaio cromato, orologio in cristallo inciso.

Translation
see p. 693

Gilbert Rohde, New York - Mobili per camera da letto in acero bianco con intarsi di olmo rosso, le parti metalliche sono in acciaio cromato. Sopra i letti ed il cassettone, sotto a sinistra la specchiera-toeletta ed a destra un tavolino in legno, acciaio e cristallo e la cassettiera.

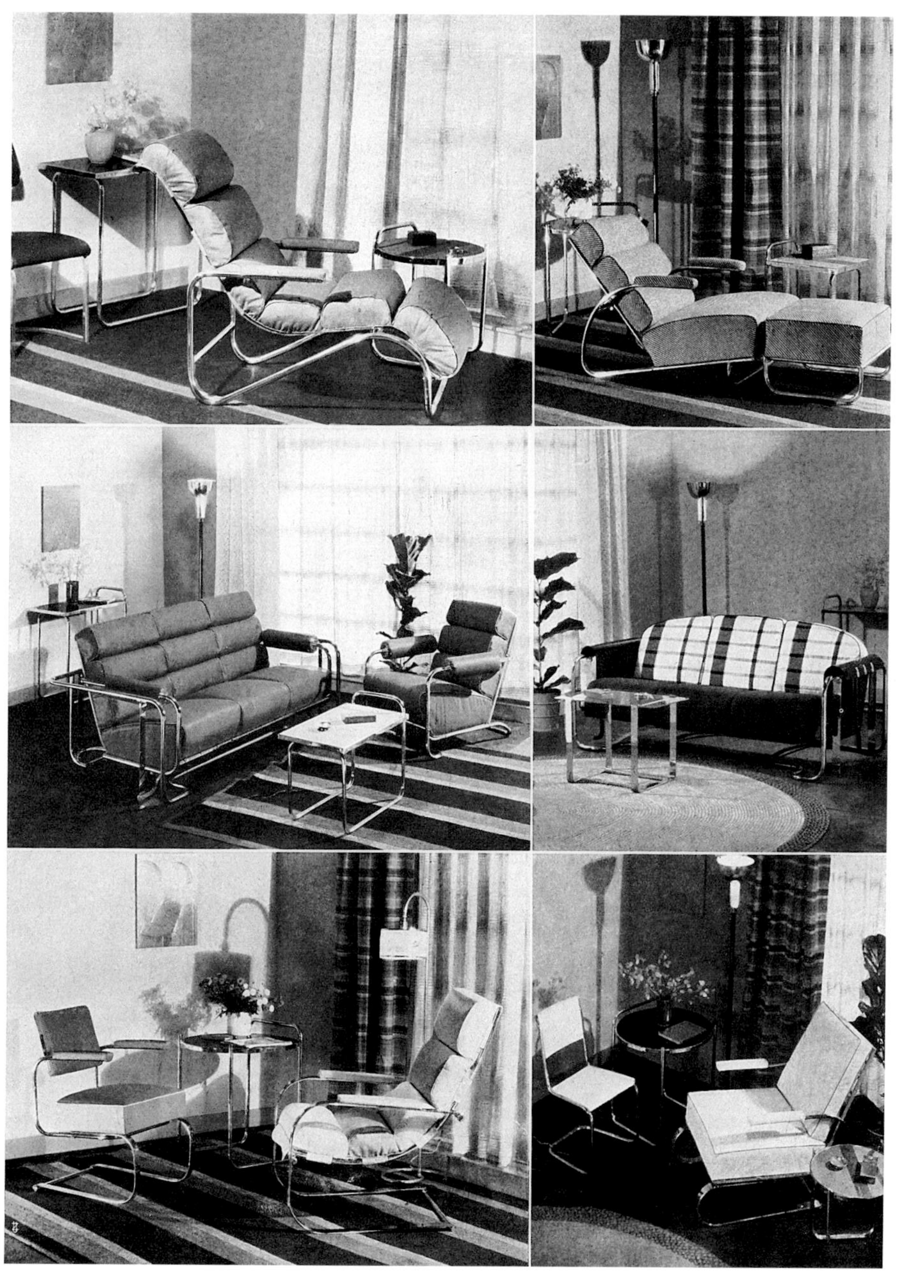

Translation
see p. 693

DOMUS

L'ART DANS LA MAISON
ART IN THE HOME
DIE KUNST IM HAUSE

L'ARTE NELLA CASA

Cover

domus magazine cover

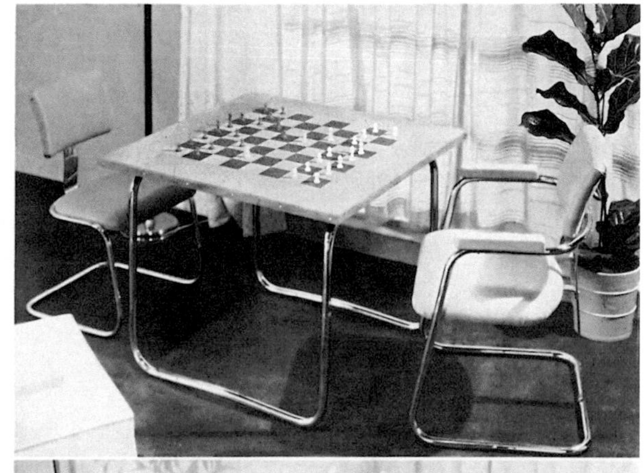

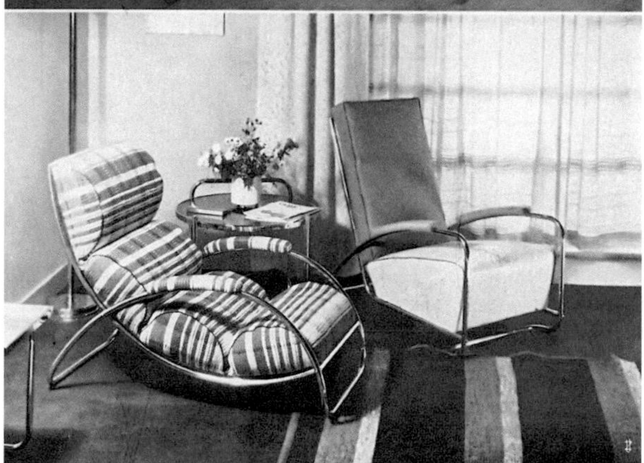

Gilbert Rohde - New York - Una bella serie di mobili in acciaio cromato.

In questa pagina in alto:

Un tavolino per il giuoco degli scacchi e due differenti tipi di sedie in acciaio.

Il piano della tavola è formato da una lastra di sughero chiaro con intarsi di sughero scuro, la tavola è incorniciata da listelli di legno duro.

La superficie del sughero è lasciata allo stato naturale in modo che le macchie si possano facilmente pulire con della carta vetrata.

Sotto: una tavola da pranzo pure col piano di sughero ad intarsio, le parti metalliche del tavolo e delle sedie sono in acciaio cromato e non lucidato, le sedie sono coperte in tessuto impermeabile.

Nella terza fotografia due poltrone in acciaio; i cuscini della prima sono ricoperti in tela ruvida quelli della seconda in tessuto impermeabile di due tinte diverse.

Nella pagina di fronte:

In alto a sinistra una poltrona con cuscini coperti di tessuto impermeabile rosso scuro, a destra poltrona da riposo coperta con tessuto diagonale. Lampade sistema luminator. Più sotto due tipi di divano con telaio in acciaio, assai molleggiati. Quello di sinistra è munito di balestre simili a quelle di un automobile.

Sotto tre poltrocine ed una sedia in acciaio cromato con cuscini coperti con tessuti diversi.

Translation
see p. 693

LA CASA CONTEMPORANEA AL REGIME CORPORATIVO

« Cercasi appartamento, casa signorile, qualsiasi località » ecco due righe che sono andate scomparendo dalla lunga serie degli avvisi economici che anneriscono, colla standardizzazione delle più disparate necessità l'ultima pagina dei quotidiani: case, appartamenti grandi e piccoli, negozi, uffici per tutti; le città in questi ultimissimi anni si sono circondate da serie successive di nuove costruzioni; l'esenzione dalle tasse le garantirà ancora per un anno, ed i cantieri divorano i campi che ancora timidamente custodivano tra le piante gli ultimi tentacoli della città.

Il problema dal punto di vista urbanistico, e più ancora da quello politico-economico, appare subito importantissimo e pure gravissimo; l'esame è indispensabile per chiarire la situazione e per indicarci se siano necessari, e quali, rimedi.

Di questo argomento ci siamo già occupati cogli studi sulla città corporativa, e l'interesse destato contribuirà molto a chiarificare i principi teorici e guiderà, ne siamo sicuri, a realizzazioni future.

Lo studio urbanistico, politico-economico, va però completato da quello economico-estetico. Limitiamoci a considerare le case costruite in questi ultimi anni: possiamo essere certi di trovare una percentuale dell'1%, cioè una sola casa ogni cento che rappresenti degnamente la nostra generazione? a questo fine non è necessario il palazzo rappresentativo, l'edificio pubblico; una casa « qualunque » sa esprimere il contenuto di un'epoca: senza risalire alla casa romana o ancora più in su osserviamo ricordi molto più vicini: la buona casa tranquilla dalle piccole finestre costrette tra i moduli di sagomature tradizionali, non ci racconta della vecchia famiglia borghese del secolo scorso, non ci permette di ascoltare il loro modo di parlare pacato senza espansione? il « liberty », ed il cemento decorativo sbrodolato sulle facciate all'ammirazione del passante non corrispondono, il primo, ad un periodo di ricerca intensa e di soluzioni un poco provvisorie e superficiali, il secondo all'ignoranza ingioiellata dai guadagni immediati?

Credo che senza difficoltà potremmo definire la maggioranza delle case costruite oggi e destinate a costituire il volto della città di domani, come le eredi di quella ignoranza impoverita dalla crisi.

Buona parte della responsabilità grava sulle nostre spalle; a noi tocca denunciare l'attentato alle città che dovranno testimoniare della civiltà fascista; a noi tocca esaminare la malattia, a noi il curarla.

Le cosidette case di speculazione da una parte e quelle finte signorili (finti palazzi, di abitazioni a quattro locali) sono gli estremi della serie che dovrà cessare di accaparrarsi il campo delle costruzioni; ambedue sono realizzazioni di una concezione nettamente in antitesi ai principi sociali del fascismo. Alla condanna sociale è sempre legata, in questo caso, quella estetica: dalla menzogna non può nascere verità; un « contenuto » trova nella purezza della realizzazione formale la sua unica espressione adeguata. Una soluzione come non può, pur servendosi di qualsiasi mezzo, cammuffare socialmente in saloni principeschi un paio di camere abbinate, così esteriormente denuncia la sua misera funzione.

La posizione teorica è chiara, non vi è oggi architetto moderno o pseudo-moderno che non l'abbia fatta sua e anzi non si vanti un poco di esserne stato l'ideatore. Ma la prerogativa non ha interesse, lo Stato Corporativo non si cura di nomi, vuole e controlla le realizzazioni.

Eccoci così al problema più importante: perchè non esiste quasi totalmente la corrispondenza pratica al principio teorico, perchè, pur convenendo molti sulle necessità spirituali di sincerità e di purezza, pur sentendosi molti finalmente liberi dall'ossessione di dover creare delle « apparenze », nulla appare invece mutato, ed i più scoraggianti panorami fiancheggiano le nuove vie della città. E' indispensabile esaminare la malattia, ricercarne le cause, per guarirla; e le cause questa volta sono distribuite fra gli enti interessati direttamente alla costruzione: committenti, regolamenti edilizi, costruttori.

Dalle preoccupazioni sbagliate, della mentalità della massima percentuale dei committenti, come pure della necessità di rivedere d'urgenza regolamenti invecchiati o, spesso, dannosi fin dalla nascita, Domus si è già occupata.

Eccoci così davanti ai costruttori: periti edili, capomastri, ingegneri civili, uffici tecnici si dividono la preoccupazione di costruire in fretta e colla massima economia case o villini, castelletti o stile moderno, per vendere e per ricominciare. Qualche volta fanno intervenire l'architetto soltanto per raddoppiare la spesa e scegliere i materiali più preziosi: niente altro di mutato.

A chi spetta la terribile responsabilità dell'opera che resterà testimone di un'epoca, perchè ogni opera qualunque cosa sia è una testimonianza? a nessuno. Ma lo Stato Corporativo che va precisando le funzioni di ogni elemento per poterlo potenziare e quindi pretendere il massimo rendimento ai fini della Nazione, non può permettere che simili realizzazioni continuino ad opporsi al pricipio teorico stesso.

Nel discorso agli operai di Milano il Duce ha parlato di distribuzione delle « responsabilità »; ed è certamente per mezzo di questa distribuzione che lo Stato Corporativo potrà far funzionare attivamente i propri ingranaggi fino ai più piccoli e lontani dal centro motore.

Nel quadro generale delle attività della Nazione resta così precisato il compito sociale economico ed estetico dell'architetto. A lui spetta la grave « responsabilità » di garantire ad ogni città il volto di domani. « Responsabilità » gerarchica positiva e negativa; a lui l'elogio per il bene, a lui la punizione per il male. Il compito che gli è affidato è ben diverso da quello che nei tempi passati egli era chiamato ad assolvere. L'architetto non è più il solo consulente costoso per la costruzione di lusso, egli ha ricostituito la sua persona, quasi castigandola attraverso lo studio minuzioso e paziente della casa minima; ora la sua funzione sociale ed estetica ha come compito lo studio della casa « qualunque », grande e piccola più o meno economica; chè se i grandi quartieri popolari hanno una propria ben definita fisonomia aderente alla nostra epoca, l'animo dell'intera città è costituito in massima parte dalle case di abitazione, e dalla somma di queste è definita, classificata la città.

La nuova generazione sente profondamente, anzi vive i problemi attuali; essa sente l'intima connessione tra i rinnovati bisogni materiali e quelli dello spirito; l'entusiasmo che la anima garantisce senz'altro dell'onestà delle sue ricerche e della chiarezza delle sue realizzazioni.

I giovani architetti sanno che la « responsabilità » sociale ed estetica sarà loro affidata e se ne sentono degni, non per spavalderia, ma perchè i loro fini coincidono con quelli della Nazione, e quindi tutte le loro forze sono al servizio di questa.

Gli edifici per abitazione sorti ora a Sabaudia sono il primo passo fatto sulla nuova via; tutte le città dovranno seguire ben presto l'esempio della nuova città di cui l'Italia si è arricchita.

La casa « qualunque »; ecco fissato il problema che i nuovi architetti analizzano; le premesse sociali fissate dalle direttive dello Stato sono le basi sulle quali si fonda lo studio che presto sarà compiuto nel modo più completo. *Allora, come agli architetti sarà affidata la « responsabilità », così dovrà essere lasciata loro la più assoluta libertà estetica.*

Libertà estetica non vuol dire anarchia estetica, quindi non è un lascia-passare nelle mani di ogni architetto, che gli permetta la scelta fra bizzarria romanticoide, stile, od altri ingredienti. Non si tratta qui di rifare distinzioni tra passatisti e viventi, tra vecchio, inadeguato ai nostri bisogni spirituali, materiali e giovane, espressione essenzialmente nostra. La sanzione del Duce alle ultime realizzazioni della nuova civiltà italiana ha chiuso per sempre tutte le vie, anche le più traverse, al passatismo: non è quindi il caso di occuparcene.

La libertà estetica va di pari passo colla « responsabilità », quindi la valutazione che garantisce questa, garantisce pure

The Contemporary Home in the Corporative State

Proposal for an apartment block designed by Gian Luigi Banfi, Enrico Peressutti and Ernesto N. Rogers (Studio BBPR): drawing of aerial view

ARCHITETTI G. L. BANFI, E. PERESSUTTI, E. N. ROGERS: PROGETTO PER UNA CASA « QUALUNQUE ». PROSPETTIVA DALL'ALTO.

della realizzazione. Appare così chiaramente la funzione dei giovani cresciuti e temprati nel clima del littorio; la loro posizione rispetto all'architettura moderna e quella dell'indigeno rispetto al clima in cui nasce; il formalismo è loro sconosciuto, essi non devono ricorrere ad elementi sanciti dall'uso per sommarli in una architettura che possa passare inosservata fra l'architettura moderna; essi vivono la profonda verità che professano e che chiamano « stile », sicuri della loro posizione, classica, nella via segnata dalla tradizione, e sicuri che le loro costruzioni rimarranno, a fianco di quelle dei migliori periodi passati, a testimoniare di un'epoca virile e creatrice.

L'argomento ci sta troppo a cuore perchè non ci proponiamo un'esame più minuzioso e profondo delle questioni, rispetto alle quali, per ora abbiamo solo definito delle posizioni; allora solamente affioreranno le soluzioni migliori per le future realizzazioni pratiche.

Enunciato il problema della casa « qualunque » è indispensabile una soluzione definitiva che venga rapidamente ad arginare le malefatte di cui i costruttori vanno allagando la città, sostenuti in quest'opera negativa dai regolmenti edilizi e dalle aree più impossibili fornite dal più triste dei piani regolatori.

A quest'opera che Domus svolge da tempo aggiungiamo ora il nostro contributo con il progetto per una casa « qualunque » in una « qualunque » area di Milano che ancora attende il committente per imporre ad uno dei quartieri più nuovi e lindi della città una costruzione assolutamente moderna ed utilitaria.

La piccola casa sfrutta al piano terreno la sua posizione d'angolo colle numerose botteghe che si aprono sulle due vie, mentre la portineria verso il cortile interno in condominio, è nella migliore posizione per la sorveglianza. I quattro piani superiori sono occupati ognuno da due appartamenti normali (due camere da letto, sala di soggiorno-studio, sala da pranzo, servizi separati nettamente dal resto dell'abitazione) che però offrono la possibilità di trasformazione in due appartamenti, uno piccolo ed uno molto grande con quattro camere da letto. Il quinto piano è occupato da un solo appartamento il quale può usufruire, in uso più o meno esclusivo, della terrazza, del solario, piscina, ecc.

Questo lo schema funzionale di una casa che dal punto di vista, pratico non offre niente di particolarmente eccezionale. Dal punto di vista stilistico la casa esprime schiettamente il suo « contenuto », non inteso questo nel senso funzionale, puramente formale, ma nel senso completo della parola: morale ed estetico. Nella casa non esistono fronzoli che cammuffino la facciata, e non esistono nello sfruttamento dei locali, nè ristrettezze vergognose, nè soluzioni particolari a rendere la forma della area ancora più gravosa di finti doppi muri, usufruibili con nicchie decorative o altre « trovate » altrettanto sforzate che immorali.

Il prezzo di costruzione della casa è di lire 700.000 area compresa, cioè di lire 10.000, per locale, prezzo che garantisce alle famiglie più modeste un appartamento comodo e simpatico. Questo lo scopo che il progetto si era prefisso.

GIAN LUIGI BANFI

Translation
see p. 693

ARCHITETTI G. L. BANFI, E. PERESSUTTI, E. N. ROGERS: PROGETTO PER UNA CASA « QUALUNQUE ». PROSPETTIVA DAL BASSO.

ARCHITETTI G. L. BANFI, E. PERESSUTTI, E. N. ROGERS: PROGETTO PER UNA CASA « QUALUNQUE »: PROSPETTIVA DELLA TERRAZZA.

Proposal for an apartment block designed by Gian Luigi Banfi, Enrico Peressutti and Ernesto N. Rogers (Studio BBPR): drawings of elevation and terrace area, sectional and floor plans

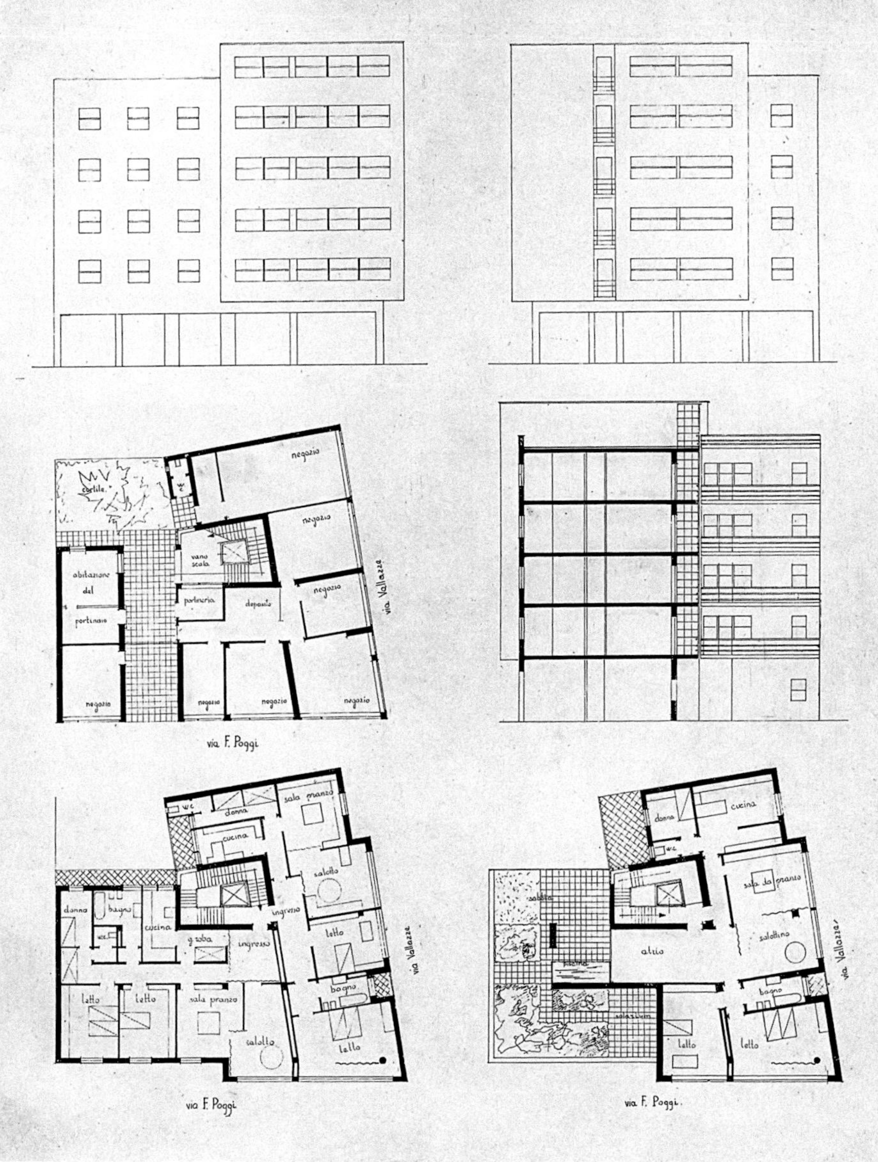

ARCHITETTI G. L. BANFI, E. PERESSUTTI, E. N. ROGERS: PROGETTO PER UNA CASA « QUALUNQUE ». IN ALTO LE 2 FRONTI, AL CENTRO LA PIANTA DEL PIANO TERRENO E LA SEZIONE, SOTTO LA PIANTA DEL PIANO TIPICO E QUELLA DELL'ULTIMO PIANO.

Translation
see p. 693

SIGNIFICATIVO STILE IN UN ARREDAMENTO

Da « Casabella » dove è ampiamente e tecnicamente illustrato, togliamo questi aspetti del bellissimo arredamento fatto dall'architetto Giuseppe Pagano per la sala di lavoro di Vito Mussolini, direttore, e di Sandro Giuliani, redattore capo del «Popolo d'Italia».

Meaningful Style in Furnishings

Offices of Vito Mussolini (nephew of Benito Mussolini) and Sandro Giuliani with furniture designed by Giuseppe Pagano Pogatschnig

ARCHITETTO GIUSEPPE PAGANO:

PROGETTO DI STANZA DA BAGNO E DA GINNASTICA

Il locale è diviso in due parti: nella prima si trovano gli strumenti per la ginnastica cioè la pedana scorrevole per la corsa, coll'indicatore di velocità, la bilancia, il pallone per il pugilato, e una scala in anticorodal; pure in anticorodal è il letto ginnastico coperto da un cuscino in marocchino rosso vivo. Il pavimento parzialmente coperto da un tappeto di sughero è in marmo nero Col di Lana come pure parte delle pareti; il soffitto e le zone in verde sono dipinti col Dulox. La seconda parte adibita a stanza da bagno ha il pavimento in marmo bianco statuario e le pareti in piastrelle di Cipollino Apuano, il bagno è rivestito in piastrelle di marmo nero Col di Lana mentre l'interno come il lavabo e gli altri elementi sono smaltati in nero lucido. Il soffitto è dipinto in verde.

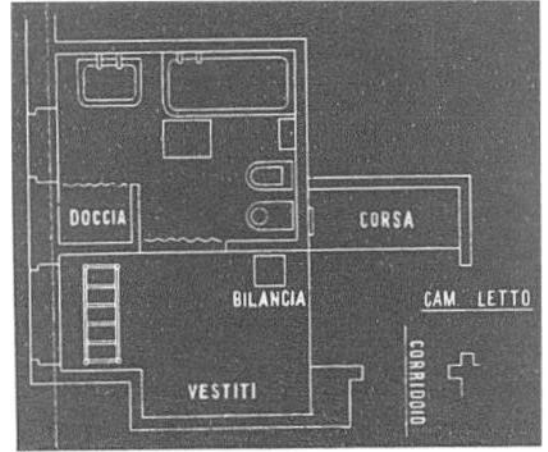

Architect Giuseppe Pagano: Project for a Bathroom and Gymnasium

Design proposal for a bathroom and gymnasium by Giuseppe Pagano Pogatschnig: drawing of interior and floor plan

domus 85
January 1935

DOMUS
L'ARTE NELLA CASA
85
RIVISTA MENSILE
GENNAIO 1935 - C. C. P.

domus 88
April 1935
FEATURING
Lajos Kozma
Gio Ponti
Emilio Lancia

domus 89
May 1935
FEATURING
George Howe
William Lescaze
Johannes A. Brinkman
Leendert Cornelis van der Vlugt

domus 90
June 1935

domus 94
October 1935
FEATURING
Gio Ponti
Paolo Masera

domus 92
August 1935
FEATURING
Xanti Schawinsky

domus 93
September 1935

domus 86
February 1935
FEATURING
Adalberto Libera
Marcel Breuer

DOMUS
L'ARTE NELLA CASA
86
RIVISTA MENSILE
FEBBRAIO 1935 - XIII - C. C. P.

domus 87
March 1935

DOMUS
L'ARTE NELLA CASA
87
RIVISTA MENSILE
MARZO 1935 - XIII - C. C. P.

domus
L'ARTE NELLA CASA - LUGLIO 1935 XIII

domus 91
July 1935
FEATURING
Henry Dreyfuss
Dino Tofani

1935

domus 95
November 1935
FEATURING
Paul Lester Wiener

domus 96
December 1935

domus
L'ARTE NELLA CASA - OTTOBRE 1935 XIII

95 domus
L'ARTE NELLA CASA - NOVEMBRE 1935 XIV

CON QUESTO SERVIZIO DA TAVOLA RICHARD-GINORI SEGNA IL BICENTENARIO DELLA MANIFATTURA DI DOCCIA

96 domus
L'ARTE NELLA CASA - DICEMBRE 1935 XIV

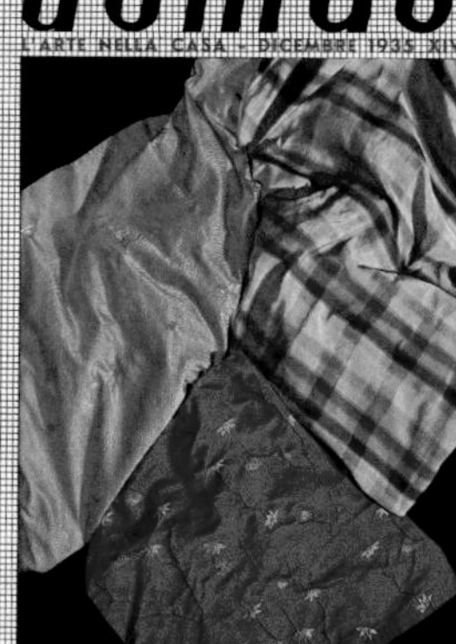

NUOVI DISEGNI DI STOFFE D'ARREDAMENTO IN SETA PURA PRESENTATE DA BORGHI DI BOLOGNA

Typical Construction Solutions

Apartment building in Lido di Ostia, Italy, designed by Adalberto Libera: views of side and rear elevations, floor plans

ESPRESSIONI TIPICHE COSTRUTTIVE

E' questa la più suggestiva fra le costruzioni erette dall'architetto Adalberto Libera ad Ostia. Debbono notare i nostri lettori l'equilibrata e ritmica distribuzione delle aperture e l'impiego audace ed elegante delle strutture a sbalzo in cemento armato nelle balconate. Si noti — fatto importante — che questa costruzione è un « organismo architettonico » totale senza la partitura accademica di facciate e fianco. E' questo uno dei pregi stilistici per i quali segnaliamo tale edificio.

Architetto Adalberto Libera: palazzina al Lido di Ostia. Ogni piano è diviso in due appartamenti; uno a tre camere da letto ed uno a due; ciascun appartamento ha poi il bagno, cucinetta ed un'ampia terrazza coperta. Gli appartamenti dell'ultimo piano sono più piccoli ma in compenso godono di terrazze più spaziose. Le soglie delle finestre e i balconi sono in marmo di Carrara; le cancellate e le ringhiere di ferro verniciato. D'anticorodal sono i corrimano delle scale, le ringhiere; mentre gli infissi sono di legno. I pavimenti di piastrelle emicolor. Riportiamo qui accanto la pianta del piano tipico (I: 1 terrazza, 2 soggiorno e pranzo, 3 camere da letto, 4 cucina, 5 bagno) e quella dell'ultimo piano (II: 1 terrazza, 2 soggiorno e pranzo, 3 camere da letto, 4 cucinetta, 5 bagno).

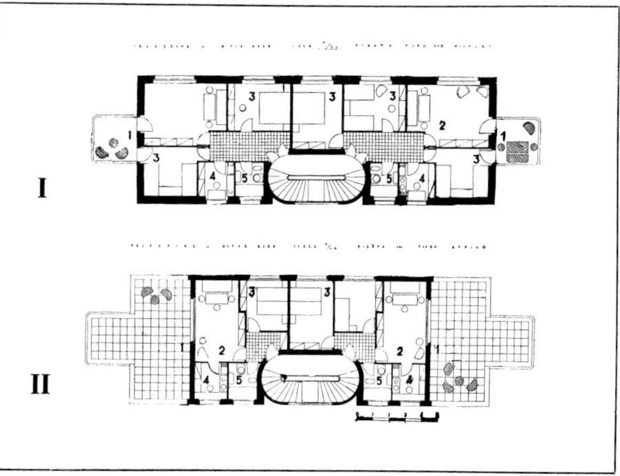

La **GOMMAPIUMA PIRELLI** è una leggera massa di purissima gomma ottenuta direttamente dal lattice, elastica, soffice, indeformabile, completamente porosa costituita da innumerevoli cellule di gomma, ognuna delle quali agisce come molla separata, pronta e sicura. La comodità dei cuscini **GOMMAPIUMA PIRELLI** è dovuta al fatto che l'elasticità è uniformemente distribuita per tutta la massa, ed il cuscino cede così dolcissimamente sotto il peso della persona, pur sostenendola in modo fermo e uniforme. I cuscini **GOMMAPIUMA PIRELLI** non si affossano, non temono forature non perdono mai la forma e sono praticamente indistruttibili.

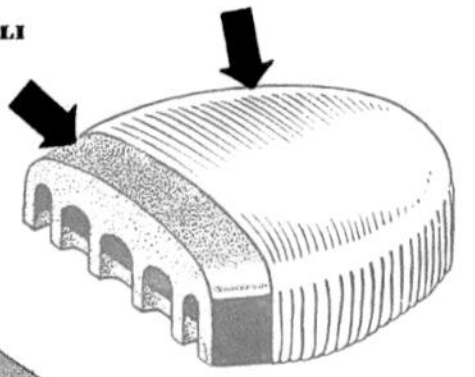

CUSCINI IN GOMMAPIUMA
con striscie di tela gommata per il fissaggio al piano della poltrona.

SOPRACOPERTE O FODERA DI TELA

GOMMAPIUMA PIRELLI

CUSCINO IN GOMMAPIUMA PIRELLI
Visto dal rovescio

Nessuna imbottitura di sedie risulta così soffice, elastica, riposante, come la GOMMAPIUMA - Un sedile di GOMMAPIUMA è automaticamente ventilato dai movimenti stessi della persona seduta. Sorregge il corpo in modo corretto e, liberato, riprende di colpo la forma normale. La GOMMAPIUMA non alberga germi e insetti, non accumula polvere. Ogni formazione di calore è eliminata: la GOMMAPIUMA dà una dolce sensazione di freschezza. I cuscini di GOMMAPIUMA riuniscono i pregi derivanti dalla loro forma razionale e dalle caratteristiche inconfondibili del materiale con il quale sono fabbricati.

GOMMAPIUMA
PIRELLI

ANCONA - BARI - BOLOGNA - CAGLIARI - CATANIA - FIRENZE - GENOVA
MILANO - NAPOLI - PADOVA - PALERMO - ROMA - TORINO - TRIESTE - VERONA

Advertising

Pirelli advertisement for *Gommapiuma* (foam rubber) upholstery

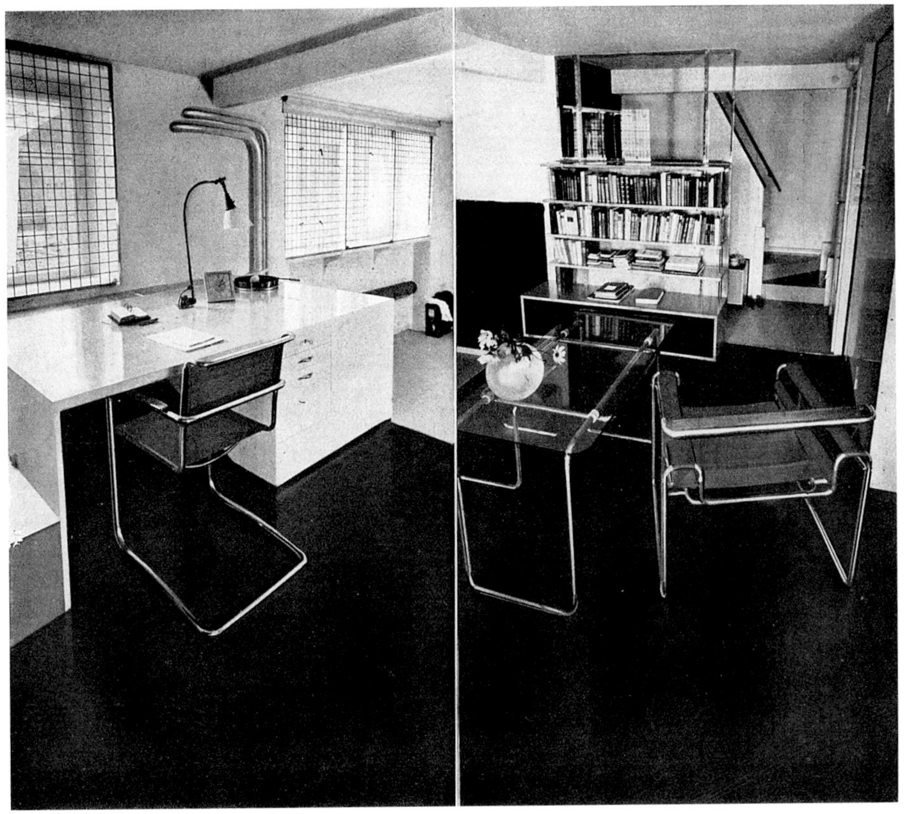

2-3 DUE ESEMPI DIVERSI DI UNO STESSO STILE NELLA LINEARE PUREZZA DI VOLUMI E NELL'ESILITÀ DEI MOBILI IN ACCIAIO E CRISTALLO

CARATTERE DELL'OPERA DI MARCELLO BREUER

Mentre sempre più va diffondendosi l'uso del mobile in metallo, interesserà ai nostri lettori trovare qui raccolta una serie di arredamenti e di mobili dell'architetto Breuer che è stato il primo ed il più attivo fra i creatori ed i diffusori di queste forme modernissime che, valendosi dei nuovi materiali messi a disposizione dalla tecnica, stanno trasformando completamente l'aspetto e il carattere delle nostre abitazioni.

L'architetto Marcel Breuer di Budapest fu dal 1920 al 1928, prima professore e poi direttore della sezione dell'arredamento alla « Bauhaus » — la scuola d' architettura e d' arte fondata costruita e diretta da Walter Gropius — interessandosi sopratutto a risolvere i problemi dell'abitazione minima e a normalizzare la costruzione dei mobili.

Nel 1925 Breuer ideò e costruì i primi mobili elastici in acciaio nichelato organizzandone personalmente la produzione essendo essi allora giudicati invendibili dagli industriali. Non è qui il caso di parlare dell'opera architettonica di Breuer alla quale Casabella dedicherà prossimamente un lungo articolo, ma, pur attraverso gli arredamenti e i particolari qui illustrati, si possono cogliere la completa personalità e il carattere di questo architetto che

The Character of Marcel Breuer's Work

Tubular steel furniture, including *Model No. B 34* armchair, *Model No. B 19* table and *Model No. B 3* armchair designed by Marcel Breuer for Thonet

Translation see p. 696

4. IL RITMO ORIZZONTALE DEI MOBILI È SOTTOLINEATO DAL GRANDE PANNELLO NERO

5. UN'ELEGANTISSIMA SEDIA A SDRAIO E DELLE CARTE GEOGRAFICHE COME DECORAZIONE MURALE

si identificano in una ricerca di linearità e di ritmo esprimentesi con forme elementari sapientemente composte e sottolineati dalla nitidezza dei metalli e dei cristalli. Mai si trova in Breuer un effetto ottenuto con la preziosità della materia o con barocchismi di forma, il suo spirito è all'antitesi di quello di moltissimi artisti sedicenti moderni che rivestono vecchi schemi di nuove forme puramente decorative.

Insistiamo volutamente sulle caratteristiche estetiche delle opere di Breuer che sono per noi le più importanti, quelle che lo pongono fra i primi di coloro cui sarà attribuito il merito di aver dato nuovo aspetto alla vita moderna. Non vogliamo diminuire il valore dell'apporto tecnico di Breuer ma osserviamo che esso rientra nel quadro ampio del progresso umano e ne è conseguenza e parte. Ci si è troppo abituati alla assoluta esattezza della macchina della quale l'uomo continuamente si serve e allo stringente ingranaggio della rapida vita moderna per non aspirare ad un « ambiente » intonato a questa vita.

Quanto non è che puramente decorativo, sovrapposizione mascheratrice di deficenze costruttive, tentativo di far sembrare ricco e nobile ciò che è bassa produzione speculativa ci è senz'altro insopportabile.

Interiors and furniture designed by Marcel Breuer: lady's room shown a the 1930 "Werkbund" exhibition; library in the Harnischmacher House, Wiesbaden; one-room apartment, *Model No. B54* tea trolley for Thonet

6. GLI ELEMENTI DEI MOBILI ACQUISTANO NELL'ACCOSTAMENTO IL LORO VALORE

Che il mobile sia sempre più perfetto, funzionale, ingegnoso, pratico, solido, leggero, è cosa naturale, sarebbe curioso se in un'epoca nella quale si inventa la radio non si riuscisse a mettere assieme una poltrona comoda o uno scaffale pratico. Assai più notevole è invece lo sviluppo di queste forme assolute la cui bellezza nasce da semplici rapporti di volumi e di colori, la cui eleganza deriva dalla perfe-

7. TAVOLINO SCORREVOLE PER LA CASA DELLO SPORTIVO

Translation
see p. 696

8. IL RITMO ORIZZONTALE DELLO SCAFFALE COLLEGA E DÀ UNITÀ AI DUE AMBIENTI

zione con la quale esse sono eseguite. Il carattere del gusto di Breuer si ritrova nelle opere di quegli architetti pei quali la modernità è norma assoluta, profondamente sentita e che, sparsi in tutto il mondo, stanno preparando gli elementi formativi di una nuova coscienza architettonica da Gropius a Le Corbusier, da Neutra a Mies van Der Rohe ai fratelli Luckhardt. Elementi ora sviluppati in Italia da una schiera di architetti giovani fra i migliori. Questo carattere si rivela già nei singoli mobili (fig. 1, 5, 7) ma è sopratutto negli arredamenti che appare compiutamente: questi dimostrano inoltre quale varietà di risultati si possa raggiungere pur valendosi di una grande semplicità di mezzi. Il primo degli arredamenti da noi illustrati (fig. 2-3) risale al 1928; è l'appartamento di un maestro di ginnastica, facciamo notare nella prima illustrazione le linee purissime della scrivania e la simpatica retinatura dei vetri delle finestre e nella seconda il tavolo di cristallo e la libreria ampliabile.

Il ritmo orizzontale di uno scaffale che continua in due locali adiacenti basta a caratterizzare tutto un arredamento ed è un motivo caro a Breuer; applicato nel 1928 (fig. 8) in una sala di soggiorno col-

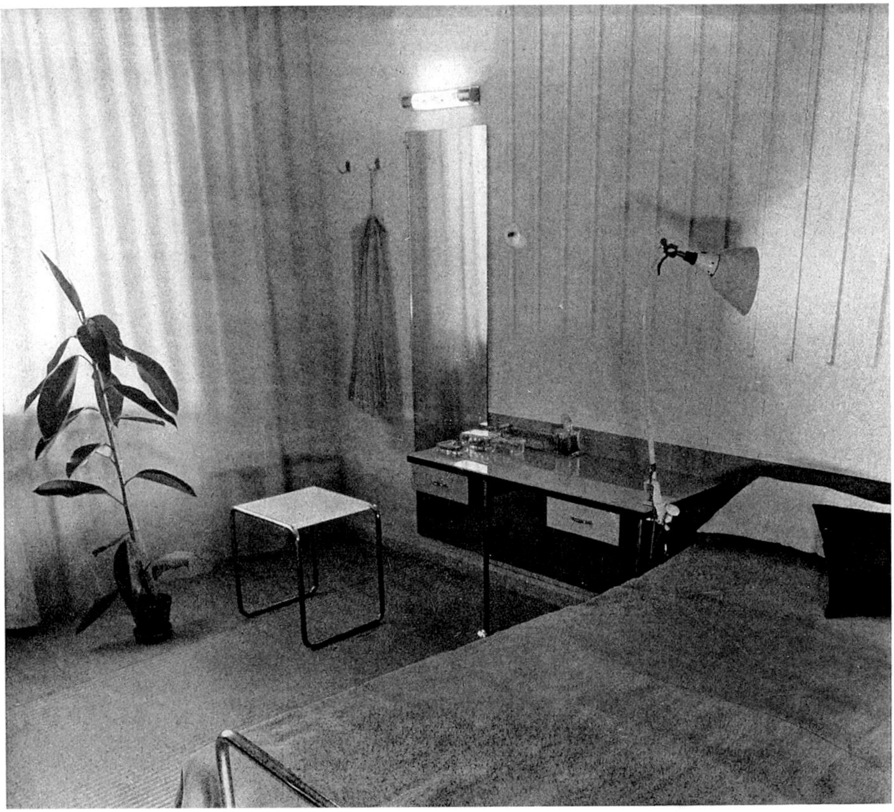

9. EQUILIBRATO ACCOSTAMENTO DI ELEMENTI DI SPECCHIO E CRISTALLO

legata da un'ampia apertura colla camera da pranzo, è ripreso nel 1931 nella sistemazione di casa de Francisco a Berlino (fig. 9-10). Si tratta dell'abitazione di una scrittrice ed è composta da due locali uniti da una porta scorrevole, in più i servizi. Restando aperta la porta fra la camera di soggiorno e la stanza da letto, tutto lo spazio disponibile è completamente utilizzato durante il giorno. Le pareti ed il soffitto

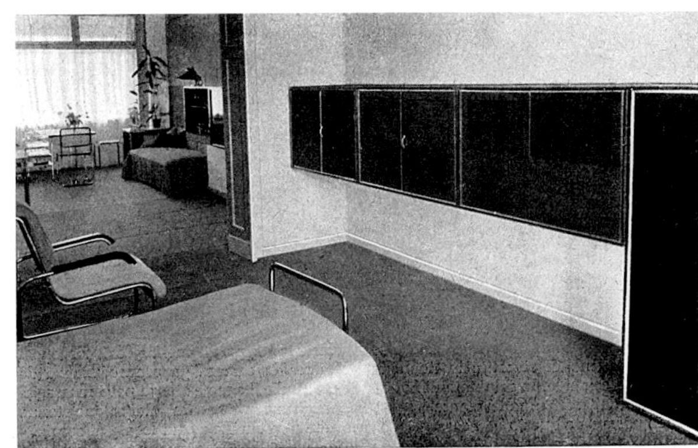

10. ANCORA DUE LOCALI COLLEGATI DAL RITMO DI UNO SCAFFALE

Translation
see p. 696

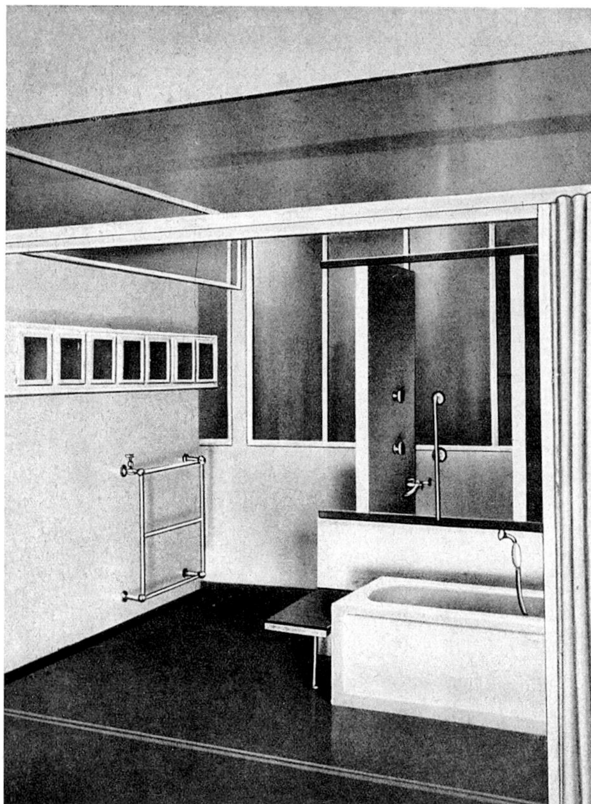

11. STANZA DA BAGNO DELLA CASA DELLO SPORTIVO

12. L'ANGOLO DI SO

sono bianchi mentre il pavimento è interamente coperto da una stuoia color paglia, gli scaffali sono in legno nero, le coperte e i cuscini in stoffa di lana grigio perla. Le tende sono di seta greggia e le superfici dei mobili rivestite in linoleum bianco o in cristallo, le sole note di colore sono date dai libri e dalle piante.

Contemporanea a questa è la casa per uno sportivo che faceva parte di quella mostra intitolata « L'abitazione del nostro tempo » che a Berlino nel 1931 vide raccolti arredamenti dei migliori architetti contemporanei. Lungo un lato di un grande salone una serie di vani formati da grandi armadi e da pareti mobili costituiscono i vari locali; camera da pranzo, stanza da letto studio, bagno e stanza per i massaggi. Completamente separati dal salone stanno soltanto la cucina ed un locale di servizio. Il grande salone nel quale sono sistemati attrezzi e pedane per i vari sport, può essere diviso sempre mediante pareti mobili, in due parti una delle quali viene utilizzata come camera di soggiorno (figura 11). Una stuoia, un tavolo di cristallo e alcune poltrone ed un gruppo di grandi cuscini posti a terra formano un'angolo riposante. Nei mobili di Breuer troviamo dunque tutti gli elementi dell'arredamento moderno nella loro forma essenziale ed originale in ciò sta il loro interesse ed il loro valore grandissimo. Queste forme po-

The Character of Marcel Breuer's Work

Interiors and furniture for the house of a sportsman shown at the "Bauausstellung" (building exhibition) in Berlin

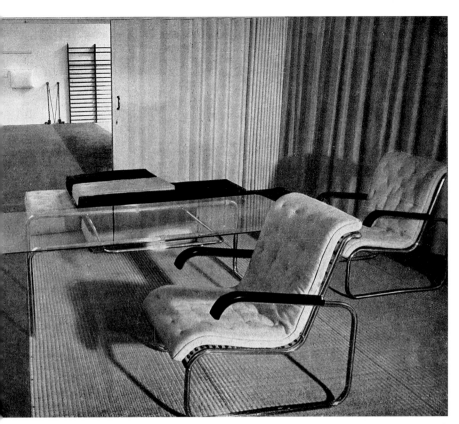

ORNO CON A TERRA I GRANDI CUSCINI PER IL RIPOSO

tranno forse un giorno essere superate, ma rappresenteranno sempre un'essenziale apporto all'evoluzione del gusto.
E sopratutto è essenziale in lui l'ammaestramento a considerare il mobile non come fine a se stesso, ma come elemento di una composizione. Solo così la casa cessa d'essere un'esposizione slegata e fredda di arredi, e diventa un tutto armonicamente composto che rivela la presenza di una mente coordinatrice. A. P.

13. UNA VEDUTA D'ASSIEME DELLA CASA PER UNO SPORTIVO

Translation
see p. 696

M. 10.001 NEW-YORK - LOS ANGELES

Illustriamo qui il « M. 10.001 », il nuovissimo treno della Union Pacific che unisce New York a Los Angeles in 56 ore e 55 minuti. Esso è un aspetto della nostra vita; esso insegna a ragionare anche sulla casa quando i suoi problemi (che pur sono diversi) si risolvono con la stessa intelligenza, chiarezza, semplicità, metodo, come lo sono stati in questo esempio. Gli artisti e i tecnici di adesso tendono ad un apice sottile, di eleganza; nella moderna solidità delle esigue strutture gli si avvicinano impiegando materiali sempre più rispondenti alle loro esigenze di gusto. E' sorpassata la inutile pesantezza dei palazzoni dell'epoca appena scorsa e di certuni d'oggi; allo stesso modo ci fanno sorridere « i mostri di ferro » di cui ci si sbalordiva fino a poco fa'. La linea netta, diremmo quasi ineluttabile, del nuovo treno americano — in grandissima parte costruito in alluminio — basterebbe a giustificare quelli che sono considerati « gli azzardi del moderno ». E' logico come l'evolversi dell'attività umana, della vita d'oggi; è bella e logica la sagoma del M. 10.001. Il mondo dei grattacieli, dell'« Uccello azzurro » di Campbell e dell'aeroplano a 800 all'ora abbandona anche nel ricordo strutturale le vecchie « vaporiere » di cui fremevano le nostre nonne. Fra poco il poeta sentimentale potrà prendere spunto per i suoi lirici rimpianti, dalla locomotiva abbandonata sul binario invaso d'erba; il pittore ne trarrà una natura morta. Veramente morta come le tristi cose che non servono più.

Così è che l'umanità va conquistando il suo nuovo costume, il proprio nuovo esatto pittoresco. Queste invenzioni, cioè, aerodinamiche sono l'espressione di quella velocità che cominciò col vapore, con mezzo estraneo alla trazione animale, ad introdurre noi nei modi della nostra vita. Oggi diamo davvero l'addio alle carrozze, ed in fatto di automobili lo daremo quando anch'esse saran *risolte* a questo modo (e non solo — come ora — travestite aerodinamicamente). Osserviamo questi quadri: essi sono *stile*, e diamo a questa parola tutte le accezioni più comprensive del vocabolo.

(QUESTA È FINALMENTE LA SAGOMA U

E QUESTA FORMA INSEGNANO QUALC

M10.001
New York – Los Angeles

Model No. M10.001 streamlined express train built by Union Pacific for its New York to Los Angeles service: views of locomotive and carriage interiors

DI UN CONVOGLIO; È LA FINE DEL TRAINO NEL QUALE UNA MOTRICE TRASCINAVA DELLE CARROZZE. QUESTA SOLUZIONE

ME ASPETTO DELLA VITA D'OGGI E RISULTATO DELLA TECNICA ALLEATA AD UNA CONCEZIONE MODERNA.

LA ESTREMA SEMPLICITÀ TECNICA E STRUTTURALE NON TOGLIE NULLA AD UNA ESPRESSIONE DI ELEGANZA

M10.001
New York – Los Angeles

Model No. M10.001 streamlined express train built by Union Pacific for its New York to Los Angeles service: sleeping compartments and dining car

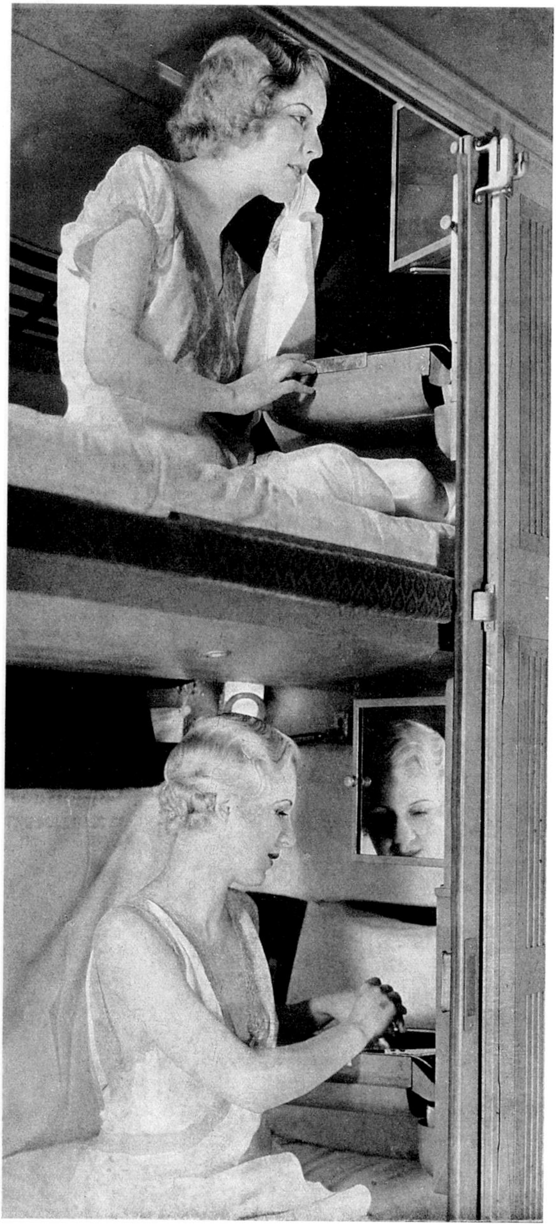

AL MATTINO, NEL TRENO AEREODINAMICO COME NEL PROPRIO SPOGLIATOIO

COME IN UN RISTORANTE DI LUSSO

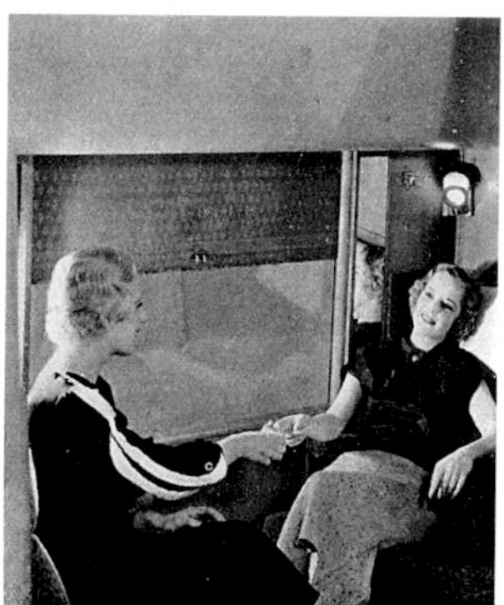

COME IN UN SALOTTO ELEGANTE

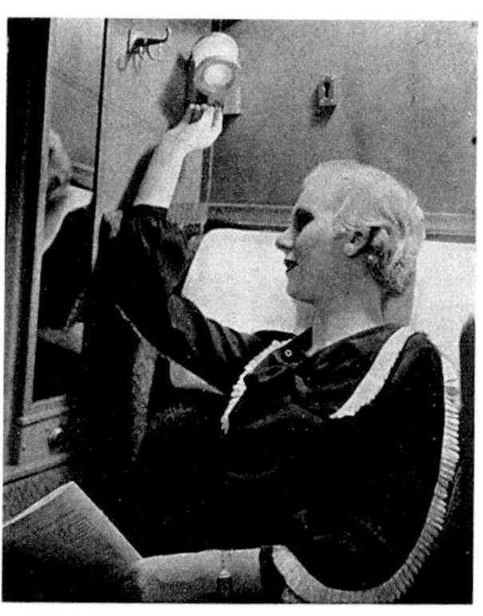

COME IN UNA SALA DI SOGGIORNO

DOMUS

L'ARTE NELLA CASA

87

RIVISTA MENSILE
MARZO 1935 - XIII - C. C. P.

Cover

domus magazine Cover

DOMUS

Foto Wurts Bros

È QUESTA UNA VERTIGINOSA IMMAGINE DI NEW YORK, UNA VEDUTA DEL ROCKEFELLER CENTER, LA RADIO CITY. CI FA CHIEDERE SE MENTRE NOI SI RAGIONA DI TANTE COSE INERENTI L'ARCHITETTURA E LO STILE, LA REALTÀ *ESISTENTE* NON ABBIA DA SÈ SORPASSATO TUTTO CIÒ. PER QUESTO, BENCHÈ *DOMUS* SIA PARTICOLARMENTE DEDICATA ALLA CASA, PREMETTIAMO A QUESTO NUMERO UNA VISIONE IMPRESSIONANTE E BELLA DELLA VITA D'OGGI, VITA - REALTÀ - TECNICA, FUORI DI OGNI PROGRAMMA ESTETICO E STILISTICO, MA IMPERIOSA COME UNO STILE. CIÒ PUÒ ESSERE FONTE DI RIFLESSIONI PER QUANTI PENSANO ALLO STILE DELLA CASA.

Rockefeller Center, New York (home of RCA's Radio City), designed by Reinhard & Hofmeister, Corbet, Harrison & MacMurray and Hood & Fouihoux

UNA VILLA A BUDAPEST

1. - LA VEDUTA DEL FIANCO CON LA SCALA ESTERNA

Foto Kozma

2. - UNA VEDUTA ESTERNA DELLA GRANDE TERRAZZA

L'esame di queste fotografie renderà edotto il lettore di alcune interessanti cose. Nella fig. 1 il motivo che corona il terrazzo non essendo a pergola (partito sempre orizzontale) ma elevando un diaframma, compie la parete cosicchè non resta spezzato il volume cubico quale appare dalle figure 2. In queste si compongono bene le due aperture: così nella parete illustrata da 1 è abbastanza riuscita la distribuzione delle numerose aperture. La figura 3 mostra il partito estetico assai bello e sincero che deriva dalle travi a sbalzo della balconata. Le figure 4 e 5 mostrano che i problemi delle grandi aperture sono risolti tecnicamente sul serio. Le illustrazioni 6, 7, 8 illustrano gli interessanti partiti interni.

Tutto ciò rappresenta una notevole interpretazione dell'abitazione moderna, ed una modernità non solo nel realizzare le cose ma nel pensarle.

E' assai interessante esaminare questa costruzione nel quadro dell'architettura moderna ungherese — si vedano a questo proposito il fascicolo 8 di Casabella nel quale appunto l'architettura ungherese è ampiamente illustrata e la casa di vetro dello stesso Kozma pubblicata nello stesso fascicolo —. La villa sorge in una dei punti panoramicamente più felici di Budapest ed è disposta in modo da sfruttare nel modo migliore questa posizione. Essa è composta di due piani del quale il primo al livello della strada. Nel piano terreno trovano posto un'autorimessa ed i vari servizi, mentre al primo piano stanno i locali di soggiorno e la cucina. Il quartiere della notte occupa invece il piano superiore.

Il primo piano è formato essenzialmente da un unico grande locale a forma di L che comprende in sè camera da pranzo, stanza di soggiorno e biblioteca, non esiste nessuna netta divisione, ma l'indipendenza delle diverse parti è assicurata dalla forma stessa del locale, la parete verso il terrazzo è quasi completamente vetrata e i telai scorrevoli e rientranti nello spessore della parete ne permettono la completa apertura. Va notata la cura colla quale è stato studiato l'armonico succedersi delle diverse parti della sala e come questa, per mezzo dell'ampio terrazzo, si componga col paesaggio circostante.

Al primo piano le due camere da letto separate dal bagno sono protette dai venti del nord dal corpo della scala e dalla saletta che può servire come camera per ospiti. La grande terrazza ad L e il balcone anteriore dànno la possibilità in ogni stagione di un piacevole soggiorno all'aperto.

Foto Kozma

3. - LE MENSOLE A SBALZO IN CEMENTO ARMATO COSTITUISCONO UN PARTITO INTERESSANTE

4. - OGNUNO È SENSIBILE ALLA SUGGESTIONE DI QUESTO INTERNO E DI QUESTE TERRAZZE

Foto Kozma

5. - LA ENORME APERTURA È UNO DEI PREGI DI QUESTO AMBIENTE

Modernist villa designed by Lajos Kozma in Budapest: views of open-plan living/dining area

6. - UNA VEDUTA DELL'INTERNO DEL GRANDE AMBIENTE CON IL LATO DEI PASTI

Foto Kozma

7. - ALTRA VEDUTA DELLO STESSO AMBIENTE CON L'ALCOVA SALOTTO E BIBLIOTECA

UNA CASA T

Ecco due vedute del corpo a torre del gruppo di due case costruito dagli archite
Venezia, e da un corpo a torre, alto al fastigio 50 metri. Le fotografie metton
Fornaci F.lli Rizzi, Donelli, Breviglieri e C. di Piacenza. Le fascie d'ombra son
stimenti delle mazzette, ed i conci per le parti ad arco. Il carattere monumental

A Tower Block Overlooking Gardens

Casa Rasini apartment building on Corso Venezia, Milan, designed by Gio Ponti and Emilio Lancia: views of building under constructio and angled elevation

ORRE SUI GIARDINI

ncia e Ponti in Milano. Il gruppo è costituito da un corpo basso, non illustrato dalle fotografie e prospiciente Corso
evidenza le facciate verso i giardini ed i bastioni di Porta Venezia. Esse sono rivestite con Cottonovo, prodotto dalle
enute con pezzi dello stesso materiale sagomato a punta di diamante. In pezzi speciali Cottonovo sono pure i rive-
bicazione e l'eccellenza dei materiali fanno di questo gruppo di case un insieme architettonico notevolissimo.

CASA LESCAZE - LA TERRAZZA

G. HOWE E LESCAZE CASA LESCAZE A NEW YORK PARTICOLARE DELLA TERRAZZA

GEORGE HOWE E WILLIAM LE

L'architettura moderna si afferma — anche se lentamente — in Giappone come in Olanda; negli Stati Uniti come in Francia, in Cecoslovacchia, in Finlandia. Si differenzia solo nella tecnica della costruzione, per ragioni di clima o di costo dei materiali, ma serba una unità di indirizzo estetico valido in ogni nazione, testimonianza palese della sua vitalità. Questa universalità dell'architettura nuova, viene fraintesa da critici in cerca di meriti, e interpretata nei modi più arbitrari: in Russia diventa borghese; in Germania semita; in Francia bolscevica. Si ostacola, così, con pretesti politici l'opera degli architetti spiritualmente più preparati al compito di dare al nostro secolo un'architettura. In altri paesi, come il Brasile o l'Argentina, dove le possibilità di realizzazione sono senza limiti, gli architetti, in genere, non hanno sufficiente preparazione culturale e « fanno moderno » senza

George Howe and William Lescaze, American Architects

Lescaze House in New York designed by George Howe and William Lescaze: views of front elevation, dining room and living room

S A L A   D A   P R A N Z O   N E L L A   C A S A   D I   W I L L I A M   L E S C A Z E   A   N E W   Y O R K

S A L A   D I   S O G G I O R N O   N E L L A   C A S A   D I   W I L L I A M   L E S C A Z E   A   N E W   Y O R K

CAZE ARCHITETTI AMERICANI

comprendere lo spirito delle forme nuove. È così che la storia dell'architettura moderna si svolge, dagli inizi, come un perenne contrasto fra l'artista ed i tempi.

Howe e Lescaze, architetti americani, hanno la fortuna di possedere la cultura di un europeo, e di operare in un paese dove le esperienze moderne non sono ostacolate da « tradizioni » male intese. Howe e Lescaze realizzano una perfetta collaborazione: essendo, a quanto dicono le riviste americane, l'uno un temperamento di critico, l'altro d'artista. Come Neutra, hanno studiato in Europa, seguendo le correnti artistiche d'avanguardia, e si sono formati, pur non avendone mai fatto parte, alla scuola del Bauhaus. Il primo interesse di Howe fu per la pittura; all'architettura fu indotto dai genitori che si preoccupavano della « pro-

Translation
see p. 698

CASA CURRY - UN'INGRESSO

G. HOWE E W. LESCAZE - CASA CURRY A DEVON

CASA CURRY - LA SALA DA PRANZO

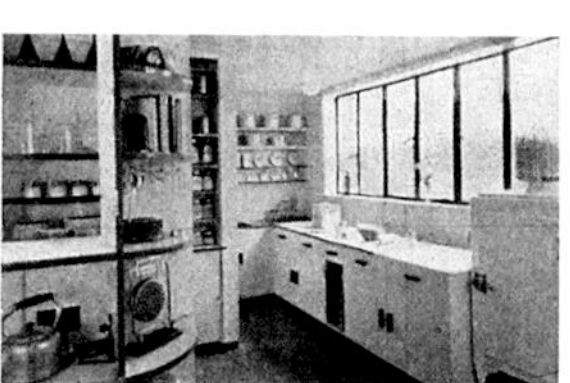

CASA CURRY LA CUCINA

G. HOWE E W. LESCAZE - CASA CURRY A DEVON

CASA CURRY - IL SOGGIORNO

fessione » e della possibilità di una « carriera ». Anche Lescaze, in Europa, dipingeva quando non aveva lavoro o non poteva lavorare a suo modo; la pittura era per lui l'evasione da un mondo ostile alla libera fantasia dell'artista. In America, Howe e Lescaze non dipingono più: costruiscono. Nel « East » il loro mondo morale, pur essendo come da noi la conquista di una minoranza, non è così combattuto; lo spirito dei pionieri prevale: l'innovazione è progresso. L'opera più importante di questi architetti è il grattacielo della « Piladelphia Saving Fund Society », illustrato da « Casabella » nel fascicolo di febbraio del 1933. Questo edificio — con il grattacielo del « Daily News » di Raymond Hood — è fra le concezioni più colossali dell'architettura moderna. Ma il talento di questi architetti si rivela ugualmente in opere di mole assai minore come la villa Field, o la casa di William Lescaze. Il loro metodo di lavoro, come lo ha esposto Lescaze in « Architectural Forum », può essere assunto a simbolo

Curry House in South Devon, England, and Field House, Connecticut designed by George Howe and William Lescaze: views of elevations, hallway, dining room, kitchen and living rooms

G. HOWE E W. LESCAZE - VILLA FIELD NEL CONNECTICUT

G. HOWE E W. LESCAZE SALA DI SOGGIORNO DELLA VILLA FIELD

di un razionalismo americano: quante persone compongono la famiglia? Quale è la loro statura? Quali sono i loro rapporti intimi? Ricevono molto? Quali categorie di persone? Queste preoccupazioni sono, a prima vista, estranee ad ogni compito artistico, e potrebbero dare argomento ad una satira del gusto nordamericano; ma a guardare bene esse rappresentano la riduzione del funzionalismo europeo ad una mentalità estremamente realistica. Sullo stesso piano si potrebbero mettere, infatti, le teorie « biologiche » e « sociali » degli architetti tedeschi, o lo stile dei decoratori austriaci tendenti a stabilire un clima familiare pratico ed accogliente. È per questo che gli arredamenti di Howe e Lescaze, più delle loro architetture, appariranno alquanto ostili ad un europeo, che vi scorgerà le pretese di un razionalismo preoccupato soltanto di praticità e di benessere in un clima di generica modernità. Resta, però, valido il principio di questi architetti: la casa sia un'immagine dell'uomo. In America, come da noi.

A. M. MAZZUCCHELLI

Translation
see p. 698

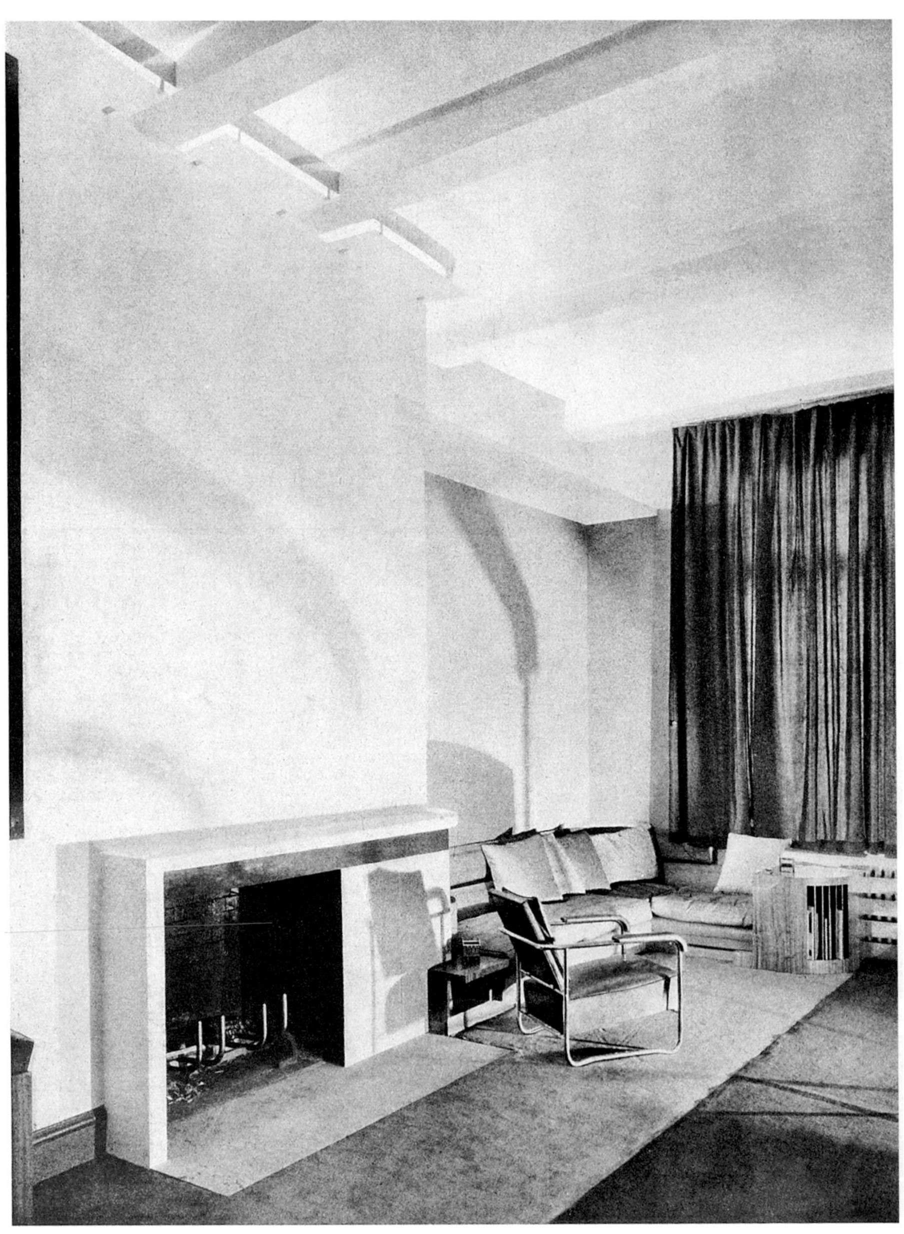

G. HOWE E W. LESCAZE - SALA DI SOGGIORNO IN UN APPARTAMENTO A NEW YORK

George Howe and William Lescaze, American Architects

Interiors designed by George Howe and William Lescaze: views of a living room in a New York apartment and corner of the office of George Howe and William Lescaze in Philadelphia

UN ANGOLO DELLO STUDIO DI G. HOWE E W. LESCAZE A FILADELFIA

Translation
see p. 698

CASE IN OLANDA

ARCH. BRINKMAN E VAN DER VLUGT - VEDUTA DELLA VILLA VAN DER LEUW

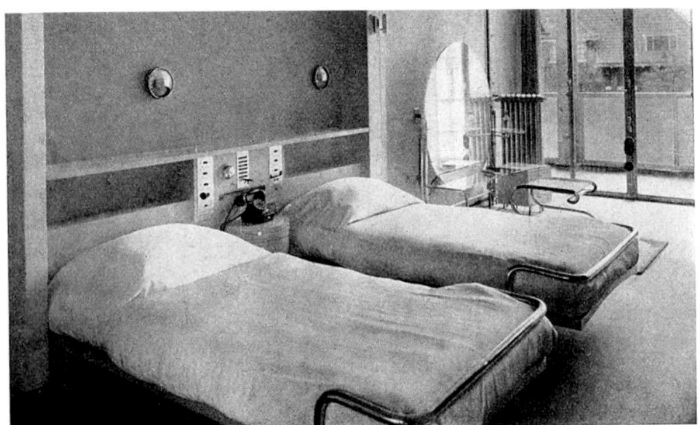

ARCH. BRINKMAN E VAN DER VLUGT - UNA STANZA DA LETTO DELLA VILLA

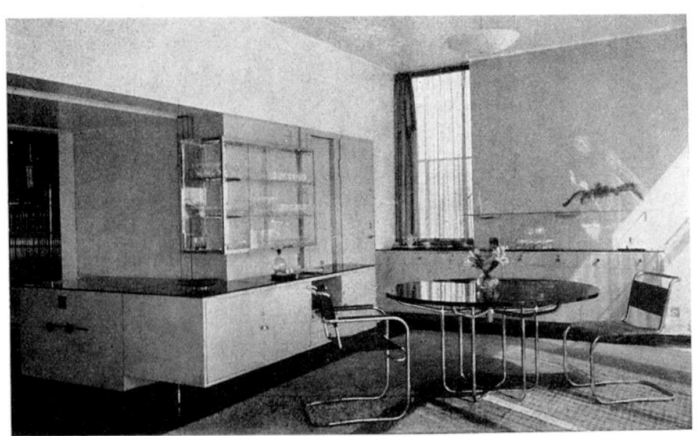

Foto Van Ojen

ARCH. BRINKMAN E VAN DER VLUGT - LA SALA DI SOGGIORNO

Ci interessa, come appunto stilistico e tecnico, presentare questi aspetti di costruzione degli architetti olandesi Brinkman e Van der Vlugt. Eccellente, nel suo carattere, la scala dell'edificio eretto a Rotterdam per il sig. Van der Leuw. Interessante (benchè non bella) tutta la casa Van der Leuw, con il grandissimo sviluppo di vetrate. Più interessanti ancora gli interni di una totale ed esclusiva funzionalità nelle camere da letto, di una ricerca stilistica più ricercata (ma non priva di qualche menda) nelle sale da pranzo.

A House in The Netherlands

Villa Van der Leeuw in Rotterdam designed by Johannes Andreas Brinkman and Leendert Cornelis van der Vlugt: views of front elevation, bedroom, living room and staircase

Foto Van Ojen

ARCH. BRINKMAN E VAN DER VLUGT - VILLA VAN DER LEUW - L'ENTRATA E LA SCALA

ARCH. HENRY DREYFUSS - NEW YORK - AEREOPLANO DOUGLAS - LA SALA CENTRALE VISTA DA UN LATO

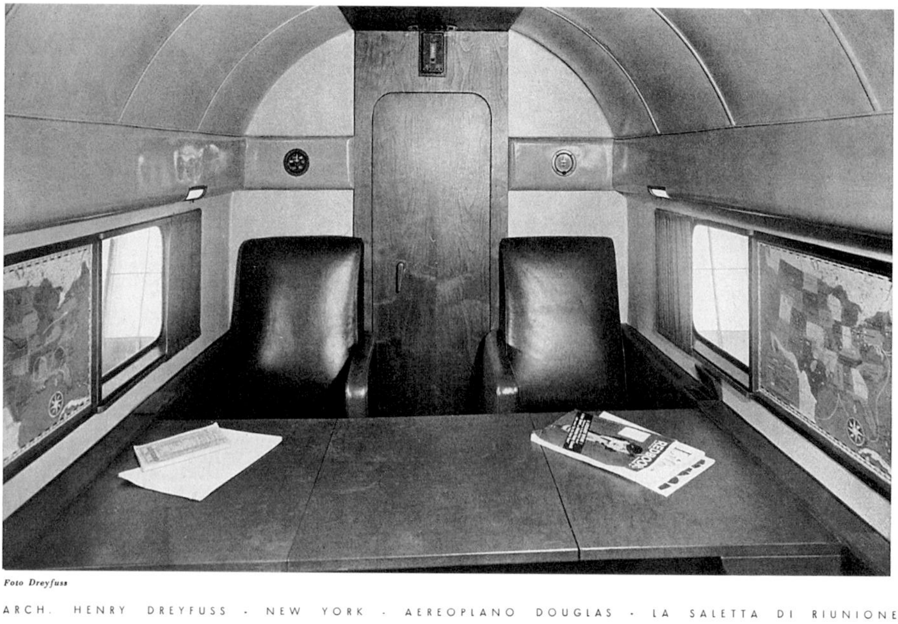

Foto Dreyfuss

ARCH. HENRY DREYFUSS - NEW YORK - AEREOPLANO DOUGLAS - LA SALETTA DI RIUNIONE

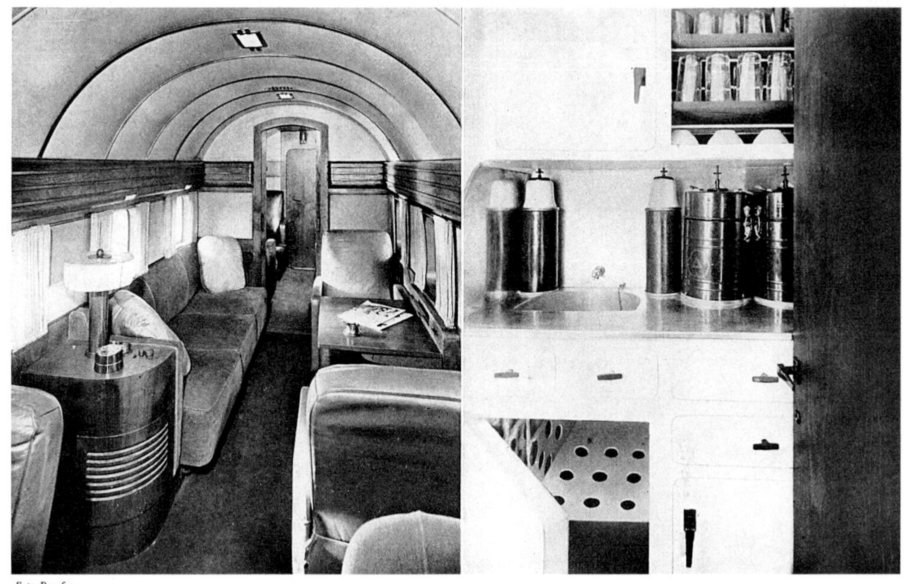

Foto Dreyfuss

ARCH. HENRY DREYFUSS - NEW YORK - AEREOPLANO DOUGLAS - LA SALA CENTRALE: VISTA DA UN'ALTRA PARTE E L'OFFICE

AEREOPLANI

Dopo l'interno del treno New York-Los Angeles, pubblicato da noi nel numero di marzo, ecco la realizzazione di un arredamento di aereoplano newyorkese. Il desiderio di far trovare a proprio agio, anche nei luoghi e nei veicoli pubblici, chi deve togliersi dalla comodità della propria casa, ha ispirato all'architetto Henry Dreyfuss questo arredo per la « Cities Services Company ». Qui verrebbe acconcio un ragionamento. Deve l'aeroplano imitare la casa? dovrà avere la casa d'oggi, o futura, delle analogie con l'aeroplano? Nè l'una né l'altra cosa, perchè son due essenze differenti. Ma l'aeroplano, il cui arredo deve seguire certe esigenze, rappresenta oggi anche una « lezione» per la casa. Perchè oggi? Perchè solo ora i mezzi di trasporti si son purgati di reminiscenze casalinghe. Ricordate i « treni reali » tutti ornamenti settecento? Ricordate il « tram » di Leone XIII, e certe automobili papali? Ricordate certi transatlantici? Oggi gli arredatori dei mezzi di trasporto hanno ragionato di più e meglio. È questa virtù di ragionare che rappresenta la « lezione » anche per la casa. Ma va ragionata, va « purgata » non di quel superfluo che fa parte di *una nostra vita spirituale* « nella » casa, ma di quel superfluo inespressivo, commerciale, stupido, che ci è rimasto, attraverso produzioni arretrate e commerciali, da epoche precedenti. Superstiti cose estranee alla nostra vita.

Ma passiamo alla descrizione di questi arredamenti di volo. La sala di soggiorno è capace di 11 persone. Contiene 2 sofà, 4 larghe poltrone inclinate, una tavoletta girevole, una tavoletta a due attacchi per comunicazione telefonica e un tavolo con inclusa una radio; tra le seggiole tavole ribaltabili; cassetti sul rivestimento di legno sopra di esse e sul sostegno delle poltrone; tavole e sedie. Il tappeto è scuro. Noce Flexwood nel rivestimento e sulla cornice sopra le finestre che cela la conduttura per l'aria fresca. Tendine in stoffa verde e pannelli tra le finestre; soffitto in cuoio. Divani in color ruggine. Le seggiole della tavola sono in stoffa verde. Accessori in metallo e rifiniture in bronzo lucido.

La illuminazione è fatta con lampade individuali. Tre grandi luci incastrate nel soffitto per la illuminazione di tutto l'ambiente. Due lampade, una sulla radio e sulla tavola e un'altra sulla tavoletta ribaltabile.

L'office è in bianco e nero: oggetti bianchi con accessori neri. Linoleum nero sul pavimento. Sistema *termos* per i cibi e il caffè. Frigoriferi. La sala di riunione ha una capacità di 4 persone e si compone di 4 larghe sedie. Ottomane separate, con passaggi fra le sedie per formare delle cucce lunghe quanto tutta la persona onde poter riposare e dormire. Tavole ripiegabili unite con una asse centrale così da formare un piano largo quanto la sala di riunione. Quanto ai colori e ai materiali, il tappeto è verde; la parete col battente è in noce Flexwood che giunge sino al soffitto; le tendine brune; le pareti e il soffitto in cuoio. Originali pannelli decorativi tra i finestrini. Accessorî di metallo e finiture in bronzo polito. Lampade individuali e luce centrale.

Foto Barsotti

DINO TOFANI - FIRENZE - STUDIO IN PALISSANDRO E CIPRESSO

CARATTERE DI ALCUNI INTERNI

Abbiamo messi insieme sotto un solo titolo l'ambiente di qui sopra dovuto a Dino Tofani e quello della pag. 47, in quanto essi esprimono una tendenza univoca dell'arte di arredare: la grande semplicità, semplicità ad ogni costo. Pubblichiamo, quindi, perchè, l'esempio ci sembra assai significativo nel suo lineare carattere, il salone della nuova aerostazione a S. Nicolò di Lido in Venezia, creato dal Gruppo Veneziano d'Arti Decorative capeggiato da Nei Pasinetti. Esso è di una spaziosa semplicità, di una eleganza signorile e non pomposa, e — fra le cose moderne — di un gusto che ci conforta. Perchè diciamo ciò? Perchè oggi non si tratta di combattere perchè non si facciano aerostazioni in stile... '700, ma perchè le cose moderne che oggi si fanno più belle, corrispondano ad una reale aspirazione di bellezza, sposa ad una chiara, fresca, agevole, eleganza tutta nostra. Certi sediloni mostruosi, certi arredi pesi e goffi, certi cubacci, certi coloracci d'oggi, non sono moderni, sono brutti, sono il brutto moderno eguale, egualissimo al brutto vecchio; a quel che si vuol fuggire col fare il «900». Nè più nè meno.

The Character of Some Interiors

Study interior designed by Dino Tofani; lounge at 'G. Nicelli' airport at S. Nicolò al Lido, Venice, designed by Gruppo Veneziano d'Arti Decorative

AEROSTAZIONE « G. NICELLI » DI S. NICOLÒ AL LIDO - VENEZIA - IL SALONE: SOFFITTO GRIGIO FERRO; PARETI SMALTO OPACO AVORIO; PAVIMENTO IN MARMO DEL CARSO GRIGIO

Foto Ferruzzi

AEROSTAZIONE « G. NICELLI » DI S. NICOLÒ AL LIDO - VENEZIA - IL SALONE DA UN ALTRO PUNTO. TAVOLO CON SOSTEGNI D'ACCIAIO, PIANO IN MARMO; LAMPADARI IN CRISTALLO

UN NEGOZIO A TORINO

L'arredamento dei negozi ha un'importanza considerevole nello sviluppo dell'architettura nuova: il « Printemps » ieri ed oggi la « Galleria Tannhäuser » o « La Plaque Tournante » sono, forse, più rappresentativi di opere di maggiore impegno. In un negozio, meglio che in una casa od in un edificio monumentale, l'architetto può impiegare quelle risorse di stile che sono i simboli di un'epoca, e che il pubblico preferisce nelle cose meno solenni e meno impegnate a valori tradizionali. Così, « Le Printemps » ci documenterà esattamente sul gusto « fin de siècle » e « La Plaque Tournante » su quello dei tempi di Cocteau o di Morand. Illustrando il negozio « Olivetti » a Torino, non intendiamo soltanto di segnalare un'opera di singolare pregio estetico ma anche di dare un termine di confronto per quello che bisogna intendere quando si parla di gusto « moderno ». L'opera è di un decoratore, allievo della « Bauhaus »: Xanti Schawinsky. Questi ha adunato nel suo lavoro gli elementi più raffinati e significativi del razionalismo europeo: rarissime volte, specie in Italia, si è vista un'opera simile, in cui la purezza del disegno, l'impiego opportuno dei materiali, l'equilibrio delle forme superano il genere stesso del lavoro, per meritare di essere considerati come opera d'arte.

Lo stile del negozio è quello della « Sachlichkeit », cioè della più elevata concezione delle forme pure, a cui l'autore ha saputo dare un senso vivissimo della « realtà magica » come un Breuer o un Lissitzki. I dispositivi escogitati per fare di questo negozio una perfetta « macchina da vendere » non hanno bisogno di commento: tanto ci paiono opportuni, e aderenti a una viva intuizione psicologica. Noi indichiamo volentieri questo negozio ai nostri lettori: perchè le persone di gusto abbiano un'altra prova delle possibilità fantastiche del gusto nuovo, ed i tecnici un esempio della dignità con cui deve essere condotto un lavoro del genere, che richiede lo stile dell'artista e non la pratica volgare del comune decoratore.

XANTI SCHAWINSKY: NEGOZIO OLIVETTI A TORINO

Foto Zveteremich

PARTICOLARE DEL NEGOZIO OLIVETTI CON LA VETRINA DELLE MACCHINE

A Store in Turin

Olivetti showroom in Turin designed by Xanti Schawinsky: view of shopfront, display case

Translation
see p. 699

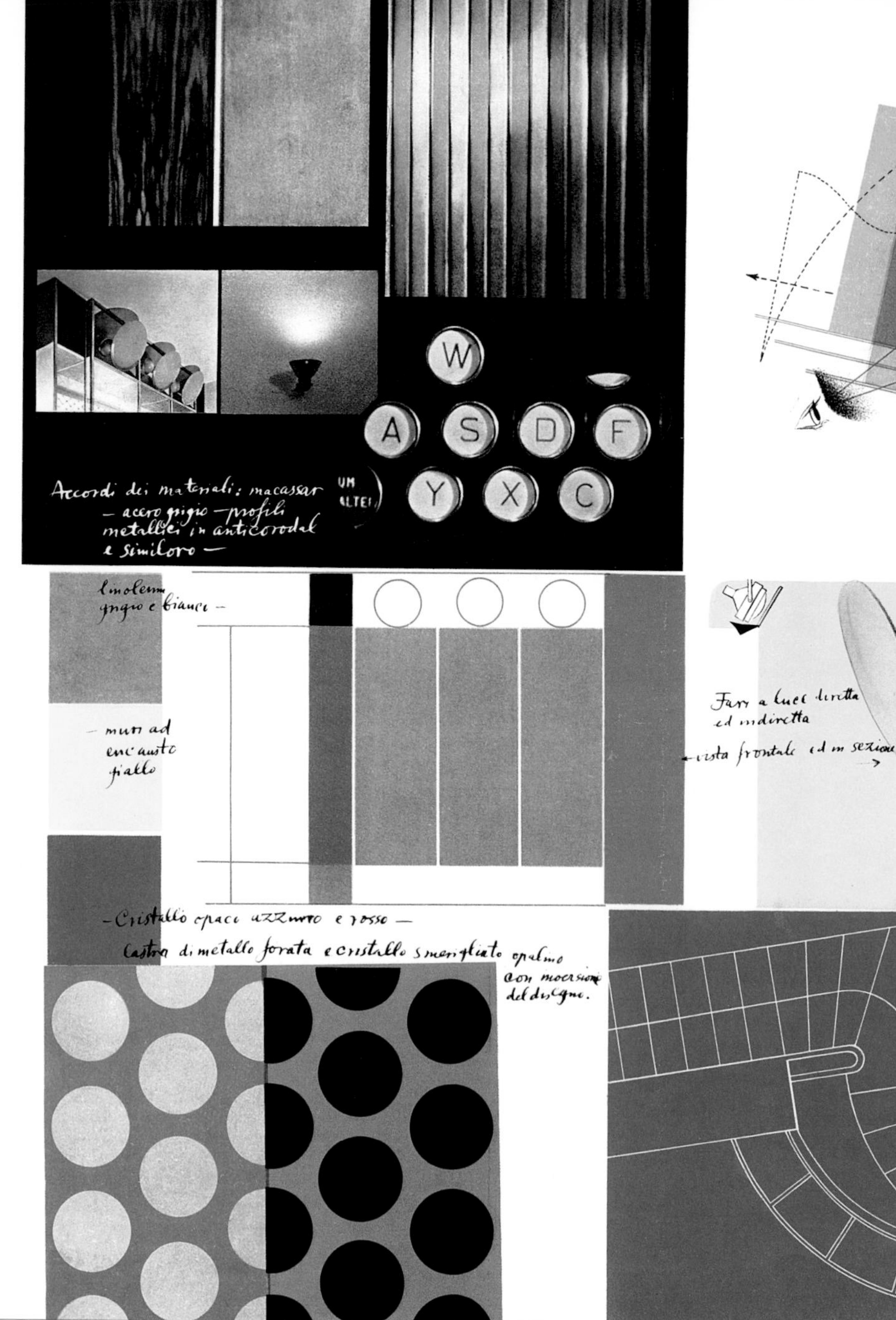

A Store in Turin

Olivetti showroom in Turin designed by Xanti Schawinsky: design collage

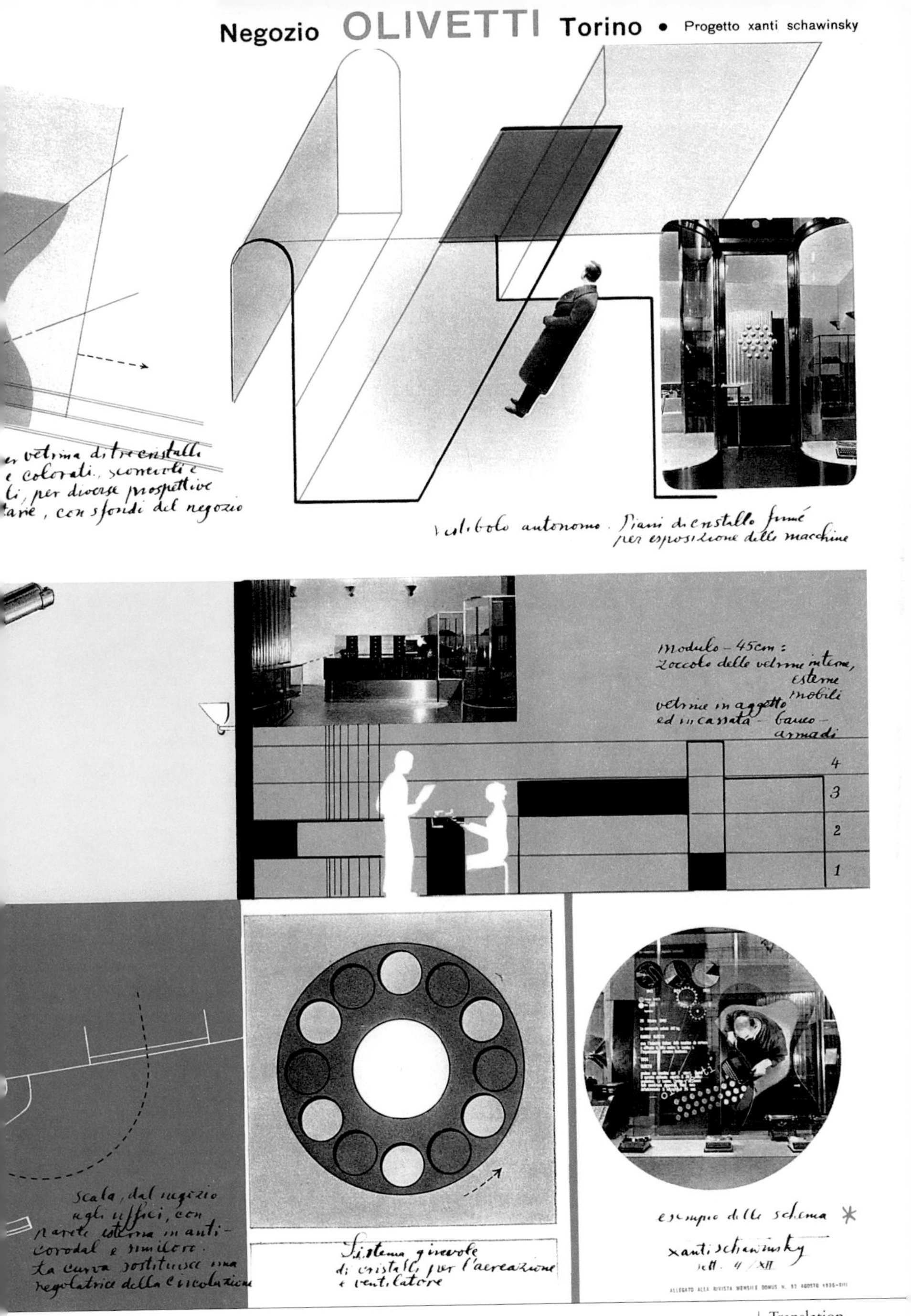

Negozio OLIVETTI Torino • Progetto xanti schawinsky

…e vetrina di tre cristalli
…e colorati, sconnessi e
…li, per diverse prospettive
…tarie, con sfondi del negozio

vestibolo autonomo. Piani di cristallo fumé
per esposizione delle macchine

modulo – 45cm:
zoccolo delle vetrine interne,
esterne
mobili
vetrine in aggetto
ed incassata – banco –
armadi

4
3
2
1

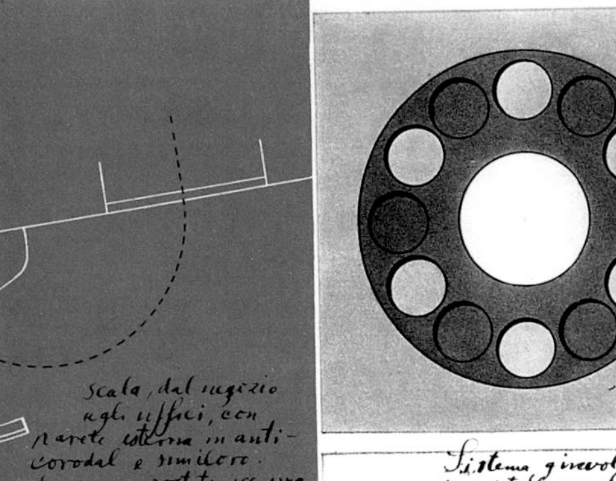

Scala, dal negozio
agli uffici, con
parete esterna in anti-
corodal e similoro.
La curva sostituisce una
regolatrice della circolazione

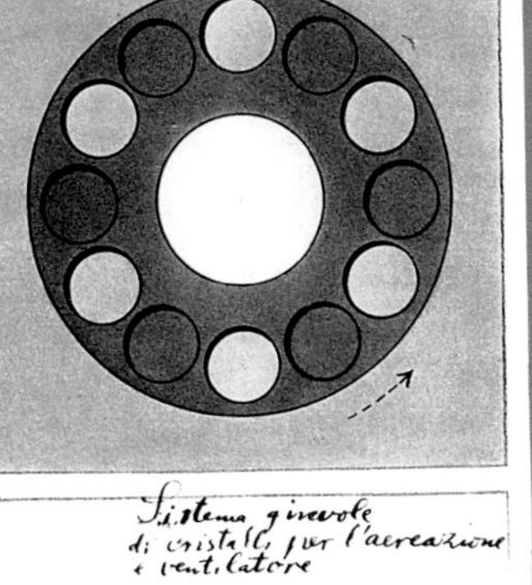

Sistema girevole
di cristalli per l'aereazione
e ventilatore

esempio dello schema *

xanti schawinsky
sett. 4 / XII

ALLEGATO ALLA RIVISTA MENSILE DOMUS N. 92 AGOSTO 1935-XIII

Translation
see p. 699

PROBLEMI PER I MEZZI DI TRASPORTO

VERSO UN NUOVO ARREDAMENTO DEI NOSTRI VAGONI?

Foto Domus - Porta

SCOMPARTIMENTO DI PRIMA CLASSE

Materiale fotografico "Ferrania"

CORRIDOIO CON PARETI RIVESTITE IN LINOLEUM

Pubblicammo nel fascicolo di Settembre, nell'opera di Hoffmann, il vagone delle ferrovie austriache, da lui arredato. Ricordiamo che anche da noi per iniziativa di Gio Ponti apparve alla ultima Triennale del 1933 un vagone moderno, studiato da Pagano e dal Ponti stesso. Quello fu un primo tentativo, limitato dal tempo e costretto nelle dimensioni delle strutture esistenti. Un secondo, e però ancor più limitato tentativo, è stato fatto, stavolta... ufficiosamente, dalle Officine Meccaniche di Milano, in collaborazione con gli architetti Ponti e Masera. Questo tentativo ebbe ancora maggiori limitazioni non essendo stato concesso di mutare (come alla Triennale) colori e tipo delle stoffe e dei metalli. Si tratta dunque di un passo avanti perchè — se non altro — l'idea di rinnovare è stata di nuovo applicata e di un passo indietro perchè le imitazioni son state maggiori.

Ma tutto ciò ha avuto un merito, quello di far risaltare le virtù del « vagone della Triennale » e di chiarire ad un maggior numero di menti questo problema e le sue possibilità. Accanto agli effetti ottenuti negli scompartimenti qui riprodotti e nei quali la novità più importante è costituita dall'impiego — assai indovinato — del linoleum, si son presentate altre possibilità coloristiche. Perchè infatti non si può fare la prima classe verde come alla Triennale, la seseconda azzurra, la terza avana? O la prima rossa, e la seconda verde? Con tutti questi colori si intonano eccellentemente i metalli sieno dorati che argentei (xantal o anticorodal) e i varii tipi di linoleum. Occorre che non gli sforzi di professionisti e di industrie private si esauriscano in queste prove ma che le Ferrovie stesse dello Stato patrocinino direttamente presso gli organi loro un rinnovamento coraggioso. Anche assoggettandosi alle strutture at-

First-class and second-class train compartments, carriage corridor with linoleum-clad walls and washroom designed by Officine Meccaniche di Milano in collaboration with Gio Ponti and Paolo Masera

PROBLEMI PER I MEZZI DI TRASPORTO

LE NOSTRE FERROVIE PRESENTERANNO ALLA VI TRIENNALE UN LORO VAGONE MODERNO?

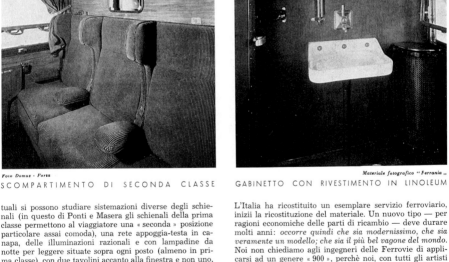

Foto Domus - Porta

SCOMPARTIMENTO DI SECONDA CLASSE

Materiale fotografico "Ferrania"

GABINETTO CON RIVESTIMENTO IN LINOLEUM

tuali si possono studiare sistemazioni diverse degli schienali (in questo di Ponti e Masera gli schienali della prima classe permettono al viaggiatore una « seconda » posizione particolare assai comoda), una rete appoggia-testa in canapa, delle illuminazioni razionali e con lampadine da notte per leggere situate sopra ogni posto (almeno in prima classe), con due tavolini accanto alla finestra e non uno, impratico (come è pure stato fatto in questo nuovo vagone). Certo una vettura nuova del tutto, con un finestrino solo per scompartimento, con l'aria condizionata, con dimensioni di scompartimento un po' più agevoli, con tende a rullo, con altre comodità interne, una vettura con una sagoma esterna nuova, semplificata (servono certe grondine?), con il grembiale sotto e un più comodo accesso, dovrebbe, specie per le linee internazionali, esser messa allo studio ed in cantiere.

L'Italia ha ricostituito un esemplare servizio ferroviario, inizii la ricostituzione del materiale. Un nuovo tipo — per ragioni economiche delle parti di ricambio — deve durare molti anni: *occorre quindi che sia modernissimo, che sia veramente un modello; che sia il più bel vagone del mondo.* Noi non chiediamo agli ingegneri delle Ferrovie di applicarsi ad un genere « 900 », perchè noi, con tutti gli artisti e le persone colte, ripudiamo le forme convenzionali e commerciali che vanno sotto quella etichetta e che costituiscono la più analfabeta accademia, noi chiediamo che con intensa ed entusiastica applicazione essi rivedano finalmente tutte le parti del vagone ai lumi di una tecnica costruttiva ultra moderna, di una razionalità assoluta in tutti i particolari; con quella revisione essi giungeranno a darci un « apparecchio perfetto ». L'arte? Sia limitata a *controllare* qualche colore, qualche forma, o iscrizione.

DOMUS

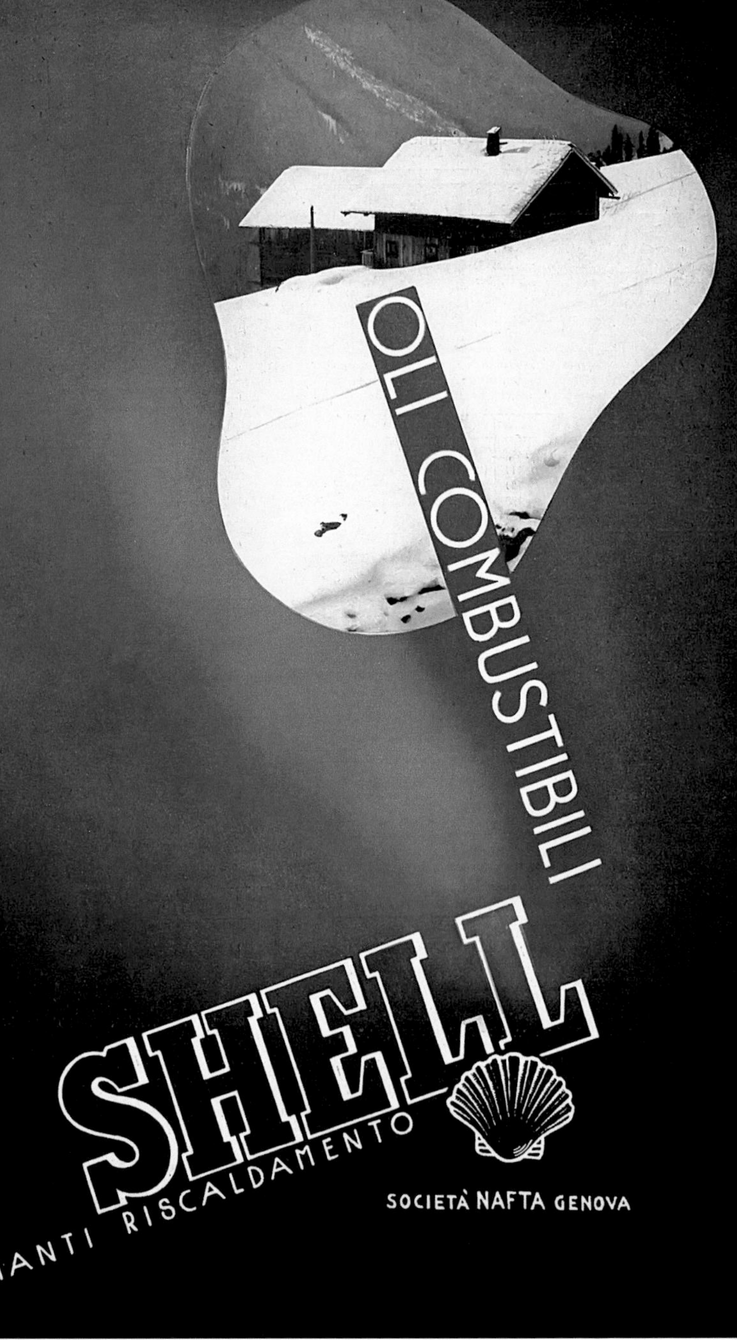

Advertising

Shell fuel oil advertisement designed by Edward McKnight Kauffer

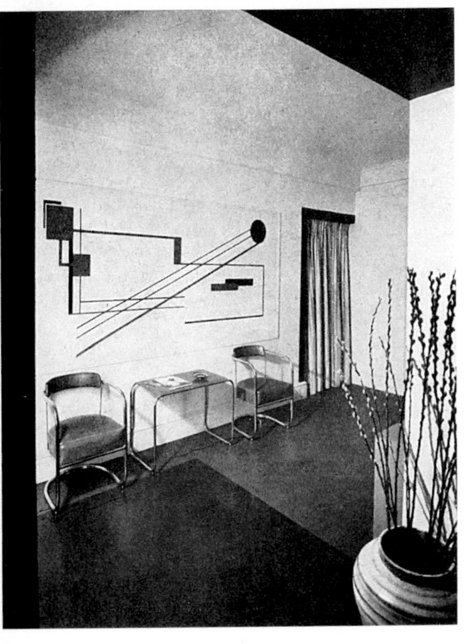

SALA D'ASPETTO NELL'APPARTAMENTO DEL DOTTOR F. W. (ARCH. PAUL LESTER WIENER, NUOVA YORK). MURI E SOFFITTO TINTEGGIATI IN BIANCO, PAVIMENTO, DI LINOLEUM ROSSO E BLU, A DISEGNO GEOMETRICO. SULLA PARETE, SOPRA I MOBILI IN TUBO D'ACCIAIO E PELLE, E' UN PANNELLO CON FIGURAZIONE ASTRATTA.

LATO OPPOSTO DELLA STESSA STANZA. LUNGO IL MURO E' COSTRUITO UN TAVOLO ACCOMPAGNATO, SOPRA, NELLA SUA LINEA ORIZZONTALE, DALL'IMPIANTO DELLA LUCE INDIRETTA. PRESSO LA PORTA, DOVE COMINCIA IL TAVOLO, E' DIPINTA IN ROSSO UNA LARGA FASCIA VERTICALE CHE DAL PAVIMENTO GIUNGE AL SOFFITTO.

CRONACHE AMERICANE

Paul Wiener è l'architetto americano che presentiamo in queste pagine come arredatore. Di lui ci occuperemo ancora come rappresentante di idee d'avanguardia nell'America del Nord. Le sue realizzazioni sono di una eleganza effettiva e di un indiscutibile interesse, in sè e nelle tendenze che esse testimoniano.

g. p.

95

domus

L'ARTE NELLA CASA - NOVEMBRE 1935 X

CON QUESTO SERVIZIO DA TAVOLA RICHARD-GINORI SEGNA IL BICENTENARIO DELLA MANIFATTURA DI DOC

domus 95
November 1935

Cover

domus magazine cover

PICCOLO MOBILE BASSO, PER LA STANZA DA STARE, E' POSTO AD UNA ESTREMITA' DEL DIVANO. E' IN LEGNO BIANCO LACCATO. IL CASSETTO E' ADIBITO A CONTENERE ARGENTERIA. - LA FOTO IN BASSO MOSTRA UN ALTRO MOBILE, POSTO ALL'ESTREMITA' OPPOSTA DEL DIVANO. ESSO HA, OLTRE IL CASSETTO, UNO SPAZIO PER RIVISTE E MANOSCRITTI. SUL PIANO SONO APPOGGIATI UNO SLANCIATO VASO DI VERAMICA BIANCA A STRISCIE AZZURRE — IDEATO DA VALLY WIESELTHIER — E UNA TESTINA BRONZEA DOVUTA A SONIA BROWN. SIA QUESTO MOBILETTO CHE L'ALTRO, FURONO IDEATI COSI' SLANCIATI E LUNGHI PER OTTENERE UN EFFETTO ORIZZONTALE.

Arch. Lester Wiener - Appartamento Dr. F. W. a Nuova York *Foto Wiener*

NELLA PAGINA DI FRONTE, ANGOLO DELLA SALA DI SOGGIORNO. IL CAMINETTO DIPINTO IN BIANCO, HA UNA INCORNICIATURA DI METALLO CROMATO ATTORNO ALLA BOCCA DEL FOCOLARE COMPOSTA DI MATTONI COLOR TERRACOTTA. DAL LARGO PIANO DI VETRO OPACO, SOPRA IL CAMINETTO, SORGE LUCE INDIRETTA CHE ILLUMINA LO SPECCHIO. QUESTO, CHE GIUNGE SINO AL SOFFITTO, RIFLETTE L'ALTRA PARTE DELLA STANZA. DA TUTTI E DUE I LATI DEL CAMINETTO PARTONO SEDILI, CHE CORRONO PER L'INTERA LUNGHEZZA DEL MURO, CON LE PARTI IN LEGNO LACCATE IN BIANCO E RICOPERTI DI STOFFA ROSSA TERRACOTTA. LA POLTRONA A SINISTRA E' COPERTA DI VELLUTO IN LANA BIANCO FATTO A MANO. LE PARTI DI LEGNO SONO LACCATE IN ROSSO. IL PAVIMENTO E' RIVESTITO INTERAMENTE DI TESSUTO BRUNO ROSSICCIO.

Dr. F. W.'s apartment in New York designed by Paul Lester Wiener: tables with drawers

Arch. Lester Wiener - Appartamento Dott. F. W. a New York - Sala di soggiorno

Foto Wier

Dr. F. W.'s apartment in New York designed by Paul Lester Wiener: living room and entrance hall

Arch. P. Lester Wiener - New York - L'ingresso dell'appartamento Wiener

Foto Wiener

ARGENTI MODERNI

Argenteria Krupp - Milano *Foto Domus - Porta (Materiale fotografico "Ferrania")*

PRESENTIAMO IN QUESTA E NELLA PAGINA DI FRONTE I PEZZI CHE COMPONGONO UN NUOVO SERVIZIO DI KRUPP.
L'ELEGANZA E LA SEMPLICITA' DELLA LINEA, CHE SONO REALIZZATE IN ACCORDO E COME EFFETTO DI UNA PERFETTA RISPONDENZA ALL'USO, DANNO UNA DIMOSTRAZIONE E UN ESEMPIO DI MODERNITA' INTELLIGENTE.

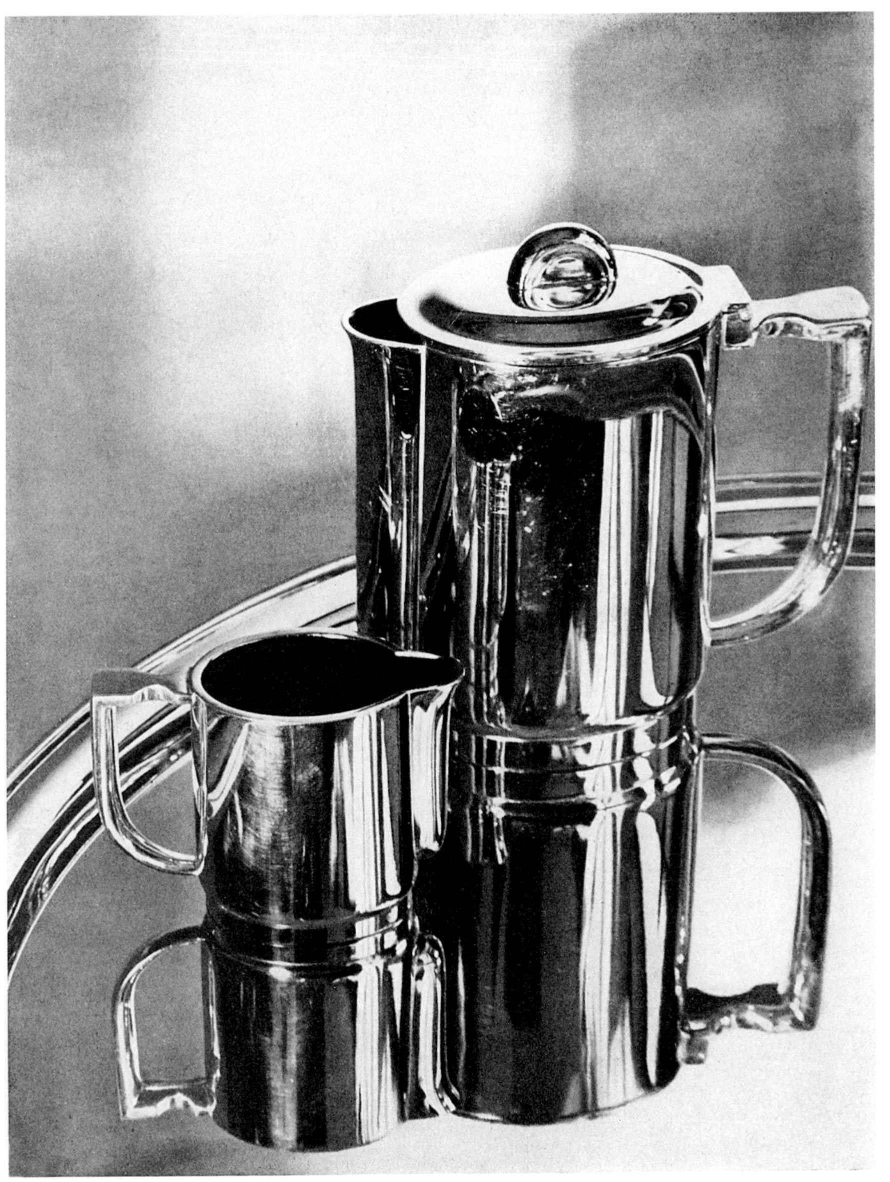

Argenteria Krupp - Milano

Foto Domus - Porta (Materiale fotografico "Ferrania")

Foto Secco d'Aragona

CALDERONI - MILANO - SERVIZIO PER LIQUORI IN CRISTALLO CERCHIATO D'ARGENTO E FASCIE NERE

Modern Silver

Decanter with glasses, cigarette cases, flatware and dish manufacture by Calderoni

CALDERONI - MILANO - PORTASIGARETTE E POSATERIA DA TAVOLA IN ARGENTO

OGGETTI D'ARGENTO

Segnaliamo questi oggetti fabbricati da Calderoni di Milano, che possono interessare per regali. Essi, al pregio della materia uniscono il corretto stile della linea e la accuratezza della esecuzione. Nella grande illustrazione della pagina a sinistra, presentiamo un servizio da liquori per sei, realizzato in cristallo e ornato di cerchi d'argento e fascie nere, di ottimo effetto. Qui sopra, poi, alcuni portasigarette anch'essi in argento, di vario disegno e forma, lavorati a ghigliosciinatura che conferisce al loro coperchio quello zigrinato minutissimo, opaco, che è di fine gusto. Chi conosce ciò che si è fatto nello stesso campo dagli stranieri, non potrà non notare la sobrietà della posateria — riprodotta in questa pagina — che, pur essendo decorata, è scevra di ogni sovraccarico e di ogni lambiccatura formale. Per centro di tavola è indicatissima la coppa dagli orli lievemente ondanti a motivo, illeggiadrita dai bottoni di avorio inclusi nel riccio delle anse. Sono tutti oggetti eleganti e che rispondono anche al loro fine pratico, perfettamente.

Foto Secco d'Aragona

CALDERONI - MILANO - COPPA IN ARGENTO E AVORIO

89 DOMUS
L'ARTE NELLA CASA - MAGGIO 1935 X

domus 89
May 1935

Cover

domus magazine cover

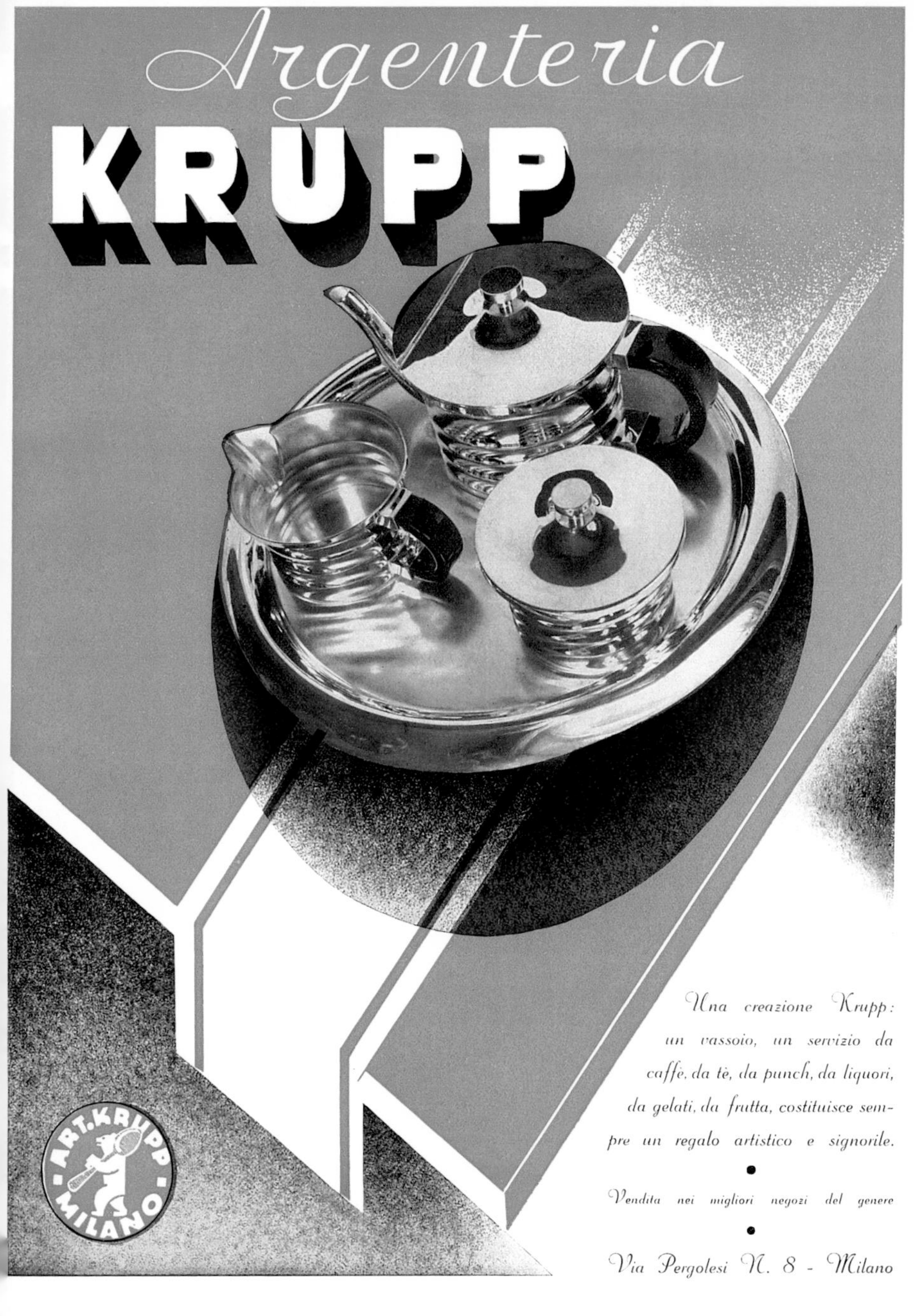
Argenteria
KRUPP
Una creazione Krupp:
un vassoio, un servizio da
caffè, da tè, da punch, da liquori,
da gelati, da frutta, costituisce sem-
pre un regalo artistico e signorile.
Vendita nei migliori negozi del genere
Via Pergolesi N. 8 - Milano
ART. KRUPP
MILANO

Advertising

Krupp Berndorf advertisement showing silver-plated tea service

97 domus

L'ARTE NELLA CASA - GENNAIO 1936 XIV

ANGOLO IN CASA C. A MILANO. L'ARREDAMENTO È ARRICCHITO DAGLI AMPI E MODERNI TENDAGGI DI ... ESEGUITI DA BORGHI. I MOBILI SONO DELLA CASA V. BEGA DI BOLOGNA. IL PAVIMENTO È IN LINOLEUM.

1936

domus 97
January 1936

domus 100
April 1936
FEATURING
Sven Markelius
Lajos Kozma

domus 101
May 1936
FEATURING
Emanuel Josef Margold

domus 104
August 1936

100 domus

L'ARTE NELLA CASA - APRILE 1936 XIV

ARCH. GIO PONTI - CASA P. IN MILANO - PARTICOLARE DELLA GALLERIA

101 domu

L'ARTE NELLA CASA - MAGGIO

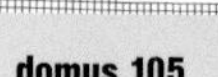

STOFFE DA ARREDAMENTO IN SETA PURA CREATE DA RUBELL

104 domus

L'ARTE NELLA CASA - AGOSTO 1936 XIV

ARCH. M. BEGA - SALA DA PRANZO DELL'APPARTAMENTO F. IN MILANO - ESECUZIONE V. BEGA & F. - BOLOGNA

105 domus

L'ARTE NELLA CASA - SETTEMBRE 1936 XIV

TRE PEZZI A SMALTI UNICI DI RECENTE PRODUZIONE DELLA RICHARD-GINORI

domus 105
September 1936
FEATURING
Robert Fischer
Hermann Gretsch
Paul Frankl

domus 106
October 1936
FEATURING
Mario Asnago
Claudio Vender
Gian Luigi Banfi
Lodovico Barbiano di Belgiojoso
Enrico Peressutti
Ernesto Nathan Rogers
Enrico Paulucci
Angelo Bianchetti
Cesare Pea

domus 107
November 1936

domus 98
February 1936

domus 102
June 1936
FEATURING
Giuseppe Terragni
Pietro Lingeri
Angelo Bianchetti
Cesare Pea
Alessandro Pasquali
Enrica Paulucci
Gian Luigi Banfi
Lodovico Barbiano di Belgiojoso

domus 99
March 1936
FEATURING
Luigi Figini

domus 103
July 1936
FEATURING
Franco Albini
Giulio Romano
Alvar Aalto

domus 108
December 1936
FEATURING
Giuseppe Pagano Pogatschnig
Alessandro Pasquali

Foto Crimella

CASA DELL'ARCH. LUIGI FIGINI AL VILLAGGIO DEI GIORNALISTI IN MILANO - FRONTE EST

L'ABITAZIONE DI UN ARCHITETTO

Riportiamo qui alcune « dichiarazioni » dell'architetto Figini stesso, che riuniscono in sintesi i concetti informatori della sua costruzione e che ne illustrano il significato meglio di qualunque commento.

« Realizzare nella città l'anticittà. Un breve compendio del creato nell'abitazione dell'uomo. Composizione elementare degli oggetti che ricorrono nei sogni dei nostri desiderî.

Nuove forme collettive di vita e di azione sono tra i « segni » della nostra epoca, ma ugualmente l'uomo porta ancora, *deve* ancora portare, tra le quattro mura della casa, un desiderio mai cancellato di intimità, un senso di individualità insopprimibile. Anticaserma. Nella casa di ieri « *l'uomo ha dimenticato le leggi immutabili della natura, e il monito della luce e dell'ombra che regola il corso delle cose. Ha dimenticato anche Dio* ».

Fare solitudine attorno al sole, al verde, all'azzurro. Introdurli « isolati » nell'abitazione dell'uomo. La città imprigiona, in amalgame caotiche, in inversioni innaturali di valori, le opere e gli artifici dell'uomo e gli elementi del creato: 70% di muri e di case, 10% di polvere, 5% di « affiches », 5% di cielo, 5% di verde, 5% di sole. Eliminare, purificare, isolare, ridurre a percentuali umane, ad altre scale di proporzioni « i termini » della città. « *Diaframmare* » — attraverso a quadrati e rettangoli panoramici — il sole, il cielo, il vento (e il paesaggio se c'è: urbano o suburbano, mediocre o frammentario) col variare del tempo, dell'ora, e della stagione.

Sconfinare dall'interno verso l'esterno, continuare negli esterni gli ambienti interni, collegandoli, sommandoli, confondendoli. Una casa — un parallelepipedo. Le quattro pareti e il soffitto formati da un reticolo di elementi unitari di *cristallo*. Altre quattro pareti e un soffitto formati da un reticolo di elementi unitari di *imposte*, si sovrappongono al parallelepipedo di cristallo, inscatolandolo. Ad ogni elemento vetrato corrisponde, per sovrapposizione, un elemento di imposta.

Significato della casa qui presentata: nient'altro che un « pro memoria » (forse incompleto) del *minimum* di necessità materiali e spirituali che l'uomo d'oggi deve, o dovrebbe, trovare appagati in uno qualunque degli *n* appartamenti standard, tra i nostri grandi casamenti a 10-15 piani della grande città ex-tentacolare. Realizzare nella città l'anticittà, ottenere nella casa a 10, a 20, o forse a 50 piani, quanto si può ottenere in una casa isolata « pro memoria » senza ridurre sensibilmente le percentuali di verde, di sole, di cielo. Assurdo? Matematicamente, spazialmente senza possibilità di soluzione? Forse. Ma forse anche no ».

An Architect's Dwelling

Architect Luigi Figini's house in Villaggio dei Giornalisti (Journalists' Village), Milan: view of main elevation, sectional and floor plans

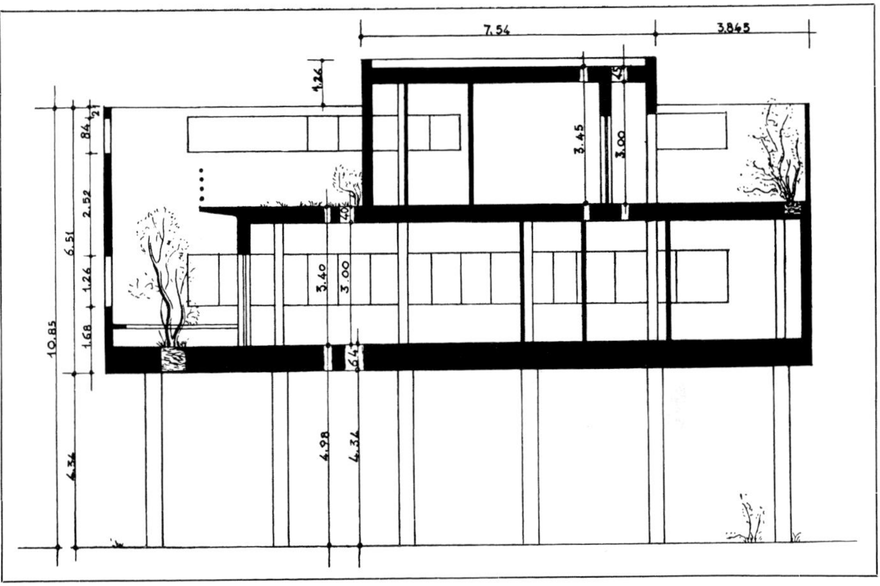

CASA DELL'ARCH. LUIGI FIGINI AL VILLAGGIO DEI GIORNALISTI IN MILANO - SEZIONE DELLA CASA

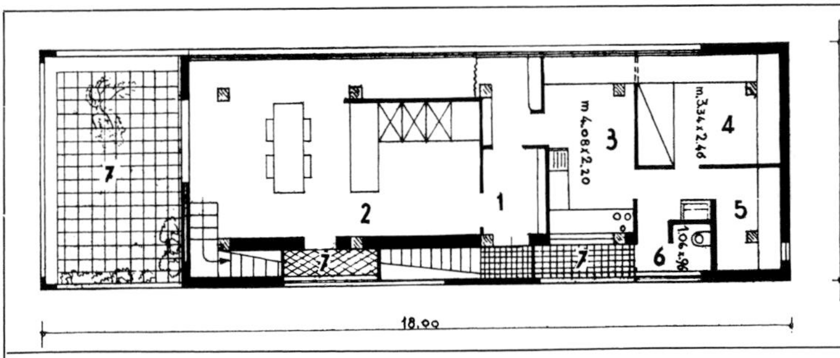

1 ANTICAMERA - **2** STANZA DI SOGGIORNO - **3** CUCINA - **4** CAMERA DI SERVIZIO - **5** RIPOSTIGLIO - **6** SERVIZI - **7** TERRAZZE.

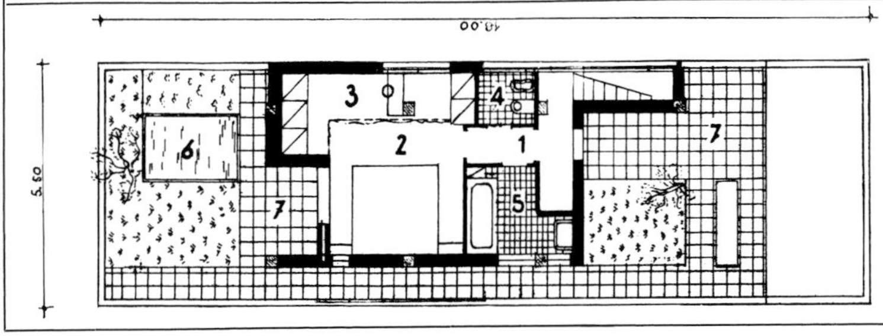

1 ANTICAMERA - **2** CAMERA DA LETTO - **3** SPOGLIATOIO - **4** SERVIZIO - **5** BAGNO - **6** PISCINA - **7** TERRAZZE.

CASA DELL'ARCH. LUIGI FIGINI AL VILLAGGIO DEI GIORNALISTI IN MILANO - LE PIANTE DEL PIANO D'ABITAZIONE E DEL SOPRAELEVAMENTO

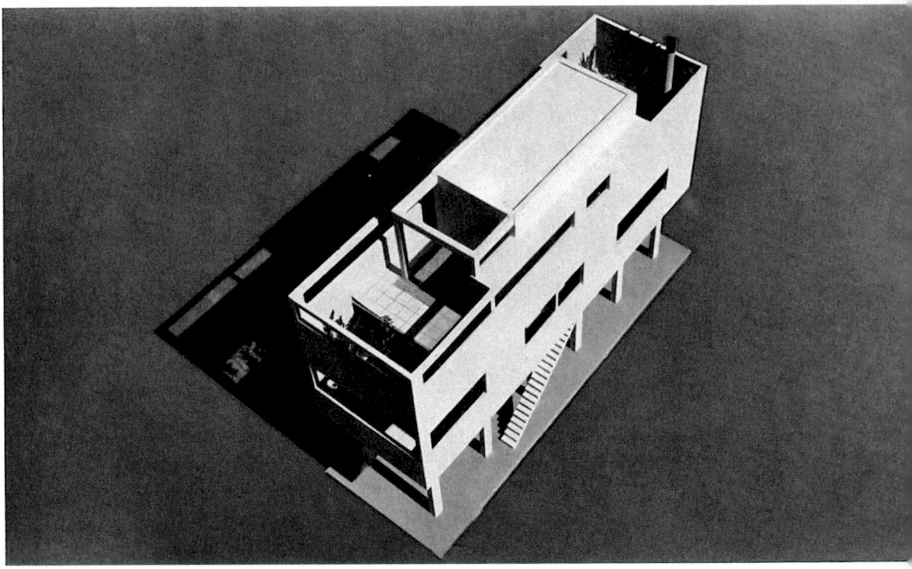

CASA DELL'ARCH. LUIGI FIGINI AL VILLAGGIO DEI GIORNALISTI IN MILANO - VEDUTA DALL'ALT

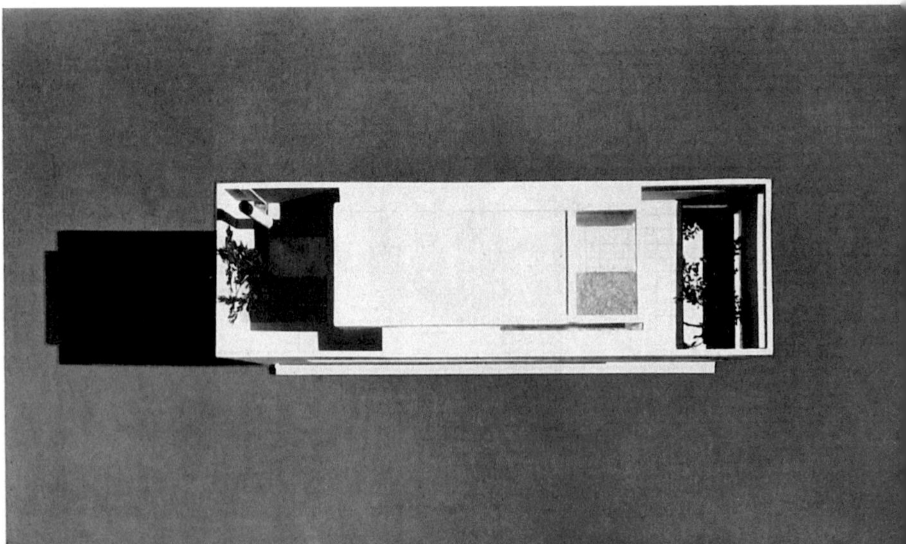

Foto Crimel

CASA DELL'ARCH. LUIGI FIGINI AL VILLAGGIO DEI GIORNALISTI IN MILANO - ALTRA VEDUTA DALL'ALT

Architect Luigi Figini's house in Villaggio dei Giornalisti (Journalists' Village), Milan: views of model

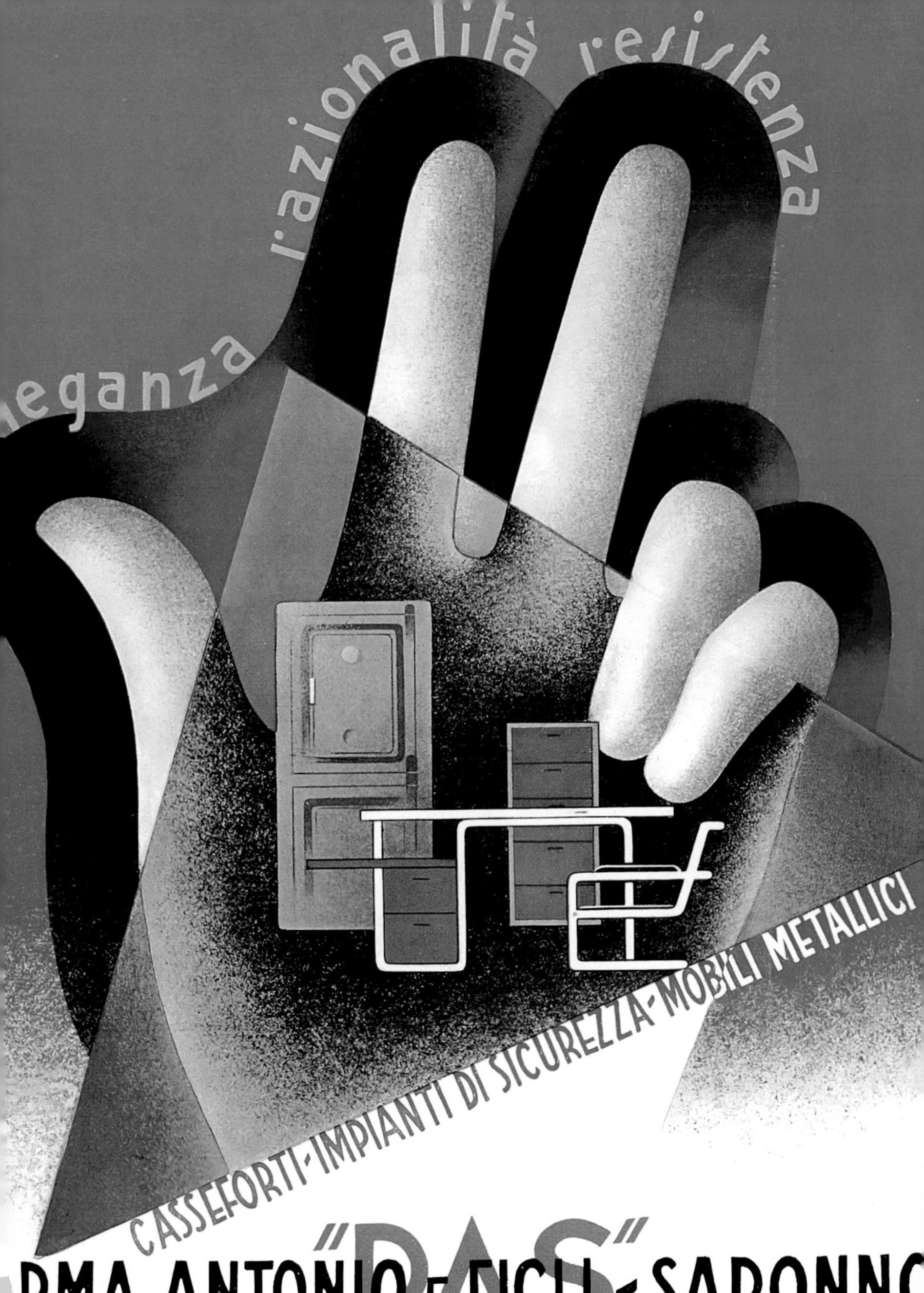

omus 95
ovember 1935

Advertising

Parma Antonio & Figli advertisement for metal furniture and safes

LA CASA COMUN

L'architetto Sven Markelius ha progettato la prima c *comune* della capitale svedese, ultimata nella scorsa mavera, e che costituisce un felicissimo esperimento abitazione collettiva, composta di alloggi di vario tipo servizi comuni centralizzati.

Oltre ad avere i servizi individuali trasformati in co tivi, essa comprende sale di lettura, da giuoco, di riuni e locali per l'infanzia comunicanti con giardini pro nei quali i bambini possono esser affidati alla cura e sorveglianza di personale specializzato.

Ambienti che non si trovano nelle altre case popolari p chè corrispondono a necessità che — sebbene siano di t i tempi — soltanto oggi cominciano ad esser prese in c siderazione nelle abitazioni delle classi povere.

Per queste caratteristiche risulta chiaro che la *casa-mune* è un tipo di abitazione economica, originariame proletaria e quindi non va paragonata alle comode c borghesi, nelle quali gli inquilini, per l'agiatezza di godono, possono permettersi il mantenimento di una o persone di servizio che provvedono alla pulizia degli partamenti, alla preparazione dei cibi, al disbrigo della cina e all'assistenza dell'infanzia in casa o fuori mer alle mamme, dopo aver ordinato e controllato, resta tu il tempo disponibile per dedicarsi alle proprie occu zioni.

Considerate anche questi edifici dal lat VITA. Funzionalità in questo senso vu dire un contributo reale recato dall'a chitettura per una vita più lieta e felic

Per questa classe la *casa-comune* non avrebbe ragione esistere.

Vi è però un'altra grande categoria di persone alle qu non è consentito, per insufficienza di mezzi, il lusso de servitù, sia pure ad orario limitato.

A questa categoria appartiene l'intera classe operaia e parte meno agiata della classe borghese: individui isol famiglie nelle quali ambedue i coniugi abbiano lavoro fu di casa, famiglie nelle quali la donna pur restando in c sia occupata in una professione domestica, o nelle qu la donna, pur non lavorando per terzi, debba accud da sola al governo della casa, provvedendo alle puliz alla cucina, alla lavatura e stiratura, al guardaroba, l'ordine generale e alle spese giornaliere.

Sono le donne degli artigiani, dei piccoli commercia degli impiegati e funzionari minori, dei sottufficiali e de ufficiali inferiori quando non abbiano beni di famiglia infine di un gran numero di intellettuali.

Per tutte queste persone la *casa-comune* risolve una se di problemi essenziali inerenti l'alloggio, la vita famili e l'assistenza della prole nelle ore di lavoro.

La *casa-comune* di Stoccolma rappresenta un primo es rimento di introduzione nella società borghese delle a tazioni collettive.

Su una prorfondità di 15 metri ed una fronte di circa l'architetto ha distribuito gli ambienti in un fabbricato d pio con corridoio nel mezzo ed ha ricavato 53 piccoli loggi di una o due camere sino all'altezza di 18 me

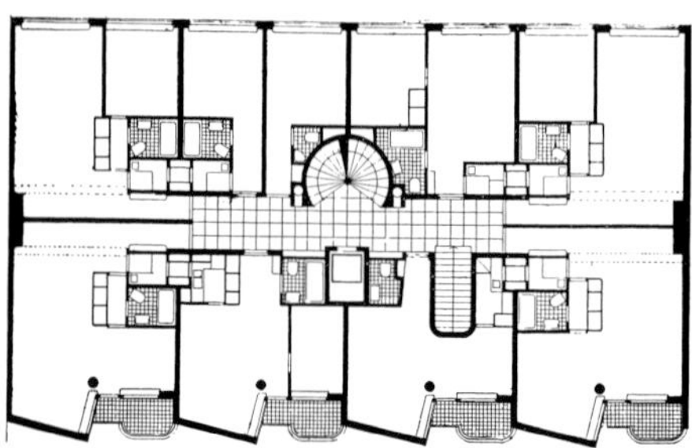

LA FACCIATA DELLA CASA COMUNE E LA PIANTA DI UN PIANO T

Communal Housing in Stockholm

Communal housing project in Stockholm designed by Sven Markelius: views of façade and balconies, floor plans

›I STOCCOLMA

4 appartamenti grandi di due piani e 6 ambienti scuno.

alloggi sono di 4 tipi:

›o A - Ingresso, ambiente unico, bagno (vasca, lavano e gabinetto), cucina minima.

›o B - Ingresso con armadietto a muro, ambiente unigabinetto e lavandino d'angolo.

o C - Ingresso, ambiente di soggiorno, camera da letto, gno c. s., cucina minima con 2 fornelli a gas, 1 acquaio metallo inossidabile e cella frigorifera.

tipo C si divide in due sottotipi di diversa grandezza.

›o D - Ingresso, 6 ambienti disposti su due piani con la interna, bagno c. s., cucina più grande del tipo C.

tti gli alloggi — anche quelli del tipo A e B — hanno balcone. Tutti — ad eccezione del tipo B — hanno un ntacarichi nella cucina in comunicazione col piano della cina centrale, alla quale sono collegati da un telefono erno per le ordinazioni.

appartamenti del tipo D oltre al balcone hanno ciascuna terrazza sul tetto, corrispondente in lunghezza a e camere.

r la ventilazione dei singoli alloggi si è stabilito un tiggio meccanico nelle cucine ed è stata praticata in ogni nera — sotto il vano della finestra — una piccola aper-

a casa e gli abitanti. L'architettura la vita; l'architettura e l'organizzazione della vita più lieta e più adatta per i grandi e per i piccoli.

ra per l'entrata dell'aria fredda. Tutte le porte interne 10 sollevate dal pavimento di circa un centimetro, lando libero in posizione di chiusura uno spiraglio per passaggio dell'aria. Questo spiraglio è mascherato dalla glia che forma sul piano del pavimento un dente stacto di circa un centimetro dalla porta ma che supera in ezza il filo superiore dello spiraglio.

evita così una corrente diretta mentre si ottiene una colazione continua e lenta provocata dal tiraggio della cina.

bagni hanno le porte a chiusura totale ed un tiraggio oprio per evitare che i vapori si diffondano nelle camere.

pianterreno comprende un vasto ingresso con deposito parato per biciclette, una latteria ed un negozio di geri alimentari, la cucina centrale con ristorante accessile anche al pubblico, un bar annesso e il reparto dell'innzia che attraversa l'edificio da levante a ponente, in retta comunicazione con un giardino alberato.

ii i bimbi si riuniscono, giuocano, ricevono cibo ed asstenza completa e — quando i genitori lo desiderino — ossono esser ospitati anche durante la notte.

a direzione del reparto è affidata ad una nota specialista psicologia infantile, coadiuvata da una pedagogista.

er gli svaghi dei bambini il reparto dispone di una fossa sabbia, una vasca con uno strato d'acqua limitato, un atrino con fondale di linoleum bleu sul quale i bimbi essi disegnano le scene con gessi colorati, giocattoli vari attrezzi ginnastici.

I. PANNAGGI

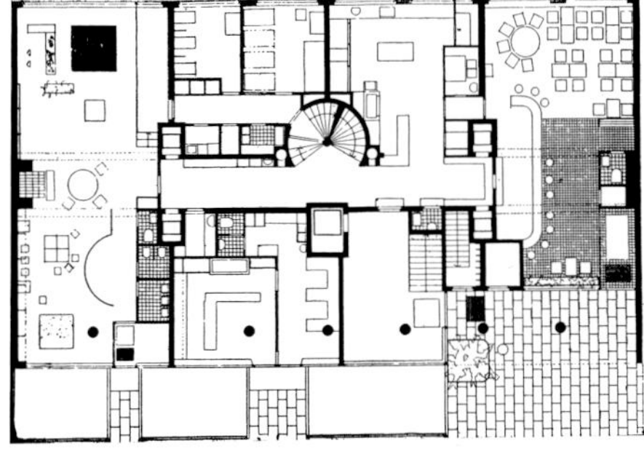

I PARTICOLARE DEI BALCONI E LA PIANTA DEL PIANO TERRENO

Translation see p. 699

Un operaio telefonista: moglie e tre figli con entrata di corone cinquemila (la corona vale circa 3 lire).

Pigione	**cor. 1.300**
Versamento gestione	**cor. 1.680**
Spese di arredamento	**cor. 1.870**
così suddivise:	
Mobili	cor. 1.400
Tessuti (tende, tappeti, stoffe ecc.)	cor. 370
Lampade (da soffitto, da tavolo, da letto ecc.)	cor. 100

TIPO C (MINORE)

Un professore o professoressa: con entrata di corone dodicimila.

Pigione	**cor. 1.300**
Versamento gestione	**cor. 1.680**
Spese di arredamento	**cor. 3.190**
così suddivise:	
Mobili	cor. 2.255
Tessuti	cor. 760
Lampade	cor. 175

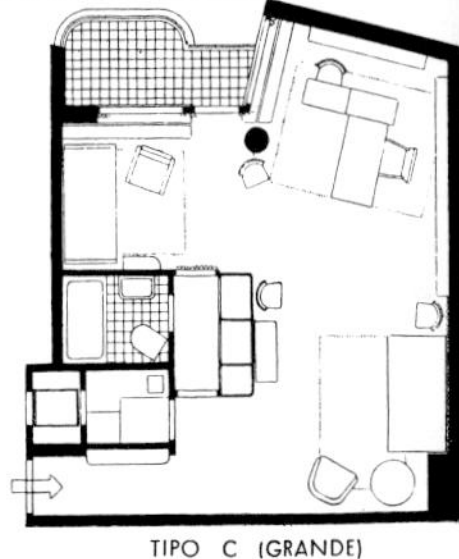

TIPO C (GRANDE)

Una commessa con entrata di corone duemila.

Pigione	**cor. 600**
Versamento gestione	**cor. 764**
Spese di arredamento	**cor. 860**
così suddivise:	
Mobili	cor. 708
Tessuti	cor. 100
Lampade	cor. 52

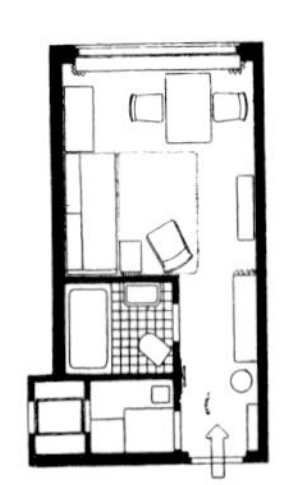

TIPO A

Un operaio con entrata di corone tremila.

Pigione	**cor. 500**
Versamento gestione	**cor. 612**
Spese di arredamento	**cor. 845**
così suddivise:	
Mobili	cor. 665
Tessuti	cor. 100
Lampade	cor. 80

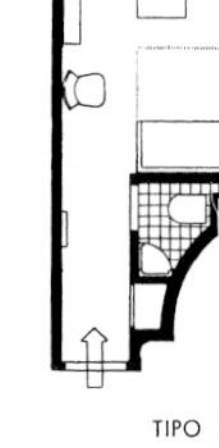

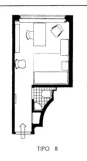

TIPO B

LA CASA COMUNE DI STOCCOLMA - GLI ABITATOR

Communal Housing in Stockholm

Communal housing project in Stockholm designed by Sven Markelius: floor plans of four different model apartments for

CH. SVEN MARKELIUS - VASCA PER GIUOCHI ALL'APERTO, NEL GIARDINO D'INFANZIA.

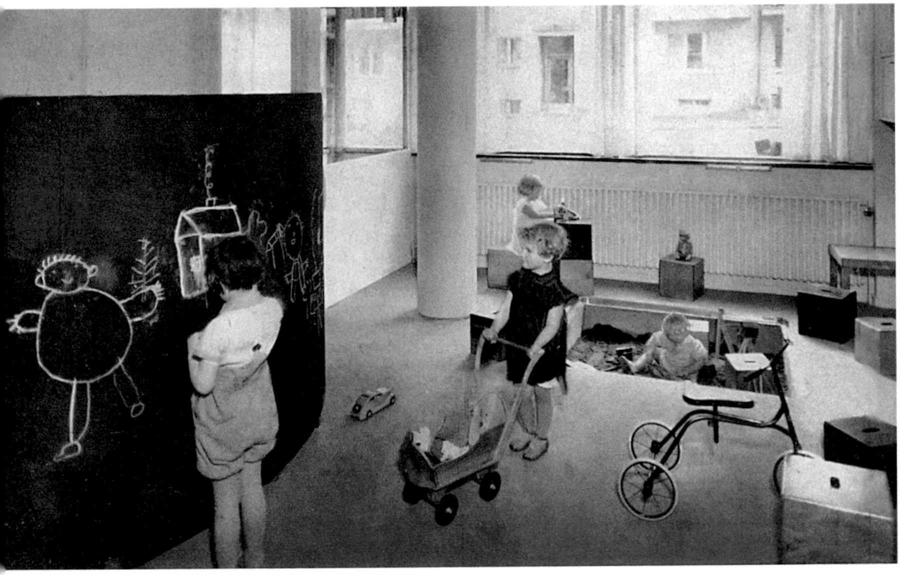

CH. SVEN MARKELIUS - UN ANGOLO DEL GIARDINO D'INFANZIA CON LA TABELLA DI LINOLEUM TURCHINO.

nilies, couples and singles; view of waterplay area in children's garden and corner of nursery

Translation
see p. 699

ARCH. L. KOZMA - BUDAPEST - LA VILLETTA DELL'ARCHITETTO - LA VITA SULLA TERRAZZ

SULLE RIVE DEL DANUBIO

Considerate questa costruzione non dal solo punto di vista architettonic strutturale, già interessantissimo, ma dal punto di vista: vit

La villetta sorge su una piccola isola del Danubio, direttamente sull'acqua, portata da sottili pali di cemento, tre dei quali poggiano su un muro robusto di cemento armato che si trova fondato nell'acqua e tre sono piantati sulla riva. Questa struttura a palafitta serve di protezione contro eventuali inondazioni.
Una scaletta di cemento armato porta alla terrazza e di qui si passa all'interno della casetta.
La grande terrazza si spinge fuori a sbalzo sopra l'acqua e i sottili tubi in anticorodal del parapetto permettono una visione indisturbata del paesaggio intorno.

Contro il vento di Nord-Ovest la terrazza è protetta una parete di vetro a riquadri di cemento. Il tetto spor sulla terrazza in maniera che questa può essere utilizza per tre quarti anche con la pioggia.
Dalla terrazza, attraverso una porta a vetri di quatt battenti, che durante l'estate rimane sempre aperta, si a cede al grande locale di soggiorno. Il quale può esse diviso in due parti da una grande tenda che va dal so fitto al pavimento. In tal modo si ottengono una stanza letto e una camera da lavoro. In questa è collocata grande finestra aperta su di un magnifico panorama, ur

On the River Danube

Small riverside house, near Budapest, designed by Lajos Kozma for his own use: views of terrace overlooking water, angled elevation and terrace

RCH. L. KOZMA - BUDAPEST • LA VILLETTA DELL'ARCHITETTO - IL BAGNO DI SOLE SULLA TERRAZZA

ARCH L. KOZMA - BUDAPEST - LA VILLETTA DELL'ARCHITETTO VISTA DAL GIARDI

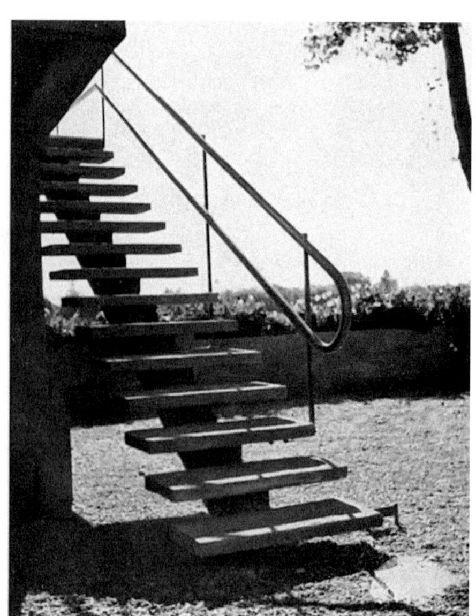

ARCH. L. KOZMA - BUDAPEST - LA SCALA

grande tavola per scrivere e per disegnare e una picc libreria. Nella camera lungo la parete maggiore vi è letto per due persone.

La parete contro l'ingresso è costituita da un grande madio bianco ad ante scorrevoli. Vi sono inoltre tre arm per la biancheria e per gli abiti. Una porta nella came da lavoro cela un letto a muro di tipo americano. Un'al porta conduce nei locali vicini.

Le pareti del « soggiorno » sono bianche, il paviment a grandi piastrelle bianche di 40 × 40, le stesse che far da pavimento alla terrazza. La tavola da lavoro è in leg laccato grigio e linoleum rosso. Il letto ha una cope a quadretti bianchi, gialli e azzurri. Le sedie sono lacc in duco rosso con cuscini di diversi colori.

Una porta pure bianca come quelle già descritte condu in un piccolo spogliatoio che ha a destra la stanza da gno e a sinistra la cucinetta. La prima è rivestita in p strelle bianche da terra fino al soffitto.

La doccia è chiusa da una tenda: vi si trovano l'impiar per l'acqua calda, scaffali per diversi oggetti, l'armadie per la farmacia ecc.

La cucina è separata in due da una parete e dispone dispensa, ghiacciaia, lavandino ecc.

Le pareti della cucina e dello spogliatoio sono comple mente rivestite di piastrelle grigie.

I mobili sono color giallo limone, le tende grigie e il pa mento a piastrelle bianche e nere.

Le finestre sono di tipo scorrevole, la casa è intonac in duco bianco, i pali di cemento in grigio chiaro.

Durante l'inverno le finestre vengono chiuse da impos di legno a cerniere metalliche.

Lo spazio sotto la casa, tra i pali, serve di portico, dove s re al fresco, ed è pavimentato a grandi piastre di cemen

On the River Danube

Small riverside house, near Budapest, designed by Lajos Kozma for his own use: view of side elevation, external staircase and open-plan interior

ARCH. L. KOZMA - BUDAPEST - TRE ANGOLI DELLA VILLETTA DELL'ARCHITETTO

PER ESSERE BELLE

ECCO IL TRAMPOLINO COVA

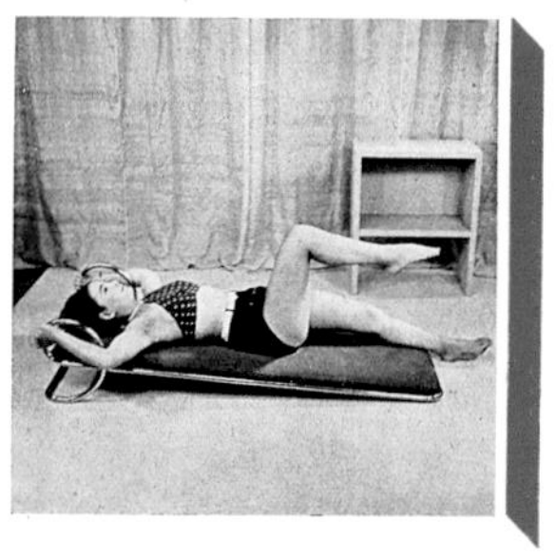

QUALCOSA DI NUOVO DI PRATICO DI ELEGANTE

PER LA GINNASTICA DA CAMERA

NON PIÙ SDRAIARSI SUI TAPPETI E SUI PAVIMENTI POCO PULITI

IL TRAMPOLINO **COVA** IN TUBO DI ACCIAIO CROMATO, È IMBOTTITO E RICOPERTO DI FUSTAGNO COLORATO.

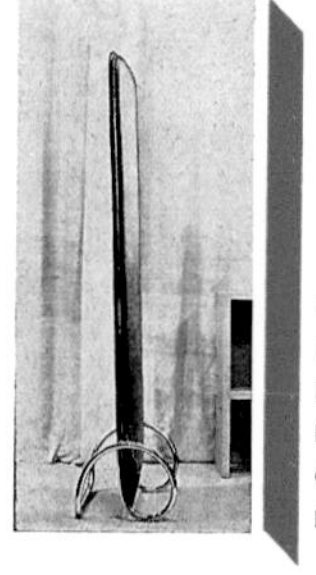

RIMANE IN PIEDI DA SÈ E NON OCCUPA POSTO

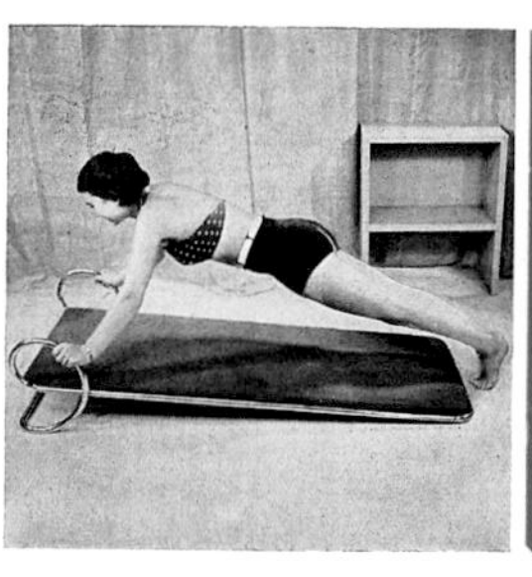

COVA

MOBILI DI ACCIAIO

MILANO
VIA TERRAGGIO, 15

ROMA
VIA PARLAMENTO, 17

Advertising

Cova advertisement showing chromed tubular metal training bed

COVA
CON I SUOI MOBILI D'ACCIAIO CROMATO
ARREDA
IL MONDO
MILANO - VIA TERRAGGIO, 15
ROMA - VIA PARLAMENTO, 17
TORINO - VIA GARIBALDI, 12

Advertising

Cova advertisement for chromed tubular metal furniture

ARCH. MARGOLD - BERLINO - LA VILLETTA BIANCA PRESSO IL LAGO SCHWIELOW VISTA DAL LATO SUD-E

U N A   V I L L E T T A

Presentiamo in queste pagine la Villetta Bianca costruita dall' arch. Margold di Berlino presso il lago Scwielow come una simpatica soluzione di una casa di campagna, comoda, sufficientemente ampia (5 camere, riscaldamento centrale, acqua calda, cucina già ammobigliata, seminterrato, bagno e terrazza) e di costo non eccessivamente alto (17.000 marchi, al cambio odierno L. 86.000).
Nel costruirla l'architetto non ha preteso di risolvere nessun grande problema ma si è mantenuto su una linea di disegno semplice, creando un insieme piacevole e di onesta modestia, ed ha cercato piuttosto di dare alla sua casa una pianta che rispondesse alle esigenze della più facile e comoda abitabilità. La casa è costituita da due piani; diamo le didascalie delle piante:
Seminterrato: **1.** Scala - **2.** Corridoio - **3.** Riscaldamento centrale - **4.** Lavanderia - **5.** Officina - **6.** Cantina - **7.** Cantina.
Pianterreno: **1.** Ingresso - **2.** Toletta - **3.** Corridoio - **4.** Sala di soggiorno - **5.** Terrazza coperta - **6.** Camera da letto - **7.** Bagno - **8.** Camera da letto - **9.** Camera da le per gli ospiti - **10.** Camera di servizio - **11.** Cucina.
In queste piante notiamo: la tavola da pranzo d'angc sempre consigliabile in una casa che nella sala di soggior riunisce le funzioni della sala da pranzo, del salotto, de studio-biblioteca; la cucina col passapiatti che perme una limitazione nel personale di servizio; gli armadi ne struttura stessa dei muri (particolarmente nella cucina cui tutti i mobili rispondono a questo requisito), la buo disposizione dei letti (tipica nella camera **8**). Ci perm tiamo invece di criticare la collocazione di qualche por inutile e pericolosa (quella che dal vestibolo **1** si apre s corridoio **3** e si incontra chiudendola quasi completamer con quella della camera **8**) sia l'ingresso unico **1** che apre dosi sul medesimo corridoio **3** su cui danno le came da letto, il bagno, la cucina e la camera di serviz crea una promiscuità che si sarebbe potuto evitare da do alla costruzione una cubatura leggermente maggio

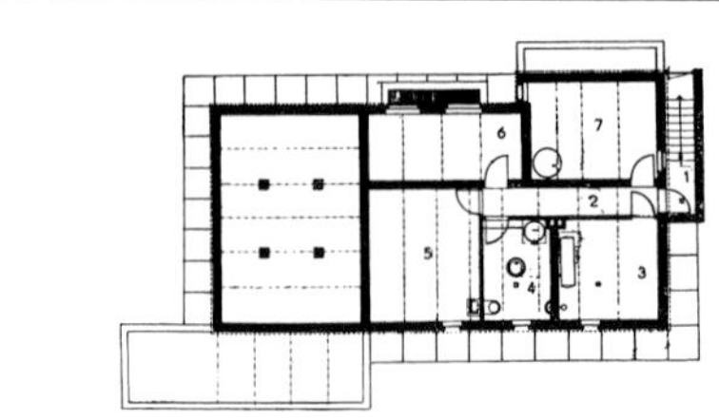

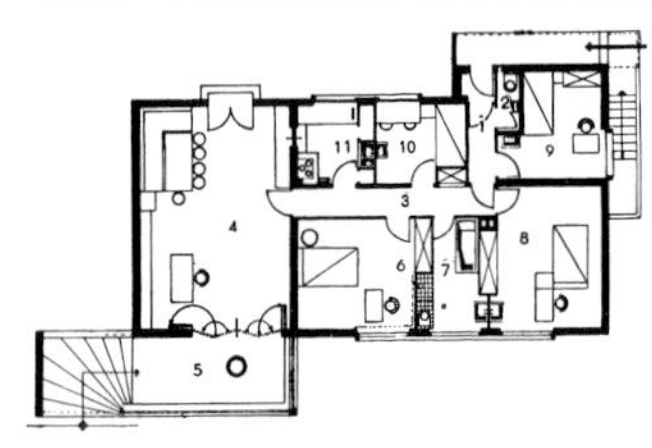

ARCH. E. J. MARGOLD - BERLINO - LE PIANTE DELLA VILLETTA BIANC

A Small Villa

The White House in Schwielowsee, Germany, designed by Emanuel Josef Margold: angled elevations, sectional and floor plans

ARCH. E. J. MERGOLD - BERLINO - LA FACCIATA DELLA VILLETTA BIANCA VERSO IL LAGO SCHWIELOW

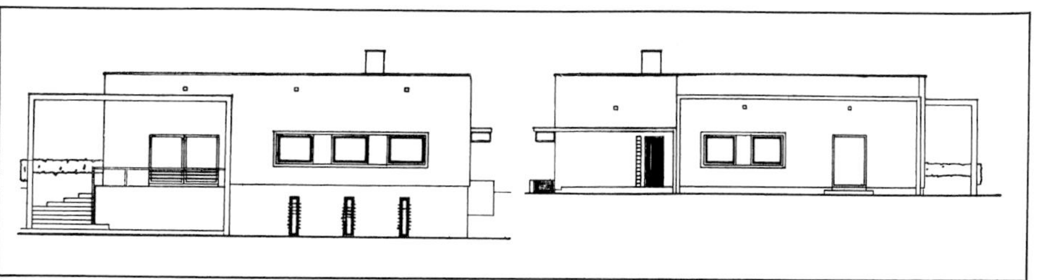

ARCH. E J. MARGOLD - GLI SCHIZZI DEI DUE LATI PIÙ LUNGHI, ANTERIORE E POSTERIORE, DELLA VILLETTA BIANCA

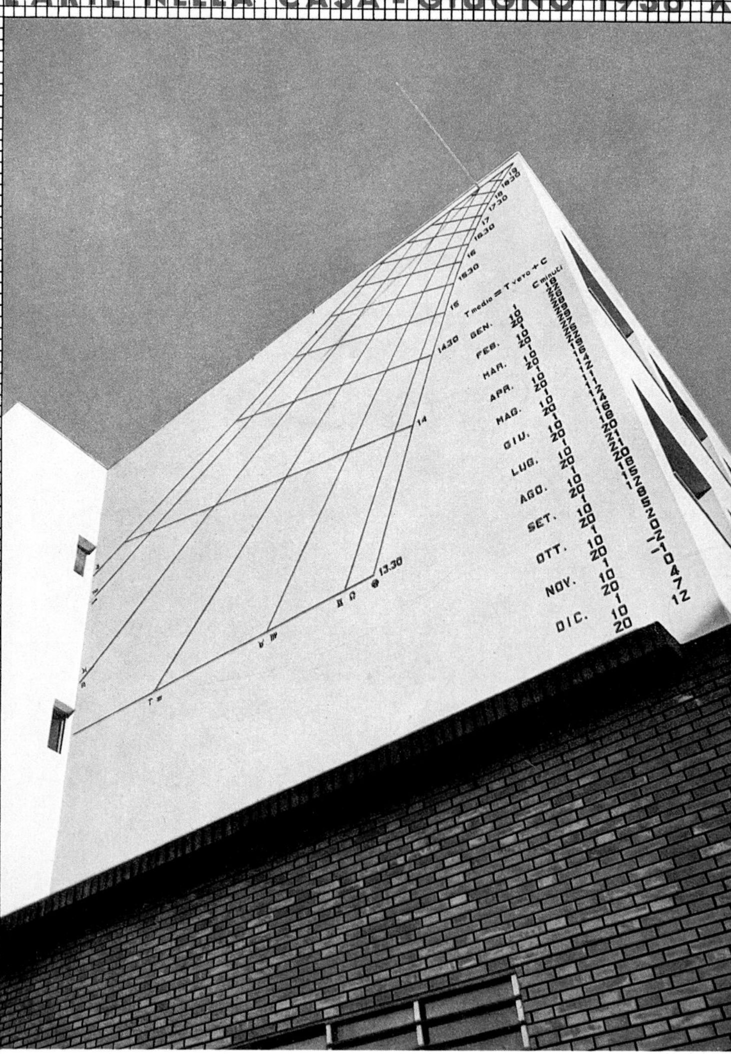

domus 102
June 1936

Cover

domus magazine cover showing detail of a building with inlaid meridian at the School of Engineering at the University of Bologna designed by Giuseppe Vaccaro

‹ASA IN ‹ILANO DI ‹INGERI ‹ TERRAGNI

Fra gli edifici che sono sorti ultimamente a Milano, a questo va la mia più schietta e costante simpatia. Il lettore vedrà da sè i caratteri inerenti l'abitazione e le particolarità della struttura, dei finimenti e della pianta. Qui è invece da far notare una bellezza di ordine lirico. La veduta di facciata e quella dal cortile — e certo meglio che non appaia dalle fotografie — non sono per nulla macchinose; da esse si sprigiona quel canto architettonico che è la più pura e alta espressione di quest'arte. Così almeno io ho sentito guardando. Il raggiungimento, raro, di queste armonie lo si può rilevare dalle dimensioni d'ogni particolare, trave, pilastro e partito, che sono costantemente esatte ed eleganti. Questa costruzione non è un esempio di più di un « genere », ma in essa si sente finalmente una cosa a sè, e la presenza di veri artisti ; si può consolantemente dire: questa non è una costruzione moderna di più fra le tante che ci lasciano perennemente perplessi, è finalmente un'opera, ed alla quale va intera la nostra adesione. g. p.

Apartment Building in Milan by Lingeri and Terragni

Casa Rustici apartment and office building on Corso Sempione, Milan, designed by Giuseppe Terragni and Pietro Lingeri: view of balconies and access decks

Translation see p. 701

Foto Aveni
ARCH. LINGERI E TERRAGNI - CASA RUSTICI IN MILANO
Il lato verso la nuova strada del piano regolatore.

ARCH. LINGERI E TERRAGNI - CASA RUSTICI IN MILANO
La struttura è sottolineata dal rivestimento in marmo bianco

UNA CASA DI ABITAZIONE IN MILANO ARCHITETTI LINGERI E TERRAGNI

La costruzione è stata elevata su di un'area in forma di trapezio rettangolare risultante dell'incrocio di Corso Sempione con Via Procaccini e col nuovo grande viale che (seguendo il tracciato della linea ferroviaria ora soppressa) taglierà di sghembo il corso.
Il terreno di tale forma è occupato in modo assolutamente nuovo e razionale da due corpi di fabbrica staccati: a pianta rettangolare quello a levante, a pianta a T quello a ponente; il cortile concepito in tal modo ha notevolmente aumentate le superfici di facciata prospettanti sulle vie. Di conseguenza tutti gli ambienti prospettano o si affacciano di scorcio sui viali e sul corso, beneficiando di sole aria e verde.
Le fronti sul corso risultano orientate a Sud-Ovest; da qui la necessità di proteggere gli ambienti dagli eccessi derivanti da tale esposizione solare. Le grandi *balconate a ponte* risolvendo tale inconveniente stabiliscono un originale importante motivo architettonico. Viene così ristabilito il legame fra i due blocchi, necessario a dare un senso di unità alla costruzione senza diminuire i vantaggi che la soluzione scelta offre. Lunghe strisce orizzontali di cielo alternandosi alle solette arditissime creano al centro del fabbricato un'armonia di colore e di gioiosa architettura.

Apartment Building in Milan by Lingeri and Terragni

Casa Rustici apartment and office building on Corso Sempione, Milan, designed by Giuseppe Terragni and Pietro Lingeri: elevations

RCH. LINGERI E TERRAGNI - CASA RUSTICI IN CORSO SEMPIONE A MILANO

a facciata mostra in evidenza i ponti che collegano aereamente i due distinti fabbricati costituenti il palazzo.

Al ritmo dei vuoti e dei pieni è sovrapposto il ritmo delle trutture che si staccano per colore e materiale di rivestimento (marmo bianco) dai muri di riempimento tinteggiati n terranova rosso salmone.

: questo un esempio notevole della *fase evolutiva dell'architettura razionale,* che dimostra questi due principi: come la così detta architettura costruttivista tenda ad eliminare il troppo facile giuoco delle grandi pareti nude mascheranti una struttura solo arbitrariamente messa in valore in dati spazi delle facciate; e come ogni edificio debba essere logica coerente conclusione architettonica di un atto costruttivo, che le formule di un calcolo ci garantisce perfetto.

: questa una casa d'affitto con appartamenti di tre, quattro, cinque, sei e sette locali.

Al *seminterrato* si trovano tranquillissimi uffici che ricevono luce e aria dai giardinetti, e le rimesse cui s'accede per mezzo delle due rampe gemelle poste ai fianchi della breve scala centrale d'ingresso all'edificio.

Assai luminosa la scala con un'intera parete in vetro cemento iperfan e balaustra in anticorodal e cristallo. La struttura basilare dei piani superiori è simmetrica con un solo avancorpo aggiunto dal lato che guarda il giardinetto.

Il *piano rialzato* riunisce gli accessi padronali e quelli di servizio in uno spazioso atrio ed è sorvegliato dal padiglione del portiere situato sull'asse dell'edificio. Ognuno dei due corpi di fabbrica è servito da scala propria, con ascensore ed apposito montacarichi, cui si giunge attraverso l'ingresso di servizio.

L'imbocco della rampa della scala padronale è stato appositamente internato perchè si evitassero le interferenze del personale inserviente e dei fornitori con visitatori o coi padroni di casa.

Il *piano tipo* contiene due gruppi di tre alloggi, collegati in facciata dalla passarella lineare che protegge col proprio sbalzo gli ambienti di soggiorno.

L'*ultimo piano* è stato sistemato a villa e le ampie terrazze hanno prati ed alberelli come se il giardino si trovasse a fior di terra e non a quota di 25 metri. Un passaggio aereo coperto collega il quartiere del giorno, costituito da un atrio di forma cilindrica, con una vasta vetrata curva panoramica, tre ambienti di soggiorno e i servizi, col quartiere della notte, dove la camera matrimoniale dà su una terrazza, sistemata a giardino con molti tappeti verdi e piante in vaso ed una piscina in marmo al centro.

Translation
see p. 701

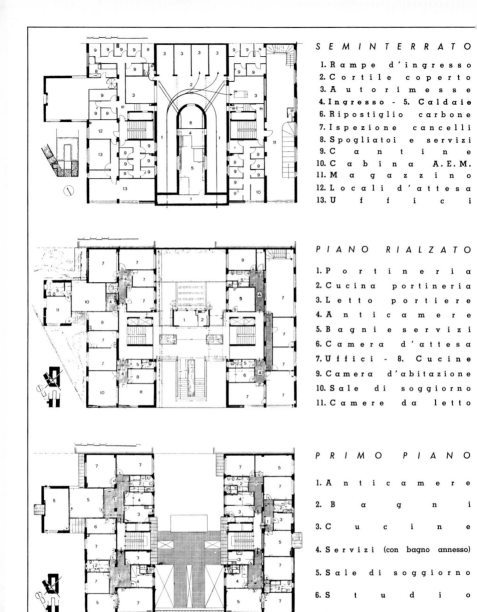

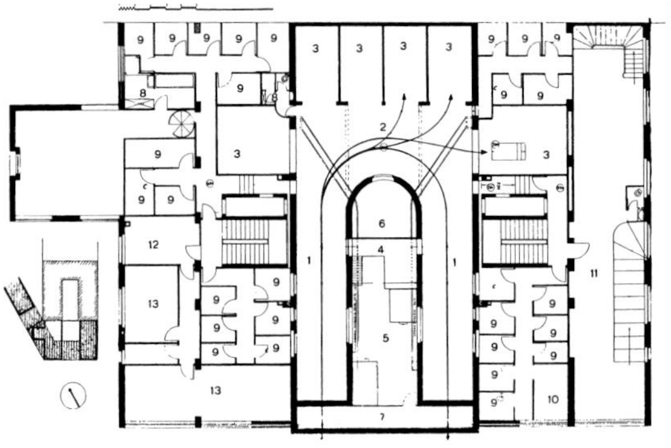

S E M I N T E R R A T O

1. Rampe d'ingresso
2. Cortile coperto
3. Autorimesse
4. Ingresso - 5. Caldaie
6. Ripostiglio carbone
7. Ispezione cancelli
8. Spogliatoi e servizi
9. Cantine
10. Cabina A.E.M.
11. Magazzino
12. Locali d'attesa
13. Uffici

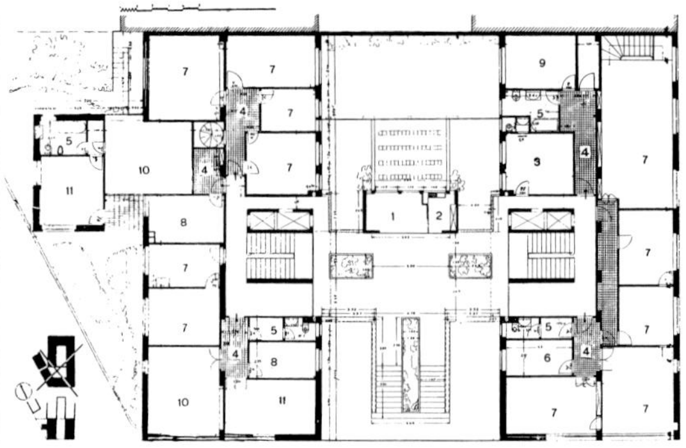

P I A N O   R I A L Z A T O

1. Portineria
2. Cucina portineria
3. Letto portiere
4. Anticamere
5. Bagni e servizi
6. Camera d'attesa
7. Uffici - 8. Cucine
9. Camera d'abitazione
10. Sale di soggiorno
11. Camere da letto

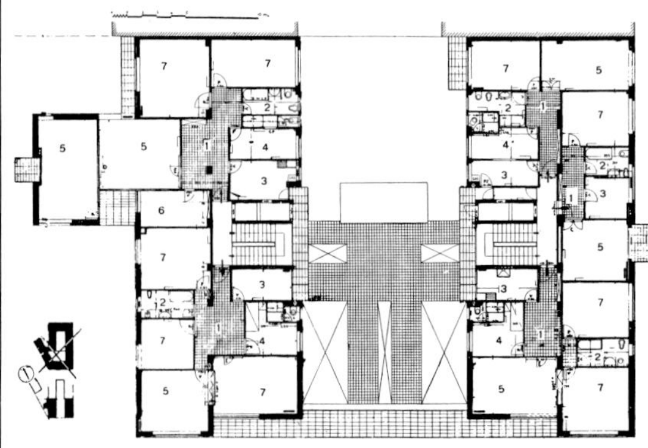

P R I M O   P I A N O

1. Anticamere
2. Bagni
3. Cucine
4. Servizi (con bagno annesso)
5. Sale di soggiorno
6. Studio
7. Camere da letto

ARCH. LINGERI E TERRAGNI - CASA RUSTICI IN CORSO SEMPIONE A MILAN
Le piante del seminterrato (rimesse, cantine) del piano rialzato (uffici, un appartamento), del I piano (5 appartamenti tipic

Apartment Building in Milan by Lingeri and Terragni

Casa Rustici apartment and office building on Corso Sempione, Milan, designed by Giuseppe Terragni and Pietro Lingeri: floor plans

Translatior see p. 701

domus

107

L'ARTE NELLA CASA - NOVEMBRE 1936-XV

ARCH. GIO PONTI - MILANO - RIVESTIMENTO DI FACCIATA CON ELEMENTI A PUNTA DI DIAMANTE IN COTTONOVO DELLE FORNACI RIZZI, DONELLI, BREVIGLIERI

omus 107
lovember 1936

Cover

domus magazine cover

ARCH. LINGERI E TERRAGNI - CASA RUSTICI IN CORSO SEMPIONE A MILAN
L'atrio d'ingresso è soprelevato sul piano della strada per permettere le due rampe che scendono al seminterra

ARCH. LINGERI E TERRAGNI · CASA RUSTIC'I IN CORSO SEMPIONE A MILAN
L'ingresso e il locale del portiere. La copertura è in vetro cemento, il pavimento in mosaico grigio scur

Apartment Building in Milan by Lingeri and Terragni

Casa Rustici apartment and office building on Corso Sempione, Milan, designed by Giuseppe Terragni and Pietro Lingeri: views of entrance hall, waiting area and staircases

RCH. LINGERI E TERRAGNI - CASA RUSTICI IN CORSO SEMPIONE A MILANO
locale d'attesa ha un casellario in cristallo securit e legno nero ed un armadio per gli apparecchi di segnalazione.

RCH. LINGERI E TERRAGNI - CASA RUSTICI IN MILANO
Gli ingressi sono chiusi con cancelli a saliscendi automatici

ARCH. LINGERI E TERRAGNI - CASA RUSTICI IN MILANO
La scala ha la balaustra in anticorodal e lastre di cristallo.

Translation
see p. 701

ARCH. LINGERI E TERRAGNI - CASA RUSTICI IN CORSO SEMPIONE A MILAN

L'atrio dell'ultimo piano a villa è di forma cilindrica con una grande vetrata panoramica in cristallo secu

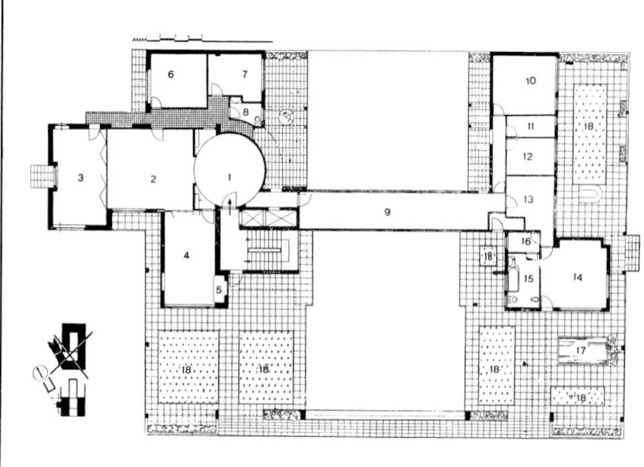

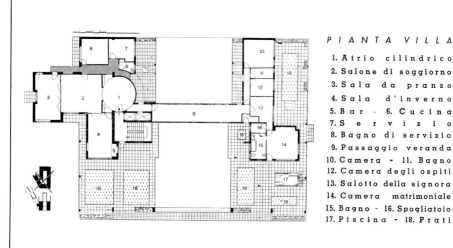

PIANTA VILLA

1. **Atrio cilindrico**
2. **Salone di soggiorno**
3. **Sala da pranzo**
4. **Sala d'inverno**
5. **Bar - 6. Cucina**
7. **Servizio**
8. **Bagno di servizio**
9. **Passaggio veranda**
10. **Camera - 11. Bagno**
12. **Camera degli ospiti**
13. **Salotto della signora**
14. **Camera matrimoniale**
15. **Bagno - 16. Spogliatoio**
17. **Piscina - 18. Prati**

ARCH. LINGERI E TERRAGNI - CASA RUSTICI IN CORSO SEMPIONE A MILAN

La pianta mostra come i due quartieri del giorno e della notte sono collegati da un passaggio aereo copert

Casa Rustici apartment and office building on Corso Sempione, Milan, designed by Giuseppe Terragni and Pietro Lingeri: views of balcony, rooftop garden, terraces and access deck

RCH. LINGERI E TERRAGNI · CASA RUSTICI IN CORSO SEMPIONE A MILANO
a grande terrazza a giardino della villa all'ultimo piano su cui si apre l'ampia vetrata della sala d'inverno.

RCH. LINGERI E TERRAGNI · CASA RUSTICI IN CORSO SEMPIONE A MILANO
giardino della villa è sopraelevato sulla strada di 25 m. I muri sono tinteggiati in duco bianco, il pavimento in ceramica.

Translation
see p. 701

ARCH. GIUSEPPE VACCARO - VEDUTA NOTTURNA DELLA SCUOLA D'INGEGNERIA DI BOLOGNA

CAPOVOLGIMENTI

Derogando dall'argomento specifico di « Domus », la casa, dedichiamo queste pagine alle belle illustrazioni di un edificio ammirevole, la Scuola di ingegneria dell'Università di Bologna, opera dell'architetto Giuseppe Vaccaro, perchè ci preme dire una cosa, che non si riferisce alla pura architettura, ed è che simili edifici studiatissimi e signorili sono una testimonianza di civiltà sociale e di aggiornamento tecnico tale, da convergere da fuori l'attenzione sulle nostre opere, da costituire

Radical Changes

School of Engineering at the University of Bologna designed by Giuseppe Vaccaro: views of elevation by day and by night

CAPOVOLGIMENTI

cioè un'esperienza e un esempio per tutti. Questo è un capovolgimento. Non lontani sono i tempi nei quali noi eravamo costretti a ragguagliarci sulle opere altrui e, per una specie di « timidezza nazionale », le consideravamo come fatalmente per noi inarrivabili. Ora un altro compito civilissimo incombe. Operare lo stesso capovolgimento nei riguardi dell'abitazione. Noi italiani, dobbiamo mostrare a tutti, nelle nostre case, l'esempio della più elevata, bella, civile, sana e lieta abitazione. *g. p.*

ARCH. GIUSEPPE VACCARO - VEDUTA GENERALE DELLA SCUOLA D'INGEGNERIA DI BOLOGNA

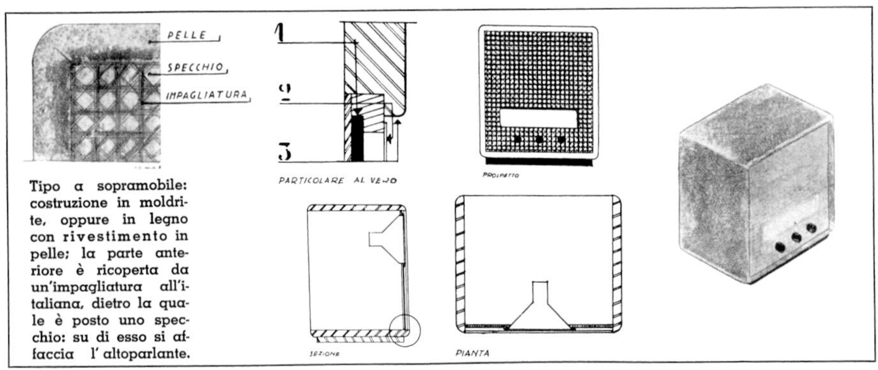

Tipo a sopramobile: costruzione in moldrite, oppure in legno con rivestimento in pelle; la parte anteriore è ricoperta da un'impagliatura all'italiana, dietro la quale è posto uno specchio: su di esso si affaccia l'altoparlante.

ARCHITETTI BIANCHETTI E PEA - DISEGNO DI UNA RADIO A SOPRAMOBILE

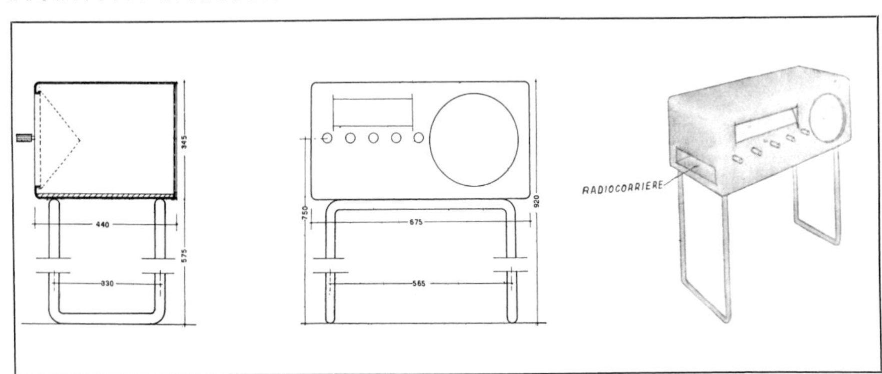

ARCHITETTI MAGNI E PASQUALI - DISEGNO DI UN MOBILE RADIO (GRANDEZZA MEDIA)

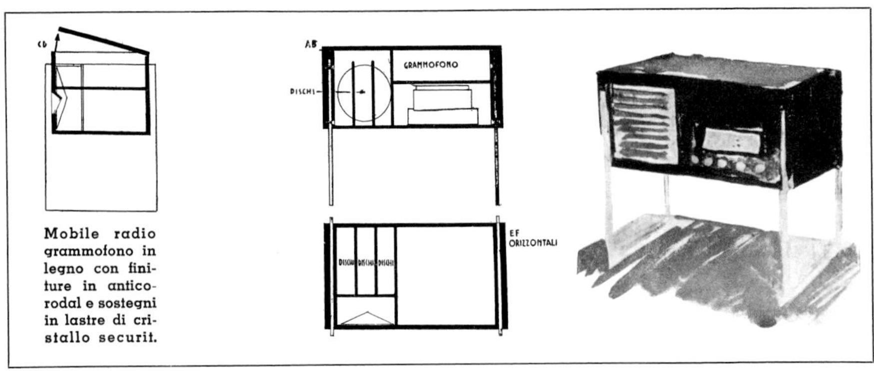

Mobile radio grammofono in legno con finiture in anticorodal e sostegni in lastre di cristallo securit.

PITTORE PAULUCCI - DISEGNO DI UN MOBILE RADIOGRAMMOFONO

The Form of Radios

Designs for radios by Angelo Bianchetti and Cesare Pea, Magni and Alessandro Pasquali; radio-phonograph by Enrico Paulucci;

FORMA DELLA RADIO

Il risultato del concorso per il disegno di mobili radio bandito da "Domus" e "Casabella" in accordo con la Soc. Nazionale del Grammofono

Questo secondo concorso per apparecchi radio rivela un fatto significativo: l'avvicinamento alla forma tipica dell'apparecchio radio. Noi non sapremmo dire perchè questo mobile radio è nato con un'impensabile parentela con un tavolino da notte di lusso o piccolo stipo: il mobile primitivo si è sbizzarrito in variazioni di stile Queen Anna e Chippendale, Tudor ed Elibettiano.

Il concorso di tre anni fa ha caratterizzato, nel mobile ideato da Figini e Pollini, il prototipo. Quanto esso fosse vicino alla forma tipica dell'apparecchio è confermato dal concorso attuale (vedi i mobili di Paulucci e di Magni e Pasquali). Un ulteriore passo innanzi verso una caratteristica e definitiva semplicità e una, aggiungeremmo, concorde creazione è data dai piccoli apparecchi in legno o in moldrite (vedi i progetti di Banfi, Belgioioso, Peressutti, Rogers e di Bianchetti e Pea). La mobilità del modello grande di Banfi, Belgioioso, Peressutti, Rogers è ancora un apporto indispensabile. Da notare nella presentazione di questi architetti i suggestivi accostamenti che hanno reso sommamente interessante ai giudici l'esame dei loro elaborati.

g. p.

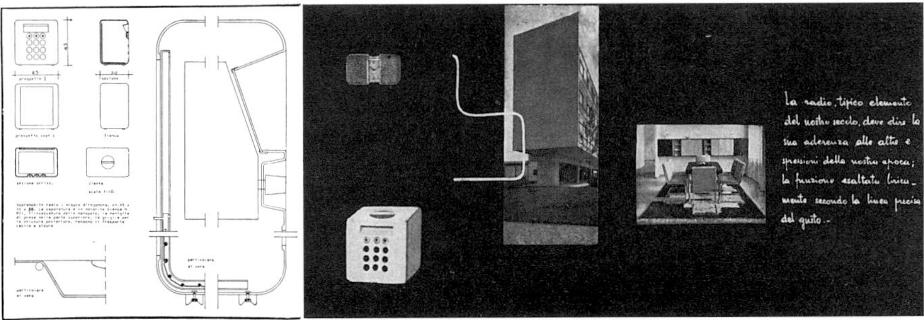

Sopramobile radio: misure d'ingombro cm. 45 x 45 x 30. La capotatura è in moldrite bianca; l'incassatura delle manopole, la maniglia di presa nella parte superiore, la griglia per la chiusura posteriore, rendono il trasporto facile e sicuro.

ARCHITETTI BANFI, BELGIOIOSO, PERESSUTTI, ROGERS - DISEGNO DI UNA RADIO A SOPRAMOBILE

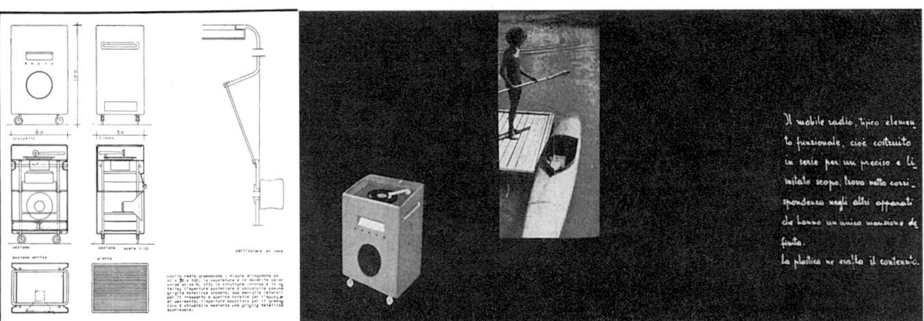

Radio grammofono. Misure d'ingombro cm. 60 x 30 x 100; la capotatura è in moldrite; l'apparecchio, studiato per abitazioni con antenna collettiva, è munito di due maniglie laterali per il trasporto e di quattro rotelle per l'appoggio al pavimento.

ARCHITETTI BANFI, BELGIOIOSO, PERESSUTTI, ROGERS - DISEGNO DI UN RADIOGRAMMOFONO

Designs for a radio and a radio-phonograph by Gian Luigi Banfi, Lodovico Barbiano di Belgiojoso, Enrico Peressutti and Ernesto N. Rogers (Studio BBPR)

ARCH. F. ALBINI E G. ROMANO - PARTICOLARE DELLA SALA DELL'OREFICERIA ANTICA

ARCH. F. ALBINI E G. ROMANO - LE VETRINE COMPLETAMENTE A LASTRE DI CRISTALLO SECURIT SONO A CHIUSURA ERMETICA

L A S A L A D E L L'

Tecnica e stile vanno di pari passo e l'una può giustificare l'altro. L'adozione dei cristallo temperati securit è un termine pratico per la possibilità di una presentazione di oggetti preziosi come è quella che vediamo nella sala dell'antica oreficeria italiana alla Triennale. Ci riserviamo di scrivere in un prossimo numero sulle opere d'arte presentate in questa sala, anticipando solo — perchè non ci possiamo trattenere — l'opinione, che la famosa saliera del Cellini è un oggetto che varrà a peso d'oro, ma che artisticamente non ci commuove. Ad alcuni pezzi, certi pet-

Room for the Goldsmith's Art

Exhibition installation for antique goldwork at the VI Milan Triennale designed by Franco Albini and Giulio Romano: views of diplay cases

ARCH. F. ALBINI E G. ROMANO - PARTICOLARE DELLA SALA DELL'OREFICERIA ANTICA

OREFICERIA

torali, la croce di Brescia, questa presentazione in vetrine di securit, giustificata dai valori che devono proteggere, giova particolarmente.

Al giudizio della presentazione, che Franco Albini e G. Romano, uomini di vivo personale ingegno, hanno fatto di questi pezzi, nuoce il fatto che il pensiero del visitatore ricorre (anche per l'ubicazione stessa della sala, per il partito del soffitto e del pavimento neri e delle pareti bianche, e delle aste metalliche) alla sala delle medaglie d'oro di Edoardo Persico alla Mostra dell'Aeronautica del 1934.

MATERIALI E FORME

Entrando nella sezione della Finlandia alla VI Triennale ci si trova in un'atmosfera ben definita; tutti gli oggetti che vi sono esposti sono espressioni singole di un unico pensiero e gli elementi presi individualmente ed i rapporti che l'esposizione crea tra di loro, costituiscono una manifestazione unitaria che rivela la sicurezza di gusto dell'architetto Aalto, progettista di tutto il materiale finlandese. La sezione espone alcuni elementi tipici di abitazione: sedie, poltrone, tavoli ecc., stoviglie in vetro e ceramica, stoffe. I mobili in legno curvato rappresentano un importante gradino del processo di elaborazione che riconduce il mobile, attraverso l'esperienza di quello in tubo d'acciaio, al suo materiale tradizionale, il legno. La caratteristica tecnica locale di lavorazione della betulla, che è quella usata originariamente per lo sci, permette la curvatura di strati paralleli, fino a dare al legno una resistenza ed una elasticità paragonabile a quella dell'acciaio, avendo su questo l'importante pregio della leggerezza. Questa tecnica intelligentemente sfruttata dà ai mobili una fisionomia caratteristica: i singoli elementi costitutivi dalle forme essenziali si legano tra loro in un insieme organico piacevole senza alcun decorativismo.

Le stoviglie di vetro verde comune, lavorato a cerchi, e di ceramica smaltata, le stoffe di cotone, pur conservando un'estrema semplicità nei materiali, come del resto abbiamo già visto per i mobili, non degenerano in un avvicinamento al « genre rustique » che purtroppo vediamo essere diventato così di moda. Qualche tappeto di lana e dei piccoli serviti di rafia intrecciata sono poi sufficienti a dare un senso di vita a tutta la presentazione.

Oltre ai singoli mobili che la Finlandia espone in armoniche composizioni figura in questa sala la presentazione veramente interessante delle possibilità di lavo-

Materials and Forms

Furniture designed by Alvar Aalto shown in the Finnish Section at the VI Milan Triennale

ıe della betulla: ed i vari
di curvature e le varie com-
ioni di composizione e di
osizione trovano forme e
rti poetici nei pannelli che
Aalto ha saputo compor-
ılendosi dei particolari tec-
lella lavorazione stessa.
nitetto Aalto è il progettista
esti mobili che egli ha inco-
ato a studiare nel 1932 e
nente il suo nome ed il suo
e sono noti a quanti cono-
il suo sanatorio di Paimio
ua biblioteca di Viipuri e la
di un giornale a Turku.
ramiche e le stoffe sono del-
nora Aalto, che segue intel-
emente e con squisita sen-
à l'opera del marito. J. B.

Translation
see p. 702

ANTICORODA
il metallo dell'architettura e dell'arredamento mode
LAVORAZIONE LEGHE LEGGERE S.
VIA PRINCIPE UMBERTO, 18 - MILA

Advertising

Lavorazione Leghe Leggere advertisement for *Anticorodal* metal cladding

METROPOLI

In principio erano Babilonia e Ninive: ed erano costruite in mattoni. Atene era tutta colonne di marmo e oro. Roma posava su grandi archi di tufo. A Costantinopoli i minareti fiammeggiano come grandi ceri intorno al Corno d'Oro.... Acciaio, vetro, tegole, cemento saranno i materiali del grattacielo. Stipati nell'isola angusta, gli edifici dalle migliaia di finestre si drizzeranno splendenti, piramidi su piramidi, simili a cime di nuvole bianche al di sopra degli uragani.

John Dos Passos, (da "Manhattan Transfer,,)

Metropolis

Thoughts on the nature of cities by John Dos Passos: photograph of the Rockefeller Center in New York

Translation
see p. 703

APPARECCHI
D'ILLUMINAZIONE
SIEMENS
MILANO - VIALE VITTORIO VENETO, 20 • FIRENZE - VIA DEL GIGLIO, 2 • ROMA - PIAZZA MIGNANELLI, 3
GENOVA - VIA CESAREA, 12/1 • TORINO - VIA MERCANTINI, 3 • BARI - VIA COGNETTI, 11

Advertising

Siemens advertisement showing various lighting fixtures

Foto Lazi

BICCHIERI DELLA FOTOPLINENHUTTE DI PETERSDORF   LAVORI IN LEGNO DI HALEN. NURTINGEN

LA "DIMOSTRAZIONE" DELLA GERMANIA ALLA TRIENNALE

Presentando *l'ambiente* della sezione tedesca alla VI Triennale, diremo quanto significative siano la serietà, lo stile, la coerenza, con i quali questa Nazione esemplarmente si presenta ormai da quasi un decennio alle Triennali; dal 1927 con la sezione ordinata da Bruno Paul, a quella del 1930 ispirata da Gropius, a quella del '33 perfetta sulle arti grafiche, a questa infine, dal cui carattere niente affatto esibizionista possiamo derivare parecchi insegnamenti.

Non si è voluto qui strappare l'applauso a effetti di presentazione (leggi, ai fini delle « produzioni » d'arte, denari buttati) e con pezzi « fuori serie », « significativi », « tendenziali » ecc. ecc., ma si è voluto presentare la *realtà* della produzione d'arte applicata tedesca più diffusa, in una scelta selezionata. Non è *questo* o *quest'altro* oggetto che si presenta al nostro giudizio, alla scelta, alla « scoperta » (luogo comune di una critica sorpassata e dilettantistica come se nelle esposizioni si trattasse di una « caccia al tesoro ») ma la sezione tedesca presenta un fatto ben più importante: è una intera produzione nazionale di civilissimo gusto, di perfetta esecuzione e disciplina presentata alla nostra conoscenza, in un modo esemplarmente serio e « appropriato » anche alle proporzioni economiche che siffatte manifestazioni dovrebbero avere se non vogliono mettersi fuori della realtà.

Questa sezione deve certamente suscitare il più vivo interesse in tutti coloro che si occupano dell'artigianato e delle scuole d'arte. Noi vorremmo che l'artigianato e la piccola industria italiana, disciplinando una produzione perfetta su modelli scrupolosissimamente studiati e proposti, coerentissimi e scelti, si potesse fra qualche anno presentare in una forma tanto effettiva, efficiente, autoritaria quanto è questa. Qui niente *bazar,* nè di lusso nè d'arte, ma tu senti dietro ogni oggetto — anzi dietro ogni *modello* — la esistenza, la forza, e la *garanzia* di una produzione adeguata, fedele, costante.

Perchè faccio all'artigianato italiano quell'augurio? Perchè ne conosco le native virtù artistiche, le stupende possibilità, io penso, anche superiori a quelle dell'artigianato te-

The German 'Demonstration' at the Triennale

Glassware manufactured by Fotoplinenhütte of Petersdorf and wooden tableware manufactured by Halen Nürtingen shown at the VI Milan Triennale

SEZIONE DELLA GERMANIA ALLA VI TRIENNALE DI MILANO

SERVIZIO DA THE E CAFFÈ IN GRETSCH DI STOCCARDA

POSATE D'ARGENTO DI BRÜCKERAN E SÖLME DI HAILBRAU SUL MENO

SERVIZIO DA CAFFÈ DI ROBERT FISCHER

SERVIZIO DA TAVOLA DELLA MANIFATTURA DI STATO DI BERLINO

The German 'Demonstration' at the Triennale

Silver coffee service by Robert Fischer; silver flatware manufactured by Bruckmann & Söhne; *Form 1382* porcelain tableware designed by

Foto Lazi

SERVIZIO DA TAVOLA E DA THE E CAFFÉ DELLA MANIFATTURA DI ARBERG IN BAVIERA. DISEGNO DI GREHSH

desco e tali da poter gareggiare con quello viennese. Ma ai nostri occorre ancora una scuola, una educazione, una disciplina e non ci si deve stancare di battere questo chiodo finchè non si riescirà.

L'artigianato è una enorme e sanissima forza nostra, la sua produzione non deve essere oggetto di compiacimenti sentimentali estetizzanti o modeschi, ma deve essere oggetto di una valorizzazione anzitutto tecnica e ordinativa. Il resto verrà da sè, perchè la sua produzione sia una *realtà* stilistica e non soltanto una transitoria manifestazione.

Mi rifaccio alla dichiarazione che è nel catalogo della sezione francese ove si dice che artisti ed artigiani di quella Nazione presumono di affermare, alla VI Triennale, « la validità dei loro sforzi ai fini di quel nuovo statuto d'arte che è nelle aspirazioni e nelle speranze più certe ». Queste parole pongono un netto problema: a questo problema la sezione tedesca risponde per suo conto con una *validità* effettiva, anche se agisce in un clima niente affatto eccezionale d'arte (anzi appunto perchè agisce al di fuori di questo clima), perchè è il perfetto ritratto della realtà di una produzione nazionale efficiente e diffusa, e questo infine fa effettivamente *stile,* perchè esiste nella realtà e non nelle parole. Non mi si dirà che fraintendo l'asserto dei francesi; ne so benissimo il concetto ideale, ma voglio trasporlo violentemente in un altro campo, perchè bamboleggiandoci da troppo tempo in fatto d'architetture e d'arti applicate in un clima tutto cerebrale e idealistico, non ci accorgiamo poi che la realtà delle costruzioni e delle produzioni è una disastrosa negazione delle nostre presunte « affermazioni e vittorie », delle « aspirazioni e speranze più certe ». Torniamo al sodo e badiamo ai fatti nostri. Se non possiamo entrare nella testa di ogni costruttore o produttore, possono ben intervenire scuole d'arte e organizzazioni artigiane a porre i termini, teorici e tecnici, per raggiungere, almeno nel futuro, così nel campo ideale come in quello concreto, una *validità.*

Per finire trascrivo una massima hitleriana che è scritta sulle pareti della sezione tedesca: « La finalità, la potenzialità costruttiva del nostro tempo, i materiali tecnici, sono gli elementi dai quali e con i quali il vero spirito creativo trae vita e dà forma alle sue opere. Usiamo senza timore l'esperienze del passato, uniamole coraggiosamente a quanto di meglio noi stessi sappiamo creare ». *Dir.*

ermann Gretsch for Arzberg; porcelain tableware manufactured by KPM – all shown at the VI Milan Triennale

Foto O'Brien

SALOTTO IN CASA G. J. KUHRTS AD HOLLYWOOD ARREDATO DA PAUL FRANKL

INTERNI AMERICANI

DELL'ARCHITETTO PAUL FRANKL

SALOTTO IN CASA G. J. KUHRTS A HOLLYWOOD: IL CAMINO

Notevoli il gusto, la castigatezza, l'anglosassone purezza di questi interni americani. Per la comprensione loro valgano queste indicazioni sui colori. Il salotto è in giallo e marrone, la sala dei bimbi è in greggio con decorazioni in giallo e turchino, la sala di soggiorno ha soffitto rosso, muro tappezzato a quadri di tessuti giapponesi, poltrona in pelle di lepre rasata e cuoio svedese marrone.

American Interiors by the Architect Paul Frankl

Interiors designed by Paul Frankl: living room and fireplace for the G. J. Kuhrt House in Hollywood and living room for the Miss M. Wilfley House in Beverly Hills

Foto O'Brien

PARTICOLARE DELLA SALA DI SOGGIORNO NELLA CASA DI MISS M. WILFLEY A BEVERLY HILLS

EVEREST-LA PERFETTA MATITA NERA PER DISEGNATO
IN 16 GRADAZIONI-DAL 6B ALL'8H-PRODOTTO DELL

F. I. M. TORINO
DITTA AUGUSTO BO

Advertising

F. I. M. Torino advertisement for *Everest* pencils

Stoffa di seta lavorata a taffetas opaco con rami di pesco ricamati in rilievo gialli e rosa.

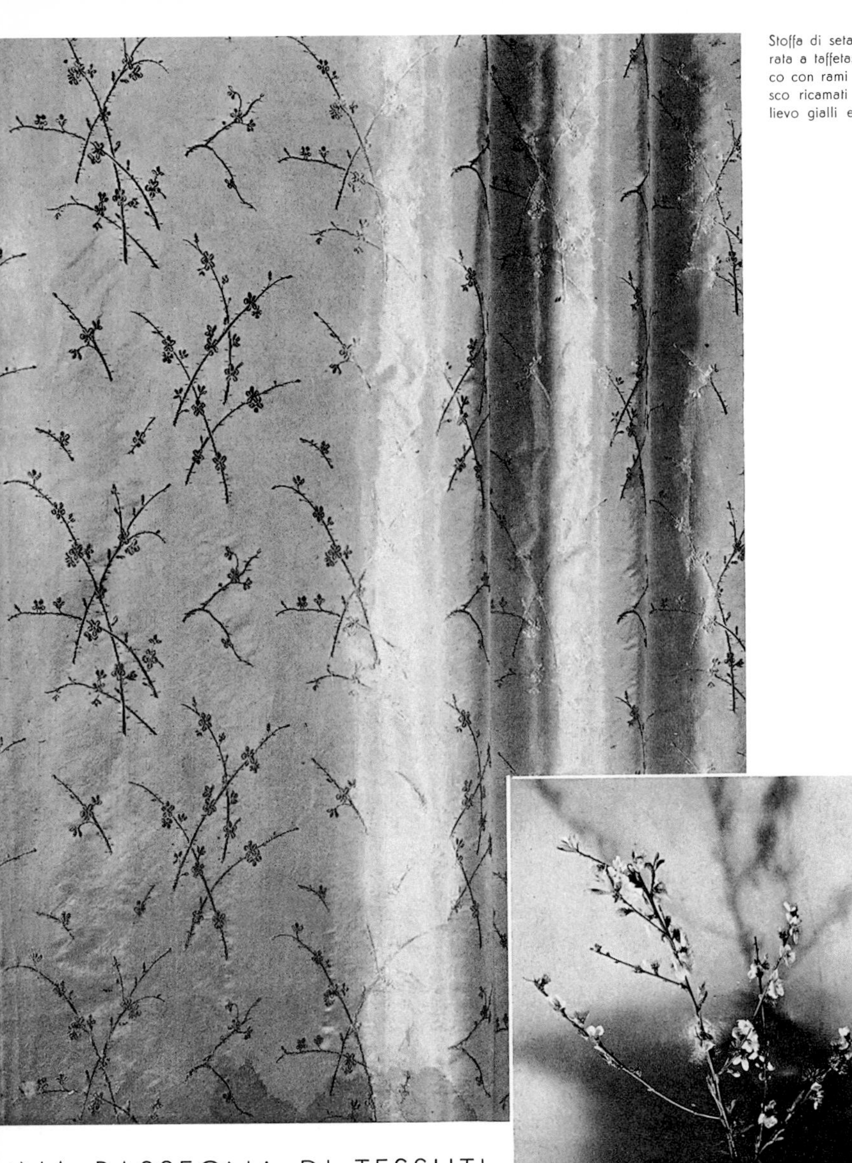

UNA RASSEGNA DI TESSUTI PER ARREDAMENTO PRESENTATA DA CROFF

Review of Woven Furnishing Textiles by Croff

Upholstery textiles manufactured by Croff

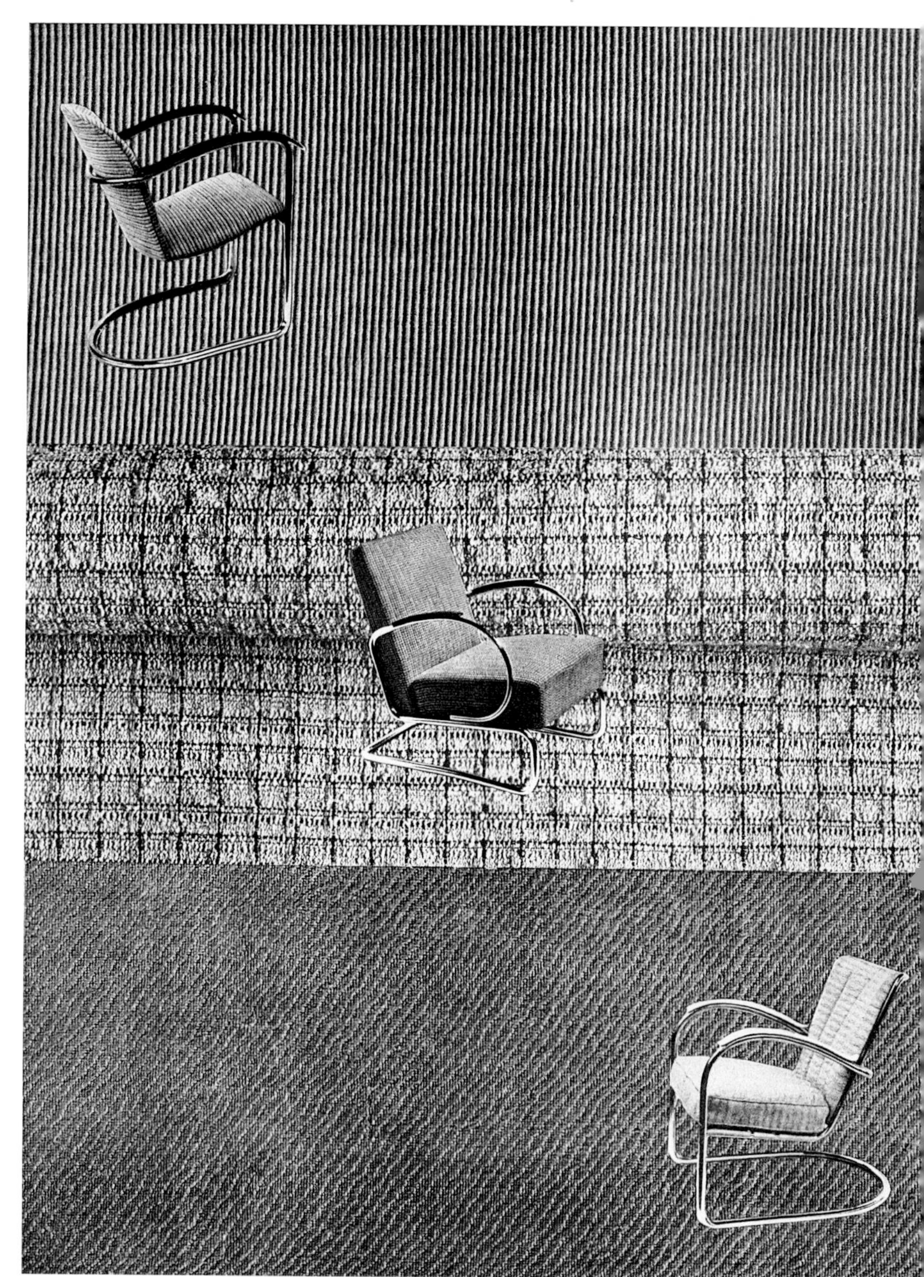

Review of Woven Furnishing Textiles by Croff

Upholstery textiles manufactured by Croff

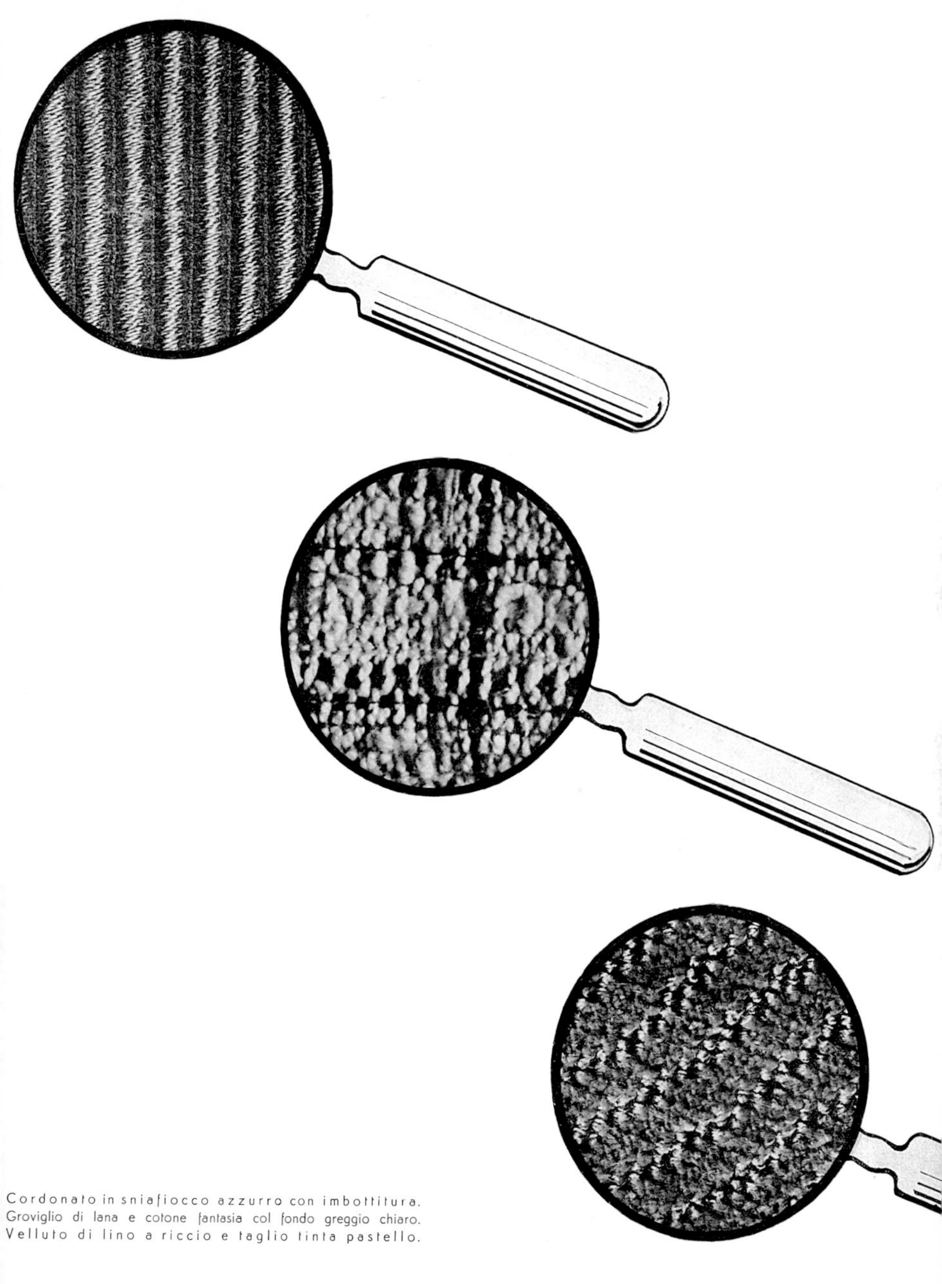

Cordonato in sniafiocco azzurro con imbottitura.
Groviglio di lana e cotone fantasia col fondo greggio chiaro.
Velluto di lino a riccio e taglio tinta pastello.

VILLA A MILANO - FRONTE DELL'INGRESSO

IL MOTIVO RIENTRANTE VERSO IL GIARDIN

UNA VILLA E UN ARREDAMENTO A MILANO

ARCH. ASNAGO E VENDER

Foto Po

PARTICOLARE DEL MOTIVO RIENTRAN

interessante e vigilata realizzazione di concetti moderni sia d'abitabilità, quanto di forma e di tecnica nella villa. osservino le grandi terrazze, l'impiego del termolux e quello del cristallo securit nel caminetto, il giardino, la eccellente pu soluzione della balaustra di scala. Questa casa esprime effettivamente la semplicità delle cose « pensate semplicemen come devono essere »: come piace a noi, e come è tendenza di fare.

domus 106
October 1936

A Villa and an Interior in Milan

Villa in Milan designed by Mario Asnago and Claudio Vender: views of front and rear elevations, balcony, terraces, floor plans

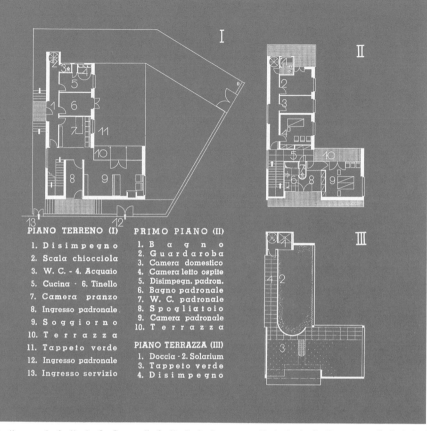

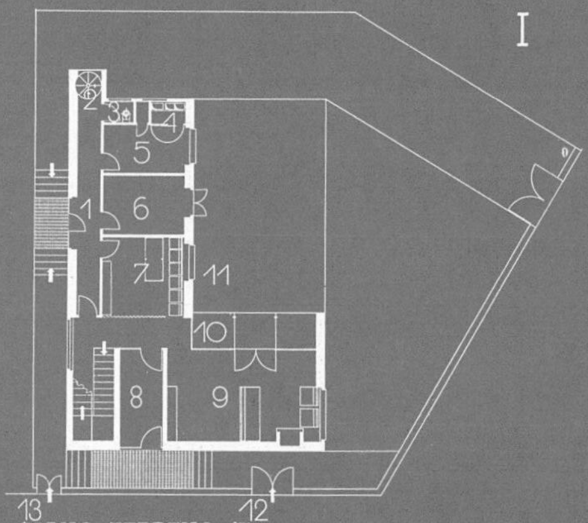

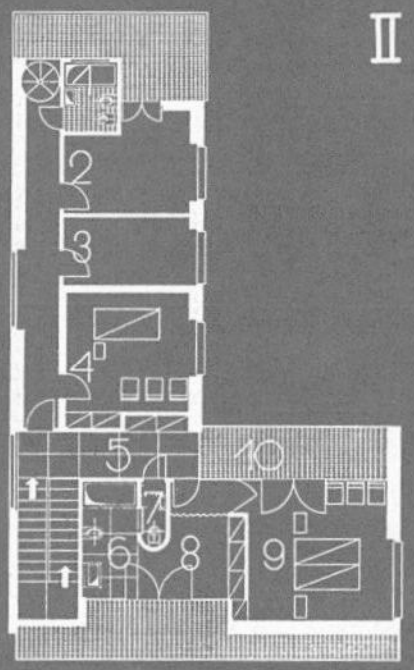

I

II

III

PIANO TERRENO (I)

1. Disimpegno
2. Scala chiocciola
3. W. C. - 4. Acquaio
5. Cucina - 6. Tinello
7. Camera pranzo
8. Ingresso padronale
9. Soggiorno
10. Terrazza
11. Tappeto verde
12. Ingresso padronale
13. Ingresso servizio

PRIMO PIANO (II)

1. Bagno
2. Guardaroba
3. Camera domestico
4. Camera letto ospite
5. Disimpegn. padron.
6. Bagno padronale
7. W. C. padronale
8. Spogliatoio
9. Camera padronale
10. Terrazza

PIANO TERRAZZA (III)

1. Doccia - 2. Solarium
3. Tappeto verde
4. Disimpegno

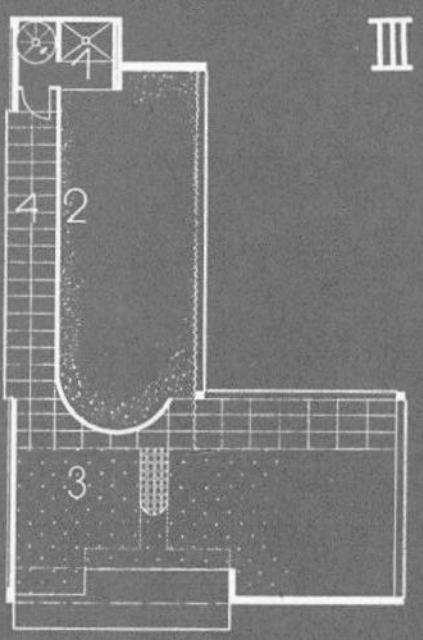

RCH. ASNAGO - VENDER MILANO - VILLA
E TRE PIANTE, DEL PIANTERRENO, COL GIARDINO, DEL PRIMO PIANO E DELL'ULTIMO, SISTEMATO A TERRAZZA

RCH. ASNAGO VENDER - MILANO - VILLA
A TERRAZZA SOPRA LA CASA COL SOLARIUM ED IL TAPPETO VERDE

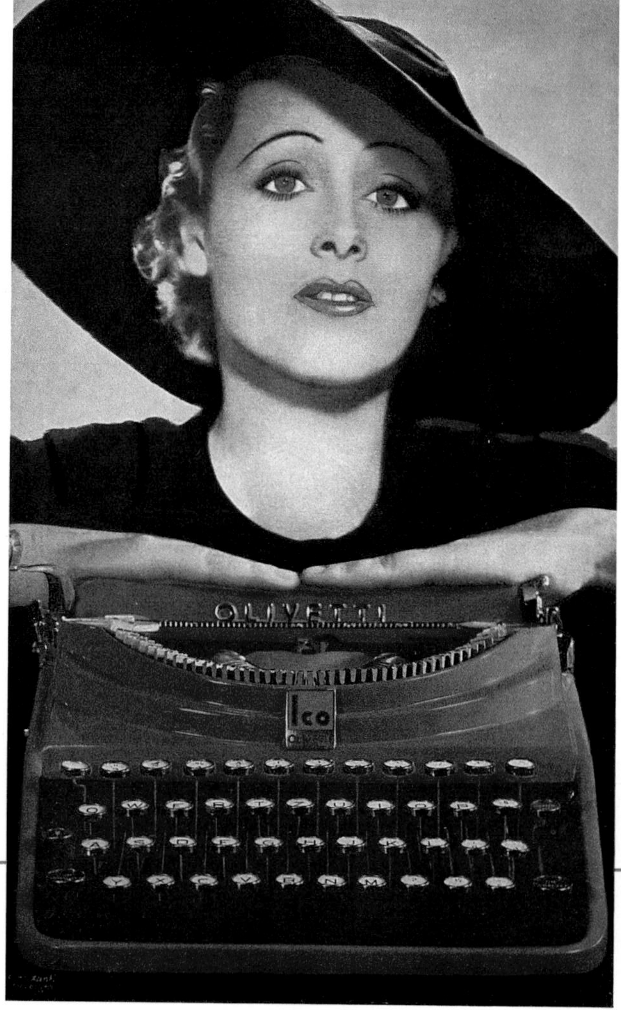
OLIVETTI
Ico
LA RARA ELEGANZA DELLA OLIVETTI PORTATILE È STATA RICONOSCIUTA ED ACCOLTA SENZA RISERVE. SI È COMPRESO CHE LA PERFEZIONE DELLE PARTI E L'ARMONIA DELL'INSIEME PLASTICO, SONO UNA RIGOROSA CONSEGUENZA DELLA LOGICITÀ DELLA CREAZIONE MECCANICA.
OLIVETTI
Portatile

domus 84
December 1934

Advertising

Olivetti advertisement designed by Xanti Schawinsky showing *Model No. MP 1* portable typewriter

ɔbiamo dato nel fascicolo 102, giugno '36, nozione dei ;ultati del concorso di « Domus » e « Casabella » per il ;egno di mobili radio per la Società Nazionale del Gram-ɔfono. Ecco ora le interessanti realizzazioni dei progetti emiati. Abbiamo già detto come questi si avvicinassero al ɔo del mobile radio, nato (e non ancora morto nella pro-ızione di certe fabbriche!) con la davvero impensabile .rentela con un tavolino da notte di lusso o un piccolo po più o meno Queen Anna, Chippendale, Tudor, Eli-betta. Le tre realizzazioni che presentiamo sono notevoli r il fatto che sono volte verso una caratteristica e finitiva semplicità e l'impiego di materie attuali (tipo ıulucci). Il tipo grande di radio grammofono (Banfi, Bel-oioso, Peressutti, Rogers) rappresenta con la mobilità un porto indispensabile e nuovo. Eccellente e davvero « mi-mo » il tipo Bianchetti e Pea. La Società Nazionale del rammofono che con l'apparecchio di Figini e Pollini si messa tre anni fa alla testa del rinnovamento estetico del-ıpparecchio radio tiene ed aumenta il suo primato con ıesta nuova serie che si estende a tutti i tre tipi che sono chiesti.

ARCHITETTI BANFI BELGIOIOSO PERESUTTI ROGERS
MODELLO VINCITORE DEL CONCORSO PER UN RADIOGRAMMOFONO

REALIZZAZIONI NEL CAMPO DELLA RADIO

TORE PAULUCCI - MODELLO VINCITORE DEL CONCORSO
ER UN MOBILE RADIOGRAMMOFONO

ARCHITETTI BIANCHETTI E PEA - MODELLO VINCITORE
DEL CONCORSO PER UNA RADIO A SOPRAMMOBILI

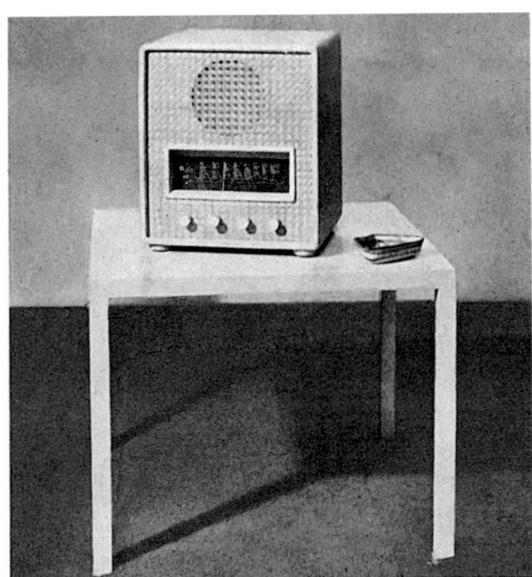

Realizations in the Field of Radio

Radio equipment designed by Gian Luigi Banfi, Lodovico Barbiano di Belgiojoso, Enrico Peressutti and Ernesto N. Rogers (Studio BBPR); Enrico Paulucci; Angelo Bianchetti and Cesare Pea

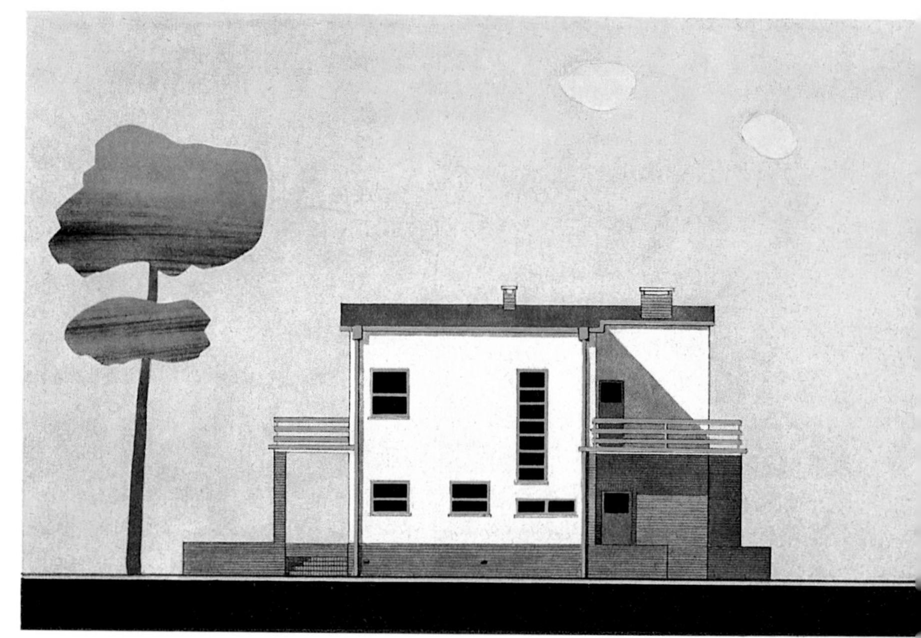

Architetto Giuseppe Pagano - Milano - Progetto di una piccola casa per la campagna - Fronte ovest - Il basamen e le parti principali sono previste in litoceramica, il resto delle facciate tinteggiato in duco bianco; i parapetti del terrazze a fasce di legno verniciato o di anticorodal ossidato e colorato e così assai resistenti agli agenti atmosferi

L'ARCHITETTO GIUSEPPE PAGANC PROGETTA UNA PICCOLA CASA CHE V POTETE COSTRUIRE PER LA CAMPAGNA

A Small Country House designed by Giuseppe Pagano that You Can Build for Yourself

Design proposal for a small country house by Giuseppe Pagano Pogatschnig: drawing of west elevation and sketch of north-west elevation

'na veduta prospettica della casetta per campagna ideata dall' architetto Giuseppe Pagano. E' interessante notare
 questa costruzione semplice e onesta nello stile, l'ampia e confortevole terrazza sovrastante la veranda coperta.

progetto che presentiamo è stato allestito dall'arch. Giuseppe Pagano per una famiglia che desidera realizzare una piccola imora alla periferia di una città di provincia. Entro il tema modesto di questo programma l'architetto ha concepita una ostruzione semplice, di carattere economico, con un minimo di superficie necessaria a una piacevole esistenza. Dal unto di vista formale, l'architetto ha voluto realizzare uno schema architettonico che si ambientasse facilmente entro cornice del paesaggio rurale, pur mantenendo le caratteristiche di una dimora adatta al gusto contemporaneo. on quella libertà di movimenti e di aperture, caratteristica delle sane case di campagna, la casetta si sviluppa entro n perimetro quasi quadrato con veranda e terrazze al piano terra e al primo piano, e con una copertura a tetto inclinato verso una sola falda. Questa scioltezza di movimenti, priva tuttavia di apparenze formali involute o eccessivamente affinate, conferisce alla casetta un'aria semplice e bonaria, elegantemente provinciale. Il concetto espresso in questa ostruzione è che si possono fare case moderne senza ricorrere a costose complicazioni o a quelli appariscenti luoghi omuni che sono abituali ai temperamenti preoccupati di non esser mai abbastanza originali. La pubblichiamo appunto er questa sua caratteristica, tendente a quella orgogliosa modestia che l'architetto Pagano va da molto tempo auspiando per la salute della architettura minore e maggiore.

 basamento è in litoceramica e così pure le parti maggiormente esposte all'uso e alle intemperie sono rivestite in toceramica mentre il resto è intonacato in duco bianco con davanzali di pietra. L'interno è a due piani con un seminterrato parziale, adibito per la cantina e per il riscaldamento. Vi sono tre stanze da letto (una per i genitori, una per figli e una per la domestica), una guardaroba e tutti i servizi strettamente necessari. La grande sala di soggiorno e ranzo comunica con una veranda coperta, esposta verso mezzogiorno in maniera da permettere di svolgere all'aperto ran parte della vita giornaliera.

 costo sommario preventivo di questa costruzione, escluso il terreno e l'arredamento, si aggira oggi sulle 120.000 lire.

Translation
see p. 703

ARCHITETTO ALESSANDRO PASQUALI - MILANO
ARREDAMENTO DI UNA CAMERA DA LETTO PER SIGNORINA

Ecco i disegni costruttivi di camera per signorina. E' una camera da letto pensata per servire anche come studio e soggiorno, non come uno studio trasformabile in stanza da letto. Ciò perchè ogni singolo elemento denunzia chiaramente la sua funzione e il letto, se non è il tradizionale monumento per dormirci sopra, non è neppure il divano letto ora pur esso quasi tradizionale, e la sua posizione stessa crea idealmente nel locale una separazione fra la zona del riposo e la zona diurna.
L'arredamento si compone di un letto formato da un semplice telaio a molle o meglio con rete metallica adatta a sostenere un materasso in gommapiuma; di un mobile a 4 elementi uno dei quali, fornito di una parete impagliata, forma la testata del letto e serve per riporvi cuscini e indumenti per la notte; due elementi formano il cassettone e possono essere accostati ad altri uguali secondo il bisogno; il quarto elemento posto fra letto e armadio è uno stipo con ribalta da usarsi come tavolino da notte.
L'armadio è stato pensato in modo da creare il minor ingombro possibile, sia materialmente che esteticamente; è perciò collegato cogli elementi su descritti e posto in modo da non creare ombre colla sua mole.
Le antine scorrevoli contribuiscono nel non creare ingombro e una di esse è formata da un grande specchio in securit. Sulla parete di fronte al letto trova posto uno scaffale per i libri con ripiani e antine scorrevoli in cristallo trasparente securit; un terzo di esso è chiuso e può essere sistemato o come nel disegno con un piano a ribalta formante scrittoio o con semplice sportello e interno a ripiani mobili.
La toeletta scrivania si compone di due lastre di securit formanti il piano e una testata e di un elemento a cassetti nel quale sono sistemati uno specchio occultabile e un cassetto a ribalta adatto per riporvi i lavori femminili; uno sgabello e un paio di poltroncine completano l'ambiente.
I legni e le tinte possono essere diversamente scelti: nello schizzo qui riportato, i mobili sono in noce chiarissimo opaco e scurissimo molto lucido, ma possono essere realizzati completamente in rovere o castagno spazzolati ottenendo un simpatico effetto di fresca semplicità. I pomoli possono essere in legno bianco. **A. P.**

Alessandro Pasquali: Furnishings for a Young Lady's Bedroom

Drawing of interior and blueprint of case furniture by Alessandro Pasquali for a young lady's bedroom

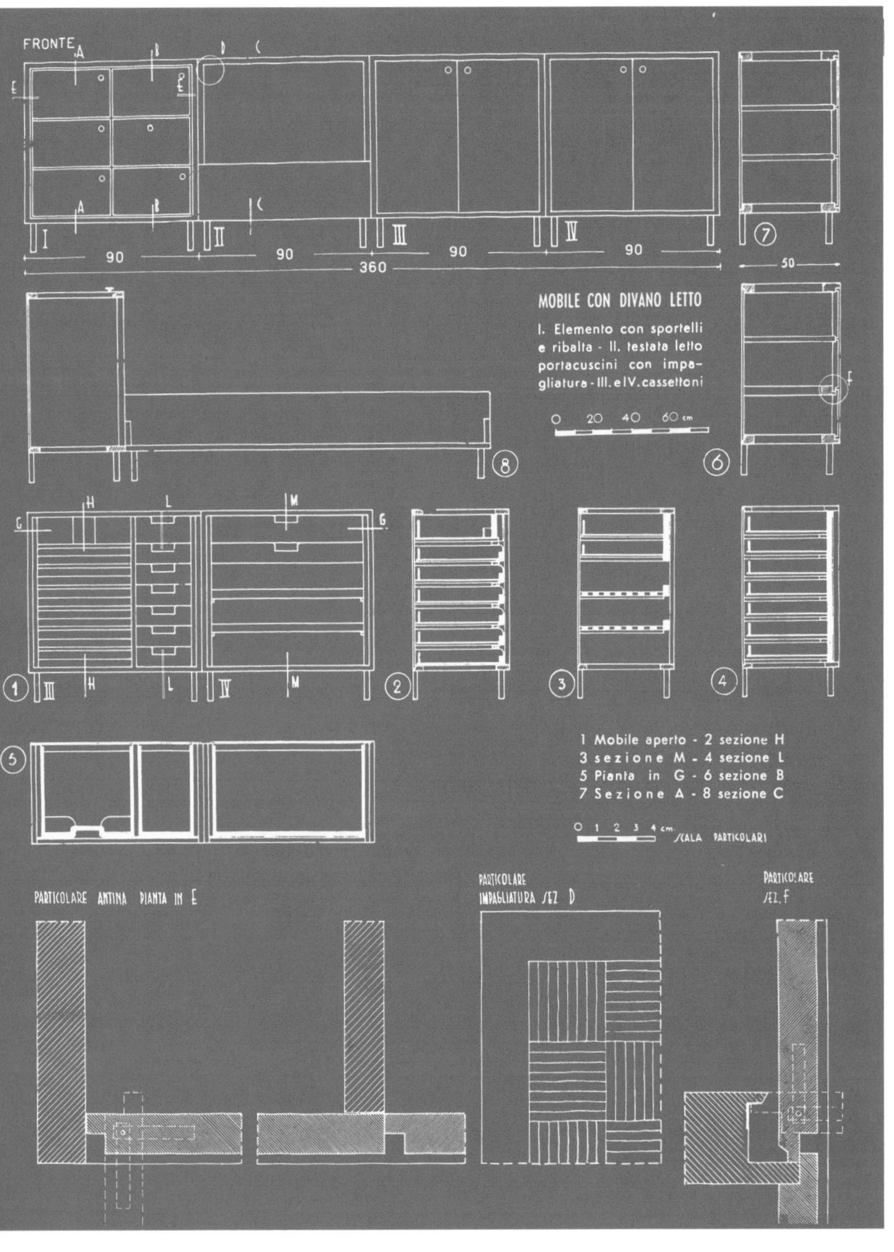
FRONTE
90
90
90
90
360
50
MOBILE CON DIVANO LETTO
I. Elemento con sportelli e ribalta - II. testata letto portacuscini con impagliatura - III. e IV. cassettoni
0 20 40 60 cm
1 Mobile aperto - 2 sezione H
3 sezione M - 4 sezione L
5 Pianta in G - 6 sezione B
7 Sezione A - 8 sezione C
0 1 2 3 4 cm. SCALA PARTICOLARI
PARTICOLARE ANTINA PIANTA IN E
PARTICOLARE IMPAGLIATURA SEZ D
PARTICOLARE SEZ. F

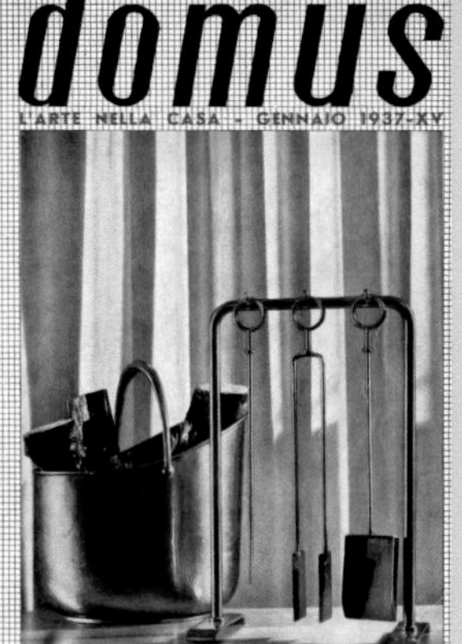

domus 110
February 1937

domus113
May 1937

domus 109
January 1937
FEATURING
Luigi Figini
Gino Pollini

domus 112
April 1937
FEATURING
Gigi Alemani
Luigi Figini
Gino Pollini
Ignazio Gardella

DOMUS
112 - L'ARTE NELLA CASA E NEL GIARDINO - APRILE 1937-XV
ARCHITETTO CARLO MOLLINO - TORINO - MENSOLA IN SECURIT

DOMU
113 - L'ARTE NELLA CASA E NEL GIARDINO - MAGG

domus 117
September 1937
FEATURING
Alfred Roth
Emil Roth
Marcel Breuer

domus 116
August 1937

domus 109–120 | Covers
1937

1937

domus 114
June 1937
FEATURING
Luigi Vietti

domus 115
July 1937
FEATURING
Gino Levi Montalcini

DOMUS
111 - L'ARTE NELLA CASA E NEL GIARDINO - MARZO 1937-XV

OMUS
ARTE NELLA CASA E NEL GIARDINO - GIUGNO 1937-XV

DOMUS
15 - L'ARTE NELLA CASA E NEL GIARDINO - LUGLIO 1937-XV

domus 111
March 1937
FEATURING
Gio Ponti

domus 120
December 1937
FEATURING
Gino Levi Montalcini
Luigi Cosenza
Bernard Rudofsky

domus 118
October 1937
FEATURING
Gian Luigi Banfi
Lodovico Barbiano di Belgiojoso
Enrico Peressutti
Ernesto Nathan Rogers

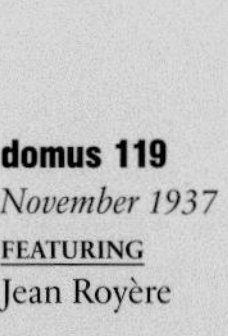

domus 119
November 1937
FEATURING
Jean Royère

DOMUS
L'ARTE NELLA CASA- DICEM. 1937
REGALI DI NATALE

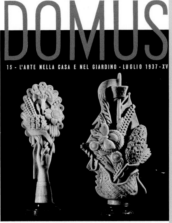

ARCHITETTI LUIGI FIGINI E GINO POLLINI - MILANO - UN ANGOLO PER LA CONVERSAZIONE, CON POLTRON
IN TUBO DI ANTICORODAL E PELLE DI SERPENTE. TAVOLINO IN SECURIT CON SOSTEGNI IN ANTICORODA

ARREDAMENTO A MILANO

Furnishings from Milan

Furniture and interiors designed by Luigi Figini and Gino Pollini: tubular steel armchairs and table; study and dining room of Casa Manusardi with tubular steel furniture

ARCH. LUIGI FIGINI E GINO POLLINI - MILANO - ARREDAMENTO DI CASA MANUSARDI - LO STUDIO

ARCH. LUIGI FIGINI E GINO POLLINI - MILANO - VEDUTA DELLA STANZA DA PRANZO DELLA CASA MANUSARDI

LO STILE: AEROPLANO

L'architettura moderna e l'arredamento hanno preso sovente suggerimenti e ispirazioni dalle forme delle navi e degli aeroplani in quanto queste forme, specie all'esterno, rappresentavano un che di schietto, di assoluto, di inedito, di ardito.

Specie l'aeroplano era una nuova forma apparsa alle menti degli architetti con tutte le suggestioni delle miracolose possibilità del volo umano. Ma nelle navi quante volte l'interno tradì la purezza delle forme esteriori! Possiamo dire invece che gli interni degli aeroplani dell'aviazione civile non hanno mai presentato dei vizi decorativi in disarmonia con la natura e l'eleganza di questa modernissima nostra macchina.

Il problema dell'aeroplano civile fu studiato già nella esposizione di Monza, se non erriamo, del 1930, ma da allora in poi non abbiamo visto da noi nessun nuovo contributo di artisti per giungere ad una definizione di linea e di colore che ponesse un accento significativo anche a questa parte dell'apparecchio.

Chi viaggia, e noi ci auguriamo che di giorno in giorno il numero dei viaggiatori per via aerea si accresca rapidamente, su uno degli stupendi apparecchi dell'Ala Littoria, come per esempio quelli velocissimi della Venezia-Berlino o gli idrovolanti fra Ostia e la Libia, o sugli apparecchi da Bengasi all'Asmara, ammira già accanto alle bellezze degli apparecchi la perfetta dignità degli interni I costruttori hanno dimostrato nel complesso una comprensione del problema e questi interni avvicinano abbastanza l'aspetto unitario che assumeranno un giorno. Diciamo unitario perchè l'attrezzatura dei primi aeroplani da viaggio si limitava in certo qual modo ad una distribuzione di poltrone più o meno comode nell'interno della fusoliera, e a finestrini più o meno corrispondenti. Oggi si è già fatto un grande passo avanti e si è raggiunto nelle poltrone un ben studiato grado di comodità, nei finestrini una larga visibilità e un indispensabile conforto con gli impianti di riscaldamento e con le strut-

Foto Ala Littoria

QUADRIMOTORE "S. 74,, DELL'ALA LITTORIA: LE CABINE PASSEGGERI

Foto "Swissair,,

"DOUGLAS D. C. 2,, CON BAR E 14 SEDIE SPOSTABILI, RISCALDAMENTO A VAPORE, VENTILAZIONE INDIVIDUALE, LAMPADINE PER LEGGERE, PORTACENERE E RADIO A CIASCUN POSTO

Style: The Aeroplane

Cabin interiors of Ala Littoria *S74*, Douglas *DC-2*, Ala Littoria *Cant. Z506*, Ala Littoria *S73* and Douglas *DC-3* aircrafts

ure afoniche che eliminano quasi ogni frastuono. Il viaggiare in aereo costituisce di già oltre che il rapido, anche il più comodo e il più bel viaggiare. Ma è cosa certa che gli interni degli aeroplani dovranno raggiungere presto un aspetto di più ardita eleganza ottenuta con le profilature dei metalli leggeri, con i cuoi delle poltrone, con i colori del pavimento (tappeti?) e con un disegno unitario.

nostri apparecchi dell'Ala Littoria anche sotto questo aspetto dovranno raggiungere quel primato che dal lato tecnico si sono già guadagnati. Quanti hanno il senso dell'avvenire intuiscono subito l'importanza predominante che questo mezzo avrà nel futuro.

Da ogni punto di vista le linee italiane debbono essere esemplari e impeccabili, esse possono raggiungere questo primato totale. Noi lo crediamo assolutamene possibile. Pensiamo che i nostri grandi costruttori vorranno associarsi agli studi e alle idee che potranno giungere dagli architetti moderni, e siamo certi che chi dirige le nostre linee aeree nutre già questa ambizione.

« Domus » apre le sue pagine a quanti vorranno con amore e competenza esporre progetti a questo proposito.

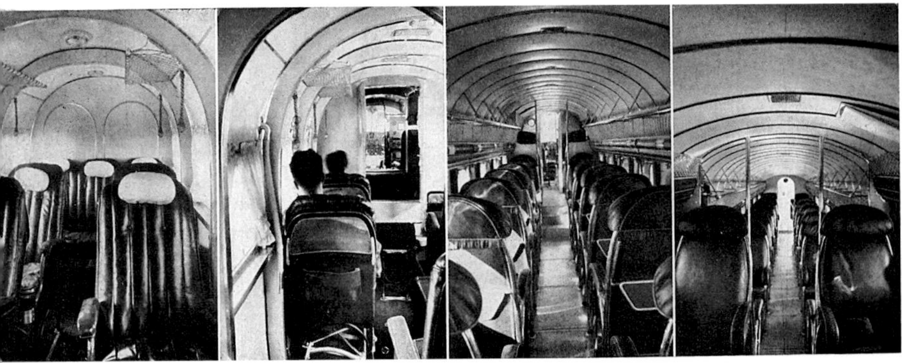
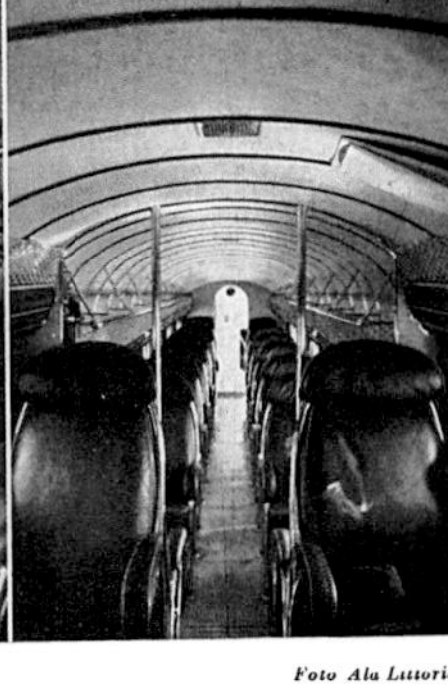

Foto Ala Littoria

LA LITTORIA - INTERNI DELL'IDROVOLANTE "CANT. Z. 506„ E INTERNI DELLE CABINE PASSEGGERI DELL'"S. 73„

Foto "Swissair„

CABINA DEL "DOUGLAS D. C. 3„ DOTATO DI BAR E DI 21 SEDIE SPOSTABILI, CON RISCALDAMENTO A VAPORE, VENTILAZIONE INDIVIDUALE, LAMPADINE PER LEGGERE, PORTACENERE E RADIO A CIASCUN POSTO

Translation see p. 703

110

domus

L'ARTE NELLA CASA - FEBBRAIO 1937-X

ARCH. G. PALANTI · TAVOLINO CON PIANO IN CRISTAL
SECURIT PREMIATO AL CONCORSO NAZIONALE SECUR

domus 110
February 1937

Cover

domus magazine cover showing desk with *Securit* glass top designed by Giancarlo Palanti

JNA VILLA A TRE APPARTAMENTI IN MILANO

;uesta costruzione realizza fin dove le condizioni partico-ri l'hanno permesso, il carattere d'abitazione che è nel ıio pensiero. È una costruzione molto semplice, senza 'oggio di materiali speciali, costosi, con una « scelta » invece di materiali che realizzino un determinato carattere, sereno e nitido.

L'esterno è semplice e con la minima quantità possibile di aggetti (ho tenuto i contorni delle finestre, in pietra ar-

ARCH. GIO PONTI - MILANO - VILLA L. - LA FACCIATA SU VIA BRIN

Foto Porta

LLA L. IN VIA BRIN A MILANO - PARTICOLARE DELL'INGRESSO: LA ıLAUSTRA DELLA SCALA IN LEGNO CON I RITTI VERNICIATI IN DUCO BIANCO

tificiale, a filo del muro). Le pareti con le quali ho contornato la terrazza che occupa metà dell'ultimo piano semplificano poi alquanto i profili della costruzione, nell'intento di raggiungere quella unità del volume che tanto giova agli edifici.

La fronte verso strada ha, per la vita, meno importanza che quella interna. Perciò essa è più chiusa, non per artificio ma come risultato dell'orientamento medesimo delle abitazioni che l'edificio contiene e che sono tutte rivolte verso il giardino interno.

Su questo giardino si può dire che si apre veramente questa costruzione, con le due grandi terrazze, con le ampie vetrate, con le pergole del terrazzo superiore.

Le piante esprimono l'organizzazione della abitazione. Esse separano i quartieri diurno (salone di soggiorno e sala da pranzo), da quello delle stanze da letto, e da quello dei servizi. Proseguendo nel carattere già recato ad altre abitazioni ho dotato gli appartamenti anche d'affitto, fin dalla costruzione, di vetrine e librerie a muro e di finestre vetrine.

Il finimento interno è semplice: con pavimenti in linoleum, pareti a tinte unite, soffitti lisci; le porte, verniciate di bianco, hanno un pannelletto in legno naturale accanto alle maniglie che risulta assai pratico e non sta affatto male: questo elemento particolare, che ho imparato da Wlach conferma come accogliendo un accorgimento pratico, si realizza infine un fatto stilistico. Voglio dire che, l'ammettere con la vigilanza del gusto tutti questi parti-

A Villa with Three Apartments in Milan

Casa Laporte at 12 Via Benedetto Brin, Milan, comprising three apartments designed by Gio Ponti: view of façade and staircase

colari, è determinante non di un atteggiamento stilistico o estetico. ma di un fatto, il che poi fa stile.

Ho particolarmente voluto il carattere della scala principale che ha una balaustra di bastoni di legno verniciati di bianco legati da una fascia in basso e dal corrimano in alto in legno naturale: ho tenuto che la scala fosse in armonia con il carattere di questa casa-villa ed ho espresso con essa il mio orrore per l'esibizione borghese di marmi e di balaustrate e di colori sussiegosi che, nelle case di speculazione, viene rappresentata nelle scale e negli androni.

Questo edificio realizza due vecchi desiderii miei, quello di distinguere in pianta ad ogni piano le abitazioni in complessi diversi e quello di realizzare dei volumi interni comprendenti un ambiente alto due piani.

Il salone d'angolo del secondo piano ha appunto l'altezza di

Foto Porta

ARCH. GIO PONTI - MILANO - VILLA L. IN VIA BRIN - VEDUTA DELLA FACCIATA PRINCIPALE VERSO IL GIARDINO. AL PIANO TERRENO E AL PRIMO PIANO GRANDI TERRAZZE, AL SECONDO L'ALTA FINESTRA DELLA SALA DI SOGGIORNO A DUE PIANI E LA PERGOLA DEL TERRAZZO SUPERIORE

A Villa with Three Apartments in Milan

Casa Laporte at 12 Via Benedetto Brin, Milan, comprising three apartments designed by Gio Ponti: view of elevation overlooking

APPARTAMENTO P. NELLA VILLA L. IN VIA BRIN A MILANO - LA SCALA CHE CONDUCE AL TERRAZZO È IN ROVERE - NOTARE LE LIBRERIE A MURO - IL TAVOLINO HA IL PIANO IN VIMINI - VEDUTA DI UN ANGOLO DELLO STUDIO, RICAVATO SOTTO LA SCALA, CON PARETI RIVESTITE IN FAESITE

Foto Porta

UN PASSAGGIO FRA L'ANTICAMERA E IL SALONE - UN ANGOLO DELLA SALA DI SOGGIORNO COL DIVANO PER LA LETTURA. È QUELLO CHE SI VEDE NELLO SFONDO DEL PASSAGGIO

rden, staircase, study, hall and salon on top-floor apartment (the home of Gio Ponti and his famly until 1943)

Foto Porta

ARCH. GIO PONTI - UNA GRANDE FINESTRA NELLA SALA DI SOGGIORNO, ALTA DUE PIANI, DELL'APPARTAMENTO P. NELLA VILLA L. IN MILANO QUESTA SALA HA IL PAVIMENTO IN LINOLEUM MARMORIZZATO IN GRIGIO, TENDA IN BOURETTE DI SETA ROSSO VIVO, MURI IN DUCO BIANCO - POLTRONE RIVESTITE IN ARTELA - CALORIFERO VERNICIATO IN NERO LUCIDO - IL DAVANZALE DELLA GRANDE FINESTRA HA UN ALLOGAMENTO CON TERRA PER I FIORI

A Villa with Three Apartments in Milan

Casa Laporte at 12 Via Benedetto Brin, Milan, comprising three apar ments designed by Gio Ponti: views of Ponti apartment (living room

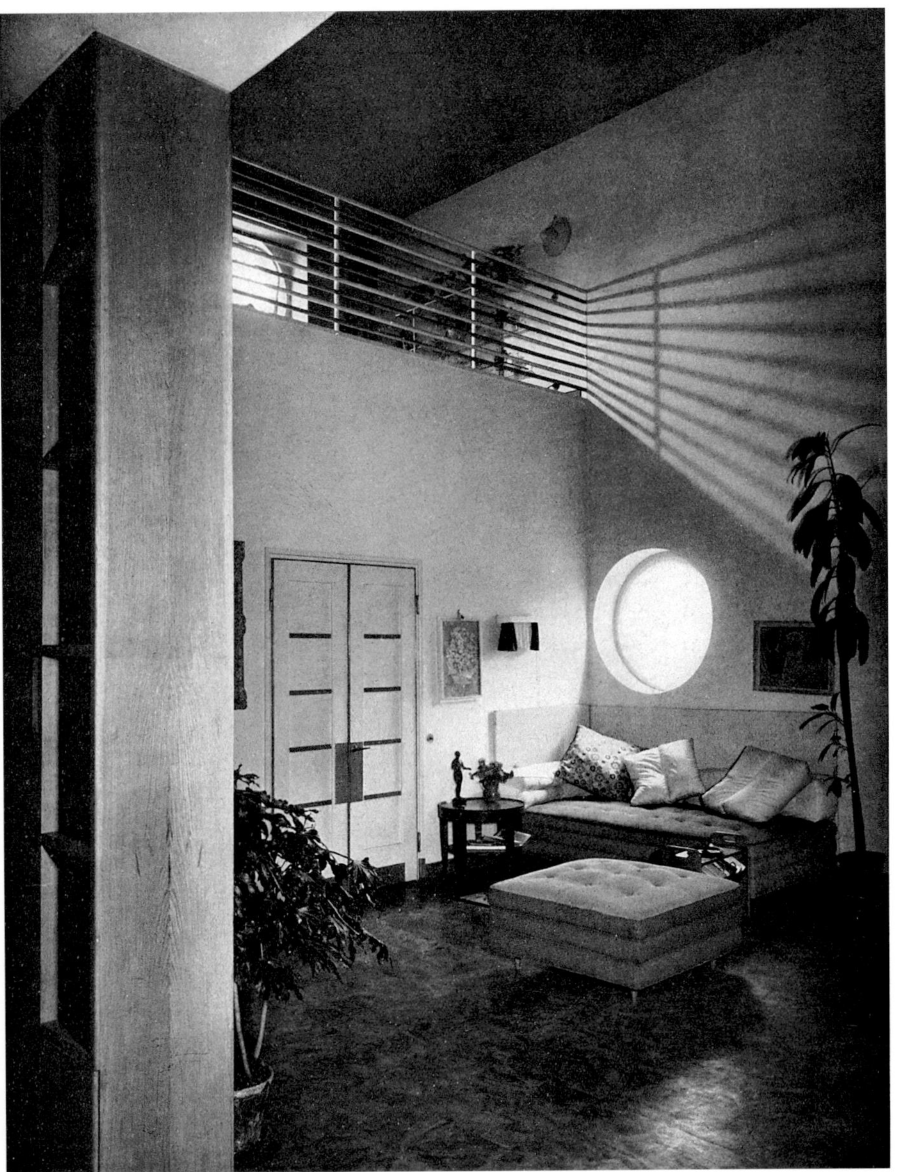

Foto Porta

ARCH. GIO PONTI - MILANO - UN ANGOLO DELLA SALA DI SOGGIORNO NELL'APPARTAMENTO P. DELLA VILLA L. IN MILANO - PAVIMENTO IN LINOLEUM MARMORIZZATO GRIGIO, PARETI IN DUCO BIANCO SOFFITTO A CEMENTITE VERDE CALDO. QUESTA VEDUTA MOSTRA PARTE DELLA COMPOSIZIONE DEI VOLUMI DI QUESTO AMBIENTE. LA BALCONATA SUPERIORE È SOPRA LO STUDIO ATTIGUO ALLA SALA; DALLA BALCONATA SI ACCEDE ALLA TERRAZZA. SGABELLONE E DIVANO IN GOMMAPIUMA

APPARTAMENTO P. IN VIA BRIN A MILANO - PARTICOLARE DELLA STANZA DI SOGGIORNO E PRANZO - MENSOLA E COLONNA IN ROVERE - TAVOLO IN NOCE E CRISTALLO SECURIT - DIVANO DIVISIBILE IN TINTA BIANCO E VERDE - GRANDE TELA DI M. CAMPIGLI

Foto Porta

APPARTAMENTO P. IN MILANO - CAMINO IN TRAVERTINO - TAVOLO TONDO DA PRANZO DI FAMIGLIA CON TAVOLINO DI SERVIZIO E POLTRONCINE IN GOMMAPIUMA, RIVESTITE IN ARTELA A FONDO VERDE - SOTTO LA MENSOLA DI MARMO NERO COL DI LANA, IL TAVOLO PIEGHEVOLE E ALLUNGABILE PER PRANZI NUMEROSI

A Villa with Three Apartments in Milan

Casa Laporte at 12 Via Benedetto Brin, Milan, comprising three apar ments designed by Gio Ponti: views of Ponti apartment (living room dining area and details)

ARCH. GIO PONTI - MILANO
APPARTAMENTO P.
NELLA VILLA L. IN MILANO.
IL VANO PER IL PRANZO VISTO DALLA SALA DI SOGGIORNO

DUE PARTICOLARI

Foto Porta

Foto Porta

ARCH. GIO PONTI - LA SPAZIOSA TERRAZZA DELL' APPARTAMENTO P. IN VIA BRIN A MILANO - TENDA A RIGHE GRIGIE E BLU, DEL LINIFICIO E CANAPIFICIO NAZIONALE PAVIMENTO A SCAGLIONI DI MARMO E CEMENTO CON ERBA FRA LE LASTRE; IN FONDO L'ORTICELLO, IN PRIMO PIANO IL CAMPO DELLA SABBIA ACCANTO ALLA PISCINETTA

consente d'esser guardato dall'alto. Questa configurazione è ricca di piacevoli vedute e rende estremamente vivente l'interno; la figura umana trova inquadrature felici.
Infranto il legame della pari altezza delle stanze, si entra come in un nuovo mondo nei riguardi dell'arredamento; non è più questione di tappezzerie o disposizione o disegno di mobili, ma è composizione di spazii, di oggetti negli spazi, di luci e di colori; un ambiente più alto degli altri dà respiro a tutta una abitazione e dà emozioni di un ordine tutto nuovo tante sono le vedute di spazii e di persone che esso suscita, i giochi di luce naturale ed artificiale che esso permette (ho abolite le lampade centrali: morte degli effetti di luce); le stanze non sono più infilate di scatolini o scatoloni più o meno riccamente parati; l'abitazione diventa una *creazione*, una composizione singolare di spazii, di luci, in rapporto l'uno con gli altri, che ci reca emozioni più belle, più fresche, più vicine all'architettura, agli atteggiamenti della vita.

Gli ambienti di questa abitazione si può dire che non sono stati « arredati », nè lo saranno nel senso che ha normalmente questa parola; in essi si è sistemata liberamente la vita degli abitanti secondo comodità e simpatia e umore: e con cose — mobili, libri, riviste, ricordi, qualche oggetto d'arte — che appartengono intimamente, direttamente, alla vita loro.
Ciò dà luogo ad una aperta intimità, ad una assoluta confidenza e ad un uso integrale dell'abitazione. In essa non vi sono altarini per fare effetto.
La terrazza, ampia, riparata da pareti è quasi come una sala col cielo per soffitto: essa è nelle buone stagioni, vale a dire dal marzo all'ottobre, la determinante dell'abitare chè vestiario, calzature, abitudini derivano dall'assiduo soggiornarvi e dal senso di libertà che essa concede. La casa raggiunge con questi coefficienti quella completa ospitalità che fa di essa il luogo della nostra più intima e libera evasione, e non più uno dei luoghi dai quali evadere. *g. p.*

A Villa with Three Apartments in Milan

Casa Laporte at 12 Via Benedetto Brin, Milan, comprising three apartments designed by Gio Ponti: views of Ponti apartment (terrace)

DOMUS

11 - L'ARTE NELLA CASA E NEL GIARDINO - MARZO 1937 - XV

Cover

domus magazine cover

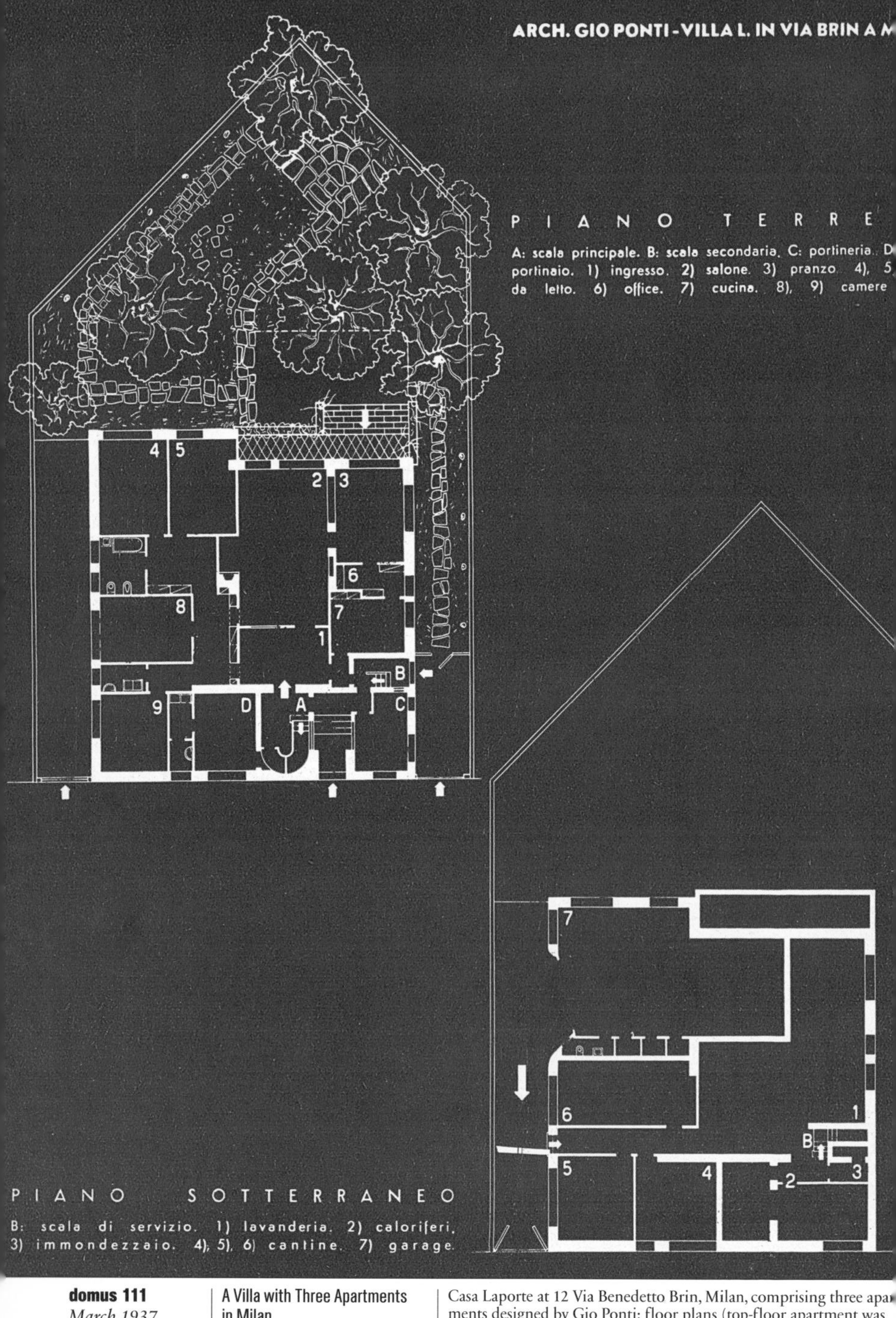

domus 111
March 1937

A Villa with Three Apartments in Milan

Casa Laporte at 12 Via Benedetto Brin, Milan, comprising three apartments designed by Gio Ponti: floor plans (top-floor apartment was the home of Gio Ponti and his family until 1943)

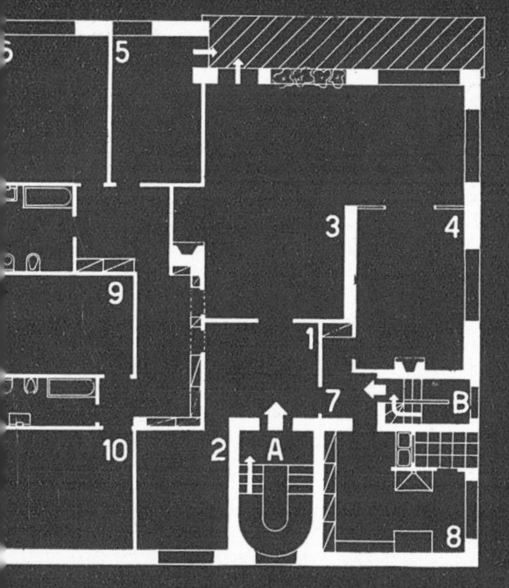

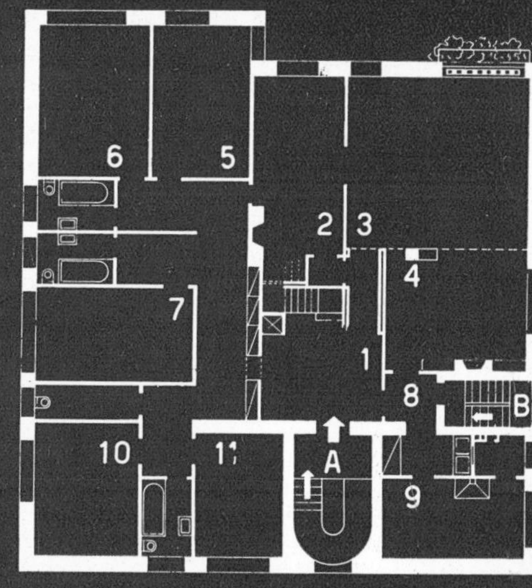

RIMO PIANO

Scala principale. B: Scala secondaria. 1) ingresso, 2) studio, sala, 4) sala da pranzo, 5), 6), camere da letto, 7) ingresso servizio e office, 8) cucina, 9), 10), camere servizio.

SECONDO PIANO

A: scala principale. B: scala secondaria. 1) ingresso. 2) studio 3) sala alta due piani. 4) sala da pranzo 5), 6), 7) camere da letto. 8) ingresso servizio e office. 9) cucina. 10), 11) camere servizio

RZO PIANO E TERRAZZE

scala servizio. C: scala interna di accesso al 3° piano. errazza interna. 1 bis) vuoto del salone a 2 piani. 2) piscina terrazzo. 3) campo di sabbia. 4) orticello. 5) montavivande e ostiglio. 6), 7) solaio. 8) piccolo terrazzo.

CH. GIO PONTI - VILLA L. IN VIA BRIN A MILANO

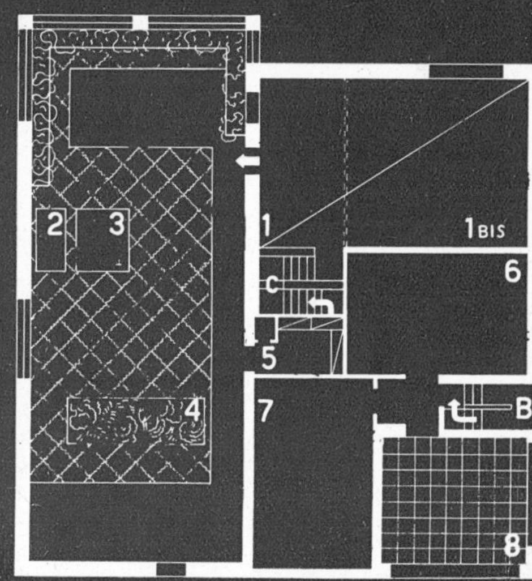

ELEMENTO NUOVO E DI INFINITE RISORSE NELL'ARREDAMENTO DEL NEGOZIO O DELLO STAND È IL CRISTALLO SECURIT

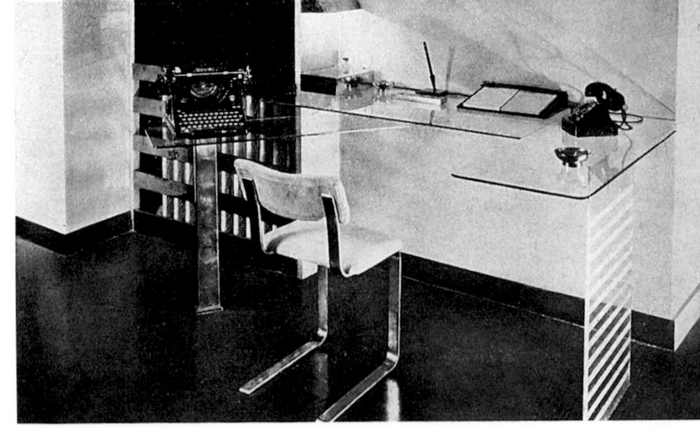

Particolare del negozio Olivetti, a Firenze: lo scrittoio è completamente di securit - Arch. Gigi Alemani.

Lo stand Olivetti alla Fiera Campionaria: tutti i piani dei tavolini, lo scrittoio e la parete sono in securit - arch. L. Figini e G. Pollini.

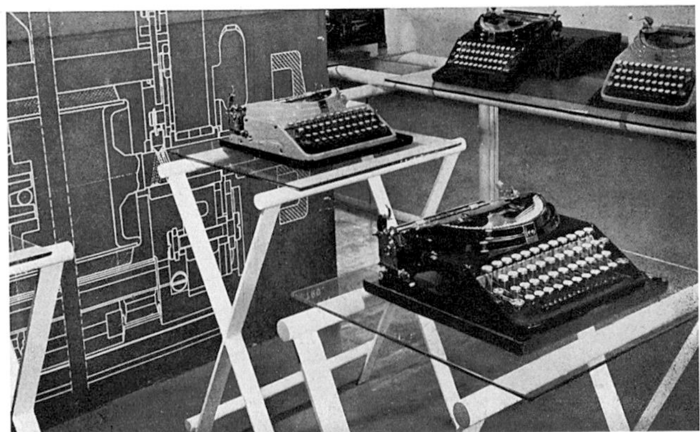

Particolare dello stesso precedente. I colori — bianco e nero — armonizzano perfettamente col verde acqua dei piani di securit - arch. Luigi Figini e Gino Pollini.

Results of *Securit*-VIS Glass Competition

Desk designed by Gigi Alemani, exhibition stand and show tables designed by Luigi Figini and Gino Pollini – all for Olivetti

OGGETTI D'ARTE PER LA VOSTRA CASA

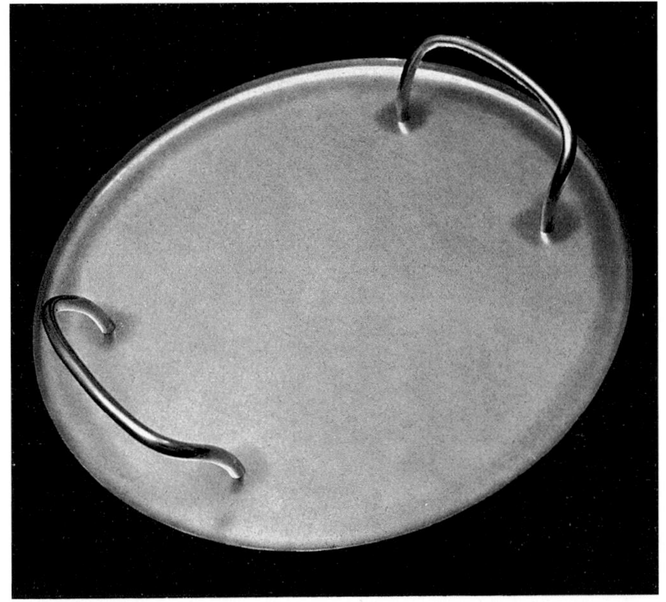

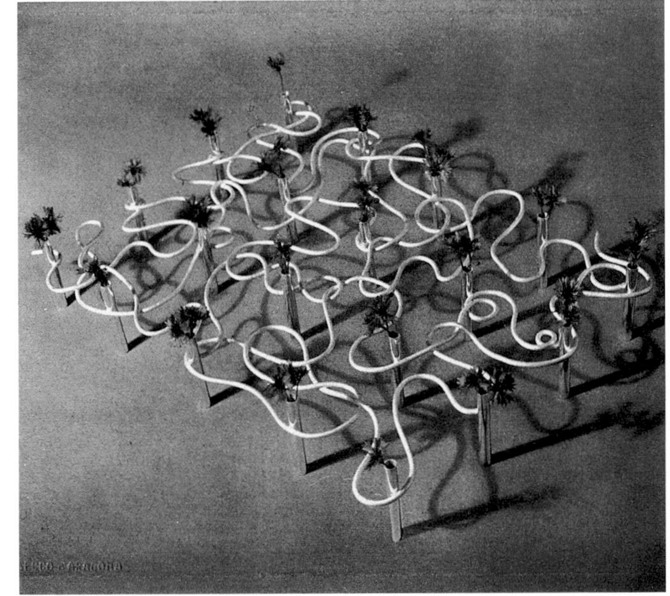

Vassoio e centro da tavola con tubetti per i fiori, eseguiti dalla Argenteria Calderoni di Milano su disegno dell'arch. Ignazio Gardella.

Foto D' Aragona

Art Objects for Your Home

Tray and table centrepiece designed by Ignazio Gardella for Calderoni

LA ROCCIA

ARCHITETTO LUIGI VIETTI - LA "ROCCIA„ A CANNOBIO - VEDUTA DAL LAGO

Luigi Vietti ha costruito, sulla roccia, questa rotonda casetta chiamata appunto « la roccia ». Ognuno può mirare di quali vedute panoramiche goda l'abitazione. E' una di quelle dimore che rappresentano la realizzazione di un'idea e di un desiderio che è nelle nostre fantasie e nelle nostre aspirazioni.

Questa piacevole casa di villeggiatura è stata costruita, scrive il suo autore, aggrappata alla roccia, si confonde con essa nella parte basamentale e viene ad inserirsi nell'ambiente naturale che la circonda, realizzando quell'accordo fra natura e architettura che è ragione estetica essenziale in questo genere di costruzioni: effettivamente un volume così esattamente geometrico è tale che l'accordo risulta per « opposti », e sarebbe interessante il discorso sulle due tendenze architettoniche in questi casi: o cercare una armonia anche conservando una autonomia di forme come in questo caso, o cercarla attraverso una certa « imitazione della natura ».

L'impostazione planimetrica è originale: al piano stradale una vasta sala di soggiorno, con vano contenente il camino, aperta largamente verso il bellissimo panorama.

Al piano superiore, quattro camere da letto, una biblioteca, un bagno. Sotto, la sala di soggiorno, i servizi, collegati mediante una scala a chiocciola con i piani superiori, ed il terrazzo di copertura.

Per la struttura in cemento armato, della massima importanza in una costruzione come questa, ha collaborato l'ing. Ernesto Saliva.

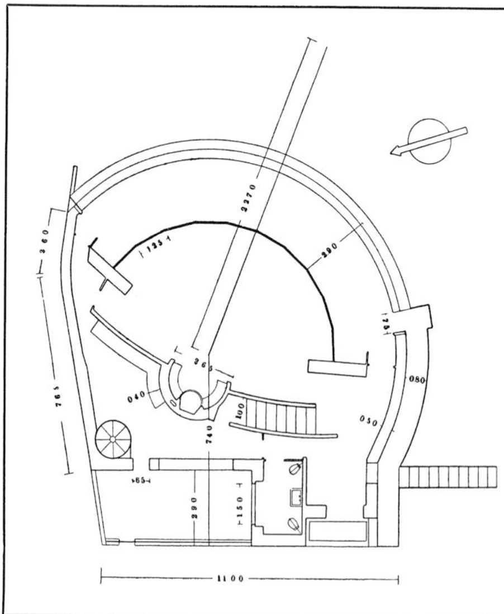

LA PIANTA DEL PIANO DEL SOGGIORNO

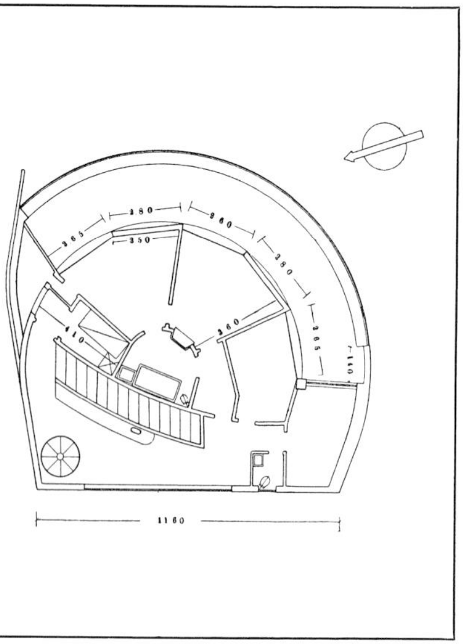

LA PIANTA DEL PIANO DELLE CAMERE

ARCHITETTO LUIGI VIETTI - VILLA LA "ROCCIA„ A CANNOBIO - VEDUTA DA SUD-EST

ARCHITETTO LUIGI VIETTI - VILLA LA "ROCCIA„ A CANNOBIO - SCORCIO DELLA VERANDA

Translation
see p. 704

ARCHITETTO GINO LEVI MONTALCINI - VILLA L. E G. IN TORINO - PARTICOLARE ESTERNO: LA FACCIATA È IN INTONACO TERRANOVA SPRUZZATO VERDE

UNA VILLA A DUE APPARTAMENTI

Gino Levi Montalcini ha dato in questa bella costruzione sui colli torinesi una nuova prova della sua nitida visione architettonica e delle sue intelligenti risoluzioni del problema dell'abitazione. g. p.

(Vedere testo a pag. 37)

A Villa with Two Apartments

Villa L. E. G. in Turin designed by Gino Levi Montalcini: detail of façade

DOMUS

5 - L'ARTE NELLA CASA E NEL GIARDINO - LUGLIO 1937-XV

DELIZIOSI OGGETTI D'ALABASTRO PRESENTATI ALLA VII MOSTRA DELL'ARTIGIANATO ITALIANO A FIR

Cover

domus magazine cover

VISTA DAL CORSO DI ACCESSO - LA FASCIA DEL BASAMENTO È IN PIETRA GRIGIA - PARTI ALTE IN INTONACO TERRANOVA SPRUZZATO VERDE

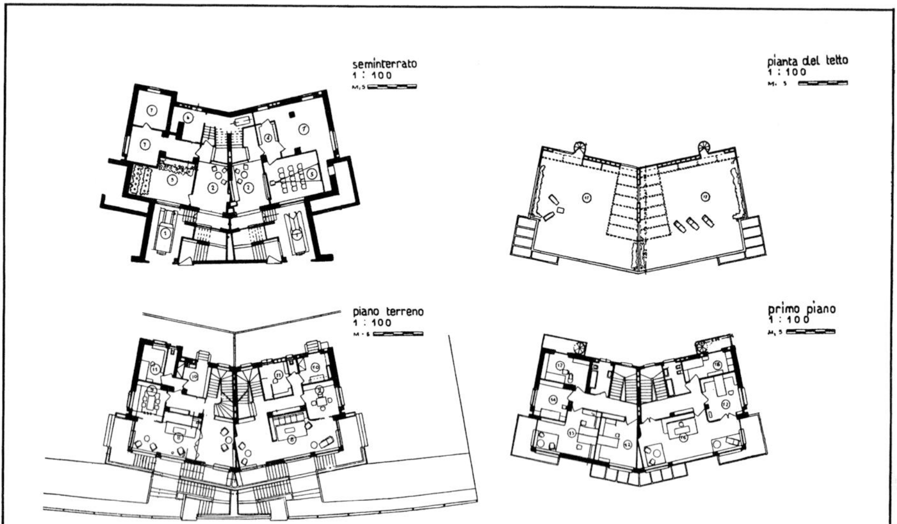

seminterrato 1 : 100

pianta del tetto 1 : 100

piano terreno 1 : 100

primo piano 1 : 100

PIANTE DEI DIVERSI PIANI: 1) AUTORIMESSE - 2) VESTIBOLI - 3) SERRA - 4) SPOGLIATOIO - 5) SALA PROIEZIONE - 6) CALDAIA A COMBUSTIONE - 7) CANTINE - 8) SOGGIORNO - 9) CAMERA PRANZO - 10) CUCINE - 11) LETTI SERVIZIO - 12) CAMERE A 1 LETTO - 13) CAMERE MATRIMONIALI - 14) CAMERE OSPITI - 15) SPOGLIATOIO-GUARDAROBA - 16) STUDIO-BIBLIOTECA - 17) TERRAZZE TETTO PIATTO

Villa L. E. G. in Turin designed by Gino Levi Montalcini: elevation, study/library, living room

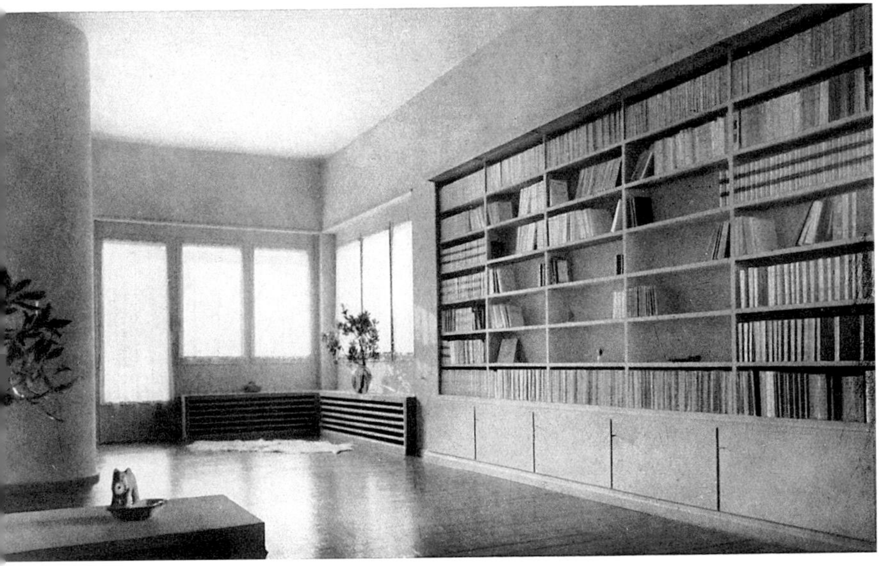

CHITETTO GINO LEVI MONTALCINI - VILLA L. E G. IN TORINO - VISTA DELLO STUDIO - BIBLIOTECA - PAVIMENTO A LISTONI DI LEGNO

ALA DI SOGGIORNO E RIPOSO VISTA DALLA SALETTA MINORE - PAVIMENTO A LISTONI DI LEGNO

ANGOLO DESTINATO AL PRANZO - MOBILE A MURO CON PIANI E CHIUSURE DI CRISTALLO SECURIT COLORATO

PASSAGGIO FRA CAMERA DA LETTO E STUDIO - NOTARE I RADIATORI BASSISSIMI PER RICAVARE MAGGIOR DISPONIBILITÀ DI SPAZIO IN CORRISPONDENZA DEI DAVANZALI

A Villa with Two Apartments

Villa L. E. G. in Turin designed by Gino Levi Montalcini: dining area, bedroom, corridor and staircase

SALETTA DI SOGGIORNO - PARETI IN DUCO GIALLO CHIARO • PAVIMENTO A LISTONI CON STECCHE DI ACERO BIANCO - MOBILI LACCATI - TAVOLINO IN SECURIT

Questa villa, posta in Torino, in prossimità del Monte dei Cappuccini, sulla collina che immediatamente sovrasta la cupola della Gran Madre di Dio, gode un felicissimo panorama.
Essa accoglie due distinti nuclei familiari; un asse trasversale divide le due proprietà simili, ma indipendenti.
Per conformarsi all'andamento in curva della strada e per disimpegnare una proprietà dall'altra, sia in quanto a confini in contatto (fronte principale), sia in quanto a visibilità, si è spezzato l'orientamento delle due ali della villa, secondo due allineamenti leggermente inclinati l'uno rispetto all'altro. Con ciò si è anche ottenuto di aumentare le fronti e le superfici delle zone d'abitazione in confronto di quelle di servizio poste sul retro.

DISIMPEGNO - PARETI E SOFFITTO DI UGUAL COLORE - PAVIMENTO CON STECCHE DI NOCE A LISTONI

SCALA INTERNA DI FAGGIO - MOBILE IN MURATURA CON PIANO DI CRISTALLO SECURIT

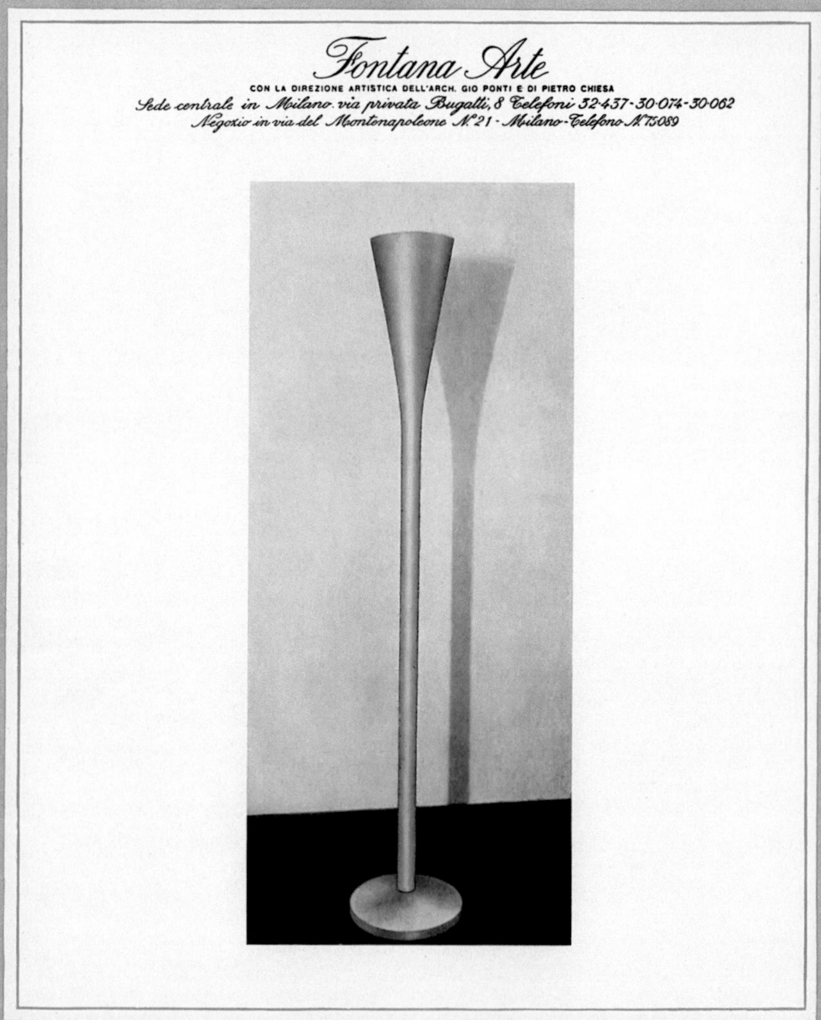

Advertising

Fontana Arte advertisement showing *Luminator* uplighter designed by Pietro Chiesa

S. A. LUIGI FONTANA & C.

SEDE CENTRALE: MILANO - VIA PRIVATA G. BUGATTI, 8 - TELEFONI 30-062 - 30-074 - 32-437
SALA DI ESPOSIZIONE E VENDITA: VIA MONTENAPOLEONE, 21 - TELEFONO 75-089

Fontana Arte

CON LA DIREZIONE ARTISTICA DELL'ARCH. GIO PONTI E DI PIETRO CHIESA

Sede centrale in Milano via privata Bugatti, 8 Telefoni 32-437 - 30-074 - 30-062
Negozio in via del Montenapoleone N. 21 - Milano - Telefono N. 75089

LAMPADE - RIVESTIMENTI - MOBILI - VETRATE
TUTTE LE LAVORAZIONI NOBILI DEL VETRO E DEL CRISTALLO

Domus 120
December 1937

Advertising

Fontana Arte advertisement showing table light

VEDUTA DELLE FACCIATE VOLTE AD EST COI TERRAZZI SCOPERTI

DUE ESEMPLARI COSTRUZIONI

Queste due costruzioni che gli architetti Alfred e Emil Roth e Marcello Breuer hanno innalzato vicino a Zurigo si possono veramente definire esemplari per il complesso raro di pregi che le distinguono.

Esse fanno parte di un gruppo di tre identiche case sorgenti su di una altura in località panoramica e orientate in modo da godere la migliore insolazione e tutta la bellezza della visuale, sono disposte non parallelamente alla strada.

Ognuna di esse ospita tre appartamenti pensati come ville sovrapposte e dotati di una grande terrazza coperta e di ampie balconate. Nel piano terreno, in parte interrato ricavato sfruttando la pendenza del suolo, trovan posto l'atrio comune di ingresso, l'autorimessa per due macchine e alcuni locali di servizio.

L'alloggio dell'ultimo piano di dimensioni minori presenta colle sue ampie terrazze più spiccato il carattere di villa.

Le piante degli appartamenti sono state studiate con grande libertà di schemi tenendo presente la vita che in essi si deve svolgere soprattutto in rapporto coll'esterno: è la natura stessa che può così penetrare ovunque attraverso le grandi vetrate aperte dove è più lieto lo spettacolo che essa offre.

Le terrazze sono separate dal locale di soggiorno da pareti interamente vetrate che non dividono, ma uniscono diffondendo la viva luce dell'esterno velata e attutita dalle bal-

Two Exemplary Constructions

Doldertal apartment buildings in Zurich designed by Alfred and Emil Roth and Marcel Breuer for Sigfried Giédion

conate sporgenti: si vive all'interno nell'uguale atmosfera trasparente dei boschi vicini.

I locali, che non sono le solite scatole amorfe, ricevono dalla sciolta disposizione delle pareti, dall'abbondanza di nicchie e di armadi a muro, un'impronta e una fisionomia ricche di risorse per l'arredamento che può essere così risolto con pochissimi e semplici elementi; in alloggi di questo tipo l'arredamento non deve sovrapporsi all'architettura con mobili che vivano a sè, ma deve fondersi intimamente coll'architettura stessa, tanto da non far quasi rilevare la sua presenza. Ciò si verifica quando si è pensato non ad una casa contenente un certo numero di locali, ma ad una armonica abitazione pensata simultaneamente nel suo complesso dall'interno all'esterno, dall'esterno all'interno.

Queste condizioni si trovano realizzate a nostro avviso nella palazzina di Roth e di Breuer che qui illustriamo, architettonicamente pure estremamente interessante nella sapiente composizione di elementi semplicissimi esattamente ritmati nel gioco delle luci e delle ombre ottenuto non col disordinato movimento di masse, ma coll'accostamento di vuoti e di pieni elementari racchiuso in uno schema nitidamente armonioso.

Il gusto vigilatissimo col quale queste costruzioni sono state concepite appare pure dalla cura posta nella scelta degli elementi particolari, si osservi l'elegante esilità dei serramenti dell'atrio a piano terreno dove la vetrata passa attraverso una aiuola che continua così all'interno senza interruzione, come continua il rustico pavimento di larghe lastre di beola. Pure esilissimi sono gli altri serramenti,

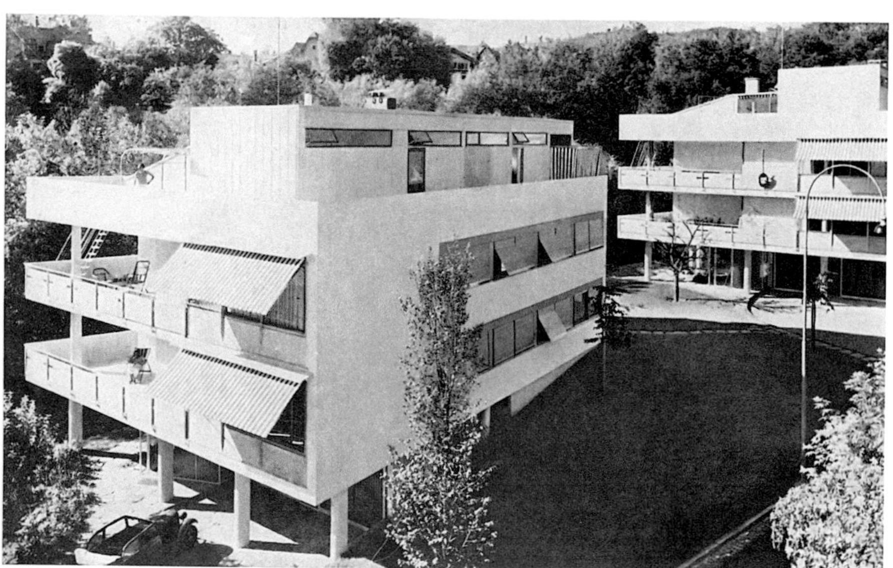

VEDUTA DELLE FACCIATE VOLTE A SUD COI PRIMI DUE TERRAZZI COPERTI

Translation see p. 705

INGRESSO ED AUTORIMESSA CHIUSI DA GRANDI VETRATE DI SECURIT RIPARATI DAL PRIMO PIANO SPORGENTE CHE FA DA PENSILINA

INGRESSO - LE GRANDI VETRATE DI SECURIT DANNO LUCE E COLORI ALL'ATRIO PIACEVOLE ED ACCOGLIENTE

Two Exemplary Constructions

Doldertal apartment buildings in Zurich designed by Alfred and Emil Roth and Marcel Breuer for Sigfried Giédion: view of exterior, entrance, front elevation and living/dining area

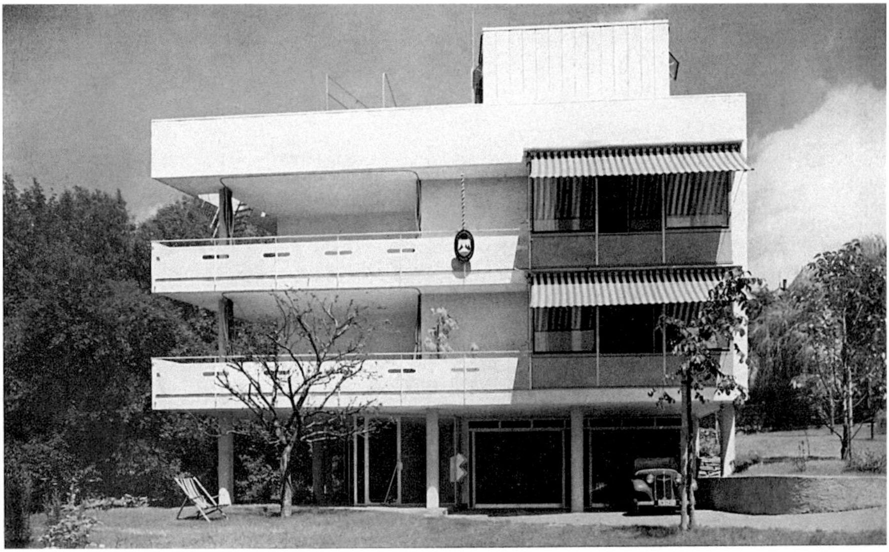

FACCIATA A SUD CON L'INGRESSO E LE DUE AUTORIMESSE CHE SI APRONO DIRETTAMENTE SUL PRATO

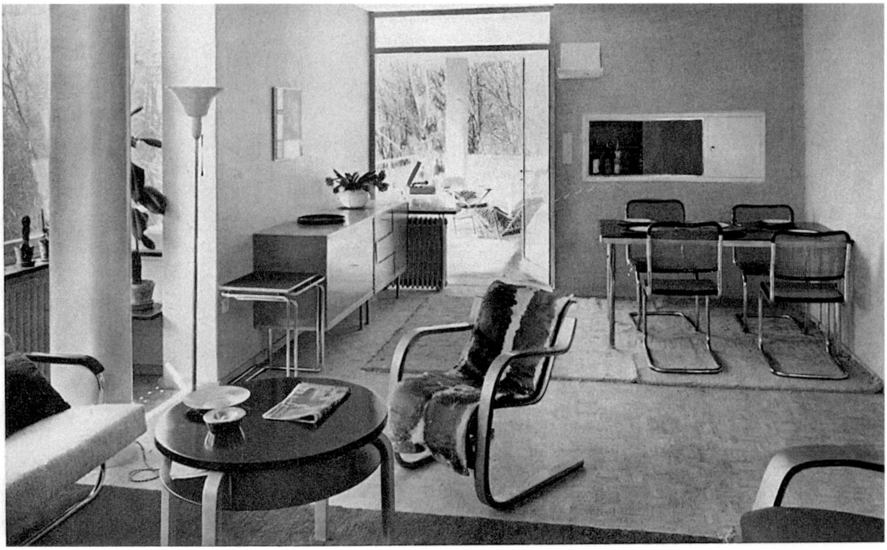

SALA DA PRANZO E DI SOGGIORNO IN COMUNICAZIONE CON IL TERRAZZO COPERTO VERSO SUD-OVEST

Translation
see p. 705

STUDIO - IL PAVIMENTO È RIVESTITO DI LINOLEUM E LA STUOIA È DI PAGLIA INTRECCIATA

UNA INTERESSANTE E NUOVA SISTEMAZIONE DEL CAMINO

SCALA COMUNE RIVESTITA DI MATTONELLE E MOSAICO A GRANIGLIA

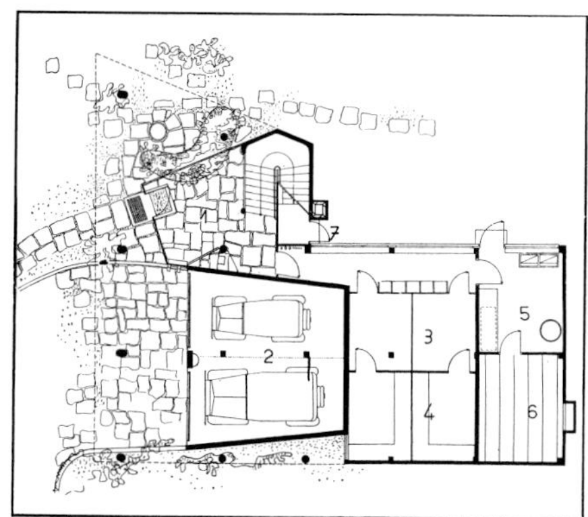

PIANTERRENO
1. INGRESSO - **2.** AUTORIMESSA - **3.** CAMERE DI SERVIZIO **4.** CANTINE - **5.** LAVANDERIA - **6.** ASCIUGATOIO **7.** INGRESSO AL LOCALE DELLE CALDAIE

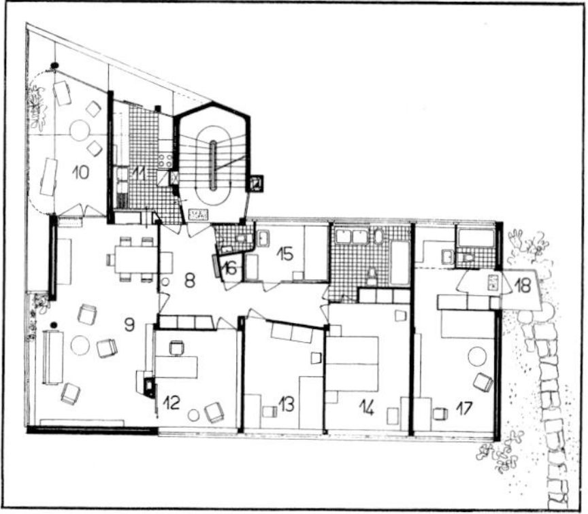

I PIANO
8. ATRIO - **9.** SALA DI SOGGIORNO - **10.** TERRAZZA - **11.** CUCINA - **12.** SALOTTINO-STUDIO - **13.** CAMERA LETTO - **14.** CAMERA LETTO - **15.** CAMERA LETTO SERVIZIO **16.** RIPOSTIGLIO - **17.** APPARTAMENTO DI 1 LOCALE - **18.** INGRESSO DAL GIARDINO

che cercan quasi di rendersi invisibili e tutte le finiture, ringhiere, balconate, corrimano e pergolati.

In un alloggio così « abitabile » non poteva mancare il caminetto, il « focolare », tradizionale elemento della casa che qui riappare trasformato in nuova forma, cessando una funzione strettamente utilitaria per assumere un valore espressivo che rientra nel gusto e nella concezione moderna.

Le costruzioni hanno la struttura portante in acciaio ed è stato particolarmente studiato l'isolamento termico ed acustico, quest'ultimo è facilitato dalla posizione planimetrica del gruppo della scala e delle cucine che fanno corpo a sè.

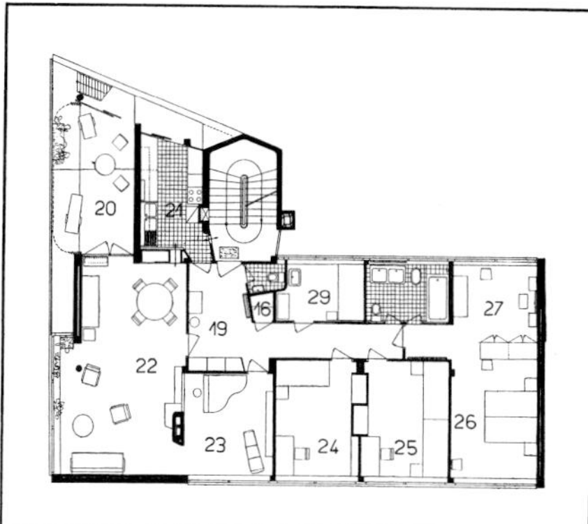

II PIANO
19. ATRIO - **20.** TERRAZZA - **21.** CUCINA - **22.** SALA DI SOGGIORNO - **23.** SALA DI MUSICA - **24.** CAMERA LETTO - **25.** CAMERA LETTO - **26.** CAMERA LETTO **27.** SPOGLIATOIO - **29.** CAMERA LETTO SERVIZIO - **16.** RIPOSTIGLIO

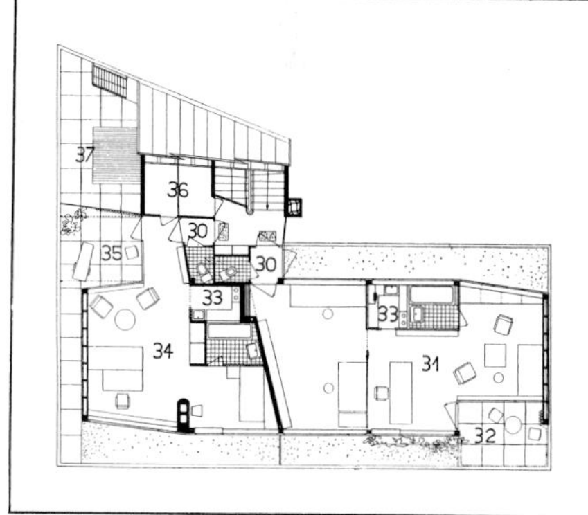

ULTIMO PIANO
30. INGRESSI - **31.** GRANDE STUDIO - **32.** TERRAZZA **33.** CUCINETTA - **34.** PICCOLO STUDIO **35.** TERRAZZA - **36.** SERVIZIO - **37.** SOLARIUM

Translation see p. 705

ARGENTERIE ITALIANE ALL'ESPOSIZIONE DI PARIGI

Queste argenterie eseguite da Calderoni di Milano, su disegno degli architetti Banfi, Belgiojoso, Peressutti, Rogers, per l' Esposizione Internazionale di Parigi, ricercano sopratutto la purezza di linea: ed in questa appunto, unita alla esecuzione perfetta, sta la loro bellezza, così nei servizi, che compongono plasticamente forme semplici, come nei vasi e nei centri da tavola, dove la fantasia dispone poeticamente i fiori per creare un insieme brillante

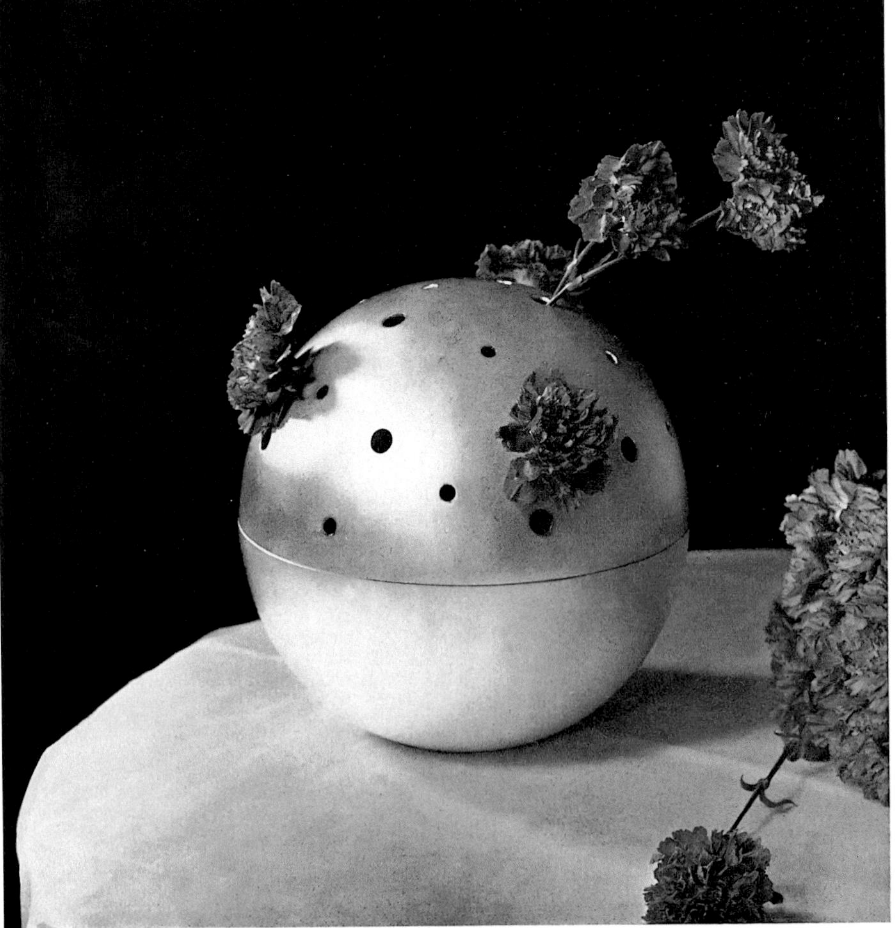

Italian Silver at the Paris Exhibition

Vase, table centrepiece and domino box designed by Gian Luigi Banfi, Lodovico Barbiano di Belgiojoso, Enrico Peressutti and Ernesto

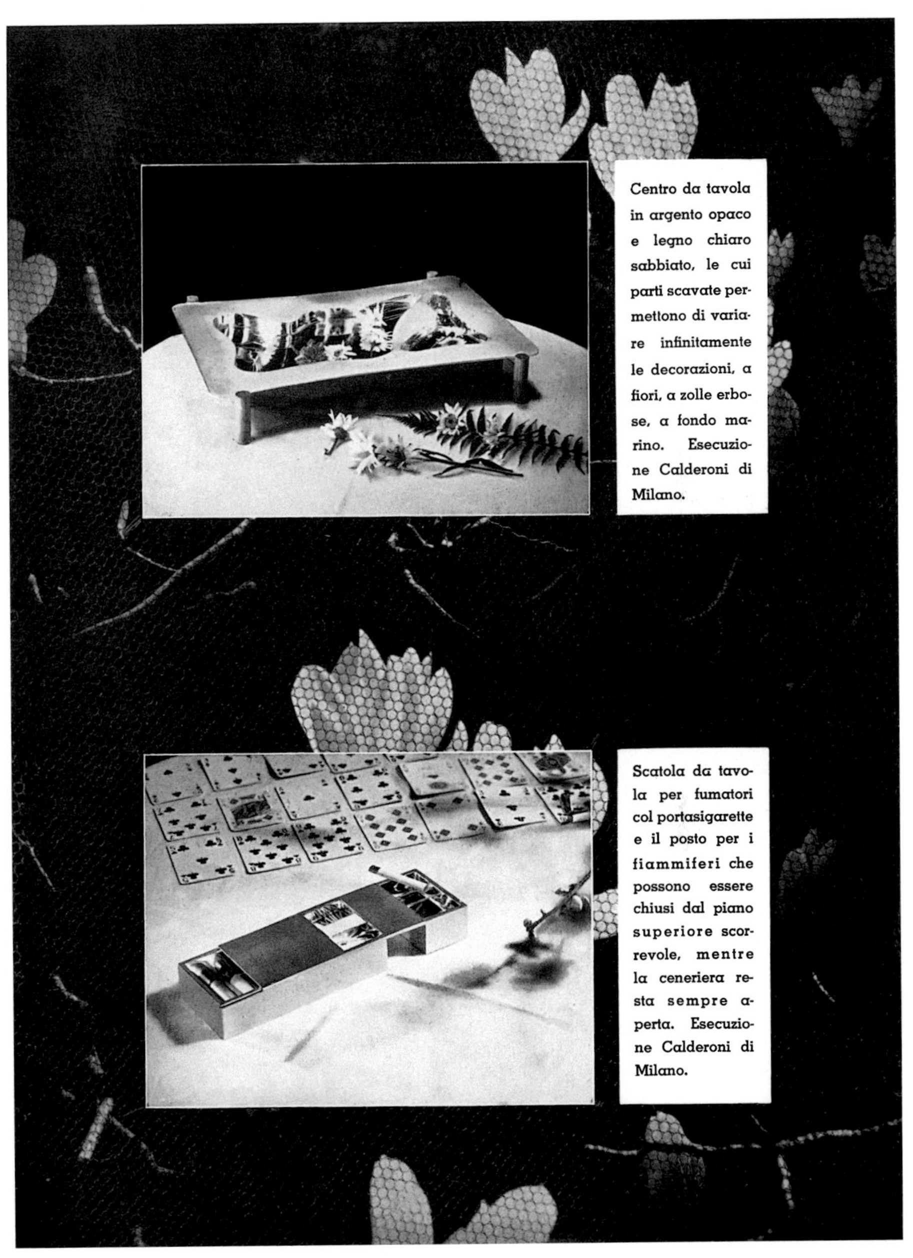

Centro da tavola in argento opaco e legno chiaro sabbiato, le cui parti scavate permettono di variare infinitamente le decorazioni, a fiori, a zolle erbose, a fondo marino. Esecuzione Calderoni di Milano.

Scatola da tavola per fumatori col portasigarette e il posto per i fiammiferi che possono essere chiusi dal piano superiore scorrevole, mentre la ceneriera resta sempre aperta. Esecuzione Calderoni di Milano.

N. Rogers (Studio BBPR) for Calderoni – shown at the 1937 "Exposition Internationale des Arts et Techniques dans la Vie Moderne" in Paris

Servizio da caffè e latte in argento opaco con manici in legno sabbiato. Vassoio in argento opaco col piano in cristallo appoggiato sui prolungamenti delle maniglie, in argento lucido. Esecuzione Calderoni di Milano.
Servizio da tè in argento opaco e lucido formato da un grande samovar per l'acqua, con relativo fornelletto, da da due teiere, da una lattiera ed una zuccheriera. Esecuzione Calderoni di Milano.

Coffee and tea services designed by Gian Luigi Banfi, Lodovico Barbiano di Belgiojoso, Enrico Peressutti and Ernesto N. Rogers (Studio BBPR) for Calderoni

DOMUS
119
L'ARTE NELLA CASA E NEL GIARDINO • NOVEMBRE 1937-XVI
DUE METALLI ITALIANI ARRICCHISCONO LE RISORSE DELLA PRODUZIONE D'ARTE: LO XANTAL, BRONZO D'ALLUMINIO, DALLE SUPERFICI DORATE, E L'ANTICORODAL ANODIZZATO E PATINATO; MATERIA CHE HA LE DOTI DEL PELTRO E DEL VECCHIO ARGENTO

domus 119
November 1937

Cover

domus magazine cover showing Italian metalware

ROYERE

I nostri lettori conoscono l'opera di Royère. Presentiamo qui alcune cose di vario carattere. A pagina 22 un camino, una poltrona e un divano di una dimora elegantemente campagnola (vedi il rivestimento in bambù); a pag. 23 due sale da pranzo altrettanto gaie e campestri; a pag. 24 due interni di un carattere imperativamente ma elegantissimamente meccanico; a pag. 25 un interno e dei mobili originalissimi da veranda; a pag. 26 una serie di mobili da terrazzo estremamente interessanti.

CAMINO NELLA STANZA DI SOGGIORNO IN UNA CASA IN MONTAGNA LA PARETE È INTERAMENTE IN CANNE DI BAMBÙ

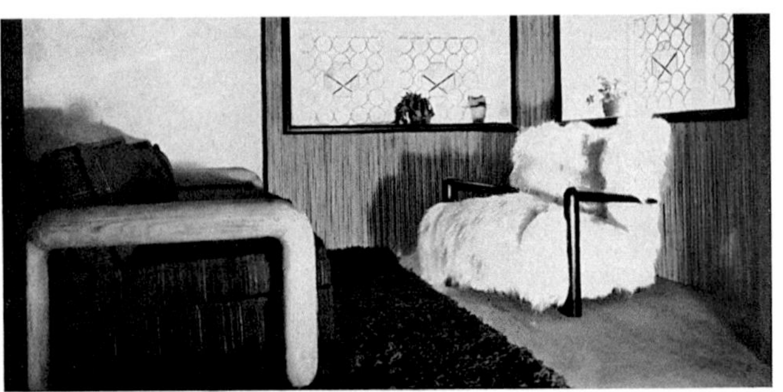

ANGOLO DELLA MEDESIMA STANZA - DIVANO IN LEGNO NATURALE, POLTRONA IN LEGNO LUCIDATO RICOPERTA IN ORSO BIANCO

DOMUS
L'ARTE NELLA CASA - DICEM. 1937 X
Un pezzo d'arte in cristallo molato, creazione della « Veneziana Conterie e Cristallerie »
EGALI DI
ATALE

Domus 120
December 1937

Cover

domus magazine cover

GAIO ANGOLO IN UNA SALA DI UN RISTORANTE RURALE

APPARECCHIATURA CAMPESTRE NELLA SALA DA TÈ DEL MEDESIMO RISTORANTE

Interiors and furniture designed by Jean Royère: room in a rural restaurant; study and bar corner of a bachelor's apartment in Dimora

SOPRA: STUDIO ABITAZIONE NELLA DIMORA DI UNO SCAPOLO - SOTTO - ANGOLO DEL BAR NELLA MEDESIMA CASA

ARREDAMENTO DI FERRO IN UNA SALA PER L'ESTATE

MOBILI IN FERRO PER VERANDA

Interiors and furniture designed by Jean Royère: chairs and table; outdoor furniture

INTERESSANTI E NUOVI MOBILI PER IL TERRAZZO

UNA SERIE DI PRATICHE SEDIE DA GIARDINO - SOTTO A SINISTRA: AMPIE POLTRONE IN FERRO PER UNA SALA DI RIPOSO - A DESTRA, MOBILI DA TERRAZZO

120 - DICEMBRE 1937 - XVI

DOMUS

ARCH. GINO LEVI-MONTALCINI - TORINO - VILLA CAUDANO - TERRAZZO ALL'ULTIMO PIANO

ARIA, SOLE, VERDE E ARCHITETTURA

Foto Pedrini

ARCH. GINO LEVI-MONTALCINI - PARTICOLARI DELLA VILLA CAUDANO IN TORINO

Pubblichiamo questa costruzione dell'architetto Gino Levi-Montalcini. L'edilizia d'abitazione in Italia si va arricchendo di esempi interessanti: noi abbiamo fede che gli sforzi e la passione degli architetti e la comprensione di un pubblico sempre più diffuso conduca la giovane architettura italiana a realizzazioni esemplari.

Air, Sun, Greenery and Architecture

Villa Caudano in Turin designed by Gino Levi Montalcini: view of terrace, façade, gates and external staircase

ARCH. LEVI MONTALCINI - VILLA CAUDANO A TORINO - VEDUTA DELLA SCALA ESTERNA. LE PARETI SONO IN CONCOLOR BIANCO TIPO TRAVERTINO DELLA CERAMICA CANAVESANA DI TORINO

ARCH. LEVI - MONTALCINI - CAMERE STUDIO - SOGGIORNO - PRANZO RIUNITE IN UN AMBIENTE UNICO - PARTE RISERVATA AD USO STUDIO

PARTE RISERVATA A CAMERA DA PRANZO - MOBILI DI NOCE A STOPPINO - STOFFE BIANCO CREMA - PARETI IN DUCO VERDE PALLIDO

INGRESSO - PARETI IN DUCO GRIGIO PERLA MOBILE DI ACERO CON FINITURE NERE

CAMERA DI SOGGIORNO - ANGOLO DI CONVERSAZIONE PARETI IN DUCO VERDE PALLIDO - TENDE IN RODHIA GIALLO CHIARO

Esecuzione Ercole Merlotti - Torino

Villa Caudano in Turin designed by Gino Levi Montalcini: views of the Fürst apartment interior showing living/dining/study area, entrance area and bedroom

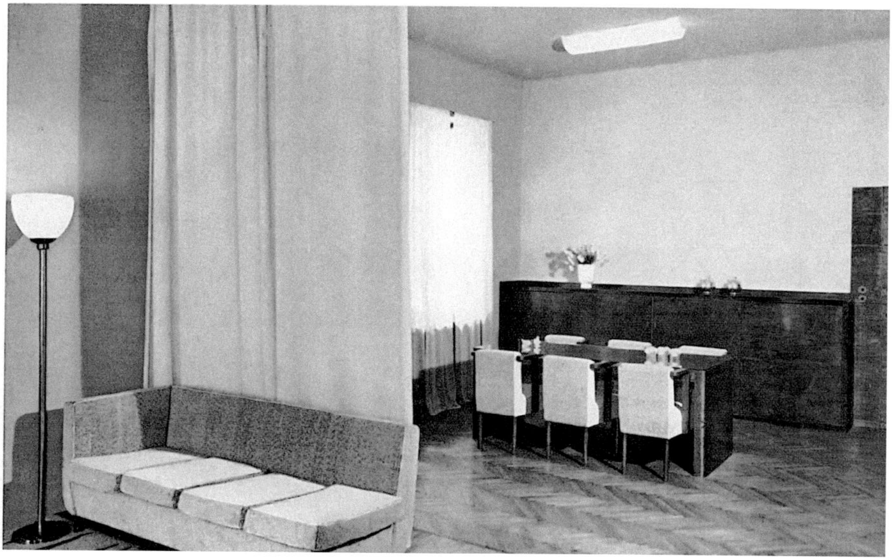

ARCH. GINO LEVI MONTALCINI - TORINO - APPARTAMENTO FÜRST - CAMERA PRANZO - SOGGIORNO - STUDIO RIUNITE IN UN UNICO AMBIENTE - MOBILI DI NOCE A STOPPINO, STOFFE BIANCO CREMA, PARETI IN DUCO VERDE PALLIDO

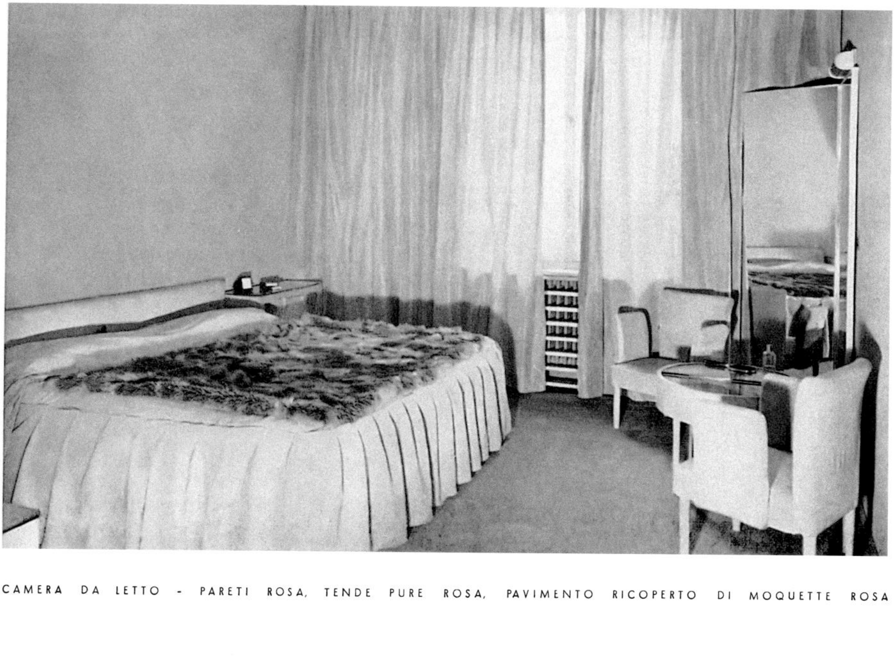

CAMERA DA LETTO - PARETI ROSA, TENDE PURE ROSA, PAVIMENTO RICOPERTO DI MOQUETTE ROSA

Esecuzione Ercole Merlotti - Torino

ARCH. GINO LEVI MONTALCINI - APPARTAMENTO FÜRST - MOBILE BAR LACCATO ROSSO PORPORA - CRISTALLI SECURIT - SGABELLI RICOPERTI DI PELLE ROSSA

S. A. LUIGI FONTANA & C.

SEDE CENTRALE: MILANO - VIA PRIVATA G. BUGATTI, 8 - TELEFONI 30-062 - 30-074 - 32-437
SALA DI ESPOSIZIONE E VENDITA: VIA MONTENAPOLEONE, 21 - TELEFONO 75-089

Fontana Arte

CON LA DIREZIONE ARTISTICA DELL'ARCH. GIO PONTI E DI PIETRO CHIESA

Sede centrale in Milano via privata Bugatti, 8 Telefoni 32·437-30·074-30·062
Negozio in via del Montenapoleone N.° 21 - Milano - Telefono N.° 75089

LAMPADE - RIVESTIMENTI - MOBILI - VETRATE
TUTTE LE LAVORAZIONI NOBILI DEL VETRO E DEL CRISTALLO

Fontana Arte advertisement showing chest of drawers designed by Pietro Chiesa

CASA A POSILLIPC

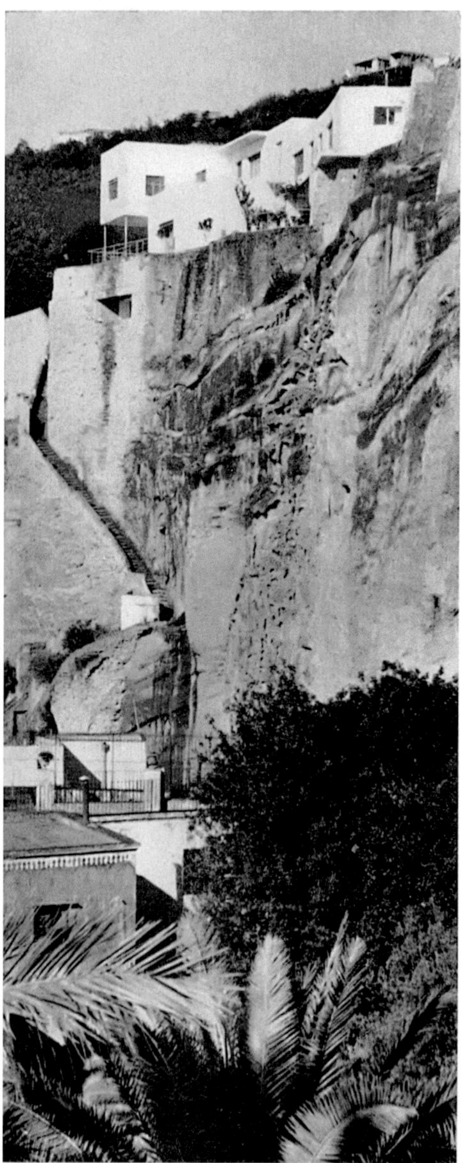

Presentiamo una bella costruzione che molto animosam te due architetti, Cosenza e Rudofsky, hanno inalzatc Napoli.
La pianta è concettivamente, strutturalmente ed abita vamente interessantissima. Si noti l'assenza di corridoi p con la perfezione dei servizii, la chiara essenza costrutti e le magnifiche deliziose doti per l'abitazione. Le fo grafie stupende parlano da sè.
Ma se noi siamo lieti, pubblicando quella che forse è nostra più bella costruzione moderna in fatto di ville, constatare che essa è a Napoli dobbiamo anche dire c questo fatto non costituisce purtroppo la testimoniar di un clima architettonico napoletano adeguato.
Questo fatto è una eccezione ed ancora, e crediamo sa per molto tempo, una eccezione. E lo rimarrà per la p rezza dei valori architettonici anche se mai sorgesse impreparati seguaci o facili imitatori (chè noi sappiar quale genìa sieno e di quanti malanni sien cagione all'a chitettura moderna italiana). A Napoli la professione d l'architetto, il « compito » dell'architetto non è ancora c nosciuto benchè vi lavorino (ma troppo poco) eccelle uomini come il Canino e vi sia una scuola diretta Calza-Bini ove insegna oltre il Canino (credo) anche Ce In questo paese di bellezze senza paragoni una gran contentezza di se stessi ha ostacolato conoscenza e cr tica. Mentre questo potrebbe essere il *luogo* di una pr fonda coscienza architettonica in quanto proprio nel gol di Napoli si possono studiare forme di abitazione c non hanno mutato da duemila anni, espresse in certe c struzioni che sono quasi i fondamenti dell'estetica arch tettonica. Ma Napoli pare disertata dalle muse architett niche. Il sole, fuori della sua posizione eminente ne ispirazioni delle canzonette pare sia divenuto il più e fettivo antisettico di ogni potenza creativa artistica. S pravvive il dilettantismo e noi pensiamo che alla cortes di ospite sia dovuto quanto ha scritto su queste pagir Le Corbusier attorno ad una villa di Capri, che si pu definire, e il creatore è certo tanto probo da riconoscer il capolavoro di una atteggiamento dilettante.
La costruzione della villa Oro, apparizione di un fervo architettonico a Napoli, rappresenta una eccezione, dir mo una eccezione eccezionale. Essa è destinata infatti a avere un riconoscimento veramente grande più lontar e siamo lieti intanti di essere i primi a testimoniarlo, e a farne conoscere i valori e gli incanti.
Il cortese proprietario ci consenta una preghiera: vogli egli far adempiere agli architetti tutta l'opera loro con piendo l'arredamento in una unità di stile. Egli sarà allor non l'abitante di una architettura che noi molto stimi mo, ma il proprietario di una opera d'arte. *Gio Pon*

LA VILLA È SITUATA SU UN ALTO MURAGLIONE NATURALE A POSILLIP

House at Posillipo

Villa Oro at Cape Posillipo, Naples, designed by Luigi Cosenza and Bernard Rudofsky: views from below and above

LLA VILLA UNA MAGNIFICA VEDUTA SUL GOLFO E SU POSILLIPO

Translation
see p. 706

QUESTE FOTOGRAFIE MOSTRANO COME VEDUTE, SOLE, VERDE E LA VITA DEGLI

DALLE TERRAZZE E DALLE FINESTRE L INCANTEVOLE SPETTACOLO DEL

House at Posillipo

Villa Oro at Cape Posillipo, Naples, designed by Luigi Cosenza and Bernard Rudofsky: views of terraces; side elevation by day and by night

LTRE VEDUTE DEI VOLUMI PURISSIMI DI QUESTA ARCHITETTURA

Translation
see p. 706

DOMUS

114 - L'ARTE NELLA CASA E NEL GIARDINO - GIUGNO 1937 - X

INTERNO DEL NEGOZIO BRANDI IN MILANO - UN EFFETTO FRANCO ED ATTRAENTE È STATO OTTENUTO CON MEZZI SEMPLICISSIMI: MENSOLE A SBALZO E CORNI ROSSE AGLI SPECCHI IN CRISTALLO SECURIT, PAVIMENTO IN LINOLEUM GRIGIO, POLTRONE IN MAROCCHINO ROSSO, ROBINETTERIA NERA, PARETI TINTEGGIAT

Cover

domus magazine cover

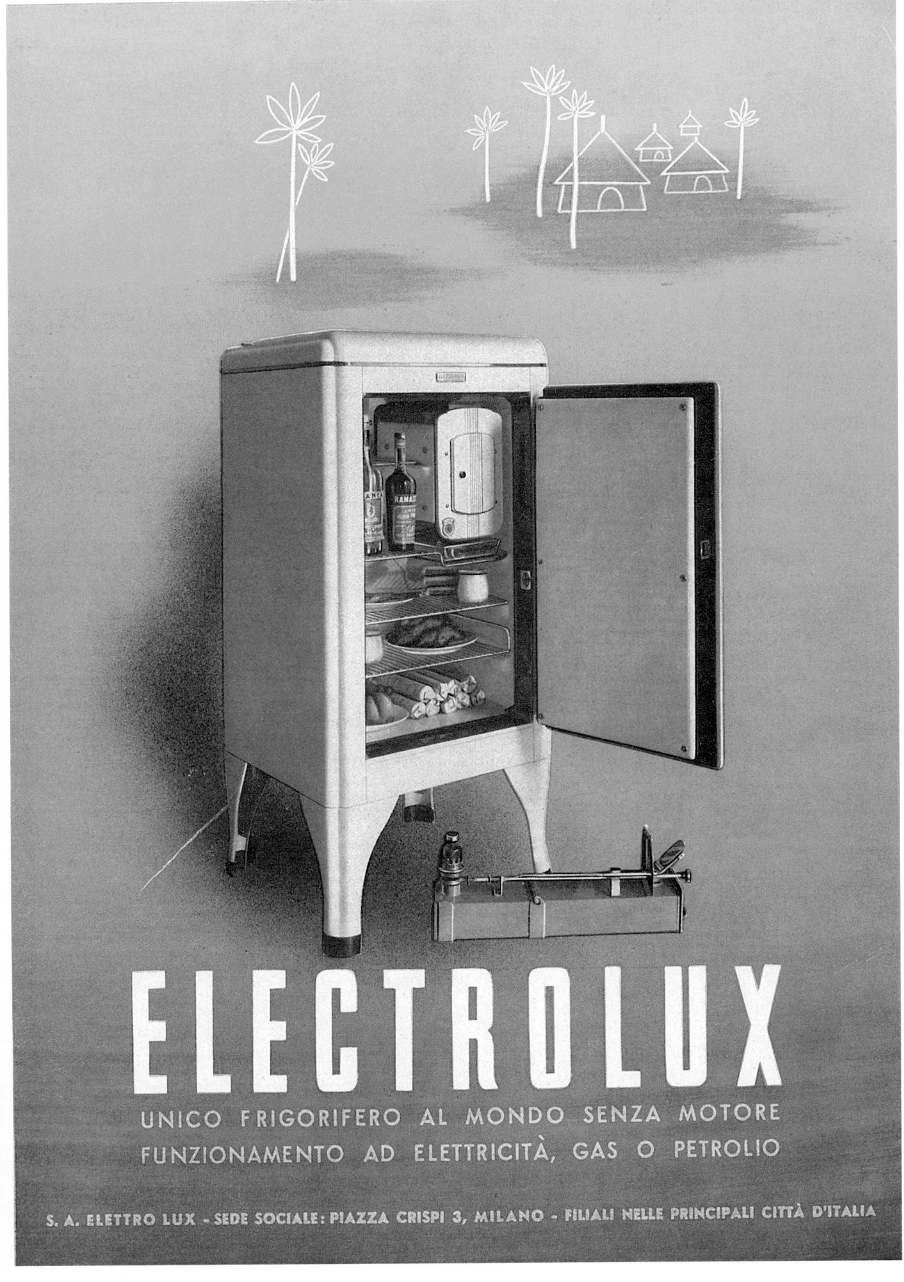

ELECTROLUX
UNICO FRIGORIFERO AL MONDO SENZA MOTORE
FUNZIONAMENTO AD ELETTRICITÀ, GAS O PETROLIO
S. A. ELETTRO LUX - SEDE SOCIALE: PIAZZA CRISPI 3, MILANO - FILIALI NELLE PRINCIPALI CITTÀ D'ITALIA

Advertising

Electrolux advertisement for refrigerators

domus 123
March 1938
FEATURING
Mario Ridolfi

domus 124
April 1938

domus 125
May 1938

domus 122
February 1938
FEATURING
Gio Ponti
Pietro Chiesa
Paolo Buffa

domus 121
January 1938

domus 126
June 1938
FEATURING
Pier Luigi Nervi
J. T. Kalmar

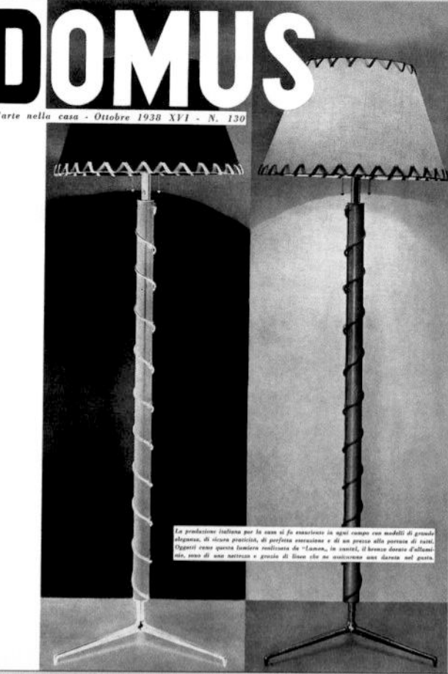

domus 130
October 1938

domus 127
July 1938

1938

OMUS

l'arte nella casa - marzo 1938 XVI

è nata una nuova stoffa per tendaggi: Racò

domus 128
August 1938
FEATURING
Gian Luigi Banfi
Lodovico Barbiano di Belgiojoso
Enrico Peressutti
Ernesto Nathan Rogers
Richard Neutra

domus 129
September 1938
FEATURING
Carlo Mollino

domus 131
November 1938
FEATURING
Willem van Tijen
Johannes Hendrik van den Broek
Johannes Andreas Brinkman
Alberto Sartoris

domus 132
December 1938

GIO PONTI

NON "ARREDARE" MA CIRCONDARCI DI QUANTO CI OCCORRE E CI PIACE

Foto Porta

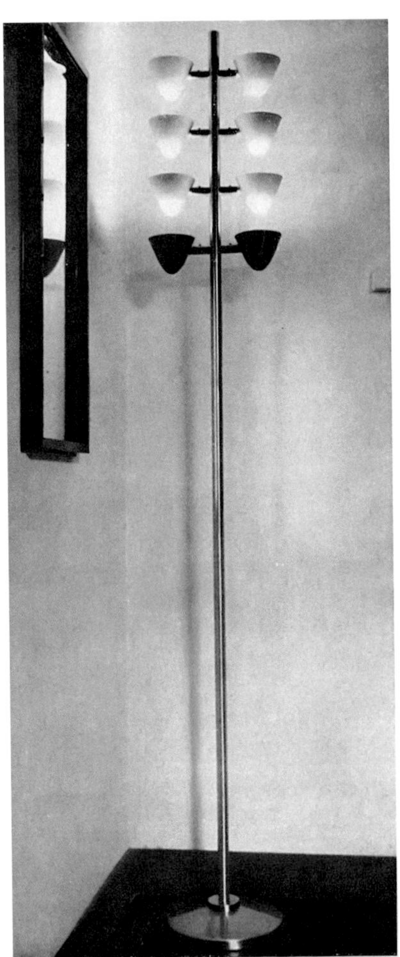

FONTANA

Not 'To Furnish' but to Surround Us with What We Need and Like

Chair designed by Gio Ponti; floor light and suspended ceiling lights designed by Pietro Chiesa for Fontana Arte; case furniture designed by Paolo Buffa

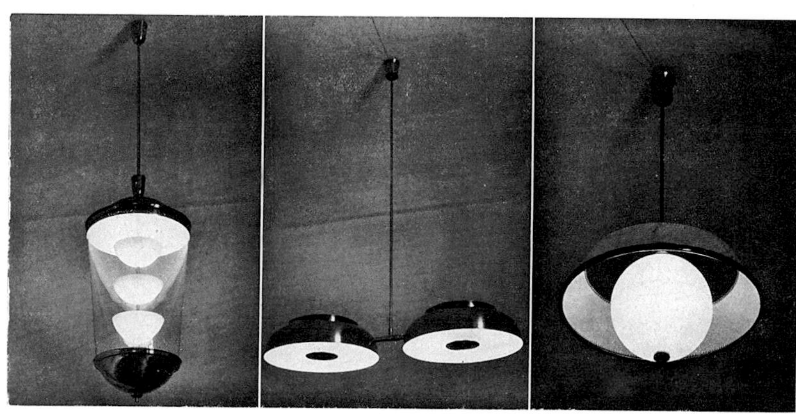

Non è necessaria la creazione di una lampada speciale per ogni ambiente; deve invece esercitarsi una scelta su tipi che rappresentino una creazione e mostrino di raggiungere una singolare perfezione e purezza. Tali appaiono le quattro lampade disegnate per Fontana Arte da Pietro Chiesa che l'Italia deve riconoscere in questo campo insieme a Venini, fra i migliori del mondo.

Notevole in due di esse il gioco ottenuto con la luce che emanano.

Questa « indipendenza » dall'arredamento malamente inteso è pure singolarmente raggiunta dal mobile tanto elegante di Paolo Buffa. Se vi occorre, esso sta a sè e sta bene nella vostra camera da letto quanto nella sala di soggiorno, quanto nello studio di casa. E così è della sedia, che presentiamo nella pagina contro, nella quale ci si è studiato di realizzare l'estrema semplicità. Questa sedia, un modello di « Casa e Giardino » disegnato da Gio Ponti, pure essendo a schienale vuoto è comodissima e tende a raggiungere un tipo.

Un'armonia di scelta quindi deve collegare ogni elemento che circonda la vostra vita; questa scelta ha da testimoniare la educazione e consapevolezza del gusto. L'educazione sarà misurata dalla semplicità e sincerità delle cose che costituiranno il vostro ambiente.

L'AMERICA DEI GRATTACIELI

Tre stupendi documentari dell'America e le parole commosse di Giuseppe Pagano sulle immagini dell'America. Ma noi richiamiamo specialmente l'attenzione sulla immigrazione culturale in America, che Pagano segnala. Ritorneremo sull'argomento e con uno studio su un'altra America che non è questa dei grattacieli, sull'America senza grattacieli.

Che cosa è questa America? La conosciamo noi veramente o andiamo fabbricando un mito per depositare in un angolo di terra reale l'immagine di un mondo irreale? Effettivamente, se interroghiamo chi c'è stato davvero negli Stati Uniti e chi non c'è stato ma sogna di andarci, osserviamo l'imponderabile esistenza di questo mito, con tutti i suoi risultati psicologici. V'è chi parla, al ritorno d'America, con l'aria d'un ideale infranto; v'è chi golosamente snocciola descrizioni spettacolari, iperboliche; v'è chi candidamente confessa che la vita americana è qualcosa di « formidabile » ma tuttavia di molto diverso di quanto noi andiamo immaginando. In meglio o in peggio? Questi sono apprezzamenti difficili. Ma indubbiamente esiste una realtà americana che si imprime nel cervello e nella psiche di chi la avvicina. E le reazioni a questo contatto sono di tre specie. V'è l'europeo saccente, dogmatico e pieno di diffidenza che va ad esplorare l'America del Nord con evidente animo pessimista; v'è l'ottimista che ritorna saturo di entusiasmi; v'è finalmente la famiglia degli idealisti, dei poeti, dei filosofi, dei giornalisti, degli artisti che ritorna in Europa con un bel libro sulla ennesima scoperta dell'America del Nord. E noi che non ci siamo stati ancora, leggiamo questi libri e nutriamo la nostra fantasia e fabbrichiamo il nostro mito personale sulle meraviglie del Regno Stellato. Quando poi un amico ritorna con un corredo di belle fotografie, quasi quasi, ci illudiamo d'essere stati anche noi in America e di aver visto coi nostri occhi la « sky-line » di Nuova York e di Chicago, le grandi strade, le fabbriche, le belle ragazze sorridenti, le meraviglie paesistiche di Los Angeles e le grandi distese di buona terra rurale percorsa dalle linee aeree. Anch'io resto preso nel gioco e lavoro di fantasia davanti alle immagini. E quello che esse dicono diventa alimento poetico. Io penso all'America come ad un mondo fantastico mentre, per altri, l'America è ormai un'impressione reale, un ricordo di viaggio, una cosa vista. Quello che per altri ha contorni precisi, per me ha una fisionomia lirica. Io desidero che la mia fantasia coincida con la realtà. I grattacieli americani sono il primo luogo comune. Questi ormai li conosciamo. Ci è nota la loro altezza. Ma per sentire le loro dimensioni bisogna mettersi, col naso in su, su di un marciapiede della Quinta strada. Questo io non lo posso fare: lo sogno. Che la maggior parte dei grattacieli abbia appiccicata, sulla bellezza dello scheletro, della mal digerita architettura stilistica, non importa. Questo gli americani lo sanno, come noi. Come noi essi sanno che pochi sono i grattacieli belli anche stilisticamente, come quello di Howe e Lescaze di Filadelfia. Ma il blocco dell'Empire State Building e le grandi torte babiloniche del Rockefeller Center sono fenomeni che commuovono. E commuovono sopratutto quando si pensa che queste montagne di acciaio e di pietra sono nate non da un bisogno materiale, ma da un lirico desiderio di dimostrare plasticamente un senso eterno di potenza. Eterno? Quale è il senso dell'eterno nell'americano, così penetrato nell'oggi, così sprofondato nella vita di ogni giorno? Il valore del tempo è relativo. La preistoria americana parte dal 1700 e arriva al 1800. Per l'Egiziano l'epoca tolemaica è « recente » rispetto alle piramidi. Per l'americano il grattacielo della Home Insurance, che W. J. Jenny costruì a Chicago nel 1883, rappresenta il medioevo, e il « ferro da stiro » che Filippo Dinkelberg (morto in miseria come quasi tutti i poeti) costruì nel 1895, all'incrocio di Broadway con la Quinta Strada, è storia vecchia. Rappresenta la prima affermazione di una concezione architettonica che riesce a inorgoglire persino Sinclair Lewis, così poco tenero per i suoi compatrioti. Ma il grattacielo non è l'America. E' forse la più tipica dimostrazione della ricchezza orgogliosa e della ottimistica sete di felicità che entusiasma il mondo americano. Mondo giovane che crede nella gioia di vivere, che non vuole essere pessimista, che non si sente pesare sulla schiena la responsabilità delle tradizioni, che non ha paura di contraddirsi. Mondo del danaro e della tecnica? Certamente; ma anche mondo di Poesia. Vi sono strade enormi, tutte di acciaio e sopraelevate; fabbriche dove le automobili, le scatole in conserva, gli abiti in serie si riproducono con magica rapidità. Questa realtà può diventare poesia. Questa realtà quasi fiabesca, che chi non l'ha vista desidera ingigantirla come un racconto di fate, ha il suo fascino lirico. Proprio per questo a noi piace. Si parla del dio danaro, della sovrumana potenza dell'oro. Ma non è questo che a noi europei

(Continua a pagina XXX)

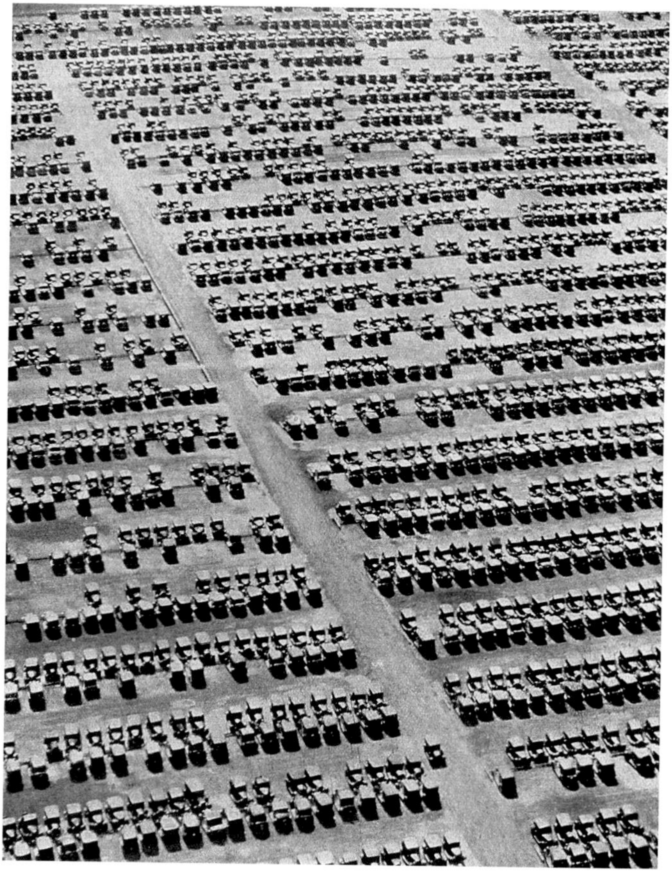

(da *Life*)

Translation
see p. 706

domus 121
January 1938

Cover

domus magazine cover

ARCH. MARIO RIDOLFI - PALAZZINA SIGNORILE IN ROMA - ZOCCOLATURA IN TRAVERTINO, RINGHIERE IN FERRO E INFISSI VERNICIATI IN GIALLO CROMO, CANCELL METALLICA IN BLU SCURO, INTONACO DI FONDO IN TERRANOVA GRIGIO PERLA, I BALCONI IN TERRANOVA BIANCO - PARAPETTI IN CRISTALLO SECURIT

CASE DI ROMA MODERN

Nelle opere di Mario Ridolfi è da vedere un esempio di esatta interpretazione della « tecnica » architettonica.

Appunto perchè dotato di una sensibilità raffinata, Ridolfi rifugge dall'applicazione incontrollata degli innumerevoli « elementi » che il commercio mette a disposizione dei costruttori: ma crede nella *necessità* di una collaborazione fra spirito sci e spirito architettonico, e da anni applica la sua immagir e la sua cultura nella ricerca e nella definizione di *elemei* per una nuovissima *modanatura*: che è stata ed è ancora l: tra di paragone » degli architetti.

Modern Roman Homes

Apartment building on Via di Villa Massimo in Rome designed by Mario Ridolfi: detail of façade

PALAZZINA IN ROMA - VIA DI VILLA MASSIMO
PIANTA DEL PIANTERRENO - CORTILETTO INTERNO

L'adozione di schemi costruttivi inventati una volta per sempre, si risolve in monotonia di linguaggio soltanto per chi non è artista: per un architetto vero, essa è un modo di liberazione della fantasia: intesa, quest'ultima, in un significato più vivo di quello che le attribuiscono gl'innografi dell'« ornamento ».

Ridolfi non aderisce alla teoria della « machine » famosa, ma non vuole esser confuso coi tanti che s'illudono di fare arte quando si perdono nella ricerca di empiriche soluzioni di quesiti elementari nel campo della pratica edilizia.

Apartment building on Via di Villa Massimo in Rome designed by Mario Ridolfi: floor plan, external staircase, angled elevation and entrance

PALAZZINA IN ROMA - VIA DI VILLA MASSIMO - VESTIBOLO - PAVIMENTO IN CHIAMPO ROSA - PARETI IN GIALLO CROMO - SOFFITTO IN STUCCO BIANCO LAMPADE IN VETRO VERDE - PORTA IN NOCE E CRISTALLO INFRANGIBILE

NUOVI CRISTALLI DI FONTANA ART

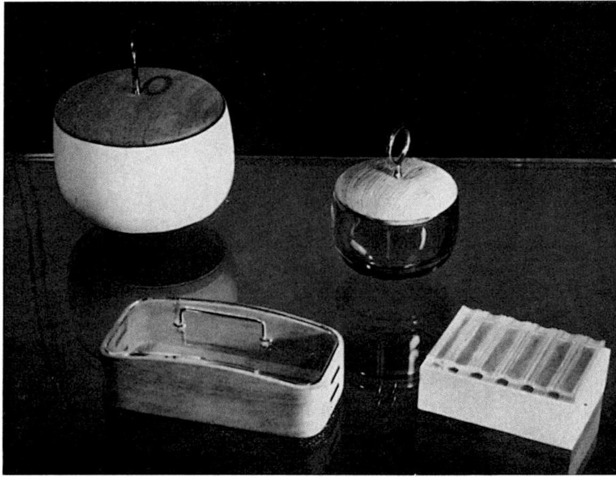

Presentiamo questi ultimi pezzi di Fontana Arte, gustosi per la grazia delle forme e per la varietà della lavorazione; i cappel di cristallo bianco e colorato a ruota servono come vasi da fiori o come porta biglietti; la lampada da muro è formata di ur tegola in cristallo curvato metà satinata e metà specchiata, stretta in montatura metallica. Non abbiamo voluto dimenticare nuovi modelli di scatole; quelle rotonde, in cristallo fuso con coperchio in legno e quella per sigarette in olmo con cope

New Glass by Fontana Arte

Murano glass hats, wall light, boxes and hanging light manufacturec by Fontana Arte

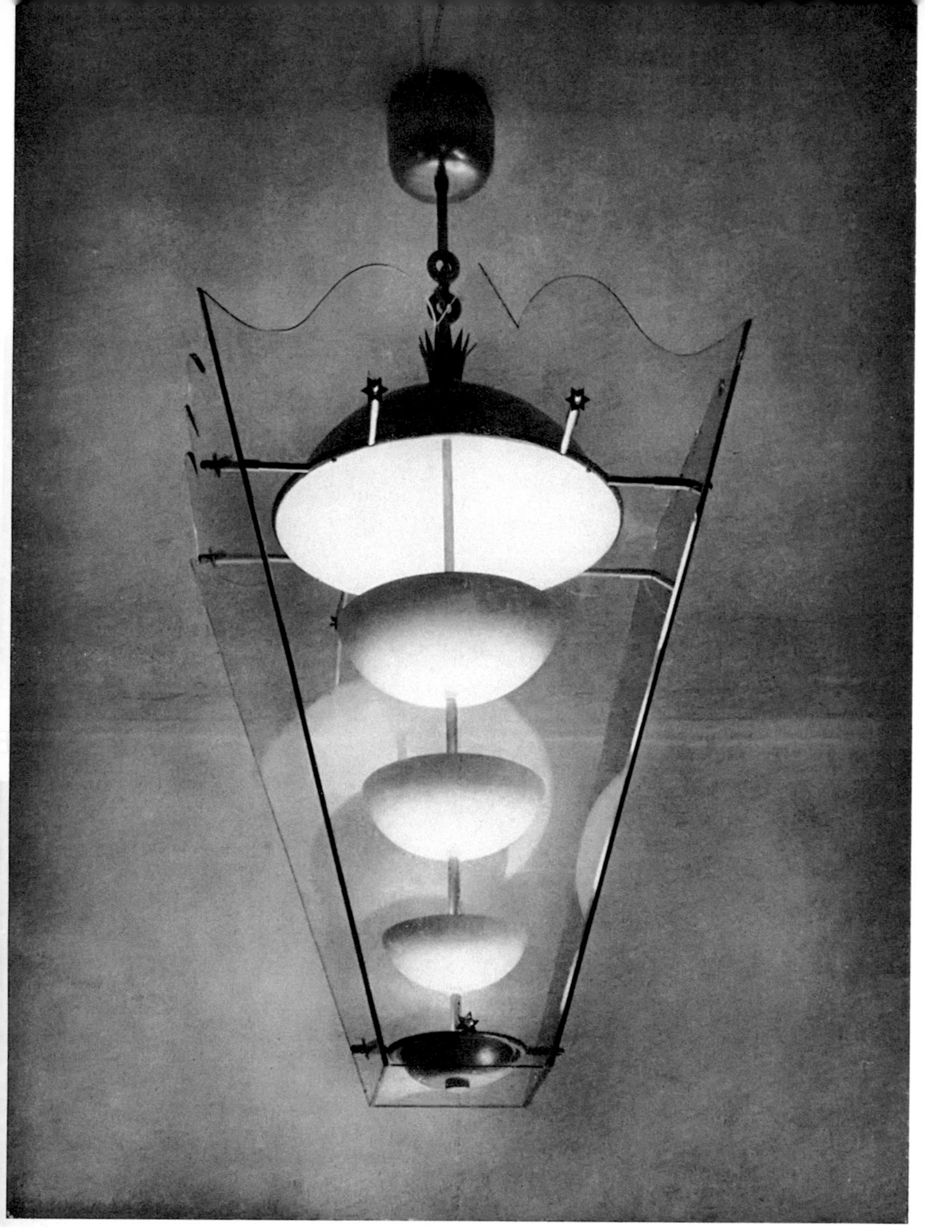

chio in cristallo curvato l'una e in acero e cedro con coperchio in cristallo di grande spessore, scavato a ruota, l'altra. Questa grande lampada da soffitto a luce riflessa tradisce una vera ricerca architettonica nel bel gioco di cristalli sagomati e molati che rivestono la snella struttura in metallo parte nichelato e parte laccato in bianco. **È particolarmente adatta per grandi atrii, anche per la sua potenza di diffusione luminosa.**

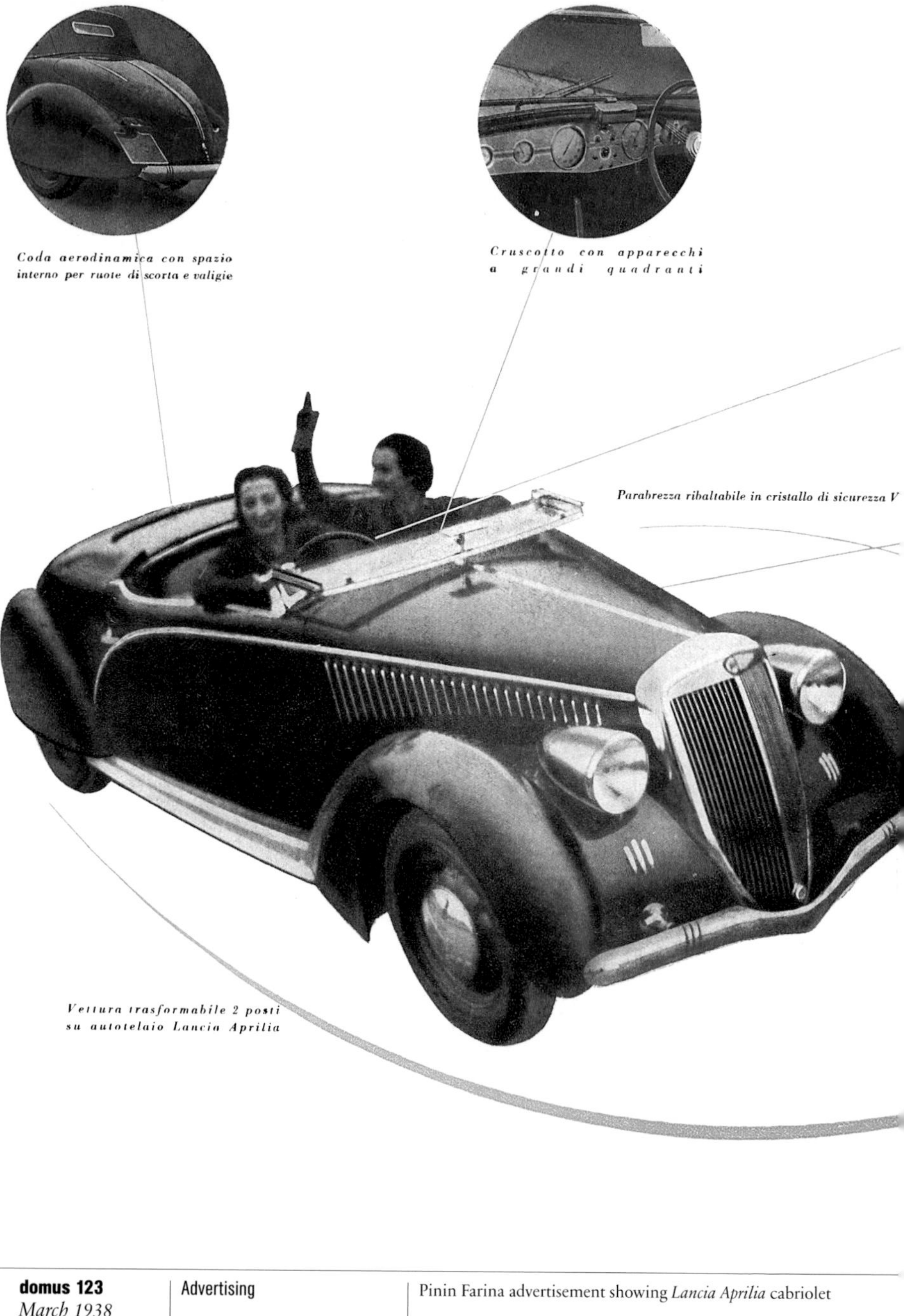

Coda aerodinamica con spazio interno per ruote di scorta e valigie

Cruscotto con apparecchi a grandi quadranti

Parabrezza ribaltabile in cristallo di sicurezza V

Vettura trasformabile 2 posti su autotelaio Lancia Aprilia

Pinin Farina advertisement showing *Lancia Aprilia* cabriolet

Si avvicina l'estate pensate ad una bella vettura trasformabile che potete chiedere a PININ FARINA

Volante flessibile creazione Pinin Farina

Copertura che rientra interamente • sportello sagomato di linea sportiva • ampia bagagliera interna

un modello di* vettura

Pinin Farina

CARROZZERIA PININ FARINA - TORINO, CORSO TRAPANI, 107

Advertising

Pinin Farina advertisement for automobile styling

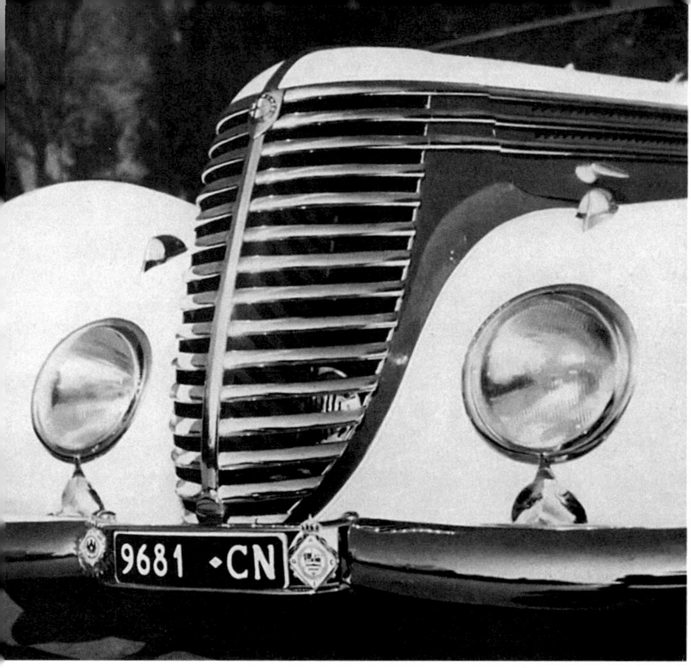

U N A «L I N E A» D I P I N I N F A R I N A

STILE

L'estetica della macchina non è più una scoperta: e tuttavia ha ancora per molti il sapore dell'assurdo. La macchina sembra ancora a troppi non poter essere che il simbolo dell'utile: una specie di organismo muto. Ma tutta la polemica dell'arte moderna e molte tendenze chiarificatrici dell'estetica stanno decisamente combattendo, perchè lo stesso concetto dell'arte non sia più esiliato nelle zone dei capricci di lusso ma invece adeguato alla stessa ragione della vita: espressione non ornativa ma necessaria. Il blocco aggressivo e trionfale qui sopra riprodotto ha la stessa rispondenza al concetto di necessità che può essere in una struttura architettonica; ed ha la stessa libertà creativa e fantastica d'una scultura astratta. Qualcosa di brutale è nella potenza di quella specie d'armato capo d'arìete; e poi all'improvviso, ai fianchi di quel centro d'attacco, la linea s'amplia e s'ammorbidisce, in una ondulazione soffice, come se su questi piani rovesci l'aria, tagliata dalla macchina, si riversasse carezzando. Si può pensare a certe sculture negre e a certe armature medioevali, a delle architetture gotiche e a dei riposi amplissimi. Interessantissima è l'opposizione di quel bianco candido al metallo scoperto anche nello scheletro e interessante, accanto alla fierezza di quel primo tono aggressivo, è lo sviluppo che invece vien poi prendendo la macchina, in una morbidezza raffinatissima, a curve sfuggenti.

(foto Domus Porta)

Translation see p. 709

Per il viaggio

VALIGE E BAULI IN CANAPA DEL LINIFICIO E CANAPIFICIO NAZIONALE

C'è un'architettura anche dei bauli. Qua do Le Corbusier cominciò la sua polemi di svecchiamento, riprodusse nell'« Esp Nouveau » i bauli per transatlantico con esempi d'architettura certo più evidenti limpidi d'una villetta in stile eclettico. C anche un'architettura delle valige: e può anzi dire che anche la valigeria dovuto proporsi una certa sua necessità scoperte e prima di tutto di scoperte materiali. Il problema della valigia mo derna stava nel garantire la stessa sic rezza e resistenza della valigia di pell senza più averne il peso: e la soluzione stata nella valigia di canapa. I modelli ch presentiamo sono ripresi dalla rivist « Fili » — rivista mensile pubblicata dall Editoriale Domus — che tutti i nostri le tori dovrebbero sempre leggere. « Fili integra « Domus ». La casa non è viv solo nelle architettura e nei mobili: e s già « Domus » allarga quanto più può suo campo e in ogni numero richiam sempre alla verità che un nuovo stile d'a chitettura nasce solo attraverso un nuov stile di vita, « Fili » si propone di segui nelle più vicine necessità la padrona d casa con continui consigli e schiariment Vi si trovano non solo modelli di maglie ria e di biancheria, tutto quel che forse pi tenta la signora, ma anche quanto la si gnora deve sapere per la sua casa e pu fare per la sua casa: tovaglie, tappeti, cu scini, paralumi. « Fili » ha anche una ru brica per il bambino e il ragazzo: e vi s insegna non solo quanto può servire da punto di vista igienico ma anche com dev'esser la stanza in cui il nuovo ospit della casa deve passar la sua vita.

For Travel

Suitcases manufactured by Linificio & Canapificio Nazionale

RACSÒ
Il nuovo tessuto di Sniafiocco per
l'arredamento della casa moderna

Advertising

Rasco advertisement designed by Erberto Carboni for fabrics

Uno « stile » non si fabbrica su misura nè con preventivi. Se mai, sugli album sapienti, gli stili soltanto si copiano. Perchè lo stile sia un segno della vita, deve uscire dalla vita, inesorabile come una forza che non si può sviare: che è quella e non può che esser quella. Per questo, in questa pagina di documenti della vita d'oggi, per esser certi d'aver documenti schietti, preferiamo sempre una macchina qualunque, che risponde a una sua rigorosa funzionalità, che non una cosidetta « opera d'arte ». La bruta ragione della macchina è uno dei linguaggi più vivi dell'epoca. Ma questa volta presentiamo invece una costruzione edilizia: è però una costruzione intesa come una macchina pura. Il suo chiaroscuro, la sua linea, il suo ritmo, il suo colore, il suo gioco di pieni e di vuoti non escono da una poetica fantasia ma soltanto dalla misura della necessità: e certo è questa una delle più significative costruzioni della nuova architettura italiana. Il reticolato della volta non è che la stessa struttura necessaria di quest'aviorimessa in cemento armato: nessuna preoccupazione di stilismo retrospettivo o avanguardista ha imbarazzato o imbizzarrito il costruttore: nessun desiderio di lusso, nessuna ambizione ornamentale, nessun capriccio individualistico ha smosso l'ingegnere Pier Luigi Nervi dall'esattezza matematica del suo calcolo. E pure l'opera ha subito assunto un colore, un ritmo, un tono, un preciso e importante valore nella storia dell'architettura che, senza saperlo, si sta oggi formando. Nello stesso modo, in altri tempi, nacquero il muro romano, la volta romanica, la volta gotica, la trabeazione dorica, ugualmente in un calcolo matematico dell'essenzialità costruttiva: e furono quelle poi le parole di tutto un nuovo linguaggio, di una nuova poesia.

STILE

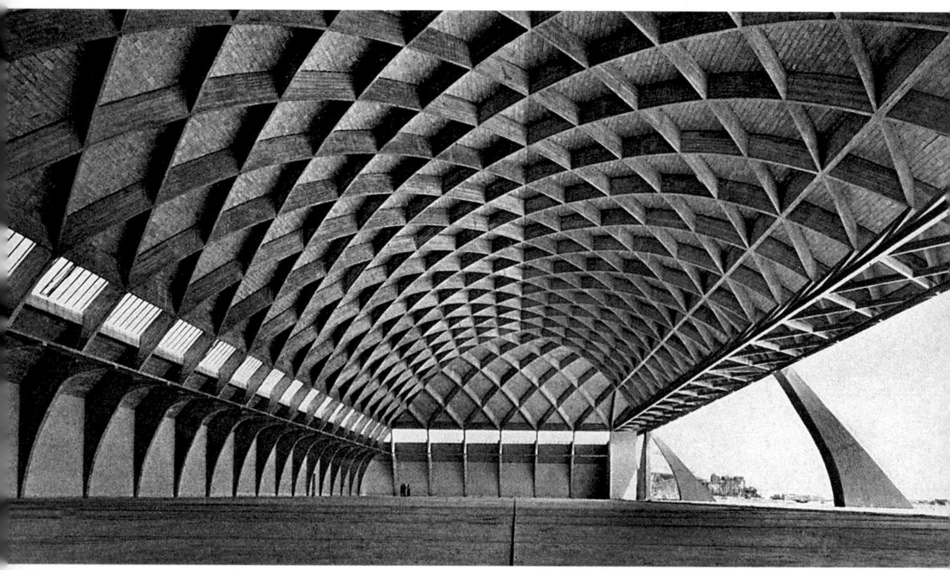

PIER LUIGI NERVI: AVIORIMESSA IN CEMENTO ARMATO PARTICOLARE DELL'INTERNO

Style

Concrete hangar in Orbetello, Tuscany, designed by Pier Luigi Nervi

Translation see p. 709

SCALE
MADDALENA
Nell'edilizia moderna le scale elicoidali trovano sempre un largo impiego per la facilità e la praticità con cui risolvono il problema del collegamento di vari piani col minimo ingombro di area.
Le Scale Maddalena sono costruite completamente in acciaio, in diverse grandezze e dal tipo di lusso a quelli più economici. Esse sono a gradini antisdrucciecvoli e possono essere montate in poche ore, senza l'aiuto del fabbro. La perfezione delle Scale Maddalena è frutto di una lunga esperienza industriale; esse rappresentano quanto di meglio si fabbrichi oggi nel campo delle costruzioni metalliche per edilizia.

OFFICINE FRANCESCO MADDALENA MILANO
VIA ORTI 16 CASA FONDATA NEL 1894 TEL. 50-663
TELEG. FERMADDALENA C.P.E.C. MILANO 100118

Francesco Maddalena advertisement for metal staircases

(Foto Scaglia)

L A   L U C E   N E L L A   C A S A

La casa non è finita che dopo che se ne è regolata la luce. Mobili, oggetti, stoffe, tutto quel che sembra formare il tono di una casa non è ancora nulla se non s'è trovato anche la luce giusta per quel tono. E' nello stesso tempo un problema di intensità, di colore e di prospettiva: nè può, anche per questo, esser risolto con un sistema assoluto e continuo. Luce riflessa o luce diretta, bianca o lievemente intonata di colore: ogni volta può esser giusta, secondo i casi. Per questo qui offriamo diverse soluzioni che possono essere consigliate in diversi casi. Si vedano sopra due bellissime lampade disegnate dal professor Kalmar e presentate da Scaglia, la prima in metallo bianco a ventiquattro fiamme con paralumi in forma di cupola in vetro smerigliato e la seconda eseguita in ottone, a forma di raggiera. Sotto, due altre lampade disegnate dall'arch. Ulrich e presentate da Scaglia, una composta di un fascio di steli d'ottone recanti ognuno alla sommità una lampadina e l'altra lampada pure in ottone, a lunghi steli di metallo ricurvo, che terminano in specie di calici dentro i quali sono le lampadine.

Lighting in the Home

Hanging lights designed by J. T. Kalmar for Scaglia

DOMUS

L'arte nella casa - Agosto 1938 XVI - N. 128

mus 128 *gust 1938*	Cover	*domus* magazine cover showing the different ways *Masonite* is used

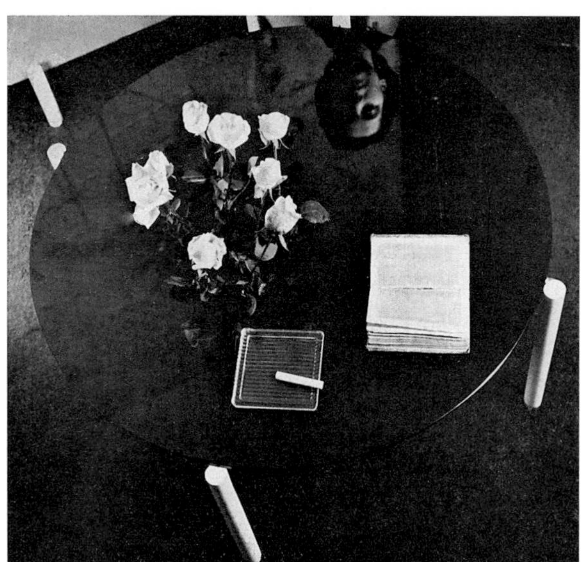

Casa B., Milano. - Tavolino con piano in cristallo securit con dei fori per i fiori.

Nella pagina a fianco: Divano ricoperto in stoffa rosso brillante. Il pannello decorativo che tiene l'intera parete è dipinto da Nivola.

UN ARREDAMENTO DEGLI ARCHITETTI BANFI, BELGIOIOSO, PERESSUTTI, ROGERS

I nostri lettori conoscono già parecchie cose uscite dalla sigla « B.B.P.R. », nella quale, com'è noto, si sono raggruppati gli architetti Banfi, Belgioioso, Peressutti e Rogers. Se i lettori vogliono rifarsi un panorama della loro opera e la nozione esatta del loro stile, possono sfogliare anche solo le ultime due annate di « Domus »: il numero 101 ne illustra due ville, una a Milano e una in Venezia Giulia e un appartamento a Genova; il numero 117, un Asilo-Nido. Anche quest'anno ne abbiamo già riprodotti due appartamenti, nel numero 124. Se poi i lettori vogliono avere anche una affermazione diretta del loro gusto e delle loro idee, essi possono, ancora, guardare una delle pubblicazioni annuali di « Domus »: appunto quella intitolata « **Stile** ».

●

In questo arredamento troviamo ancora una volta quel loro chiaro rigore nel concepire interni e mobili, che pure s'accompagna ad un senso molto umano e vivace dell'abitazione. Parlammo altra volta di una « poesia di precisioni »: qui l'assunto non è così esclusivo od astratto e pure riappare nella sua suggestione, mentre un'atmosfera realmente casalinga, nel senso più nobile della parola — un senso che si deve ritrovare — anima queste semplici suppellettili.

Vi sono davvero dei bei vocaboli ai quali si deve tornar a dare una diversa espressione! *Casalingo,* che sembrava sinonimo di una vita ristretta, rinchiusa, intimidita, può divenire espressione di uno spirito di chiara intimità, di confortevole raccoglimento; di vita ordinata ed elevata!

GIO PONTI

An Interior Design by the Architects Banfi, Belgiojoso, Peressutti and Rogers

Interior of Casa B. in Milan designed by Gian Luigi Banfi, Lodovico Barbiano di Belgiojoso, Enrico Peressutti and Ernesto N. Rogers (Studio BBPR): living room

Translation
see p. 710

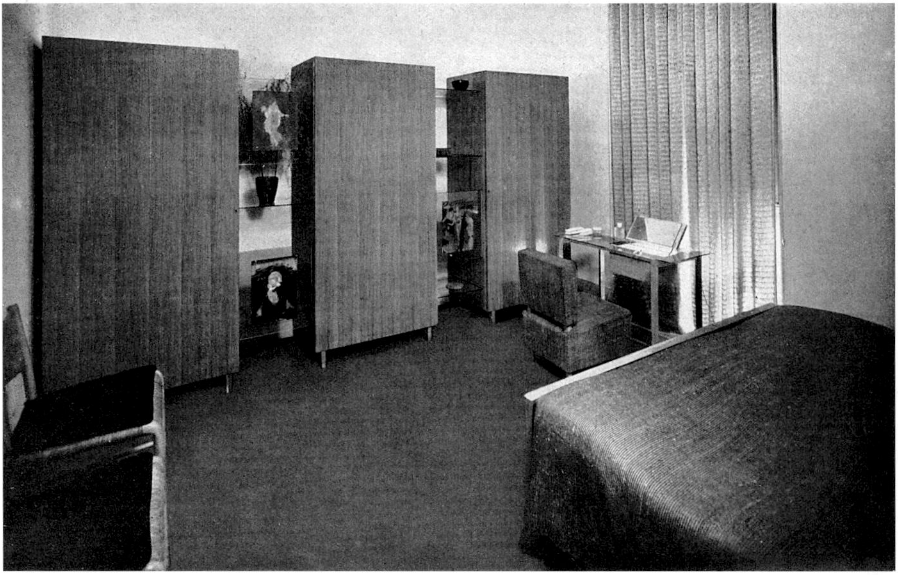

Architetti Banfi, Belgioioso, Peressutti, Rogers - Casa B., Milano. - Pareti tinteggiate in cementite rosa, mobili in rovere sabbiato chiaro e piani in cristallo securit. La stoffa è rossa amaranto, la toeletta ha una cassettina col coperchio ribaltabile fornito di uno specchio e la luce interna. Le tende sono in rete bianca.

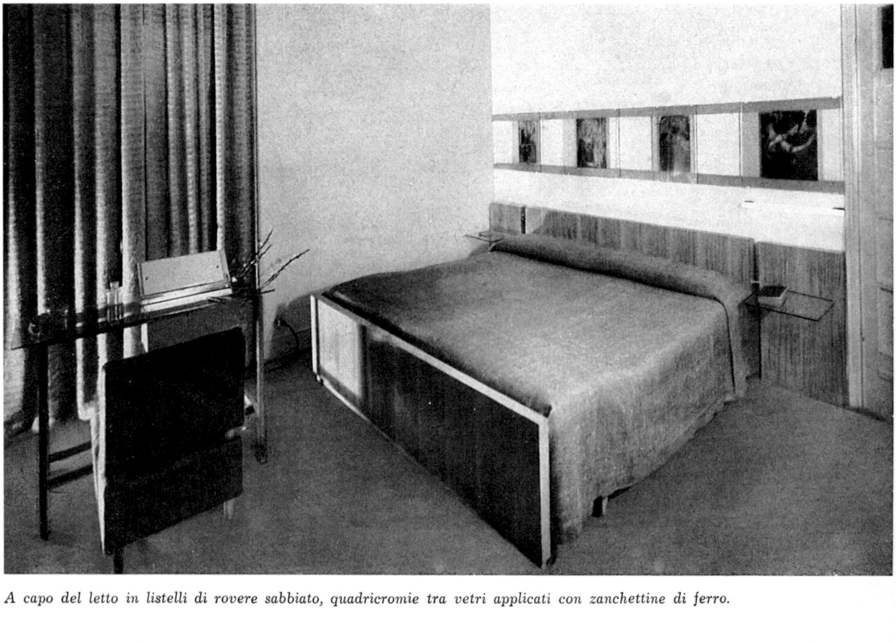

A capo del letto in listelli di rovere sabbiato, quadricromie tra vetri applicati con zanchettine di ferro.

An Interior Design by the Architects Banfi, Belgiojoso, Peressutti and Rogers

Interior of Casa B. in Milan designed by Gian Luigi Banfi, Lodovico Barbiano di Belgiojoso, Enrico Peressutti and Ernesto N. Rogers (Studio BBPR): bedroom

Translation see p. 710

DOMUS

arte nella casa · Giugno 1938 XVI - N. 126

Servizio di Richard-Ginori, in terraglia dolce di Mondovì decorato a pennello - Posate di Krupp

Pareti tinteggiate in cementite celeste, mobili in rovere sabbiato chiaro e mensole di cristallo securit. Il piano della scrivania e il cristallo che maschera la radio sono laccati rosa. Il tappeto è azzurro scuro tessuto a mano, il piano del tavolino è in cristallo securit nero con dei fori per i fiori.

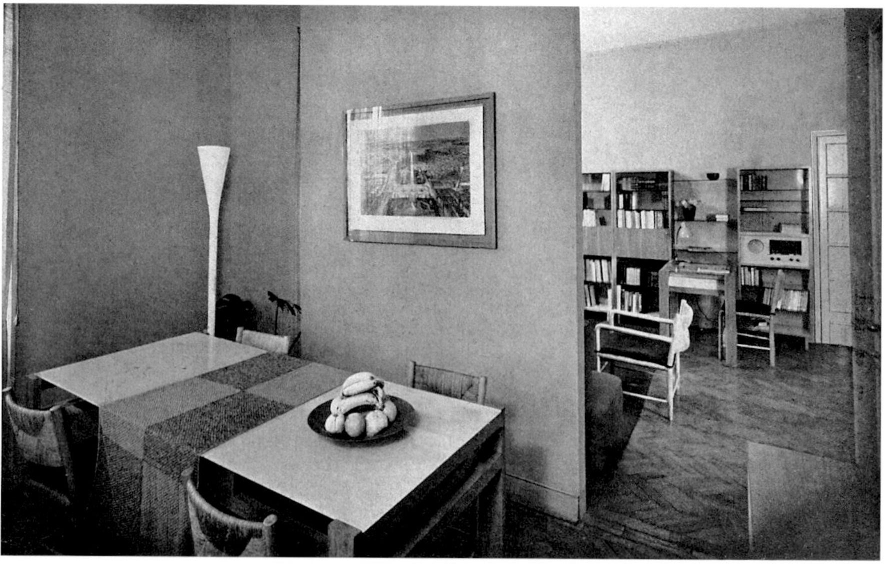

Il tavolo della sala da pranzo ha il piano in securit laccato rosa. La tovaglia a riquadri naturali e grigi con un filo di metallo d'argento è di Anita Pittoni. La stampa ha la montatura formata da un piano di rovere sabbiato e da un cristallo securit.

Architetti Banfi, Belgioioso, Peressutti, Rogers - Casa B., Milano. - Pareti tinteggiate in cementite celeste, portabiti in rovere sabbiato e cristallo securit; lo zoccolo del portaombrelli è attrezzato a porta fiori. Pavimento in marmo bianco e nero.

L'armadio nella stanza di guardaroba tiene l'intera parete ed è studiato per contenere tutta la biancheria di casa, le valigie, ecc. È formato ad elementi scomponibili. Si osservi il tavolino ribaltabile per la stiratura.

Mobili laccati con fori per areazione protetti internamente da rete metallica. Piano in cristallo securit. Pavimento a piastrelle.

Translation
see p. 710

RIVOLUZIONE DELLE STRUTTURE

Questo magistrale articolo di Neutra deve essere meditato. Rileviamo alcune delle affermazioni:

— L'architetto ieri indovinava: oggi calcola.

— L'archetipo greco e quello gotico è la costruzione a un solo ambiente: la casa di oggi è un tipo assolutamente nuovo di conglomerato.

— Le costruzioni antiche erano ad un materiale: quelle di oggi sono le più eterogenee.

— La casa di ieri era legata all'ambiente: quella di oggi porta invece il massimo risultato della civiltà in ogni luogo.

— La standardizzazione dell'industria edilizia è la prima condizione dell'architettura moderna.

— Il problema della casa è uguale a quello della lampadina elettrica o della carrozzeria di una Fiat.

Ma il lettore ne troverà anche di più accese: nè vi troverà soltanto delle sterili affermazioni ma una appassionata indagine delle condizioni di rinnovamento dell'architettura nel mondo. Si vedano le pagine dedicate alla casa giapponese. Ogni osservazione di Neutra, mentre giunge all'architettura, sempre parte dalla vita.

L'architettura moderna non osa più soltanto indovinare.

Le parti strutturali moderne sono calcolate in rapporto alla capacità di portata dei loro materiali e ai pesi che debbono portare e non proporzionate secondo una armonia preconcetta della loro forma. La ingegneria raggiunge la perfezione soltanto quando è razionalità e senza lasciarsi influenzare da pregiudizi formalistici.

Il vero aspetto dell'architettura contemporanea consiste perciò nel « creare » gli spazi, non gli elementi strutturali che sono soggetti soltanto ad essere misurati.

Il nostro senso creativo si volge particolarmente alle proporzionate ed ai ritmi degli spazi degli ambienti, divisi o comunicanti l'uno con l'altro oppure con l'esterno.

L'ingegneria con l'aiuto dei materiali moderni di cui dispone consente strutture agili e snelle e una libertà di scandire lo spazio sconosciuta al passato. L'aderenza spontanea ai propri tempi nelle esigenze e nelle acquisizioni, diciamo così, tecniche, che notiamo nelle opere più significative del passato è ricca d'insegnamenti, se giudicata senza prevenzioni che possono risultare da una nostra scienza più avanzata. E questa è l'esortazione morale che l'architetto d'oggi deve trarre dalle opere più belle dell'architettura storica, anche se non può trarne alcun insegnamento tecnico. Un antico peristilio dorico è perfetto, quando attui le conoscenze statiche del proprio tempo. Colonne e travi erano proporzionati in rapporto a soluzioni, a cui si giungeva solo con uno studio profondo di problemi statici che erano tramandati da una tradizione venerata.

Esprimere simbolicamente una funzione statica era cosa altrettanto sincera quanto ingenua.

Una colonna scanellata di pietra calcarea che presentava un rigonfiamento era lavorata alla superficie come un corpo di natura organica e fibrosa. Oggigiorno, in un tempo in cui il calcolo razionale ha preso il posto di una tradizione mistica, è impossibile mostrarci così ingenui per ciò che riguarda l'uso dei materiali e la loro azione sotto la pressione.

Non potremmo, dopo aver misurato esattamente una colonna, tenendo presente che è di pietra calcarea e che agisce sotto un peso già calcolato, variarne le proporzioni senza mutare quelli che sarebbero stati i nostri intendimenti nell'uso e nella funzione di essa. Gli architetti moderni non lo farebbero, poichè sfortunatamente il loro compito si limiterebbe al solo disegno.

Gli architetti greci erano pure ingegneri. Il Brunelleschi vinse il primo premio per il disegno della cupola del Duomo di Santa Maria del Fiore non perchè esso s'imponesse per la sua bellezza ma perchè il disegno proposto per erigere la struttura di questa audace costruzione a doppio guscio era il più sicuro e il più convincente di quelli sottoposti al giudizio della Signoria di Firenze. Questo duomo fu considerato del suo tempo perchè, a giudizio di tutti, erano fuse in una sola unità la più fervida imaginazione e la scienza più avanzata circa un'opera d'ingegneria che in quel tempo riempì tutti d'entusiasmo. Nei periodi più fiorenti dell'architettura come in quello gotico si arrivò al limite della loro scienza delle costruzioni e, sebbene le opere di quell'epoca fossero il risultato di procedimenti irrazionali e di tentativi audaci, non mancavano pur tuttavia di suscitare un godimento estetico. La nostra epoca non indulge e non può indulgere a tali procedimenti irrazionali. Quando s'inizia oggigiorno una costruzione, tutto, fino al minimo dettaglio, è stato più volte razionalmente calcolato, tanto che non è difficile ottenere il permesso di costruire: ultimata e resa refrattaria al fuoco neppure un ingegnere può all'esterno giudicarne la resistenza e sarebbe inutile voler simboleggiare con lavori alla superficie tutti i fattori — del resto già calcolati — che possono garantirne la sicurezza con il solo scopo di provare ad un profano che essa è sicura, quando questi sa che soltanto i calcoli di persone competenti possono garantirlo. Sarebbe puerile voler cercare in una costruzione moderna espressioni notevoli di relazioni statiche; siamo noi stessi piuttosto adolescenti in problemo di statica anche se amiamo i bambini e i periodi del passato che simboleggiano la fanciullezza nella scienza delle costruzioni.

L'attività creatrice che si è sbizzarrita e incamminata su vie irrazionali deve oggi mutare direzione per applicarsi all'affascinante problema di « modellare », per così dire, lo spazio limitato da tramezzi, da teloni e paraventi disposti in modo da formare ambienti. Altra differenza tra l'antico periodo gotico e il nostro, specialmente negli Stati Uniti, è che una esigenza della scienza delle costruzioni è quella di costringere in una unità strutturale numerosissimi ambienti della più vasta differenziazione funzionale: ciò che ne deriva è un tipo assolutamente nuovo di costruzione composta di agglomerati misti qualche volta di alberghi, di teatri, di sale da ginnastica, di gruppi di negozi, di stazioni ferroviarie, di sale funebri, di chiese, situate accanto a gabbie di ascensori, dietro il fronte di vie, e sotto un solo tetto. La concezione della casa come un nucleo unitario di ambienti caratterizza l'architettura antica che del resto non l'avrebbe potuto realizzare. L'archetipo della costruzione greca come di quella gotica è la costruzione ad un solo ambiente.

Il linguaggio ideale dello stile antico si smarrì, quando fu applicato per esempio alla costruzione di più piani.

Le costruzioni « ad un solo ambiente » impressero il loro carattere nello sviluppo degli stili architettonici del passato.

Oggi le costruzioni modernamente realizzate con l'elastico sistema cellulare di divisioni, richiedono, per ragioni economiche, combinazioni di ambienti e funzioni ordinate, e per così dire, stivate in una vasta unità strutturale. Non possiamo trascurare le difficoltà che si opporrebbero e che solo potrebbero superarsi con mezzi molto artificiosi se si volesse dare alla costruzione inalzata secondo le esigenze moderne l'espressione individuale di un monumento che è così caratteristico degli stili « ad un ambiente » del passato.

Le costruzioni concepite secondo criteri moderni dovrebbero avere dunque una espressione più che individuale, universale e generica.

Le costruzioni più tipiche dell'antichità

An Article by Neutra for *domus*: 'The Structural Revolution'

So-called 'Electric House' in Hollywood designed by Richard Neutra: detail of exterior

Architetto Richard J. Neutra, Los Angeles. - Uno splendido scorcio fotografico della «Casa elettrica» a Hollywood.

possono essere altresì grossolanamente caratterizzate come costruzioni « ad un solo materiale ». Un tempio che guarda da un promontorio sul mare Egeo è costruito di pietra calcarea come la roccia sulla quale sorge. Il tetto era di pietra calcarea coperto da uno strato unito di malta e calce, non v'erano, in molti casi, inferriate di bronzo, ma di pietra: non si avevano coperture di tetto, lavori di falegnameria, di pavimentazione, se non di pietra calcarea, niente materiali isolanti, linoleum, impianti di luce e riscaldamento, niente lamiera in fogli. La più piccola stazione di rifornimento di combustibile ha, se paragonata al palazzo del Tesoro di Delfi o dell'Eretteo costruita di materiali omogenei, una eterogeneità complicata di materiali prodotti dall'industria. Ciò perchè l'industria fornisce ai mercati di tutto il mondo i materiali da costruzione e perchè quelli essenzialmente usati dagli architetti d'oggi non provengono da cave vicine o da foreste locali ma sono i prodotti di elaborati processi tecnici, quali la lamiera ondulata, lamiera in fogli, vetro in lastre, agglomerati di sughero, cemento, ecc. Se è vero che il materiale adoperato determina lo stile di un'epoca o paese o civiltà, è evidente allora — poichè tutto il nostro materiale è fornito e preparato dall'industria — che esso determina stili caratteristici.

Non è tanto l'ornamentazione spagnuola o italiana o inglese che costituisce la nota dominante di una residenza americana a Hollywood ma sono le finiture dei mobili e dei muri, sono i cristalli, gli smalti, la Vitrolite, la Bacalite, la porcellana, il cromo che attestano l'aderenza della costruzione a una certa civiltà.

Ciò che più profondamente influisce sulla formazione degli stili d'oggi è la perfetta ed ingegnosa organizzazione commerciale dei mercati d'America di materiali da costruzione e d'impianti. Si veda il Catalogo Sweets di materiali da costruzioni che esce annualmente in 5 volumi.

Paragonata con quella influenza esercitata, come abbiamo detto, da una produzione in massa e in serie di materiali da costruzione, l'attività degli architetti più eminenti e più sensibili alle esigenze moderne, può considerarsi di secondaria importanza e come riflesso di eventi che trascendono l'opera individuale.

L'architettura degli Stati Uniti che sono il più formidabile crogiuolo delle più varie influenze straniere, ha per secoli manifestato influssi e curiose interferenze di forme immigrate.

Perfino nell'età neolitica le tribù, limitate e chiuse nella loro cultura, erano aperte agli influessi che penetravano da altre regioni: si pensi agli utensili e ai modi di usarli.

Translation
see p. 710

Architetto Richard J. Neutra, Los Angeles - Casa Frank E. Davis, Bakersfield. - Un angolo della camera di soggiorno. I mobili sono in mogano e tubi cromati.

Si possono rilevare in ogni storia e specialmente in quella dell'architettura, influenze subite o esercitate, nell'adottare o nell'imporre forme che spesso avevano espresso nel luogo del loro sorgere mentalità diverse, vita diversa, diversità di materiali e conseguentemente diversità di mano d'opera. Eppure v'erano una sola causa e un solo comune denominatore a base di tutte le forme architettoniche; ciò le rendeva reciprocamente comprensibili per cui in un certo senso esse potevano penetrare da una in un'altra civiltà. Ogni costruzione nasceva, per così dire, dall'abilità manuale che si serviva di materiali naturali o quasi. V'era infatti, prima che la macchina distruggesse quest'unità, un criterio comune per giudicare diversi punti di vista, per valutare una diversa capacità manuale nell'erigere e portare a termine una costruzione, nell'arredarla con le sole braccia anche quando essa non poteva essere imitata in ambienti diversi. Marco Polo, partito dalla Venezia medioevale e giunto nella Cina del sud, vide nei vicoli di Canton cose che gli parvero strane, ma non così strane come quelle che addirittura sconcertano chi arriva colà da Rush City U.S.A. Ciò accade perchè questi viene da un paese in cui la capacità essenzialmente manuale è enormemente più sviluppata.

Vedute fotografiche, anche se nitide, del centro di Canton, della vecchia Napoli o del Cairo possono essere facilmente scambiate e difficilmente distinguibili anche volendosi riferire al colorito locale.

Due fotografie prese da chi scrive di un villaggio nel Kuan Tung, nel sud della Cina e di un altro nel Vallese, nel sud della Svizzera mostrano la diversità dei materiali naturali da costruzione e un diverso sfruttamento delle condizioni climatiche. Ciononostante v'è in ambedue questi villaggi una comune base del come viene applicata la capacità manuale e del come si costruisca, mediante l'opera delle sole braccia, una casa con una certa fenestrazione, una certa monta del tetto, e

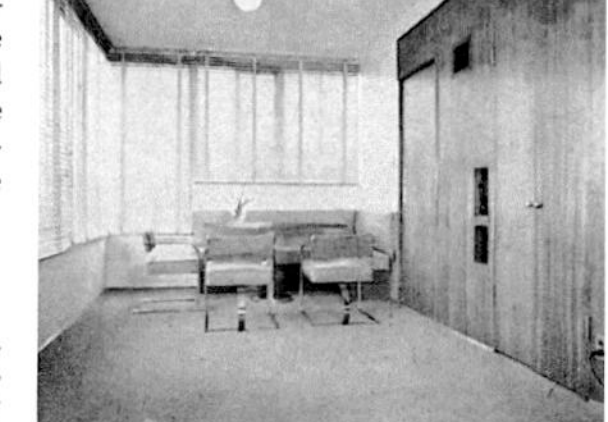

La facciata principale di Casa Davis. Particolare della sala di soggiorno. La tavola da pranzo. Il divano ad angolo è in cuoio naturale, le sedie in cuoio e metallo cromato, il tavolo ha il piano in resina su gamba in metallo cromato.

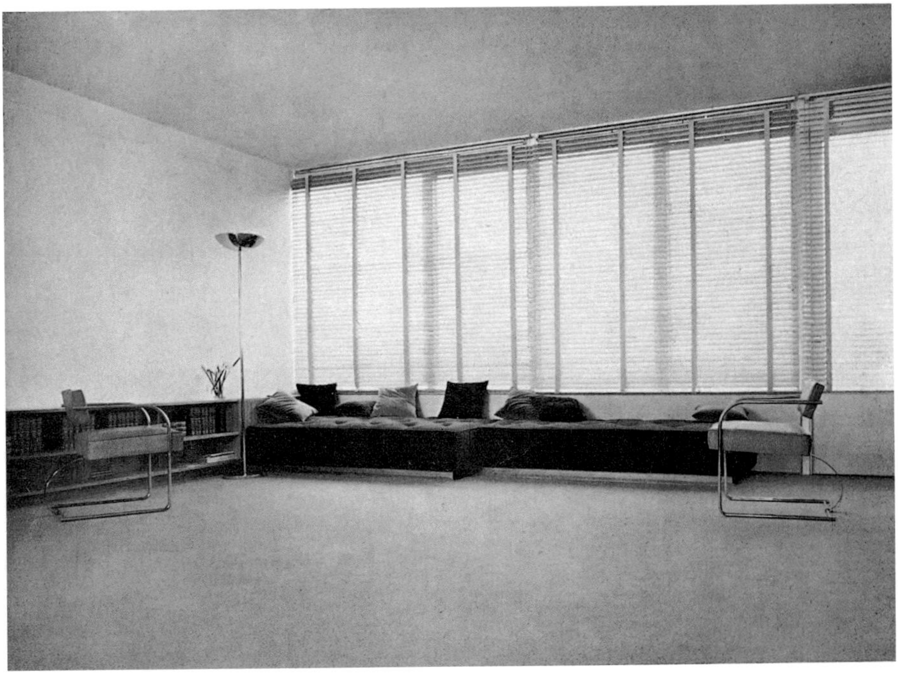

Architetto Richard J. Neutra, Los Angeles - Casa Frank E. Davis, Bakersfield. - Altro particolare della sala di soggiorno. Lungo divano contro la parete; grande vetrata verso nord.

tutt'e due i casi, una certa esposizione al sole. Raggruppando una tale abitazione con altre di un quasi identico tipo si arriva ad un fenomeno di uniformità collettiva e malgrado questa uniformità sia spesso grandissima la monotonia che ne deriva non impedisce che se ne possa trarre un certo piacere estetico.

La standardizzazione già esisteva su larga scala ed era naturalmente apprezzata prima che la macchina sconvolgesse il mondo e distruggesse quella uniformità. Se l'incremento dell'industria richiama la standardizzazione ciò significa in certo modo ritornare a vecchi ideali umani e a questioni pratiche largamente diffuse che sono stati, specialmente negli Stati Uniti, offuscati da un certo eclettismo architettonico importato. I *bungalows* di Hollywood chiamati inglesi, mediterranei, francesi, italiani, non sono affatto indice di un amore nè per il passato nè per la tradizione umana: essi sono una concezione assolutamente nuova che difficilmente può essere trovata nel passato. Si distaccano da tutto ciò che precede molto più radicalmente che non un quartiere di abitazioni popolari standardizzate o di una edilizia completamente industrializzata la cui importanza può vedersi chiaramente nei progetti europei dell'ultimo ventennio.

Infine ciò che rende più difficile accettare nuovi standars industriali è che essi hanno più il carattere di un tributo di quello che non avessero gli standards precedenti. L'industria meccanica non sorse qua e là e contemporaneamente come l'artigianato per cui poche sono le influenze che intercorrono tra paesi e civiltà. Essa sorse invece in un'area comparativamente piccola e quando fu abbastanza sviluppata, invase paesi lontani l'uno dall'altro che l'accolsero senza la minima comprensione e preparazione. Un albergo di dieci piani costruito in cemento armato con ascensori che salgono e scendono ad una velocità media rappresenta un indovinello per il milione di Cantonesi anche se è stato inalzato dai loro ingegneri e serva strettamente per loro. Il carattere di una imposizione straniera è ancora più accentuato se si

Architetto Richard J. Neutra, Los Angeles. - Casa Harry Koblick, Los Angeles. - Particolare della camera da letto con l'incantevole panorama del Silverlake e della Sierra Madre.

Translation
see p. 710

Architetto Richard J. Neutra, Los Angeles - Casa di Anna Sten, Santa Monica.

Una sezione prospettica, senza il tetto, mostra il collegamento dell'anticamera con le scale che conducono alla sala di soggiorno e alla sala da pranzo e con le scale per le camere da letto.

Casa di Anna Sten - Fronte verso la spiaggia.

pensa che queste nuove e strane costruzioni sono il risultato di una organizzazione commerciale complessa e complicata che, dove occorra, anche con mano armata abbatte barriere doganali e vince resistenze di mercati.

Gli americani si aprono la via per vendere i loro impianti ed installare i loro ascensori; i belgi s'intrufolano per offrire cemento, barre di rinforzo, sezioni strutturali, lontano dai luoghi di produzione.

Quando realmente l'edilizia sarà diventata una industria moderna pienamente sviluppata, avrà bisogno e troverà un consumo mondiale, anche se le sorgenti locali di una produzione industriale sono ristrette a poche regioni. Ciò non è esattamente un internazionalismo poggiante su una base di parità più o meno reciproca. Essa incontrerà attriti di altro genere di quelli incontrati dalle importazioni architettoniche dei costruttori francesi a Monaco e a Pietroburgo o da quelle dei Padri Gesuiti nel Paraguay e in California i quali non escludevano ciò che era opera del lavoro locale nè avevano motivi così forti per urgere verso mercati accentratori di una produzione in massa di cui non potevano avere nè avevano alcuna esperienza.

Ma qualunque siano gli attriti e i rimpianti è evidente che il sole non tramonta sopra l'area di una produzione industrializzata e di una conseguente distribuzione e che l'architettura mostra la tendenza a svilupparsi e a crescere, con l'ausilio di queste ultime in una nuova fase di universalità cosmopolita. D'altra parte, ogni qualvolta essa si adatterà alle circostanze locali, manifesterà più chiaramente la sua vera attitudine funzionale che costituisce, essendone essa stessa consapevole, uno dei suoi principali ingredienti ed è molto più di uno stile in un mondo nel quale la stessa vita secondo un ideale diventato indispensabile tende ad organizzarsi e a procedere quasi, si perdoni l'espressione, scientificamente.

La nuova architettura è conscia dei bisogni e dei mezzi di una popolazione mondiale e non è certamente nè materialistica nè chiusa in un gretto utilitarismo nè ascetica come alcuni l'accusano di essere. Essa, come la vecchia architettura, s'interessa soltanto di creare una edilizia che eccella per qualità, commisurata alle possibilità contemporanee. La qualità significava rarità finchè si fondava sul talento di uno o pochi individui e soltanto i più ricchi, come l'imperatore della Cina, il papa di Roma, il re della Francia potevano impiegare i migliori artisti e i più abili artigiani per conseguire tale qualità in opere di costruzione e di decorazione. La qualità del prodotto offerto dalla macchina si basa su apparati costosi ed elaborati e su un vasto lavoro preliminare di ricerca che neppure il più ricco può pagare. Per ragioni di ammortamento esso esige che venga prodotto e accettato in grande quantità. La nuova qualità dipende soprattutto dalla diffusione e dal rapido consumo del prodotto.

Il nostro meraviglioso bulbo elettrico con il suo filamento metallico, è venduto nei più comuni negozi di materiale elettrico, il pneumatico di un pesante camion esiste in milioni di autoveicoli che poggiano su gomma la quale fu trapiantata per coprire grande parte della lontana Malesia; la imbottitura di una Fiat o Ford nuova supera quella di una poltrona nella sala da pranzo di un milionario e l'abitazione costruita, diciamo così in serie, potrà essere presto invidiata dal ricco proprietario di una casa anche se questa voglia essere opera architettonicamente e stilisticamente inconfondibile.

Tali pensieri che potevano considerarsi come rivoluzionari nell'anteguerra sono diventati oggi luoghi comuni e richiedono ancora molto sforzo perchè siano introdotti nell'architettura d'oggi.

Un architetto di questo periodo di transizione alle prese con le difficoltà dello stile locale o di un codice architettonico antiquati e non ancora sostenuto da una edilizia uniforme e coordinata aveva ben poche speranze per imporsi e lavorare.

Il campo caratteristico della sua attività era limitato al consumatore, nell'educare pochi clienti individuali o collettivi verso uno studio particolare delle sue esigenze non pregiudicate da retrospezioni romantiche che in America erano spesso d'importazione straniera, verso l'abitudine di fare decisamente un uso adeguato di alcuni strumenti nuovi e affascinanti già allora a portata di mano, sebbene essi non fossero necessariamente di origine locale. Questa educazione deve essere impartita con molti esempi che dimostrano un sempre maggior adeguamento finchè non si sarà certi che il razionale prodotto industriale venga accettato dovunque e le sue probabilità di successo non vengono riconosciute anche nel campo dell'architettura.

Il fallimento economico della vecchia costruzione avvenuto in America prima che

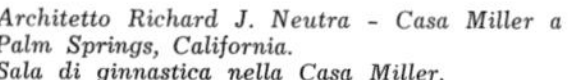

Architetto Richard J. Neutra - Casa Miller a Palm Springs, California.
Sala di ginnastica nella Casa Miller.

Architetto Richard J. Neutra, Los Angeles. - Casa Harry Koblick, Los Angeles, costruita nel fianco della collina.

altrove agisce nel processo da veloce catalizzatore.

È stato doloroso dapprima durante le ultime quattro generazioni e dovunque avvenisse, lasciar cadere le tradizioni dell'artigianato con tutte le sue conseguenze sociali ed estetiche in tutti i settori della attività umana. Possiamo capire per analogia che essa incontra forti opposizioni specialmente nel campo dell'edilizia domestica pur là dove una vecchia e buona tradizione è già stata sradicata.

Tuttavia vorrei richiamare l'attenzione ad un esempio dove una tenace e logica tradizione era realmente sopravvissuta fino a ieri ma che non può perdurare più a lungo malgrado — ciò che è notevole — sembri avere stretti rapporti con quelli che sono oggi i nostri clienti. L'esempio che mi viene da lontano e che perciò propongo d'illustrare imparzialmente è la casa giapponese che nella sua tradizione storica alberga ancora 60 milioni di persone ricche o indigenti.

La tradizionale casa dei giapponesi si è improntata al loro modo di vivere che ora sta mutando. Il loro vecchio modo di vivere deve essere brevemente considerato per comprendere i mutamenti avvenuti nella consueta abitazione della casa. Prima le folle giapponesi difficilmente si raccoglievano in ambienti chiusi eccetto che nel teatro. Nella tipica locanda, nel ristorante e nella casa da thè i piccoli gruppi degli invitati siedono in salotti riservati che ripetono il carattere intimo della casa.

La casa come il singolo ambiente viene adattata ad una scala umana fisicamente ridotta. La precisione dell'abbigliamento, l'accuratezza della costruzione e delle finiture, la delicatezza dei dipinti avvolgibili debbono essere osservate ad una piccola distanza.

La scarsità della mobilia richiede piccoli ambienti. Non è necessaria la tavola per consumare i pasti; le portate vengono servite simultaneamente su tavolette giacenti sul pavimento, una per ciascun commensale che siede sui talloni.

Dopochè il pasto si è iniziato non occorre che i camerieri corrano e circolino per gli ulteriori servizi; così molti invitati possono pranzare in una stanza fornita di sole dieci stuoie.

La danza essendo statuaria e perciò eseguibile nel raggio di pochi centimetri richiede pochissimo spazio.

Poichè nessun ritmo viene eseguito rumorosamente con i piedi non è necessario nè si ha una pavimentazione dura. Le fanciulle danzano nei loro *tabis* o in sacchi di panno su morbide stuoie. Erano pochi i balli misti e le rumorose sale da ballo dove è facile il contatto dei corpi.

I giapponesi nei trattenimenti delle *gheishe* erano per eccellenza soltanto *voyeurs* e perciò richiedevano un minimum di spazio. La musica strumentale o vocale d'accompagnamento giunge solo a brevissime distanze; nessun solista spinge l'altezza della voce con un vibrato perchè arrivi alla terza galleria (il vibrato quando occorre ha un significato soltanto lirico e non acustico), nessun risonante massiccio di muratura, come nel teatro Dal Verme di Milano, intensifica l'effetto o è necessario come per l'esibizione di un primo tenore o di un'orchestra moderna composta di molti elementi.

Un piano anche di modestissime proporzioni sembra un elefante nell'interno di una casa giapponese. Le stanze e la casa sono acusticamente dotate, per ciò che comporta la sola conversazione, per mezzo di membrane rilassate, introdotte nell'ossatura di agili membri strutturali. Il pavimento è coperto da uno strato di pesanti stuoie aventi la funzione di attutire i rumori; non si ha alcuna capacità di riso-

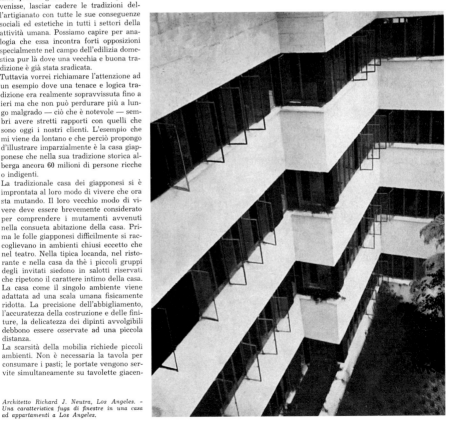

Architetto Richard J. Neutra, Los Angeles. - Una caratteristica fuga di finestre in una casa ad appartamenti a Los Angeles.

n Palm Springs: elevation and gymnasium; Harry Koblick House in Los Angeles: angled elevation; partment block in Los Angeles: detail of fenestration

Translation see p. 710

Architetto Richard J. Neutra - Sala di soggiorno nella casa Beard a Altadena, California.

nanza e ben poco isolamento acustico tra stanze adiacenti. Le conversazioni secrete vengono meglio affidate a pochi caratteri scritti su un foglio di carta, che, mostrano al compagno, viene poi distrutto nel *hyabachi*, una specie di stufa aperta che viene alimentata con carbone di legna. Una tale scena in un lavoro di Nakamuro è drammaticamente misteriosa e molta istruttiva circa le proprietà acustiche della casa giapponese.

L'inquilino giapponese non era nè goloso nè ficcanaso. I bambini giapponesi non crescono come quelli americani in un ambiente smaliziato. Essi vengono educati e abituati ad un senso di economia dello spazio e per i materiali fragili. Nella casa sono quieti e gentili, forse troppo quieti e troppo educati!

I giapponesi perfino quando si trovano *vis-a-vis* non recano disturbo l'uno all'altro.

Il padrone di casa non augura buon giorno quando vede l'ospite, che svestito, si dirige alla vasca da bagno, costruita in legno, perchè vuol educatamente significare che non lo ha visto. Le partizioni mobili dei giapponesi non offrivano certamente la massima intimità e segretezza ma l'intimità fisica era completata dall'arte di ignorare ciò che non s'intendeva vedere. Il falso pudore esisteva tanto poco quanto l'esibizione del nudo. Per ciò il rigoroso formalismo dei giapponesi conosceva soltanto la creatura vestita. Il vestiario inoltre del giapponese povero era conservato disteso e stirato in un tiretto (tansu) le cui dimensioni corrispondevano e coincidevano con la tipica lunghezza dei telai, la tipica altezza della stoffa da cui si tagliano fuori i tipici kimono e d'altra parte con la tipica larghezza della stuoia del pavimento (36 cm. × 72).

L'area del pavimento delle camere è basata su queste dimensioni della stuoia e ne è un multiplo, proprio come l'area dei pavimenti della casa che è un aggregato di tali camere tanto in città come in campagna.

Ecco il vestiario umano diventato misura di tutte le cose! Esisteva adunque una standardizzazione pratica notevolissima con tutta la possibilità di mutare e cambiare a cui potesse aspirare l'industrializzazione moderna e ciò molto prima che la produzione meccanica vi immigrasse.

Questa precisione unificata si accompagna con una pulizia che è visuale, non simbolica o spirituale come nell'Asia del Sud presso i Maomettani e gli Indiani nè — e ciò è importante — eminentemente sanitaria come presso gli Occidentali. Sotto le nitide e spesse stuoie su cui camminano piedi calzati da candidissimi *tabis* e sui quali i giapponesi dormono e pongono le tavolette durante i pasti, si cela la polvere di mesi. Così come le acconciature accurate e complicate delle donne che non hanno servitori, nascondono la polvere di parecchi giorni e mesi perchè non possono essere rifatte ogni mattina. I giovani architetti giapponesi si sforzano di ottenere non solo una usata forma visuale di pulizia e perciò le tradizionali stuoie cedono il posto a lavori di pavimentazione coi materiali elastici, mentre sono diventati comuni gli impianti più vari compresi quelli difficili da bagno.

Le stuoie devono sparire se i giapponesi porteranno scarpe di cuoio e vestiti occidentali; con i *getas* di legno ai piedi non possono essere a loro agio quando vanno in bicicletta o salgono le scale da un piano all'altro o mettono in moto l'automobile. Le acconciature dei capelli e i Kimono si sciupano sui treni affollati ai sottopassaggi della linea Asakusa-Ueno e spariscono molto prima di quando spariranno i treni affollati.

Il vestiario occidentale specialmente per le donne è considerato più igienico perchè ventilato. Il Ministero della Educazione lo specifica per le alunne e prescrive che ci si debba sedere sulla sedia piuttosto che sui talloni che si deformano per questa abitudine. Il vestiario occidentale una volta introdotto è naturalmente attaccato in guardaroba occidentali e non disteso nel *tansu*.

La consuetudine di proporzionare gli ele-

Architetto Richard J. Neutra - Casa Beard a Altadena, California. - Costruita con elementi standard; quattro piani, resa sicura dal terremoto: il primo piano è in acciaio refrattario al fuoco. Gli elementi murali di acciaio cavo incastrati in una base scannellata sono uniti tra di loro mediante connessure maschio e femmina. Ciascun elemento ha in basso un'imboccatura cosicchè la radiazone solare determina correnti d'aria e raffredda quasi automaticamente il muro. Il pavimento pure di acciaio cavo coperto da cemento e linoleum, forma un tutto pieno sul quale viene adattato un radiatore a bassa temperatura. L'aria calda fornita da un fornello a gas circola dal sottopavimento nei muri cavi. Le porte, i paraventi, le finestre che scorrono orizzontalmente all'esterno della casa sono in cadmio placcato. Nel disegno manca il tetto per mostrare l'interno. F: l'entrata principale conduce ad un'ampia sala di soggiorno con spaziose vetrate e porte scorrevoli conducenti ad un giardino ed al patio (L) volto ad occidente. R: l'entrata di retro conduce al portico e alla cucina con un angolo riservato per le colazioni. Una scala conduce alla terrazza sul tetto, destinata all'eventuale aggiunta di due camere da letto e bagno.

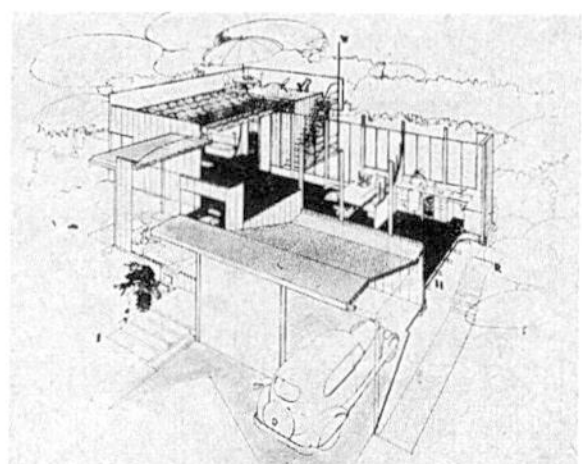

An Article by Neutra for *domus*: 'The Structural Revolution'

Houses and interiors designed by Richard Neutra: Beard House in Altadena, California: living room, external staircase, drawing and

Architetto Richard J. Neutra - Casa V. D. L. Research - Le luci interne si riflettono sui vetri impedendo la vista dall'esterno. Il fronte principale delle finestre è volto verso occidente sopra Silverlake: si gode lo spettacolo dei tramonti. Una sporgenza di circa cm. 70 dà ombra a tutta la superficie vetrata ma permette che si diffonda dappertutto ed ugualmente la luce del giorno. A questa stessa sporgenza che presenta una incavatura abilmente mascherata e avente alla base vetro prismatico, sono adattate lampade dell'intensità totale di 1500 Watts. Si ha così l'illuminazione dell'interno degli ambienti e del portico in vista del lago e l'eliminazione della luce riflessa nelle vetrate dalle luci interne. Quando le luci interne sono spente, il riflesso dell'esterno funziona come uno schermo ottico verso la strada.

menti secondo una determinata scala viene distrutta alla radice e l'accoglienza di materiali da costruzione refrattari al fuoco, di acciaio, di composti di cemento, di battenti d'acciaio, di porte volanti, i nuovi modi di cucinare, di mangiare, di fare il bagno, di lavorare, di ballare, di dipingere quadri, di fare della musica, di divertirsi completano lo sfacelo dei vecchi procedimenti dell'edilizia che erano stati così superbamente logici nelle relazioni fra di loro e con la vita.

Nessuna ammirazione per il passato e nessuna decisione di alcuna associazione di architetti giapponesi può arrestare gli indirizzi nuovi della edilizia domestica che non sono determinati da pretese di volere imitare l'occidentalismo.

V'è tuttavia un incarico che incombe su tutti coloro che s'occupano di architettura: salvare e continuare ciò che v'è di buono in quella suprema tradizione millenaria: la flessibilità che essa ha acquistato nella disposizione e nella destinazione degli ambienti, gli stretti rapporti di essi con il giardino, la movibilità delle partizioni, la standardizzazione della grandezza degli ambienti, di ciò che è nell'interno di essi, delle finestre, la leggerezza della ossatura, diciamo così, nella funzione di sostenere e sorreggere: tali sono le caratteristiche dell'edilizia domestica di queste vaste isole che possono essere citate a noi come esempio. Potranno forse influenzare i paesi che s'affacciano sul Pacifico.

In altre regioni le convenzioni del passato possono sembrare ora più ora meno mescolate con le tendenze di oggi. Come per una intera costruzione il progetto dappertutto viene posto a confronto con le necessità strutturali radicalmente nuove e i comuni scopi sociali prospettati nel nostro esempio è ovvio che si attendano soluzioni ristudiate *ex novo* allo scopo di aderire pienamente ad esse. Ciò sarà fatto in sede dell'economia industriale che sta esercitando ovunque una grande influenza. Frattanto le opere meglio riuscite in tutti i paesi appartengono ancora necessariamente allo « stile di transizione » con tendenze verso mète indubbiamente al di là della sua potenza e con un centro di gravità che non si trova mai in una sola area nazionale.

RICHARD J. NEUTRA

Architetto Richard J. Neutra, Los Angeles - Casa V. D. L. Research in vista di Silverlake. - Un'infinita varietà di piante e fiori fa sì che il giardino resti perennemente fiorito caratterizzando così il sorgere di ogni stagione. Il colore della casa è grigio-perlaceo.

xterior space; V D L Research house in Silverlake: reception room and front elevation

Translation see p. 710

FOTOGRAMMI

Dovessimo spiegare che cos'è la fotografia, ci troveremmo forse ugualmente imbarazzati. Pure, non c'è ragazzo che non faccia fotografie; e i manualetti si contano a migliaia. Ma se uno vuol imparare a far fotografie, invece di legger manuali e prender lezioni, non ha che da prender la macchina e farsene un'esperienza. Nello stesso modo nessuno vorrà, dopo aver letto questa pagina, esser sicuro di poter fare dei bellissimi fotogrammi: ma speriamo che vorrà però almeno cominciare a farne. Sbaglierà e poi imparerà: e ciascuno si fabbricherà il suo sistema. Non c'è una ricetta per dipingere: non ce n'è nessuna neppure per dipingere con la luce. Ma chiunque può dipingere. Il fotogramma è nato dal semplice gioco della luce del sole coi riflessi delle cose: ma oggi si vale dei più diversi mezzi di illuminazione artificiale e dei più arditi processi chimici di sensibilizzazione della carta. Non vi è nessun mezzo meccanico per ottenerlo: non si usa neppure la macchina fotografica: bastano il sole, un foglio di carta fotografica e un oggetto che vi si posi direttamente o coi suoi riflessi. In ogni manuale di fotografia si troveranno indicazioni di massima: ma si pensi che i tempi d'illuminazione variano indefinitamente, in rapporto alla sensibilizzazione della carta e alla luminosità dell'oggetto del fotogramma. Soltanto una lunga e appassionata esperienza personale, frutto di pazienti prove, varrà a guidare, poi, verso risultati più complessi. Può sembrar la tecnica più povera e la più affidata al caso: ma è, in realtà, assai complessa e ricca di possibilità espressive raffinatissime. Qui si può giunger a fissare l'imponderabile. In poche decine d'anni, passando dal dagherrotipo al fotogramma, la fotografia, invece che campo d'esperienze fisico-chimiche è diventata un affascinante mezzo d'espressione. Particolarmente il fotogramma, che è la più delicata delle tecniche fotografiche, ha indotto più d'un pittore ad abbandonare di tanto in tanto pennelli e colori per sostituirvi le carte sensibilizzate, gli acidi di sviluppo, la camera oscura, in una magica trasfigurazione plastica della realtà e nella creazione di forme assolutamente astratte eppure viventi come un respiro. Notissimi sono i fantastici fotogrammi di Man Ray, di Moholi Nagy, di Tichmoukouw, di Zwart; e noti sono quelli fatti in Italia da Munari e da Boggeri. Qui ne riproduciamo alcuni inediti, di Luigi Veronesi, magiche e talvolta allucinanti visioni d'un artista giunto a una tecnica espertissima, tale da consentirgli la preventiva misurazione delle più sottili vibrazioni di chiaroscuro.

(Fotogrammi di Luigi Veronesi)

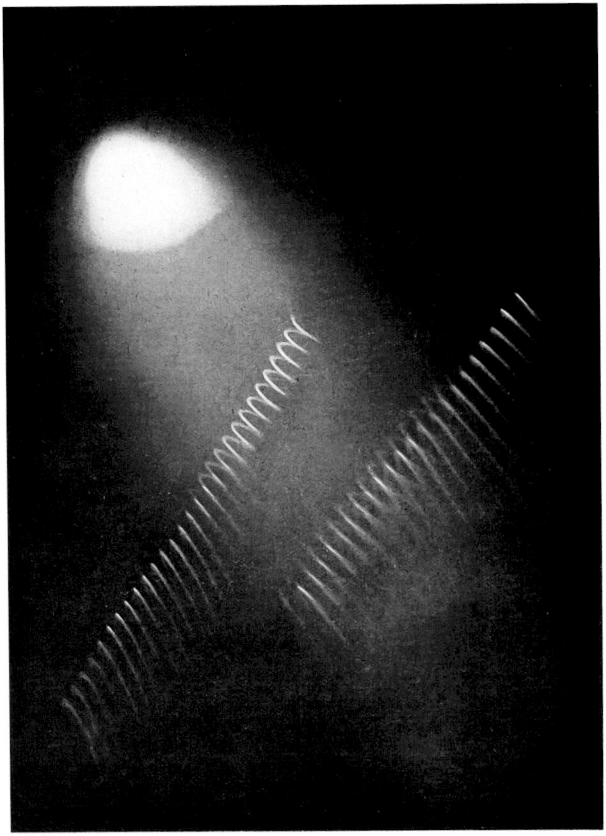

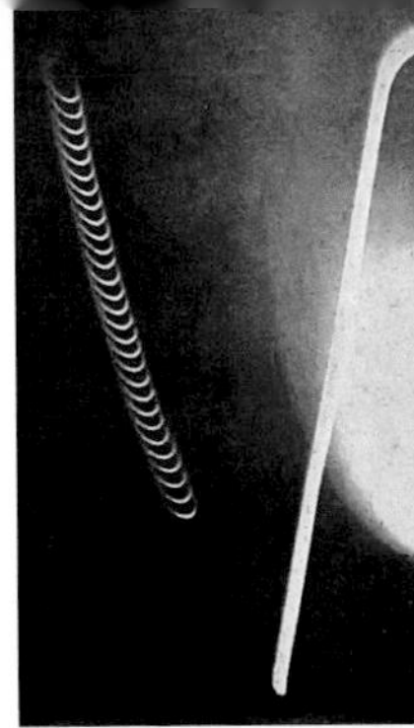

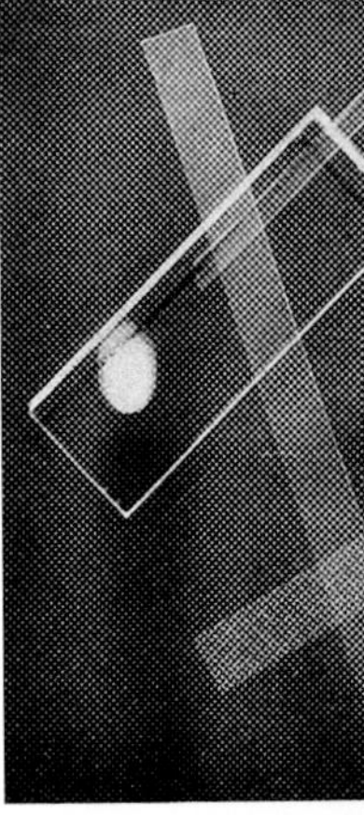

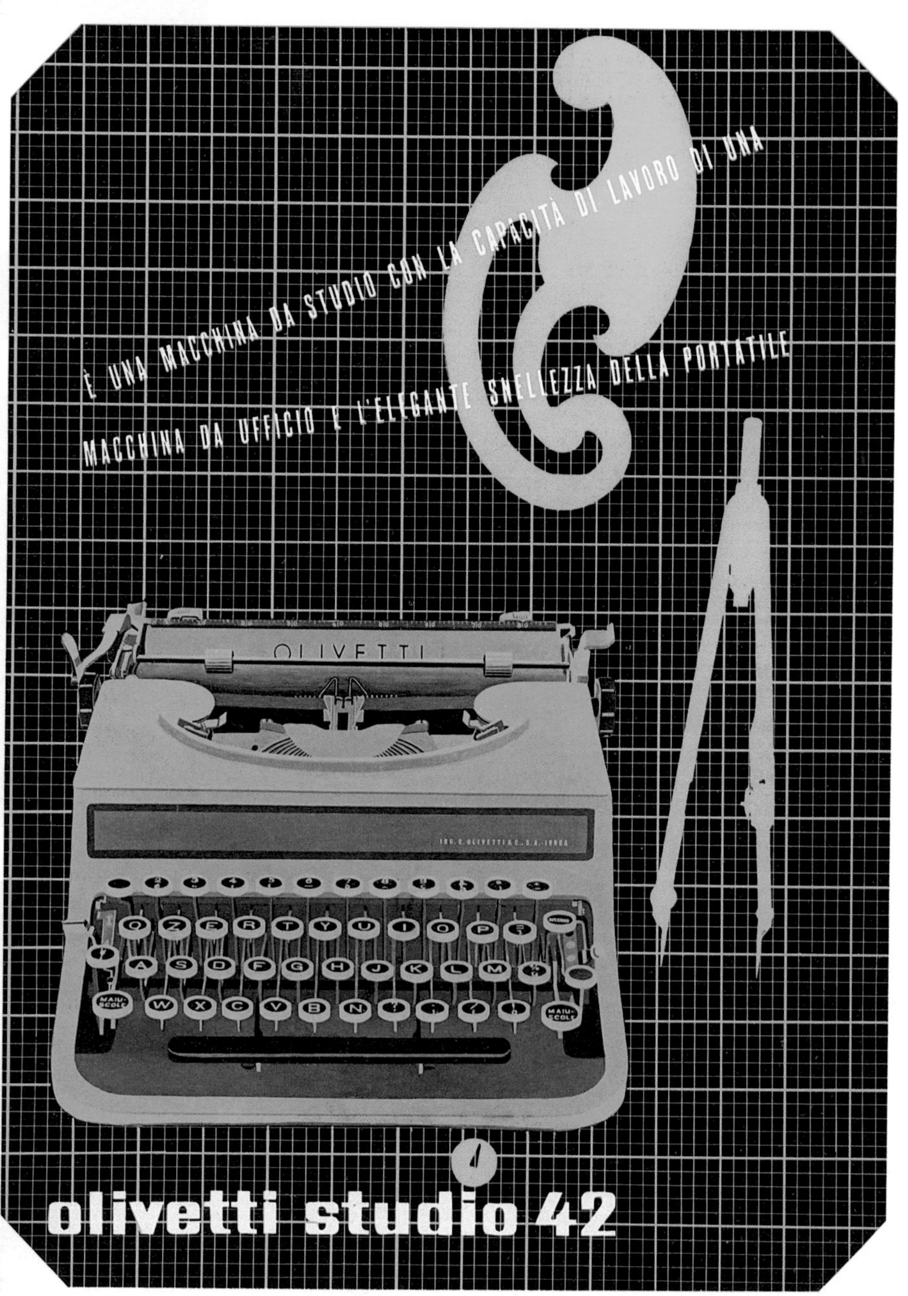

È UNA MACCHINA DA STUDIO CON LA CAPACITÀ DI LAVORO DI UNA
MACCHINA DA UFFICIO E L'ELEGANTE SNELLEZZA DELLA PORTATILE
OLIVETTI
olivetti studio 42

Advertising

Olivetti advertisement designed by Giovanni Pintori showing *Studio 42* typewriter designed by Xanti Schawinsky, Luigi Figini and Gino Pollini

DOMUS

l'arte nella casa - Novembre 1938-XVII - N. 131

Vi sono materie come lo xantal, il bronzo d'alluminio - il bronzo italiano - ch conferiscono col loro impiego stesso una estrema nitida eleganza alle cose. Notar in questo particolare di biblioteca, oltre il caminetto in xantal, lo zoccolo, i giun del pavimento, in bianco assoluto di Carrara, i profili delle mensole per i libr

domus 131
November 1938

Cover

domus magazine cover

LA CASA

Casa Miller dell'architetto Mollino • Cantonetto dell'architetto Bühring • Casa C. S. R. dell'architetto Schwadron Casa di campagna degli architetti Angeli e De Carli • Casa S. dell'architetto Ulrich • Casa U. dell'architetto Ulrich

19

CASA MILLER

Una conchiglia si forma poco a poco, per infinite stratificazioni che sono un'immagine negativa e pietrificata della bestia che dentro vive: è l'espressione pratica di un sentimento.
Così i nostri visi e le nostre case. Esse ci crescono attorno, e fissano, nelle tende fiammanti o scolorite e nei muri impeccabili o scrostati, vicende paterne e infantili, abitudini, passioni e noia.
Leggiamo come fotografie gli interni spaccati dalle demolizioni, e le loro carte fiorate, che raccontano i bisogni monotoni degli uomini, come abiti appena smessi che serbano il calore del corpo. Dentro queste sentimentali conchiglie viviamo, ma, per quanto esse, come la veste da camera di Diderot, abbiano la nostra forma, e parlino, possono essere oggetto dell'arte, non arte. E meno ancora hanno a che fare con l'arte quelle altre case, tutte nuove, di cui sono piene le riviste, nelle quali si risolvono problemi di « gusto moderno » inseguendo i bisogni di un ipotetico uomo « funzionale », o l'idea di una Bellezza astratta, insita, per misteriose ragioni, in certi rapporti, in certi moduli e mode (l'idea, per così dire, di una suppellettile ideale eterna):

L'ostrica ha fatto il guscio, in ogni parte.
in quarto bono, coi dovuti affreschi
Matissiano-ortodosso-masacceschi
ed un torrione basso
nel gusto di Picasso
(ma un poco più neoclassico).
Poi, beata, si è assunta al ciel dell'arte.

E spesso non hanno a che fare con l'arte quelle altre case e chiese e reggie e edifici fastosi che in tanto numero e ricchi e splendidi ci hanno lasciato i tempi passati e vanno edificando e arredando i moderni; nei quali l'artefice mostra la sua abilità e il committente la potenza e ricchezza, in opere il cui scopo è la celebrazione, l'ornamento, la rettorica: espressioni tutte oratorie, che hanno assai più relazione con l'arte di governo, e con la

Mensola in cristallo securit.

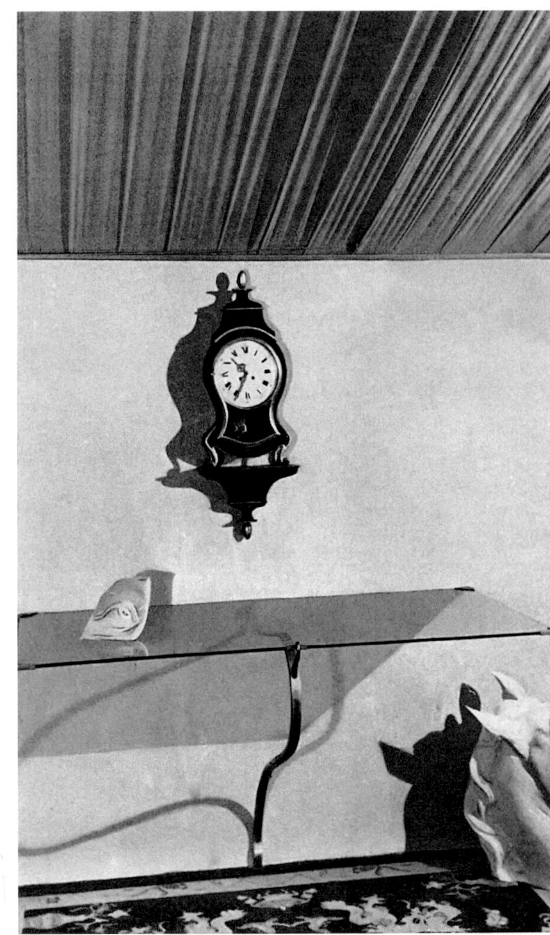

Interiors and furnishings of the Casa Miller in Turin designed by Carlo Mollino: view of console table incorporating *Securit* glass

Translation see p. 717

soddisfazione di sè, che non con la poesia. Ma esistono, e numerosissimi, degli interni di case antiche e moderne che sono, almeno nelle intenzioni o parzialmente, opera d'arte, libera espressione del mondo poetico dell'autore, o che il bisogno espressivo si faccia strada, quasi per una involontaria ma prepotente necessità sugli altri motivi da cui l'opera nasce, o che esso sia, sin da principio, consapevole e unico. Vengono alla mente mille case e palazzi che hanno consentito e consentono perfettamente a generazioni di nascere, vivere e morire nei loro interni, che sono stati per secoli ottime « machines à habiter », senza perdere mai la loro prima e sola funzione di un mondo poetico originale.

L'Italia ne è piena: se, per citare un'opera del passato che tutti conoscono, prendiamo ad esempio la Palazzina di Stupinigi, vi ritroviamo tutta espressa la sensuale armonia juvariana, che del gusto del suo tempo e della ricchezza fa docili strumenti, non fine, ed è perciò, vera architettura. Muri, spazi, mobili, pitture parlano sì nel linguaggio del loro tempo, sono opera di gusto: ma il gusto è tutto risolto nell'espressione, e perciò l'opera resta, senza diminuzione, finito da gran tempo il barocco, le sue maniere e le caccie della Corte reale. Fu tuttavia sempre difficile, anche in tempi gloriosi e fiorenti di arte, per l'architetto essere totalmente libero, in opere di questa natura, dalle esigenze pratiche del sentimento, del gusto, e dell'oratoria. A giudicare dai risultati, si direbbe che oggi questa difficoltà sia assai di rado superata completamente anche dai buoni e dai migliori. E non si tratta soltanto di difficoltà d'ordine materiale, o dall'imperioso obbligo di soddisfare certi bisogni, che devono essere soddisfatti.

La difficoltà essenziale viene di dentro, ed è quella di superare il momento della pura cultura, della « tecnica », e del compiacimento per la tecnica astrattamente considerata come fine dell'opera (e perciò inesistente o mal dominata anche come tecnica), il momento dello standard e della imitazione classicistica, e in genere di evitare lo scambio tra espressioni pratiche e poetiche, in opere che, per gli scopi pratici che sono ad esse indissolubilmente congiunti, inducono facilmente in questo errore. Potremmo, credo, contare sulle dita gli interni contemporanei da noi conosciuti, nei quali ci troviamo di fronte a opere puramente espressive, senza contaminazioni (Mies van der Rohe, Le Corbusier). Ma non sono frequenti neppure quelli dove l'espressione di un mondo poetico è solo parzialmente raggiunta, o almeno tentata. E in essi conviene rigorosamente distinguere, e scegliere l'originale dal generico, lo stile dalla moda.

●

Esaminiamo insieme questa Casa Miller, dell'architetto Carlo Mollino. È inutile che io mi attardi a descriverla: le fotografie sono ben chiare, con quel tanto di documentaria falsificazione a cui il lettore è così avvezzo, che non potrebbe farne senza. Ma non sarebbe facile, da queste sole illustrazioni, rendersi conto del senso che deve legare questo complesso di oggetti, di pareti, di specchi, di colori, di spazi, e distinguere quello che in essi è soluzione pratica di problema pratico, quello che è opera di puro gusto, e quello che essi vogliono esprimere.

In anticamera - Mensola in cristallo securit.

1

E poichè ci interessa ricercare quali ne siano i valori espressivi, dovremo cercare di distinguerli dagli altri che, anche se non sono non-valori, tuttavia non ci interessano in questa sede. Non voglio qui soffermarmi su quelle che sono pure limitazioni materiali: la forma della casa, preesistente e difficile a essere del tutto dimenticata, i limiti di spesa per cui, ad esempio, questi tendaggi sono piani, che avrebbero dovuto essere curvi e sporgenti, o quello specchio è rotondo che avrebbe dovuto, in tutt'altra forma, meglio associarsi al senso degli oggetti circostanti. Sono, queste, mende particolari, che l'autore stesso mi indica, e che, per la loro correggibile evidenza, non toccano il modo di essere dell'opera. Quelli a cui debbo qui invece accennare come a ele-

Casa Miller

Interiors and furnishings of the Casa Miller in Turin designed by Carlo Mollino: shelf in entrance hall, view into bed- and living room floor plan

menti discordi e quindi dannosi, sono proprio quelli che chi osservi questa casa dal punto di vista della ambientazione pratica e della decorazione considererà come pregi (e lo sono, ma in quel campo): il « buon gusto » e l'ingegnosità.

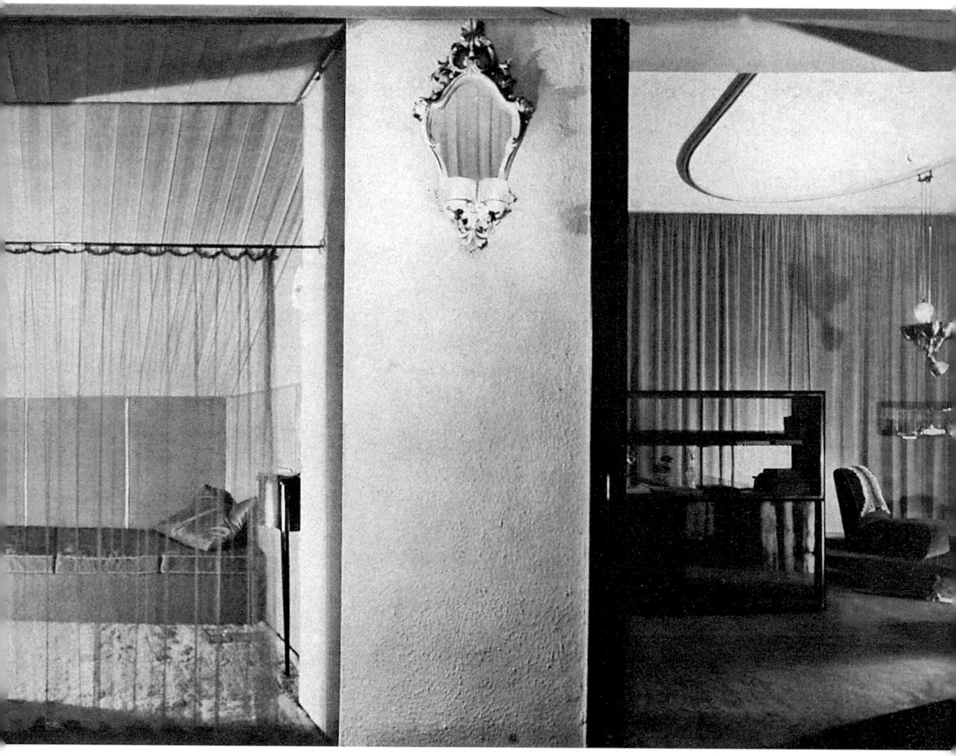

Chi, guardando queste fotografie o visitando direttamente la Casa Miller, vi cerchi soluzioni nuove a problemi di costruzione di mobili d'uso, di collocazione di oggetti in un ambiente da abitarsi, di particolari decorativi (come incorniciare una stampa giapponese, o come nascondere dei brutti radiatori di termosifone, o un apparecchio radio del commercio, ecc., ecc.), troverà di certo risposte brillanti e utili, come solo i pochi migliori arredatori italiani saprebbero dare. E io non intendo affatto negare l'interesse e il valore di queste ricerche. La forma di questi tavoli, di queste mensole è estremamente elegante, anche considerata fuori

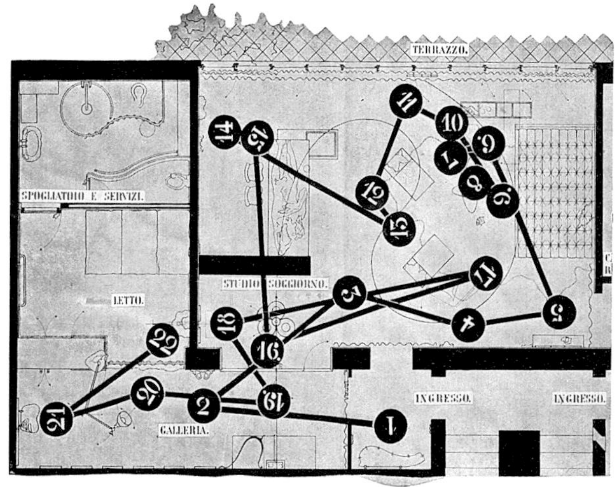

Translation
see p. 717

3

I piani del volino e la cola vetrina no in crist securit.

Casa Miller

Interiors and furnishings of the Casa Miller in Turin designed by Carlo Mollino: view and details of living room

del complesso, e questi mobili potrebbero utilmente rifarsi e adattarsi a mille altre case. Ma lo scopo di Mollino (e la ragione per cui parliamo qui della Casa Miller) è un altro: quello di esprimere sè stesso, con questi mezzi: non quello di creare oggetti industriali, siano pure elegantissimi. Ed allora dobbiamo riconoscere che, al lume di questa ambizione così necessaria, il buon gusto, l'abilità decorativa considerata scopo a se stessa, è piuttosto una limitazione.
I colori di quelle tende, di quel tappeto, di quelle poltrone sono squisiti: non si potrebbe, decorativamente, trovare un rapporto più giusto ed edonisticamente godibile. Ma, nei riguardi della personalità artistica di Mollino, che cercheremo più avanti di definire, questo edonismo rappresenta un momento estraneo. La forma curva di quel letto trapuntato e sollevato, è invogliante e preziosa: ma la preziosità amata per sè stessa nasconde, più che rivelarlo, e in un certo senso tradisce, il senso della casa. Il parlare corretto e elegante, le locuzioni forbite, il toscaneggiare (cose tutte pregevoli in sè) non solo non bastano a fare il buon scrittore, ma possono contrariare, come un vizio, la sua espressione. Anche questa Casa Miller non è dunque ancora del tutto libera dal difetto corrente della nostra architettura, che scambia così volentieri il vocabolario con un libro di poesia e che ne fa il suo maggior vanto.
Un'altra limitazione alla libertà espressiva, è da riscontrarsi nel compiacimento per la difficoltà superata: anche questo è uno scopo pratico di autocelebrazione, di oratoria rivolta a sè stesso, che, introducendosi nell'espressione, può indurre in errori; come l'insistenza su immagini riuscite, o la loro ripetizione. Ma questo difetto è già complemento di corrispondenti virtù, difficile a scindersi da quelle, che cercheremo ora di analizzare.

•

Che cosa dice dunque, o che cosa accenna a dire questa Casa Miller? Che cosa è quel suo mondo, per il quale siamo indotti a considerare come errori i pregi del gusto e della abilità?
L'architettura di Mollino (e il discorso vorrebbe, d'ora innanzi, documenti più abbondanti che questi presenti, poichè si riferisce non solo alla Casa Miller, ma, attraverso di essa, presa come primo abbozzo e tentativo, a quelle altre opere più importanti e realizzate che egli ha costruito o ha in corso), l'architettura di Mollino, se mi si consentano queste distinzioni, tende, piuttosto che alla effusione lirica, al *romanzo*, alla creazione cioè e alla descrizione di personaggi. Rivolta all'uomo, non si appaga in generale di svelare l'umano in forme assolute bastevoli a se stesse, formalmente determinate (per quanto, anche nell'opera di cui ci occupiamo esistano oggetti realizzati senza necessità di rapporti: come, ad esempio, le curve rincorrentisi del piccolo tavolino di vetro, amate come un teorema risolto).

4

6

5

Copricalorifero

Translation see p. 717

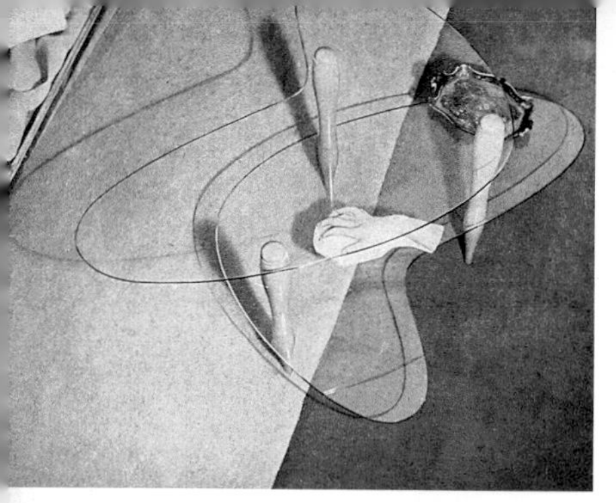

7

Tavolo con piani in cristallo securit.

Vetrina e tavolo in cristallo securit.

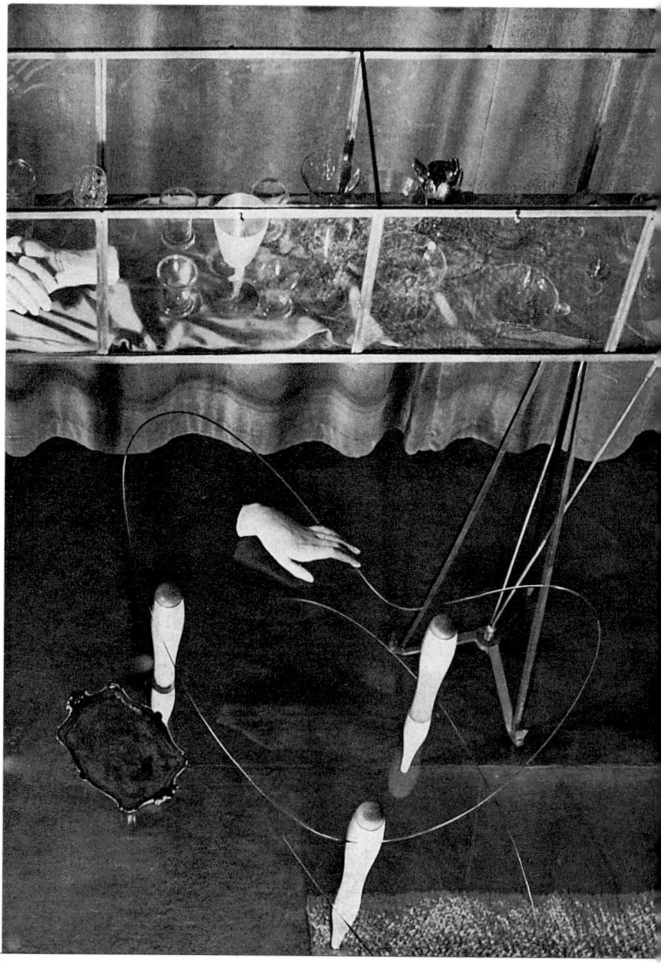

9

Interiors and furnishings of the Casa Miller in Turin designed by Carlo Mollino: table incorporating *Securit* glass, display case and mirror

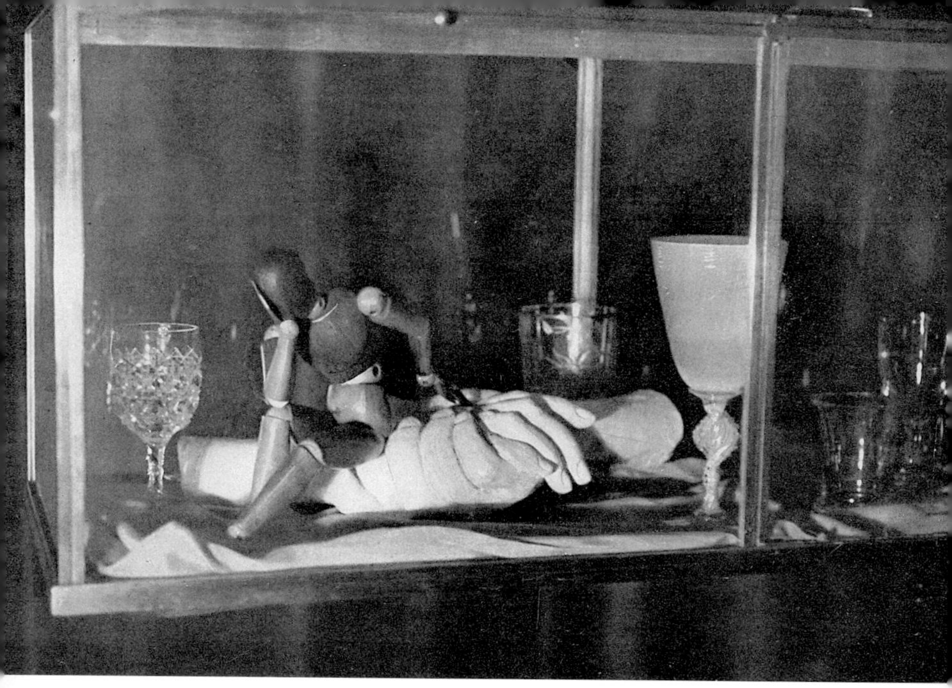

10 *Nella vetrina.*

Il suo interesse è invece per un uomo individualmente determinato nella coesistenza di tutti i suoi tempi e di tutti i suoi spazi e perfino, se si potesse ottenerlo, di tutte le sue possibilità. Questa aspirazione a una singola totalità anzichè implicita e nascosta, diventa esplicita e oggettiva: si riferisce cioè a un « personaggio » che Mollino descrive con i mezzi dell'architettura e della scenografia. Architettura nasce qui da autobiografia, ed è lo sforzo di liberarsene oggettivamente come racconto: da questo sforzo nasce il personaggio. È un ambiguo personaggio, insieme in prima e in terza persona, un Ulysses mistificatore alla ricerca degli spazi perduti. La Casa Miller vuol essere piuttosto che la casa di questo personaggio inventato, il personaggio stesso (o un suo primo tentativo di esistenza), nel cui ventre, come in quello della balena, vivranno gli abitatori reali. La caratteristica principale del nostro personaggio è che egli tende a bastare totalmente a sè stesso, a trasformare tutto in coscienza, a razionalizzare tutti gli impulsi e tutti i sentimenti, e a dominare. Se dunque è un personaggio libero, lo è come un tiranno alfieriano. Egli vuol essere tutto: ne viene come prima conseguenza che, nella sua rappresentazione, lo spazio (poichè questa, spaziale, è la sua natura) dev'essere *finto*. Questo è un mondo chiuso: siamo sul palcoscenico o nell'interno di un capitolo. L'uscio è serrato: quello che è fuori è totalmente arbitrario.

Ma, dentro, tutti gli spazi possibili debbono coesistere: quelli dell'infanzia e quelli della vecchiaia, e l'attualità e il ricordo, e l'evidenza e il pudore. Perciò non è possibile esprimersi con l'ordine gerarchico della prospettiva, perchè tutte le cose sono ugualmente vicine, e ognuna ne implica infinite altre, e tutte fanno ressa e non vogliono essere dimenticate. Per rompere la gerarchia della prospettiva formale e di quella sentimentale tutti i mezzi sono buoni, dagli specchi, con le loro illusioni, alle alterazioni di grandezza di oggetti comuni, allo spezzarsi improvviso di una linea ovvia: tutte le astuzie legittime di una scenografia scaltrita. Talvolta il gusto dell'inganno prende il sopravvento sulla sua funzione antiprospettica: è il compiacimento dell'ingenua magia che solleva una casetta girante di vetro su esili tiranti: il semplice piacere di potenza della difficoltà superata. È questo, con l'aridezza e l'ironia, il limite negativo, la pena del nostro personaggio, che vuol essere, senza passione, completo, e crearsi da solo, pezzo per pezzo, come un'opera d'arte. Nella chiarissima oggettività di questo mondo, le questioni di « gusto » non possono, come abbiamo visto, aver senso: di fronte alle persistenze del « gu-

11 *Specchio.*

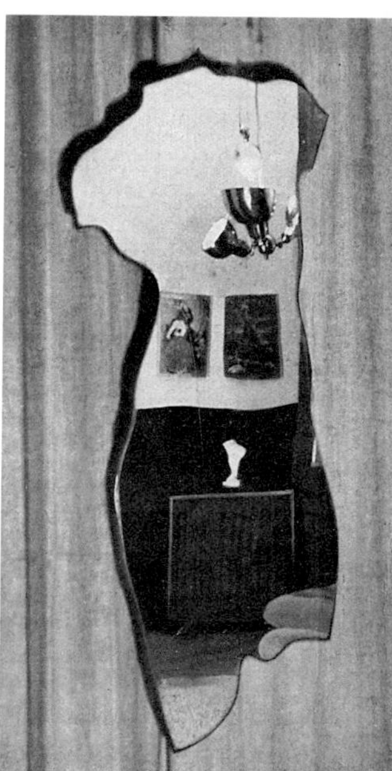

Translation
see p. 717

Tavolo.

12

Poltrona - Piccola vetrina in cristallo securit.

Casa Miller

Interiors and furnishings of the Casa Miller in Turin designed by Carlo Mollino: living room, table in study and details

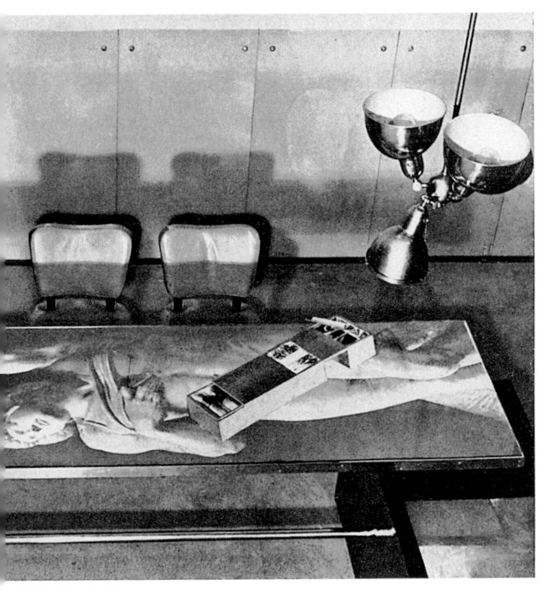

13

Parete.

14

5 *Piano del tavolo.*

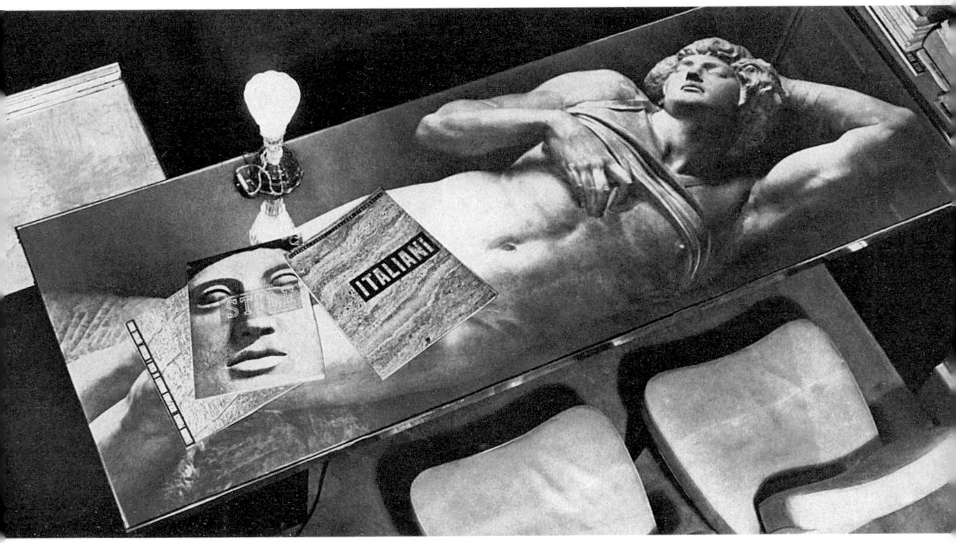

Translation
see p. 717

16

Lampada.

brusca fine ». Il lampadario che una mano può portare, corre davvero sulla sua rotaia. verso un'aquila che un giorno ha davvero aperto gli occhi, e si ferma improvviso sul cielo bianco del muro.
Se l'onnipotenza del nostro personaggio è quella del tiranno, se la sua libertà è quella del prigioniero (e sia pure volontario prigioniero), la sua aridezza è necessariamente mortale. Un tavolo diventa perciò, ai suoi occhi, una bara, una lastra, quella del sepolcro, e sotto la lastra è schiacciato il Prigione di Michelangelo. Così il personaggio della Casa Miller, insieme alle sue infinite coesistenti possibilità, conosce anche la sua morte — e, con la morte del protagonista, il romanzo è finito —. Ora possiamo sedere al suo tavolo, e scrivere.

●

Se la Casa Miller non fosse che questo racconto, e lo fosse completamente; se il personaggio nascesse, vivesse e morisse intero nella architettura, ci troveremmo dinanzi a un'opera d'arte in tutto riuscita. Ma, come fin troppo a lungo abbia-

17

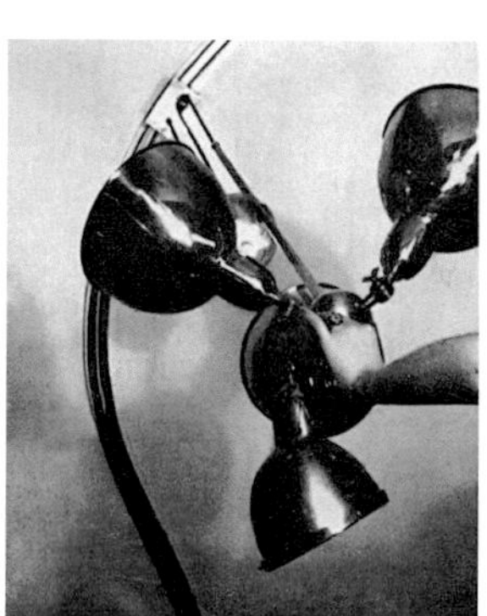

Lampada.

sto » gli oggetti di cattivo gusto hanno la loro funzione liberatrice, quella stessa degli inganni prospettici; e riescono quasi sempre a farsi esenti dal facile e timido peso dell'ironia. Svincolata l'architettura dalle ricevute gerarchie, compiuto lo sforzo di liberazione e di autocostruzione, il nostro personaggio può lasciarsi andare, e cercare la sua forma in quella mutevole e piena di continue diramazioni del pensiero. Gli oggetti, le masse, gli spazi da piani diversissimi si giustappongono legati soltanto da una continua, moralistica volontà di consapevolezza che vuol veder chiaro nelle evocazioni, renderle tangibili e spiegate, fare immagini plastiche perfino dei semplici rapporti verbali e dei voli oscuri della fantasticheria, cercando insieme di non cadere nel simbolismo letterario o in un facile surrealismo.

Donna e conchiglia stanno di fronte su due pareti, e si raggiungono in una sola forma in uno specchio. Uno specchio evoca Venere, ha la forma di Venere: gli oggetti specchiati diventano misteriosi membri del corpo della dea giovinetta. « La giovinetta dà una spinta leggera ad un'ala delle aquile di bronzo recanti in volo il lampadario e, seguendo la celeste navicella che oscilla e ruota pigra, pensa senza sorpresa che quelle aquile impero conoscono il cielo e che forse un tempo volavano per davvero: ma l'immagine inquietante delle aquile di bronzo vive e intente al trasporto in un cielo vero ha

Interiors and furnishings of the Casa Miller in Turin designed by Carlo Mollino: details of hanging light in living room, glass shelf and console

Mensola in cristallo securit.

21

Particolare.

20

18

Stampe fra due vetri.

22

Mobile.

mo detto, questa casa è anche un'opera di « gusto », elegante e utile come pochi altri architetti saprebbero fare. Le due cose non coincidono, o non coincidono del tutto: di qui il suo carattere di tentativo. Altri la loderà, e a ragione, come un esempio di pratica ambientazione; a me interessa invece per la sua tendenza ad una architettura poetica e disinteressata, che ci mostra la possibilità di un romanzo fatto di muri e di oggetti, di forme e di spazi. Il Lettore diffidente e fatto avvertito dalla citazione a questo punto dirà: « Questa che è qui analizzata e descritta è davvero soltanto la Casa Miller, con le sue sedie, i suoi divani, i suoi specchi, i suoi tappeti, i suoi attaccapanni e le sue suppellettili, o non piuttosto l'*Amante del Duca,* romanzo scritto debitamente in parole da Carlo Mollino, di cui abbiamo letto il principio parecchio tempo fa su una rivista, e di cui abbiamo poi sempre aspettato invano la fine? Volevamo critica d'arte, e temiamo ci abbiate dato critica letteraria o un saggio di psicologia ». Ma l'interesse vero, rispondo, di questa Casa Miller, e la ragione sola che mi ha spinto a parlarne, è proprio lo sforzo dell'autore di esprimere se stesso, oltrepassando l'autobiografia, cercando di fissarsi oggettivamente in un personaggio che a sua volta implichi e caratterizzi tutti gli oggetti. Che egli stia facendo lo stesso sforzo (e con maggiore completezza) in un romanzo scritto con l'inchiostro non toglie, anzi aggiunge interesse a questo altro, tracciato qui in abbozzo, e più ampiamente descritto in altre opere, con i mezzi dell'architettura. E non è senza importanza che questa casa, a chi sappia dimenticarne i limiti pratici e leggerla in quanto ha di originale, possa apparire come una narrazione: sarebbe pure giusto e piacevole che si potesse parlare di una architettura come di un romanzo, e viceversa, senza metafora. Per gli altri, del resto, la Casa Miller offre fin troppe sedie per sedersi, e divani imbottiti per dormire.

Carlo Levi

Translation
see p. 717

FILATO: SNIAFIOCCO
PRODUZIONE: FUMAGALLI
ESCLUSIVITÀ: HAAS
racsò
VEDERE A PAGINA 61

Advertising

Racso advertisement for fabrics

Architetti Van Tijen e Van Der Broek - Casa a Rotterdam.

UNA CASA A ROTTERDAM

Rotterdam, la città più moderna d'Olanda, offre alla nuova architettura olandese la spinta più incoraggiante. Ecco una delle sue nuove case, davvero invitante! Di questa e di un'altra delle più recenti costruzioni di Rotterdam, una grande casa popolare di dieci piani, si occupa il numero 131 di « Casabella », che esce in questo mese: con un articolo che esamina la situazione dell'architettura moderna in Olanda e con grandi illustrazioni a pagina intera.

Bergpolder apartment building in Rotterdam designed by Willem van Tijen and Johannes Hendrik van den Broek in collaboration with Johannes Andreas Brinkman: terrace and view of balconies

Architetto Alberto Sartoris - Casa Morand-Pasteur a Saillon (Svizzera) - Fronte ovest-sud-est.

Fronte sud-est.

CASA DI UN VITICULTORE

È una casa di campagna nella Svizzera francese, progettata da Alberto Sartoris architetto italiano. Non è una villa tra i fiori, per passarvi solo l'estate: è una casa di vita e di lavoro: in mezzo a campi di viti. Si noti subito la soluzione felice di questa architettura respirante. La pensilina all'angolo dell'autorimessa, che si vede nella fotografia riprodotta qui sotto, non è lo scherzo d'un chiaroscuro di più, come potrebbe piacere nel gioco astratto d'un architetto olandese: serve a proteggere la macchina per imbottigliare. Tutta la casa è costruita per rispondere, così, e in modo semplice e sicuro, alla sua funzione: non la penetra un paesaggio idillico ma un ritmo di lavoro comandato dalla natura. Le terrazze non si aprono disinteressate su un panorama ma sui campi di lavoro. Ma si noti come, rispondendo a tante funzioni, l'architetto Alberto Sartoris ha saputo tuttavia esser libero nella sciolta e viva composizione del suo nucleo costruttivo, con un ritmo continuo di spostamenti angolari, pur nel blocco rigido del massiccio.

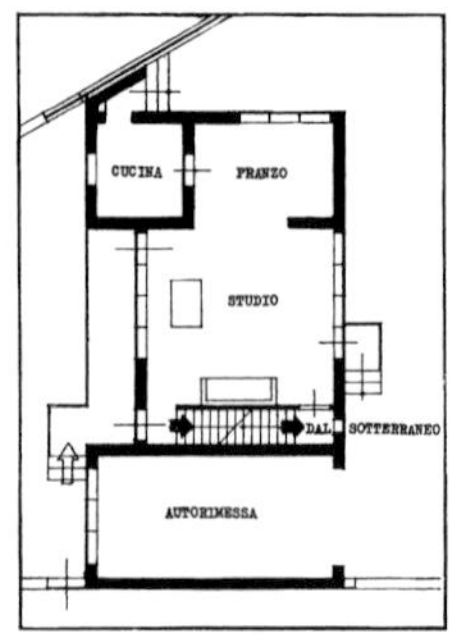

Pianta del piano terreno.

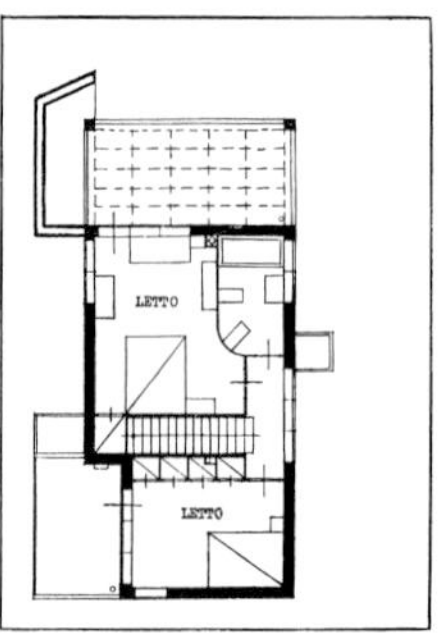

Pianta del I piano.

A Grape-grower's House

Morand-Pasteur House in Saillon, Switzerland, designed by Alberto Sartoris: views of side, front and angled elevations, detail of south-east façade, floor plans

(foto Darbellay)

Architetto Alberto Sartoris. Particolare della fronte sud-est della Casa Morand-Pasteur. Lato della sala di soggiorno.

DOMUS

L'arte nella casa - Ottobre 1938 XVI - N. 130

La produzione italiana per la casa si fa esauriente in ogni campo con modelli di g[...] eleganza, di sicura praticità, di perfetta esecuzione e di un prezzo alla portata di [...] Oggetti come questa lumiera realizzata da "Lumen,, in xantal, il bronzo dorato d'a[...]nio, sono di una nettezza e grazia di linea che ne assicurano una durata nel [...]

domus 130
October 1938

Cover

domus magazine cover showing a floor light manufactured by Lumer

Interno della sala di via dei Condotti.

Fontana Arte showroom on Via dei Condotti, Rome: interior

IL NUOVO NEGOZIO DI FONTANA - ARTE A ROMA

Il carattere d'una strada, d'una città è dato dall'architettura delle case: ma da tempo, e spesso con qualche prepotenza, sembra che questo diritto se lo sia assunto un'altra architettura: quella dei negozi. Con più facile ardimento, talora con spregiudicatezza, in quest'architetture minime si sono tentati esperimenti di colori, di luci, di nuove materie: l'estetica del negozio s'è slegata da quella dell'edificio e fa ormai per sè. Soprattutto la notte, quando le case dormono nell'ombra, comincia la vita più bizzarra dei negozi, con le loro luci sorprendenti, taglienti, argentine, coi loro cristalli ancora più brillanti che nel giorno, con le targhe di materie lucenti. Di notte anche le botteghe si chiudono ma sembra che la loro vita si faccia più intensa e diventi tutta l'anima della città. Ecco qui il nuovo negozio di Fontana Arte aperto ora a Roma. La fotografia di giorno mostra il desiderio di accordarsi con eleganza al tono già prezioso di via Condotti: non ha sporti capricciosi nè sagome urtanti; chiusa com'è, invece, solo dentro una limpida precisione. Il prospetto non richiama per sè ma solo per la vetrina: affidandosi alla splendente realtà delle cose espo-

La vetrina di giorno e di notte del nuovo negozio Fontana Arte in via dei Condotti a Roma.

The New Fontana Arte Showroom in Rome

Fontana Arte showroom on Via dei Condotti, Rome: views of entrances by day and night

DOMUS

L' arte nella casa · Luglio 1938 XVI · N. 127

Parma di Saronno ha creato una serie eccezionale di mobili in acciaio da ufficio dei quali è esempio questo particolare d'una scrivania per disegnatore. Essa è stata disegnata dall'architetto Renato Angeli. Il piano superiore è in cristallo securit.

domus 127
July 1938

Cover

domus magazin cover

Interni del negozio Fontana Arte in via dei Condotti a Roma.

ste. Ma la fotografia di sera fa scattare invece la vetrina come un quadrato irrompente di luce fuori dalla parete nera. Decisamente, l'estetica della città non può più rinunciare alla ricchezza che l'architettura del negozio le aggiunge.

Fontana Arte aveva particolarmente l'impegno, aprendo i suoi negozi, che fossero, a Milano come a Roma e come ad Addis Abeba, sempre degli ambienti d'arte. Il negozio di Fontana Arte è sempre una piccola casa dell'arte: esso stesso deve rispondere, oltre che alla raffinatezza della sua speciale clientela, al gusto della sua controllatissima produzione.

Nel campo del vetro e del cristallo Fontana Arte ha ridato all'Italia un primato che da tempo pareva perduto. Mentre anche nei tempi più tristi le piccole industrie e l'artigianato e l'artista avevan tenuto alto il nome e il valore dell'arte italiana, dove il prodotto artistico richiedeva impegni di più controllate preparazioni industriali, la nascente forza industriale della nuova Italia s'era naturalmente trovata in ritardo. Ne aveva approfittato la industria straniera: ma ormai anche in questo campo non ha più nulla da temere. Anche qui, assoluta autarchia! Ormai la collaborazione più viva fra l'artista e la grande industria è realizzata: e tutti sanno di quanto alto pregio siano le produzioni, nel suo campo, di Fontana Arte. Tavoli, mobili, lampade, oggetti di più vario genere curati sino alla preziosità e tutti creati su modelli originali d' artisti italiani segnano la storia di Fontana

The New Fontana Arte Showroom in Rome

Fontana Arte showroom on Via dei Condotti, Rome: interior (shown alongside the Fontana Arte store on Via Montenapoleone, Milan)

Interno del negozio Fontana Arte in via Montenapoleone a Milano.

Arte come una storia di continui trionfi nelle più grandi esposizioni italiane ed estere. Fontana Arte ha sempre tenuto alto il nome dell'arte italiana nelle più grandi mostre internazionali: anche lo scorso anno, a Parigi le furono assegnati due « Grands Prix ».

L'ultima mostra alla quale Fontana Arte ha partecipato è quella fatta quest'anno a Buenos Aires: ed è stato un grande trionfo di questa ditta italiana e di Pietro Chiesa che ne dirige, con l'arch. Ponti, con alta competenza e con assoluta sicurezza di gusto, la sezione artistica, dalla quale appunto escono tutte queste originali produzioni, ricercatissime dalle signore di gusto raffinato e dagli architetti più moderni, per ogni casa esemplare.

Interno del negozio Fontana Arte in via Montenapoleone a Milano.

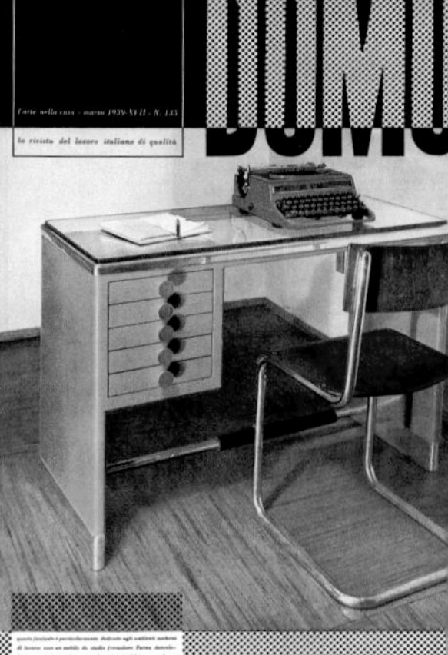

domus 135
March 1939
FEATURING
Gio Ponti
Giuseppe Terragni
Pietro Lingeri
Angelo Bianchetti
Cesare Pea
Luigi Figini
Gino Pollini
Renato G. Angeli
Giuseppe Pagano Pogatschnig

domus 139
July 1939
Cover designed by Gio Ponti

domus 138
June 1939
FEATURING
Gio Ponti

domus 142
October 1939
FEATURING
Luigi Vietti

domus 133
January 1939

domus 134
February 1939
FEATURING
Renato G. Angeli
Carlo De Carli
Franco Albini
Giovanni Dazzi

domus 136
April 1939
Cover designed
by Luigi Veronesi
FEATURING
Melchiorre Bega
Franco Grignani

domus 137
May 1939
FEATURING
Jean Royère

domus 141
September 1939
FEATURING
Giuseppe Pagano
Pogatschnig
Gio Ponti

domus 140
August 1939
FEATURING
Gustav Axel Berg

1939

domus 143
November 1939

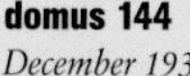

domus 144
December 1939
FEATURING
Alberto Sartoris

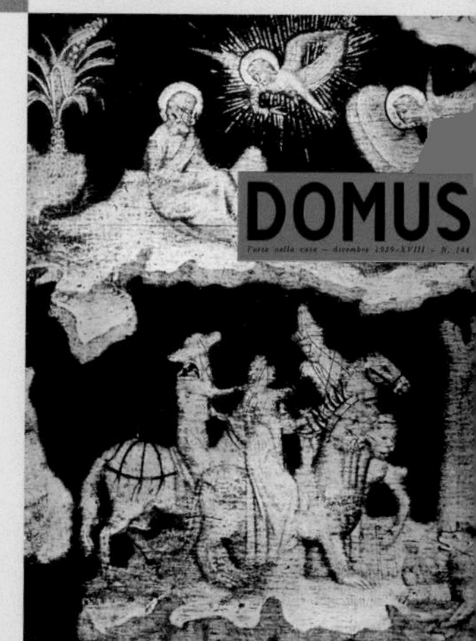

ARCHITETTI ANGELI E DE CARLI - Uno scalone.
Si noti l'uso della Masonite, Pressata e Temperata, ottimi materiali per rivestimenti.
Pareti interne del vano dello scalone, corrimano e soffittatura a riquadri in Masonite Temperata, leggermente tinteggiata in scuro.
Pannellature delle porte in Masonite Pressata.
Pavimenti in Masonite Temperata naturale.

Staircase Design

Design drawing for a staircase by Renato G. Angeli and Carlo De Car.

DOMUS
L'ARTE NELLA CASA - GIUGNO 1939-XVII - N. 138
questo fascicolo è particolarmente dedicato alle case al mare: queste, festose stoviglie di Richard-Ginori sono quelle che, col corredo di tovaglie di raffia e posate in legno, si accordano ai disegni di ville al mare che Domus qui propone con grande ricchezza.

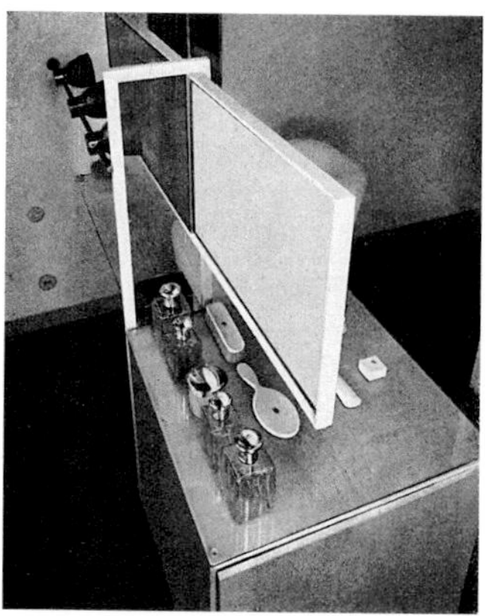

La toeletta in acero bianco vista sul lato posteriore. Gli specchi, sostenuti da un telaio di tubo quadro verniciato di bianco, scorrono davanti ad un cristallo smerigliato, dietro al quale sono posti i riflettori mobili per l'illuminazione.

La camera da letto. Il letto appoggia con la testata ad una paratia di cristallo retinato montato su telaio di tubo quadro verniciato di bianco. Questa paratia divide la camera in due parti: nella prima è il letto, nella seconda un armadio e la toeletta, che si possono vedere nella illustrazione in basso.

ARCHITETTO FRANCO ALBINI

ARDIMENTI IN UNA CASA

È facile notare dalle numerose illustrazioni di queste quattro pagine, come nell'arredamento di questa casa i locali padronali come quelli di servizio furono studiati seguendo un'unica linea estetica, plasmata in un sistema di praticità intelligente e essenzialmente moderno, sì che in tutta la casa si ritrova una omogeneità di gusto che fa di essa un tutto organico.

La pianta di casa Minetti, ricavata da quella di un comune appartamento d'affitto, si divide ora in tre nuclei organici: i locali di soggiorno, le camere da letto ed i bagni, i servizi. I locali per la vita diurna sono artisticamente

a veduta dei locali per il giorno, raggruppati in un unico ambiente. Una paratia sottilissima composta di lastre quadrate di marmo verde, lucidate le due facce e sorrette da uno scheletro interno di tubo di ferro, separa l'ultima parte della sala ove è posto il tavolo da pranzo. La parete di fondo completamente tappezzata di riproduzioni fotografiche d'opere d'arte antica. Nella prima parte della sala, uno scaffale nero sospeso su montanti di o quadro verniciato di bianco, riprende il modulo in quadro che serve di schema a tutta la composizione della sala. Divano in velluto giallo scuro oltrone di seta spigata verde brillante. Tavolini in securit e tubo qu adro verniciato di bianco. Alle finestre tende di rete naturale a maglia larga sovrappongono a tende di tulle nero. Pareti in cementite rugosa bianca, tappeti di lana naturale bianca su pavimento di linoleum verde. Illumina-ne diffusa indiretta. - In basso, la sala da pranzo.

gruppati in un unico ambiente di un gusto risolutamente moderno. La nera da letto è stata divisa in due parti da una paratia di cristallo: nella ma parte è il letto, nella seconda la toeletta. Questa stanza che si trova fondo all'appartamento è in comunicazione con la seconda stanza da letto col bagno. La sistemazione dei servizi oltre che per un meticoloso sfrut-nento dello spazio è interessante per il modo in cui tutti i mobili furono diati. Essi sono costruiti ad elementi smontabili sopra misure costanti, endo così la possibilità di essere composti in modo differente.

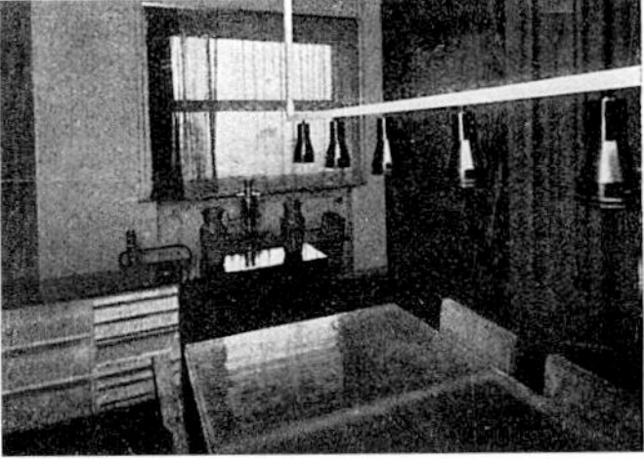

L'anticamera.

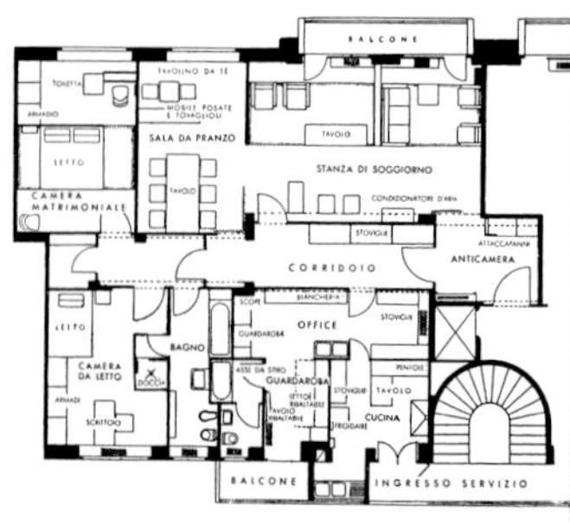

Pianta dell'appartamento Minetti.

A sinistra: il corridoio. A destra: la guardaroba coi mobili laccati in grigio bianco e verde.

Qui sotto: l'office con il grande ar madio per gli abiti e, nel fondo deposito per le scope.

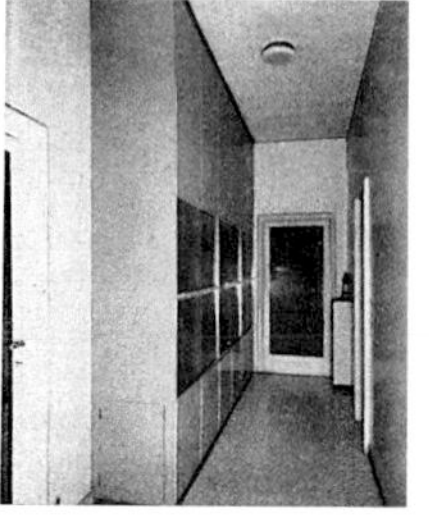

'ala della sala di soggiorno comunicante con l'anticamera. Divano e poltrone in tubo quadro verniciato di bianco e verde pallido. Cuscini rivestiti di n tessuto a mano in cordonetto nero su trama bianca.

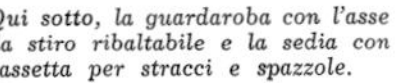

Qui sotto, la guardaroba con l'asse la stiro ribaltabile e la sedia con assetta per stracci e spazzole.

A sinistra: il mobiletto per scarpe, areato; a destra: la cucina, con la grande vetrata divisoria verso l'office.

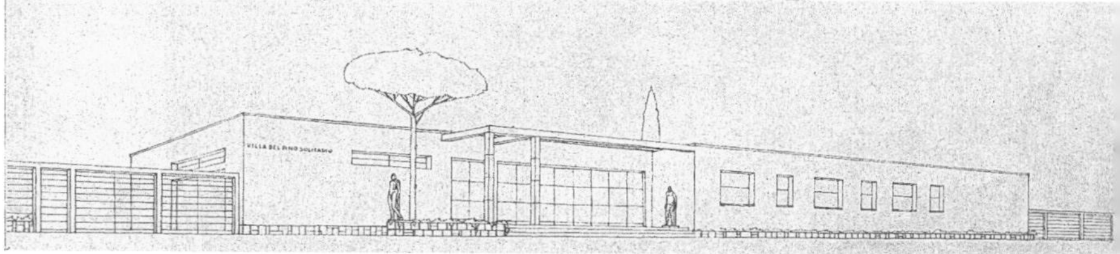

Fronte verso strada.

Architetto Giovanni Dazzi

VILLA DEL PINO

L'architetto Giovanni Dazzi ha saputo realizzare nell'incantevole paesaggio siciliano a 900 metri sul mare Mediterraneo questa deliziosa residenza estiva. La villa costruita per la famiglia D. P. si stacca nitida e bianca dalla gamma splendente dei verdi e degli azzurri della rigogliosa natura che la circonda. La sua architettura contenuta ed armoniosa, gli ambienti vasti, le grandi finestre aperte su ampi terrazzi panoramici ne fanno una dimora italianissima, piena di sole e di vita. Interessantissima è la disposizione dell'edificio su diversi piani, a monte e a mare. Si legga, vicino alle piante, come ci si vive.

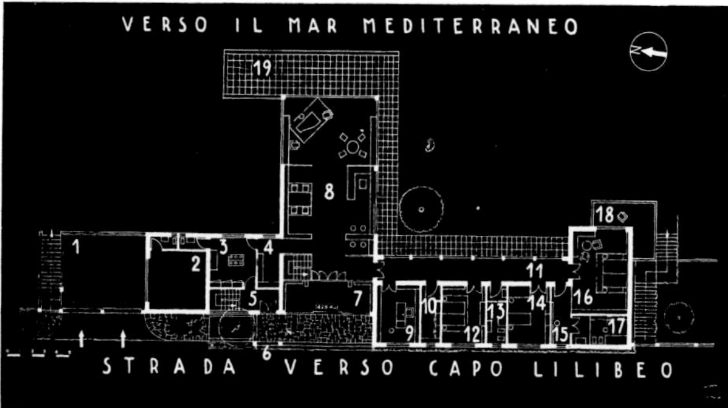

Questa pianta guida agli ambienti cui si a cede dalla strada a monte, la strada verso Ca Lilibeo. Da 1 si accede alla casa in auto; da si entra nel vestibolo 7 e nella grande stan di soggiorno 8 che si apre sulla terrazza 19, s mare. Una serie di camere 12-16 si apre su galleria 11, sul mare. La fronte della villa ver la strada è riprodotta nella illustrazione di qu sta pagina: a sinistra si vede il piazzaletto p le macchine, cui seguono la rimessa e le stan di servizio; al centro è l'ingresso; a destra la s rie di camere.

Pianta piani quote 425-425.40: 1. Piazzaletto a cesso automobili - 2. Autorimessa - 3. Cucina 4. Office - 5. Ingresso servizio - 6. Pronao ir gresso principale - 7. Vestibolo - 8. Bar, pranz convegno, musica - 9. Studio biblioteca - 1 Guardaroba - 11. Galleria verso il Mediterr neo - 12. Letto ospiti - 13. Bagno - 14. Lett padroncini - 15. Toletta - 16. Matrimoniale pa dronale - 17. Bagno - 18. Balcone verso mare 19. Terrazzo verso mare.

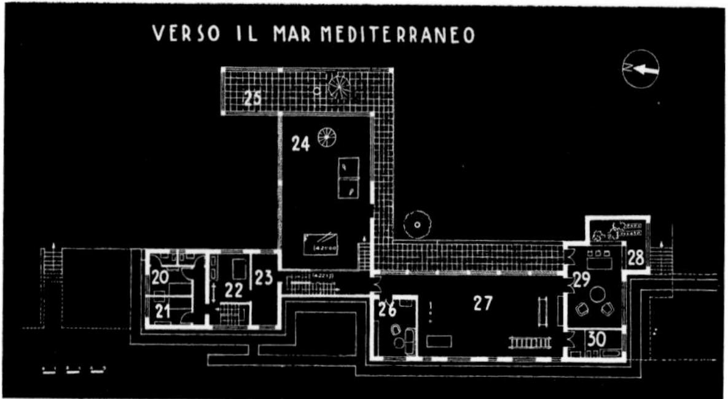

Questa seconda pianta indica la disposizior degli altri ambienti alle due quote inferiori. V si accede dalle scale che scendono dal vestibol ben visibili nel disegno di sezione riprodott nella pagina a fianco. I locali a sinistra, 20-2 sono per servizi; il 24 che è sotto all'8, e an ch'esso aperto sulla terrazza a mare, 25, è r servato al biliardo e ai giochi; gli ambienti destra 26 e 29 servon ancora di convegno e il 2 per palestra. Nella pagina a fianco si veda anch la prospettiva della sala di soggiorno 8, equiva lente, per spazio, alla 24.

Pianta piani quote 422.17-421.00: 20. Camera ser vizio - 21. Camera servizio - 22. Lavanderia, sti reria - 23. Calorifero e deposito carbone - 24. Bi gliardo e giuochi - 25. Terrazzo verso mare 26. Saletta - 27. Palestra mq. 80 - 28. Serra 29. Convegno - 30. Bagno.

Villa del Pino

Design proposal for a Mediterrean villa by Giovanni Dazzi: drawings of front and rear elevations, sectional plan, interior desig details, floor plans

Fronte verso il declivio.

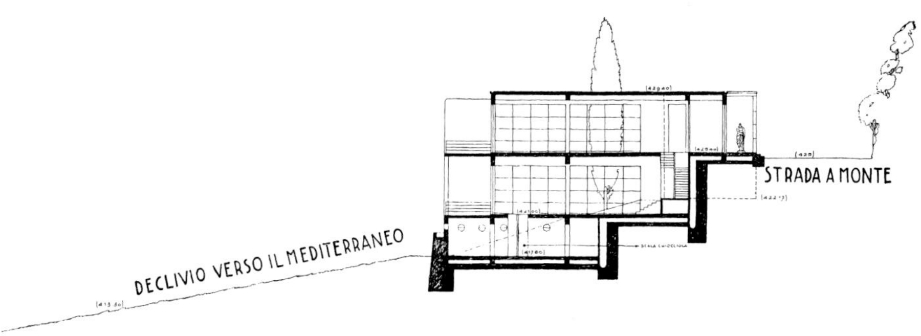

Sala di soggiorno: bar, pranzo, convegno, musica.

Particolare degli ingressi verso strada.

Una visione della centrale automatica della posta pneumatica nel palazzo Montecatini in Milano. *(Foto Domus-Porta)*

Montecatini Group Administration Building in Milan designed by Gio Ponti: detail of pipework – editorial by Gio Ponti

Spesso i particolari dei servizi meccanici in una costruzione raggiungono espressioni di grande bellezza: così è in questo esempio che qui proponiamo a simbolo della nostra rassegna d'ambienti per il lavoro. Queste parti funzionanti di un organismo edilizio, un tempo neglette col nome di « impianti », hanno ricevuto, in quel palazzo del lavoro che Ponti ha costruito a Milano per gli uffici della Montecatini, una presenza spettacolare. Esse sono espressione dello stesso ritmo del lavoro, impressionante prova del suo gigantesco sviluppo, decisiva conferma dello sforzo di perfezionamento tecnico e sociale che le nostre generazioni sanno dare all'operare collettivo.

Sono costruzioni le più precise, le più rigorosamente funzionali: pure una loro profonda somiglianza a visioni astratte le rende liriche e belle: le apre di fronte a noi come un quadro. Questi contatti sono forse segnalatori di coincidenze della vita con l'ispirazione dell'arte? Certo, queste forme scoperte di organismi meccanici e le più sospese visioni dell'arte astratta tendono assieme nello stesso modo alla segnalazione dell'unità d'un ritmo. E qui il ritmo non è più solo nella fantasia o nelle cose ma scandito anche nell'ordine dell'umano lavoro.

GIO PONTI:

Attrezzature del lavoro

« Domus » ha dedicato il fascicolo di dicembre alla produzione d'arte italiana di alta qualità, lavoro di artisti e d'artigiani italiani: ha dedicato gennaio agli sposi: dedica questo numero particolarmente agli ambienti per il lavoro.

Dove si svolge una delle più nobili attività umane una nazione deve recare l' esempio di una attrezzatura altamente civile. Al di là dell'esempio utile e vario che queste pagine possono recare servendo di scelta e di ispirazione ai nostri lettori per arredare uffici e negozii occorre intendere il significato anche nazionale che è espresso da questa parola « attrezzatura ».

L'Italia promuove le sue arti, reca a perfezione le sue produzioni d'arte, vigila a conservare il lavoro d'arte dei suoi artigiani e delle sue donne e il beneficio salutare che loro proviene: ma appresta, dove occorre, al lavoro collettivo degli italiani la attrezzatura più elevata attraverso la produzione di serie che è quella destinata a servire a vasti compiti.

Molti si sono scagliati contro il concetto della produzione di serie estendendo all'intervento delle macchine tutti quelli che parevano loro i guai dei nostri tempi.

Un esame sereno mostra che l'unificazione di modelli, quando i prodotti debbono essere destinati al servizio di masse, è atto intelligente: e che la somma di cure, d'energia, d'ispirazione, di studio che nel *determinare* quei modelli da moltiplicare viene impiegata riceve poi, dalla vastità dell'impegno stesso, mezzi insuperabili per arrivare infine ad una perfezione che non è assolutamente consentita da altre vie.

Certo che la perfezione del modello è la legge della produzione di serie: questo è il compito civile ed anche artistico della industria italiana, è un compito che le è destinato perchè un « destino estetico » accompagna le opere di noi italiani.

Noi dobbiamo *attrezzare* attraverso le produzioni di serie, di modello italiano, nella nostra terra e dell'Impero, alberghi, scuole, caserme, ospedali, nuovi centri rurali e urbani, colonie, uffici. Grande e onorevole compito! Il confronto con le realizzazioni straniere deve essere vittorioso per i modelli italiani: deve essere l'affermazione della nostra civiltà tecnica organizzativa e della nostra maturità estetica.

Questo discorso ci reca a dare il più grande rilievo fra gli ambienti qui presentati a quelli realizzati per alcuni uffici a Milano, modelli italiani che superano le produzioni d'ogni paese ed introducono elementi inediti che saranno dagli stranieri adottati, uffici la cui attrezzatura onora non solo l'industria italiana che l'ha eseguita, ma anche le amministrazioni che l'hanno voluta per ospitare in un modo insuperabile il lavoro dei loro dipendenti d'ogni categoria, anche la più modesta, porgendo alla loro quotidiana fatica le condizioni più alte d'ambiente, di igiene, di dignità.

Da questi esempi deve diffondersi il concetto della « attrezzatura » nazionale nei varii campi. Ci sia concessa da queste colonne una anticipazione: la VII Triennale avrà accanto alle sezioni che recheranno le meraviglie della produzione degli artisti e degli artigiani una sezione dimostrativa dei modelli italiani per quei compiti nazionali ove l'intervento di una attrezzatura di grande serie è non solo indispensabile ma è il segno stesso della nostra civiltà.

Translation
see p. 721

UN PALAZZO DEL LAVORO

Architetto Ponti e ingegneri Fornaroli e Soncini - Palazzo d' uffici della Montecatini a Milano.

Il nuovo edificio della Montecatini a Milano può essere considerato come un esemplare organismo tipico. Il Presidente della Montecatini, onorevole Donegani, ha voluto che anche per il lavoro degli impiegati fosse creato un organismo perfetto, quanto lo sono da tempo alcuni dell'industria. Tutto quel che le più attente esperienze sulle condizioni migliori per il lavoro e la scienza edilizia e la nuova tecnica industriale potevano suggerire, è stato qui ampiamente applicato: dallo studio generale della pianta dell'edificio sino alla sistemazione degli uffici e dei servizi.

Il palazzo creato per il lavoro è misurato su di esso. L'interno è diviso in spazi-moduli (gli uffici) che sono gli elementi sulla cui addizione si forma tutto il blocco dell'organismo: essi stessi sono, poi, misurati dalle funzioni costanti cui debbono servire. Ogni spazio-modulo ha in sè tutti i propri servizi (energia, telefono, segnalazioni, luce, orologio, condizionamento dell'aria), con un sistema distribuito. Il funzionamento d'ogni ufficio è legato alla dimensione costante delle scrivanie e serve anche a loro varie disposizioni: sotto una di queste va a cadere il gruppo distributore dei servizi. Le scrivanie sono costruite in metallo, con elementi in serie, addizionabili e con cassetti tutti intercambiabili. Interessante innovazione è in questi uffici l'impiego delle pareti a settori mobili, di cui diamo una illustrazione spiegativa a pag. 38; in quindici minuti è possibile ampliare o restringere il vano.

(Foto Porta)

Architetto Gio Ponti e ingegneri Antonio Fornaroli e Eugenio Soncini. - Palazzo della Montecatini: uno degli uffici a pareti mobili; scrivanie eseguite dalla ditta Antonio Parma ad elementi addizionabili e cassetti intercambiabili, in metallo verniciato in duco colore nocciola e con guarnizioni di alluminio, piano di cristallo securit. Sotto ciascuna finestra è il posto per tre cartellari.

An Office Building

Montecatini Group Administration Building in Milan designed by Gio Ponti: views of angled elevation and offices with furniture designed by Gio Ponti

(foto Porta

Architetto Gio Ponti e ingegneri Antonio Fornaroli e Eugenio Soncini - Palazzo della Montecatini: ufficio. Pavimento linoleum bruno, pareti tinteggiate in duco nocciola chiaro, mobili eseguiti dalla ditta Antonio Parma in metallo verniciato color nocciola, guarnizioni alluminio; piano in securit, coperture in cuoio rosso.

Translation
see p. 722

Le pareti a settori mobili eseguite da Parma per gli uffici del Palazzo Montecatini, di cui parliamo a pag. 36, costituiscono una grande innovazione.
(foto Porta)

MOBILI DI METALLO

Il mobile d'acciaio è il tipico mobile di serie: e una delle più vive scoperte della nuova architettura della casa. La sedia e il tavolo di tubo metallico hanno raggiunto una assoluta originalità di forma, uscendo nettamente da ogni tradizione delle vecchie ossature, conquistando una praticità ed elasticità nuove e modi più aderenti alle essenziali esigenze d'oggi. Nello stesso tempo, nella loro costruzione di serie, possono garantire nel modo più categorico la perfezione di bellezza della loro forma, in una assoluta rispondenza al primo modello creato dall'artista.

Architetto Giuseppe Terragni - Studio nella Casa del Fascio di Como.
(foto Mazzoletti)

Architetti Lingeri e Terragni - Studio per pittore.
(foto Crimella)

Architetti Bianchetti e Pea. - Scrivania in metallo con piano in securit. *(foto Crimella)*

Architetti Figini e Pollini. - Scrivania ad elementi in serie (vincitrice del Concorso della Triennale).

Terragni; desk designed by Angelo Bianchetti and Cesare Pea; desk designed by Luigi Figini and Gino Pollini

MOBILI IN TUBO METALLICO

Sedia in tubo d'acciaio cromato.

Abbiamo radunato in questa pagina alcuni tipi di sedie e poltroncine in tubo metallico, tutte di una precisa eleganza, per le intelligenti soluzioni della massima praticità in un bel ritmo architettonico. Una collezione anche più ampia non farebbe che meglio documentare quella infinita varietà di possibilità che già qui si esprime, pur nell'impiego di questa materia che a molti sembra ancora di poche risorse. L'industria italiana compete ormai con le grandi industrie straniere con deciso coraggio e con una produzione rigorosamente selezionata. Molti artisti italiani, e in questo stesso fascicolo se ne hanno altri bellissimi esempi, si sono volti allo studio di forme originali. Si veda, ad esempio, la bella poltrona girevole riprodotta nella pagina a colori qui a fianco: disegnata dall'architetto Angeli ed eseguita dalla ditta Antonio Parma. E' in metallo e cuoio imbottito, e con braccioli di legno nero.

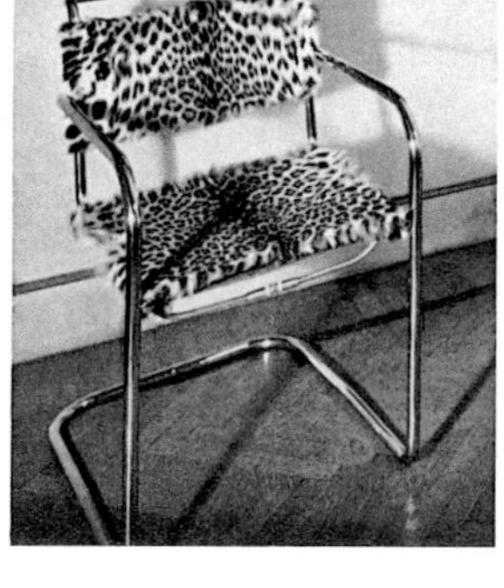

Tre poltrone in tubo d'acciaio cromato.

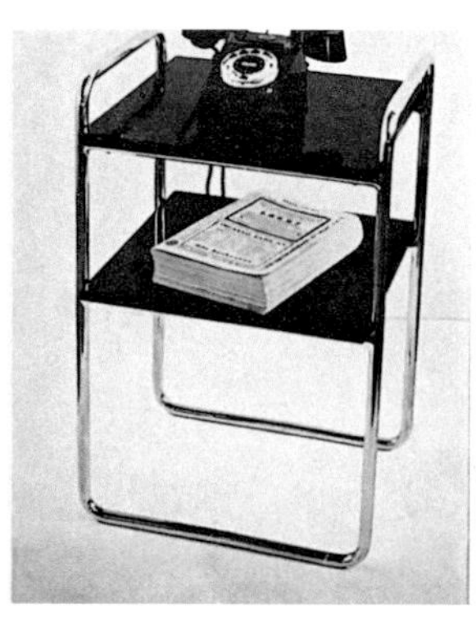

Mobile per telefono.

Cesto per la carta in alluminio.

Sedia girevole.

Tubular Metal Furniture

Tubular steel furniture designed by Renato G. Angeli for Antonio Parma and by Giuseppe Pagano Pogatschnig for the administrative

Architetto Giuseppe Pagano - Due aspetti dello studio del Direttore Amministrativo del « Popolo d'Italia ». Nella prima foto a sinistra si nota lo scaffale pensile in lamiera d'acciaio grigio piombo e verde, composto da quattro scomparti, due chiusi da portelli in lamiera e due a vetri. Nella seconda foto si vede l'ampia finestra in vetro termolux, ottimo isolatore del calore e del rumore esterno. I mobili sono stati eseguiti dalla ditta Antonio Parma.

Architetto Giuseppe Pagano - Lo studio del Direttore Amministrativo del « Popolo d'Italia ». La scrivania in lamiera d'acciaio verniciata a fuoco grigio piombo e verde chiaro, con sostegni in tubo di acciaio cromato. Notare sopra lo sportello chiaro la tavoletta per la stenografa che può prender posto sulla poltrona a sinistra.

Architetto Giuseppe Pagano - Lo studio del Redattore Capo del « Popolo d'Italia ». La scrivania in noce nostrano a vena parallela color castoro tendente al grigio con sostegni in tubo di acciaio cromato. Per facilitare la immediata chiusura delle carte alla fine della giornata l'architetto ha ideato l'abbassamento per mezzo di leve del piano in cristallo nero a sinistra dello scrittoio. Notare infatti sulla nostra fotografia il piano abbassato sul quale è stata tirata a metà la saracinesca scorrevole che permette la completa chiusura di tutto ciò che è disposto sul tavolo.

lirector's office of *Popolo d'Italia* (a review founded by Benito Mussolini)

Advertising

Fiat advertisement showing *Fiat 2800* salon car

Il cielo pare ridotto, pare percosso dall'impeto che ha fatto sorgere questi favolosi colossi, questa superarchitettura, quest'architettura che può anche non essere un fatto d'arte ma è sempre un fenomeno tecnico e sociale ed è pur sempre architettura, di un genere eroico; espressione d'una forza collettiva e anonima.

Il cielo, il grande cielo, è, poi, alto, indipendente, libero, inaccessibile, fuori della possibilità che l'uomo si misuri con lui. Non regge con esso una impossibile gara, ma solo una armonia, fatta di altezze spirituali e di altezze d'arte. Forse, come invano tentano il cielo, queste architettura invano tentano le altezze dell'arte.

(foto E. Rüedi)

Cieli americani

L'area totale del terreno è di mq. 2100, l'area della villa di mq. 532. Lo sviluppo frontale è di m. 17,80 sul fronte dell'ingresso, di m. 19,50 sul fronte a sinistra della nostra illustrazione, di m. 27,20 sul fianco delle camere, di m. 21,80 sul quarto fianco. L'altezza dei piani è nell'interrato di m. 3,25 e nel rialzato di m. 4. Il costo totale è stato di L. 250.000.

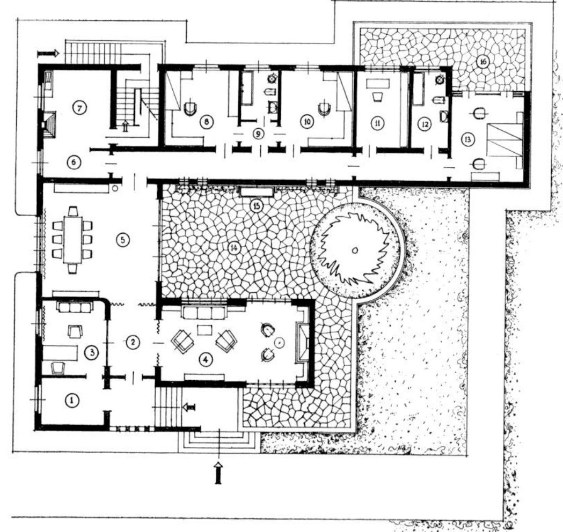

Pianta del piano rialzato: 1 *Ingresso* - 2 *Ingresso studio* - 3 *Studio* - 4 *Soggiorno* - 5 *Pranzo* - 6 *Office* - 7 *Cucina* - 8 *Camera* - 9 *Bagno* - 10 *Camera* - 11 *Spogliatoio* - 12 *Bagno* - 13 *Camera matrimoniale* - 14 *Cortiletto* - 15 *Fontanella* - 16 *Terrazza.*

Una villa a Bologna

L'originale struttura della villa costruita dall'architetto Melchiorre Bega a Bologna ha valso a creare un ambiente di una speciale intimità in quel cortile raccolto e intimo, che è stato poi anche animato dall'arte e dalla natura. Si guardi lo stesso disegno della pianta del rialzato: anche prima d'aver osservato nelle didascalie che cosa rappresentano i vari ambienti e come l'ingresso si sdoppia per l'accesso allo studio e al soggiorno, e come soggiorno e pranzo formano il cuore dell'appartamento, restando poi a un fianco la zona delle camere, proprio anche solo guardando questo disegno della pianta, seguendola nel piacere dei suoi ritmi, dei corpi entranti e uscenti, subito si sente l'accento d'intimità raccolta e vissuta che dà il tono all'edificio. Di una semplicità calma, non soltanto nella vastità del vano ma anche nell'arredamento, con le ampie poltrone raccolte davanti al camino, è poi l'ambiente del soggiorno: e lo stesso gusto continua in tutta l'unità degli interni.

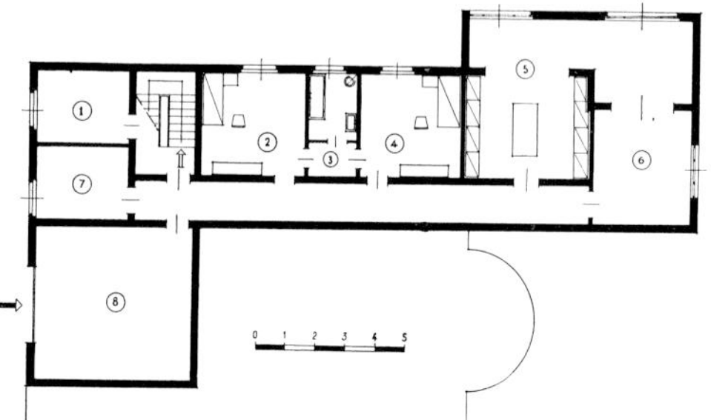

Pianta del piano interrato: 1 *Cantina* - 2 *Camera* - 3 *Bagno* - 4 *Camera* - 5 *Guardaroba* - 6 *Lavanderia* - 7 *Caldaia carbone* - 8 *Rimessa per due macchine.*

L'irregolarità delle situazioni urbanistiche è spesso tale che la casa, invece di avere il piacere di aprirsi nel mondo che la circonda, è costretta solo a difendersi, per riuscir ad avere almeno un po' di intimità. E' il caso di questa villa costruita da Bega, che ha dovuto aggiungere alle mura anche schermi e griglie, per isolarla da un vicino grande e brutto fabbricato di tipo popolare. Dentro lo schema di una geometria che si potrebbe dire difensiva gli ambienti della villa, specie quelli di soggiorno, restano in piena libertà e fuori dal pericolo di dover vedere le finestre dei servizi del grosso fabbricato.

Architetto Melchiorre Bega - Villa Sacchetti a Bologna. Veduta d'insieme. Pareti esterne in intonaco Terranova color avorio. *(Foto Villani)*

Villa Sacchetti in Bologna designed by Melchiorre Bega: aerial view, detail of courtyard terrace grill, detail of entrance with staircase and view of courtyard with quartzite paving, floor plans

Particolare del grigliato di chiusura del cortile terrazzo.

Particolare dell'ingresso con scala in marmo di Trani. Grigliato in legno laccato verde, fori circolari con cristallo.

Architetto Melchiorre Bega - Villa Sacchetti. Particolare del cortile pavimentato in quarzite. Pareti in intonaco Terranova avorio, grigliato in legno laccato in verde. Statua decorativa dello scultore Minguzzi.

Architetto Melchiorre Bega - Villa Sacchetti. Sala soggiorno con camino in travertino e parte centrale in Klinker verde. Mobili laterali porta libri. Divano e poltrone in tinta unita con cuscini a fiori in stoffa bandera.

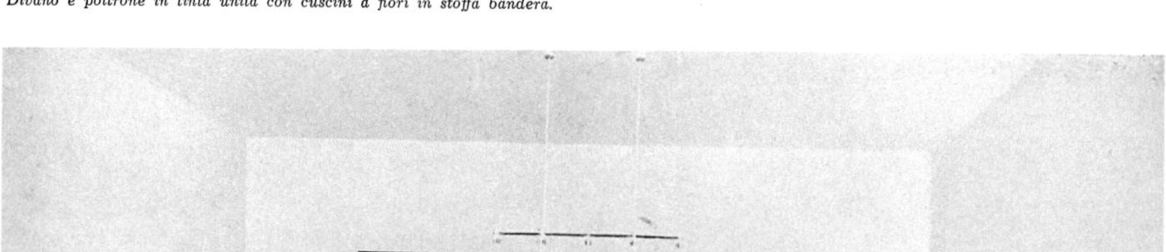

Architetto Melchiorre Bega - Villa Sacchetti. Sala da pranzo in tinta avorio. Pavimento in linoleum verde Roma. Mobili in legno noce naturale. Sedie rivestite in chintz verde veronese. Lampadario in metallo laccato color avorio. Grande tendaggio pesante con controtendaggio in velo.

A Villa in Bologna

Villa Sacchetti in Bologna designed by Melchiorre Bega: living room and dining room

(Fot. Villani)

Architetto Melchiorre Bega - Villa Sacchetti. La sala da pranzo vista dal cortile.

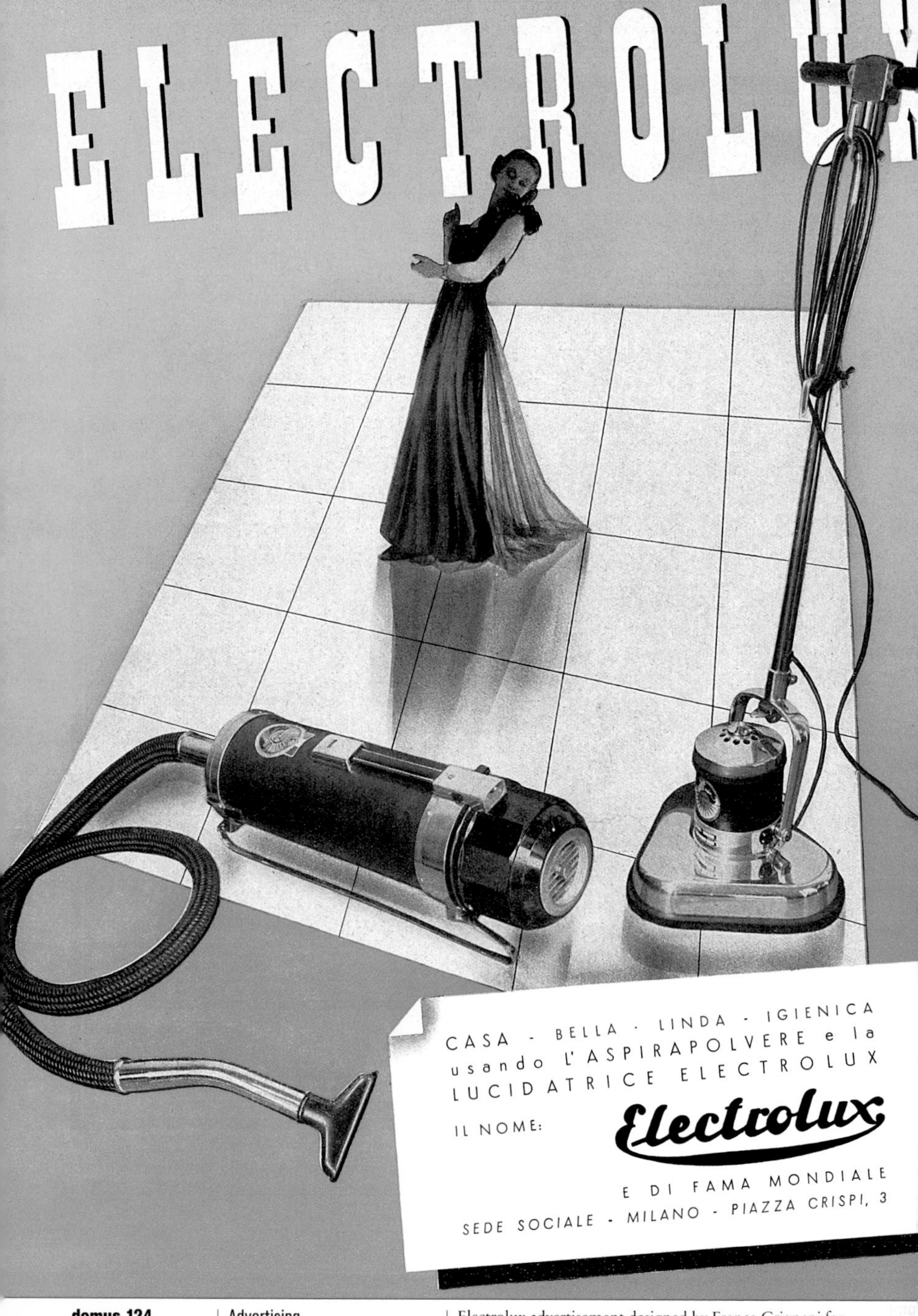

ELECTROLUX
CASA - BELLA - LINDA - IGIENICA
usando L'ASPIRAPOLVERE e la
LUCIDATRICE ELECTROLUX
IL NOME:
Electrolux
E DI FAMA MONDIALE
SEDE SOCIALE - MILANO - PIAZZA CRISPI, 3

Advertising

Electrolux advertisement designed by Franco Grignani for vacuum cleaners

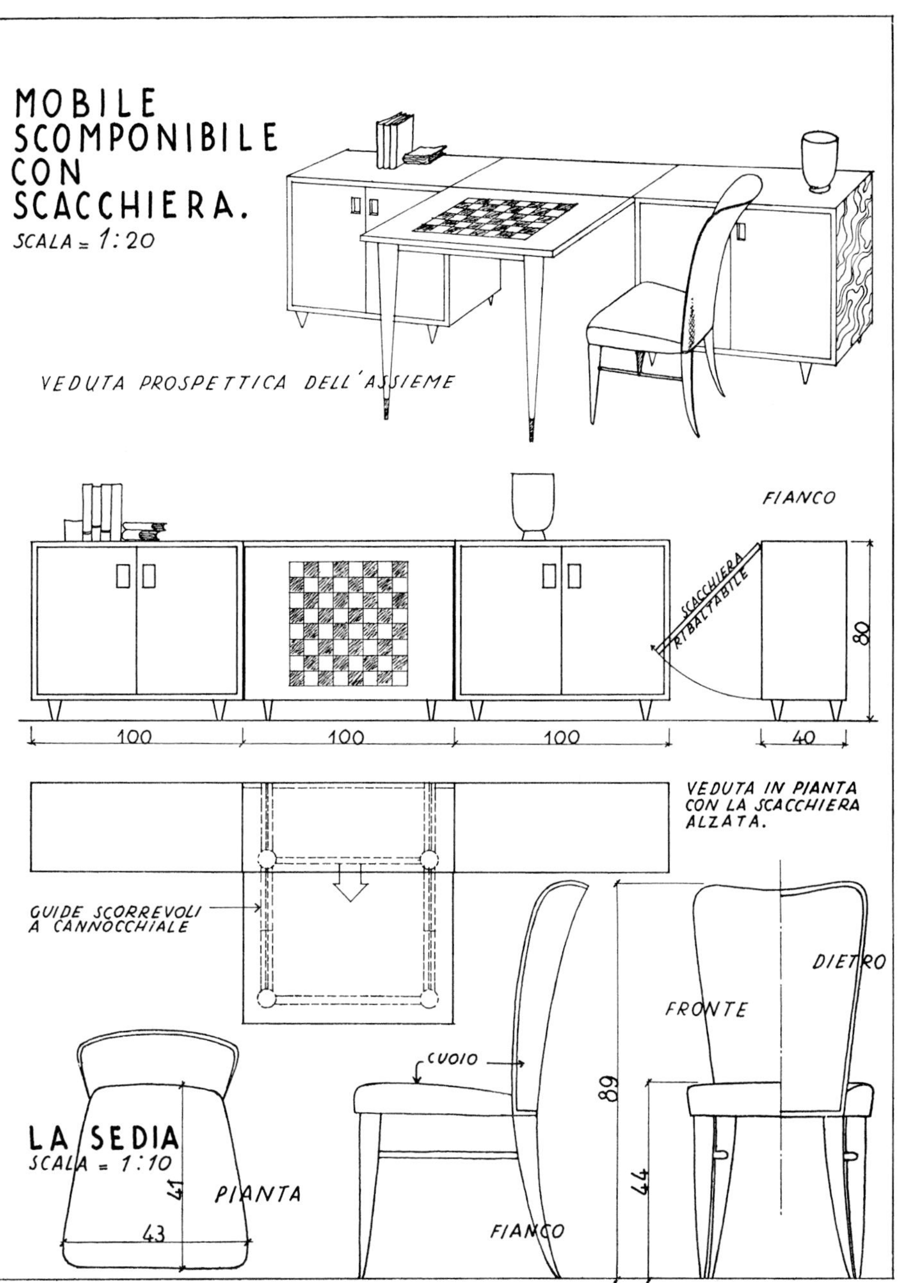

Furniture Design

Furniture design proposals: sideboard incorporating a collapsible chessboard and chairs

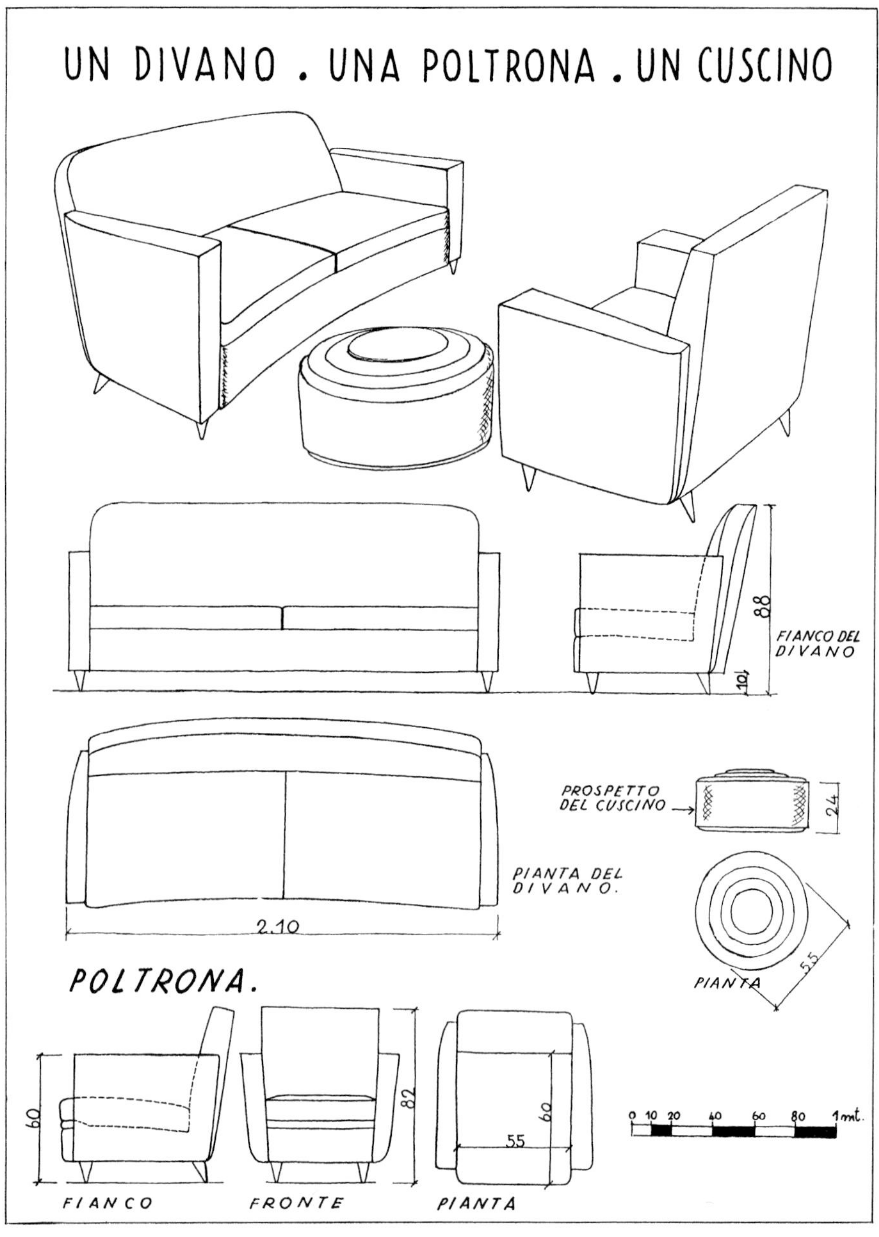

Furniture Design

Furniture design proposals: sofa, armchair, shelving unit and drawer/storage unit

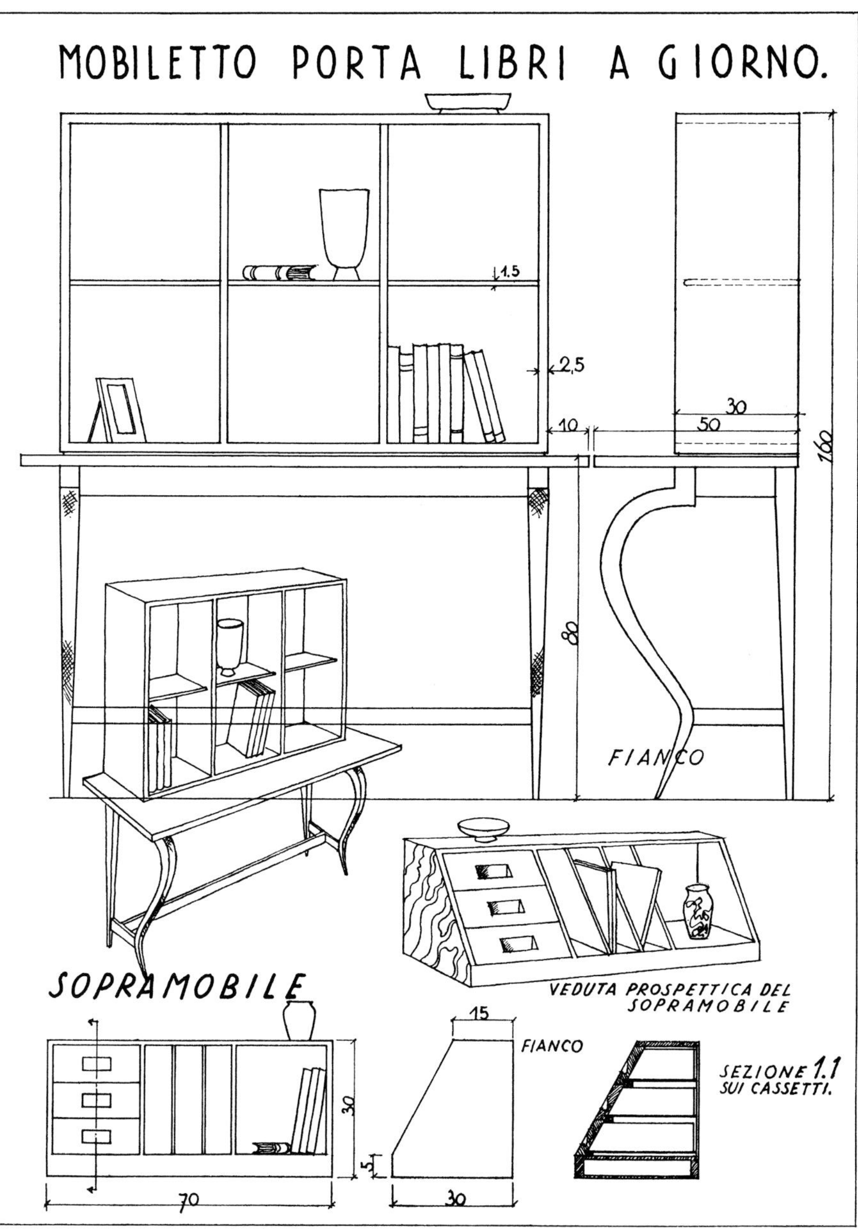
MOBILETTO PORTA LIBRI A GIORNO.
1,5
2,5
10
30
50
160
80
FIANCO
SOPRAMOBILE
VEDUTA PROSPETTICA DEL SOPRAMOBILE
15
FIANCO
SEZIONE 1.1 SUI CASSETTI.
30
5
70
30

MOBILE PER SALA DA PRANZO CON TAVOLO E SEDIA. SCALA=1:20

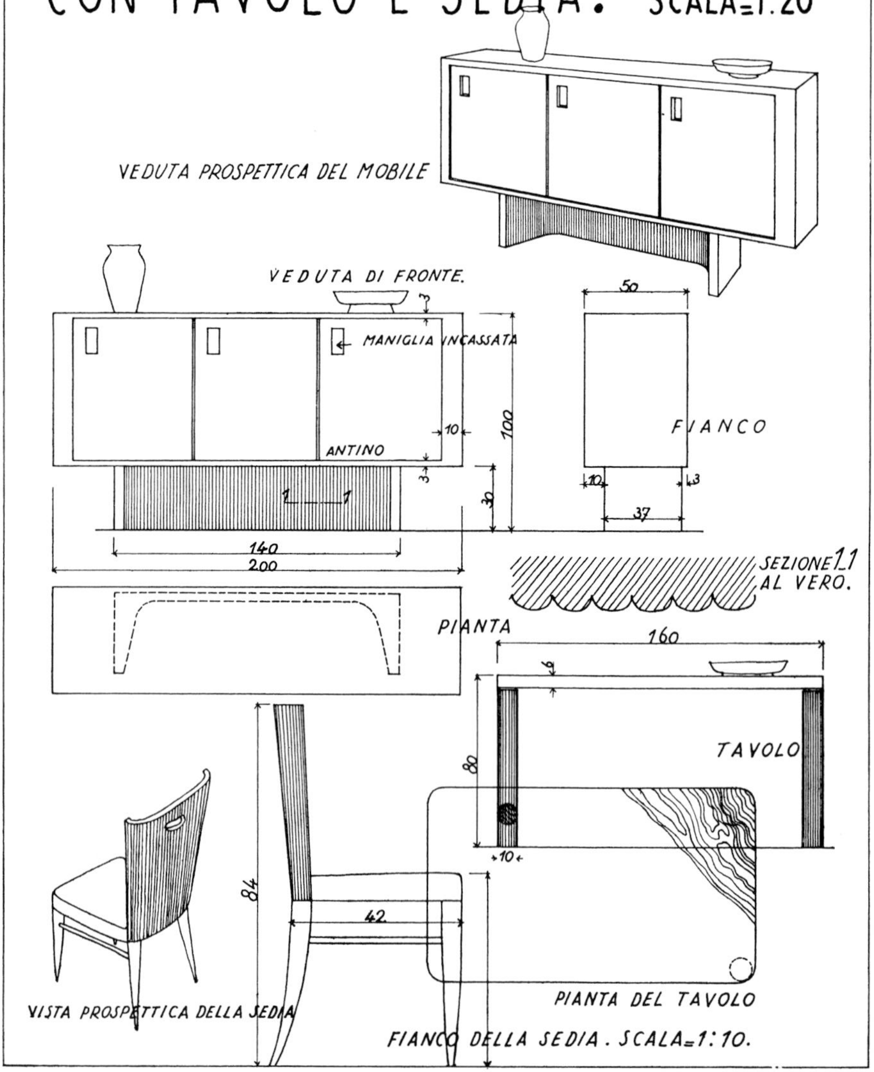

VEDUTA PROSPETTICA DEL MOBILE

VEDUTA DI FRONTE.

MANIGLIA INCASSATA

ANTINO

FIANCO

SEZIONE 1.1 AL VERO.

PIANTA

TAVOLO

PIANTA DEL TAVOLO

VISTA PROSPETTICA DELLA SEDIA

FIANCO DELLA SEDIA. SCALA=1:10.

DOMUS

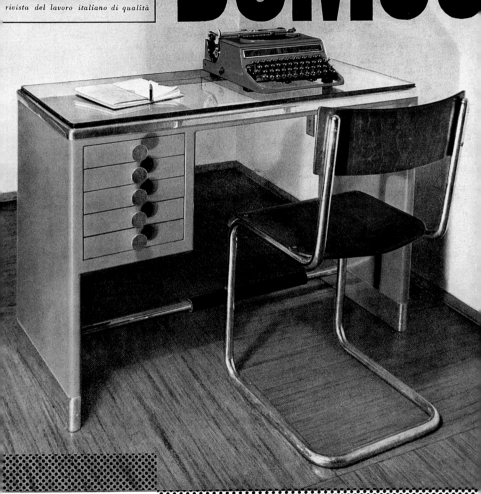

rte nella casa - marzo 1939-XVII - N. 135

rivista del lavoro italiano di qualità

sto fascicolo è particolarmente dedicato agli ambienti moderni
lavoro: ecco un mobile da studio (creazione Parma Antonio-
onno) e la nuova «Olivetti-studio», simbolo del lavoro moderno.

domus 135
March 1939

Cover

domus magazine cover

Architetto Jean Royère - Stanza da bagno. L'angolo della doccia, con la tenda, che si prolunga sino alla finestra, in tela impermeabile bianca con pallini arancione. Pareti in mattonelle marrone con filetti bianchi. Sopra il bagno, grande cappa bianca da cui parte l'illuminazione diffusa. Nella cappa è anche nascosto l'accumulatore dell'acqua calda.

Esempi di Jean Royère

Jean Royère è un vivace arredatore, già noto ai nostri lettori, che ricorderanno certo le sue opere riprodotte nei numeri 106, 117, 119 di « Domus ».

Spigoliamo fra le sue ultime cose l'ambiente per doccia con la singolare tenda; il mobile per bar-grammofono-radio che può interessare molto i nostri lettori; il mobile per lo spogliatoio coperto in stoffa cerata. Non troviamo la stessa felicità nella vasca da bagno sulla quale incombe un minaccioso volume.

Architetto Jean Royère - Mobile per stanza di soggiorno in casa di campagna: in legno di pino e grosse cerniere in ferro: a sinistra, nell'interno, un bar laccato in bianco, a destra la radio e nel centro una discoteca. Le pareti della stanza sono ricoperte in bambù: le porte in legno di pino inquadrato di castagno portano dissimulati nella parte superiore gl'impianti d'illuminazione.

Designs by Jean Royère

Interiors and furniture designed by Jean Royère: views of shower, bath, audio cabinet and sideboard

Architetto Jean Royère - Mobile della stanza da bagno descritta nella pagina a fianco. E' in sughero naturale con portine e cassetti ricoperti della stessa tela impermeabile usata per le tende della doccia, bianco e arancio.

L'aspetto della casa visto dalla Via Aurelia. L'architetto ha voluto che essa rientrasse nel carattere del paesaggio.

L'architetto ha voluto regalare agli abitanti la grazia di un olivo fra bianche mura.

GIO PONTI

UNA CASA AL MARE

« E' cosa certa che le membra dell'architettura dipendono dalle membra dell'uomo. Chi non è stato o non è buon maestro di figure e massime di notomia, non se ne può intendere ».

Michelangelo

Questa mia piccola costruzione è nata da una ispirazione del luogo che s'è incontrata con un mio antico desiderio di fare una casa tutta allungata sul bordo del mare e riassume le mie idee sulle ville al mare, che vorrei tutti amassero così: semplici, murarie, luminose e, dove occorre, ombrose di portici. Io penso, convintissimo, che questa semplicità sia il raggiungimento di un lusso dello spirito e che ogni aggiunta di ricchezza conduca assolutamente a un risultato inferiore.

Questa costruzione è innegabilmente

Planimetria generale: notate il cortiletto di servizio.

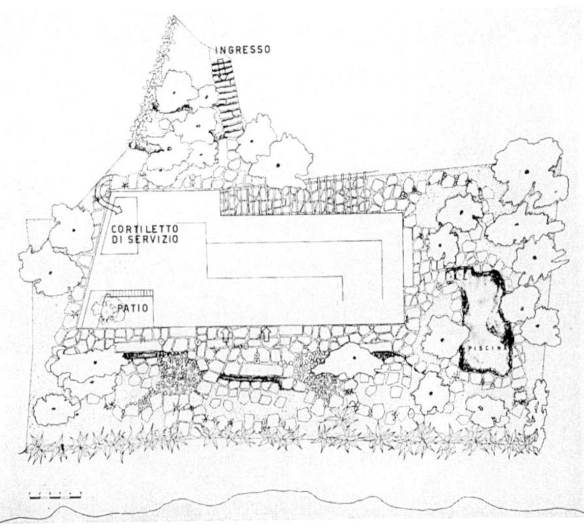

A House by the Sea

Villa Marchesano in Bordighera, Italy, designed by Gio Ponti: view from above, patio, details of exterior and interior, floor site and floor plans

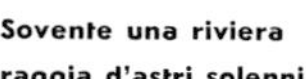
Sovente una riviera
raggia d'astri solenni

[Salvatore Quasimodo - Sovente una riviera]

Cactee e mura bianche intonacate sono termini esatti per creare (e per far godere) un paesaggio mediterraneo.

Dall'interno: l'olivo e la scala per salire sul tetto.

fornita di elementi di un certo costo e di una certa elaborazione ma si può ottenere anche senza di essi un risultato dello stesso clima. La presenza di quegli ele-

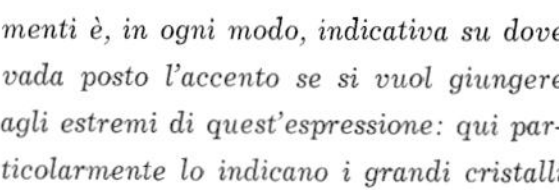

menti è, in ogni modo, indicativa su dove vada posto l'accento se si vuol giungere agli estremi di quest'espressione: qui particolarmente lo indicano i grandi cristalli

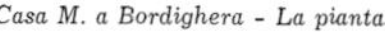

Casa M. a Bordighera - La pianta.

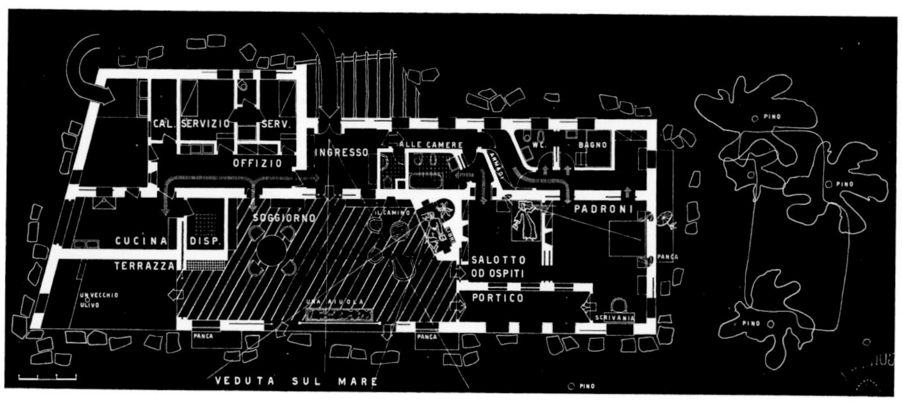

te nella casa - aprile 1939-XVII - N. 136
rivista del lavoro italiano di qualità

DOMUS

amore e psiche - scultura recentemente scoperta ad Ostia
questo numero è dedicato alle ville di campagna

Cover

domus magazine cover designed by Luigi Veronesi

1° Premio Vetture Sport
Concorso dell'Eleganza - Torino

ALFA ROMEO

MILANO - VIA MARCO ULPIO TRAIANO, 33

VETTURA 2 POSTI SPORT SU
TELAIO ALFA ROMEO 8 C 2900
CARROZZERIA PININ FARINA

PININ FARINA

TORINO - CORSO TRAPANI 107 - 115

Pinin Farina advertisement showing Alfa Romeo *8 C 2900* cabriolet

Architetto Gio Ponti - Villa M. a Bordighera.

Verso il mare.

Fianco.

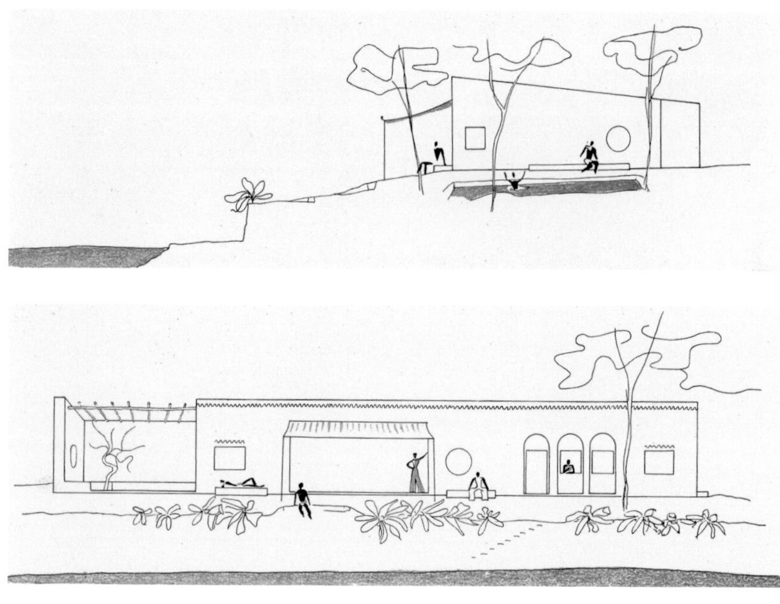

A House by the Sea

Villa Marchesano in Bordighera, Italy, designed by Gio Ponti: views and sketches of angled, side and rear elevations

e le porte, quasi tutte a scorrere. Anche il disegno di queste porte a scorrere, a elementi orizzontali e non con montanti costruttivi, volutamente ne sottolinea il carattere.

Alle porte dò una speciale importanza. In costruzioni che non siano di carattere prettamente utilitario, le dimensioni, la forma e il disegno delle porte devono ogni volta esprimersi in un modo diverso e particolarmente indicativo. Qui ho voluto studiarle sia con un disegno quanto con un rapporto fra vetro e legno che siano sempre in relazione al posto loro. Piccoli vetri quadri nelle porte d'entrata possono incuriosire il visitatore senza troppo lasciargli vedere e permettono, da dentro, di godere dei colori del giardino d'ingresso. Tra l'anticamera e la sala, la porta è larga e il vetro è diviso da traverse orizzontali di legno, una da una parte, una dall'altra del cristallo: esse fanno ancora un po' d'impedimento alla veduta delle sale, che invece si spalancano alfine con cristalli immensi sul mare. Le porte che conducono alle camere o dalle quali si giunge al salone sono piccole, ad arco,

Verso il mare.

Isola mattutina:
riaffiora a mezza luce

[Salvatore Quasimodo - L'Eucalyptus]

Nell'interno mura bianche, stoffe stampate, un pavimento in maiolica napoletana, in bianco e azzurro che rinfresca e fa gioire tutta la casa.

fatte per inquadrare le figure umane: porte ancor minori per quelle del servizio, di dove appaiono le fanti. Questa gerarchia elimina anche l'incertezza che in certe case, mal concepite, ti tiene, quando, congedandoti dai padroni, non sai mai a quale dirigerti fra tante porte tutte uguali.

Il desiderio degli abitanti di questa villa di avere un pavimento in maiolica napoletana a piastrelle mi indusse a studiare un semplicissimo disegno a righe diagonali bianco e blu. Questo pavimento è risultato la serena luce e la fresca eleganza di tutta la casa, totalmente bianca di muri e di soffitti. La riuscita di questo pavimento mi induce a consigliarlo vivamente e mi fa pensare ai vivacissimi effetti che si possono raggiungere con questa maiolica che è ad un tempo lucida e non scivolosa: è perfetta per il mare.

Ho tenuto le pareti ad intonaco appena granuloso: i soffitti sono invece granulosi, amando distaccarli un po' con una sensazione plastica (il soffitto è un coper-

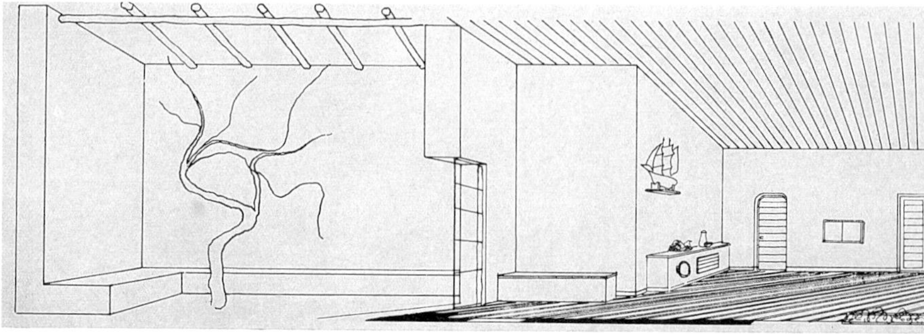

A House by the Sea

Villa Marchesano in Bordighera, Italy, designed by Gio Ponti: views and design drawings of living room and corridor

Architetto Gio Ponti - Villa M. a Bordighera.

Da dentro verso il terrazzo dell'ulivo e verso il mare, oltre il grande cristallo.

chio, è un cielo). Nel salone il soffitto è inclinato, parallelo al tetto ad una falda, ed ha l'alto verso il mare: dei gradini escono da una parete e conducono sul tetto.

Consiglio, studiando queste case al mare, di fare un patio di servizio: qui è risultato utilissimo. Gio Ponti

(Tutte le foto da pag. 33 a 39 sono Domus-Porta)

Odo risonanze effimere,
oblio di piena notte
nell'acqua stellata.

[Salvatore Quasimodo - Isola di Ulisse]

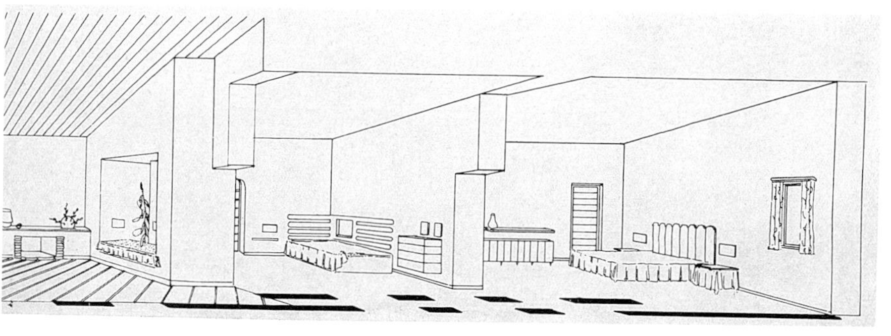

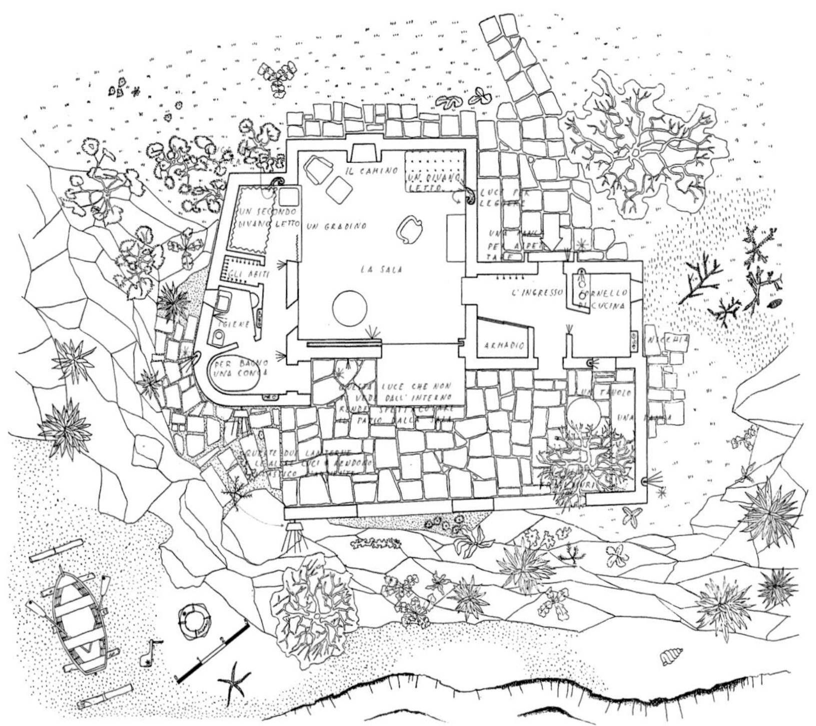

Architetto Gio Ponti - La pianta e l'illuminazione. Il tracciato della pianta è volutamente « naturale » e libero da rigori geometrici: ma chi lo guardi nel disegno subito vi sente la ritmica coerenza d'una composizione astratta.

UNA PICCOLA CASA IDEALE

Ognuno ha *in pectore* la casa ideale, la casa-sogno. « Domus » ha qui cercato di darle forma e disegno. E' una piccola casa per il sabato e la domenica, la vorremmo costruire in Riviera in tanti incantevoli siti sul mare, o fra le palme e i pini, o gli ulivi. O nasconderla nelle pinete marine della Versilia; o in quelle di altri lidi adriatici e tirreni, o costruirla in qualche nostra isola di Dalmazia o all'Elba o su rive del solare golfo di Napoli: Capri? Procida? Ischia? Positano?

E' una casetta per brevi felici soggiorni da raggiungere con poco bagaglio, da abitare con libertà. Essa è stata argomento per un gusto di libero disegno di muri, per la ricerca di vedute interne ed esterne, per lo studio d'effetti di luce di giorno e di notte, per il piacere di immaginare freschi ed arditi colori ai soffitti, ai pavimenti in maiolica, ai rivestimenti.

La casa di fuori è bianca, d'intonaco; se volete spendere sarà in porcellanite bianca. Una panca per attendere presso la porta e una volta entrati la stretta veduta sul patio, il quadro delle ante dell'armadio dipinte a mo' delle persiane napoletane a stuoia, e il divertimento di un pavimento in maiolica dalle mille possibili risorse di disegno, di colore; il cielo, infine, di un soffitto intensamente colorato.

I fornelli della esigua cucina son

...una piccola casa, al mare, sul mare, fra gli ulivi...

Translation
see p. 722

.... l'ingresso e l'anta dipinta dell'armadio; il patio; il mare.

An Ideal Small House

Design proposal for a model house by Gio Ponti: drawings of hallway corridor, niche and floor tiles

.... per bagnarsi una conca....

.... il pavimento in maiolica offre le più gaie risorse di colore: non amereste questo « arlecchino »?

filati alla vista, non li vedi dal salone (non ci sono porte in questa casa) tu vedi nella cucina una nicchia nel muro di fondo nella quale ti divertirai a comporre nature morte morandiane o, più vivaci, con flaconi, bottiglie o con scatole di pomodoro e infilate di cipolle. Nella grande stanza l' arredamento sarà semplice: una poltrona, un tavolino, un divano letto, alcune belle sedie una diversa dall'altra, un tavolo per mangiare: in una alcova alzata da un gradino un altro divano letto che una tenda può occultare.

Dai riposi si può chiaccherare e le vedute esterne e interne per chi giace sono calcolatissime e spettacolari. Con i colori e gli effetti delle luci esse entrano nel gioco di questa piccola architettura ideata con invenzione da pittore e per creare alla presenza della figura umana un vago scenario, ed all'occhio un pronto spettacolo.

Lavabo e apparecchi d'igiene son le sole cose occultate; per bagnarsi una conca del pavimento in un piccolo vano a

Translation
see p. 722

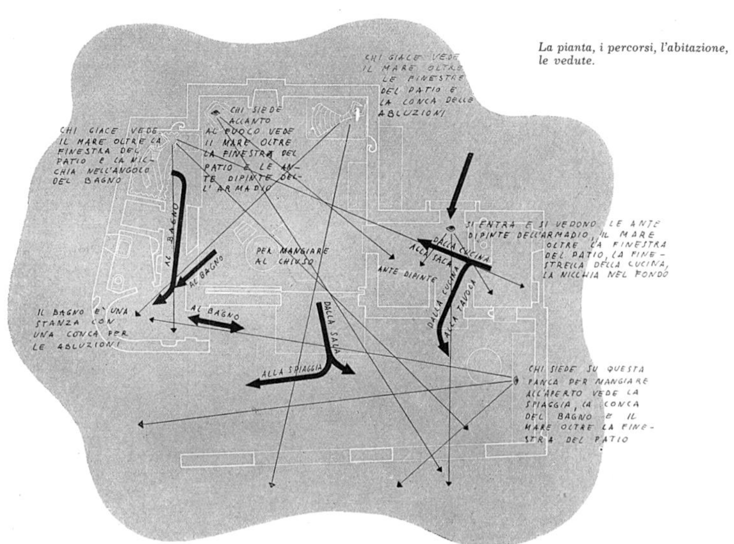
CHI GIACE VEDE IL MARE OLTRE LE FINESTRE DEL PATIO E LA CONCA DELLE ABLUZIONI
CHI SIEDE ACCANTO AL FUOCO VEDE IL MARE OLTRE LA FINESTRA DEL PATIO E LE ANTE DIPINTE DELL'ARMADIO
CHI GIACE VEDE IL MARE OLTRE LA FINESTRA DEL PATIO E LA NICCHIA NELL'ANGOLO DEL BAGNO
AL BAGNO
AL BAGNO
PER MANGIARE AL CHIUSO
SI ENTRA E SI VEDONO LE ANTE DIPINTE DELL'ARMADIO, IL MARE OLTRE LA FINESTRA DEL PATIO, LA FINESTRELLA DELLA CUCINA, LA NICCHIA NEL FONDO
DALLA CUCINA
ALLA SALA
ANTE DIPINTE
DALLA CUCINA
ALLA TAVOLA
IL BAGNO E' UNA STANZA CON UNA CONCA PER LE ABLUZIONI
AL BAGNO
DALLA SALA
ALLA SPIAGGIA
CHI SIEDE SU QUESTA PANCA PER MANGIARE ALL'APERTO VEDE LA SPIAGGIA, LA CONCA DEL BAGNO E IL MARE OLTRE LA FINESTRA DEL PATIO

La pianta, i percorsi, l'abitazione, le vedute.

Questo disegno vi invogli ai pavimenti in maiolica che vi possono realizzare le più liriche invenzioni: chiedetene disegni a De Chirico, a Severini, a Campigli.

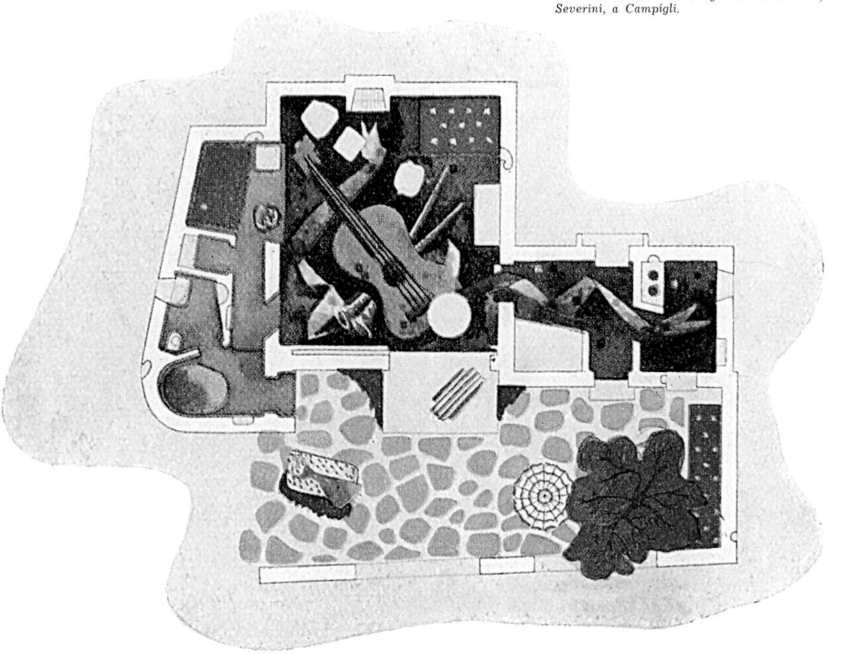

An Ideal Small House

Design proposal for a model house by Gio Ponti: site/floor plan, drawings of patio pavement design and floor tiles

.... piccole nicchie nei muri per il gioco di comporre nature morte con oggetti curiosi.

Translation
see p. 722

Un soffitto a strisce che continua quelle della tenda sul patio: un pavimento giallo oro in maiolica o in mosaico: divani con coperte vivaci e vivacemente ripartite di colori: in fondo la nicchia e la conca per le abluzioni.

reti curve rivestito in mosaico. La figura umana in succinto costume sotto la pioggia d'una doccia o emergente dalla tazza d'una conca — come dalla pozza d'un ruscello — o che si terge dopo le acque è sportivamente ed esteticamente bella da vedere.

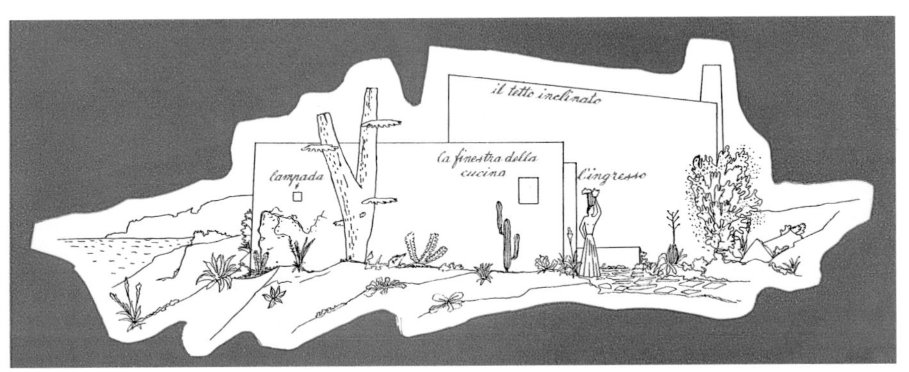

Translation
see p. 722

La veduta dal mare.

Ma è il pavimento che darà luce e accento a questa casa, il bel pavimento in maiolica che deve tornare in uso e che si presta alle più fresche invenzioni. Ne abbiamo esemplificati due, ma son cento, e se la casetta fosse nostra vorremmo che de Chirico ci inventasse questo *fondo*, da battere con piede leggero. *g. p.*

Giuseppe Viviani - Calma verde (Marina di Pisa).

Sotto l' azzurro fitto
del cielo qualche uccello di mare se
nè sosta mai. [ne va:

[Eugenio Montale - Maestrale]

Design proposal for a model house by Gio Ponti: sketch of the view from the sea and *Calma Verde* painting by Giuseppe Viviana

Translation see p. 722

DOMUS

l'arte nella casa - ottobre 1939-XVII - N. 142

Cover

domus magazine cover

Mobili Svedesi alla mostra di New York

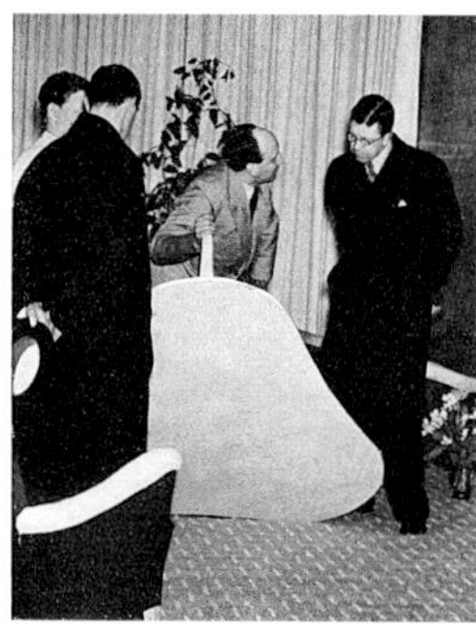

G. A. Berg mostra al Principe Ereditario di Svezia i mobili da esporre a New York. (Foto Dagens Nyheter)

La mostra di New York è alquanto avventurosa e scomposta: ma, naturalmente, anche qui ci son delle cose interessanti da vedere, anche per noi, per la casa. Diamo cggi qualche esempio del padiglione svedese. Si noti soprattutto l'eleganza raffinata e sottile di questo tavolo chiarissimo e il ritmo sciolto della sua forma e della sua architettura. Il Settecento più agile non ha raggiunto inflessioni così morbide e limpide. Anche la più estrema nudità, se raggiunge un'astrazione d'arabesco, può essere preziosissima.

Si veda a pagina 65 di questo numero un altro esempio d'arredamento svedese, di carattere utilitario.

Nuovo tipo di poltrona che lascia piena libertà alle braccia mentre ha l'appoggia testa. Disegno di G. A. Berg. Mostra di New York.

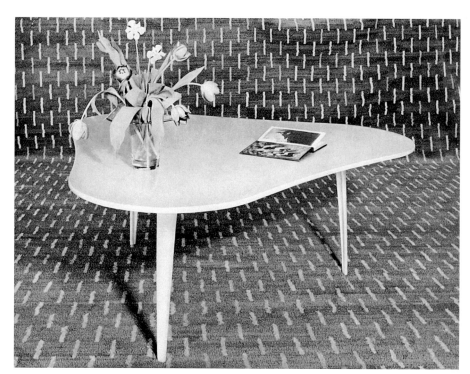

Tavolo e tappeto disegnati da G. A. Berg per la sala d'onore del Padiglione Svedese alla Esposizione di New York. (Foto Feininger)

Swedish Furniture at a New York Exhibition

Table and chair designed by Gustav Axel Berg shown in the Swedish Pavilion at the New York World's Fair

UNA VILLA TRA GLI ABETI

Dopo tante ville al mare, trasparenti e bianchissime, che abbiamo pubblicato nei mesi scorsi, ecco in questo numero alcune case per la montagna, chiuse e quasi difese, di tutt'altro carattere. Questa dell'architetto Giuseppe Pagano non è per l'alta montagna ma anche questa collina biellese, coi densi abeti che la ricoprono e coi punti panoramici che l'arricchiscono, poneva l'esigenza di una tipica costruzione di montagna. A queste condizioni, appunto, e a quelle d'una casa largamente accogliente, ha risposto l'architetto. L'edificio, chiuso in un parco di mezza montagna, non chiedeva neppure d'aver una facciata, nessun lusso architettonico ma chiedeva invece finestre aperte sui punti di vista e un sommo rispetto degli alberi. L'architetto ha saputo costruire con somma semplicità e pure in una ricchissima struttura e con assoluta libertà di gusto pur dentro tutto il rispetto della natura. Il diverso gioco dei volumi costruttivi, la semplice e sottile eleganza del lungo porticato che lascia trasparire la viva natura del paesaggio e la razionalità della pianta, concatenata e pure snodata, presentano questo progetto di Pagano come una soluzione esemplare.

Architetto Giuseppe Pagano - Villa presso Biella. Prospettiva assonometrica dall'alto in direzione nord-ovest.

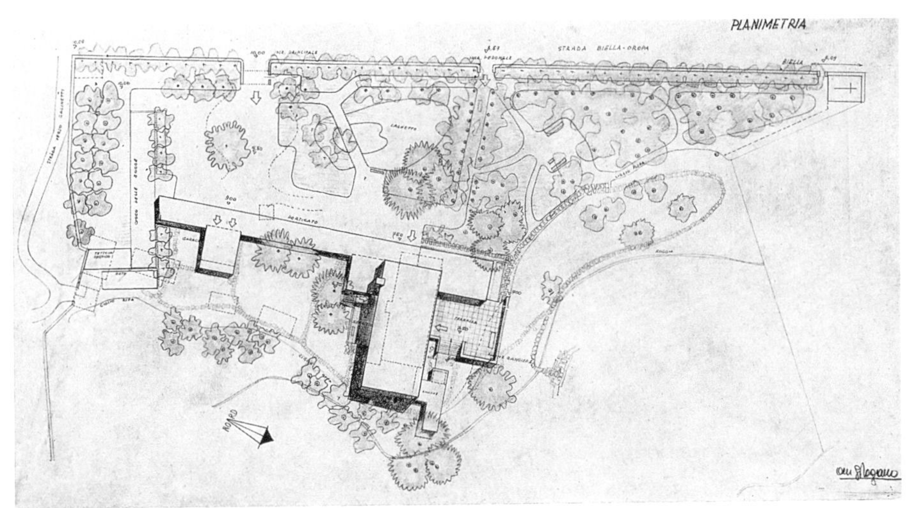

Planimetria generale.

Architetto Giuseppe Pagano - Villa presso Biella. Fronte ovest.

La costruzione è immaginata in strutture murarie con fondazioni in calcestruzzo e solai in cemento armato. Il muro di fondazione fino al piano terra è rivestito di quarzite grigia o di beola. I muri esterni, sporgenti dal filo di fondazione, sono di litoceramica chiarissima. I balconi sono di legno verniciato e così pure la struttura del tetto e del portico. Le coperture sono immaginate di eternit ondulato e smaltato oppure di tegole alla toscana maiolicate.

0 2 4 6 8 10

Fronte nord.

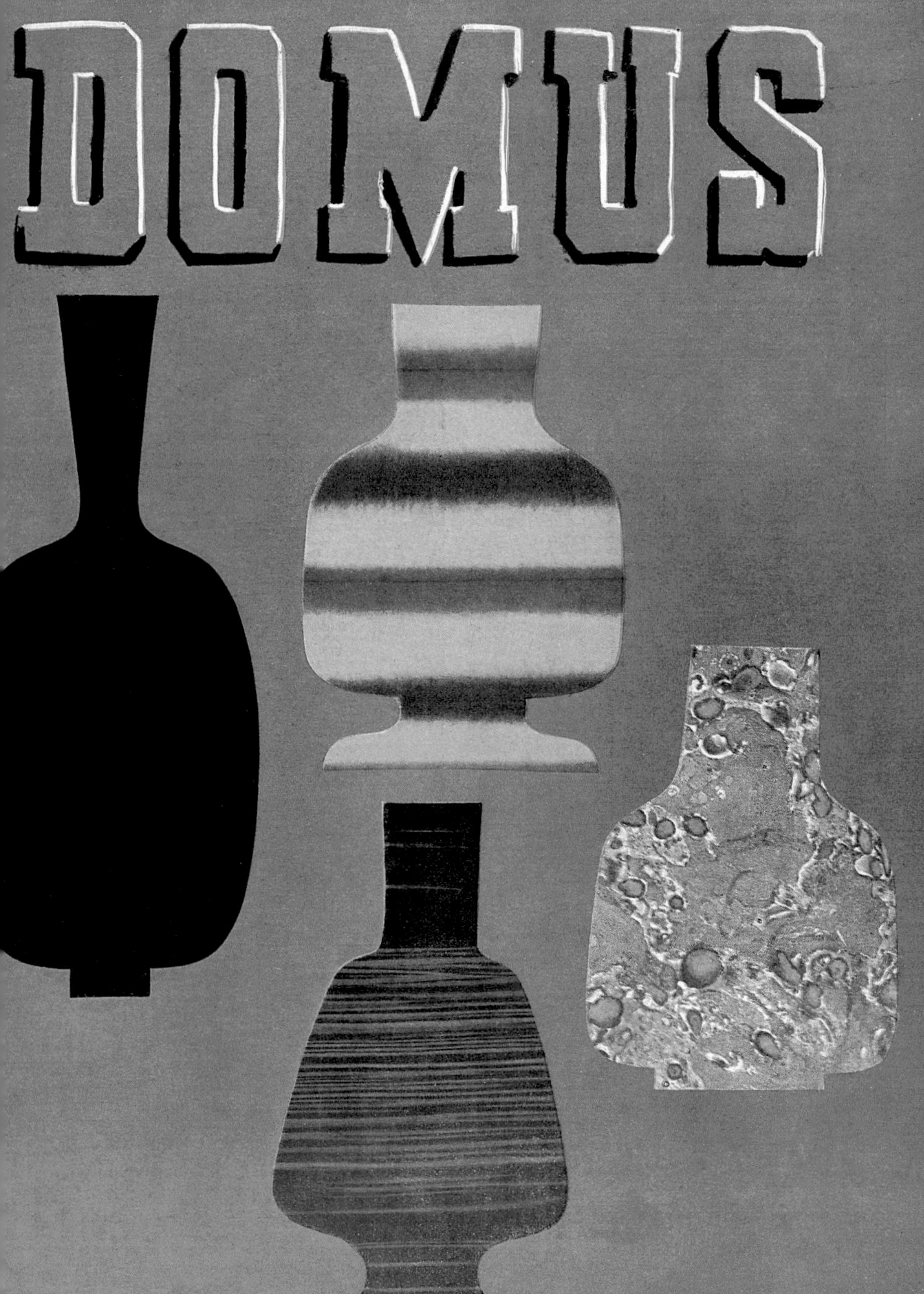

Cover

domus magazine cover

Questo progetto di villa è nato da una affettuosa e integrale accettazione dei desideri di un amico dell'architetto e dalla rurale interpretazione delle necessità paesistiche di una deliziosa collina biellese.

Ci piace illustrare questo interessante progetto anche per esprimere i limiti della modestia architettonica e delle concessioni alle tradizioni rurali, cui è possibile giungere senza compromessi stilistici.

Sul ciglio di una ripa verdissima, percorsa da un pettegolo ruscelletto e tutta impreziosita da alberi altissimi, la costruzione è stata disposta in modo da non danneggiare le piante esistenti e da godere nel modo migliore i punti panoramici della zona: verso nord-ovest la cima del Mucrone e verso sud la smeraldina vallata che da Cossilla si riversa su Biella. Al piano terra un lungo e sottile porticato collega l'autorimessa con la casa e permette un abbondante posteggio coperto alle vetture degli ospiti. Le caratteristiche principali dell'interno sono queste: stanze degli ospiti al piano terreno, in posizione indipendente dal resto dell'abitazione; un grande ambiente di ritrovo al piano seminterrato per allegri conviti in vicinanza della cantina dei vini; un salone-studio al primo piano, con ampie finestre verso la montagna. La dislocazione delle scale, degli ambienti di servizio e dei disimpegni, risolve il resto dell'abitazione nel senso più ospitale possibile. I balconi e le terrazze cercano di legarla al paesaggio, specialmente quel balcone a passerella che, uscendo dalla stanza da pranzo, si abbandona alla generosa protezione di un solenne gruppo di abeti. Per quanto si riferisce all'esterno l'architetto ha cercato di risolvere l'architettura nel senso più costruttivo, evitando folclore di cattiva lega. In una pianta apparentemente frastagliata e libera ha cercato di riunire i volumi entro due parallelepipedi che si intersecano a T e sui quali predomina il più grosso, a due piani fuori terra. Le falde del tetto ad una inclinazione e tra loro ortogonalmente disposte, conciliano il gusto moderno e mediterraneo del tetto a terrazzo con le tradizioni del tetto a tegole e soprattutto con le esigenze climatiche di questa speciale zona del Biellese.

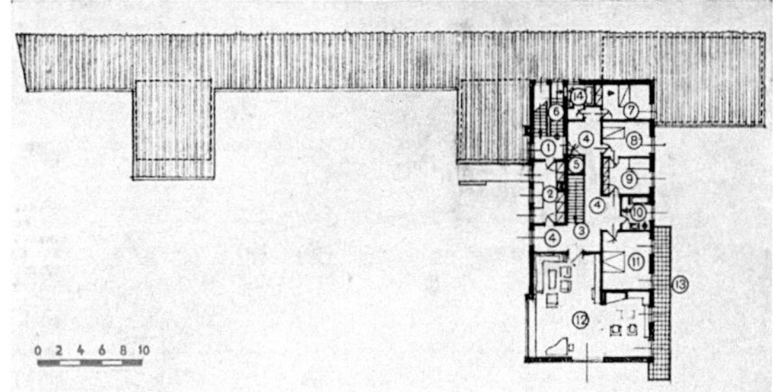

Pianta del primo piano: 1) *Scala di servizio* - 2) *Guardaroba* - 3) *Scala padronale* - 4) *Disimpegno* - 5) *Ripostiglio* - 6) *Scaletta al sottotetto* - 7) *Figli* - 8) *Figli* - 9) *Guardaroba* - 10) *Bagno padronale* - 11) *Letto genitori* - 12) *Salone-studio* - 13) *Balcone verso la vallata.*

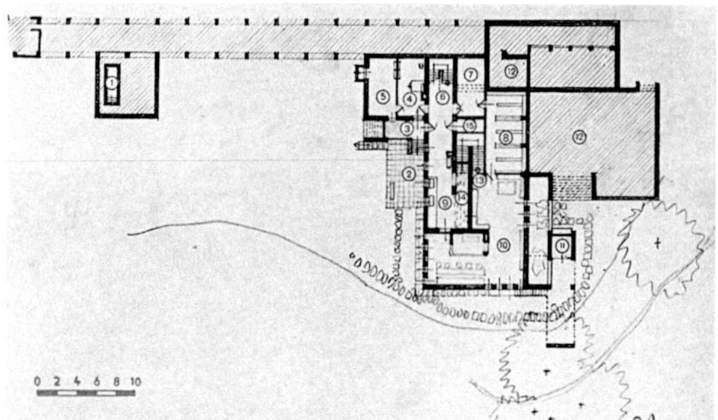

Pianta del seminterrato: 1) *Fossa dell'autorimessa* - 2) *Cortiletto di servizio* - 3) *Ingressi alla cantina* - 4) *Riscaldamento* - 5) *Deposito del carbone* - 6) *Scala di servizio* - 7) *Magazzino* - 8) *Cantina vini* - 9) *Lavanderia* - 10) *Taverna conviviale* - 11) *Ripostiglio del giardino* - 12) *Vespaio* - 13) *Scala al piano superore.*

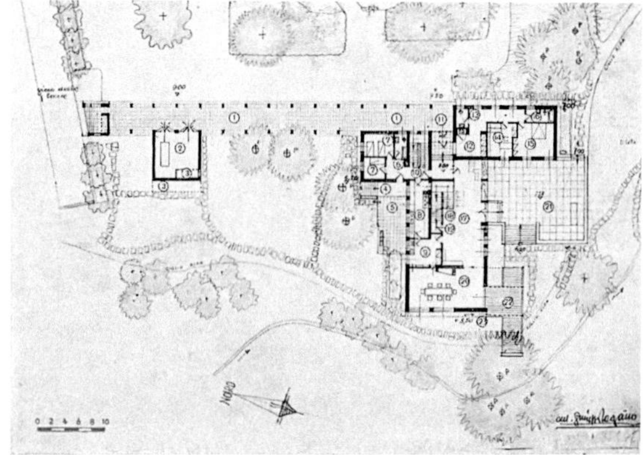

Pianta del pianterreno: 1) *Portico* - 2) *Autorimessa* - 3) *Ripostiglio chiuso e aperto* - 4) *Ingresso di servizio* - 5) *Cortiletto di servizio* - 6) *Bagno e W.C. di servizio* - 7) *Stanza del personale* - 8) *Cucina* - 9) *Office* - 10) *Scala di servizio* - 11) *Ingresso principale* - 12) *Guardaroba ospiti* - 13) *W.C. ospiti* - 14) *Studiolo* - 15) *Camera letto ospiti* - 16) *Bagno ospiti* - 17) *Stanza di soggiorno* - 18) *Scala al piano superiore* - 19) *Scala alla taverna conviviale* - 20) *Sala da pranzo* - 21) *Terrazze* - 22) *Grande balcone* - 23) *Scaletta esterna.*

A Villa Among the Fir Trees

Design proposal for a villa near Biella, Italy, by Giuseppe Pagano Pogatschnig: floor plans and drawing of aerial view

Architetto Giuseppe Pagano - Prospettiva assonometrica per una villa di mezza montagna.

Mobile bar in legno rovere sabbiato e sbiancato completo di tavolo con piano sfilabile. Il mobile è rivestito in cristalli decorati a colori con motivi di carte da gioco « Re e Regina »: internamente in linoleum bianco con piano di cristallo. (Edizione Fontana Arte). (Foto Domus-Porta)

Tavolino in legno noce con piano in cristallo specchiato e forato in corrispondenza delle 4 gambe. (Edizione Fontana Arte). (Foto Domus-Porta)

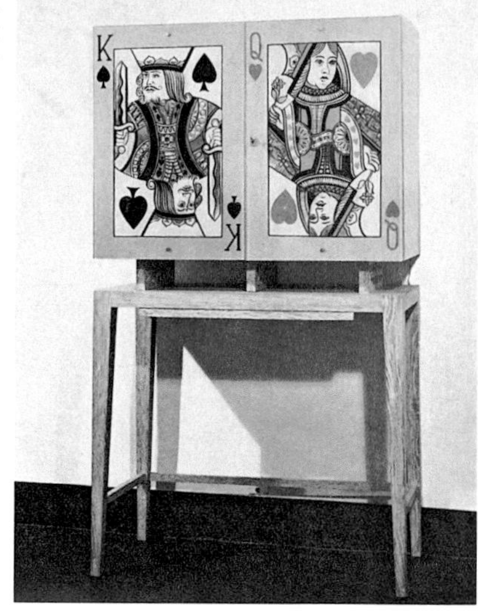

Tavolino in legno noce con piano rotondo in cristallo molato forato. (Edizione di Fontana Arte). (Foto Domus-Porta)

Alcuni mobili di Fontana

Le vecchie carte da gioco, ingrandite, dicono subito dove devono esser messi questi mobili, disegnati da Gio Ponti per Fontana Arte. I due singolari mobili hanno anche — come i tre tavolini qui riprodotti — il doppio pregio di una linea elegante e schietta e di una esecuzione assolutamente perfetta.

Tavolino in legno noce con piano in cristallo sagomato e forato. (Edizione Fontana Arte). (Foto Domus-Porta)

Grande mobile bar in legno rovere sabbiato e sbiancato completo di tavolo con piani sfilabili. Il mobile è esternamente rivestito in cristalli decorati a colori « 4 assi » su fondo oro in fogli. L'interno è in linoleum bianco con ripiano in cristallo. (Edizione di Fontana Arte). (Foto Domus-Porta)

Architetto Luigi Vietti - La casa di Ugo Nebbia a Mulinetti. (*Foto Cresta*)

LA CASA DI UGO NEBBIA A MULINETTI

In un terreno limitatissimo di fronte al promontorio di Camogli è stata ricavata la piccolissima casa di Ugo Nebbia. In piccolissimo spazio è stato sistemato un alloggio dotato di ogni necessità.

La costruzione è coperta a tetto e risulta abbastanza curiosa dovendo coprire un'area triangolare. I muri sono colorati a losanghe rosa più scuro e rosa più chiaro; tale colorazione non è impiegata come decorazione della parete, ma come materia, così come se fosse un muro di pietra, un muro in legno; questa è materia-muro di colore.

Il tetto è coperto in eternit grigio scuro.

La sala di soggiorno è completamente vetrata sul mare; ha pavimento in graniglia nera cosparsa di bolli di marmi di vari colori. I muri sono in parte in pietra grossa dipinta in rosa, in parte in intonaco liscio rosa. In mezzo alla sala è sistemato un camino che è sorgente di calore, sufficiente per riscaldare la sala. Ai lati due poltrone in legno elastico. Un angolo è adibito a sala da pranzo con un divano ricoperto in tela blu e fiocchi rossi, sedie pesanti impagliate di Chiavari, tavolo in ardesia nera. Una lampada in rame.

Dietro al camino, vi è uno studio che può essere separato dal resto della sala da una tenda blu. Nello studio ancora un divano di stoffa blu può servire di letto di fortuna.

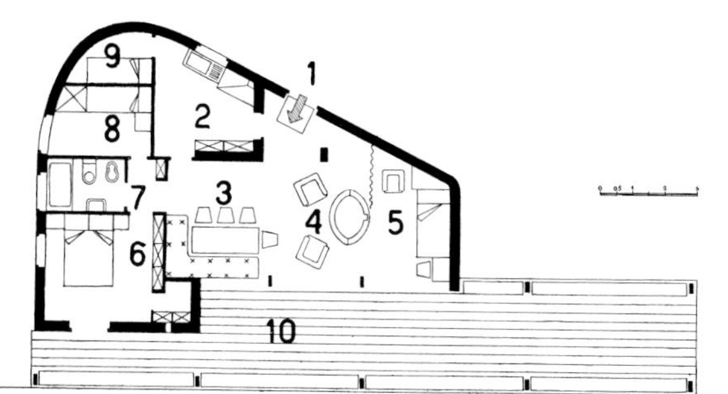

Pianta: 1 ingresso - 2 cucina - 3 pranzo - 4 soggiorno - 5 studio - 6 camera letto - 7 bagno - 8 camera ospiti - 9 camera servizio - 10 terrazza.

The House of Ugo Nebbia in Mulinetti

House in Mulinetti, Genoa, designed by Luigi Vietti for the artist/ceramicist Ugo Nebbia: view of roof, floor plan

Architetto Luigi Vietti - La casa di Ugo Nebbia: due vedute della terrazza.
Il terrazzo è praticamente più grande della casa stessa ed è formato da listelli di pino del Canadà discosti tra loro e messi per il lungo.
Un pergolato ricopre tutta la terrazza ancora senza verde. La vita si svolge in casa, ma soprattutto sulla terrazza che è come immersa in una atmosfera azzurra, dove i colori rosa e grigio giocano come i colori delle vecchie case dei pescatori. *(Foto Cresta)*

The House of Ugo Nebbia in Mulinetti

House in Mulinetti, Genoa, designed by Luigi Vietti for the artist/ceramicist Ugo Nebbia: views of terrace, bedroom, fireplace and living/dining area

Architetto Luigi Vietti - La casa di Ugo Nebbia. La camera da letto.

La camera da letto dipinta a righe verticali in grigio e celeste, ha un letto la cui spalliera è formata da una rete, così le poltrone sono in rete di corda greggia.

Il bagno è in colore verde giada, ed i rivestimenti sono per tutta la parete in mosaico di ceramica ligure opaca giallo rosa pallido.

La camera degli ospiti è piccolissima quasi una cuccetta da bordo ed ha un letto, un tavolo, un armadio e una poltrona. I colori sono rosa e l'armadio è formato da una tenda rossa a disegni di campagna.

Il camino. *(Foto Cresta)*

La sala di soggiorno. In primo piano è l'angolo per il pranzo, nel centro il camino, in fondo lo studio con la tenda a metà chiusa. *(Foto Cresta)*

Architetto Alberto Sartoris - Villa-studio dei pittori de Grandi a Corseaux-Vevey. Veduta da sud-est. (Foto O, Darbellay-Martigny)

Segnalazione

E' una casa per due pittori: ma le finestre ampie possono essere usate a beneficio di tutti. Così sono un consiglio per tutti le due piante del terreno e del primo piano. Se si esclude lo studio dei pittori, esiguo è lo spazio occupato dalla casa: ma lo spazio è adoperato nel modo più opportuno. Qui non si trattava che di pochissimi ambienti: ma i loro rapporti sono razionalissimi.

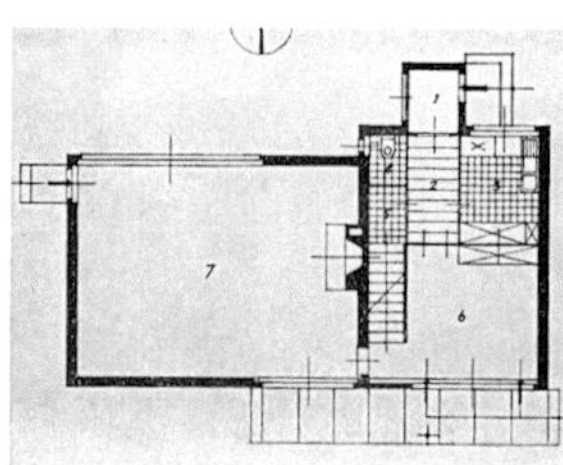

Pianta piano terreno: 1 ingresso; 2 vestibolo; 3 cucina; 4 toeletta; 5 disimpegno; 6 pranzo; 7 studio.

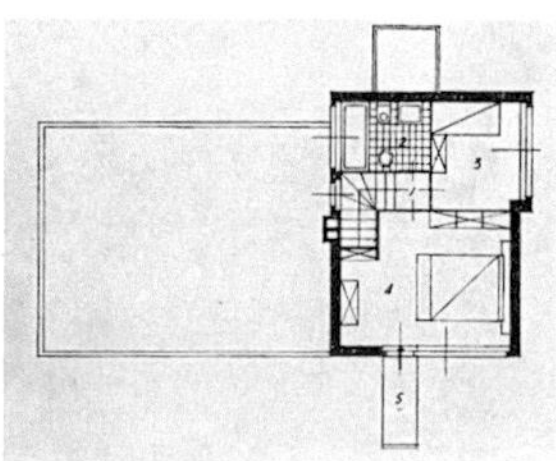

Pianta I piano: 1 disimpegno; 2 bagno; 3 letto; 4 letto matrimoniale; 5 balcone panoramico.

Particolare della facciata sud. (Foto O, Darbellay-Martigny)

UNA CASA IN CAMPAGNA

Una serenità vaga e diffusa esce dalla limpidezza di questa piccola costruzione di Sartoris: le pareti limpide, la nettezza degli stacchi, l'assoluto impero delle composte orizzontali, la riposata pacatezza del ritmo danno a questa villa di pittori una semplice freschezza d'espressione ed una risoluta vitalità.

A House in the Countryside

Villa-Studio De Grandi in Corseaux-Vevey, Switzerland, designed by Alberto Sartoris: angled view of south-east elevations, detail of façade, floor plans

domus 140
August 1939

Cover

domus magazine cover

DOMUS
la rivista del lavoro italiano di qualità
l'arte nella casa - febbraio 1939 - XVII - N. 134
l'alluminio, nobile metallo italiano, brilla negli argentei
cancelli che conducono agli incanti dei nostri giardini

domus 134
February 1939

Cover

domus magazine cover

Architetto A. Sartoris - Villa-studio dei pittori de Grandi a Corseaux-Vevey. Veduta generale da sud-ovest.

(*Foto O, Darbellay-Martigny*)

Veduta da nord-ovest.

(*Foto O, Darbellay-Martigny*)

Villa-Studio De Grandi in Corseaux-Vevey, Switzerland, designed by Alberto Sartoris: angled views of south-west and north-west elevations

ferroviarie
industriali
navali
civili
il nuovissimo materiale italiano
FAESITE
rivestimenti per tutte le costruzioni
viene prodotto nei tipi isolante e duro
SOC · AN · FAESITE · PADOVA

domus 110
February 1937

Advertising

Faesite advertisement designed by Erberto Carboni showing *Faesite* building material

ASPETTI DELLA VITA D'OGGI

Prati, brughiere, una natura senz'alberi: poi, all'improvviso, esce dal suolo un fusto spezzato di colonna dorica: è come se d'un tratto al passeggero si presentasse tutto un altro mondo: scompaiono le brughiere e sorgono i templi, si animano i prati di fantastici cortei. E' bastata quella superstite pietra al miracolo dell'evocazione. E' il miracolo di tutte le cose vive, che parlano un linguaggio pieno di infinite parole.

Tempo fa una solenne rivista inglese d'architettura moderna dedicava quasi tutto un numero all'estetica delle segnalazioni stradali: paracarri, avvisi all'automobilista, passaggi a livello. Qualcuno ne ha sorriso. Pure è verissimo che il nostro paesaggio d'oggi ha un suo accento che proprio gli viene anche da queste parole minime. La terra ha sempre lo stesso colore: gli alberi son gli stessi attraverso secoli: ma il paesaggio è un altro. Dove l'uomo è entrato con le cose che appartengono alla sua vita, lì è il deciso segno del tempo. Anche noi abbiamo tempo fa pubblicato, nel numero 124, un richiamo ai nuovi elementi costruttivi del paesaggio moderno: illustrammo come segni di stile i pali d'isolamento e di sostegno d'una linea telefonica, forme perfette e precise, definitive. Oggi riproduciamo qui accanto un altro bellissimo elemento paesistico, nello stesso tempo d'una forma inesorabilmente perfetta e pure d'una gustosa raffinatezza. Non si tratta che di una delle torri-faro in uso nelle stazioni d'una tranvia dell'Italia settentrionale: la Piacenza-Bèttola. La torretta SCAC, in cemento armato centrifugato, è di una progressiva rastremazione: alta 19 metri, ha il diametro di 57 centimetri alla base e di 23 alla cima. E' come una freccia. Basterebbero queste misure, anche non ne avessimo la fotografia, a far subito sentire la snellezza rapida e nuova di questo corpo puntato sottilmente in alto. Ma esso diventa poi autentica architettura, com'è architettura una ruota e un motore, quando si compone con la scaletta e la strana griglia della terrazza. La rigatura della scaletta e la rigatura della terrazza si compongono con lo stesso accordo di un quadro astratto.

Nulla qui è stato pensato per « far bello »: la sottigliezza della scala e della terrazza non son consigliate che da ragioni strettamente funzionali. Ma è proprio in questo sentir la linea viva nel suo esser economicamente utile, che si svela uno dei più originali caratteri di tanta parte dell'architettura d'oggi e che escon i caratteri più precisi e attuali del nuovo volto del nostro Paese.

Questa torre-faro è di una acuta eleganza: la sua precisione di forme e di rapporti, la sveltezza del suo ritmo, il gioco delle sue opposte rigature ne fanno qualcosa di prezioso. Mentre le vecchie città — basterebbe pensare a Milano e alla sua piazza del Duomo — ancora cercano, troppo spesso, di dare lusso di ornamenti sovraccarichi ai loro alti fanali di piazza, con smussature e fogliette e mascheroni, questa torre-faro che illumina, senz'alcuna presunzione, le stazioncine di una tranvia provinciale, assurge a segno del tempo, a documento di civiltà e di stile.

Una delle torri faro Scac nelle stazioni della tranvia Piacenza-Bettola.

Translation see p. 723

Translations & Index

93

domus

L'ARTE NELLA CASA - SETTEMBRE 1935 XIII

OCCORRE CHE LE ESPRESSIONI DELLA VITA D'OGGI SIANO COLLEGATE ALLE ESPRESSIONI DELL'ARCHITETTURA DI OGGI. ECCO LA VEDUTA DELL'INGRESSO DI UNA DELLE PIÙ MODERNE CASE DI MILANO, OPERA DEGLI ARCHITETTI LINGERI E TERRAGNI, E LA PIÙ MODERNA DELLE VETTURE ITALIANE, LA FIAT 1500

Translations

All texts marked with a '' are new translations, that did not appear in the original* domus *issue*

The Italian House

domus 1 p. 49

The Italian house is not the insulated and furnished refuge that protects inhabitants against the rigours of climate typical of homes north of the Alps, where people seek shelter from inclement weather. The Italian house is the place where we choose to enjoy the beauties of our landscape and skies with cheerful possessiveness for long seasons throughout the year.

No great distinction is made between indoors and outdoors in the Italian house. Elsewhere, a clear distinction is made between forms and materials, but in Italy outdoor architecture penetrates interiors and does not disdain stone, plaster, and frescoes. In vestibules, galleries, rooms, and stairways, it uses arches, niches, vaults and columns to impose sense and order on the spaces where we live.

The Italian house softens the transition from indoors to outdoors with porticoes and terraces, pergolas and verandas, loggias and balconies, rooftop loggias and belvederes. Each and every one of these convenient inventions renders the home all that more comfortable and Italian, so much so that most of them are known throughout the world by their Italian name.

The same architectural order is omnipresent in the Italian house, albeit to varying degrees, governing façades and interiors and extending even to nature itself, with terraces and ramps, gardens – in the Italian style, of course – nymphaea and vistas, vegetable gardens and courtyards, all conceived to create a comfortable and pleasant domestic atmosphere.

The Italian house is uncomplicated both outdoors and indoors, easily accommodating accessories and fine works of art, seeking an orderly and spacious disposition without crowding or mixing them. It achieves a sense of abundance through its generous dimensions and not merely the preciousness of its materials.

Its conception stems not only from the merely material demands of living. It is not just a *machine à habiter* (machine for living). In the Italian house, comfort is not only the correspondence between things and necessity, between needs and the ease of life and the organization of services.

This comfort is something superior. Through architecture, it provides us with a measure for our thoughts. Through its simplicity, it offers us salubrious habits. Through its commodiousness, it gives us a sense of confidence and abundance. And finally, with its easy, cheerful and decorative opening to the exterior to communicate with nature, the Italian house invites the spirit to regenerate itself in restful, peaceful views, and in this resides the full sense of the fine Italian word *conforto* (comfort). (Gio Ponti) *

Foreign Examples of Ultra-modern Low-cost Housing

domus 3 p. 50

The problem of economical housing is attracting growing interest today. Scholars throughout the world are feverishly dedicating themselves to this issue. Brilliant architects and artists who previously could not imagine themselves designing anything other than solemn monuments and palaces are now devoting themselves wholeheartedly to this new problem, laying on the altar of the pure logic that governs the new principles the sacrifice involved in every renouncement of attractive and facile traditions. Since the problem of economical housing has to be confronted with a new spirit, free of all traditional trappings, it must be reproposed in clear and simple terms.

It must rigidly consider the order of functions a modern house is expected to fulfill so that the work and rest that take place there may be more useful and sound. It must examine, assess and attend to the elements of construction so that the final result is simple and economical, without renouncing use of the best that modern industry can offer.

This wholesome revival of study of the housing issue, and this succession of sincere and fresh activity reflect the importance that the problem assumes today. The home represents the characteristic building of our century, the monument of our age, like the temple for the Greeks, the basilica for the Romans, and the castle and cloister for the Middle Ages. It represents the cornerstone of progressive civil life, the key element of spiritual improvement and moral health of the people, and the greater well-being of each individual. We can very well consider it the most important index of a nation's prosperity.

Important and interesting experiments are being carried out throughout the civilized world, especially in Germany and the Netherlands. They represent isolated but clear and persuasive episodes, as they are based essentially on rigorous rationalism, independent of all tradition. In every age, logic has accompanied architecture in its eternal splendour. Architecture without the support of logic has always been plunged into darkness.

These experiments lead to types with distinctly common analogies. Pitched roofs have largely been eliminated, and projecting eaves have been done away with as superfluous, and we are left with parallelepiped forms that confront us with the ingenuous purity of their manifest form.

Yet the first impression that we get from them is not always favourable. Accustomed as we are to our homes, which seem to be in such an intimate communion of sentiment with our landscape, these homes, with their geometric profiles, seem to be the homes of other peoples, constructed for other climes. They recall the houses found in southern regions, where terraces confront the fierce rays of the sun with their white roofs. But their specific character emerges on closer examination: windows that are wide in relation to their height; balconies with solid, unbroken parapets; concrete slabs with irregular profiles not commonly found in dwellings; building masses supported by slender pillars made of reinforced concrete or metal.

It seems that no concession has been made to the venerable canons of symmetry, proportion, and so on. Every element is subject to specific needs and appears to be what it is, for its designated function. Thus, all unnecessary elements are eliminated, and the rule is followed, if not with rigour, then at least with the most strict intentions.

The recent "International Exposition" of modern housing in Stuttgart featured an entire neighbourhood of this type of home.

The houses were commissioned by the city in response to the housing crisis, to diffuse knowledge of the most rational and economic building systems.

Similar expositions are frequently held abroad. People still have vivid memories of the "Ideal Home Exhibition" that the *Daily Mail* held in London in the spring of 1924. We would hope that exhibitions of this sort might be held in Italy as well in order to perfect one of the supreme goods of man and one of his greatest aspirations: a beautiful, comfortable home.

These exhibitions feature the work and contributions of those who dedicate themselves to the problem of the home.

The comparison is evident and immediate and triggers a spontaneous selection of tendencies and applications. The dross falls away, and the crystalline perfection of the modern house shines ever more brightly.

The new subdivision built in Stuttgart consists of isolated houses divided into small apartments, scattered without any apparent order across the green declivity of a height overlooking the busy city. Neat vegetable and flower gardens occupy the spaces between them on the terraced landscape, and this clever, patient play of varying elevations, together with climbing paths and staircases, lends it a fresh decorative flavour.

The most loving care is lavished on the flower garden, which creates a sweetly harmonious frame around the house.

Here we find the greatest variety of colour, distributed with care and measure. A few artfully placed trees alternately mask a wall that is otherwise too bare, or soften a hard corner, or enliven an otherwise monotonous wall. The trees are complemented by a few shrubs in the green flower beds, with lawns that are neatly trimmed or speckled with bright flowers.

These tiny gardens are planned to be the useful complement of a home. They can be considered the extension of the house itself outside, a space for living outdoors in the fresh air and sun, the transition to life-giving nature. They represent an expansion of the house and protection at the same time, the buffer zone between the street and domestic privacy.

The art of landscaping is reborn around the new house. The mawkishness of country gardening that tended to reproduce the majesty of creation in miniature – green lawns traversed by brooks, lakes infused with dazzling colours, and ponderous rocks, which all seemed to mock eternal nature – has now become a thing of the past.

In the last few decades, a new current of thought that originated in England and was stimulated by the fresh energy released by the Viennese Secession, realized in the still fresh achievements of Darmstadt, continues to spread today.

This expanding current of thought and practice took form in a practical concept and arrived at the new, wise principles of today.

The sense of mechanical roughness that inspires our houses finds its harmonious balance in the greenery of gardens. The harmony of the greenery and the white of the façades attenuate and soften the dry, rigid impression that they sometimes give.

The terraces themselves are more often organized into gardens where the greenery, which flows over the terraces in flowering cascades, or climbs the structural supports of iron or reinforced concrete pergolas, enlivens the expanse of terse walls and lends it grace and vivacity with its fronds and brilliant flowers.

The Stuttgart subdivision is particularly interesting because it represents different experiments and expressions that are co-ordinated by the new trend. It contains clear and convincing elements springing from the severe and precise logic that governs current approaches. It represents a stable and lasting affirmation of the new principles, as well as a major milestone in the history of modern architecture. For this reason we will discuss it in more detail in a future article.

But as we have already said, there are now countless examples to be found everywhere abroad, from the coast of France to the Dutch plains, from the American prairies to the woodlands of Germany. Here are a few:

The house designed by the Paris architect Bourgeois on the Côte d'Azur (Figure 2) is a shining example. Looking at it, we are convinced that the architect had no other concern than to create a comfortable home for those who would live in it, and it is in fact cheerful and pleasant, without artifices, or absurd decorations. It is gay and serene in its spontaneous simplicity. Our gaze lingers on its bright walls, on the expanses of its white terraces, and on its clear massing, which recalls the crystalline beauty of the houses on Capri and the Amalfi coast, linked to nature by an eternal bond that is the secret of their seduction. And we reflect with boundless boredom on the other innumerable villas on the same coast, overburdened as they are with aesthetic bitterness and miserable in their empty presumptuousness. It is not these houses that add harmony to the powerful and suggestive picture of natural beauty, but rather the humble old houses of fishermen and farmers lined up along the beach or solitarily punctuating the flowering hillsides.

If we focus our gaze on the specific case and what confirms our criticism, what we find is exactly what we obtain from logic. Thus, for example, the support of the mezzanine terrace on two cylindrical pillars, as if they were the stumps of columns, without an architrave running between them, neither satisfies the eye nor is rational. However, these defects cannot undermine the merits of this clear conception.

The house built in Boulogne-sur-Mer by the architects Le Corbusier and Pierre Jeanneret of Paris (Figures 3 and 4) clearly reveals a similar derivation.

It features broad masses that appear to be simple in their elementary stereometry, wide terraces and long windows. Reinforced concrete is used extensively, as in the long architraves of the windows and overhangs of the body of the structure.

No artifice masks this ponderous characteristic of reinforced concrete, which is unknown to all the factory materials used hitherto in the history of construction. On the contrary, the aesthetic here is dedicated solely to displaying this quintessentially modern force.

Sadly we must note that although all the magnificent resources of this material are known and exploited, people are mainly concerned with masking its structure and diminishing its possibilities.

Anyone who has even a limited knowledge of these architects knows how many of their designs are still entrusted by them to questionable decisions.

However, stripping away everything that offends logic and common sense, we none the less find singular examples of well-conceived modernity.

The house designed by the architect Mies van der Rohe in Guben (Figure 5) was constructed entirely in brick. Yet its configuration betrays an iron or reinforced concrete structure, as is clearly evident from the long architraves used in the doors and windows. The exposed brick facing, used in alternately flat and pointed courses, and the top band of vertically laid bricks recall traditional techniques. A few elements appear contrived, such as the isolated tower-like wall that flanks the central terrace. A few others appear to be out of proportion, such as the large supporting beams of the slab that functions as a canopy. However, taken as a whole, the work features disciplined conception and rigorous method.

Finally, we must make mention of the house designed by the architect Rudolf Preiswerk of Basel (Figure 6), which has the merit of greater simplicity and manifest structural integrity. (Enrico A. Griffini) *

Some Interiors of a Modernist House

domus 4 p. 58

In the history of human affairs, our age is clearly distinguished from all others by the supreme value attributed to time, the most precious resource of all. Everyone's first thought today is to do things quickly, to save time. This is the current problem, and life struggles with it, always triumphant and always dissatisfied.

In workshops, plants and offices, work is organized in order to realize the maximum value of time. Machinery seconds and pursues this tendency, providing us for the purpose with marvellous tools that are mighty expressions of its power.

The goal is the same in every field, and the rule is identical: eliminate whatever is superfluous, and perfect and improve whatever enables us to work faster and more profitably.

Varied and complex work is also carried out in our homes, although these modern and simple ideas have not yet been assimilated there. The home still represents a bastion of resistance, the safe haven of ageless traditions that are sometimes in stark contradiction with the habits and tendencies of the new spirit. It is easier to find a useless and bulky piece of furniture in our homes than a practical and rational one. And though we consider the service quarters, and particularly the kitchen, which is the throbbing heart of every home, the place where the most intense and delicate work is performed, we will almost never find implemented there the rational principles that even the most incompetent industrialist would not hesitate to apply in the workplace.

The home is dominated by the work of women, who represent half of humankind. Thus the amount of energy dedicated to it is enormous, and thus we see what savings of time and energy can result from modernization of our rusty ideas about this problem, and from application of those sane and rational principles adopted everywhere the trumpets of progress resound.

The problem of the home is of vital interest and generates fertile results abroad. Clearing the field of whatever is connected with tradition, this study is based on clear and essential foundations. What is involved here are complex functions that must be resolved with practical and rational criteria, the demands of decorum that must be satisfied with lordly simplicity. The problem is focused in particular on homes with only a few rooms, in which it is imperative to obtain maximum comfort at the least expense. These are the houses of greatest interest to us here and for which this study is most useful.

Over the last few years, attempts to resolve this problem have also been made here in Italy in the furnishing of small spaces, but the issue has barely been touched upon. The initiatives that were taken, which were also multiplied by exhibitions and competitions, had their heyday but did not lead to any useful result. Updated but artificial versions of rustic kitchens were proposed, but these fell short of satisfying the requirements of practical simplicity and comfort that represent the most important and appreciated aspect of a kitchen.

Let us now see how people abroad are attempting to resolve the problem, starting with the service areas of the home. We will deal with the living quarters in a future article.

Figure 1 illustrates the front view of a country home and its plan as designed by the architect Bruno Taut of Berlin. Figure 2 illustrates the service quarters in this home.

The triangular form of the floor plan seems to be dictated by the advisability of avoiding any northern exposure of the walls and windows. Plans with this form, or other irregular forms, often translate into numerous resources for a modern home, since they can generate truly practical and attractive solutions.

We immediately notice the major development of service spaces in relation to the living spaces. The large and spacious kitchen has an almost trapezoidal form. This form affords better and more regular illumination of the room and better use of space, as illustrated by the plan, considering the footprint of the pieces of furniture that seem to be separated from one another by the passageways. These passageways are arranged in such a way as to minimize as much as possible the number of steps between the kitchen and the various rooms.

The kitchen is comprised of a pantry, a table placed under the sill of the largest window, a stove and a sink. Note the rational arrangement of these items in relation to one another. They are placed in the order of their respective functions. In fact, the food passes from the pantry to the table where it is prepared for cooking, and from there to the stove and, finally, to the dining table. As we can see, the functional diagram follows a simple, regular line.

The pantry consists of a tall wooden cabinet fitted with some hinged doors and some roll-up doors. It features the most ingenious resources for rational and orderly preparation of food and maximum use of space: the egg rack, the jar shelves gleaming with enamel paint, and the shiny nickel-plated hinged drawers for flour and sugar. Other shelves on the side accommodate the coffee pots, while those below provide storage for bulkier kitchen utensils. Everything was studied with the greatest zeal to satisfy various serving requirements and to be of maximum practicality, to achieve the desired economy of work and time.

The food preparation table, placed under the window, can be lengthened with sliding extensions. Within hand's reach is a cupboard for storage of cooking utensils such as knives, ladles, spoons, whisks and boards. A knife cleaner, coffee grinder and an exhaust fan are located on the side.

The stove does not have a hood. The hood, as commonly used in Italy, is bulky and of doubtful utility if adequate ventilation is not provided.

Adjoining the kitchen is a space that is ideally divided into two parts: the front is used as an ironing room, and the rear is used for washing and drying dishes. The rear area is furnished with a double-basin sink and drainer, a table and, along one wall, a wooden cabinet for storage of dishes and glassware. This cabinet is double-faced, and the bottom part can be opened from both the kitchen and the dining-room side. The two middle compartments receive the dirty dishes taken from the dining room for washing, and the other contains the washed and dried dishes before they are placed in the upper compartments. Service between the dining room and the dishwashing room follows a short, simple and rational route, as indicated by the dotted line on the plan.

The ironing area is furnished with an ironing board that folds against the wall, supported by an iron leg with specially fashioned ends. This zone also contains a cupboard for storing preserves and jams. A small vestibule that separates the kitchen from the dining room is equipped with a broom closet. Another closet is found under the first flight of stairs that lead to the floor above.

A door connects the dishwashing room with the laundry room, which is furnished with a double tub, calender and water extractor. It also connects with a pantry for food storage, with another pantry for vegetable storage, and finally, down a hallway, with a garage.

It is clear that kitchen services distributed in this way make it possible to simplify domestic work significantly. The rules followed are very clear: focus on and improve what is useful and eliminate what is not useful. Thus, work is done faster and in a more orderly way. Hygiene benefits because it is easier to maintain a clean environment where order reigns. Domestic economy benefits, because order reduces waste. The household help benefit, because the sooner they finish their work, the sooner they can devote themselves to more uplifting and recreational activities. (Enrico A. Griffini) *

Houses in the Modern Rationalist Style at the Stuttgart Exhibition

domus 6 p. 62

The increasingly fast pace of modern life and the relentless progress of science and industry are continually raising living standards and generously showering abundance on the tired masses of humanity.

What was once the privilege of few is now accessible to wider swathes of society. Comforts are multiplying, needs are sharpening and aspirations are intensifying.

One of the basic needs of life is housing, and more and more people would like to have a fine and comfortable home. In this wonderful age of ours that has created the transatlantic ocean liner and railroads, aeroplanes and dirigibles, very little progress has been made regarding the house. Instead, it has remained mired in tradition. The architecture that was suffocated by tradition was unable to draw on the energy necessary to satisfy new needs. On the other hand, clear, solid and impressive works pointing in the direction of truly great art have been created. A typically magnificent product of our century is the machine. Machines are invading every field of human activity, replacing tired arms and freeing men from the yoke of timeless slavery.

As we can easily see, machines generally have harmonious forms that are capable of arousing aesthetic sensations in us, as for example the forms of an automobile, a locomotive or an aeroplane. The harmony found in machines is not sought: it results from the rigorous application of calculation. A machine builder creates harmonic forms without even wanting to.

Calculation brings matter into harmony with the laws of the universe, and what is derived directly from it enjoys the privilege of the harmony that smiles on all natural beauties. What we are saying about machines in general also applies to every structure created by calculation, such as a reinforced concrete frame or an iron bridge. If we apply the same principles used in fabricating a car to constructing a house, we will be well on the way to realizing a typically modern house.

For its own part, mechanics has already paved the way, as the complement of certain prodigious manifestations. What are the cabins of steamships, the interior spaces of aeroplanes and dirigibles, and the compartments on Pullman cars, if not the tangible examples of modern habitations where all the components of a home are widely used, and all domestic needs, even the most refined ones, are fully satisfied?

It must be recognized that these applications are of a standard of practicality and perfection that is still far from being realized today in the art of construction.

When we succeed in applying to this art the wise rules, ingenious resources and subtle measures used to resolve the problem of the habitation as components of a complex machine, we will be able to say that we have resolved the problem of a truly modern home. A vital and prosperous current of thought based on this approach is taking hold abroad. It is neither misguided nor rash to believe that it will become preponderant and overwhelming because of the sincerity, honesty and clarity that inspire it, unless it is undermined by arbitrary manifestations of an aesthetic character.

The principle of these new tendencies shines in the trinity of comfort, practicality and economy. All useless elements are eliminated, and we feverishly cultivate whatever sprouts from an exact and severe logic.

This principle has been practised in the United States, even in the past.

The American people, without tradition and characterized by a mechanical and business culture, are led by temperament to organize their homes according to practical simplicity. The wave of insincerity that afflicted architecture and all arts before World War I has triggered a reaction of love and an earnest desire to return to essential, pure simplicity.

This does not represent the dulling of aesthetic sense or the deterioration of our creative abilities, but a conscious and refined aspiration made of renunciation and sacrifices engendered by centuries of accumulated culture and thought. What we seek is refinement in simplicity, the expression of elegance in the purity of lines, and the mark of aristocratic and acute sensibility in the clarity of forms. In contrast, these qualities in America represent the natural, stationary and infertile outcome of lower standards of sensibility, where the beggarly style of plebeian vulgarity modelled on classical European models still triumphs in the palaces of the aristocratic plutocracy.

The vital accomplishments of these new tendencies feature great simplicity and absolute clarity. But we would be wrong if we wanted to consider them definitive expressions of a new architecture, if we wished to exploit their aesthetic for the production and repetition of models of simple, current modernism. On the contrary, it is true that these forms generally satisfy our refined needs. The more we want to appreciate them, the more we feel offended by the prevailing expressions of current architecture. But a restless yearning for wider horizons quivers in the recesses of our Italian soul, and there echoes the appeal of a new and true art, a pure and crystalline architecture that, illuminated by the inextinguishable spiritual and cultural reflections of our race, is exalted in the elevation of these new expressions and through them is infused with the virtue of making a new and powerful mark on this age of renewed and fertile youth.

In a previous article, we referred to a subdivision of economical houses built for the "International Exhibition" in Stuttgart, pointing out its significance in regard to the new problems confronting the modern home.

This subdivision was built by architects chosen from the ranks of those most famous for their advanced tendencies who, scattered here and there across Europe, research, work and struggle in the enthusiastic desire to provide our century with a rational home and an architectural style as soon as possible.

They were commissioned to prepare designs for individual houses, oversee their construction and then, with the assistance of specialized firms, fully furnish them to make them habitable.

This subdivision is comprised of 33 houses of varying types that are in turn divided into 60 apartments built using the modern resources of art and industry.

We cannot dwell here on a description of all these houses, even if they are all of compelling interest. We shall limit ourselves to choosing just a few in order to grasp their predominant characteristics as a whole.

Architect Richard Docker of Stuttgart presents two distinct houses. Erected on sloping ground, amid the greenery of flowering gardens, they feature a harmonious whole of aristocratic simplicity. The wide terraces, long windows and spacious loggias create an ideal vision of free, sunny and cheerful life.

The house in the background of the photograph has six rooms on the ground floor, with a large terrace and service veranda. The basement level contains five utility rooms.

The architect Max Taut of Berlin also presents two houses, one of which is worthy of mention because of its characteristic massing. It is comprised of two wings, one of which, two storeys high, has a cylindrical wall facing a large terrace. The parapet of this house, like the entire wing with flat walls, is faced with iridescent enamelled tile that lends the house a delicate hue. This accent is enlivened by the strong tints used on the window frames, which are outlined on the exterior by bands of brilliant colours. It has six rooms on the ground floor and three rooms plus a landing on the first floor.

Architect Hans Scharoun of Breslau presents a house that, while respecting the wise rules of this modern school of thought, features an original combination of masses and successful distribution of spaces.

The ground floor is comprised of a kitchen and maid's room, dining room, living room and study. The latter three rooms comprise a single space. The dining and living rooms are set apart by a differentiated floor level and divided by a low, massive piece of furniture in the middle, created from the combination of a bookcase with a sofa, while the living room and study are separated simply by a curtain.

The living room has a curving double-glazed

window with a slender iron frame projecting outwards for the display of plants and flowers, for a truly attractive effect. There are three bedrooms on the first floor, with a bathroom and large terrace. (Enrico A. Griffini) *

A Modernist Building in Como by Giuseppe Terragni

domus 28 p. 96

Although it has already been illustrated elsewhere, we are devoting several pages here to the building under construction in Como that was designed by architect Giuseppe Terragni. For those who have used *domus* and foreign magazines to keep up with the developments of contemporary architecture, from Loose to Le Corbusier to Taut and Mendelsohn, the features of this building will seem anything but new. Instead, because the canon of this architecture is based on the rational use of materials and construction techniques and the demand for comfort and modern conveniences, 'innovation' would not be the only term necessary to describe its aesthetic manifestation, as has been the case in other, recent examples of architectural style.

Nevertheless, the explicit use and, I might say, 'daring' expression of the technical and structural possibilities of reinforced concrete and iron, as well as the design concept based on them, have emerged in a purely aesthetic, stylistic and new order that we have already encountered.

This is the most interesting thing we can see in the latest developments in architecture so far. The 'rationality' of design and practical aspects remain debatable and need to be tested through experience, and they are subject to change according to climate, latitude, environment and lifestyle. Thus, certain results seem to be repeated often in these structures.

But it is specifically for this reason that Terragni's apartment house is very important. At long last we have a structure in this style here in Italy, and it constitutes experience for us. The development of architecture and orientation of taste need experience and not discussion. It is our firm opinion today that Italians need to stop being shocked by what is new and that they should instead be scandalized by the slovenly, bastardized repetitions of the current architectural styles that have rendered the pretentious 'modern neighbourhoods' of our cities so sadly ludicrous. They need to experiment, to test with studied audacity, and to progress.

Here, in Terragni's work, the experience is realized with noble ambition. Those who have the opportunity to see it should not stop at the façade but should imagine the character of its interiors while looking through its large apertures, which have gorgeous views of the lake (as our illustrations show), almost as if it were a decorative *leitmotif* of those interiors. These results, together with others found in the plans, are new, practical terms of material and spiritual comfort. They should be compared with the deficiencies in the plans, orientation and comforts of so many of our luxurious buildings, but then people would say that it is a matter of preference.

Some might object that it is humiliating to compare modern architecture only to the worst examples of the last several years, but I have to say that we are not demanding the construction of monuments. The famous monuments of antiquity were palaces, homes and sumptuous villas of powerful men and institutions. Here we are talking about homes for everyday people. If nothing else, in this restoration of the 'real' problem, or of 'one' problem of modern architecture, that is already a great virtue. (Gio Ponti) *

Technical Description

domus 30 p. 113

This structure was intended to be used as an office building, and this was the criterion followed in executing the exterior of the building and its interior arrangement. The 1644 m² lot, located on the corner of Corso Vittorio Emanuele II and Via della Rocca, was fully exploited vertically, while a generous amount of space was left for the inner courtyard (which covers an area 950 m^2).

The seven storeys allowed by city planning laws are of a constant height of 3.4 m from floor to floor on the intermediate levels, while the ground floor (intended for use by general-purpose offices) and the sixth floor (top floor) have a height of 4 m. The portion of the building along the narrower side street could be only five storeys high, with one setback.

The accesses were distributed in a such a way as to separate the main entrance on Corso Vittorio Emanuele (to be used by executives and the public) from the entrance on Via della Rocca, to be used by office staff and vehicles. Interior circulation on the various floors flows through corridors that are 3 to 2.5 m wide, take direct light from the courtyard and communicate with the staircase. The various floors are connected by the staircase and three elevators, each of which is installed in a separate shaft. Two of them are installed midway down the corridor in the tallest part of the building and serve all seven floors. The other elevator is located at the head of the staircase in the lateral wing and connects the basement and the fourth floor.

The courtyard was divided into two parts: the first is reserved for the court of honour; the second, directly communicating with the vehicle entrance, is used as the service court. The latter contains the garages, in a special building on the ground floor with the porter's residence on the top floor. The two courtyards are divided by a fence with a granite fountain in the middle.

Since the offices located in the building are part of the same administrative group, the ground floor houses general services, including cashier, supply office, reception area, courier and mail office. The following are found next to the main entrance: telephone booth, signboards and information office. The elevators and waiting area seating are located opposite the main entrance. The Via della Rocca entrance houses time card clocks for employees, the porter's lodge and the passageway to the main corridor.

The staff changing rooms are located in the basement and feature easy access and good lighting. The basement also houses the archives, an experimental laboratory and general building services.

The typical office floors are located on the first, second and third floors. The L-shaped corridor serves the different rooms. The restrooms are located at its two ends.

The fourth floor is set back on the side facing Via della Rocca and houses the general assembly room. The public can reach it directly from the staircase on the Via della Rocca side and respective elevator, while the executives access it from the opposite side. The main wing is used for various offices.

A special staircase leads from the fourth floor to the two top floors. The fifth floor, used by executives, has a conference room, three lounges, two executive offices and secretarial offices. The sixth floor is used by the top management of all firms with offices in the building. It has higher ceilings than the other floors and contains the office of the chairman, which communicates with a lounge on one side and the board of directors' room on the other. It also contains secretarial offices and the directors' lounge. A spiral staircase leads to the roof.

The basic structure of the building was executed in reinforced concrete and was designed by the engineer Luigi Ferroglio.

The structure was designed to carry a live load of 300 kilogrammes per square metre, which was considered necessary in view of the specific use of the building.

We believe it would be helpful to provide an outline of the principal materials used and the various services installed in the building:

Elevators

Three Stigler elevators were installed. Two serve the main wing of the building from the ground floor to the sixth floor, and the third serves the side wing of the building from the basement to the fourth floor. They run in separate shafts at a speed of 1 metre per second. The elevator cars, which were custom-built, are fully lined with Salpa leather. The doors on the corridor side and the internal controls are metal. The two main elevators can also be controlled externally from the ground-floor lobby. This control is connected with a sound system that rings on the floor towards which the elevator is travelling.

Dust Suction

In addition to electric outlets for operation of vacuum cleaners and floor polishers, a central dust-suction plant was installed. It consists of two electric motors paired with suction pumps that are connected via ducts to all corridors on every floor.

Safes

The two-storey-high vault with internal access was installed on the ground floor. It is accessed directly from the office of the chief cashier. It has an infusible steel door and an emergency access door. All safes and safe deposit boxes were executed according to modern designs without profiling and were painted the colour of the furniture.

Painting

The interior surfaces of the building were prepared with rendering on the ceilings and Neutrolit on the walls. Glue colours were used on the ceilings and flat cementite on the walls. Office walls are painted pale yellow, and ceilings are painted white. The lounges are painted extremely bright tones of orange, blue or green for easy identification. The walls and ceilings of all corridors and staircases are painted pale yellow. All window and door frames are in brownish-violet cementite with black framing.

Air Conditioning

A central air-conditioning plant was installed to cool the air in offices throughout the building during hot months. The air is sucked in from the court of honour, filtered, ozonized, cooled and conditioned to the desired level of humidity and then distributed by a fan to the various offices through adjustable grates positioned below the ceilings in the areas. The ducts are covered in Maftex for insulation against the heat. The air is cooled by means of a compressor and ammonia. The cold water needed is pumped from underground by means of an electric pump. *

The 'Electric House' at the IV Monza Triennale

domus 32 p. 124

Presented by architects Luigi Figini, Guido Frette, Adalberto Libera and Gino Pollini of Gruppo 7 of Milan and Piero Bottoni of Milan.

Setting an outstanding example, the Edison Company sponsored this event, which was intended, on the one hand, to present all of the practical electrical services for the home and, on the other hand, to illustrate a 'style' for architectural design that is wedded to a modern technical concept of construction and living.

Since these principles lead to results foreign to traditional approaches, it is out of place or absolutely premature to determine whether these accomplishments constitute Italian art or not. We, too, need to experiment with certain technical advances and concepts of manifest importance. The Italian character of these developments will be achieved by adapting the structures to our climate and the Italian way of modern life, while adding the contribution that taste imbued with classical culture and education will bring to interior organization and exterior harmony.

The evolution of residential architecture is very interesting from the Italian point of view because of the encounter of two tendencies that confidently prepare for the coming renewal of our architecture. Those readers who have learned how to recognize the characters of the architecture and interiors of Muzio, Buzzi and Alpago, and the architecture of Pagano, Rava and Frette have probably noticed the extremes of these two tendencies on their own. But they both contribute richly to the development of our architecture: an abundance of references and historical experience, in the first case, and a wealth of specific experience with techniques, new materials and new concepts of floor plans and elevations, in the second case.

Experiences such as these, which the Edison Company has so generously sponsored, have a genuine demonstrative value and fully address one of the forward-looking concepts characteristic of an exhibition that can only benefit our modern arts and provide critical information and education for the visitor. (Gio Ponti) *

Apartment Building on Lungotevere Arnaldo da Brescia in Rome

domus 37 p. 143

This building, designed by Giuseppe Capponi and supervised by the engineers Nervi and Nebbiosi, stands on a magnificent, sunny stretch of beautiful Lungotevere Arnaldo da Brescia and offers numerous points of interest for our readers.

Using plans and interior and exterior photographs, we illustrate the special gifts and 'manner' of the architect, while fixing in the observer's mind certain typical effects of contemporary architecture, of its 'appearance', that serve to identify those traits which, whatever one says or thinks, constitute contemporary style by their very presence.

These traits are not a mere transposition to our climes of foreign accomplishments. They strike us as being equal to them in their solution of the same problems, but rightly have their origin in native 'conditions.'

A Roman dimension, a native modulation and spirited enjoyment are apparent in the broad and simple geometry of the façade and of the play of the sun. A certain eloquence of composition conveys to us a personally original inspiration realized with warmth in its natural environment.

The façades are sheathed in very simple travertine slabs that are arranged according to the vein of the stone, as the reader can see: the beauty of the material (today's wealth) instead of useless overhangs (yesterday's wealth). The façades are not autonomous drawing compositions, they are not 'panels.' Instead, this building must be considered as it was created – as a whole. The setback of the top floor that rises above the overhang of the building in compliance with the building code was designed to harmonize with the overall mass of the structure in interesting geometries.

This unified conception, observed in relation to all the building problems and all the requirements that the building satisfies in its interior, is one of the most interesting qualities of this structure, as an analysis of the plans also reveals. These are highly characteristic. Two paired and similar apartments are laid out along the longitudinal axis of the building. The building does not have courtyards: Two large inner atriums provide air and light for the staircase, vestibules, entrance halls, bathrooms and service areas.

The plans of the apartments were designed to high standards with truly superior results. The day and night quarters and service quarters are well separated and distinct from one another. The bedroom section should be closely examined: each bedroom has a bathroom and almost all of them have a closet space or dressing room. In several of these rooms the bed is installed in an alcove. This ideal separation of the bedroom is not only extremely attractive (with no hygienic shortcomings in the arrangement) but also makes it possible to furnish the rest of the space as a parlour-study in an extremely seductive modern way.

Capponi devotes great care to his plans and uses the form of spaces to achieve extremely interesting effects. The fundamental beauty of a space depends on its form, and taste must once again return to drawing enjoyment from these 'emotions' of indoor architecture and rely less on the luxury of drapery and decoration. However, Capponi merits additional praise for his use of old and new materials with playful fantasy and calculated distribution: polished travertine furnished by Mattioli of Rome, rubber flooring by Pirelli and alabaster (he achieved excellent results by experimenting with this Italian material in the extremely modern play of the illumination). He merits praise not only for the play of forms but also for the absolutely new and typical play of colours, as indicated in the captions to the illustrations.

The views of the interiors, the foreshortened views, the interior design and furniture, the works of art that decorate the spaces and their distribution illustrate the consolingly characteristic unity of this building and testify to the value of this technical and stylistic record of our period. This building, together with the Salpa building by Pagano and Levi, is one of the few structures realized with unity and modern conception in all details. The ample photographic documentation that we offer here illustrates all these aspects, as the reader can see. (Gio Ponti) *

Mirror of Rationalism – Part 1

domus 39 p. 153

The fact that rational architecture had its origins in utilitarian needs and received its initial impulse from technical and industrial demands is too well known to be dwelt on here. On the contrary, the great certainty that surrounds its future resides specifically in the logic and necessity introduced by its birth, provided that we never forget that if this is the necessary basis of rationalism, it does not suffice to create architecture, which is a lofty term implying numerous other factors: intelligence, aesthetics, personality and race, to mention only the principal ones. Instead, its ideological content is much less well-known or at least is poorly defined in its true terms, which many intransigent rationalist architects, especially in Germany and the Netherlands (in Russia the fact is too obvious to be mentioned), have attempted and are attempting to confer on architectural rationalism, virtually rendering it the consequence of socialist, if not communist, theories. This fact (if we admit that architecture can express political ideas) none the less refers to just one tendency, which we have called 'intransigent'. Unfortunately, it contributes to the erroneous discrediting of all rational architecture, while being largely immune to the influence of these ideologies, and entirely so in Italy.

Leaving aside political considerations, if the phenomenon of architecture is taken unto itself, as the expression of a new social order, (and although the subject is too vast to be dealt with here, we observe in passing that the Fascist Regime still has not created its own architecture – and we mean modern architecture – given that modernity is the first requirement for it to be called Fascist; of course, balanced Italian rationalism might become a better expression of the young regime than any other tendency) it would be extremely interesting if, in this case, the excessively unitary and inexorably levelling ideals implicit in the intransigent movement were not a negative rather than a positive result for the development of architecture and did not bear the germ of sterility in their essence. Indeed, we see confirmation of this phenomenon: almost all of the intransigent rationalists, too tied to their dogmas, are no longer able to create architecture that does not have a uniformly industrial appearance, even when it is a villa or a cinema. They are unable to do anything else, and extend to all their work those features which should instead remain characteristic of just one kind: this is the sign of decadence.

Some recent structures designed by the architect Erich Mendelsohn, who is one of the most authoritative and unique representatives of intransigent German rationalism, serve as evidence of what we affirm. They are the architect's two new buildings for the Schocken Department Stores in Stuttgart and Chemnitz. Given the specifically utilitarian and commercial use of these buildings (which we present on these pages because, however their architectural style might be judged, they are two top-class and highly significant structures, both as architecture in and of itself and as an expression of our time), the decidedly industrial characteristics that distinguish them are perfectly justified and appropriate. In the Stuttgart building, we can see the exposed skeleton of the reinforced concrete structure that constitutes the framework and, at the same time, the architectural solution of the façade. The semicircular structure that is completely decked out with horizontal diaphragms (typical of Mendelsohn) is grafted onto the façade in an extremely vigorous plastic composition, comprising the fully glazed cage of an elegant stairwell that climbs independently through it, and which we show here illuminated from the bottom up. The building complex has an almost mechanical effect, which is characteristic of this architect and can be an interesting reflection of modern times, provided that it is kept within the limits of an intelligent interpretation, or rather transposition. Indeed, when it exaggerates (a very frequent and deplorable error), it represents not only a new 'academy', as others have already observed but, what is worse, a new form of Baroque. To believe this, all one has to do is observe the courtyard view of this building, where the alternation of curved sections with flat sections superimposed on them, although masterfully handled in its direct derivation from mechanical prototypes, generates an exasperated tension with the agonizing tangle of its lines that is essentially the opposite of our Latin taste. Even more significant at the expressive level, in regard to the use of the building itself, is the Schocken Department Store in Chemnitz. Its fully cantilevered façade is covered entirely by continuous bands of windows and solid masonry alternating without interruption from top to bottom. The resulting transparency of every floor in the building transforms the entire façade into a single, immense showcase. Finally, the setback of the artfully receding top floors creates a harmonious crown, while the inflection of the façade, which follows the curve of the street with a gentle and continuous rhythm not without inner plastic force, confers a particular degree of individuality on this building. However, it generates a certain sense of irresoluteness or formal elasticity that our Latin taste for well-defined volumes cannot fully digest. Thus, notwithstanding our few reservations, we have seen how the strictly utilitarian premise perfectly served the architect's purpose, which in fact was supposed to be perfectly utilitarian. But here, where we would instead need a free-ranging fantasy capable of creating a varied, pleasant, bright and merry environment, as the restaurant and bar of a department store should be, Mendelsohn, deformed by his ideologies and dogmas, is unable to give us anything other in the Stuttgart Schocken Department Store than a refectory for Soviet proletarians, one that is bare, poor, dark and desolate, expressing at the most a dignified poverty. We need only compare this restaurant with the restaurant (which is also shown here) that Emil Fahrenkamp included in the Michel Department Store that he built in Wuppertal. In this case, albeit with extremely meagre resources and extreme simplicity, the architect managed, without using any decorative elements, to create an environment of perfectly gay, bright elegance that offers us the most evident and irrefutable proof of the condition of inferiority in which blind submission to intransigent principles confronts 'pure' rationalists with those who, like Fahrenkamp, submit the rules of rationalism to their own, freely exercised intelligence. Let this example serve as a healthy warning to certain young Italian architects who believe too blindly in certain 'idols' of purist northern European rationalism.

On the other hand, there are architects belonging to the intransigent tendency who know how to shake themselves free in time from the yoke of fixed dogmas, when the demands of the treated subject suggest greater freedom. As an example of this independence, we present the remodelling of a part of the Palmengarten in Frankfurt am Main by the architect Martin Elsässer, who belongs to the school of May, that decidedly intransigent architect who recently emigrated to Russia, following several other German extremists. Despite Elsässer's origins, the new façade of the Palmengarten, which is symmetrical, harmonious, bright and serene; with vast superimposed terraces that are open and sunny like the decks of a steamship and suggest the dreamy proximity of the sea; with the perfectly Latin rhythm of the slender, white columns of its pergola dividing an ideally deep blue sky into white-framed squares; and with certain terrace corners and certain open-air bars that all reflect nostalgia for the Mediterranean, uniquely approaches the spirit in which we would like to see the best characteristics of rational architecture be interpreted by Italians. Analogously, the large restaurant of the Palmengarten, which is subdivided by high semicircular greenhouses for exotic plants that make it possible to set the tables apart in so many crystal boxes, creating the illusion of a liquid atmosphere with a succession of glass planes; the party hall opening onto the garden with its magnificent, immense windows; and finally the loving care devoted to the details, such as the chairs that update what has now become a commonplace structure in nickel-plated tubular steel by lacquering it coral red and setting it off, in a refined juxtaposition, with the white plush velvet of the cushions – all illustrate the range of intelligent effects that can be obtained through more modern use of the new possibilities offered to modern architects.

The lofty results that a personal interpretation and the courage of an independent intelligence can achieve are also demonstrated by another architect who is one of the best-known exponents of the German intransigent current – Mies van der Rohe. This most rationalist of rationalist architects, who is considered one of the great figures of the German architectural revolution, commissioned to build the (official!) German pavilion at the Barcelona Exhibition, dared to imagine a building in which the only material used, aside from large sheets of glass and parsimoniously used metal for slender supports and frames, is marble, covering whole walls and floors – marble, that 'utterly passé' material that all the intransigents thought had been relegated to the attic with the relics of traditional styles. In this pavilion, Mies van der Rohe has managed to create one of the most perfect and most modern architectural organisms seen in the last several years, with a certain simple grandeur of conception (despite the restricted space), that makes us think of Aegean inspirations: Knossos or Hagia Triada. It has a crispness of lines and profiles, with a mysterious, crystalline transparency and sober wealth of precious reflections that make it a unique example of its kind, as precise as a machine and as clear as a diamond.

By suggesting these comparisons to the reader and inviting him to draw certain conclusions, we have tried to indicate the paths of that spirit of 'selection' (which is the principal characteristic of every active and reasoning civilization) to which we would like to habituate the Italian public. However, Mies van der Rohe's pavilion, with its unexpected application of marble, leads us to another issue that provokes the most dangerous confusion – the issue of 'materials.' But it is of such capital importance that we must dedicate a vaster study to it in a specific article that will constitute the second part of this 'invitation' to selection. (Carlo Enrico Rava) *

Mirror of Rationalism – Part 2

domus 40 p. 165

No one can deny that recent technical and mechanical conquests have brought us a whole trove of new materials that lend themselves to the most interesting decorative solutions and offer infinite and hitherto unexploited possibilities. The author certainly will not do so. In an article entitled *Dell'Europeismo in Architettura* (Europeanism in Architecture) that appeared in February 1928 (i. e. three years ago, when 'the new materials' were not yet in fashion), he noted "...the undeniable importance that extensive use of materials whose decorative possibilities were first introduced to us by machines, both in terms of their intrinsic beauty and rich substance and in terms of the precious combinations and refined compositions in which they can be used (crystal, nickel-plated and burnished metals, polished and smoked glass, brass, aluminium, linoleum etc.) have on the formation of a new aesthetic." As we were saying, the author certainly cannot be suspected of hostility towards these new materials. But if this is true, it is no less true and it cannot be denied that similarly new and modern effects can be achieved with traditional materials (for example, consider Mies van der Rohe, in Part One of "Mirror of rationalism", *domus* 39), and that there is no reason in the world (if not a deplorably narrow point of view and miserably false and petty interpretation of the true modern spirit) why a rationalist architect has to impose limits on his use of materials and allow himself to use linoleum or metal because they are 'modern', but forbid the use of marble or wood because they are 'old'. As if the range of elements that imagination can use to realize itself in concrete forms could be too vast! As if modernity did not consist first and foremost in the 'idea', in creation, in the result of the work but only in the inert material from which the work is derived! We can recall the example of one of the most talented and promising young rationalist architects, who, having decided to clad a bar in glass and rubber, was then forced by technical problems or the client's preferences to clad it in marble and wood. He was plunged into the depths of despair because his inspiration vanished in the face of those 'unknown materials', and while contemplating a seductive sampler of precious marbles and various woods lined up along a wall in his studio, he claimed to be incapable of distinguishing their qualities and imagining their application in his design. Now isn't the attitude of an architect who can command the whole repertoire of available means infinitely more privileged than that of another who cannot, and above all is it not infinitely more modern in the true sense of the word, since he proudly possesses all the materials offered by his age and he feels free to compose as he prefers, combining 'new' and 'old' materials freely with playful, unbiased and ultramodern intelligence? And above all, isn't this way of acting, of making conscious use of one's own intelligence, an essentially and traditionally Italian way of acting, more so than any other?

Furthermore, there is something that we need to convince ourselves of once and for all: the use of modern materials does not suffice to create a modern architect, but neither does it suffice to create an architect at all, of any kind. Like all revolutions, big or small, even the rationalist movement, the architectural revolution, is accompanied by its own dross, its retinue of dilettantes and profiteers, in whom superficial critics and an ingenuous public too often believe they have found new architects. Now, many of these improvised rationalists, who are found in Rome as well as in Milan, Turin and Udine, think that it is enough to use buxus and alpaca, celotex and nickel, maftex, asbestos lumber and linoleum to become modern architects, deluding themselves and others. All of them suffer from a sort of snobbery towards 'new materials', which is the snobbery of the petite bourgeoisie and provincial types towards 'city fashions'. And they are the same ones who, having discovered only now that kitchens, for example, have to be rationally organized and that bathroom fixtures have to be hygienically and airily arranged, and struck by the revelation of this supposed 'novelty', proclaim it to be their own discovery, almost as if no previous architect had ever known how to design a practical kitchen or a spacious bathroom. Obliging critics consecrate these pseudo-rationalists, thereby casting great discredit on the movement, favouring a total confusion that completely distorts every scale of values. And thus we witness the triumph of absurdity: the merits of an architect are no longer judged on the basis of his work but to the extent that he uses or avoids specific schemes consecrated by supposed 'rationalism', to the extent that it does or does not mimic certain 'modern' (i. e. fashionable) forms; and only because he uses these materials and follows these schemes, will he be favoured over an architect who acts with greater, more personal independence. It is a senseless system that can never be deplored enough.

A so-called modern style has evolved in the same way in the world of furnishings, which large and small furniture makers throughout Italy (one of them has comically christened it the Stil Novo) are introducing on the market together with their imitation 'renaissance-' or 'empire-'style models. This is a 'modern style' that has nothing to do with authentic modernity or genuine rationalism, except for a vague and approximate external similarity. Instead it recalls a sort of third- or fourth-hand Cubism, contaminated by bad French inspiration and references to Art Nouveau. It is clear just how much discredit this extremely vulgar commercial production, which dares to call itself modern or rationalist, casts on the serious and learned work of those architects who have been endeavouring for years to impose the new forms in Italy, in their best technical and aesthetic aspects. For example, it suffices to note that tubular metal furniture is now out of favour in France, because of a coarse commercial imitation that inundated Paris with clumsy chairs and graceless tables, whose lines have nothing to do with the works – however debatable but none the less interesting and authentic – of Marcel Breuer. It truly seems time to put a limit on such pervasive imitations, and on the offensive immorality of these systems.

Critics should be the first to remedy and seek to resolve this extremely dangerous state of affairs. We wish they would manifest and broaden their sense of responsibility in guiding public opinion; we have already had occasion to complain of its almost total absence. First of all, it would be necessary to eliminate the pernicious and widespread habit of entrusting criticism of architecture and the decorative arts in the most authoritative newspapers and magazines to men of letters, playwrights, reporters and sundry other dilettantes who disseminate the most mistaken and absurd concepts among the poor public, rather than entrusting criticism exclusively to experts, as would be just, logical and natural. Furthermore, critics should avoid indulging themselves in overly facile enthusiasm, in bursts of sudden infatuation. We can never overemphasize how much harm the superficial, approximate and confused enthusiasm of too many improvised friends of 'modernism' has caused to Italian rationalism in recent times. This damage is certainly much greater than the harm that could be caused to it by the serious opposition of intelligent adversaries (the terrifying, truly distressing jumble of opinions on 'modernity' that have been published on the occasion of the last Monza Triennale stand as painful evidence of this phenomenon).

After critics, the public. Now, to this Italian public – which so few have thus far attempted to introduce with intelligence and care to comprehension of the 'new spirit' that is the true spirit of our times, to the point that we would not dare fault the poor public if it indistinctly continued calling 'futurist' anything that fell even slightly outside of its ordinary schemes – to this public we would like to extend an invitation. It is an invitation to seek, to desire an 'authentic' modernity at all times, discarding everything else, every imitation, which is destined not to survive. Thus, if the public sees new furnishings at an exhibition, or furniture that it likes and that was designed by a specific architect and made by a specific firm, and if the public wishes to have similar furniture made, let it learn to use the architect who designed that furniture and knows how to design other pieces. In such cases, the public should not turn to the furniture maker, as it almost always does instead, probably thinking that it will save on the architect's fee. The firm by itself will not be able to supply anything other than one of those poor imitations, one of those typical approximations of modern style that are invading the world, masquerading as rational furniture and seriously impeding formation of a genuine awareness of the contemporary spirit. In this strongly desired collaboration between architects and industrialists, architects play the most important role, and the public needs to convince itself of that fact.

We would like to invite those Italians who are aware (we hope!) of the nobility of our epoch, never to accept anything blindly, neither what is old nor what is new, and to get used to distinguishing, separating, discriminating, in short, choosing from what is presented to them, and to open their eyes, cast off their prejudices, and rely on their intelligence to recognize imitations and reject them.

Above all, let them learn to reject. For example, let them assume the attitude that Cocteau has called *l'aristocratie de l'opposition* in the face of this tidal wave of false modernism.

Only in this way, only by making a great, continuous, necessary selection with ever-vigilant and aware intelligence, can Italians be certain of recognizing what distinguishes our genuine architecture – modern, rational, or whatever you want to call it – from everything else. In other words, in this way they can be certain of recognizing continuity, in forms and with the most current means, of the spirit of our tradition. (Carlo Enrico Rava) *

Photos pp. 166–168

Figure 1

Moscow Textile Industries Laboratory (*Moderne Bauformen*, February 1930, page 63)

In the series of photographs that illustrate this study on new materials, knowledgeable readers will easily discern the close relationship existing between the Russians, the Czechs, and Le Corbusier, and they will easily distinguish the qualities, hazards and shortcomings of these works of architecture, which all belong to the previously mentioned 'intransigent' tendency of rationalism. They will also recognize that the dogmas of a strictly utilitarian rationalism, which are debatable in the case of homes or public buildings, are instead appropriate in the case of specifically industrial buildings, such as this laboratory for textile industries, which features a balanced and harmonious distribution of masses, with the vast smooth transitional plane that separates the two fully glazed walls and elegantly concludes the aesthetic scheme of the building with its curving terminal end.

Figure 2

High Tension Laboratory of the Moscow Electrical Institute (*Moderne Bauformen*, February 1930, page 61)

In this structure, whose architecture is the most highly representative example of the latest Russian trends, the reader will note how the effort to express and 'externalize' the mechanical and industrial function of the building as much as possible, which is driven to its limit, instead realizes a superficial and merely 'exterior' effect that, in its attempt to be 'hyperrationalist', ends up resolving itself in an entirely aesthetic and almost theatrical picturesqueness that absolutely contradicts its initial assumptions. Nevertheless, we must admit that this building, with its large 'windsleeve' openings, its 'portholes' and its long roof that is folded back at the ends, has the merits of a capable and skilful composition of various parts that, in perfect balance with respect to each other, create a complex that commands strong current interest.

Figure 3

G. B. and M. B. Barchin – National Bank in Novosibirsk (*Stavba*, December 1929, page 89)

In this work by the Barchin brothers, who are among the best representatives of recent Russian architecture, we show a public building where a moderate and sober use of the peculiar traits of 'intransigent' rationalism achieves monumental results, despite the extreme sobriety of the means used. On the contrary, in a number of points we note the effects of a poverty all too similar to what is found in workshops. However, the building as a whole offers excellent solutions such as the large-framed and slightly projecting window on the left wall, which functions as an architectural anchor for the motif of the long windows that wrap around the curved portion, and the large, projecting terraces that connect this curved section to the glassed tower dominating the wall on the right. In conclusion, this bank in Novosibirsk, which also features less tasteful and intelligent details, represents one of the best and most balanced works of modern Russian architecture, although it belongs to a dangerously absolutist tendency that is far removed from our own Latin way of being.

Figure 4

Josef Havlícek and Jaraslav Polivka – Office and Retail Shop Building in Prague (*Stavba*, March 1930, page 133).

Ostentatious use of glass, in vast, continuous windows characteristic of the Russian extremists, as a 'new material' of primary importance for the external appearance of buildings, is taken to new limits by the Czech rationalist architects, who employ fully glazed walls as the supreme aesthetic element of their architecture. However, we have to admit that they know how to use it with true mastery, achieving highly seductive and uncommonly modern effects enlivened by the studied, exemplary use of lighted signage, which is not arranged by chance – as is too often the case in Italy – but according to rigorously and deliberately decorative schemes.

Figure 5

Ludvik Kysela – Commercial Building in Prague (*Stavba*, April 1930, page 156)

This façade, with its regular alternation of glass bands and solid parapets, betrays its close affinity with schemes close to the heart of Le Corbusier, while the nighttime view shows the highly decorative effects that can be achieved by these types of fully glazed walls. When the walls are illuminated both directly from inside and indirectly from lighting concealed in the parapets, they achieve a dual refraction of light that contributes to the characteristic appearance of Czech cities, which makes Prague at night one of the most festive and luminous cities in Europe.

Figure 6

Ludvik Kysela – Commercial Building in Prague (*Stavba*, April 1930, page 157)

This other façade of the same building is representative of the fully glazed curtain wall, which has become the characteristic scheme of Czech architects and lends a characteristic appearance to their cities. Yet note how, despite the forceful and almost aggressive modernity of appearance, the Czech rationalists always endeavour to achieve and preserve a highly measured balance of rhythms and symmetrical proportions in their works (a symmetry that is highly sensitive in the building by Havlicek and Polivka illustrated on the left), thus referring in a symptomatic way, despite the extreme and, we are tempted to say, 'demonstrative' mode of their current output, to a series of properly 'traditional' concepts with respect to architectural aesthetics.

Figure 7

Le Corbusier – Church House in Ville d'Avray (*Frankreich* by Ginsburger, page 105)

This house, which possesses a fine formal balance despite the clumsy proportions of the cantilevered roofs on the top floor, features the manifest affinities of Le Corbusier's style with the most recent Czech and Russian architecture (the reader will note the naturally accidental but none the less symptomatic similarity of forms between this villa and the Textile Industries Laboratory in Moscow illustrated in Figure 1. On the other hand, it also exhibits the duality that is characteristic of this major architect and innovator, who is constantly torn between the constraints and restrictions imposed on him by the principles and dogmas which he himself created and which rendered him famous as the greatest 'theoretician' of the new architectural vocabulary, and profound substrates of Latin balance and Mediterranean spirit that always, and despite everything else, emerge in his best works, often saving them from the aridity of intransigent rationalism.

Photos p. 169

Le Corbusier – Villa Savoy in Poissy: (top) exterior – (centre) view of courtyard – inner garden – (bottom) the courtyard – inner garden, seen from inside a room

A low parallelepiped standing on piles that looks curiously like a cardboard box laid on top of a row of crossbars, an exceptional work even in respect of the "jeu savant et magnifique des volumes assemblés sous la lumière" (Le Corbusier, *Vers une architecture*) as the architect defined architecture in 1924. We must interpret this disconcerting experience, with features that are not alien to Mediterranean references, acumen and independence.

What we find and measure in it is the result of a theoretical conception pushed to its extreme limit, and a play of volumes (see the ramp and windscreens of the roof garden) that is no longer rational but supported by a plastic-pictorial aestheticism that reminds us of the paintings of Lurçat or Ozenfant (and are – if we can apply Gide's famous quip to them, transposing its meaning – veritable 'gratuitous acts'). Furthermore, let us measure the 'possibilities of life' among these walls, if they can still be termed as such, or better, in this airy cage so rigorously and fastidiously withdrawn from the surrounding land and nature, that is, unless a curiously radical change occurs because of them – that life has to adapt to the 'authority' of the environment rather than, as would seem more human, rational, and cordial, adapting to all the necessities of life and all the comforts of man, including intimacy and absorption, as well as comfortable, immediate and joyful contact with mother earth.

Rather than a house, as we Italians imagine it to be, these environments are – to borrow the title of Duhamel's book – 'scenes de la vie future', or better, of the problems of the *vie future*.

Le Corbusier's 'Claviers de Couleurs'

domus 48 p. 205

We offer our readers some interesting and brilliant news: the *Claviers de Couleurs* that Le Courbusier conceived for *Salubra*. This home, designed in harmonious tones and colours ingeniously composed by the famous architect, features a collection of fabrics with corresponding hues.

A number of masks perfectly isolate harmonious groups of three or four hues that Le Courbusier has combined according to particular colour sensations.

All of this is explained with the artist's inimitable verve in the words that he used to introduce the fabric collection based on the *Claviers de Couleurs*, which we reproduce below. They are preceded by Fernand Léger's aphorism: "L'homme a besoin de couleur pour vivre : c'est un élement aussi nécessaire que l'eau ou le feu" and they are divided into short paragraphs, as is customary in Le Courbusier. *

The Werkbundsiedlung in Vienna

domus 56 p. 228

As our readers have probably gathered, we present what is happening abroad and what might serve as a useful example for us here in Italy. The model provided by this initiative in Vienna is extremely useful and repeats the analogous initiative in Stuttgart. It involves constructing a new subdivision according to the designs of many different architects and presenting it as an exhibition before the residents take possession of their new homes. This initiative could be usefully imitated in Italy, and something might even take place in Milan in connection with the Milan Triennale.

Another interesting aspect of the Werkbundsiedlung is that it attracts the participation of not only Austrian architects but also noted French, German and Dutch architects in the field. There are two ways to be nationalist: by desiring exclusively national events and by inviting the world's greatest geniuses to participate in what we do for ourselves. This second attitude is in the great tradition of past golden ages.

The Werkbundsiedlung, which now appears to be an exceptional event that is taking place in the midst of a severe crisis, is instead the fruit of a project of more prosperous years, in 1929 and 1930. This explains the generous resources (3 million shillings) spent to complete it. The land used as the site for the 70 houses comprising the Werkbundsiedlung is owned by the City of Vienna, which is leasing it to the owners of the houses on a long-term basis until the year 2000.

Construction was financed by the subsidy for construction of family homes, a municipal institution that facilitates payments by granting long-term instalment plans.

Most of the houses are combined in groups of two or more living units. All the roofs are flat and in the form of terraces, many of which are liveable. The pale tones of the houses harmonize well with the landscape. Furthermore, absolutely no decorative details are used.

In these simple residences, almost every architect felt the need to balance the narrow bedrooms with a large common room, which generally opens through broad doors onto the garden and sunshine.

The conception of the Werkbundsiedlung has its own history. It was originally conceived for another, hilly area, but the city allocated the present land at the very last minute, leaving no time to modify the designs and their characteristics. The land turned out to be a muddy hollow, entailing costly preparatory work and deep foundations for the houses. Thus, these houses, which were supposed to be modest family homes, carry luxury villa price tags. The 200 m^2 lots allocated for each house are extremely small and the houses are jammed too closely against one another. Neighbours can see one another in too intimate a way. These narrow confines and the positioning of higher houses in front of lower ones generates a confused and disjointed atmosphere. Things will improve once the trees between the houses grow taller. In this case, it was not possible to demonstrate what is really needed in Vienna: a city planning solution of economical housing amid orchards. Even the specification that Viennese brick had to be used as a building material imposed certain limitations.

Among the participating architects, A. Brenner sought a new type: an economical, mass-produced house with an inner courtyard that is almost part of the apartment and is provided with a pergola, basin and flowerbeds, recalling the scheme of Pompeian houses.

The Berlin architect Häring placed three long apartments on a single floor, one in front of the other and opening towards the south (with no windows on the north side), creating cosy yards between them. His are the most economical houses of all.

The houses by Strnad, Hoffman and Frank are distinguished by their good taste. The terrace is a very important element in them.

In Adolf Loos's house, the double-height hall comprises the centre of the structure, generating a lively rhythm of spaces thanks to the varying heights of the rooms. The staircase, which is located in the hall, has landings that open into the various rooms.

The houses by Rietveld, which are no more than 4.75 m wide, are clearly inspired by the Dutch spirit. Looking through windows in the hall, you can see the three-storey-high staircase, which provides access to rooms on different levels. The arrangement achieves an interesting effect.

Neutra's house is comprised of a ground floor with an iron staircase on the exterior that leads to the rooftop terrace.

The Parisian architect Lurçat places the basement and open passageways on the ground-floor level, which might be used for open carports. His houses are too high, and the stairwells on the northern side, which is almost devoid of windows, give it a curiously fortress-like aspect.

The Parisian architect Guevrekian, influenced by Le Corbusier, has most of his house standing on pillars! (Carmela Haerdtl) *

Architectural Trends

domus 70 p. 306

The programme for the Milan Triennale stated that the home exhibition was a *debate* – represented by real structures – between the various interpretations of modern life that are causing ferment among contemporary architects.

And that is just what it was. So it is useful to compare several homes that embody different concepts representing the names and ideas of their architects. A typical comparison can be made by the reader, taking the two houses shown here, one by the architects Figini and Pollini (*domus* 67), and that by the architects Lancia, Fiocchi, Marelli and Serafini.

We have already made a direct comparison in this magazine between the house on a lake for an artist (by the architects Terragni, Dell'Acqua, Mantero, Ortelli, Ponci, Cereghini, Lingeri and Giussani, of Como), the house for a scholar (by the architects Moretti, Paniconi, Pediconi and Tufaroli and the engineer Zanda, of Rome), and the house on the bay (by the architects Canino, Ceas, Chiaramonte and Sanarica, of Naples).

The reader can see for himself the three terms represented by these houses, as well as what differentiates them and what they have in common. This examination is interesting and useful to the public for general knowledge and orientation, and to architects for recognizing what still separates them from that unanimity of Italian architecture that everyone yearns for.

The house by the Como architects is unmistakably avant-garde, departing from all traditional schemes; the house by the Roman architects tempers this concept by using certain traditional elements; and the house by the Naples architects deliberately grafts these elements onto modern expression. The first and last are the most deliberate and audacious. And no less audacious today, when everyone is comfortable with using extremist forms, is recourse to other sources.

All of these houses feature a pondered nobility of concept and genuine ethical content. The Como architects express it through the rigour of bareness, the Romans by recognizing intimate and spiritual needs in the concept of the house and balancing it with its functionality, the architects of Naples by giving these needs a deliberate, lyrical expression through the fine architectural motif that extends its harmonious arms towards the presumed gulf.

These three houses (and the other worthy ones of the Triennale) are linked by a common identity that is easy to discern in their floor plans. Large doors and windows, terraces or courtyards, elements (be they arches, terraces, pergolas or beams), nature and swimming pools: an invitation to life (as life is today) yearning for sun, light, space and water. *

A Montessori Nursery School in Vienna

domus 77 p. 332

Ever since the theories of Maria Montessori became accepted by the world of culture and pedagogical practice, countless schools in Italy and abroad have adopted this method. For 20 years now, thousands and thousands of children worldwide have been educated with a maximum freedom of thought, according to Montessori's principles, and schools have been attempting to adapt themselves to this method for many years. It can be said without exaggeration that the architecture of many Montessori nursery schools is based specifically on these new principles, and that a living idea in the sphere of culture generates a living work in the sphere of art. 'Rationalism' as a whole resides in this concept. A Montessori school recently built in Spain is an example of contemporary architecture, and its concept can be attributed specifically to the Italian educator's theories. We would have been happy to present this building if we had not thought it more appropriate to feature another, modest, but perhaps more significant structure designed by the Viennese architect Franz Singer. Singer's nursery school occupies two floors in a house. Thus, the environment is that of common city architecture, but the architect managed to grasp the heart of the problem so well as to create an exemplary arrangement. It is a house inside a house, a world inside a world: this is the result of Singer's work, and it corresponds to the programmatic outline and ideal aspiration of Professor Montessori.

Once again, 'function' inspired the work, and function elevates work to the level of art. This term might seem exaggerated in the case of the Vienna nursery school: in the end, what we are dealing with here is nothing more than furnishings, but so much care was devoted to the individual solutions and the concept was so lovingly cultivated that we can use the term without making it seem inappropriate. The school is all bright and tidy, and everything in it is designed and calculated to bring joy to the children: the mats, cabinet and tables, the racks for cups, brushes and combs, and the coloured glass writing board. Singer, an ultra-modern architect, dreamed of this school as a modern paradise: those who have staged *Oiseau bleu* have always invented a fairytale land with its roots in the fables of La Fontaine or the tales of Dickens. Here, a contemporary artist has created a perfectly contemporary and vital world to hold the dream of independence that is so strong in today's children. We should be grateful to him for this example. Singer has reconciled the freedom of modern architecture with the freedom of conscience and work that inspires the Montessori method. We might say that this is a new architecture for a new world. Think of the 'interiors' that so many architects have designed for the 'greats' of our time – yet very few of them have experienced the happiness of this one, created for the joy of a few children. The fundamental concept of the Montessori method is that the educational process is solely the work of the child, who evolves in an environment that is without obstacles but rich in stimuli for activity, through an approach based on self-learning. Singer's nursery school represents the triumph of these principles, and here the tables, mats, racks and cabinets have a meaning that transcends the world as it really is. This is the house of the Swiss Family Robinson of the 20th century, a nursery school for the free spirit in search of practical truths. Who knows if it would be best to view this school as an archetype for life and furnishings? A home for living people is certainly the home of the future. Let us now take a closer look at this little paradise. (G. G.) *

Photos pp. 334–335

The entrance to the school is on the ground floor. Beyond the vestibule, an accordion-fold door separates the corridor from the cloakroom, and the lavatory entrance is at the end. The children are in the classroom, furnished with pigeonholes (complete with sliding glass doors) for storing pillows and blankets, a hat shelf and, underneath, a coat rack. The door to the classroom is closed; a radiator and mirror are on the left, and on the linoleum floor different colours indicate different paths to follow. One corner of the classroom is furnished as a dressing area: a bench provides seating for changing shoes, and there is an individual hook at each place for hanging smocks. The mats are stored vertically in a special rack that creates a partition behind which the children change and dress. The dressing area is later transformed into a nap area: the table is folded up and the chairs are moved to the side, and the children lie on the mats that have been removed from the racks and placed on the floor.

Photos and plans pp. 336–337

Here are two moments in the life of children at the nursery school: playtime – below, we see the Montessori toys – and mealtime. The classroom offers three different potential furniture arrangements. Compartments lining the walls are colour-coded according to teaching material; the centre of the room has a variable disposition: the tables can be separated or pushed together to create one, large horseshoe-shaped table. The centre of the room can also be left empty, with the tables and chairs pushed into the niches. Here, the room is prepared with divided tables; on the left is a 'garden', a large metal basin with bricks and terracotta pots for plants and flowers that can be arranged as the children like. The walls of this corner are covered in tile. On the back wall are the compartment for work to be taken home, two sinks and a cupboard on the right; the wall is covered by opaque glass. Next are a shoe rack, a drawer for shoe-cleaning supplies and a basin with towel, cup and toothbrush racks. Here we see the room with the tables pushed together; the grooming nook is on the right, with the comb rack in the foreground.

Photos pp. 338–341

The children have spent a day at the nursery school. They have rearranged the garden exactly as they pleased. They have played together, listened to some music, sung in chorus and drawn the most implausible and amusing things on the coloured glass board. Everyone has lived 'according to his or her instinct' but according to the canons of hygiene and good conduct. Here we see details of the washing and grooming nook, the comb rack bearing the symbol identifying each child, the niche with cabinets for toys, the cupboard and the shoe rack. It is a rainy day, so the children have taken off their street shoes, put them high on a ledge and put on the indoor shoes that were stored in a net. Every child will take home a memory of this day, a step on the path towards an integral awareness of life acquired by every means possible, from freedom of attitude to concentration on the humblest tasks such as washing and drying one's own plate. Every day that passes represents the conquest of a human 'personality': the most vibrant and coherent one possible.

Interpretations of the Modern Home

domus 80 p. 344

We have recently published several 'proposals' in this field: the extremely interesting designs of Tomaso Buzzi and the competition for designs of homes for large families held by the Bologna Public Housing Authority (*domus* 78). In fact, this model housing authority also held another competition, which was won by the Bologna architect Alberto Legnani, to design a house for newlywed couples.

Thus, the housing authority wants to provide for every healthy and happy family circumstance: first a home for newlyweds and then a house for large families.

Best wishes.

Legnani's design is for the construction of a low-rent building containing 12 identical apartments grouped around a single staircase, with four apartments per floor.

The uniformity of the apartments does not present a concern for the housing authority, which owns hundreds of apartments of the same size.

The choice of this block type, which obviously represents maximum economy of construction, is better than a building with flanked units in a line; it allows all apartments to be ventilated from windows or wall vents with different orientations. The apartments were designed according to the following basic principles: economy of space to reduce construction costs and waste of energy, organization of the space for maximum advantage of the dwelling, and standardization of types in terms not only of construction but also of furnishings, to satisfy every need while achieving maximum economy.

The apartments consist of an entrance vestibule, a living area with a sofa bed, a master bedroom with two or three beds, a kitchen nook, a bathroom with WC, a lavatory and a balcony.

All the apartments are served by a single staircase and each is provided with a storage room in the cellar, where four special washing tubs are also located.

The plan of the apartments was conceived to provide direct communication between spaces with complementary functions: the bedroom with the bathroom and lavatory, the kitchen and entrance with the living room.

The ventilation of the apartments is ideal: it makes possible cross-ventilation between walls of different orientation, integrated by vertical ventilation through air shafts in the lavatory and kitchen, which permit continuous, mandatory changes of air. The building is sited on the lot so as to exploit the area as much as possible without reducing it needlessly into a narrow space surrounding the structure, and so that the windows of the living quarters are as far as possible from facing buildings.

The orientation of the building is also the most favourable possible: the living and sleeping quarters face either east or west, thus avoiding full exposure to the north and south and the discomfort caused by intense cold and heat (typical of places with a continental climate, like Bologna). Thanks to horizontal windows, corner windows, low furniture and built-in furniture, shadows are reduced to a minimum, and the spaces receive the best possible illumination. The shutters are of the roll-up type.

This apartment building features a simple, serene and linear style that is perfectly consistent with the construction scheme, with no pretence of concealing the modest interiors and social class of the inhabitants behind misleading decoration.

The apartments are provided with specially designed furniture that will be rented to the tenants, saving them the onerous expense of purchasing it for installation and eliminating one of the greatest concerns that hinder many a marriage between persons of modest means.

The furniture necessary for each room has been planned according to a scheme dictated by the rules of the competition itself.

In Legnani's design, the closets, equipped with common doors, achieve maximum economy of space and maximum practicality of use.

In the living room, the sofa bed and two side cabinets with four doors in painted fir wood, equipped with interior shelving, are attached to the wall opposite the window. The extendable table in painted fir wood with a linoleum top can be placed in the middle of the room to serve six or eight people.

Completing the furnishings of this room are four chairs in painted fir wood and a sliding horizontal metal and parchment lamp that can be moved to a position illuminating the table when it is placed in the centre of the room. The credenzas and closets keep the room clear of all needless clutter.

The kitchen nook is equipped with an economical coal-burning stove that can also be used in the winter for space heating. Gas plumbing is provided for the use of mobile burners during the warm months. The stove hood is made of painted Eternit, and the sink is enamelled cast iron. A kitchen credenza made of painted fir wood and mounted on the wall is provided with hinged and horizontally sliding doors. The space under the sink accommodates the dust bin and daily supply of coal. The lavatory-bathroom is divided into two parts, as shown in the plans included here, and is furnished with a closet, a storage cabinet above the closet, an enamelled sink, a mirror inserted in the wall above the sink, a WC, a combination seat-shower-style bathtub in porcelain-glazed cast iron, a gas water heater, hot and cold water taps and two towel racks and two soap dishes inserted in the wall.

The bathroom will be partially covered with majolica tiles made by Richard Ginori and partially painted with Tassani paints, while all the other interior and exterior walls will be covered with cementite.

The bedroom will have twin beds in painted fir wood with a metal bedspring; a child's bed; three cabinets of equal size with doors, drawers and interior shelving; two chairs identical to those in the living room and a built-in wardrobe closet in painted fir wood and plywood, with a mirror on the inside, two doors and a storage cabinet above. The beds and the cabinets can be rearranged and can be joined or separated, with or without the child's bed. The child's bed can be dismantled for storage in the cellar, without taking up too much space.

The entrance vestibule will be equipped with a coat rack and umbrella stand in wood and metal mounted on the wall. The walls inside all the closets and cabinets will be finished with scagliola plaster and Tassani paint. The interior and exterior window and door frames will be prepared with cementite and finished with Nivolin enamel. *

Gilbert Rohde, American Furniture Designer

domus 82 p. 358

In the April 1934 issue, we presented the architect Lazlo in terms of his furnishings, that is, through his interpretation – from the inside – of the modern home, through his concept of home living. We now present a well-known and esteemed American interior decorator, Gilbert Rohde.

He represents a personal contribution, that is, a contribution of living art, to American furniture production, and we might also say he represents an exception when, while leafing through the most gorgeous American magazines, we consider the monotonous repetition of furnishing formulas in interpretations that – for we must point out this decadence – are diminishing in elegance, taste and refinement every day.

This position of American taste is explained by the fact of the scant personality possessed by most Americans, who passively follow the fashions imposed by commercial interests and the advertising of department stores and large industries.

Up to now, general taste had been guided by these forces towards entirely American forms of neoclassicism called 'classic modern' in the United States, a term that generated a misunderstanding over the meaning of 'modern' analogous in a certain sense to what is true in Italy of the 1900s, a label in furnishing for all that is ugliness and false modernity.

Here Rohde is represented in a special aspect of his activity. In fact, he was commissioned by certain large furniture producers to design a modern furniture series for different uses and combinations that would satisfy the various needs of buyers but would also be accessible to the middle class thanks to their modest prices. He was able to create several groups of furniture that truly represent a new chapter in the field of North American furnishing. The first group of furniture shown here is made by the Miller Company and consists of living- and dining-room pieces, shown in these photographs in various combinations. *

The Contemporary Home in the Corporative State

domus 83 p. 366

"Apartment wanted in luxury building, any location", are two lines that have disappeared from the long series of classified advertisements that darken the last page of newspapers, standardizing the most disparate necessities: homes, large and small apartments, shops, offices for everyone. In the last several years, cities have been surrounded by successive series of new structures. Tax exemptions guarantee that they will continue to rise for another year, and construction sites devour fields that timidly preserved the farthest propagations of the city amid the plants.

From the perspective of city planning, and even more so from the perspective of economic policy, the problem immediately appears to be of great, and indeed grave, significance. An analysis is needed to clarify the situation and indicate whether remedies are necessary and what they might be.

We have already addressed this topic in our studies of the corporative city, and the interest generated by it will make a major contribution to clarifying theoretical principles and, we trust, to guiding us in future projects.

However, city planning and economic-policy studies must be complemented by economic-aesthetic studies. Let us consider only the houses built in the last several years. Can we be certain of finding one per cent, or just one house out of every hundred, that worthily represents our generation? For this purpose, we do not need a showpiece palace or public building. An 'ordinary' house is capable of expressing the content of an age. Without going back to the ancient Roman house or even further, we have much more recent memories. Doesn't a good, quiet house with small windows, tucked in between traditional modules, tell us something about the old bourgeois family of the 19th century; doesn't it allow us to listen to their calm, understated conversation? Don't Art Nouveau and the decorative cement squirted on façades for the admiration of passers-by correspond, in the first case, to a period of intense study and somewhat provisional and superficial solutions and, in the second case, to the bejewelled ignorance that smacks of quick profit?

I think we could easily define the majority of houses built today and destined to be the face of our cities tomorrow as the heritage of that ignorance impoverished by crisis.

We, ourselves, bear much of the responsibility. We have to denounce the attack on cities that will bear witness to Fascist civilization; we are responsible for diagnosing the disease and then treating it.

Houses built for speculation, on the one hand, and those sham high-class houses on the other (fake palaces with four-room apartments) represent the extreme examples of what will have to stop dominating the field of construction. Both manifest an idea that is in direct conflict with the social principles of Fascism. This social condemnation is always bound up here with the aesthetic one: a lie cannot give birth to truth. 'Content' finds its only adequate expression in the purity of formal realization. Just as a solution can in no way socially disguise a couple of paired rooms as princely salons, it proclaims its miserable function externally.

The theoretical solution is clear, there is no modern or pseudo-modern architect today who has not adopted it and who does not boast a little of having conceived it. But the prerogative does not have interest, the Corporative State does not care about names, it demands and controls accomplishments.

We are confronted by the most important problem. Because there is virtually no practical correspondence with theoretical principle, because although many people agree on the spiritual needs of sincerity and purity, even though many people finally feel themselves free of having to create 'appearances,' instead nothing appears to have changed and the most discouraging vistas flank the new streets in our cities. We must diagnose the illness and discover its causes in order to cure it. And this time the causes are distributed among the entities directly involved in construction: clients, building codes and builders.

domus has already dealt with the mistaken concerns, the mentality of most clients and the need for urgent revision of building codes that are outdated or, in many cases, have been harmful since they were conceived.

And so we are confronted by the builders. Building inspectors, master builders, civil engineers and technical offices share an interest in building houses or small town houses, small castles, or houses in the modern style as quickly and cheaply as possible in order to sell them and then start over again. Sometimes they call in architects to double the expense and choose the most costly materials, while changing nothing else.

Who bears the terrible responsibility for the work that will testify to an age, because every work bears witness, regardless of what it is? No one. But the Corporative State, which defines the functions of every element in order to strengthen it and then demands the maximum output for the good of the Nation, cannot allow results that are opposed to the theoretical principle itself.

In his speech to the blue-collar workers of Milan, the Duce spoke about distributing 'responsibility'. It is certainly through this distribution that the Corporative State can ensure that its own gears function actively, all the way down to the smallest ones, farthest from the central engine.

In the general scope of activities of the Nation, we find a definition of the social, economic and aesthetic duty of the architect. He bears the grave 'responsibility' of guaranteeing the future aspect of every city. Positive and negative hierarchical 'responsibility': to him goes praise for what is done well, and punishment for what is done badly. His assigned task is very different from the one that he was asked to discharge in the past. The architect is no longer just the costly consultant for luxury constructions. He has reconstituted himself, almost punishing his own person through the detailed and patient study of the minimal house. Now his social and aesthetic function has the obligation of studying the 'ordinary' house, large or small, costly or inexpensive. While large working-class neighbourhoods have a well-defined physiognomy characteristic of our period, the soul of the entire city is largely composed of dwellings, and the city is defined and classified by the sum of these.

The new generation profoundly senses and even experiences the current problem. It senses the intimate connection between renewed material and spiritual needs, the enthusiasm that animates it certainly guarantees the honesty of its research and the clarity of its accomplishments.

Young architects know that social and aesthetic 'responsibility' will be entrusted to them and they feel worthy of it, not out of arrogance but because their aims coincide with those of the Nation, and all their energies are at its service.

The homes that have recently been built in Sabaudia are the first step on the new path. All cities must soon follow the example of the new city that has enriched Italy.

The 'ordinary' house: This is the problem that the new architects are analyzing. The social premises determined by State directives represent the basis for the study that will soon be carried out in the fullest way. Architects will then be assigned 'responsibility', and thus they must be given complete aesthetic freedom.

Aesthetic freedom does not mean aesthetic anarchy, and it does not represent a pass of safe conduct in the hands of every architect, allowing him to choose between bizarre romanticism, style or other ingredients. Here it does not involve revising distinctions between traditionalists and the living, between the old, which is inadequate for our spiritual and material needs, and the young, which is essentially our expression. The Duce's approval of the latest accomplishments of the new Italian civilization have conclusively barred all connections, including roundabout ones, with traditionalism. It is unnecessary, therefore, to address it.

Aesthetic freedom goes hand in hand with 'responsibility' and the evaluation that guarantees it also guarantees its accomplishment. The function of youths who grew up and came of age in the Fascist era, their position with respect to modern architecture and that of indigenous architecture with respect to the climate in which it is created, appear clear. Formalism is foreign to them; they do not need to make recourse to elements sanctioned by usage to combine them in a sort of architecture that can pass unnoticed amid modern architecture. They experience the profound truth that they profess and call 'style', certain of their classical position on the path followed by tradition, and certain that their constructions will remain alongside those from better periods of the past as witness of a virile and creative age.

This topic is too close to our hearts for us not to propose a more detailed and profound analysis of the issues for which we have so far only defined positions. Only the best solutions for future practical accomplishments will emerge. Having defined the problem of the 'ordinary' house, we absolutely need a final solution that will quickly bring to a halt the misdeeds with which builders are flooding our cities, encouraged in their bad work by building codes and the most impossible areas proposed by the saddest city plans.

To this work, which *domus* has been performing for some time, we now make our own contribution with the design for an 'ordinary' house in an 'ordinary' area of Milan that still awaits a client who will build an absolutely modern and utilitarian apartment house in one of the newest and most amenable quarters of the city.

On the ground floor, the apartment house takes advantage of its corner position through numerous shops opening onto the two streets, and the porter's desk, located toward the inner courtyard, is in the best position for surveillance. Each of the four floors above is occupied by two normal apartments (two bedrooms, living room-study, dining room and bathrooms that are distinctly set apart from the rest of the apartment), but they offer the possibility of transformation into two apartments, a small one and a very large one with four bedrooms. The fifth floor is occupied by a single apartment that may use the terrace, solarium, swimming pool etc. on an exclusive or communal basis.

This is the functional scheme of a house that from the practical point of view does not offer anything particularly exceptional. From the stylistic point of view, the house expresses its 'contents' frankly, not to be construed in the functional, purely formal sense, but in the complete sense of the word: moral and aesthetic.

The house does not have decoration disguising its façade, and in the arrangement of the spaces there is no exploitation, nor shameful economies nor special solutions that render the form even heavier, with false double walls used for decorative niches or other forced and immoral contrivances.

The construction cost of the apartment house is 700,000 lire, land included, or 10,000 lire per room, a price that guarantees a nice, comfortable apartment for families with more modest economic means. This was the stated objective of the design. (Gian Luigi Banfi) *

The Character of Marcel Breuer's Work

domus 86 p. 377

As the use of metal furniture continues to spread, our readers will be interested to find here a selection of interior designs and furniture by the architect Marcel Breuer, who was one of the first and most active creators and disseminators of the ultra-modern forms that exploit the new materials offered by technology and are completely transforming the appearance and character of our homes.

From 1920 to 1928, Breuer, a native of Budapest, was first professor and then head of the interior-design department at the Bauhaus, the art and architecture school founded, built and directed by Walter Gropius. Breuer concentrated on resolving the problems of the minimalist house and standardizing the manufacture of furniture.

In 1925 Breuer conceived and made his first elastic furniture in nickel-plated steel, personally organizing its production because industrial furniture manufacturers thought at the time that it could not be sold. We will not discuss his architectural work here, as *Casabella* will soon devote a long article to it. However, we can fully grasp the architect's personality and character through the furniture and details shown here. Breuer is identified with a search for linearity and rhythm expressed in elementary forms that are skilfully composed and highlighted by shining metal and glass. You will never find an effect in Breuer that has been achieved with precious materials or Baroque forms: His spirit is the antithesis of that which is found in countless would-be modern artists who use new, purely decorative forms only to mask old schemes.

We deliberately emphasize the aesthetic characteristics of Breuer's works because they are the most important for us. Those qualities have placed him in the front ranks of the designers who have given a new look to modern life. We do not mean to underrate the significance of the technical contribution made by Breuer, but we must admit that it falls within the broader scope of human progress, of which it is a consequence and a part. People have become so accustomed to the absolute exactness of the machines that man constantly uses and to the fast pace of modern life, that they inevitably aspire to an 'environment' in harmony with this life.

We cannot tolerate that which is purely decorative, a mask for construction defects, an attempt to make something cheap and speculative appear rich and noble. It is natural for furniture to become ever more perfect, functional, ingenious, practical, solid and lightweight. It would be odd in an era that invented the radio if someone failed to put together a comfortable armchair or a practical shelf.

Of far greater significance is the development of these absolute forms, which are of a beauty born of simple relationships of volumes and colours, and which have an elegance deriving from the perfection of their execution. The character of Breuer's taste is found in the works of those architects for whom modernity is the absolute and profoundly felt rule. Scattered around the world, those architects are laying the foundations of a new architectural consciousness: from Gropius to Le Corbusier, from Neutra to Mies van der Rohe and the Luckhardt brothers. These elements are now being developed in Italy by a large number of some of the best young architects. Breuer's character can already be found in individual pieces of furniture (figures 4, 5, and 7) but achieves its full expression especially in his interior designs. They show what a range of results can be achieved, even with extremely simple means. The first example of furnishings that we illustrate here (figures 2–3) dates from 1928. It is the apartment of a gymnastics teacher. In the first illustration, note the extremely clean lines of the desk and the pleasing grillwork on the windows; in the second photo, note the glass table and expandable bookcase.

The horizontal rhythm of a wall unit that continues through two adjacent rooms characterizes an entire decorating scheme and is a motif dear to Breuer. Installed in 1928 in a living room connected with the dining room by a broad doorway (figure 8), it appeared again in 1931 in the De Francesco House in Berlin (figures 9–10). The writer's home is comprised of two rooms joined by a sliding door, plus a bathroom and kitchen. When the door between the living room and bedroom is left open, the entire space is available for use during the day. The walls and ceiling are white, while the floor is completely covered by straw-coloured reed matting, the wall units are in black wood and the bed linens and fabric pillows are covered in pearl grey wool. The curtains are made of raw silk and the surfaces of the furniture are covered by white linoleum or glass. Books and plants provide the only notes of colour.

Another home designed at the same time as the De Francesco house is the apartment for an athlete that appeared in "The Contemporary

Home" exhibition held in Berlin in 1931, which featured furnishings by leading contemporary architects. Along one side of a large living room, we find a series of spaces created by large closets and sliding wall panels that define the various rooms: dining room, bedroom-studio, bathroom and massage room. Only the kitchen and bathroom are completely separated from the living room. The large living room in which the exercise equipment and footboards are set up can be divided in two by sliding wall panels. One of these spaces is used as the living room (figure 12) in which a reed mat, a glass table, several armchairs and a group of large cushions arranged on the floor create a corner for lounging. Breuer's architecture contains all the elements of modern furnishing in their essential and original forms, embodying its interest and great value. These forms might some day become outdated, but they will always represent a key contribution to the evolution of taste.

Above all, Breuer's training plays an essential role in considering furniture not as an end unto itself but as part of a composition. Only in this way will the home cease being a cold and disconnected display of furniture and become a harmonious whole that reveals the presence of a co-ordinating mind. (A. P.) *

George Howe and William Lescaze, American Architects

domus 89 p. 396

Modern architecture is asserting itself, albeit slowly, in Japan and in the Netherlands, in the United States and in France, in Czechoslovakia and in Finland. It varies only according to the construction techniques used because of climatic factors or the cost of materials, but it features a unity of aesthetic approach that is valid in all countries, clearly testifying to its vitality. This universal character of new architecture is misunderstood by critics in search of merit, and it is interpreted in the most arbitrary fashion. In Russia it is considered bourgeois, in Germany it is considered Semitic, and in France it is considered Bolshevik. Political pretexts are used to hinder the work of those architects who are best prepared intellectually to give an architecture to our century. In other countries, such as Brazil or Argentina, where the possibilities of execution are limitless, architects generally do not have an adequate cultural preparation and they 'do modern things' without comprehending the spirit of the new forms. And that is how the history of modern architecture unfolds, from the beginning, as a constant clash between the artist and his times.

The American architects Howe and Lescaze are fortunate enough to possess the culture of Europeans and to work in a country where modern ideas are not obstructed by misunderstood 'traditions'. Howe and Lescaze have realized a perfect partnership, since, according to American journals, one of them has the temperament of a critic and the other that of an artist. Like Neutra, they studied in Europe, following avant-garde currents, and they were trained in the Bauhaus style, even if they never attended the school. Howe was originally interested in painting. He was induced to study architecture by his parents, who were concerned about his 'professional' opportunities and the possibility of having a 'career'. While in Europe, Lescaze, too, painted when he was out of work or could not work as he liked. For him, painting represented an escape from a world hostile to the free imagination of an artist. In America, Howe and Lescaze no longer paint. They build. In the 'East', their moral milieu, even if it represents the conquest of a minority, just as in Italy, is not as fraught with conflict. The pioneer spirit prevails here: innovation is progress. The most important work built by these architects is the skyscraper for the Philadelphia Saving Fund Society, presented by *Casabella* in the February 1933 issue. This building – with the Daily News skyscraper by Raymond Hood – is one of the most colossal conceptions of modern architecture. But the talent of these architects comes to the fore just as much in far smaller works, such as the Field villa, or the home of William Lescaze. Their working method, as Lescaze described it in *Architectural Forum*, can be taken as the symbol of American rationalism. How many members are there in the family? How tall are they? What are their intimate relationships? Do they entertain much? Whom do they entertain? At first sight, these concerns are foreign to all artistic work and might prompt a satire on North American taste. But on closer examination they well represent the reduction of European functionalism to an extremely realistic mentality. Indeed, we could place on the same level the 'biological' and 'social' theories of German architects or the style of Austrian decorators with a bent for creating a practical and cosy family environment. This is why the interior designs of Howe and Lescaze, more than their architecture, will appear quite hostile to a European, who will discern in them the demands of a rationalism that is concerned solely with practicality and well-being in a climate of generic modernity. However, the principle of these architects remains valid: the home is the image of man. In America as well as in Italy. (A. M. Mazzucchelli) *

A Store in Turin

domus 92 p. 408

Shop decoration is of major importance in the development of new architecture. The Printemps of yesterday and the Galleria Tannhäuser of today, or La Plaque Tournante, might be more representative of works entailing greater effort. In a shop, more than in a home or a monumental building, an architect can use stylistic resources that are the symbols of an epoch and that the public prefers in less solemn things that are less bound up with traditional values. Le Printemps is an exact example of *fin de siècle* taste for us, and La Plaque Tournante reflects the taste of the time of Cocteau or Morand. By presenting the Olivetti store in Turin, our intention is not merely to report on a work of outstanding aesthetic merit but also to offer a point of comparison for understanding what we mean by the term 'modern taste'. The store was designed by Xanti Schawinsky, a decorator who studied at the Bauhaus. In this work he combines the most refined and significant elements of European rationalism. Very rarely, especially in Italy, have we seen similar results, in which the purity of design, the appropriate use of materials and the balance of forms surpass the very genre of the work, and deserve to be considered a work of art.

The style of the shop is that of *Neue Sachlichkeit*, in other words, the loftiest conception of pure forms, which the decorator managed to render with an extremely lively sense of 'magic reality', like a Breuer or a Lissitsky. Nothing needs to be said about the expedients invented to turn this shop into a perfect 'selling machine'. In any event we think that they are appropriate and that they reflect a lively psychological intuition.

We gladly bring this shop to the attention of our readers so that people of good taste can see yet another demonstration of the fantastic possibilities of the new taste, and so that technicians can have an example of the dignity with which this kind of work must be carried out, requiring the style of the artist and not the vulgar approach of a common decorator. *

Communal Housing in Stockholm

domus 100 p. 432

Architect Sven Markelius has designed the first collective apartment house in the Swedish capital, completed last spring. It represents an extremely successful experiment in collective living, being comprised of various types of apartments with centralized services.

In addition to featuring individual services transformed into collective services, it also has reading, play, meeting and childcare rooms adjoining fenced-in gardens where children can be left with trained attendants.

These spaces are not found in other public housing projects because they satisfy needs that, while common to all eras, are only now being taken into consideration in residences for the lower classes.

On the basis of these characteristics, it is clear that the collective apartment house is an economical type of housing, proletarian in origin and thus not comparable with the comfortable homes of the bourgeoisie, where thanks to their high standard of living the inhabitants can employ one or more house servants to see to cleaning apartments, preparing food, working in the kitchen and taking care of children both indoors and outdoors, while their mothers are left free to devote themselves to their own activities after they have given orders and supervised domestic work. Also consider these buildings in terms of 'lifestyle'. In this sense, functionality means a real contribution made by architecture for a more pleasant and happy life.

A collective apartment house would not be necessary for the bourgeoisie. However, there is another large category of people who cannot afford the luxury of servants, even for a limited number of hours a day, because of their limited means.

They include the entire blue-collar class and the less well-off members of the middle class: individuals who are alone, families in which both spouses work outside the home, families in which the woman works at home, or if she does not work for others, she has to do the housework by herself, taking care of cleaning, cooking, washing, ironing, the wardrobe, general chores and daily shopping.

These are the wives of craftsmen, small shopkeepers, lower-level white-collar workers and officials, non-commissioned officers and lower-ranking officers who are not independently wealthy and, finally, a large number of intellectuals. For all of these people, the collective apartment house solves a series of essential problems regarding housing, family life and childcare during working hours.

The collective apartment house in Stockholm represents an initial experiment in introducing collective housing to the bourgeoisie.

In a building with a depth of 15 m and a street front 26 m long, the architect distributed the spaces along a double loaded corridor running down the centre, creating 53 small apartments with one or two rooms up to a height of 18 metres, plus four large apartments with two floors and six rooms each.

There are four types of apartments:

Type A – Vestibule, large room, bathroom (bathtub, sink and toilet), tiny kitchen.

Type B – Vestibule with built-in closet, large room, toilet and corner sink.

Type C – Vestibule, living area, bedroom, bathroom and tiny kitchen with a two-burner gas range, a stainless-steel sink and a refrigerator.

Type C is broken down into two subtypes of different sizes.

Type D – Vestibule, six rooms on two different floors with an interior staircase, bathroom, and a larger kitchen than type C.

All the apartments, including types A and B, have a balcony. All, with the exception of type B, have a dumbwaiter in the kitchen that communicates with the central kitchen level, to which the apartments are connected by house telephone for orders.

In addition to a balcony, the type D apartments each have a rooftop terrace that is two rooms in length.

The apartment house and its inhabitants. Architecture and life. Architecture and the most pleasant lifestyle for adults and children.

For ventilation of the individual apartments, a mechanical suction system is installed in the kitchens, and a small opening is located under the window of each room to let fresh air in. All the interior doors are raised about 1 cm above floor level, leaving a space for the circulation of air even when closed. This space is masked by the threshold, which forms a lip on the floor that is about 1 cm away from the door and higher than the space. This blocks a direct current while permitting slow, continuous circulation thanks to the suction from the kitchen.

The bathroom doors are fully closed, and bathrooms have their own ventilation exhaust system to prevent steam from spreading into the rooms.

The ground floor has a spacious lobby with a separate storeroom for bicycles, a milk shop and grocery store, the central kitchen with a restaurant that is open to the public, an adjoining bar and a childcare centre that occupies one whole side of the building, from east to west, opening directly onto a garden with trees. Here children gather, play, eat and are cared for, and when their parents wish, the children can even stay overnight. The childcare centre is supervised by a well-known specialist in child psychology, assisted by an educator. The centre is equipped with a sandbox, a shallow pool of water and a little theatre with a blue linoleum board on which children can draw with coloured chalk, and there are also various toys and gymnastic equipment. (I. Pannaggi) *

Apartment Building in Milan by Lingeri and Terragni

domus 102 p. 445

Among the buildings that have been constructed recently in Milan, this one has earned my frankest and heartiest interest. Readers can see for themselves the characteristics of this apartment house and the details of its structure, finishing touches and plan. Instead, what needs to be pointed out here is a lyrical sort of beauty. The view of the façade and the view from the courtyard – and certainly more so than the photographs show – are not at all complicated. There arises from them that architectural chorus which is the purest and highest expression of this art – or at least that is what I felt while contemplating them. The rare achievement of these harmonies can be found in the dimensions of every single detail, beam, pillar and partition, which are always exact and elegant. This building is not simply another example of a 'genre'. We finally feel that this is something in itself, and we feel the presence of real artists. It is comforting to be able to say that this is not just another modern structure among the many that leave us permanently perplexed. It is finally a work, one that has our wholehearted approval. (Gio Ponti)

The building was constructed on a lot in the form of a trapezoid, created by the intersection of Corso Sempione and Via Procaccini and the new wide avenue (following the route of the former railway line) that will cut diagonally across Corso Sempione.

In an absolutely new and rational way, this lot is occupied by two detached structures.

The structure on the east has a rectangular plan, while the one on the west has a T-shaped plan. In the way it is conceived, the courtyard significantly increases the exposures of the street façades, and all the rooms face the avenues directly or obliquely, benefiting from exposure to the sun, air and greenery.

The façades on Corso Sempione are oriented towards the south-west, making it necessary to protect the indoor spaces from overexposure to the sun. The large cantilevered balconies are the solution to this problem and they establish an important architectural motif. This re-establishes the link between the two blocks, which is needed to give the structure a sense of unity without reducing the benefits offered by the chosen solution. Long horizontal strips of sky alternate with the strikingly bold slabs, creating a harmony of colour and joyful architecture at the centre of the building.

Superimposed on the rhythm of voids and solids is the rhythm of structural elements distinguished by the colour and material of the facing of white marble from the filler walls painted in Newfoundland salmon red.

This is a significant example of the 'evolutionary phase of rational architecture', which demonstrates two theses: how so-called constructivist architecture tends to eliminate the excessively facile play of large bare walls masking a structure that is only arbitrarily enhanced by given spaces on the façades; and how every building must be the logical and consistent architectural conclusion of construction, which calculated formulas assure us is perfect.

This building contains rental apartments of three, four, five, six and seven rooms.

The basement level houses quiet offices that receive light and air from the gardens, and garages that are accessed by twin ramps located at the sides of the short central staircase at the entrance to the building.

The staircase is extremely luminous with an entire wall in *Iperfan* glass brick and a railing made of *Anticorodal* and glass.

The basic plan of the upper floors is symmetrical, with just one projecting addition on the side that overlooks the garden.

The mezzanine links the main and service entrances in a spacious lobby that is guarded from the doorman's box positioned on the axis of the building. Each of the two wings of the building is served by its own staircase, with a passenger elevator and a special freight elevator accessed through the service entrance.

The entrance to the residents' staircase was enclosed to avoid contact between service personnel and suppliers on the one hand, and visitors or residents on the other.

The typical floor plan contains two groups of three apartments that are linked on the façade by the linear gangway, whose projection protects the living spaces.

The top floor was organized as a villa, and the broad terraces have lawns and trees as if the garden were at ground level and not 25 metres above the ground. A covered breezeway links the daytime living quarters – comprising a cylindrically shaped entrance hall with a vast, curving and panoramic window, three living areas and bathrooms – with the sleeping wing, where the master bedroom overlooks a terrace arranged as a garden with numerous green areas and plants in vases, as well as a marble pond in the centre. *

Materials and Forms

domus 103 p. 460

When you enter the Finnish section of the VI Triennale, you find yourself in an environment where everything has been thought out to the last detail. All the objects on display are individual expressions of a single concept. Each element and the relationships that the display creates among them manifest the self-assured taste of Alvar Aalto, the architect and designer of all the Finnish material at the exhibition. This section features some elements that are typical of home furnishings: chairs, armchairs, tables, glass and ceramic dishes, and fabrics. The bentwood furniture represents an important step in the process of elaboration that takes furniture back to wood, its traditional material, through the experience of tubular steel. The characteristic local technique of working birch, originally developed in making skis, is used to bend parallel layers of wood to the point of rendering the wood as durable and elastic as steel, with the significant advantage that it is lighter than steel. This intelligently applied technique gives the furniture a characteristic form. The individual elements constituting the essential forms are combined in a pleasantly organic whole with no decorative ornamentation.

The plain green glass dishes, which are worked in circles, the enamelled crockery and the cotton fabrics feature the extremely simple use of materials that we have seen in the furniture, but they do not degenerate into the rustic style that we see is unfortunately becoming fashionable. A few wool rugs and some place mats made of woven raffia suffice to give a sense of life to the entire presentation.

In addition to the single pieces of furniture that Finland is exhibiting in harmonic compositions, this room presents the truly interesting possibilities of worked birch. The various degrees of curvature and compositional combinations assume forms and enter into poetic relationships in the panels skilfully realized by Aalto, exploiting the technical details of workmanship.

Aalto started designing this furniture in 1932, and his name and merit are well known to anyone acquainted with his sanatorium in Paimio and his library in Viipuri, as well as with the offices of a newspaper in Turku.

The ceramics and fabrics were designed by Mrs. Aalto, who assists her husband with wit and exquisite sensitivity. (J. B.) *

Metropolis

domus 105 p. 463

There were Babylon and Nineveh: they were built of brick. Athens was gold marble columns. Rome was held up on broad arches of rubble. In Constantinople the minarets flame like great candles round the Golden Horn ... Steel, glass, tiles, concrete will be the materials of the skyscrapers. Crammed on the narrow island the million-windowed buildings will jut glittering, pyramid on pyramid like the white cloudhead above a thunderstorm. (John Dos Passos, from *Manhattan Transfer*)

A Small Country House Designed by Giuseppe Pagano that You Can Build for Yourself

domus 108 p. 478

The house shown here was designed by the architect Giuseppe Pagano Pogatschnig for a family that wants to build a small country house in the suburbs of a provincial town. Within the modest limits imposed by the project, the architect conceived a simple, economical structure with the minimum space necessary for a pleasant living. In strictly formal terms, the architect sought to realize a design that would fit in well with the surrounding rural landscape while retaining the characteristics of a home in keeping with contemporary taste. The house, which has the freedom of movement and apertures characteristic of wholesome country houses, has a nearly square external perimeter, with a veranda and terraces on the ground floor and first floor, and a single-pitch roof. This fluidity of movement, utterly devoid of complex or overly refined formal pretences, lends the house a simple, welcoming aspect that has a provincial elegance. The concept expressed here is that modern homes can be built without recourse to costly complications or the ostentatious clichés typical of those worried about never being original enough. We present this house specifically for this reason, as it aims to realize the proud modesty that Pagano Pogatschnig has long been advocating for the health of minor and major architectural projects.

The base and other parts of the structure most exposed to wear and tear and to the elements are faced with lithoceramics, while the remainder of the house is stuccoed in white *duco* with stone sills. The interior consists of two storeys, with a partial basement fitted out for use as a cellar and for the heating. There are three bedrooms (a master bedroom, a children's bedroom and a maid's room), a closet and all strictly necessary service facilities. The large living and dining room open onto the covered veranda, which faces south so that most of the activities of daily life can be conducted there.

The estimated cost of this building, excluding land and furnishings, is currently about 120,000 lire. *

Style: The Aeroplane

domus 109 p. 486

Modern architecture and furnishing have often taken inspiration from the forms of ships and aeroplanes, since these forms, and especially their exteriors, have represented something pure, absolute, innovative and bold.

The aeroplane, in particular, was a new form that struck the imaginations of architects with all the fascination of the miraculous possibilities offered by human flight. But how often did the interior of ships belie the purity of their external forms! We can say instead that the interiors of civil aircraft have never presented decorative defects that clash with the nature and elegance of this extremely modern machine.

The topic of civil aircraft was previously examined at the Monza exhibition held (if we are not mistaken) in 1930, but since then we have not seen any new contributions by our artists that achieve a definition of lines and colour that would place a significant accent on this part of the aeroplane as well.

Those who travel – and we hope that the number of air travellers will rapidly expand day by day – on one of the stupendous aircraft of Ala Littoria, such as the high-speed aeroplanes serving the Venice-Berlin route, or the hydroplanes that travel between Ostia and Libya, or the planes flying between Benghazi and Asmara, already admire their perfectly dignified interiors, which complement the beauty of the aircraft themselves. The aeroplane makers have demonstrated an overall grasp of the problem, and these interiors come fairly close to the unified appearance that they will assume one day. We say 'unified' because equipment on the first civil aircraft was essentially limited to installation of more or less comfortable seats inside the cabin, with windows that more or less corresponded to them. Great strides have been made since then: a high standard of comfort has already been achieved for the seats, the windows have better visibility, and basic comfort is assured by heating systems and soundproofing that block out almost all noise. Air travel already represents the fastest, as well as most comfortable and finest, way to travel. But it is certain that the interiors of aeroplanes will quickly achieve a bolder degree of elegance through the use of light metal frames, leather upholstery, floor colours (carpeting?) and unified design.

The Italian aeroplanes used by Ala Littoria will soon have to gain the lead in interior design that they have already achieved in technical terms. Anyone with a sense of the future immediately understands the key importance that this means of travel will have in the future.

Italian airlines must be exemplary and impeccable from every point of view, and they will be able to achieve unchallenged pre-eminence. We absolutely believe that it is possible. We think that our great aeroplane makers will want to profit from studies and ideas that might be borrowed from modern architects, and we are certain that those who manage our airlines already nurse this ambition.

domus opens up its pages to those skilled enthusiasts who would like to publish their designs for aircraft. *

La Roccia

domus 114 p. 502

Luigi Vietti built this round house, aptly named La Roccia (The Rock), on a rocky outcrop. The fine panoramic views to be had from this home are evident. This is a residence that represents the realization of an idea and a desire latent in our imaginations and aspirations.

As its architect informs us, this pleasant holiday house was built atop a rock, sinking its foundations into it. It merges with the surrounding landscape, achieving the harmony of nature and architecture that is the essential aesthetic rationale of this type of structure. Indeed, this perfectly geometrical volume achieves harmony through contrast, and it would be interesting to debate the two architectural tendencies in such cases: to seek harmony by preserving autonomy of form, as in this case, or to seek it through an imitation of nature.

The floor plan is original: a spacious living room is located on the road level, complete with a large fireplace and panoramic windows overlooking the gorgeous view.

Four bedrooms, a library and bathroom are located on the top floor. Another living room, kitchen and utility rooms are on the ground floor, which is linked with the upper floors and the roof terrace by a spiral staircase.

The engineer Ernesto Saliva collaborated on the reinforced concrete structure, which is of critical importance in a construction like this. *

Two Exemplary Constructions

domus 117 p. 512

These two buildings constructed by the architects Alfred and Emil Roth and Marcello Breuer near Zurich can truly be defined as exemplary thanks to the rare combination of merits that distinguish them.

They are part of a group of three identical apartment houses built on a height in a panoramic location. Oriented so as to enjoy full exposure to the sun and a beautiful view, they are not positioned parallel to the street.

Each building contains three apartments conceived as superimposed homes, complete with a large roofed terrace and deep balconies. The ground floor, which is set partially below ground level, exploiting the sloping site, accommodates the entrance lobby, garage for two cars, and several utility rooms.

The top-floor apartment, which is smaller than the other two, has more affinity to a villa, thanks to its broad terraces. The floor plans of the apartments were conceived with great freedom, mindful of the lifestyle of their inhabitants, particularly in relation to the outdoors. Nature can fully penetrate them through the large open windows, which offer an unobstructed view of its joyful spectacle.

The terraces are separated from the living room by floor-to-ceiling windows that do not divide but rather unite indoors and outdoors by diffusing bright daylight that is partially mitigated by the projecting balconies. Life indoors is conducted in nearly uninterrupted contact with the nearby woods.

The rooms of the apartments, which are not the customary amorphous boxes, have a richly resourceful character, thanks to the easy arrangement of walls and abundant niches and closets, offering ample opportunities for furnishing, which can be resolved with a few, simple elements. In homes of this type, the furnishings must not aggressively compete with the architecture but rather intimately blend with it, to the point that they go almost unnoticed. This is achieved when the conception is not that of a house containing a certain number of rooms, but rather of a harmonious habitation designed simultaneously as a whole, from the inside out and from the outside in.

In our opinion, these conditions are realized in the building by Roth and Breuer shown here. It is architecturally pure and extremely interesting, thanks to the skilful composition of very simple elements that follow an exact rhythm in the play of light and shadow, realized not through a disorderly movement of masses but through a juxtaposition of voids and elementary solids enclosed in a neatly harmonious scheme.

The highly measured taste with which these structures were conceived also appears in the care devoted to the choice of individual elements, such as the elegantly slender window frames of the lobby on the ground floor, where the window cuts through a flower bed that thus continues indoors without interruption, just like the rustic floor made of large slabs of granite. The other window and door frames are very slender, rendering themselves almost invisible, just like all the finishing hardware, railings, balconies, handrails and pergolas.

Such a 'liveable' apartment house could not be without a fireplace, the traditional hearth that reappears here in a new form, abandoning its strictly utilitarian form to assume an expressive value that suits modern taste and ideas. The load-bearing structure of the buildings is made of steel, while special attention was devoted to heat and sound insulation, and the latter is facilitated by the position of the stairwell and kitchens, which form an autonomous section. *

House at Posillipo

domus 120 p. 534

Here we present a fine house that two architects, Cosenza and Rudofsky, have built in Naples.

The floor plan is extremely interesting in terms of its conception, structure and liveability. Readers will observe the absence of hallways and the perfect organization of kitchen, bathrooms and servants' quarters, the essential clarity of construction and the villa's magnificent amenities. The stupendous photos tell the story.

But although, in presenting what might be our most beautiful modern villa, we are happy to report that it is in Naples, we must also say that this fact unfortunately does not testify to an adequate architectural climate in that city.

This is an exception and, we believe, will remain such for a long time to come. It will remain an exception for the purity of its architectural values, even if less competent followers or facile imitators should ever appear (and we know just what they are like and what calamities they have inflicted on modern Italian architecture). In Naples, the architectural profession and the 'duty' of the architect are still unknown, although a few (too few) excellent men such as Canino work there, and it has a school directed by Calza-Bini where Canino teaches, and also Ceas (I believe). In this nation of incomparable beauty, an enormous amount of self-satisfaction has obstructed knowledge and criticism. This might be the *site* of profound architectural knowledge, since forms of habitation unchanged for 2,000 years can be studied right here on the Bay of Naples – forms expressed in certain structures that to a large extent represent the foundations of architectural aesthetics. But Naples also seems to have been deserted by the muses of architecture. The sun, with the exception of its eminent position as inspiration for local songs, seems to have become the most effective antiseptic against all creative architectural efforts. What survives is amateurism, and we think that what Le Corbusier wrote in this magazine about a villa on Capri reflected the courtesy of a guest, insofar as that house can be defined a masterpiece of an amateurish approach, and its architect is certainly honest enough to admit it.

The construction of Villa Oro, a manifestation of architectural fervour in Naples, represents an exception, and we would call it an exceptional exception. It is destined to receive great recognition from afar, and we are pleased to be the first to bear witness to it and introduce the public to its values and charms.

We ask its courteous owner to grant us a request: let the architects complete their work by furnishing the villa in the same style. He will then be not only the inhabitant of a villa that we highly esteem, but also the owner of a work of art. (Gio Ponti) *

The America of Skyscrapers

domus 122 p. 544

Three stupendous images documenting the United States, and the heartfelt words of Giuseppe Pagano Pogatschnig on the image of America. We call the reader's attention in particular to the cultural immigration in America that Pagano mentions. We will revisit this subject in a study of another America, the America without skyscrapers.

What is this thing called America? Do we really know it or are we fabricating a myth to collocate the image of an unreal world in a corner of the real world? If we ask people who have actually been to the United States, and those who have not but dream of going, we note the imponderable existence of this myth, with all of its psychological implications. Some people speak, upon their return from America, as if of a shattered ideal; some relish in rattling off hyperbolic descriptions; some candidly confess that American life is something 'formidable' but none the less very different from what we imagine. For better or for worse? These are difficult judgements, but there undoubtedly exists an American reality that impresses itself on the mind and psyche of those who come into contact with it. There are three reactions to this contact. There is the presumptuous, dogmatic, and diffident European who sets out to explore North America with a decidedly pessimistic attitude. There is the optimist who returns bubbling with enthusiasm. And finally, there is the family of idealists, poets, philosophers, journalists and artists who return to Europe with a fine book on the umpteenth discovery of North America. And those of us who have not yet been there read these books, feed our fantasies and invent our own personal myth about the marvels of the star-spangled realm. Then, when a friend comes back with a full set of fine photographs, we almost delude ourselves into thinking that we, too, have been to the United States and that we ourselves have seen the skylines of New York and Chicago, the broad avenues, the factories, the smiling and pretty girls, the beautiful landscapes of Los Angeles and the immense stretches of good farmland criss-crossed by airlines. I, too, fall under this spell and let my imagination run wild when confronted with these pictures. And what they recount becomes food for poetic inspiration. I think of America as an imaginary world, while for others it is a real impression, the memory of a journey, a place visited. What for others has exact boundaries, for me has a lyrical physiognomy. I wish that my fantasy coincided with reality. American skyscrapers are the first cliché. We are familiar with them by now. We know how high they are. But to perceive their dimensions, you have to stare straight up from a sidewalk on Fifth Avenue. I cannot do this: I dream it. The fact that most skyscrapers have poorly digested architectural styles stuck on their beautiful frames does not matter. Americans themselves know this, just as well as we do. Just like us, they know that only a few skyscrapers are also beautiful in stylistic terms, like the one by Howe and Lescaze in Philadelphia. But the block of the Empire State Building and the huge Babylonian wedding cakes at Rockefeller Center are moving sights. And they move us especially when we think that these mountains of steel and stone were not born of a material need but out of a lyrical desire to demonstrate an eternal sense of power in material terms. Eternal? What is the sense of the eternal in Americans, so instilled with the present, so immersed in everyday life? The value of time is relative. American prehistory starts in 1700 and goes up to 1800. For Egyptians, the Ptolemaic era is 'recent' with respect to the pyramids. For Americans, the Home Insurance building that W. J. Jenny built in Chicago in 1883 represents the Middle Ages and the Flatiron Building that Philip Dinkelberg (who died in poverty, like most poets) built in 1895 at the intersection of Broadway and Fifth Avenue, is old news. It represents the first affirmation of an architectural idea that manages to make even someone as harsh on his compatriots as Sinclair Lewis swell with pride. But the skyscraper is not America. It is perhaps the most typical demonstration of the proud wealth and optimistic thirst for happiness that fill the American world with enthusiasm. It is a young world that believes in the joy of life, that does not want to be pessimistic, that does not strain under the burden of responsibility imposed by tradition, that is not afraid of contradicting itself. The world of money and technology? Certainly, but it is also the world of poetry. There are enormous elevated roads made entirely of steel, and factories where automobiles, canned goods and mass-produced clothing are reproduced with magical speed. This reality can become poetry. This almost enchanted reality, which those who have not seen it want to magnify as in a fairy tale, does possess a certain lyrical charm. That is exactly why we like it. We talk about money as a god, of the superhuman power of gold. But this is not what we Europeans are interested in. We are interested in the use of this power, the use of this wealth that manifests itself in an overbearing need to become a work of art, at the cost of harsher experiences, with the most courageous attempts, daring experiments and the simultaneously naïve and religious desire to bestow happiness on many people – on everyone. Europe became familiar with the world of technological magic in the novels of Jules Verne. Europe is also familiar with the power of money. Wasn't Florence the New York of the Renaissance? The Florentine bankers had their Wall Street. And the arts and crafts flourished abundantly, stimulated by the intelligent glitter of gold ducats. The power of money as the means to achieve material and spiritual happiness is as old as the world. Americans feel right at home with this fever. They feel rich and young. And the Puritans that adhere to certain austere rules are playful, accommodating oldsters in comparison with our European moralists. American life is a competition to achieve happiness, at all costs. And this almost athletic approach to life stuns Europeans. In this competition, Americans live a life that for us is full of contradictions but for them is coherent. And in the struggle for survival, which often assumes even tragic tones, the rules of the most tenacious individualism are respected: be self-sufficient. Poverty or wealth are transitory phases, points in the game. Alexis Pasquier says, "A harsh, invigorating wind of equality blows there. The rich man does not consider the poor man to be inferior," just as a good athlete does not disparage a champion who suffers a temporary setback. But what interests us are the exterior aspects of life: what we glimpse to a certain extent through the lens of Hollywood films. We Europeans desire this fantastic America, where women have the will of men and are considered fragile, omnipotent beings. We dream of the America where people get rich overnight and where courageous utopias exist. Mormons and gangsters, oil wells and black neighbourhoods, election campaigns and murder mysteries, the omnipotence of the press and philanthropic organizations, airlines and pioneer cabins in the West: all are part of a fairy tale that we Europeans recount to ourselves. Is it a reality? Of course. Like all dreams. But this dream, with its anguished aspects and gloomy shadows, leads us into a heroic world, almost like the era of the Crusades, and it fascinates us. We are new emigrants seeking countries for experiences that are hard to come by in Europe: experiences of art, science and thought. The prose of Dos Passos, Anderson's poetry and Wright's architecture have their American rationale. And many Europeans have felt and do feel it. This is the world of utopia and experience taken to its extreme limits. To the point of the most infantile form of proud optimism. Is this a dream? Perhaps. But we desire this dream and many depart to experience the reality of it: Neutra, a great European architect, who has found 'his' world in America; Gropius who comes ashore in the shadow of the skyscrapers "to learn"; Cassandre and De Chirico who cross the Atlantic with Moholy-Nagy, Campigli and so many others. The America that previously tagged along behind European artistic traditions is now waking up. It is laying claim to its pioneers and it accepts avant-garde forms as natural phenomena. Art critics who are perfectly up to date about European developments live and speak in America with previously unheard-of authoritativeness. Henry Russell Hitchcock Jr. knows the history of modern European arts better than most of us, and he speaks with the most open-minded frankness. Is this America or is it an American dream? When you talk with someone who has returned from a journey of exploration, you would like to have complete confirmation, which is naturally impossible. There is no earthly paradise. There is also the America of Babbitt, there is the America of advertising and propaganda, the America of bad taste and Victorian-style houses.

But what does that matter? Let's just imagine an ideal America for a moment, the one we will never see, the one that the best American and neo-American artists manage to make us fall in love with, thanks to the value of their finest works. Fame depends on a few artists who manage to find a reason for living in a country bursting with primitive energy. Here traditions are attenuated, here everything can be redone and started again from the beginning. There are no ruins, and prejudices are not allowed. All of America is transformed in our spirit into a fantastic general scheme where men and things, nature and artifice, art and technique move on a coherent plane. The only canon to respect is the desire to distribute well-being to many people. Not through money or the fever of wealth alone, but through the yearning for art, for beauty. Is America consciously heading towards this paradise? Perhaps it is, say the optimists, and perhaps not, say the pessimists. In any event, we like to dream that it is, at least to have a respite from our polemics. The ancients dreamed of the garden of the Hesperides. We, being more prosaic and more expert in geography, dream of fantastic American worlds. And we thank the artists of the United States who occasionally lend credence to our dreams. (Giuseppe Pagano Pogatschnig) *

Style

domus 125 p. 555

Automotive aesthetics are no longer a discovery, and yet they still strike many people as an absurdity. For too many, cars still symbolize the utilitarian, they are a sort of mute organism. But the polemic champions of modern art and countless apologists of aesthetics are struggling with determination to ensure that the concept of art is no longer relegated to the caprices of luxury but instead conforms with the sense of life in an expression that is not decorative but necessary. The aggressive, triumphant front part of the car shown above corresponds to the same concept of necessity that can be found in an architectural structure, and it has the same creative and imaginative freedom of an abstract sculpture. There is something brutal in the power of this part of the car, a sort of battering ram. But then the lines suddenly flow outwards and soften in waves on the flanks of that centre of attack, as if the air fended by the automobile poured over the overturned planes, caressing them. It suggests certain African sculptures and medieval suits of armour, Gothic architecture and generous repose. The contrast between bright white and the exposed metal of the frame is extremely interesting, just as interesting in the context of that proud initial aggressiveness as the highly refined softness of sweeping curves moulding the body of the car.

Style

domus 126 p. 558

A 'style' is not made to measure or according to estimate. If anything, styles are only copied into scholarly albums. In order for style to be a sign of life, it has to rise above life inexorably, like a force that cannot be deviated because that is what it is and cannot be anything else. For this reason, to ensure that we have authentic documents in this page documenting today's life rather than a 'work of art', we prefer to have a car that is consistent with its essential function. The brute essence of a car is one of the most vivid languages of the time. But here instead we feature a building, a structure conceived purely like a machine. Its chiaroscuro, line, rhythm, colour and play of solids and voids do not issue from poetic fantasy but solely from necessity, and it is certainly one of the most significant structures of new Italian architecture. The web of the vault is nothing other than the structure necessary for this reinforced concrete hangar. No concern for retrospective or avant-garde style embarrassed or excited the builder. No desire for luxury, no ornamental ambition, no individualistic caprice budged the engineer Pier Luigi Nervi from the mathematical precision of his calculations. And yet the work immediately took on colour, rhythm, tone, a precise and important value in the history of architecture that, unbeknown to itself, is taking form today. Likewise, in other periods, the Roman wall, the Romanesque vault, the Gothic vault and Doric trabeation were equally invented in a mathematical calculation of structural essentiality, later to become the vocabulary of a whole new language, a new poetry. *

An Interior Design by the Architects Banfi, Belgiojoso, Peressutti and Rogers

domus 128 p. 562

Our readers are already familiar with several creations signed with the initials 'BBPR', which refer to the architects Banfi, Belgiojoso, Peressutti and Rogers. Readers interested in a survey of their work and an exact idea of their style can leaf through issues of *domus* from the last two years: *domus* 101 shows two of their villas, one in Milan and one in Venezia Giulia, and an apartment in Genoa, while *domus* 117 presents a nursery school. This year we have already featured two of their apartments in *domus* 124. And if readers want direct testimony of their taste and ideas, they can also consult *Stile*, one of the annual publications by *domus*.

In this interior design, we again find their clear rigour in the conception of interiors and furniture, accompanied by a very human and lively sense of the home. On another occasion we referred to their 'poetry of precision'. Here the approach is not as exclusive or abstract, yet it reappears in all of its stimulating effects, while a truly homey atmosphere, in the noblest sense of the word – a sense that has to be rediscovered – gives life to these simple accessories.

There really are some fine words that have to be given a different meaning! 'Simple', which seemed to be synonymous with a narrow, closed, intimidated life, can become the expression of a spirit of bright intimacy and comfortable concentration, of an orderly and dignified life! (Gio Ponti) *

An Article by Neutra for *domus*: 'The Structural Revolution'

domus 128 p. 568

This masterful article by Neutra demands careful reading. Here are some of the highlights:

In the past, architects guessed. Today they calculate.

The Greek and Gothic archetype involved constructing just one space. The modern house is an absolutely new type of conglomerate.

Ancient structures were made of a single material. Modern ones are more heterogeneous. The house of the past was bound to its environment. The modern house, instead, embodies the greatest achievements of civilization throughout the world.

The standardization of the construction industry is the first prerequisite of modern architecture.

The problem of the house is the same as that of an electric light bulb or the body of a Fiat.

But readers will find even bolder claims, not merely sterile affirmations but a passionate inquiry into the conditions for the renewal of world architecture. See the pages devoted to the Japanese house. Each one of Neutra's observations originates with life, even as it arrives at architecture.

Modern architecture no longer dares just to guess.

Modern structural parts are calculated according to the load-bearing capacity of their material and the weight that they must bear; they are not proportioned according to a preconceived harmony of form. Engineering achieves perfection only when it is rational and does not allow itself to be influenced by formal prejudices.

The real aspect of contemporary architecture consists of 'creating' spaces, not structural elements, which are subject only to measurement.

Our creative sense is particularly focused on the proportions and rhythms of spaces, which are either divided or communicate with each other or the exterior. With the aid of modern materials, engineering makes it possible to realize light structures and to have the freedom to define space in previously unknown ways. Spontaneous adherence to one's own time in terms of the technical demands and possibilities that we find in the most significant works of the past offers us a wealth of models, if they are judged without the prejudices that could derive from our more advanced science. And this is the moral imperative that contemporary architects must draw from the finest works of historic architecture, even though they might not offer technical lessons. An ancient Doric peristyle is perfect when it implements the structural knowledge of its own time. Columns and beams were proportioned in relation to solutions achieved only after a profound analysis of the problems of statics handed down by venerable tradition.

Symbolically expressing a static function was just as sincere as it was ingenuous.

A swelling, fluted limestone column was given a surface finish, like an organic and fibrous body. Today, at a time when rational analysis has supplanted mystic tradition, we cannot be so ingenuous in the use of materials and their performance under stress.

After precisely measuring a column, remembering that it is limestone and performs under a previously calculated weight, we could not change its proportions without changing its intended use and function. Modern architects would not do that, because their duties would be unfortunately limited exclusively to drawing.

The Greek architects were also engineers. Brunelleschi won first prize for his design of the dome of Santa Maria del Fiore in Florence not because of its beauty but because the design he proposed for the structure of this bold, double-shell structure was the safest and most convincing of those submitted to Florence's city authorities. This cathedral was considered to be a creation of its time because, in everyone's opinion, it combined in one work the most fervid imagination and most advanced engineering technology, eliciting the enthusiasm of all. During more flourishing times for architecture, such as the Gothic era, man reached the limit of building science and, although the works of that time were the result of irrational processes and bold experiments, they none the less managed to stimulate aesthetic pleasure. Our age does not and cannot indulge in these irrational processes. Today, when a building is started, everything has been rationally and repeatedly calculated down to the smallest detail so it is not difficult to obtain a building permit. Once the building is completed and rendered fireproof, not even an engineer can determine its resistance from the outside. It would be futile to carry out works on the surface that represent all the previously calculated factors that guarantee its safety, with the sole purpose of demonstrating to the uninitiated that it is safe, when the uninitiated know that only the calculations performed by competent professionals can guarantee it. It would be puerile to seek significant expressions of static relations in a modern building. We ourselves are at quite an adolescent level when it comes to statics, even if we love the offspring and periods of the past that symbolize the infancy of building science.

The creative activity that has indulged itself by taking the path of irrational approaches must now change direction to apply itself to the fascinating problem of 'modelling' the spaces defined by partitions, tarpaulins and screens. Another difference between the Gothic period and our own, especially in the United States, is that one of the needs of modern building science is to constrain a large number of spaces having a vast range of functional uses within a single structural unit. The result is an absolutely new type of structure composed of mixed agglomerations, including hotels, theatres, gymnasiums, groups of shops, railway stations, mortuaries and churches, all of them grouped around elevator shafts, behind street façades and under a single roof. The concept of the house as a single nucleus of spaces is characteristic of ancient architecture, which would not have been able to realize it anyway. The archetype of Greek and Gothic construction was a single space. The ideal language of the ancient style became confused when it was applied to multi-floor structures, for example.

'Single-space structures' imposed their character on the development of the architectural styles of the past.

For economic reasons, modern structures built with the elastic system of cellular divisions today require combinations of spaces and orderly functions, all packed into a vast structural unit. We cannot ignore the problems that would be raised, and that could be overcome only by extremely artificial means, if a modern structure were to be given the individual expression of a monument so characteristic of 'traditional' styles.

Structures conceived according to modern criteria should have more than an individual expression, and instead be universal and generic.

The most typical structures of antiquity can be roughly characterized as 'single-material' structures. A temple overlooking the Aegean Sea from a promontory is built out of the same limestone as the ground it stands on. It was roofed with limestone covered by a layer of mortar and lime. Very often the gratings were not made of bronze but of stone. There was no roof, carving or flooring that was not made of limestone. There was no insulation, linoleum, no light and heating plants, and no sheet metal. In contrast with structures built from homogeneous materials, such as the Treasury at Delphi or the Erechtheum, the smallest filling station is made of a complex range of industrially produced materials. The reason for this difference is that industry provides world markets with building materials, and those materials which are principally used by modern architects, such as corrugated iron, sheet metal, plate glass, cement and aggregates of cork, do not come from local quarries or forests but are the product of elaborate technical processes. While it is true that the material used determines the style of an age or country or civilization, it is also clear – since all our material is provided and prepared by industry – that it determines characteristic styles.

It is not so much the Spanish or Italian or English ornamentation that distinguishes an American house in Hollywood, but rather the finishing touches used on furniture and walls: the glass, enamels, Vitrolite, Bakelite, porcelain and chrome that tell us what civilization these structures belong to.

What has the greatest impact on the formation of styles today is the perfect and ingenious commercial organization of American markets for construction materials and plants – for example, the Sweets Catalogue of construction materials, published annually in five volumes.

Compared with the influence exercised by mass, standardized production of building materials, the activity of the eminent architects who are most sensitive to modern needs can be considered of secondary importance and reflects a state of events that transcends individual works.

Architecture in the United States, the most formidable crucible of various foreign influences, has manifested influences and curious blends of imported forms for centuries.

Even in the Neolithic age, however culturally limited and closed the tribes were, they were open to the influences that penetrated from other regions: consider their tools and how they used them.

Active or passive influences can be found at every stage of history, and especially of architecture, in the adoption and imposition of forms that often expressed different mentalities, different lives, different materials and consequently different labour in the lands where they originated. And yet there was just one cause and a single common denominator underlying all architectural forms. This made them mutually comprehensible, and in a certain sense they could interpenetrate diverse civilizations. Each structure was born, so to speak, from manual skills that used natural or nearly natural materials. Before machines destroyed this unity, there was a common criterion for judging different points of view, for assessing a different manual skill in erecting and completing a building and furnishing it manually even when it could not be imitated in different environments. Setting out from medieval Venice and arriving in southern China, what Marco Polo saw in the alleys of Canton struck him as strange, but not as strange as it seems to disconcerted visitors from Rush City, USA. This is because the modern visitor comes from a city where essentially manual capacity is enormously more developed.

Even if they are very sharp images, photographs of central Canton, old Naples or Cairo can easily be mistaken for one another and it is difficult to distinguish them even if you focus on the particulars of local colour.

Two photographs taken by this author in a village located in Guangdong Province in southern China and in Valais in Switzerland show the diversity of natural building materials and different exploitation of weather conditions. Nevertheless, both of these villages have in common the way in which manual skills and constructions methods are applied, and they show how, using sheer muscle power, a house is built with a certain style of fenestration, a certain pitch of the roof and, in both cases, a certain exposure to the sun. Grouping this sort of house with others of almost the same type, you arrive at a sort of collective uniformity, and even if this uniformity is often extremely pervasive, the monotony that it generates does not prevent you from drawing a certain aesthetic pleasure from it.

Standardization already existed on a large scale and was naturally appreciated before machines shook the world and destroyed that uniformity. If the growth of industry invokes standardization, in a certain sense this means returning to old human ideals and widespread practical issues that have been obfuscated, especially in the United States, by a certain imported architectural eclecticism. The Hollywood bungalows that are called English, Mediterranean, French and Italian offer no indication whatsoever of a love for the past or human tradition. They are an absolutely new concept that is difficult to find in the past. They are cut off from everything that preceded them much more radically than a neighbourhood of standardized public housing or completely industrialized buildings whose importance can be seen clearly in the European projects of the last 20 years.

Finally, what makes it most difficult to accept new industrial standards is that they have more the character of a tribute than previous standards had. Mechanical industry did not arise here and there and at the same time, like handicrafts, and that is why there are few mutual influences between countries and civilizations. Instead, it arose in a comparatively small area, and when it was quite developed it invaded countries far from one another, which accepted it without understanding or preparation. A ten-storey hotel constructed of reinforced concrete with elevators that speed up and down represents a riddle for the 1 million inhabitants of Canton, even though it was built by their engineers and is used strictly by them. The character of a foreign approach is even more noteworthy if you imagine that these new and strange structures are the result of a complex and complicated commercial organization that sweeps away customs barriers and overcomes market resistance, by armed force or otherwise, as necessary.

Americans open the way to sale of their plants and installation of their elevators; the Belgians wangle a way to offer cement, reinforcing rods and structural components far from their production sites.

When building truly becomes a modern and fully developed industry, it will need to find consumers on a global scale, and it will find them, even if local sources of industrial production are limited to only a few regions. This is not exactly a form of internationalism based on more or less reciprocal parity. It will encounter friction of a sort different from that found in the architectural imports of French builders in Munich and St. Petersburg or those of the Jesuits in Paraguay and California, who did not exclude the products of local labour and did not have compelling reasons to impose mass production on centralized markets in which they had no experience. Whatever the problems and regrets involved, it is clear that the sun is not setting on industrialized production and consequent distribution, and that architecture is manifesting a tendency to develop and grow with the aid of the latter in a new phase of cosmopolitan universality. On the other hand, whenever it adapts to local circumstances, it will reveal its true functional attitude more clearly. As architecture itself is aware, this attitude is one of its principal ingredients, and it is much more than a style in a world in which life, according to an ideal that has become indispensable, tends to organize itself and proceed, if you will pardon the expression, almost scientifically.

New architecture is aware of the needs and means of the world's population. It certainly is neither materialistic nor closed in petty or ascetic utilitarianism, as some people accuse it of being. Like old architecture, it is interested only in creating structures that excel because of their quality, which is based on contemporary possibilities. Quality meant rarity as long as it was based on the talent of one or a few individuals, and only the wealthiest people, such as the emperor of China, the pope, or the king of France, could employ the best artists and most skilful craftsmen to achieve this quality in buildings and decoration. The quality of the product offered by machines is based on expensive and elaborate equipment and on vast, preliminary research work that not even the richest can afford. In order to amortize costs, it has to be produced and consumed in large quantities. The new type of quality depends mainly on the wide distribution and rapid consumption of products.

Our wonderful electric bulb with its metal filament is sold in the most common electric-supply shops. A heavy truck tyre is mounted on millions of vehicles that ride on rubber transplanted to grow over most of distant Malaysia. The stuffing in a new Fiat or Ford is of better quality than that found in a millionaire's dining-room chair. Soon, mass-produced housing might be envied by the rich owner of a house even though his house has the pretence of being architecturally and stylistically unique.

These concepts, which might have been considered revolutionary before the war, have now become clichés, yet still entail expenditure of great effort to introduce them in contemporary architecture.

During this transitional phase an architect who was at grips with the problems of antiquated local style or building codes and who was not yet supported by standardized and co-ordinated construction had little hope of establishing himself and working.

The characteristic scope of his activity was limited to the consumer, to educating a few individual or collective clients to make a special study of his needs unbiased by romantic retrospection, that in America was often imported from abroad, and to adopt the habit of decisively making adequate use of some new and fascinating tools that were already available, even if they were not necessarily of local origin. This education has to be effected through numerous examples that demonstrate increasing adaptation until it is certain that the rational industrial product is accepted everywhere and its likelihood of success is recognized in the field of architecture.

The economic failure of old construction systems that occurred in the United States before it occurred elsewhere acts as a rapid catalyst in this process.

Abandoning craft traditions has been painful, wherever it occurred during the last four generations, with all its social and aesthetic consequences in every field of human activity. By analogy, we can understand why it encounters heavy opposition, especially in the field of domestic architecture, where a good, old tradition has already been eradicated.

I would like to call the reader's attention to an example in which a tenacious and logical tradition actually survived until very recently but can no longer endure, despite the fact – and it is a significant one – that it seems to have close ties with those who are now our clients. The exotic example I am thinking of, and wish to illustrate objectively, is the Japanese house, which still accommodates 60 million rich and indigent persons in the old, traditional way.

The traditional Japanese house was developed in harmony with the Japanese lifestyle, which is now changing. To grasp the changes that have occurred in traditional ways of inhabiting a house, we must briefly consider the old way of living. First of all, it was difficult to assemble large groups of Japanese together except in theatres. In typical inns, restaurants and tea houses, small groups of guests sit in private rooms that replicate the intimate character of a home. The house as a single space is adapted to a physically reduced human scale. The fastidiously precise attire, careful construction and fixtures, and delicacy of scroll paintings must be observed from a close distance.

The sparse furnishings require small spaces. A table is not needed for meals. The courses are served together, at the same time, on trays resting on the floor, one for each diner, who kneels on the floor. Once people start eating, there is no need for the waiters to move about, bringing other dishes. In this way, numerous guests can dine in a single room of the dimensions of ten mats.

Because the style of Japanese dance is statuesque, involving movements carried out in the radius of just a few centimetres, it requires little space. Since no rhythm is noisily beaten out by the feet, no hard floor is necessary or provided. The girls dance in their *tabis,* or stockings, on soft mats. There were few mixed dances and noisy dance halls where it was easy to make contact with other bodies.

During entertainment by geishas, the Japanese were typically mere voyeurs, and this required a minimal amount of space. The accompanying instrumental or vocal music was audible only at a very short distance. No soloist forces his voice to hit high notes with vibrato to reach the top gallery (when necessary, vibrato has a solely lyrical but not acoustic value). There is no massive masonry to provide resonance, as at the Dal Verme Theatre in Milan, intensifying the effect and being just as necessary for a performance by a tenor as by a large, modern orchestra.

Even a small piano seems an elephant inside a Japanese house. The rooms and home are acoustically equipped for the requirements of simple conversation with panels of rice paper mounted in a framework of slender structural components. The floor is covered by a layer of heavy straw mats that serve to muffle noise. There is no possibility of resonance and very little sound insulation between adjoining rooms. It is better to conduct confidential conversations by means of a few characters scribbled out on a sheet of paper shown to one's interlocutor and then destroyed in the *hibachi*, a sort of open charcoal stove. Such a scene is illustrated in a work by Nakamuro that is imbued with dramatic mystery and is highly revealing of the acoustic properties of the Japanese house.

The inhabitant of a Japanese house was neither gluttonous nor noisy. Japanese children do not grow up in a calculating environment, as American children do. They are educated and accustomed to making economical use of space and fragile materials. They are quiet and polite at home, indeed perhaps too quiet and polite!

The Japanese do not disturb one another even when they are face to face. The master of the house does not say good morning when he sees his unclothed guest on the way to the bathtub, which is made of wood, because he politely wants to indicate that he did not see him. The sliding partitions used by the Japanese certainly do not offer much intimacy and confidentiality, but physical intimacy was constructed through the art of ignoring what you did not want to see or hear. False modesty was as non-existent as exposure of the nude body. The rigorous formalism of the Japanese people recognized clothed creatures only. And the attire of a poor Japanese was kept laid out in a drawer (*tansu*) whose dimensions corresponded and coincided with the typical length of looms, the typical length of the fabric from which kimonos were cut, and also with the typical width of the floor mat (90 x 180 cm).

The floor area of rooms is based on the dimensions of the floor mat and is a multiple of it, just as the floor area of houses is an aggregate of these rooms, both in the city and in the countryside.

Thus, clothing became the measure of all things! Consequently, an extremely practical standardization existed, with all the possibilities of change and transformation to which modern industrialization could aspire, long before mechanical production immigrated to Japan.

This unified precision is accompanied by a standard of cleanliness that is visual and not symbolic or spiritual, as among the Muslims and Hindus in South Asia, or – importantly – principally medical, as among Westerners. Dust accumulates for months under the thick, clean mats on which the white *tabi*-clad feet tread and on which the Japanese sleep and set their trays during meals. The same is true of the elaborate, complicated hairdos of women without servants who conceal days and months of accumulated grime because their hair cannot be redone every morning. Young Japanese architects struggle to achieve not only a customary visual form of cleanliness, and so the traditional straw mats give way to flooring in elastic materials, while the most diverse systems, including complicated bathroom installations, have become common.

Straw mats will have to disappear if the Japanese are to wear leather shoes and Western clothing. If they are wearing wooden clogs (*getas*), they cannot easily ride bicycles or climb the stairs or start up a car. Their hairdos and kimonos are ruined on the crowded trains in the underground passageways to the Asakusa-Ueno line and will disappear long before crowded trains disappear.

Western attire is considered more hygienic, especially for women, because it allows the circulation of air. The Ministry of Education requires it for schoolgirls and prescribes that they must sit on chairs rather than on their heels, which are deformed by this custom. Once it is introduced, Western attire is naturally hung in Western-style wardrobe cabinets and not laid in the *tansu*.

The habit of proportioning elements according to a specific scale is destroyed at the roots and the acceptance of fire-resistant materials, of cement, steel shutters and swinging doors, and new ways of cooking, eating, bathing, working, dancing, painting pictures, performing music and having fun, marks the demise of old building processes that were so proudly logical in their interrelations between themselves and with life.

No admiration for the past and no decision by any Japanese architectural association can halt the new directions taken by domestic building, dictated as it is by the ambition of imitating Western ways.

Nevertheless, everyone involved in architecture does have a responsibility to save and preserve what is good in that venerable tradition. This includes the flexibility that it has acquired in the arrangement and function of spaces, their close interrelationships with the garden, the sliding partitions, the standardized measurement of spaces, their contents and windows, and their lightweight supporting structure. These are the characteristics of domestic building in these vast islands that can be cited as models for us. They might influence the countries on the coasts of the Pacific.

In other regions, the conventions of the past now seem more or less intermingled with contemporary trends. Just as the design for an entire building is now universally compared with the radically new structural requirements and the common social aims envisaged in our example, it is clear that newly re-examined solutions are expected to comply fully with them. This will be done at the level of the industrial economy that is exercising great influence everywhere. In the meantime, the best works in all countries still necessarily belong to the 'transitional style', with a tendency towards goals that are undoubtedly beyond its power and with a centre of gravity that is never found in just one national area. (Richard J. Neutra) *

Casa Miller

domus 129 p. 579

A seashell forms bit by bit, through infinite stratifications that are the negative, petrified image of the animal that lives inside it. It is the practical expression of a sentiment.

The same holds true for our faces and homes. They grow around us and preserve parental and childhood events, habits, passions and tedium, in bright or faded curtains and spotless or chipped walls.

We read the interiors broken open by demolitions, and their flowered wallpaper, as if they were photographs. They recount the monotonous needs of people, like clothing that has just been taken off and still holds body heat. We live inside these sentimental shells, but as much as these have our form, like Diderot's dressing gown, and as much as they speak, they can be the object of art, but not art itself. And those other, new houses that fill the pages of magazines and resolve problems of 'modern taste', teaching the needs of a hypothetical 'functional' man, or the idea of abstract beauty inherent, for certain reasons, in certain relationships, certain modules and fashions (the notion of an ideal and eternal furnishing) have even less to do with art.

And all those other rich and splendid houses, churches, palaces and sumptuous buildings handed down to us from the past and which people are still building and furnishing, often have nothing to do with art. These are the structures in which the maker shows off his skill and the client his power and wealth. They are structures whose purpose is celebration, ornament and rhetoric. They are all rhetorical expressions much more closely related to the art of governing and self-satisfaction than to poetry. But there are numerous interiors of old and modern houses that are works of art, at least in their intentions, or partially so. They are the free expression of the poetic world of the artist, in which either the expressive urge comes to the fore over the other reasons from which a work is born, almost through an involuntary but overwhelming need, or is aware and unique from the beginning. I can think of a thousand houses and palaces that perfectly allowed and still allow generations to be born, live, and die in them, that were excellent machines for living for centuries, without ever losing their primary and sole function as an original, poetic world.

Italy is full of them. To cite an example familiar to everyone, if we take the royal hunting lodge of Stupinigi outside Turin, we find the full expression of the sensual harmony of Filippo Juvarra, who used sumptuousness and the taste of his time as means and not as ends, thereby realizing a genuine work of architecture. Walls, spaces, furniture and paintings speak the language of their time and are the work of taste, but taste is entirely resolved in expression, and his work remains undiminished even though the Baroque era ended long ago, together with its mannerisms and royal hunting parties. Nevertheless, it was always difficult, even during the most glorious and flourishing years of art, for architects to work on structures of this sort with complete freedom from the practical demands of sentiment, taste and rhetoric. Judging from the results, we would say that today this problem is very rarely overcome completely even by the most capable and the best. And this does not involve only material problems or the overwhelming need to satisfy certain, unavoidable needs.

The essential problem comes from within. It is to overcome the moment of pure culture, of 'technique', and satisfaction for technique abstractly considered as the end of the work (and thus non-existent or poorly mastered, even as technique), the moment of standards and classical imitation, and generally to avoid the exchange of practical and poetic expressions in works that, because of the practical purposes that are inextricably bound up with them, easily lead us into this error. I think we could count on the fingers of our hands the contemporary interiors where we can find purely expressive works without contaminations (Mies van der Rohe, Le Corbusier). But not even interiors where the expression of a poetic world is only partially achieved, or at least aimed at, are found frequently, either. And so we must rigorously distinguish style from fashion in them and choose the original among the generic.

Now we shall examine together the Miller home, as designed by the architect Carlo Mollino. It is useless for me to dwell on a description of it. The photographs are perfectly clear, replete with that modicum of documentary falsification that our readers are so accustomed to and which we really cannot do without. But it would not be easy to grasp from these photographs alone the sense that binds this complex of objects, walls, mirrors, colours and spaces, or to distinguish in them the practical solution to a practical problem, which is a work of pure taste, and which is what they want to express.

Since we are interested in determining their expressive values, we will have to try to distinguish them from the others that are of no interest to us here, even if they are non-values. I do not want to dwell here on what are pure material limitations: the form of the house, which was pre-existent and cannot be entirely forgotten; the budget limitations that explain why, for example, these curtains are flat, when they should have been curved and projecting, or why the mirror is round instead of a completely different form that would have related better to the sense of the surrounding objects. These are specific flaws that the architect himself has pointed out to me and that, because they can clearly be remedied, do not impinge on the inherent quality of the work. Those elements which I must instead point out here as discordant, and thus deleterious, are exactly those which are apparent from the point of view of the practical setting and decoration and will probably be considered virtues (as they are, but in that field): 'good taste' and ingeniousness.

A person perusing these photos or visiting the Miller home in search of new solutions for making everyday furniture, for the arrangement of objects in a living environment, and for decorative details (such as the frame for a Japanese print, or the cover for an ugly radiator, or a common radio), will certainly find brilliant, useful answers that only a few top Italian interior decorators could offer.

And I certainly do not want to deny the interest and value of this research. The form of these tables and consoles is extremely elegant, even when considered out of context, and this furniture could easily be reused and adapted to a thousand other homes. But Mollino's intention (and the reason why we are discussing the Miller home here) is something else again. It is to express himself with these means, not to create industrial objects, even if they are extremely elegant. And we also have to recognize that, in light of this necessary ambition, good taste and decorative ability considered as an end unto themselves are quite limiting.

The colours of those curtains, rug and armchairs are exquisite. At least in the decorative sense we could not find a more precise and hedonistically enjoyable relationship. But when we delve into Mollino's artistic personality, which we will attempt to define a little later, this hedonism represents an extraneous moment. The curved form of that high quilted bed is inviting and precious.

However, preciousness that is prized for itself conceals more than it reveals, and in a certain sense betrays the sense of the house. Correct and elegant speech, polished expressions and imitation of the Tuscan tongue (all worthy things in themselves) not only do not suffice to make a good writer but can even blunt expression. Not even the Miller home is entirely free of that common defect in our architecture which so willingly mistakes a dictionary for a book of poetry and makes that its principal merit.

Another limitation of expressive freedom can be found in self-satisfaction when a problem is overcome. This, too, is a practical aim of self-celebration, of rhetoric turned inwards on itself, which, by introducing itself in expression, can lead one astray, as insistence on successful images or their repetition. But this defect is already the complement of corresponding virtues, which are hard to separate from those which we will now seek to analyse.

What does the Miller house say or hint at? What is this world that leads us to consider the merits of taste and skill as errors?

From this point on, our discussion would have liked to have more abundant documentation than the present one, since Mollino's architecture refers not only to the Miller home but, through it, taken as an initial foray, to those other more important works that he has built or is building. Mollino's architecture – if the reader forgives these distinctions of mine – shies away from lyrical effusion in favour of narrative, that is, the creation and description of characters. Directed towards humans, it is generally not satisfied to reveal the human in absolute forms that are sufficient in and of themselves and are formally determined (despite the fact that, even in the work we are dealing with, certain objects were realized without a need for relationships, such as the sinuous curves of the glass side table, which are as clear as a resolved theorem).

Instead, its interest is for a man who is individually determined in the co-existence of all his periods and spaces and even, if this could be achieved, of all his possibilities. Instead of being implicit and hidden, this aspiration to a single whole becomes explicit and objective. It refers to a personage that Mollino describes with architecture and décor. Architecture is born here from autobiography, and it is the effort to liberate itself objectively as narrative.

The personage is born from this effort. It is an ambiguous personality, simultaneously in the first and third person, a mystifying Odysseus in search of lost spaces. What the Miller home instead wants to be is the home of this invented personage, the character himself (or his first attempt at existence), in whose belly the real inhabitants will live, as in the whale's.

The principal characteristic of our protagonist is that he tends to be perfectly self-sufficient, he tends to transform everything into conscience, to rationalize all impulses and sentiments and to dominate. If he is a free personage, he is like one of Vittorio Alfieri's tyrants. He wants to be everything. The first consequence of this is that when representing him, space (because his nature is spatial) must be 'imaginary'. This is a closed world. We are on the stage or inside a chapter. The entrance is blocked, and what is outside is totally arbitrary.

But all possible spaces must co-exist inside – those of infancy and old age, and current times and memory, as well as distinctness and modesty. It is impossible to express oneself in the hierarchical order of perspective, because everything is equally close, and each implies an infinite number of others, and all of them are pressing insistently, not wanting to be forgotten.

To disrupt the hierarchy of formal and sentimental perspective, all devices are acceptable, from the mirrors, with their illusionary effects, to the modifications in the size of common objects, to the sudden breaking of an obvious line, all of which are legitimate tricks of a clever set design.

Sometimes the taste for deception gains the upper hand over its anti-perspective function.

This is the gratification of the ingenuous magic that erects a small revolving glass house on slender tie-beams. It is the simple pleasure of the power to overcome a problem. Drily, ironically, this is the negative limit and penalty of our personage, who wants to be complete without passion and create himself alone, piece by piece, as in a work of art. In the perfectly clear objectivity of this world, questions of 'taste' cannot have any meaning, as we have seen. In the face of 'taste', objects in bad taste have their own liberating function that is the same as that of perspective tricks, and they almost always manage to escape from the easy and timid weight of irony. Once architecture is freed from traditional hierarchies, once the struggle of liberation and self-construction is completed, our personage can let himself go in search of his form in the mutable, full form of continuous branches of thought. Objects, masses and spaces from extremely different levels are juxtaposed, bound only by a continuous, moralistic desire for awareness that wants to get to the bottom of evocations, render them tangible and clear, make plastic images even from simple verbal relationships and obscure flights of the imagination, simultaneously seeking not to fall into literary symbolism or easy surrealism.

A woman and a shell are placed opposite each other on the two walls, and they achieve contact with each other in a single form, in a mirror. A mirror evokes Venus, having the form of Venus; the mirrored objects become mysterious members of the young goddess's body. "The girl gently nudges one of the wings of the bronze eagles carrying the lamp in flight and, following the celestial boat that lazily rocks and rotates, imagines without surprise that those imperial eagles know the sky and perhaps once flew for real: but the alarming image of live bronze eagles intent on flight in a real sky comes to an abrupt halt." The light fixture that a hand can move truly runs on its rail towards an eagle that once really opened its eyes and suddenly comes to a halt on the white heaven of the wall.

If the omnipotence of our character is that of a tyrant, if his freedom is that of a prisoner (albeit a voluntary prisoner), his aridity is necessarily mortal. In his eyes, a table becomes a coffin, a slab, the slab of a tomb, and Michelangelo's *Slave* is crushed under the slab. The protagonist of the Miller home, together with his infinite and coexisting possibilities, also knows his death – and the novel ends with the demise of the protagonist. We can now sit at his table and write.

If the Miller home were only this tale, and were completely so, if the protagonist had been born, lived and died entirely in the architecture, we would be confronted with a perfectly successful work of art. But, as we have already explained in too much detail, this house is also a work of 'taste', more elegant and useful than what most architects would be able to realize. The two things do not coincide, or they do not coincide entirely, and from this its tentative nature is derived. Others will praise it, and rightly so, as an example of practical interior decoration. I instead am interested in it because of its tendency to realize a poetic and impartial architecture, which shows us the possibility of a novel made of walls and objects, forms and spaces.

A diffident reader put on his guard by the citation will probably say at this point, "What is analysed and described here is truly only the Miller home, with its chairs, sofas, mirrors, rugs, coat stands and accessories, or is it not instead the *Amante del Duca* (*The Duke's Lover*), a novel written by Carlo Mollino, the beginning of which we read some time ago in a magazine and whose end we have been awaiting in vain since then? We wanted art criticism, but we fear that you have given us literary criticism or an essay on psychology." My answer is that the true interest of the Miller home, and the only reason that impelled me to discuss it, is the author's effort to express himself, going beyond autobiography, seeking to fix himself objectively in a character that in turn implies and characterizes all the objects.

The fact that he is making the same effort (and more thoroughly) in a novel written in ink does not lessen but rather increases our interest in this other one, as illustrated here, and more thoroughly described in other works using the tools of architecture. And it is not without importance that this home, for those who know how to forget its practical limits and read it to the extent that it is original, might appear as a narrative. It would even be right and agreeable to be able to speak of architecture in the same way we discuss a novel, and vice versa, without recourse to metaphor. In any event, for others, the Miller house offers too many places to sit and too many stuffed sofas for sleeping. (Carlo Levi) *

The Working Environment

domus 135 p. 610

Often the details of the mechanical equipment in a building achieve great expressive beauty, which is the case in this example, illustrated here as the symbol of our review of working environments.

These functional components of a building, once neglected under the name of the 'plant', have been elevated to spectacular heights in the office building that Ponti built in Milan for the offices of Montecatini. They are the expression of the very rhythm of work itself, the impressive evidence of its enormous development and decisive confirmation of the effort to achieve technical and social perfection that current generations are able to impart to collective activity.

They are extremely precise and rigorously functional structures. Yet their profound similarity to abstract visions renders them lyrical and beautiful: they are disclosed before us like a painting. Might these contacts signal the point of intersection of life's coincidences with the inspiration of art? Of course, these exposed forms of mechanical organisms and the more suspended visions of abstract art together tend in the same way to signal the unity of a rhythm. And here the rhythm is no longer in our imagination or in things, but is also articulated in the order of human labour.

domus dedicated the December issue to the production of high-quality Italian art, the work of Italian artists and craftsmen, it dedicated the January issue to newlyweds, and it is dedicating this issue to working environments.

A nation must offer an example of a highly civil, well-equipped environment in the place where one of the noblest of human activities is carried on. Beyond the useful and varied examples that these pages present, in offering our readers inspiration and assisting their choices in the furnishing of offices and shops, we also need to understand the national significance of the word 'equipment'.

Italy promotes its arts, perfects its production of art and ensures the conservation of the art works of its craftsmen and women and the beneficial effects that result from them. But when necessary, through mass production it provides the collective work of Italians with the finest equipment conceived to serve large undertakings.

Many people have railed against the concept of mass production by attributing all of what they consider to be the ills of our times to the use of machinery.

A calm, cool analysis shows that standardization of models is an intelligent thing when the products are to be used by the masses, and that the sum of care, energy, inspiration and study employed in 'defining' the models to be multiplied draws unlimited resources from the vastness of the undertaking itself, to achieve a perfection that absolutely cannot be realized in any other way.

Of course, the perfection of the model is the law of mass production, and it is the civil and artistic mission of Italian industry. This is so because an 'aesthetic destiny' accompanies the work of us Italians.

In our country and Empire, we have to 'equip' hotels, schools, barracks, hospitals, new rural and urban settlements, colonies and offices with mass-produced goods based on Italian models.

This is a great and honourable duty! Italian models must emerge victorious in a comparison with foreign accomplishments, in a confrontation that affirms our technical, organizational civilization and our aesthetic maturity.

Accordingly, among the spaces illustrated here, we highlight the ones realized for some offices in Milan. They are Italian models that outclass the production of every other country and introduce innovative elements that will be adopted by foreigners. In these offices, the equipment honours not only the Italian industry that created it, but also the management that chose it to provide an unparalleled standard of accommodation for the work of all types of employees, even the humblest, creating the most favourable conditions for their daily labour in terms of environmental and hygienic quality and dignity.

Through these examples, the concept of national 'equipment' in various fields of activity must be disseminated. We take this opportunity to offer a preview. Alongside the sections featuring the wonders of artistic and craft production, the VII Triennale will present a section demonstrating Italian models related to those national tasks in which the use of mass-produced equipment is not only indispensable but the very hallmark of our civilization. *

An Office Building

domus 135 p. 612

The new Montecatini office building in Milan can be considered an exemplary model organism. The chairman of the board of directors of Montecatini, the Hon. Donegani, wanted a perfect organism to be created for white-collar workers, just as such an organism had been created some time ago for some industrial workers. Everything that the most attentive experiences of the most favourable conditions for work and building science and new industrial technology could suggest has been widely applied here, from the general analysis of the building floor plan to the organization of the offices and service facilities.

The building created for work has its measure in itself. The interior is divided into spatial modules (offices) whose combination creates the basis for the entire body of the organism. They are then measured by the constant functions that they must serve. Each spatial module contains its own services (energy, telephone, signalling, light, clock, air-conditioning) with a distribution system.

The functioning of each office is linked to the constant dimension of the desks and supports their various arrangements. The service distribution group is located beneath one of them. The desks are made of metal, with modular, mass-produced components and perfectly interchangeable drawers. An interesting innovation in these offices is the use of movable partitions (…). Spaces can be enlarged or reduced in 15 minutes. *

An Ideal Small House

domus 138 p. 640

Everyone knows what their ideal house, their dream house, is. Here *domus* has sought to give it a form and design. It is a cottage to use on Saturdays and Sundays, and we would like to build it on the Riviera in many different enchanting seaside locations or amid palms and pine trees or olive groves, or hide it in the coastal pine forests of Versilia, or the pine forests of other Adriatic and Tyrrhenian shores, or even build it on one of our islands in Dalmatia or on Elba, or on the shores of the sunny Bay of Naples: Capri? Procida? Ischia? Positano?

It is a cottage for short, pleasant holidays, taking along a small suitcase and a free spirit. It was thought out with a loose arrangement of walls and an eye for interior and exterior views, with a study of light during the day and night, and for the pleasure of imagining fresh, bold colours on the ceilings, majolica floors and wall coverings.

The exterior of the cottage is white plaster. If you want to spend more, it can be realized in white *porcellanite*. There is a bench next to the door. When you enter you get a fleeting glimpse of the patio, you see the closet doors painted in the style of Neapolitan blinds and the gay majolica floor tiles that offer a thousand different possibilities for design and colour, and finally the sky of a boldly tinted ceiling.

The burners on the small range are tucked away out of sight of the living room (there are no doors in this house). You see a niche in the rear wall of the kitchen, where you will have fun composing still lifes in the style of Morandi or, even more boldly with flacons, bottles, or cans of tomatoes and strings of onions. The large room is furnished simply: an armchair, a coffee table, a sofa bed, a few pretty chairs, each different from the other, and a dining table. Another sofa bed is placed in an alcove one step up from the living room, with a curtain that can be drawn for privacy.

You can chat while reclining on the sofa beds, and the exterior and interior views from that position are carefully studied and spectacular. With the colours and light effects, they enter into the creative play imagined with painterly fantasy to create a kind of stage set around the human figure and a ready spectacle for the eye.

The bathroom fixtures are the only things hidden away out of sight; a small shower in the floor, in a small niche with curved webs covered in small tile, is used for bathing. The scantily clad human figure under the downpour of the shower or emerging from the bathtub – or from what could be a pool in a stream – or drying off after bathing, is a physically and aesthetically fine sight.

But it is the floor that will give light and movement to this house, the fine floor in majolica that must come back into fashion and lends itself to the freshest inventions. Here we show two examples, but there are a hundred other possibilities. If the cottage were ours, we would want De Chirico to create this background for us, to be trod with a light foot. (Gio Ponti) *

"Under the thick blue sky a sea bird departs; it never stops: because every image has in it written: 'go farther'" – (Eugenio Montale, "Uccello di Mare").

Aspects of Today's Living

domus 144 p. 665

Meadows, moors, a treeless landscape: Then, suddenly, the shaft of a broken Doric column rises out of the ground. It is as if the traveller suddenly happened on another world. The moors fade away and the temples rise up, the meadows come to life with fantastic processions. All it took was a single surviving piece of stone to evoke this miraculous image. It is the miracle of every living thing, which speaks a language of infinite words.

Some time ago, a serious English journal of modern architecture devoted almost an entire issue to the aesthetics of road signage: kerbstones, warnings for drivers and railway crossings. Some people laughed. But it is absolutely true that our contemporary landscape has its own character, created in part by these minimal words. The ground always has the same colour, the trees are the same through the centuries, but the landscape has changed. Where man has arrived with the things that he needs for his daily life, you find the true sign of the times. Some time ago, we published a feature (*domus* 124) on the new structures that are creating the modern landscape, and we presented telephone poles as signs of style – perfect, precise and definitive forms. Here we show another fine addition to the landscape, a form that is both inexorably perfect and tastefully refined. It is none other than one of the beacon towers used at the stations of a tram line in northern Italy: the Piacenza-Bettola line. The SCAC tower, made of mixed reinforced concrete, tapers gradually towards the top: it is 19 metres high, with a diameter of 57 cm at the base and 23 cm at the top. It soars upwards like an arrow. Even if we did not have a photograph of it, these measurements alone would suffice to convey the light, novel slenderness of this body soaring leanly into the sky. But it then becomes authentic architecture, just as a wheel and an engine are architecture, when combined with the ladder and strange grill formed by the platform. The lines of the ladder and the lines of the platform are composed with the harmony of an abstract painting.

No thought was given here to 'making it beautiful'. The slenderness of the ladder and the platform are dictated only by functional demands. But it is precisely in this sense of the economic utility of this vivid line that we find one of the most original features of so much contemporary architecture, which reveals the more exact and contemporary features of the new face of our country.

This beacon tower has an acute elegance. Its precise forms and relations, the briskness of its rhythm, the play of its contrasting lines render it precious. While old cities – think of Piazza del Duomo in Milan – still too often seek to overload lampposts in their squares with excessive ornament, bevelling, foliage and masks, this beacon tower that unpretentiously illuminates the small stations of a provincial tram line stands as a sign of the times, a testimonial of civilization and style. *

l'arte nella casa - febbraio 1938 XVI

a nuova sala del consiglio d'amministrazione della s. a. m. r. di livorno - arch. giancarlo palanti

Index

C

CONTO CORRENTE POSTALE DICEMBRE 1930 - (IX) ANNO III - N. 36 - L. 7,50

DOMUS ★ L'ARTE NELLA CASA

RIVISTA MENSILE DIRETTA DALL'ARCH. GIO PONTI

ACHILLE FUNI - *La signorina (olio).*

Contributing Authors and Editors

Charlotte and Peter Fiell

Charlotte Fiell (b. 1965) studied at the British Institute in Florence, and at Camberwell School of Arts & Crafts, London, where she received a BA (Hons) in the History of Drawing and Printmaking. She later trained with Sotheby's Educational Studies, also in London. Peter Fiell (b. 1958) trained with Sotheby's Educational Studies in London, and later received an MA in Design Studies from Central St Martin's College of Art & Design, London. Based in London, the Fiells have written numerous books on design. From 1997–2007 they were TASCHEN's editors-in-charge of design books.

Fulvio Irace

A highly respected author of numerous books on design and architecture, Fulvio Irace (b. 1950) is also Professor of Architectural History at the Faculty of Architecture, Urban Planning and Environment at the Politecnico di Milano. Additionally, he teaches the History of Architecture and Urban Planning to doctoral students at the Politecnico di Torino. Alongside his teaching responsibilities, Irace is also a member of the scientific committee of the Milan Triennale, and curator of its architecture section. Between 1980 and 1986, Irace served as editor of domus, and has also worked for numerous related journals, including, *Abitare*, *Architectural Review*, and *Casabella*. He is currently the architectural critic for the Sunday newspaper supplement of *Il Sole 24 Ore*.

Luigi Spinelli

Luigi Spinelli (b. 1958) received a degree in architecture from the Politecnico di Milano in 1983, and joined the editorial department of *domus* three years later. He has since written numerous articles for the magazine, and is responsible for the content of its website. As a highly regarded authority on architecture and urban planning, he is also Professor of Architectural Planning at the Politecnico di Milano's Faculty of Architecture and Society, a position he has held since 1999. One of the longest serving members of *domus*'s editorial staff, Spinelli has a unique knowledge both of the magazine's history, and of its guiding ethos.

Acknowledgements

We are immensely grateful to the many talented and dedicated individuals who have helped bring this extraordinary project into being. Firstly, our thanks must go to all those at *domus*, especially Maria Giovanna Mazzocchi, without whose trust and goodwill the project would never have got off the ground; Carmen Figini whose co-ordination of the project in Rozzano was instrumental from the outset; Luigi Spinelli for his introductory essays and help in making our selections; and Salvatore Licitra from the Gio Ponti Archives for supplying us with pictures for the introductory essays. We would also like to give our thanks to François Burkhardt, Cesare Maria Casati, Stefano Casciani, Germano Celant, Manolo De Giorgi, Fulvio Irace, Vittorio Magnago Lampugnani, Lisa Licitra Ponti, Alessandro Mendini, Ettore Sottsass Jr. and Deyan Sudjic for their insightful introductions, sprinkled with fond personal memories. We also acknowledge the many labours of our research assistant, Quintin Colville; the exacting yet good-humoured co-ordinating skills of our editorial consultant, Thomas Berg; the numerous day-to-day responsibilities of our in-house editor, Viktoria Hausmann; the skills of our translators, Mary Consonni, Bradley Baker Dick and Luisa Gugliemotti; the tireless copy-editing of Barbara Walsh and Wendy Wheatley; the excellent graphic-design solution devised by Andy Disl; and the painstaking production work of Ute Wachendorf. And last but not least we would like to thank, as ever, Benedikt Taschen for his guidance and enthusiasm.

Charlotte and Peter Fiell

DOMUS

l'arte nella casa: settembre 1938 XVI - n. 129

un saluto da una porta in securit

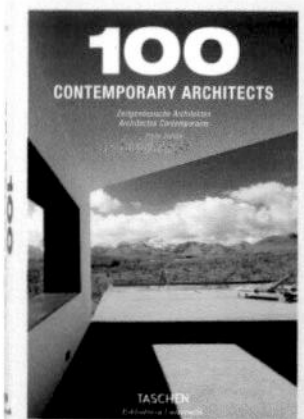

100 Contemporary Architects

100 Contemporary Houses

100 Interiors Around the World

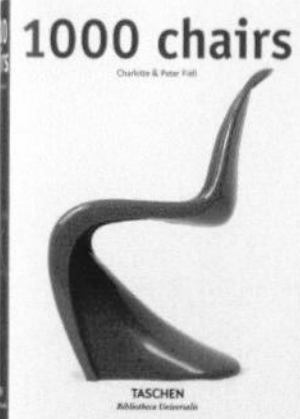

1000 Chairs

1000 Lights

Industrial Design A-Z

Decorative Art 50s

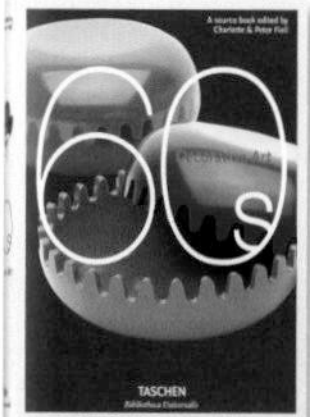

Decorative Art 60s

Decorative Art 70s

Design of the 20th Century

Modern Architecture A-Z

Bookworm's delight:
never bore, always excite!

TASCHEN
Bibliotheca Universalis

Scandinavian Design

Small Architecture

domus 1930s

domus 1940s

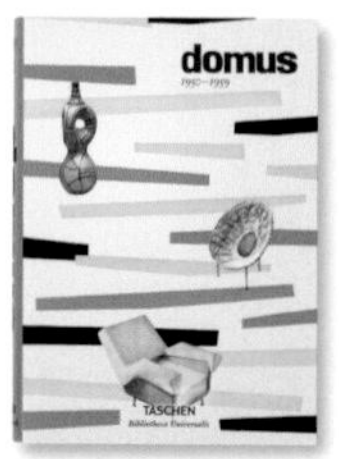

domus 1950s

domus 1960s

The Grand Tour

Architectural Theory

Braun/Hogenberg. Cities of the World

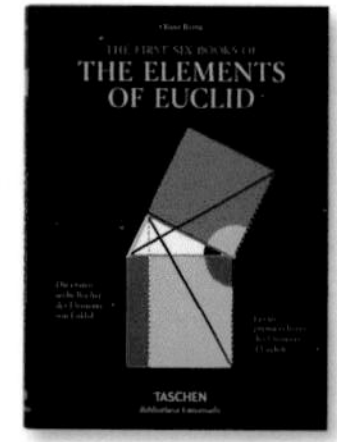

Byrne. Six Books of Euclid

Piranesi. Complete Etchings

The World of Ornament

Racinet. The Costume History

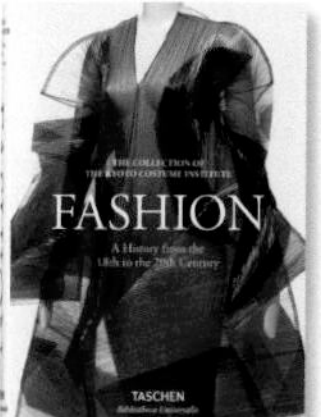

Fashion. A History from 18th–20th Century

100 Contemporary Fashion Designers

20th Century Fashion

20th Century Photography

A History of Photography

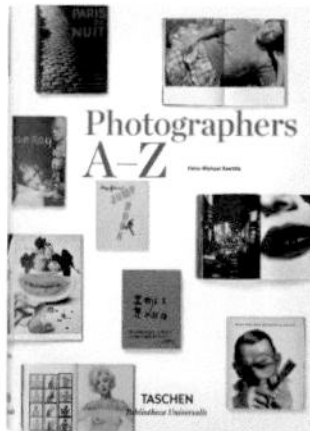

Photographers A–Z

André de Dienes. Marilyn Monroe

Bodoni. Manual of Typography

Logo Design

Funk & Soul Covers

Jazz Covers

1000 Record Covers

Steinweiss

100 Illustrators

Illustration Now! Portraits

Modern Art

Chinese Propaganda Posters

Film Posters of the Russian Avant-Garde

1000 Tattoos

1000 Pin-Up Girls

Mid-Century Ads

20th Century Classic Cars

20th Century Travel

domus

architettura arredamento arte

465 agosto 1968

Futuristic Thrill

The stars of '60s pop and experimentation

A freshly revised edition of all the 1960s issues of *domus*, the world's leading architecture and design journal. With characteristic rigor and style, the magazine documents this decade of futuristic thrill and booming pop culture, from new synthetic materials to fresh exploratory forms.

domus series distilled
- Seven volumes spanning 1928 to 1999
- Over 6,000 pages featuring influential projects by the most important designers and architects
- Original layouts and all covers, with captions providing navigation and context
- New introductory essays by renowned architects and designers
- Each edition comes with an appendix featuring texts translated into English, many of which were previously only available in Italian
- A comprehensive index in each volume listing both designers' and manufacturers' names

"There is no finer overview to the design and architecture of the past 75 years than the magazine *domus*."
—*Financial Times*, London

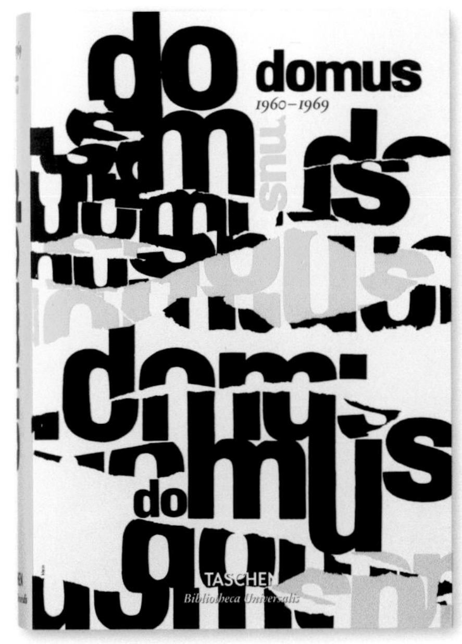

domus 1960s
Charlotte & Peter Fiell
Hardcover, 14 x 19.5 cm (5.5 x 7.7 in.),
936 pages
US$ 19.99 | £ 12.99 | € 14.99

MULTILINGUAL EDITION IN:
ENGLISH / DEUTSCH / FRANÇAIS / ITALIANO

solid
state
JVC NIVICO

Form meets function

The industrial designs that shape our lives

If you take even the slightest interest in the design of your toothbrush, the history behind your washing machine, or the evolution of the telephone, you'll take an even greater interest in this completely updated edition of *Industrial Design A–Z*. Tracing the evolution of industrial design from the Industrial Revolution to the present day, the book bursts with synergies of form and function that transform our daily experience. From cameras to kitchenware, Lego to Lamborghini, we meet the individual designers, the global businesses, and above all the genius products, that become integrated into even the smallest details of our lives.

"This is an excellent study, well-presented and with beautiful photography."

—*Antique Dealer Newspaper*, London

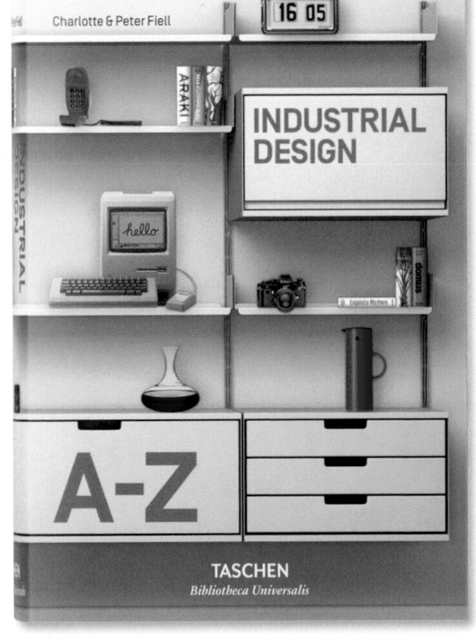

Industrial Design A-Z
Charlotte & Peter Fiell
Hardcover, 14 x 19.5 cm (5.5 x 7.7 in.),
616 pages
US$ 19.99 | £ 12.99 | € 14.99

EDITIONS IN: ENGLISH / DEUTSCH / FRANÇAIS / ESPAÑOL / ITALIANO

Space shapers

An encyclopedia of modern architecture

With more than 280 entries, this architectural A–Z offers an indispensable overview of the key players in the creation of modern space. From the period spanning the 19th to the 21st century, pioneering architects are featured with a portrait, concise biography, as well as a description of her or his important work. Like a bespoke global architecture tour, you'll travel from Manhattan skyscrapers to a Japanese concert hall, from Gaudí's Palau Güell in Barcelona to Lina Bo Bardi's sports and leisure center in a former factory site in São Paulo. The book's A to Z entries also cover groups, movements, and styles to position these leading individual architects within broader building trends across time and geography, including International Style, Bauhaus, De Stijl, and much more. With illustrations including some of the best architectural photography of the modern era, this is a comprehensive resource for any architecture professional, student, or devotee.

"A splendid record of architecture from the nineteenth century to the present day."

—*Architectural Review*, London

Modern Architecture A–Z
Hardcover, 14 x 19.5 cm (5.5 x 7.7 in.),
696 pages
US$ 19.99 | £ 12.99 | € 14.99

EDITIONS IN: ENGLISH / DEUTSCH / FRANÇAIS / ESPAÑOL

Living well

The ultimate sourcebook for stylish interiors

Making stops in North and South America, Europe, Asia, Africa and Australia, this edition rounds up some of today's most exceptional and inspiring interiors across six continents. From rustic minimalism to urbane eclecticism, the selection celebrates a global spectrum of styles, united by authenticity, a love of detail, and a zest for individual expression that will never go out of fashion. With pictures by leading interior photographers including: Xavier Béjot, Pieter Estersohn, Marina Faust, Reto Guntli, François Halard, HieplerBrunier, Ditte Isager, Nikolas Koenig, Ricardo Labougle, Eric Laignel, Åke Lindman, Thomas Loof, Jason Schmidt, Mark Seelen, René Stoeltie, Tim Street-Porter, Vincent Thibert, Simon Upton, Paul Warchol.

"A fantastically indulgent, immaculately shot feast of contemporary homes from all corners of the globe — traditional and avant-garde, rustic and glossy, weird and wonderful."

—*Amuse*, London

100 Interiors Around the World
Hardcover, 14 x 19.5 cm (5.5 x 7.7 in.), 720 pages
US$ 19.99 | £ 12.99 | € 14.99

TRILINGUAL EDITIONS IN:
ENGLISH / DEUTSCH / FRANÇAIS &
ESPAÑOL / ITALIANO / PORTUGUÊS

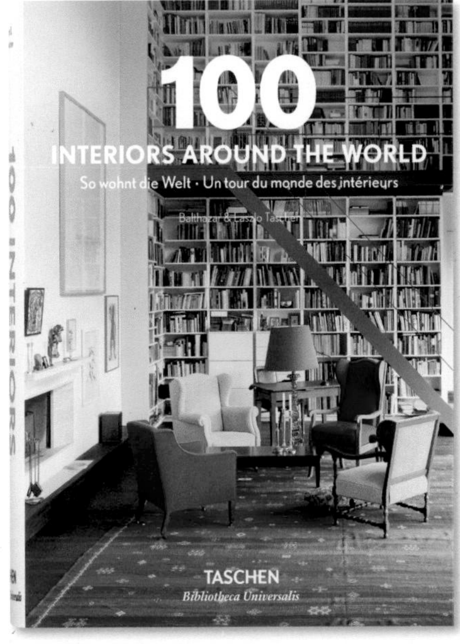

Imprint

EACH AND EVERY TASCHEN BOOK PLANTS A SEED!
TASCHEN is a carbon neutral publisher. Each year, we offset our annual carbon emissions with carbon credits at the Instituto Terra, a reforestation program in Minas Gerais, Brazil, founded by Lélia and Sebastião Salgado. To find out more about this ecological partnership, please check: www.taschen.com/zerocarbon
Inspiration: unlimited.
Carbon footprint: zero.

To stay informed about TASCHEN and our upcoming titles, please subscribe to our free magazine at www.taschen.com/magazine, follow us on Twitter, Instagram, and Facebook, or e-mail your questions to contact@taschen.com.

© 2017 TASCHEN GmbH
Hohenzollernring 53, D–50672 Köln,
www.taschen.com

Original edition:
© 2006 TASCHEN GmbH

Original pages:
© Editoriale Domus S.p.A.
Via Gianni Mazzocchi 1/3,
20089 Rozzano (MI), Italy

Printed in China
ISBN 978-3-8365-2652-4

Editorial Collaboration:
Carmen Figini, International Editions, Editoriale Domus S.p.A., Rozzano

Editorial Co-ordination:
Inka Lohrmann & Jascha Kempe, Cologne

English translation:
Bradley Baker Dick, Cantalupo in Sabina

German translation:
Nora von Mühlendahl, Ludwigsburg

French translation:
Claire Debard, Freiburg

Italian translation:
Luisa Gugliemotti, Milan (preface)

Design:
Birgit Eichwede, Cologne

Production:
Ute Wachendorf, Cologne

Gio Ponti Archives – S. Licitra, Milano: Photos pp. 7 right, 37

© for the work of Pierre Jeanneret: VG Bild-Kunst, Bonn 2017
© for the work of Le Corbusier: FLC/VG Bild-Kunst, Bonn 2017
© for the work of Bernard Rudofsky: The Bernard Rudofsky Estate/ VG Bild-Kunst, Bonn 2017